D1735426

Forschungen zur Geschichte Vorarlbergs
Herausgegeben vom Vorarlberger Landesarchiv

Band 2 (N.F.)

Karl Heinz Burmeister

Karl Heinz Burmeister

Die Grafen von Montfort

Geschichte, Recht, Kultur

Festgabe zum 60. Geburtstag

Herausgegeben von Alois Niederstätter

UVK · Universitätsverlag Konstanz 1996

Gedruckt mit Unterstützung des Amtes der Vorarlberger Landesregierung sowie der Landeshauptstadt Bregenz und der Stadt Feldkirch.

Die Deutsche Bibliothek -- CIP-Einheitsaufnahme

Burmeister, Karl Heinz:
Die Grafen von Montfort : Geschichte, Recht, Kultur ; Festgabe zum 60. Geburtstag /
Karl Heinz Burmeister. Hrsg. von Alois Niederstätter. – Konstanz : Univ.-Verl. Konstanz, 1996
    (Forschungen zur Geschichte Vorarlbergs ; N.F., Bd. 2)
    ISBN 3-87940-560-3
NE: GT

ISSN 0949-4103
ISBN 3-87940-560-3

Druck: Legoprint, Trento
Einbandgestaltung: Riester & Sieber, Konstanz
Papier: Säurefrei und alterungsbeständig

Inhaltsverzeichnis

Vorwort

Die Geschichte des Landes Vorarlberg, der Bodenseeregion und Rätiens ist über Jahrhunderte untrennbar mit der der Grafen von Montfort verbunden. Als Erben der alten Udalrichinger Grafen von Bregenz ließ Graf Hugo aus dem Geschlecht der Pfalzgrafen von Tübingen im Vorarlberger Vorderland bald nach 1200 eine Burg errichten, die er nach westlichem Vorbild »Montfort« nannte. Der Name seines neuen Stammsitzes, der Bregenz als Herrschaftsmittelpunkt ablöste, ging auf ihn und seine Nachkommen über.

Obwohl sich das Haus Montfort bald in mehrere Linien – Werdenberg, Montfort-Feldkirch, Montfort-Bregenz, Montfort-Tettnang – teilte, die sich immer wieder feindlich gegenüberstanden, prägte es das Antlitz ihrer Territorien bis heute. Feldkirch, Bregenz, Bludenz, Sargans, Tettnang, Leutkirch, Scheer, Immenstadt und Langenargen sind montfortische Gründungen. Die Grafen betrieben eine konsequente Verkehrspolitik, so durch die Sicherung der Arlbergroute, sie förderten den Landesausbau, zuletzt durch die Ansiedlung der Walser als Wehrkolonisten in den hochgelegenen Landesteilen Vorarlbergs. Ihre Höfe waren kulturelle Zentren. Als Bischöfe von Chur, als Inhaber anderer geistlicher Würden, im Dienste römischer Kaiser und Könige wirkten sie weit über ihre unmittelbare Machtbasis hinaus. Wenn auch die Präsenz der Montforter in Vorarlberger das Ende des Mittelalters nur wenige Jahre überdauerte, waren die Jahrhunderte ihrer Herrschaft entscheidend für die weitere Entwicklung des Landes. Was Habsburg vollendete, hatten die Grafen von Montfort eingeleitet.

Die Feldkircher Linie der Montforter starb 1390 aus, nachdem sie zuvor ihre Herrschaft an Österreich verkaufte hatte, ebenso die Bludenzer Werdenberger um 1420. Die südliche Hälfte von Stadt und Herrschaft Bregenz wurde 1451 habsburgisch, die nördliche folgte 1523. Über die Herrschaft Tettnang hingegen herrschten die Montforter Grafen bis 1779. Mit Graf Anton IV. erlosch dort 1787 eines der bedeutendsten Dynastengeschlechter Alemanniens. Es lebt bis in die Gegenwart weiter im Wappen des Landes Vorarlberg und dem mehrerer Städte, im Namen der bedeutendsten landeskundlichen Zeitschrift Vorarlbergs. Feldkirch nennt sich stolz »Montfortstadt«; die Feldkircher Stadtväter holten in diesem Jahr die in Zürich verwahrten Privilegien ihres letzten montfortischen Stadtherrn heim.

Seit Johann Nepomuk von Vanotti 1845 sein Buch »Geschichte der Grafen von Montfort und von Werdenberg. Ein Beitrag zur Geschichte Schwabens, Graubündens, der Schweiz und Vorarlbergs« veröffentlichte, ist die Bedeutung des Geschlechts in seiner Zeit und seinem Umfeld der Fachwelt präsent. Daß die Montforter-Forschung auch lange nach dem Erscheinen dieser bislang einzigen Monographie stagnierte, liegt nicht zuletzt daran, daß die montfortisch-werdenbergischen Territorien heute auf mehrere Staaten und Länder aufgeteilt sind. Sie liegen in Bayern und Baden-Württemberg, in den Kantonen Graubünden, Thurgau, Zürich und St. Gallen, in Liechtenstein, in Vorarlberg, und – unter Einbezug der innerösterreichischen Linie – in der Steiermark, Niederösterreich und Kärnten; die montfortischen Hausarchive sind in alle Winde zerstreut. Eine neuerliche Beschäftigung mit der Geschichte der Grafen von Montfort muß folglich grenzüberschreitend erfolgen und setzt hervorragende Kenntnis der historischen Gegebenheiten des ganzen Untersuchungsraumes voraus. Daß schließlich das ehedem montfortische Bregenz zur Heimstatt der modernen Montforter-Forschung werden sollte, erwies sich als glückliche Fügung.

Am Vorarlberger Landesarchiv in Bregenz wirkt seit 1967 Prof. DDr. Karl Heinz Burmeister. Der promovierte Historiker und Jurist widmet sich seit geraumer Zeit neben seiner erfolgreichen Tätigkeit als Direktor dieses Instituts unter anderem der Geschichte der Grafen von Montfort. Prof. Burmeister, den die Vorarlberger Landesregierung 1984 zum Hofrat ernannte, ist außerdem für »Schweizerische und Deutsche Rechtsgeschichte einschließlich Geschichte des Privatrechts und der Rechtswissenschaften« an der Universität Zürich habilitiert; die Universität St. Gallen wählte ihn 1995 zum außerordentlichen Professor für »Allgemeine Europäische und Schweizerische Rechtsgeschichte«. Die Ehrengabe des Landes Vorarlberg für Wissenschaft und Kunst (1978), der Ehrenpreis des Vorarlberger Buchhandels (1993), der Anerkennungspreis der St. Gallischen Kulturstiftung (1994) und die Kopernikus-Medaille (1995) würdigen sein umfangreiches wissenschaftliches Œuvre, das den Bogen vom Humanismus bis zu den historischen Hilfswissenschaft, vom Frühmittelalter bis zur Zeitgeschichte schlägt. Hunderte Publikationen aus seiner Feder, darunter zahlreiche Bücher, schaffen heute nicht nur dem Historiker, sondern vor allem auch dem Laien wichtige Voraussetzungen für den Zugang zur Geschichte Vorarlbergs und der angrenzenden Bodenseeregion. Zwar stets den strengen Ansprüchen der Wissenschaftlichkeit verpflichtet, ermöglicht der geschliffene Stil des Autors vielen seiner Arbeiten eine keineswegs »branchenübliche« Breitenwirkung.

Noch bevor die Beschäftigung mit sozialgeschichtlichen Fragestellungen zum allgemeinen Trend der Historiographie wurde, standen Mensch und Gesellschaft im Mittelpunkt seiner Darstellungen, wandte er sich den Außenseitern und den Randgruppen der Gesellschaft ebenso zu wie den Herrschenden, zu denen in erster Linie die Grafen von Montfort zählten. In akribisch recherchierten biographischen Studien legt Karl Heinz Burmeister das Beziehungsgeflecht frei, in das auch die Spitzen der Gesellschaft eingebunden waren, analysiert er ihre Rolle im sozialen Gefüge und deckt dabei vielfach die Diskrepanz zwischen Anspruch und Realität auf.

Den Rechtshistoriker Burmeister, dessen Arbeiten die Basis für die Kenntnis der Verfassungs- und Verwaltungsverhältnisse Vorarlbergs legten, interessiert neben den gesellschaftshistorischen Komponenten vor allem die strukturgeschichtliche Wirksamkeit der Montforter und ihrer Regierungstätigkeit im Kontext der politischen, wirt-schaftlichen und sozialen Gegebenheiten. Daß die kulturgeschichtlichen Aspekte dabei nicht zu kurz kommen, ist für den engagierten Humanismusforscher eine Selbstver-ständlichkeit.

Der 60. Geburtstag Karl Heinz Burmeisters am 21. November 1996 bietet den willkommenen Anlaß, seine Studien über die Grafen von Montfort, die weit verstreut erschienen und daher nur schwer zugänglich bzw. als Vorträge unveröffentlicht sind, in einem Sammelband zusammenzustellen und ihm als Geburtstagspräsent zu widmen. Die Kollegen und Freunde Karl Heinz Burmeisters danken ihm für seine unermüdliche Forschungstätigkeit und sprechen ihm mit dieser Festgabe ihre herzlichen Glückwün-sche aus. Gedankt sei dem Amt der Vorarlberger Landesregierung, der Landeshauptstadt Bregenz und der Stadt Feldkirch für die Förderung des Buches, Frau Beatrice Edel vom Vorarlberger Landesarchiv, die sich um die Herstellung des Manuskripts verdient mach-te, sowie dem Universitätsverlag Konstanz für die tüchtige verlegerische Betreuung.

Alois Niederstätter

Die Grafen von Montfort und die deutsche Geschichte

In den mittelalterlichen Königsurkunden, die auf die Montforter Bezug nehmen, werden immer wieder der Grafen »trewe und nutzliche Dienste« erwähnt, welche »sye uns und dem Riche offt unverdrossenlich gethon habendt, und noch thuen sollen und mögendt in künfftigen Zeiten«. Diese Formulierungen erinnern daran, daß die Tätigkeit der wohlgeborenen, des Kaisers und des Reiches lieben getreuen Grafen von Montfort sich nicht nur auf den landesgeschichtlichen Bereich erstreckt, sondern daß ihnen auch in der Reichspolitik eine nicht zu unterschätzende Bedeutung zukommt.

Die folgenden Bemerkungen haben das Ziel, diesen reichspolitischen Aspekt ansatzweise herauszuarbeiten. Damit soll vor allem ermöglicht werden, die von der landesgeschichtlichen Forschung – zweifellos legitimerweise – überbetonten lokalen und regionalen Ansätze in die dem Laien oft besser bekannten allgemeingeschichtlichen Zusammenhänge zu stellen. Insbesondere können solche Hinweise dem Geschichtslehrer eine Anregung bieten, die Landesgeschichte in die allgemeine Geschichte einzuflechten, was dem Unterricht wiederum zugute kommen kann, weil die lokalen Bezüge eine größere Nähe und Anschaulichkeit vermitteln.

Die Anfänge der Grafen von Montfort reichen in die Regierungszeit des Stauferkaisers Friedrich I. Barbarossa (1152 – 1190) zurück. In dem Streit um das Bregenzer Erbe zwischen Hugo von Tübingen und Rudolf von Pfullendorf hatte Barbarossa im Hinblick auf den vierten Italienzug und den erstrebten Ausgleich mit den Welfen auf dem Ulmer Reichstag von 1166 einen Frieden erzwungen. Rom wurde erobert, aber eine Malariaseuche brach über das Heer herein, so daß Italien dem Kaiser wieder verloren ging. Die Katastrophe von 1167 schuf die Voraussetzung dafür, daß Hugo von Tübingen sein Erbe antreten konnte, das allerdings zugunsten des Staufers beträchtlich verkleinert worden war. Im Hinblick auf die Beherrschung Italiens waren zahlreiche Burgen an der Paßstraße durch das Rheintal in staufischen Händen, vor allem aber die wichtige Handelsstadt Lindau, wo lange Zeit das Hauskloster der Grafen von Bregenz gestanden war.

Der Verlust der einzigen Stadt veranlaßte Hugo von Tübingen noch vor 1182 Bregenz, das durch die Kämpfe von 1165 besonders gelitten hatte, als eine Stadt im Rechtssinne zu begründen.

Dieser Vorgang war gewiß kein Akt, gegen den sich die mächtigen Vögte Barbarossas hätten wenden müssen. Denn für den Lindauer Markt konnte ein kapitalkräftiges Bregenz nur von Vorteil sein. Nach dem Ausgleich über das Bregenzer Erbe war auch kein Anlaß mehr für solche Feindschaft. Noch etwas kommt hinzu: wenn man Bregenz als planmäßige Stadtgründung annimmt, dann muß man auch an einen entsprechenden Rechtsakt denken. Da die Gründung einer Stadt ein königliches Regal darstellt, ist eine Mitwirkung des Königs unerläßlich gewesen. Man muß folglich annehmen, daß Barbarossa selbst in irgendeiner Form an der Stadtgründung von Bregenz direkt beteiligt gewesen ist, so daß seine Lindauer Vögte überhaupt keinen Anlaß haben konnten, hier hindernd einzugreifen.

Gleichwohl konnte Bregenz, das sein Hinterland eingebüßt hatte, sich als Markt und Stadt nicht richtig entfalten, so daß die Söhne Hugos von Tübingen ihr Herrschaftszentrum von Bregenz nach Feldkirch verlegten. Soweit man einen Zeitpunkt für die Gründung von Feldkirch als Stadt überhaupt mit einer Jahrzahl angeben kann, müssen wir diese nach 1188 ansetzen, weil Bregenz bis dahin als »Residenz« nachweisbar ist. Da andererseits aber eine Mitwirkung des Königs auch bei der Gründung von Feldkirch wiederum vorauszusetzen ist, kommt das Ende der Regierungszeit Friedrichs I. kaum mehr in Betracht. Noch 1188 hatte Barbarossa das Kreuz genommen, um den Dritten Kreuzzug (1189 – 1192) durchzuführen, auf dem er 1190 im Saleph ertrank.

Die Gründung von Feldkirch dürfte daher unter Kaiser Heinrich VI. (1190 – 1197) erfolgt sein, der schon 1189 die Regentschaft übernommen hatte. Heinrich VI. ist der Vorarlberger Landesgeschichte dadurch vertraut, daß er 1195 den normanischen König Wilhelm III. von Sizilien, den Sohn Tancreds von Lecce, als Staatsgefangenen in die Burg Hohenems verbringen ließ, wo dieser 1197 starb.

Mit der Gründung der Stadt Feldkirch treten die Grafen von Montfort in das Licht der Geschichte: der jüngere Sohn Hugos von Tübingen, der sich seit 1206 Hugo von Montfort nennt, überläßt seinem älteren Bruder das Tübinger Erbe, wofür er das Bregenzer Erbe in Anspruch nimmt. Planmäßig errichtet er hier eine Landesherrschaft, welcher er vor allem dadurch Bedeutung verleiht, daß er die Einrichtungen des Fernverkehrs mit besonderem Eifer ausbaut und pflegt. Denn die Beherrschung der Paßstraße nach Italien verschaffte ihm politische Bedeutung und machte ihn umworben beim Kaiser, einmal wegen der staufischen Italienpolitik, zum andern im Hinblick auf die Kreuzzüge.

Als unter Friedrich II. (1210 – 1250) das staufische Königtum noch einmal einen Höhepunkt erreichte und der in Italien aufgewachsene junge König 1212 durch das Rheintal erstmals nach Deutschland zog, schlug sich auch Hugo von Montfort auf seine Seite (er begegnet uns 1213 wiederholt in der Umgebung Friedrichs II.), nachdem er im staufisch-welfischen Thronstreit zwischen Philipp von Schwaben und Otto IV. den letzteren unterstützt hatte. Friedrich II. gelobte anläßlich seiner Königskrönung in Aachen 1215 einen Kreuzzug.

Wenig später förderte Hugo von Montfort diese Kreuzzugspläne durch die Gründung einer reich ausgestatteten Johanniterkommende in Feldkirch. In Anwesenheit Kaiser Friedrichs II. beurkundete Hugo von Montfort diese Stiftung zugunsten des Hospitals St. Johann in Jerusalem, dessen Ritter sich neben dem Waffendienst auch der Krankenpflege verschrieben hatten. Der Orden wurde durch die Stiftung auch verpflichtet, den Pilgerreisenden über dem Arlberg Unterkunft zu geben. Im Leben Hugos von Montfort steht diese Stiftung so sehr im Mittelpunkt, daß er auch in der Johanniterkirche in Feldkirch seine letzte Ruhestätte fand, sich auf seinem Grabstein als Stifter feiern und in der Ordenstracht eines Komturs der Johanniter abbilden ließ.

Friedrich II. erreichte auf dem Fünften Kreuzzug 1228/29 im Wege eines Vertrags mit dem ägyptischen Sultan die Rückgabe Jerusalems an die Christenheit. Die Stadt ging dann 1244 endgültig verloren. Noch im gleichen Jahrhundert mußten die Christen sich gänzlich aus dem Heiligen Land zurückziehen; lediglich Zypern verblieb noch für längere Zeit in christlichen Händen. Der Kreuzzuggedanke verlor an Bedeutung, wenn auch noch der letzte Graf von Montfort-Feldkirch, Rudolf V., 1372 die heiligen Stätten als friedlicher Pilger aufsuchte.

Was die ersten Grafen von Montfort-Feldkirch ebenfalls mit der allgemeinen Geschichte verbindet, ist die ritterliche Kultur. Die Montforter sind in Vorarlberg und Oberschwaben die Exponenten dieser ritterlichen Kultur, die ganz Europa gemeinsam ist. Sie steht ganz im Banne der Staufer, deren Politik auch Hugo II. von Montfort über den Tod Kaiser Friedrichs II. treubleibt. Nichts vermag dies besser zu verdeutlichen als die Weltchronik des Rudolf von Ems (1200 – 1254), der ursprünglich ein montfortischer Ministeriale war und später den Stauferkönig Konrad IV. (1250 – 1254) nach Italien begleitete. Seine Weltchronik wird zur literarischen Rechtfertigung der staufischen Politik. Und – um der Zeit vorauszugreifen, fand die ritterliche Kultur in dem Minnesänger Hugo von Montfort-Bregenz um 1400 noch einmal einen hervorragenden Repräsentanten, der seinem Geschlechte ewigen Ruhm verliehen hat.

Kaiser Friedrich II. hatte den Grafen von Montfort auch den Weg gezeigt, wie ihre Herrschaft in einen modernen Staat umzuwandeln war. Das Statutum in favorem principum, das berühmte Fürstengesetz von 1231, – mochte es die Montforter auch nicht unmittelbar betreffen – gab ein weiteres Vorbild ab, wie eine Landesherrschaft auszubauen und zu festigen war. Zahlreiche Regalien gingen auf die Landesherren über, eine Entwicklung, die durch die kaiserlose Zeit des Interregnums noch weiter gefördert wurde. Sie wurde freilich dadurch gestört, daß die Montforter sich in verschiedene Linien aufsplitterten, so daß sie letztlich den Wettlauf mit den Fürsten verloren.

Es gelang dementgegen den Habsburgern, das Erbe der Staufer anzutreten. Konsequent gingen die Habsburger den durch das Beispiel Friedrichs II. und die Fürstengesetze gegebenen Weg fort und versuchten in ihren Stammlanden in der Schweiz eine moderne Landesherrschaft zu errichten. Ein berühmt gewordenes Zeugnis ist das durch rechtsgelehrte Beamte verfaßte Habsburger Urbar. Seine Wahl zum König erlaubte es Rudolf I. von Habsburg (1273 – 1291) auch die Mittel des Reiches für seine Hausmachtpolitik einzusetzen. 1282 belehnte er seine Söhne mit Österreich und der Steiermark, womit der Grund zu einem umfassenden Alpenstaat gelegt schien.

Diese Vorgänge hatten eine doppelte Auswirkung auf Vorarlberg: einmal gerieten die Montforter und Werdenberger selbst in den Sog der habsburgischen Expansion; sie wurden gegeneinander ausgespielt und blieben schließlich auf der Strecke. Die Niederlage von Göllheim, in der sich die Montforter ein letztes Mal im Gefolge König Adolfs von Nassau (1291 – 1298) gegen die Habsburger erhoben hatten, besiegelte ihr Schicksal. Sie gaben ihre eigenständige Politik auf, wurden mehr und mehr, besonders früh die Feldkircher, zu Vasallen der Habsburger, denen sie Land und Leute verkauften.

Zum anderen bildete sich in einem langen Prozeß die Eidgenossenschaft, die im Kampf um ihr altes Recht den modernen Fürstenstaat abzuwehren trachtete und darüber mit den Habsburgern in einen zwei Jahrhunderte andauernden Krieg eintrat. Da Vorarlberg auf Grund seiner geographischen Lage in die Zone dieser Interessengegensätze geriet, wurde es für längere Zeit zur Front. Da die Auseinandersetzungen zwischen den Eidgenossen und den Habsburgern immer mehr zu einem Kampf zwischen dem Adel und den Kräften des Volkes wurde, zwischen Fürstenstaat und Demokratie, vollzog sich im 14. Jahrhundert der Übergang der Montforter zu den Habsburgern sehr rasch, weil auch die Bischöfe von Chur und Konstanz natürliche Verbündete der Habsburger gegen die Eidgenossen waren. Im Domkapitel von Chur hatten die Montforter einen bestimmenden Einfluß: sie stellten dort auch eine Reihe von Bischöfen. Und auch in Konstanz gelangte Rudolf III. von Montfort-Feldkirch 1322 zur Bischofswürde. Wie kaum je ein anderer griff Rudolf III. in die Reichspolitik ein. Er wurde im Thronstreit zwischen Friedrich dem Schönen von Habsburg und Ludwig dem Bayern zu einem der bedeutendsten Parteigänger der Habsburger. Später suchte er zwischen Kaiser und Papst einen Standort zu finden.

Rudolf III. schloß auch die ersten Dienstverträge mit Österreich ab, die zunächst befristet waren. Aber schon 1337 kam es zu einem ewigen Bund zwischen den Herzögen von Österreich und den Grafen von Montfort-Feldkirch, der den Übergang Vorarlbergs an Österreich einleitete.

Gerade in diesem Thronstreit zeigte sich einmal mehr die Uneinigkeit der Montforter, die sich bereits früher im Gegensatz der Montforter und Werdenberger so verhängnisvoll ausgewirkt hatte. Graf Wilhelm II. von Montfort-Tettnang unterstützte Ludwig den Bayern. Er mußte dafür zwar 1322 mit der Zerstörung Tettnangs durch die Habsburger bezahlen, trug aber als wackerer Kriegsheld ganz entscheidend zum Sieg des Königs in der Schlacht bei Mühldorf bei. Der König lohnte es ihm, indem er ihn anläßlich seiner Romfahrt zum Statthalter über Mailand machte. Graf Wilhelm II. kehrte von dieser Statthalterschaft als vermögender Mann nach Tettnang zurück und ging als »Wilhelm, der Reiche« in die Geschichte ein. Er mag damit die Grundlagen gelegt haben, daß die Tettnanger etwas länger als die Feldkircher oder Bregenzer eine unabhängige Politik aufrecht erhalten konnten.

Ludwig der Bayer scheiterte schließlich, aber nicht, wie man es aus dem landesgeschichtlichen Blickpunkt gerne sehen würde, an der erfolglosen Belagerung von Feldkirch 1345, sondern am Gegensatz der um ihre Hausmacht ringenden Königsgeschlechter der Wittelsbacher und der Luxemburger. 1346 wurde Karl IV. zum König gewählt, doch setzte ihm Ludwig IV. noch beträchtlichen Widerstand entgegen. Zahlreiche Reichsstädte blieben ihm treu, darunter auch Aachen, so daß Karl IV. in Bonn zum König gekrönt werden mußte.

Die Grafen von Montfort-Feldkirch sind bereits zu schwach, um noch eine aktive, geschweige denn maßgebliche Rolle in der Reichspolitik zu spielen. Die Schutzmacht der Habsburger setzt sich immer mehr durch. 1360 wird ein habsburgisch-montfortisches Schutzbündnis erneuert. Als 1363 die Herrschaft Neuburg und Tirol an Österreich übergehen, sind die Tage der Montforter gezählt. 1375 verkauft Graf Rudolf V. von Montfort-Feldkirch seine Lande an Österreich. 1394 folgt Graf Albrecht von Werdenberg-Heiligenberg diesem Beispiel und verkauft auf Ableben die Grafschaft Bludenz an die Habsburger. Seit 1362 bzw. seit 1374 werden auch die Grafen von Montfort-Bregenz und Montfort-Tettnang getreue Vasallen der Österreicher und legen damit den Grund dafür, daß auch ihre Lande an Österreich übergehen. Die für die Habsburger schmerzlichen Niederlagen von Sempach 1386 und Näfels 1388 gegen die Eidgenossen lassen den Adel näher zusammenrücken, entwickeln aber auch unverkennbar eine Integrationswirkung und festigen die habsburgische Position am Alpenrhein.

Was bei der Feldkircher Linie 1375 durch den Verkauf an Österreich besonders augenfällig wird, trifft in gleicher Weise für die Tettnanger und Bregenzer, aber auch für die Werdenberger zu. Eine aktive Reichspolitik der Montforter gehört der Vergangenheit an. Gewiß begegnen sie uns auch in den folgenden Jahrhunderten immer noch bei Hofe. Sie nehmen dort gewichtige Positionen ein: in der Verwaltung, in der Rechtsprechung, im diplomatischen und im militärischen Bereich. Aber sie sind nicht mehr, wie es früher der Fall war, eigenständige politische Kräfte; sie sind jetzt nicht mehr Partner, sondern Beamte, Befehlsempfänger des Kaisers, in dessen Sold sie stehen, in dessen Dienst sie sich aufreiben.

Man könnte hier endlos Beispiele nennen. Da ist Wilhelm II., der 1327 der Statthalter des Kaisers in Mailand wird. Da ist Wilhelm V., der am Konstanzer Konzil weilt und im Dienste König Albrechts II. in Ungarn stirbt. Oder dessen Sohn Ulrich V., der 1473 in Trier an dem großen Festessen Kaiser Friedrichs III. mit Karl dem Kühnen von Burgund teilnimmt und die Ehre hat, am Nebentisch des Kaisers zu sitzen. Da ist Johann I., der in Aachen 1486 aus Anlaß der Krönung Maximilians I. vom König zum Ritter geschlagen wird. Oder Wolfgang I., der 1532 mit dem Orden vom Goldenen Vlies ausgezeichnet wird. Oder Hugo XVI., der den Kaiser auf dem Konzil von Trient vertreten hat.

Dieser Dienst für Kaiser und Reich ist nicht zuletzt ein Grund für den Ruin des Hauses Montfort gewesen. Denn einmal erlaubt ihnen diese Tätigkeit nicht mehr, sich mit ihrer ganzen Kraft der Regierung ihren eigenen Lande zu widmen. Die Montforter waren kaum mehr in der Lage, sich als Landesherren richtig zu entfalten oder gar den Aufstieg zu Landesfürsten zu nehmen; ihr »Staat« blieb daher unterentwickelt.

Zum anderen hat auch die vielbelächelte Schuldenwirtschaft der Grafen von Montfort in diesem Hofdienst ihre Ursache. Der Hofdienst war nämlich ungeheuer aufwendig. Man konnte nicht vor dem Kaiser erscheinen, wenn man nicht stets nach neuester Mode kostbar gekleidet war. Man mußte repräsentieren. Man mußte die Konkurrenten ausstechen, indem man mit den teuersten Kutschen vorfuhr, sich möglichst viele Diener hielt, und zu Gesellschaften und Banketten einlud.

Man darf insbesondere auch die Frauen als die treibende Kraft nicht vergessen, ein Thema, das einer Untersuchung wert wäre. Dazu nur ein einziges Beispiel: Graf Anton III.

Wappen der Grafen von Montfort in der Zürcher Wappenrolle, um 1340.
(Foto: Vorarlberger Landesarchiv).

heiratete 1693 Maria Anna von Thun, die einem sehr reichen Adelsgeschlecht angehörte. Es liegt auf der Hand, daß durch eine solche Verbindung der Sparsamkeitswille nicht gefördert werden konnte. Man erwartet einfach von einem Adeligen einen gewissen Lebensstil, den man aus einem kaiserlichen Beamtengehalt nicht bestreiten konnte. Der Hofdienst zwang daher die Montforter dazu, immer wieder die Substanz anzugreifen, ja ihre Lande bis zum völligen Ausverkauf abzugeben.

Die vorstehenden Ausführungen sollten eine kleine Kostprobe davon geben, wie durch die Ausstellung die Forschung und die Diskussion über die Montforter in Fluß gekommen ist. Der Katalog der Ausstellung wird weitere Einzelheiten vermitteln können. Vor allem aber wird die Ausstellung selbst den Eindruck geben können, daß die Kultur und die Geschichte der Grafen von Montfort ein Thema sind, das uns heute noch anspricht.

Die Grafen von Montfort als Landesherren in Vorarlberg

Im Jahre 1182 starb Pfalzgraf Hugo von Tübingen, der über seine Ehefrau Elisabeth von Bregenz, die Tochter des letzten Bregenzer Grafen, das Erbe der Grafen von Bregenz an sich gebracht hatte. Hugo von Tübingen hatte freilich mehrere Jahrzehnte um dieses Erbe kämpfen müssen, bevor es – in einem stark verkleinerten Ausmaß – endgültig in seinen Besitz kam. Insbesondere war Bregenz und sein Umland stark in Mitleidenschaft gezogen worden. Es war daher das vordringliche Anliegen des Pfalzgrafen, seine Lande durch die Gründung einer Stadt auf dem Boden von Bregenz aufzuwerten. In Bregenz, im alten Hauskloster der Grafen von Bregenz in der Mehrerau, fand Pfalzgraf Hugo seine letzte Ruhestätte.

Die Söhne des Pfalzgrafen, der ältere Rudolf und jüngere Hugo, übernahmen das väterliche Erbe zur gemeinsamen Hand und verwalteten es zusammen. Es zeigte sich bald, daß die neu gegründete Stadt Bregenz in ihrem verkleinerten Hinterland nur wenig entwicklungsfähig war und vor allem gegen die Konkurrenz von Lindau nicht aufkommen konnte. Nachteilig wirkte sich aus, daß die Paßstraße nach Italien von Lindau auf dem Seeweg nach Fußach führte, also Bregenz gar nicht berührte. Die Söhne des Pfalzgrafen trachteten daher danach, das traditionelle Herrschaftszentrum von Bregenz nach Feldkirch zu verlegen. Sie gründeten dort eine neue Stadt, die verkehrsmäßig günstig an der Italienstraße lag und ein weites Hinterland für den Markt hatte. Die damals neu errichtete Schattenburg sollte der Stammsitz eines neuen Geschlechtes werden: der Grafen von Montfort. Der Namen, dessen Herkunft ungeklärt bleibt, ist ein Symbol der Kraft und Stärke: comes Montis fortis ist der Graf des stark befestigten Berges, des trutzigen Stammsitzes zu Feldkirch, von wo aus die neuen Herren ihr Land aufbauten und regierten.

Graf Hugo I., 1182 – 1228, mit dem Beinamen »der Gründer«, machte diesem Symbol der Stärke alle Ehre. Er war ohne jeden Zweifel die kraftvollste Persönlichkeit seines Geschlechtes, ein Mann, der die Zeichen der Zeit erkannt hatte und zielbewußt in seinem Bereich jene Politik verfolgte, die damals das Gebot der Stunde war: der Aufbau und Ausbau einer Territorialherrschaft. Der staufische Kaiser Friedrich II. (1212 – 1250) gab in seinem sizilischen Erbe selbst das vollendete Beispiel; er war es auch, der mit dem Statutum in favorem principum 1232 diese Entwicklung reichsrechtlich anerkannt hat. Und so bemüht sich auch Hugo I., die Rechte, die ihm als dem Grafen zustanden, in jeder Weise zu festigen und zu erweitern und die wirtschaftlichen Grundlagen seiner Herrschaft zu erneuern, durch die Gründung einer Stadt, die einen verstärkten Zuzug von Menschen anregte, durch die Förderung des Weinbaus, durch den Bau neuer Straßen, insbesondere des Hospizes in Klösterle auf dem Weg zum Arlberg, wo zugleich auch eine Zollstelle errichtet wurde. Wenn heute das Land Vorarlberg das rote Banner des Grafen Hugo I. von Montfort im Landeswappen führt, so wird damit zum Ausdruck gebracht, daß die Bildung des Territorialstaates Vorarlberg im wesentlichen eine Leistung des Grafen Hugo I. gewesen ist.

Dennoch ist Hugo I. nie eine volkstümliche Gestalt der Vorarlberger Geschichte geworden. Die Gründe dafür sind unentdeckt geblieben. Es mag sein, daß ihm, der sein Land, seine Stadt, sein Kloster, seine Menschen, als Sacheigentum ansah, die Nähe zum Volke abging; es mag ihm auch der Sinn für die kulturellen Werte gefehlt haben, weshalb weder Chronisten noch Sänger seine Taten gepriesen haben. Vielleicht war es aber auch der Bruch mit der Tradition, der Hugo I. verübelt wurde. So ließ er sich nach seinem Tode nicht in dem Hauskloster der Grafen von Bregenz in der Mehrerau beisetzen, sondern im Chor der von ihm gegründeten Johanniterkirche in Feldkirch, wo er auch seine Jahrzeit feiern ließ. Der ihm gesetzte Grabstein zeigte ihn als Komtur des Johanniterordens in einem einfachen Ordensgewand, mit dem Schwert umgürtet. Auch darin erscheint uns Hugo I. noch einmal als der Verfechter moderner Ideen: er ist nicht nur der Landesherr seiner Grafschaft, sondern blickt als Komtur seines Ordens weit über die Grenzen hinaus ins Heilige Land. Graf Hugo I. gab damit den Kaufleuten seiner Stadt jenen Weitblick, der noch bei Hieronymus Münzer zu spüren ist, als er den König von Portugal zur Entdeckung Amerikas aufforderte.

Graf Hugo II., 1228 – 1257, konnte das väterliche Erbe im wesentlichen behaupten und sogar weiter ausbauen, da sein älterer Bruder Rudolf I., der Begründer der Werdenberger Linie, 1243 frühzeitig starb, so daß eine Teilung der Herrschaft vorerst vermieden werden konnte. Auch Hugo II. widmete sich erfolgreich der Festigung seiner landesherrlichen Rechte, die insbesondere in der Folge des von Kaiser Friedrich II. verkündeten Mainzer Reichslandfriedens von 1235 in Bezug auf seine richterliche Gewalt gestärkt wurden. Auch Hugo II. bricht mit geheiligten Traditionen der Grafen von Bregenz, indem er für die Sache der staufischen Kaiser gegen den Papst Partei ergreift und auch vor Gewalttaten gegen seine eigenen unbotmäßigen Klöster Mehrerau und St. Johann nicht zurückschreckt. In seinem Dienstmann Rudolf von Ems fand die staufische Sache sogar eine literarische Rechtfertigung.

Später vollzog Hugo II. jedoch eine politische Wende, indem er sich seinem päpstlich gesinnten Bruder Heinrich I. zuneigte. Der Predigermönch Heinrich war 1251–1272 Bischof von Chur; als geistlicher und weltlicher Landesherr seines Bistums wirkte er als erfolgreicher Fürst. Seine Förderung der Dominikaner, für die er in Chur eine Niederlassung in Aussicht nahm, diente ebenfalls der verkehrsmäßigen Erschließung des Raumes. Die letzten Jahre lassen auch Hugo II. als Förderer der Klöster erkennen: St. Johann, Weissenau, Wald, Mengen und nicht zuletzt Mehrerau, wo er seine letzte Ruhestätte fand und wo man seine Jahrzeit hielt. Bischof Heinrich von Montfort wurde in der Kirche von Reams im Engadin beigesetzt, wo sein Grabdenkmal noch im 19. Jahrhundert vorhanden war. Die nach dem Tode Hugos II. einsetzenden Montforter

Teilungen von 1258 und 1270 leiteten den Zerfall der Landesherrschaft und den Abstieg des Hauses Montfort ein, das sich künftig in kleinlichen Familienzwistigkeiten auseinanderlebte.

Die Söhne Rudolfs I., des 1243 verstorbenen Bruders Hugo II., Hugo (†1280) und Hartmann (†1271), die sich fortan nach ihrer Burg Werdenberg bei Buchs »von Werdenberg« nannten, spalteten sich 1258 von den Montfortern ab. Sie erbten den südlichen Teil der montfortischen Lande: den Süden Vorarlbergs, das heutige Fürstentum Liechtenstein und das Sarganserland, das sie 1265 durch die Gründung der beiden Städte Sargans und Bludenz aufzuwerten suchten. Aber auch die Söhne Hugos II. teilten um 1270 ihren zunächst gemeinsam verwalteten Erbteil:

Rudolf II. (†1302) erhielt Feldkirch, Ulrich I. (†1287) Bregenz und Hugo III. (†1309) Tettnang, während Friedrich II. (†1290) als Bischof von Chur, Wilhelm I. (†1301) als Abt von St. Gallen und Heinrich III. (†1307) als Dompropst von Chur eine geistliche Karriere wählten. Diese verhängnisvollen Teilungen hatten zur Folge, daß die Montforter und Werdenberger sich gegenseitig aufrieben. In der Schlacht von Göllheim 1298 unterlagen die Söhne Hugos II. auf der Seite des Königs Adolf von Nassau den mächtig aufstrebenden Habsburgern, womit sie ihre eigenständige politische Rolle aufgaben, um sich fortan in den Dienst der Mächtigeren zu stellen, an die sie letztlich Land und Leute verlieren sollten.

Am Ende des 13. Jahrhunderts ragen drei Montforter als die Begründer der Linie Feldkirch, Bregenz und Tettnang hervor: Rudolf II. von Feldkirch, Ulrich I. von Bregenz und Hugo III. von Tettnang.

Der 1302 verstorbene Rudolf II. hatte drei Söhne: Hugo IV., Rudolf III. und Ulrich II. Die Herrschaft Feldkirch ging an Hugo IV. über, während seine beiden Brüder für die geistliche Laufbahn bestimmt wurden. Doch schon 1310 wurde Hugo IV. in Schaffhausen – aus nicht näher geklärten Ursachen – erschlagen, so daß die Herrschaft Feldkirch an seine geistlichen Brüder Rudolf III. und Ulrich II. überging.

Unter ihnen beobachten wir einen grundlegenden Wandel in der montfortischen Politik. Bedingt durch eine solide Ausbildung im Kirchenrecht an der Hochschule von Bologna und die politischen Erfahrungen, die Rudolf III. als Verwalter des Bistums Chur gemacht hatte, legen die beiden Brüder den Grund für eine volksfreundliche Politik. Rudolf III. schließt 1311 ein Bündnis mit der Stadt Konstanz, er ruft die Walser ins Land und siedelt sie dort an, er anerkennt die Bürgerschaft von Feldkirch als juristische Person, indem er ihr das Siegelrecht zugesteht, und er verschafft der Stadt Feldkirch um 1313 ein Privileg Kaiser Heinrichs VII., das sie mit dem Lindauer Recht begabt und ihr die Freiheit von fremden Gerichten zugesteht. In der Folge lassen die Brüder Rudolf III. und Ulrich II. auch das Feldkircher Recht kodifizieren, sie siedeln die ersten Juden, die als Geldgeber gesucht waren, in Feldkirch an und nach dem Tode Rudolfs III. gewährt Ulrich II. seinen Feldkircher Bürgern sogar das Bündnisrecht, indem er sie 1337 als Vertragspartner in den Ewigen Bund mit Österreich aufnimmt.

Bündnisurkunde zwischen den Grafen von Montfort-Feldkirch und den Herzögen von Österreich vom 1. November 1337.
(Foto: Haus-, Hof- und Staatsarchiv Wien).

Diese Wende zu Österreich ist ebenfalls das Werk Rudolfs III. und Ulrichs II. Sie schlugen sich im Thronstreit zwischen Ludwig dem Bayern und Friedrich dem Schönen von Österreich auf die habsburgische Seite. Rudolf III. schloß die ersten Bündnisse mit Österreich, so etwa 1330, die später in den genannten Ewigen Bund von 1337 einmündeten.

Rudolf III. überragt die meisten Montforter Dynasten durch die Großzügigkeit seiner Politik, zu der er deswegen fähig war, weil er zum Bischof von Chur, zum Bischof von Konstanz und zum Abt von St. Gallen aufstieg. Er konnte die bedeutendsten geistlichen Ämter Alemanniens in seine Hand bringen und spielte als Reichsfürst in der

Auseinandersetzung zwischen Kaiser und Papst eine weltpolitische Rolle wie kein anderer Graf von Montfort. Gerade das erlaubte es ihm, über die oft kleinliche Politik seiner Verwandten hinauszuwachsen.

Es ist keine Frage, daß dieser grundlegende Wandel in der Politik, der einerseits den aufstrebenden Volkskräften, andererseits den Habsburgern entgegenkam, nicht ungeteilte Zustimmung fand. Insbesondere läßt sich zwischen den Söhnen Hugos IV., nämlich Hugo VII. (zu Tosters) und Rudolf IV. (zu Feldkirch) ein immer stärker werdender Gegensatz beobachten. Dieser gipfelt darin, daß Ulrich II. 1343 von seinen Neffen gefangengesetzt und seiner Herrschaft beraubt wird. Der Versuch Ulrichs II., durch eine Schenkung an den König seiner Stadt Feldkirch den Weg in die Reichsfreiheit zu ebnen und damit seinen Neffen die Herrschaft Feldkirch wieder zu entziehen, blieb ohne Erfolg. Ulrich II. starb 1350 im Exil.

Hugo VII. und Rudolf IV. versuchten die von Rudolf III. und Ulrich II. eingeleitete volksfreundliche Politik wieder rückgängig zu machen. 1355 wurden die Anhänger der Freiheitspartei brutal unterdrückt, ihrer Habe beraubt und ins Exil geschickt. Da jedoch Hugo VII. ohne Söhne blieb und die Söhne Rudolfs IV. bis auf den geistlichen Rudolf V. alle frühzeitig starben, mußte Rudolf V. 1368 in den Laienstand zurückkehren, um seinen Vater bei der Regierung des Landes zu unterstützen und um zu heiraten, um die Linie Montfort-Feldkirch am Leben zu halten.

Doch die Ehe blieb kinderlos, obwohl Rudolf V. 1372 eine Pilgerreise ins heilige Land unternahm, um Nachkommenschaft zu erflehen. Als daher Rudolf IV. 1375 starb und Rudolf V. die Alleinherrschaft antrat, zögerte er nicht lange, die Politik seines Großonkels Rudolf III. wieder aufzunehmen: er gewährte den Bürgern von Feldkirch den großen Freiheitsbrief von 1376 und verkaufte sein Land an Österreich. Eine solche Politik lag Rudolf V. umso näher, weil auch er aus der geistlichen Laufbahn kam und als langjähriger Dompropst von Chur nicht nur eine ähnliche Ausbildung wie sein Großonkel Rudolf III. genossen hatte; vielmehr gibt es deutliche Hinweise darauf, daß der einflußreiche Rudolf III. bei der Erziehung Rudolfs V. die Fäden in der Hand gehabt hat.

Es ist daher nicht erstaunlich, daß Graf Rudolf V. die volksfreundliche Politik wiederaufnahm und als der volkstümliche Montforter Regent in die Vorarlberger Geschichte eingegangen ist: als der Bauherr der Stadterweiterung von Feldkirch, der Erbauer der Leonhardskirche und der Heiligkreuzkapelle, als der Gründer der Klöster von Viktorsberg und Valduna, als der Veranstalter der Osterspiele, Stifter einer Bestgabe für die Schützen, Förderer der Fasnacht usw. Die zahlreich überlieferten Volksschauspiele verkünden die Verehrung des Volkes für diesen leutseligen Grafen, mit dessen Tod auf der Burg Fußach die Linie Montfort-Feldkirch 1390 erlosch. Der größere Teil Vorarlbergs, von Feldkirch bis Fußach, Dornbirn und der Hinterbregenzerwald inbegriffen, gingen endgültig an Österreich über.

Der von Ulrich I. (†1287) begründeten Bregenzer Linie war nur eine recht kurze Lebensdauer beschieden. Schon mit Graf Hugo V., dem Sohn Ulrichs I., starb dieser Zweig 1338 aus. Diese Linie, die mit der Herrschaft Bregenz wohl das kleinste Territorium beherrscht hat und auch dieses Gebiet kaum wesentlich erweiterte, verzeichnet keine besonderen Glanzleistungen; allzusehr steht sie im Schatten ihrer Verwandten in Feldkirch und Tettnang. Dennoch hat sich gerade diese Bregenzer Linie vor ihren Verwandten in Feldkirch und Tettnang berufen gefühlt, als die eigentlichen Erben der Grafen von Bregenz und damit als die Landesherren von Vorarlberg zu gelten. Sie haben das auch nach Außen zum Ausdruck gebracht, indem sie den Titel »Grafen von Bregenz« (statt Montfort-Bregenz) bevorzugten und im Wappen einen Löwen zeigten, wie er im Reitersiegel Ulrichs I. und im Siegel Hugos V. aufscheint. Ungeachtet ihrer im Norden von Tettnang und im Süden von Feldkirch eingeengten Machtstellung, konnte auch die Bregenzer Linie der Montforter bescheidene Erfolge für sich verbuchen. So gelingt es ihnen immerhin 1290, den Bregenzerwald aus königlichem Besitz als Pfand zu nehmen, womit Bregenz ein wertvolles Hinterland erhält. Von Kaiser Ludwig IV. konnte Hugo V. 1330 ein Marktprivileg für Bregenz erlangen. Ähnlich wie später Graf Rudolf V. von Montfort-Feldkirch suchte sich Graf Hugo V., sein Andenken durch eine Reihe von frommen Stiftungen der Nachwelt zu empfehlen. Vor allem das montfortische Hauskloster in der Mehrerau zog daraus vielfältigen Nutzen. Graf Hugo V. fand hier auch seine letzte Ruhestätte. Man hat daher nicht ganz ohne Grund den in der Mehrerau aufgefundenen Ritterkopf des sogenannten »Anonymus von Montfort« mit Graf Hugo V. in Verbindung gebracht; eine Identifizierung ist freilich bis heute nicht gesichert.

Graf Hugo III., der Begründer der Tettnanger Linie der Montforter, und seine Nachkommen gehören nicht unmittelbar in diesen Zusammenhang. Die Landesherren der Grafschaft Tettnang sind an anderer Stelle wiederholt dargestellt worden. Dennoch ist diese Linie für die Vorarlberger Geschichte nicht ohne Bedeutung geblieben, weil die Nachkommen Hugos III. von Montfort-Tettnang die mit Hugo V. 1338 ausgestorbene Bregenzer Linie beerbt und daraus die jüngere Linie Montfort-(Tettnang)-Bregenz hervorging.

Graf Hugo III. führte als Herr von Tettnang eine sehr glückliche und erfolgreiche Territorialpolitik. Für Tettnang erwarb er 1297 und 1304 ein Stadtprivileg. Sein Sohn Graf Wilhelm II., 1309 – 1350, der »Reiche« genannt, brach 1322 aus dem Bündnis der Montforter mit den Habsburgern heraus und konnte diese Politik erfolgreich fortsetzen. Er gewann 1332 die Herrschaft Rothenfels und schließlich 1338 nach dem Tode Hugos V. den größten Teil der Herrschaft Bregenz hinzu, wobei er allerdings Dornbirn und den Hinterbregenzerwald den Grafen von Montfort-Feldkirch überließ. Die Grafschaft Bregenz wurde dadurch vollends zum kleinsten und unbedeutendsten der montfortischen Territorien, während zugleich auch der Stadt wertvolles Hinterland entzogen wurde.

Einige Jahre nach dem Tode Wilhelms II. teilten seine Söhne Wilhelm III. und Heinrich IV. ihr Erbe. Während Heinrich IV. Tettnang übernahm, fiel die Grafschaft Bregenz an Wilhelm III. Graf Wilhelm III. wurde damit 1354 zum Begründer eines neuen Bregenzer Dynastengeschlechtes: der sogenannten jüngeren Linie von Montfort-Tettnang-Bregenz. Graf Wilhelm III. vergrößerte sein Land 1359 durch den Kauf der Herrschaft Hohenegg. Durch die Ehe mit Ursula von Pfirt trat Wilhelm III. in enge verwandtschaftliche und politische Beziehung zu den Habsburgern. Nach dem Tode der Ursula von Pfirt heiratete Wilhelm III. die Witwe des Grafen Johann von Pfannberg Margaretha von Schaunberg, womit eine besonders enge Verbindung der Grafen von Montfort-Bregenz zur Steiermark einsetzte. Wilhelm III. ist 1373 gestorben. Er ist der Stifter der Martinskapelle in der Bregenzer Oberstadt. Seine Erben wurden Konrad (†1393) und Hugo XII., der Minnesänger. Hugo XII. entstammte der Ehe Wilhelms III. mit Ursula von Pfirt, während Konrad, ebenso wie der bereits 1368 frühzeitig in Wien verstorbene Wilhelm IV., aus einer früheren Ehe mit N. von Schlüsselberg hervorgingen.

Während Graf Hugo XII., der Minnesänger, der in jungen Jahren Margaretha von Pfannberg, die Stieftochter seines Vaters heiratete, meist in der Steiermark weilte, wo die Bregenzer fortan im landsäßigen Adel eine hervorragende Rolle spielten, regierte Konrad in Bregenz. 1379 teilten Hugo XII. und Konrad ihren ererbten Besitz, wobei es zu einer Teilung der Herrschaft Bregenz und in der Folge auch zu einer Teilung der Bregenzer Linie kam. Da Konrad jedoch schon 1387 starb und seine Söhne Wilhelm VII. und Hugo XIV. noch unmündig waren, übernahm der Minnesänger Hugo XII. als Vormund seiner beiden Neffen zunächst noch einmal die gesamte Herrschaft Bregenz. Der gefeierte Dichter Hugo XII. hielt sich häufig bei Hofe oder auf diplomatischen Missionen (Schweiz, Italien) oder Kriegszügen (Kreuzzug gegen die Litauer) auf. 1386 nahm er an der Schlacht vom Sempach, 1388 an der Schlacht von Näfels teil. Er war 1388 österreichischer Vogt im Thurgau, Aargau und Schwarzwald, 1397 Hofmeister des Herzogs Leopold III. von Österreich und 1415 Landeshauptmann der Steiermark. Hugo XII. wurde nach seinem Tode 1423 bezeichnenderweise in der Minoritenkirche in Bruck an der Mur beigesetzt. Kurz vor seinem Tode stiftete er 1422 das Dominikanerinnenkloster auf dem Hirschberg bei Bregenz.

In den Wirren des Appenzellerkrieges 1405 – 1408 konnten sich sowohl Hugo XII. als auch sein Neffe Wilhelm VII. mit Geschick behaupten. Doch führten die Spannungen zwischen ihnen 1409 zur Teilung der Stadt Bregenz, wodurch die Teilung der Grafschaft Bregenz weiter verschärft wurde. Der Bruder Wilhelms VII., der Johannitermeister Hugo XIV., stand infolge seiner geistlichen Karriere meist außerhalb; er war nacheinander (zum Teil auch nebeneinander) Komtur von Bubikon, Wädenswil, Tobel, Leuggern und Villingen, zuletzt stand er auch als Großkomtur zu Heitersheim an der Spitze der deutschen Johanniterprovinz.

Der Tod Wilhelms VII. 1422 und Hugos XII. 1423 führte zu einer Neuregelung der Verhältnisse in Stadt und Herrschaft Bregenz, die sich freilich ganz im Sinne der früher vollzogenen Teilung gestaltete. Von den Söhnen Hugos XII. war der ältere Ulrich IV.

bereits 1410 verstorben, so daß das Erbe des Minnesängers an den jüngeren Stefan I. fiel. Das Erbe Wilhelms VII., der keine Söhne hatte, gelangte an seine Tochter Elisabeth, die 1451 ihren Anteil an die Habsburger verkaufte.

Dasselbe Schicksal nahm drei Generationen später auch die nördliche Hälfte der Herrschaft Bregenz. Die stark verkleinerte und durch die Macht Österreichs und dessen Vögte eingeschränkte Grafschaft war nur mehr ein Schatten ihrer früheren Größe. Desgleichen erscheinen auch die letzten Montforter nur mehr als ein schwacher Abglanz ihrer berühmten Vorfahren. Sie sitzen zumeist in der Steiermark und erschöpfen sich in kleinlichen Streitereien untereinander. Auf Stefan I. (†1437) und Hermann II. (†1482) folgt mit Hugo XVII. der letzte Montforter der Linie Montfort-Tettnang-Bregenz. Er teilt 1515 sein väterliches Erbe in der Weise, daß ihm selbst die noch verbliebene Grafschaft Bregenz zufiel, während die innerösterreichischen Besitzungen an seinen Bruder Georg III. gelangten. Graf Hugo XVII. blieb ohne rechtmäßige Erben, so daß er dem Drängen der Habsburger nachgab und 1523 seine Lande an Österreich verkaufte. Die österreichische Verwaltung überließ ihm zum Dank dafür vorübergehend die Vogtei in der Grafschaft Feldkirch, doch konnte er infolge Krankheit und wegen seiner Dienstpflichten, die er als Pfleger des bayerischen Amtes Höchstädt übernommen hatte, diese Vogtei nur sehr schlecht versehen. Hugo XVII. zog sich darauf ganz nach Höchstädt zurück, wo er 1536 verstorben und in der dortigen Pfarrkirche begraben ist. Seine drei unehelichen Kinder Christoph, Daniel und Marina konnte er noch 1532 durch Kaiser Karl V. in den Adelsstand mit dem Prädikat von Flugberg erheben lassen; die Bregenzer Montforter fanden jedoch mit seinem Tod ihr Ende.

Sein Bruder Georg III., der 1544 gestorben ist, wurde jedoch zum Begründer der jüngeren Tettnanger Linie, indem seine Nachkommen beim Aussterben des Hauses Montfort-Tettnang im Jahre 1574 völlig unerwartet zur Erbschaft berufen wurde. Doch gelang es auch der jüngeren Tettnanger Linie auf die Dauer nicht, ihre stark verschuldeten Lande zu behaupten. Stück um Stück mußte verkauft werden. 1755 verzichteten Graf Ernst und seine Söhne Franz Xaver und Anton IV. auf den angestammten Titel eines »Herren von und zu Bregenz«. Zuletzt mußte Franz Xaver von Montfort als letzter regierender Graf 1779 sein Land an Österreich abtreten. Mit dessen Bruder Graf Anton IV., der als Privatmann in Tettnang lebte, starb am 3. Dezember 1787 ein Adelsgeschlecht aus, das sechs Jahrhunderte lang am Bodensee geherrscht hatte und durch viele Generationen eines der bedeutendsten Geschlechter Alemanniens gewesen ist.

»Familienfeier« der Grafen von Montfort aus der Chronik des Thomas Lirer, Ulm 1486.
(Foto: Klapper, Landesbildstelle).

Die Grafen von Montfort und ihre Bedeutung für die Bündner Geschichte

Die historischen Verbindungen zwischen Graubünden und Vorarlberg weisen ein nahezu unerschöpfliches Material auf. Lange Zeit bildeten beide Paßländer eine politische Einheit – unter den Rätern, den Römern, den Viktoriden – große Teile Vorarlbergs gehörten noch bis 1816 zum Bistum Chur, ja sogar die rätoromanische Sprache hat sich im kirchliche Bereich im Montafon bis ins 18. Jahrhundert erhalten können. Ich darf in diesem Zusammenhang auf einen Aufsatz von Daniel Witzig »Graubünden und Vorarlberg« hinweisen, der 1973 zum österreichischen Historikertag in Bregenz erschienen ist und den Untertitel »Die verlorenen Bündner« trägt. Dort findet man auch ein Zitat aus der Neuen Bündner Zeitung, die anläßlich der Diskussion über das Schweizer Anschlußbegehren Vorarlbergs nach dem 1. Weltkrieg die Vorarlberger als stammverwandte Leute bezeichnete: »Churwelsche Romanen, die mit den Prättigauern langsam ihre Sprache an das Deutsche vertauscht haben«.

Aus der überreichen Fülle gemeinsamer Geschichte Graubündens und Vorarlbergs habe ich die Grafen von Montfort ausgewählt, weil ihnen durch die Ausstellungen des Jahres 1982 in Bregenz, Feldkirch, Tettnang, Langenargen und Friedrichshafen eine gewisse Aktualität zukommt. Zum anderen sind die Montforter ein Beispiel dafür, wie auch noch im späten Mittelalter unsere Paßlandschaften als eine politische Einheit angesehen wurden.

Als Zeuge dafür mag der montfortische Hofchronist Thomas Lirer aus Rankweil dienen, der im 15. Jahrhundert eine Chronik schrieb, die von den Historiker mit großer Skepsis aufgenommen wird, als Zeitdokument aber unschätzbaren Wert gewinnt. Das Buch wurde in einer Zeit geschrieben, als der heimische Adel sich durch die Erfolge der Eidgenossen und der Appenzeller gefährdet sah. Und Lirer kam es in seinem Grafenspiegel darauf an, die ruhmreiche Vergangenheit zu verherrlichen, in der die Grafen alleine das Sagen hatten, weshalb er die Eidgenossen auch mit keinem Wort erwähnt.

Gleichwohl betrachtet er den Alpenraum als eine Einheit: die Grafen von Montfort werden auf den römischen Kaiser Kurio (eine Anspielung auf den Namen Chur) zurückgeführt, der Christ geworden war, deshalb abgesetzt wurde, und sich in das Hochgebirge zurückzog. »Vnd do so vil walhe von Rom dahin kament ..., wellisch und teutsch vnder einander wohnhafft warent. Do ward er ein besundere sprach daraus ... Und hieß man die sprach vnnd das land ... Kurwalhen. Vnd gieng herab biß an den Bodensee vnd vber sich auff bis an den Settner, do Mayland anstöst.« Zwischen Septimer und Bodensee also liegt die Heimat der Grafen von Montfort, den Nachkommen des sagenhaften Kurio.

Die Grafen von Montfort sind, wenn wir auf den historischen Boden zurückkehren, die Nachfolger der Grafen von Bregenz, die als ein mit Kaiser Karl dem Großen verschwägertes, alemannisch-fränkisches Adelsgeschlecht lange Zeit im Bodenseeraum und in Rätien die Macht ausgeübt haben. Im 10. Jahrhundert mußten die Grafen von Bregenz in der Folge der ottonischen Reichskirchenpolitik starke Einbußen hinnehmen, die namentlich dem Bischof von Chur zugutekamen. Als um 1150 mit dem Grafen Rudolf von Bregenz dieses Geschlecht im Mannesstamm ausstarb, fiel das Bregenzer Erbe an den Pfalzgrafen Hugo von Tübingen, die freilich drei Jahrzehnte darum kämpfen mußte, bevor es in einem stark verkleinerten Ausmaß in seinen Besitz kam. Nutznießer waren diesmal die Staufer, die zahlreiche Burgen entlang der Paßstraße durch das Rheintal in ihre Hand bringen konnten. Als 1182 der Pfalzgraf Hugo von Tübingen starb, beerbten ihn seine Söhne, der ältere Rudolf und der jüngere Hugo, die zunächst gemeinsam regierten. Später teilten sie ihren Besitz so, daß Rudolf das Tübinger Erbe übernahm, während das Bregenzer Erbe an Hugo fiel. Das traditionelle Herrschaftszentrum wurde von Bregenz nach Feldkirch verlegt. Hier wurde eine neue Stadt gegründet, die verkehrsmäßig günstig lag, zugleich auch die Schattenburg errichtet, die zum Stammsitz eines neuen Geschlechtes werden sollte: der Grafen von Montfort. Seit etwa 1200 führt Hugo von Tübingen nebeneinander zwei Titel: den traditionellen eines Grafen von Bregenz, zugleich aber auch den neuen eines Grafen von Montfort: comes de Monte forti ist der Graf von Starken Berg. Es ist wahrscheinlich, daß der romanische Adelstitel mit Rücksicht auf die damals noch stark romanische Bevölkerung im Süden Vorarlbergs gewählt wurde. So jedenfalls nimmt es Thomas Lirer an: »do ward der namm in wellisch beköret vnd gehaissen von Montfort«. Jedenfalls liegt es nahe, aus dem doppelten Titel den Willen nach einer Machtsteigerung, insbesondere auch im churrätischen Bereich, herauszulesen.

Graf Hugo I. von Montfort erhielt nicht zu Unrecht den Beinamen »der Gründer«. Er ist der Gründer eines neuen Dynastengeschlechtes, er ist der Gründer der Stadt Feldkirch, er ist nicht zuletzt der Gründer der Landesherrschaft in Vorarlberg, dessen Staatswappen auf Hugo von Montfort zurückgeht. Graf Hugo I. ist eifrig bestrebt, alle nur möglichen Rechtspositionen in seiner Hand zu festigen und für den Ausbau der Landesherrschaft zu nützen. So sehen wir ihn 1209 im Besitz der Blutgerichtsbarkeit. Er sucht planmäßig die finanzielle Basis für seine Herrschaft zu erweitern. Er errichtet in Klösterle eine Zollstelle. Tübinger Tradition entsprechend fördert er auf jede Weise den Weinbau, der für die folgenden Jahrhunderte der wichtigste Wirtschaftszweig Vorarlbergs wird. Er festigt die landesherrlichen Geleitsrechte und baut die Verkehrswege aus, sowohl die Straße über die Bündnerpässe nach Italien als auch die Straße über den Arlberg. Er legte zwischen Rheineck und Fußach den Bodenseehafen »Zum Birnbaum« an. Die Gründung des Johanniterklosters in Feldkirch und des Hospiz in Klösterle sind Zeugnisse dieser weitsichtigen Verkehrspolitik, aber auch eines aktiven Eingreifens in die Kreuzzüge, die die internationalen Handelsbeziehungen fördern.

Hugo von Montfort ist um 1228 gestorben. Gegen die Tradition wird er nicht im Hauskloster Mehrerau bei Bregenz beigesetzt, sondern in der Johanniterkirche in

Feldkirch. Der noch erhaltene Grabstein stellt ihn im Ordenskleid des Johanniterkomturs dar, mit dem Schwert umgürtet.

Diese Aktivitäten des Grafen Hugo von Montfort stehen in dieser Zeit im Ostalpenraum nicht vereinzelt dar. Besonders deutlich ist die Parallelität zu Friedrich von Wangen, einem der bedeutendsten Fürstbischöfe von Trient 1207–1218.

Auch Friedrich von Wangen stellt den Trienter Bischofsstaat auf eine neue Grundlage, er baut die Verkehrswege aus, indem er Hospize gründet; er befestigt seine Stadt; er konzentriert die Verwaltung. 1218 stirbt er auf einem Kreuzzug in Akkon; auch darin dem Crucesignatus Hugo von Montfort nicht unähnlich. Erwähnt sei auch der 1219 zwischen dem Bischof von Chur und der Stadt Como abgeschlossene Handelsvertrag, der den Beitritt des Grafen Hugo von Montfort und der Brüder von Wangen vorsah.

Der Vergleich Hugos von Montfort mit Friedrich von Wangen liegt deswegen nahe, weil der Montforter mit einer Verwandten des Bischofs, Mechtild von Wangen, verheiratet war. Diese Frau, übrigens die Mutter des Churer Bischofs Heinrich von Montfort, hat die Politik ihres Mannes mitgetragen; so ist sie etwa mitbeteiligt bei der Gründung des Johanniterklosters.

Die Verbindung Wangen – Chur – Feldkirch spielt während des gesamten 13. Jahrhunderts eine Rolle, 1258 schenkt Beral von Wangen dem Churer Bischof Heinrich von Montfort Burg, Hof und Kirchensatz zu Reams. Noch Hugo VI. von Montfort, ein Urenkel Hugos I. der 1298 zum Bischof von Chur gewählt wird, begann seine geistliche Laufbahn als Pfarrer von Wangen (1285). Natürlich ist damit nicht, wie bei Stelling-Michaud vermutet, Wangen im Allgäu gemeint, sondern Wangen bei Bozen, das durch den genannten Friedrich von Wangen, Bischof von Trient, als Pfarre begründet wurde. Auch ein anderer Urenkel Hugo I., Rudolf III. von Montfort, 1322 vom Papst zum Bischof von Chur ernannt, begann seine geistliche Karriere als Pfarrer von Tirol bei Meran.

Sein Nachfolger in diesem Amt wurde der montfortische Ministeriale und Churer Domherr Heinrich von Fußach (1325, noch 1343).

Als 1280 das Predigerkloster St. Nicolai in Chur gegründet wurde, wie es hieß, am Fuße des Septimers, damit die über die Alpen wandernden Brüder einen Ort der Erholung von den Strapazen der weiten Reise finden, ist die Rede von einem langen vorbereiteten Plan. Als Urheber dieses Plans vermutet man Bischof Heinrich von Montfort. Und es fällt wiederum auf, daß der Churer Gründung 1274 jene von Bozen vorausgeht.

Man ersieht aus diesen Beispielen, wie der Ostalpenraum im 13. Jahrhundert noch als Einheit empfunden wurde. Insbesondere war Graubünden ein natürliches Betätigungsfeld montfortischer Politik, galt es doch, die Tradition der Grafen von Bregenz fortzusetzen, deren Nachfolger sie waren.

Bevor wir jedoch des näheren auf diese Verhältnisse eingehen, ist zunächst noch ein Blick auf die weitere Hausgeschichte der Grafen von Montfort zu werfen. In der zweiten Generation sehen wir die Montforter noch kraftvoll und expansiv. Hugo II. übernimmt die Gesamtherrschaft, die er wesentlich ausbaut; sein geistlicher Bruder

Heinrich übernimmt als Bischof von Chur eine Schlüsselstellung. Doch schon in der dritten Generation setzt der Zerfall des Hauses Montfort ein. Die Söhne Rudolf I., Hugo und Hartmann, begründen 1258 die neue Dynastie der Grafen von Werdenberg, die vorübergehend in heftige Auseinandersetzungen mit den Montfortern geriet. Aber auch die Söhne Hugo II. zerrissen um 1270 das montfortische Erbe: Ulrich I (†1287) begründete die Bregenzer Linie, Rudolf II. (†1302) die Feldkircher Linie und Hugo III. (†1309) die Tettnanger Linie der Montforter, die künftig ebenfalls in politische Gegensätze gerieten. Drei weitere Brüder waren geistlichen Standes und verhinderten somit eine noch weitergehende Zersplitterung: Friedrich II. war Bischof von Chur, Heinrich III. Dompropst und Wilhelm I. Abt von St. Gallen. Der Gegensatz zu den Habsburgern führte 1298 in der Schlacht bei Göllheim zum Ende einer eigenständigen Politik der Montforter, die in der Folge Vasallen der Habsburger wurden: die Grafen von Montfort-Feldkirch schlossen 1337 einen ewigen Bund mit den Habsburgern, die Grafen von Montfort-Bregenz 1362, die Grafen von Montfort-Tettnang 1374. Die Grafen von Montfort enden als habsburgische Beamte. Ihre Lande gehen Zug um Zug in den österreichischen Besitz über: Feldkirch 1375, das werdenbergische Bludenz 1394, Bregenz in zwei Etappen 1451 und 1523 und Tettnang 1779. So hatten sich die Grafen von Montfort seit Beginn der Neuzeit nur mehr in Tettnang behaupten können; aber auch hier waren sie auf Grund ihrer Schuldenwirtschaft gezwungen, Stück und Stück ihre Besitzungen zu verkaufen, da sie gewohnt waren, weil über ihre Verhältnisse zu leben und durch aufwendige Schloßbauten ihrem Wunschtraum, doch noch in den Reichsfürstenstand erhoben zu werden, nachhingen. Zeugnisse dieser Schuldenwirtschaft sind die montfortischen Münzen, die wegen ihrer schlechten Qualität verrufen waren und wiederholt aus dem Verkehr gezogen werden mußten. Der letzte regierende Graf Franz Xaver, †1780, versuchte sich sogar als Goldmacher, konnte aber damit die Schuldenlast nicht abwenden. Mit Graf Anton IV. starb 1787 in seiner bescheidenen Behausung im heutigen Gasthof Krone in Tettnang, der letzte Montforter. Sein Denkmal in der Pfarrkirche von Tettnang symbolisiert mit dem umgestürzten Wappen das Ende des Dynastengeschlechtes, das durch sechs Jahrhunderte Herrschaft ausgeübt hatte. Die unglückseligen Teilungen und innere Zwistigkeiten haben frühzeitig den Abstieg des Hauses begründet, das bald ganz in den Schatten der mächtigeren Habsburger geriet und immer mehr verschuldete. Auf der anderen Seite, so haben die Ausstellungen des Jahres 1982 gezeigt, sind aber nicht zuletzt durch diese Verschuldung zahlreiche Bauwerke und Gegenstände der Kunst und Kultur geschaffen worden, die wir heute genießen. Als ein Beispiel sei etwa das literarische Werk des Minnesängers Hugo von Montfort genannt.

Auch in Graubünden haben die Montforter in dieser Hinsicht ihre Spuren hinterlassen. Ein Beispiel ist die Churer Kathedrale, die 1272 durch Heinrich von Montfort geweiht wurde. Im nördlichen Seitenschiff waren noch in der Mitte des vorigen Jahrhunderts mit Modeln eingepreßte Montfortwappen im Stil des 13. Jh. sichtbar, woraus auf dessen Entstehung unter Heinrich und Montfort geschlossen wurde. Mit seinem Namen ist auch der Bau der Burgen von Fürstenau, Friedau und Herrenberg bei

Sevelen verbunden. Der Luzienschrein im Churer Domschatz, in dem 1252 die Reliquien des Hl. Luzius übertragen wurden, erinnert in einer Inschrift an Heinrich von Montfort. Ein Montforter Wappen findet man auch auf dem Wappenkästchen von Scheid aus der 1. Hälfte des 14. Jh. im Rätischen Museum. Diese heraldischen Kästchen dienten der adeligen Repräsentation.

Das Rätische Museum verwahrt auch die Abgüsse von 33 Adelswappen aus der Zeit um 1300, die ein Wohngemach der Grottenburg Fracstein (Kreis Seewis) schmücken, darunter auch ein Montforter Wappen.

Nicht zu vergessen sind Werke der Kleinkunst, wie die von den Montfortern in Chur geprägten Münzen: als Beispiel sei der Churer Silberbrakteat des Bischofs Friedrich von Montfort (ebenfalls im Rätischen Museum), nicht weniger aber auch die ungezählten Siegel der Montforter Bischöfe und Dompröpste.

Bemerkenswert ist auch das erhaltene Grabdenkmal des 1311 verstorbenen Domdekans Albero von Montfort in der Churer Kathedrale. Der Grabstein Bischof Heinrichs von Montfort, der noch im 18. Jh. in der Kirche von Remüs zu sehen war, ist heute leider verschollen.

Eine wohl in Chur entstandene Auftragsarbeit ist auch die im 13. Jh. gefertigte Nikolausscheibe in der Luziuskirche in Göfis, heute im Vorarlberger Landesmuseum. Möglicherweise ist Bischof Heinrich von Montfort der Auftraggeber. Der hl. Nikolaus, der Patron der Kaufleute, genießt im 13. Jh. in Verbindung mit der Montforter Straßenpolitik besondere Verehrung. Ihm ist die Pfarrkirche in Feldkirch geweiht ebenso wie die Dominikanerkirche in Chur, am Fuße des Septimers. Auch auf dem Luzienschrein ist der hl. Nikolaus dargestellt.

Ich habe diese montfortischen Überreste in Graubünden deswegen hervorgehoben, weil sie von den Ausstellungen 1982 größtenteils übergangen wurden. Der Katalog der Tettnanger Montfort-Ausstellung enthält eine sehr verdienstvolle Karte über die »Denkmäler und Kunstwerke aus der Zeit der Grafen von Montfort«. In dieser Karte ist Graubünden lediglich mit dem Symbol für Kirchenbauten in Chur verzeichnet, im übrigen aber eine Terra incognita, ein weißer Fleck auf der Landkarte. Hier zeigt sich, daß man die Bündner Geschichte bisher von Seiten der Montfortforschung viel zu wenig berücksichtigt hat.

Die Grafen von Montfort haben in Graubünden im 13. und 14. Jh. vor allem über das Amt des Bischofs, seines geistlichen Richters oder weltlichen Pflegers, sowie über das Domkapitel politischen Einfluß ausgeübt. Die Montforter stellen in der Zeit von 1251 bis 1325 insgesamt vier Bischöfe:

Heinrich	1215 – 1272
Friedrich	1282 – 1290
Hugo	1298
Rudolf	1322 – 1325

Dabei übergehe ich die mit ihnen verwandten Werdenberger, die zwei weitere Bischöfe stellen: Berthold von Heiligenberg 1291 – 1298 und Hartmann von Werdenberg-Sargans 1388 – 1416, wobei die Mutter des letzteren dazu noch eine Gräfin Agnes von

Montfort-Feldkirch war. In ca. 150 Jahren bleibt das Amt des Bischof für 50 Jahre in Montforter Hand, so daß man fast von einem Hausbistum sprechen möchte. Es kommt noch hinzu, daß unter den sonstigen Bischöfen auch montfortische Ministerialen zu finden sind wie Volkard von Neuburg 1237 – 1251. Es gibt jedenfalls kein anderes Geschlecht, das eine ähnliche Bedeutung für das Churer Bischofsamt in dieser Zeit gehabt hat.

Die Vorstellung von einem Hausbistum verdichtet sich, wenn wir die weltlichen Pfleger des Bistums mit einbeziehen. So wird Graf Rudolf IV. von Montfort-Feldkirch 1372 auf sieben Jahre zum Pfleger des Bistums bestellt, 1385 dessen Sohn Rudolf V. auf fünf Jahre. Schon 1310 hatte Bischof Siegfried von Gelnhausen den Dompropst Rudolf III. von Montfort auf 10 Jahre zu seinem Generalvikar in temporalibus et spiritualibus ernannt. Da der Bischof im Reichsdienst abwesend war, regierte faktisch Rudolf III. das Bistum Chur.

Wie Otto P. Clavadetscher in seinem Buch über »Die geistlichen Richter des Bistums Chur« (1964) zeigt, sind die Grafen von Montfort und insbesondere auch ihre gleichnamigen Ministerialen als Generalvikare und Offiziale ganz besonders häufig anzutreffen. Von 1270 bis zur Mitte des 14. Jh. haben die Montforter in diesen Ämtern eine fast ausschließliche Stellung:

1270	Walter von Neuburg, ein Neffe des genannten Bischofs
	Volkard von Neuburg, ein montfortischer Ministeriale
1270	Konrad von Montfort (aus Ministerialengeschlecht)
1273 u. 1296	Albero von Montfort (aus Ministerialengeschlecht)
1299	Werner von Sigberg (aus Ministerialengeschlecht)
1310 – 1320	Graf Rudolf III. von Montfort
1348/49	Graf Ulrich III. von Montfort, ein Großneffe Rudolfs

In 80 Jahre lassen sich nur zwei geistliche Richter benennen, die nicht dem Montforter Kreis zugehören, so daß hier mit noch größere Berechtigung von einem montfortischen Hausamt gesprochen werden kann. Albero von Montfort, Werner von Sigberg und Graf Rudolf III. von Montfort haben in Bologna das Kirchenrecht studiert. Wir können der obigen Liste auch eine soziale Aufwertung des Offizialates entnehmen. War es ursprünglich den Ministerialen zugedacht, so finden wir es im 14. Jh. in der Hand der Grafen selbst.

Aus der Reihe der Offiziale sei hier beispielhaft Albero von Montfort etwas näher beleuchtet. Er ist der erste Träger des Namens Montfort, der ein Hochschulstudium auf sich genommen hat. Albero entstammt dem Ministerialengeschlecht, deren es zwei gibt: die einfachen Dienstmannen oder Ritter von Montfort, die in der Burg Montfort Dienst tun, und die höher gestellten Inhaber eines montfortischen Hofamtes, die Marschälle von Montfort. Erstere, seit 1209 urkundlich nachweisbar, führen im Wappen den schwarzen Schachturm im silbernen Feld, letztere, seit 1234 erstmals in den Urkunden festzustellen, führen die drei Sensen. Daß die Montforter mit den drei Sensen das vornehmere Geschlecht waren, läßt auch Thomas Lirer erkennen. Nach seiner verschlüsselten Darstellung heiratete ein Graf von Montfort-Feldkirch die Tochter des

Ritters Jörigen von Lochen. »Vnd hetent vil kind, die wurdent nun für schlecht ritters gnoß gehalten, die hieß man Montforter. Ir wapen was dreu schwartze roeh in aim gelben feld.« Mit dem Ritter von Lochen wird auf Lochau bei Bregenz angespielt; die Marschälle von Montfort waren hauptsächlich im Raum Bregenz begütert. Zwischen beiden Familien besteht keine Verwandtschaft.

Albero gehört der Familie der Marschälle von Montfort an, wie die drei Sensen auf seinem Grabstein zeigen. Als Neffe des Domdekans Ulrich von Montfort, 1257 – 1265, und Bruder des im Churer Nekrolog verzeichneten Ludovicus miles de Monteforti wird er Domherr zu Chur; als solcher ist er erstmals 1270 bezeugt. Wohl von 1270 bis 1273 studiert er in Bologna. Hier wird er 1273 als Eigentümer mehrerer rechtsgelehrter Handschriften bezeugt: des Dekrets Gratians mit der Glosse des Johannes Teutonicus, des Tractatus der Poenitentia des Heinricus de Susa und der Casus super Decretalibus des Bernhardus de Parma, Bücher, die für das Studium der Kanonistik charakteristisch sind. Wenn Albero diese damals sehr kostspieligen Handschriften zu Eigentum erwarb, so darf man daraus schließen, daß er sich ernsthaft dem Studium der Kanonistik gewidmet hat. Sein Aufenthalt in Italien ist also keineswegs mit den italienischen Kavalierstouren der Montforter des 16. Jahrhunderts vergleichbar. Alberos Tätigkeit als Offizial in Chur, 1273 und 1296 belegt, bezeugt das nicht weniger als auch die Tatsache, daß er 1294 im Domkapitel die Würde eines Domscholasters bekleidete, was ein gewisses Maß an höhere Bildung voraussetzt.

Noch etwas muß an dieser Stelle erwähnt werden: Am 3. Juni 1290, am Todestag des Bischofs Friedrich von Montfort, verstarb ein Vetter Alberos gleichen Namens als Subdiakon und Domherr zu Chur. Im Chur Nekrolog wird er als »patruelis custodis eiusdem nominis, qui glossavit decretum capituli propriis expensis« ausgewiesen, also das Dekret des Domkapitels auf eigene Kosten glossiert hat. Man wird diesen Relativsatz wohl auf den Verstorbenen beziehen müsse, doch ließe er sich ebenso unserem Albero zuordnen. Sachlich jedenfalls würde es vortrefflich auf unseren Kanonisten passen.

Alberos weitere Karriere führte über den Domkustos (seit 1273) zum Domdekan (1307), als welcher er am 4. April 1311 verstarb. Er wurde nach dem Churer Jahrzeitbuch vor dem Altar der Heiligen Petrus und Paulus begraben, den er selbst gestiftet hatte. Der 2.32 m hohe in Sandstein ausgeführte Grabstein zeigt die lebensgroße Figur eines jugendlichen, tonsurierten, mit einer Dalmatika bekleideten Priesters unter einem giebelförmigen Baldachin, mit je einem Wappen rechts und links des Giebels.

Auch bezüglich des Domkapitels machen wir gleichartige Beobachtungen. Die genaue Anzahl der Grafen und Ministerialen von Montfort im Domkapitel läßt sich nicht mit einer festen Zahl angeben. Darüber wären künftig nach genauere Erhebungen zu machen. Vorerst mag hier der Hinweis genügen, daß in den ca. 150 Jahren montfortischer Präsenz im Domkapitel insgesamt acht Grafen und Ministeriale als Dompröpste und fünf als Domdekane aufscheinen. Als Beispiel nenne ich die Pröpste:

Wilhelm von Montfort	1228 – 1237
Graf Friedrich von Montfort	1273 – 1282
Graf Heinrich von Montfort	1288 – 1307
Graf Rudolf III. von Montfort	1307 – 1322
Ritter Hermann von Montfort	1338 – 1352
Graf Ulrich III. von Montfort	1354 – 1357
Graf Rudolf V. von Montfort	1357 – 1368

In 140 Jahren liegt die Propstei mindestens für 85 Jahre (die Belege sind bekanntlich nicht lückenlos) in der Hand der Montforter. Sie geht besonders im 14. Jh. von einem Montforter auf den anderen über. Diese Feststellung wird noch besonders dadurch unterstrichen, daß nach dem Abgang der Montforter die Propstei für weitere 70 Jahre in der Hand der verwandten Grafen von Werdenberg-Sargans verblieb. Auch hier wird also die vornehmste Würde des Domkapitels gleichsam ein montfortisches Familienunternehmen; eine Einfluß und Ehre verschaffende Funktion, die einer standesgemäßen Versorgung überzähliger Söhne gilt, um der Zersplitterung der Herrschaft vorzubeugen. Besonders deutlich wird das bei den letzten Montforter Pröpsten. Als der regierende Graf Rudolf IV. von Montfort-Feldkirch sich durch den frühzeitigen Tod seiner weltlich gebliebenen Söhne Berthold II. (†1358) und Hugo IX. (†1360) ohne leiblichen Erben sah und die Gefahr eines Heimfalls seiner Lehen an den König ausgesetzt war, kehrte der Dompropst Ulrich III. in den weltlichen Stand zurück und heiratete 1363 Johanna von Padua, um sein Geschlecht vor dem Aussterben zu bewahren. Sein Amt als Dompropst übernahm sein Bruder Rudolf V. Als jedoch 1368 auch Ulrich III. kinderlos starb und die Gefahr des Aussterbens erneut gegeben war, trat auch Dompropst Rudolf V. in den weltlichen Stand. Als seine Ehe ohne Kinder blieb, unternahm er eine Wallfahrt ins Heilige Land, um Kindersegen zu erflehen. Doch blieb der Erfolg aus; mit Rudolf V. starb die Feldkircher Linie der Montforter aus. Ihre Herrschaft ging an die Habsburger über.

Unsere Statistik wird noch aussagekräftiger durch einen weiteren Vergleich: die Grafen von Montfort sind auch in anderen Domkapiteln vertreten: in Konstanz und Augsburg, vereinzelt auch in Straßburg, Salzburg oder Trient. Nirgends aber bekleiden sie irgendwelche höheren Funktionen, nirgends treten sie auch nur annähernd in der Dichte auf wie in Chur, und auch als Bischof finden wir außerhalb Churs nur einen einzigen Montforter, nämlich Rudolf III., der gleichzeitig aber auch Bischof von Chur war. Zusammenfassend können wir eine enge persönliche Verflechtung der Montforter mit dem Amt des Bischofs, des geistlichen Richters und des Dompropstes ablesen; ein Einfluß, der über viele Jahrzehnte andauerte und den Montfortern ein beträchtliches, zeitweise sogar führendes Mitspracherecht im Churer Bischofsstaat eingeräumt hat.

Ich habe exemplarisch auf Albero von Montfort Bezug genommen. Es würde den Rahmen dieses Vortrages sprengen, hier auf sämtliche Biographien der geistlichen Richter, Dompröpste und Domdekane einzugehen, es erscheint mir aber notwendig, zumindest zu den vier Montforter Bischöfen noch einige Bemerkungen anzufügen.

Denn gerade in ihnen steigen die Montforter zu machtvollen Reichsfürsten auf, die ihren regierenden Landesherren in Feldkirch, Bregenz oder Tettnang weit überlegen sind, nicht zuletzt aber auch im umgekehrten Sinne von Chur aus auf die geschichtliche Entwicklung in Vorarlberg in besonderem Maße einwirken.

Wenn ich ein Beispiel einer Rechtsrezeption nennen darf: Im Churer Stadtrecht gibt es eine Bestimmung, daß ein gewisser Prozentsatz der Schafe zur Schlachtung in der Stadt verbleiben müssen. Ähnliche Bestimmungen gibt es auch im Stadtrecht von Trient, wo sie als antiquissima consuetudo bezeichnet werden. Im Feldkircher Stadtrecht von ca. 1325 ist diese Bestimmung aber nicht nur ausdrücklich als Satzungsrecht ausgewiesen, sondern sie wird auch begründet. Gewohnheitsrecht aber bedarf keiner Begründung. Auch die angedrohte Strafe, die inhaltlich nicht festlegt, sondern der Erkenntnis des Rats überlassen bleiben soll, zeigt, daß es sich um neues Recht handelt; denn wäre es Gewohnheitsrecht gewesen, dann hätte es auch eine gewohnheitsrechtliche Strafnorm für die Übertretung gegeben. Es ist sehr wahrscheinlich, daß der Churer Bischof Rudolf III. von Montfort-Feldkirch, der seit ca. 1325 die Aufzeichnung des Stadtrechts betrieb, diese Bestimmung aus dem Churer Recht in Feldkirch eingeführt hat. Solche Rezeptionen Vorarlberger Institutionen aus Graubünden bedürfen freilich noch einer tiefergehenden Erforschung.

Was nun die Reihe der Bischöfe angeht, so ist Bischof Heinrich von Montfort, 1251–1272, ohne jeden Zweifel die markanteste Persönlichkeit der vier Churer Bischöfe aus dem Hause Montfort. Er ist auch der einzige, über den bisher eine größere Abhandlung vorliegt: die von Dr. Urban Affentranger im Bündner Monatsblatt 1977. Affentranger stellt heraus, daß mit dem Ende der Stauferherrschaft der Weg über die Bündnerpässe generell an Bedeutung verlor und der Churer Bischofsstaat ins politische Abseits geriet. Die Folge war, daß Heinrich von Montfort weniger in der großen Politik als in der Seelsorge von sich reden machte.

Als Graf Hugo I. um 1235 starb, waren seine beiden jüngeren Söhne Heinrich und Friedrich, von denen der eine Bischof, der andere Churer Domherr werden sollte, noch minderjährig. Daraus folgt, daß sie aus der zweiten Ehe Hugos mit Mechtild von Wangen stammen; der Name Friedrich ist ein Leitname der Grafen von Wangen (bei den Montfortern eher ungewöhnlich).

Die Grafen von Montfort waren in dieser Zeit politisch zerrissen. Traditionell gehörten sie seit jeher der päpstlichen Partei an. Doch Hugo II. vollzog einen Wandel, indem er sich auf die Seite Kaiser Friedrichs II. stellte, wie es auch der Churer Bischof Volkard von Neuburg tat. Heinrich dagegen ergriff für den Papst Partei.

Sein Lebensweg ist für die Verhältnisse des Hauses Montfort recht ungewöhnlich: er trat in den Dominikanerorden ein, der als solcher nur wenig Aussicht auf eine steile geistliche Karriere bot. Heinrich von Montfort hat eine solche wohl auch gar nicht gesucht: das wäre auch eine gewisse Erklärung dafür, warum er als Bischof seine geistlichen Aufgabe höher schätzte als die politischen. Es ist nicht bekannt, in welches Kloster er eingetreten ist, man muß aber vor allem wohl an Konstanz denken. Das dort 1236 gegründete Kloster fand sehr bald großen Zulauf, nicht zuletzt auch aus dem Adel des Bodenseegebiets. Der Dominikanerorden legte großen Wert auf die wissenschaftliche Bildung seiner Ordensangehörigen, so daß wir auch bei Heinrich von Montfort eine solche annehmen dürfen. Da Heinrich von Montfort durch Papst Innozenz IV. zum päpstlichen Bußrichter ernannt wurde, müssen wir bei ihm solide kanonistische Kenntnisse voraussetzen. Wo er sie erworben hat, wissen wir nicht, wahrscheinlich aber in Italien, wo er seine Karriere begann. Als Heinrich von Montfort 1251 seinen staufisch gesinnten Vorgänger Volkhard von Neuburg ablöste, kämpfte er mit Erfolg für den päpstlichen Standpunkt und konnte auch seinen Bruder Hugo II. zur politischen Umkehr bewegen. Im Innern konnte er mit Hilfe seines Bruders 1255 den rätischen Adel bei Ems in die Schranken verweisen und die bischöfliche Herrschaft ausbauen und durch den Bau einiger Burgen absichern. Seine politische Bedeutung ist also nicht ganz zu unterschätzen, wenn er sich auch in der Reichspolitik zurückhielt. In der Förderung zahlreicher Klöster trat Heinrich von Montfort als Seelsorger besonders hervor.

Heinrich von Montfort starb auf einer Visitationsreise 1272 und wurde in Remüs beigesetzt.

Über seinen Bruder Friedrich von Montfort, der Domherr in Chur und in Konstanz war, ist nur sehr wenig bekannt, außer daß er 1284 gestorben ist und die Jahrzeitbücher von Chur und Konstanz seiner gedenken. Bischof Heinrichs Neffe, Friedrich von Montfort, der Jüngere, ist seit 1264 als Kleriker und Domherr von Chur bezeichnet. 1273 – 82 ist er Dompropst, 1282 – 90 Bischof.

Seine Ausbildung liegt völlig im Dunkeln. Man kann nur vermuten, daß dabei Heinrich von Montfort leitend mitgewirkt hat. Denn schon bald nach seinem Amtsantritt setzte sich Friedrich von Montfort 1283 für die umstrittenen Dominikaner ein. 1287 nahm er an der Synode von Würzburg teil, auf der er auch geweiht wurde und dem Landfrieden König Rudolf von Habsburg mitbeschwor. Seine politische Stellung suchte er 1282 und noch einmal 1288 durch ein Bündnis mit dem Bischof von Sitten zu festigen. Gleichwohl blieb sie im wesentlichen unglücklich und war beherrscht durch die Fehde, die sein Bruder Wilhelm von Montfort, Abt von St. Gallen, mit König Rudolf von Habsburg hatte. In dieser Fehde hielten die sechs Söhne Hugos II., die drei weltlichen Rudolf II. von Feldkirch, Ulrich I. von Bregenz und Hugo von Tettnang und die drei geistlichen Abt Wilhelm von St. Gallen, Bischof Friedrich von Chur und Dompropst Heinrich von Chur, eng zusammen. Im Verlauf der Fehde wurde Friedrich gefangen und 1½ Jahre auf der Burg Werdenberg festgehalten. Am 3. Juni 1290 versuchte er mit Hilfe eines Seils, das er aus zerrissenen Bettlaken selbst hergestellt hatte, aus dem Werdenberger Turm zu entfliehen. Das Seil riß jedoch und der Bischof stürzte zu Tode. Er wurde nach Chur überführt und dort in der Kathedrale vor dem Altar der hl. Katharina, den er selbst gestiftet hatte, beigesetzt.

Die Politik Friedrichs hatte sich für das Bistum nicht bezahlt gemacht. Sie war auch insofern eine Sackgasse, als das Bistum Chur in der Folge doch eine Stütze der Habsburger wurde, so wie auch schließlich die Montforter selbst getreue Vasallen Österreichs wurden.

Doch ist die Geschichte Friedrichs von Montfort insofern interessant, als sie uns zeigt, wie sehr hier das Bistum in den Sog der Hauspolitik der Montforter geriet. Friedrich betrieb auf Gedeih und Verderb die Politik seiner Brüder, die dem Bistum selbst wenig brachte und ihn schließlich das Leben kostete. Aus der Montforter Sicht heißt das, daß sich für die Grafen die Einflußnahme auf das Bistum bezahlt machte, indem sie die Machtmittel des Hochstifts für ihre Ziele einsetzen konnten. Man darf aber auf der andern Seite nicht vergessen, wie die Schlacht von Ems zeigt, daß auch dem Bistum die militärische Macht des Hauses Montfort zugutekam, eine Gegenseitigkeit also durchaus gegeben war. Und man darf – aus dem Gesamtverlauf der Bündner Geschichte den Schluß ziehen –, daß die frühe Abwehr des habsburgischen Einfluß auch einen positiven Aspekt hat: der Tod des Bischofs wird aus dieser Sicht geradezu zu einem patriotischen Selbstopfer.

Im März 1298 wählte die Mehrheit des Domkapitels abermals einen Montforter zum Bischof: Hugo VI. von Montfort-Tettnang, den Sohn Hugos III., also abermals einen Neffen des Bischofs Friedrich. Da eine Minderheit sich für einen anderen Kandidaten entschied, wurde die Sache in Rom anhängig. Der erwählte Bischof Hugo begab sich zur Bestätigung seiner Wahl nach Rom, wo er bereits am 3. August 1298 starb.

So bliebe eigentlich zur Geschichte dieses Bischofs nichts mehr zu sagen, wenn nicht durch ein paar Worte zur seiner Persönlichkeit und zum seinen Bildungsweg am Platz wären. Hugo von Montfort war, wie wir schon wissen, 1285 Pfarrer von Wangen bei Bozen und spätestens 1298 auch Churer Domherr. Er ist durch vier Jahre 1285–1288 als Student des Kirchenrechts in Bologna nachzuweisen. Wir wissen von ihm, daß er im Hause des weltbekannten Kanonisten Guido de Baysio wohnte. Auch er ist im Besitz einer Handschrift der Dekretalen. In den Bologneser Quellen wird ein Wilhelm von Schaffhausen als »socius« des Grafen bezeichnet. Dieser hatte möglicherweise die Aufgabe eines Pädagogen; denn Wilhelm von Schaffhausen führt den Titel eines Magisters. Er wird 1288 als sindicus und procurator des Bischofs Friedrich von Montfort bezeichnet, ein sicherer Hinweis, daß Friedrich von Montfort schon damals auf die Karriere seines Neffen hingearbeitet hat.

Politisch bemerkenswert erscheint noch, daß derselbe Wilhelm von Schaffhausen 1294 notarius, consiliarius und secretarius des habsburgfeindlichen Königs Adolf von Nassau ist und als dessen ambaxiator, nuntius et legatus in die Lombardei entsandt wird. Am 2. Juli 1298 kam es zu der erwähnten Entscheidungsschlacht bei Göllheim, in der wiederum die montfortischen Brüder gemeinschaftlich gegen Albrecht von Habsburg kämpften: Abt Wilhelm von St. Gallen, Rudolf II. von Montfort-Feldkirch, Hugo III. von Montfort-Tettnang und Hugo V., ein Sohn des bereits verstorbenen Ulrich von Montfort-Bregenz. Bischof Friedrich von Montfort war ebenfalls schon tot und sein Neffe Hugo VI., der erwählte Bischof von Chur, weilte um diese Zeit in Rom. Auch er stand wohl, wie wir annehmen dürfen, geistig jener antihabsburgischen Koalition um König Adolf von Nassau nahe. Deren Niederlage leitete freilich den politischen Wechsel zu den Habsburgern ein. Vorkämpfer einer prohabsburgischen Politik sollte der vierte Churer Bischof aus dem Hause Montfort werden.

Hugo VI. dürfe seine letzte Ruhestätte in Rom gefunden haben. Das Churer Jahrzeitbuch gedenkt seiner unter dem 3. August. Sein Siegel ist nicht überliefert.

Rudolf III. von Montfort-Feldkirch, ein Neffe des Bischofs Friedrichs und Vetter des erwählten Bischofs Hugo von Montfort-Tettnang, läßt sich seit 1283 als Domherr nachweisen. Er ist von seiner urkundlich in reichen Maße bezeugten Tätigkeit her als der größte Kanonist unter den vier Montforter Bischöfen ausgewiesen. Seit 1303 studierte er, gemeinsam mit seinem Bruder Ulrich, der ebenfalls Churer Domherr war, in Bologna. Rudolf ist von 1307 – 1322 Dompropst und, was schon gesagt wurde, 1310 wegen Abwesenheit des Bischofs für zehn Jahre zum Administrator des Bistums ernannt. Die Urkunde, in denen er als geistlicher Richter tätig war, verraten juristisches Argumentieren und Kenntnis der Dekreten, die zitiert werden. 1322–1325 wirkt er als Bischof von Chur. Seine Tätigkeit als Bischof, durch die unglückliche Niederlage gegen die Vazer gekennzeichnet, ist ohne großen Höhepunkt. Auch Rudolf bemühte sich um Verbesserungen im kirchlichen Leben. Wie alle seine Vorgänger, förderte auch er die Dominikaner.

Noch 1322 wurde Rudolf von Montfort auch zum Bischof von Konstanz bestellt. Seine Hauptsorge galt diesem Bistum Konstanz, so daß für ihn Chur in den Hintergrund trat. Rudolf von Montfort, der 1330 auch noch für einige Jahre Abt von St. Gallen wurde, ist einer der großen Politiker und Kirchenfürsten seiner Zeit: als Seelsorger ebenso um echte Reformen bemüht wie als Politiker nach der Doppelwahl König Ludwigs IV. von Bayern und Friedrichs des Schönen von Habsburg der Wortführer der habsburgischen Partei im weiteren Bodenseegebiet. Es würde hier zu weit führen, weiter auf ihn einzugehen.

Dennoch soll eine Seite hier noch kurz beleuchtet werden, die wiederum Rückwirkungen Bündner Institutionen auf Vorarlberg offenlegt. 1310 übernahm Rudolf von Montfort auch die Herrschaft über die Grafschaft Feldkirch. Er war es, der die Einwanderung und Niederlassung der Walser in Vorarlberg betrieb, die er im Kampf gegen seine aufsässigen Ministerialen militärisch einsetzte. Die ersten Siedlungsprivilegien Rudolfs von Montfort für die Walser sind aus dem Jahre 1313 überliefert.

Weiters verschaffte Rudolf von Montfort den Bürgern der Stadt Feldkirch grundlegende Freiheiten:

1311	das Recht, ein eigenes Siegel zu führen
1314	die Bewidmung von Feldkirch mit dem Lindauer Stadtrecht
ca. 1325	die erste Niederschrift des Feldkircher Stadtrechtes
1337	nach seinem Tode, jedoch ausgeführt durch seinen Bruder und Nachfolger als Stadtherr von Feldkirch Ulrich, die Beteiligung der Bürgerschaft als Vertragspartner an dem Ewigen Bund mit Österreich, mithin die Gewährung des Bündnisrechtes.

Die später folgenden weltlichen Montforter haben manches davon wieder rückgängig gemacht, ehe sich die von Rudolf eingeführte Freiheitsbewegung endgültig durchsetzen konnte. Rudolf von Montfort steht mit solchen Ideen im Hause Montfort ziemlich allein da. Seine Vettern in Bregenz oder in Tettnang haben dem Freiheitsdrang ihrer Bürger nur sehr zögernd nachgegeben. Blickt man auf die Person Rudolfs und seinen

Werdegang, so sind neben seiner aus dem Kirchenrecht entwickelten Lehre von der Gleichheit aller Menschen, seiner Kenntnis der oberitalienischen Kommunen, ohne Zweifel auch die Verhältnisse in Graubünden für ihn ein Motiv zu der Emanzipation seiner Bürger gewesen, so wie auch die Walsereinwanderung dem Bündner Beispiel folgt. Es ist alles andere als ein Zufall, daß die Anfänge der Feldkircher Freiheiten, die später für ganz Vorarlberg beispielhaft wurden, in eine Zeit fallen, in welcher der Stadtherr mit dem Administrator und später auch Bischof von Chur identisch ist. Die Rückwirkung bündnerische Institutionen auf Vorarlberg wird hier besonders deutlich.

Rudolf III. von Montfort ist 1334 gestorben. Da er sich im Kirchbann befand, wurde er zunächst auf dem Friedhof in Arbon schlicht beigesetzt. Erst um 1350 erfolgte die Auslösung aus dem Bann und die Überführung seines Leichnams in das Konstanzer Münster. Die St. Nikolauskirche in Feldkirch sowie die Klöster bzw. Stifte in Magdenau, Weissenau und Zurzach feiern seine Jahrzeit, nicht dagegen das Churer Jahrzeitbuch. Offenbar hatte sich Rudolf v. Montfort durch die Verlagerung seiner Tätigkeit von Konstanz dem Bistum Chur doch weitgehend entfremdet, abgesehen davon, daß er sich im Kirchenbann befand. Die Zeit der Montforter Bischöfe war mit ihm zu Ende gegangen.

Es blieb jedoch der Einfluß der Linie Montfort-Feldkirch im Churer Domkapitel. Zwar hatte auch Ulrich II., der Bruder Bischof Rudolfs, bereits um 1321 sein Churer Kanonikat aufgegeben. Doch folgen 1338 – 1368 weitere dreißig Jahre, in denen Montforter die Dompropstei innehatte.

In diesen Jahre fällt die bekannte Belmontfehde, in deren Verlauf 1352 bei Lugnez ein montfortisch-werdenbergisches Ritterheer vernichtend geschlagen wurde. Es ist nicht ohne eine starke Symbolkraft, wenn damals neun gefallene Montforter Ministerialen im Kreuzgang des Dominikanerklosters St. Nikolai beigesetzt wurden: für dieses Kloster hatten alle Montforter Bischöfe eine besondere Vorliebe gezeigt, die auch darin zum Ausdruck kommt, daß die Churer Dominikaner ein Haus in Feldkirch besaßen und somit auch in der Montfortstadt beheimatet waren.

Die Zeit läßt es nicht, noch auf die Dompröpste und Domdekane des 14. Jh., einzugehen. Eine Ausnahme verlangt jedoch Rudolf V., der letzte Montforter Domherr und letzte Graf von Feldkirch, der 1390 auf seiner Burg in Fußach starb. Er wäre zu einem weiteren Bischof prädestiniert gewesen, hätte er nicht frühzeitig den geistlichen Stand aufgeben müssen. Denn schon der Bischof Rudolf von Montfort hatte die Erziehung seines jungen Großneffen in die Hand genommen. Rudolf V. blieb nach seinem Übertritt in den weltlichen Stand dem Churer Domstift und Domkapitel treu. Er stiftete 1368 eine jährliche Jahrzeit von 2½ Pfund Pfennigen, 1375 ein Haus in Feldkirch, ferner die Kirche in Schaan, 1378 das Patronatsrecht der Pfarrkirchen in Rankweil und in Götzis, 1383 zwei weitere Jahrzeitstiftungen von 6½ Pfund Pfennigen und 1385 die riesige Summe von 1000 Gulden und den jährlichen Bezug von 10 Saum (=1.300 Liter) Wein aus den Weinbergen zu Malans über seinen Tod hinaus. Im gleichen Jahr schenkte Rudolf V. dem Domkapitel den Weinberg »Schellenberg«. Auch sei noch einmal darauf hingewiesen, daß Rudolf V. 1385 auf fünf Jahre zum Pfleger des Bistums Chur bestellt wurde. Als solcher spielte er beim Neubau der Septimerstraße 1387 eine wichtige Rolle sowie 1388 bei der Errichtung des Churer Spitals.

Gerade diese letzten Schenkungen und Aktivitäten Rudolfs V., die dem Hause Montfort selbst keinerlei Nutzen mehr bringen konnten, zeigen, wie sehr die Grafen von Montfort-Feldkirch – bis zu ihrem letzten Atemzuge – sich dem Bistum Chur verbunden gefühlt haben. Die Grafschaft Feldkirch war eben ein integraler Bestandteil dieses Bistums, das daher auch für die Montforter ihre nähere Heimat gewesen ist. Wenn bei Stelling-Michaud die Montforter immer wieder als »Famille comtale des Grisons« bezeichnet werden, so fühlt man sich als Vorarlberger beim ersten Lesen zum Widerspruch herausgefordert. Denkt man darüber nach, dann besteht diese Zuordnung durchaus zurecht. Die Zuwendungen des letzten Montforters an das Churer Domkapitel bestätigen es. Wie sehr das Bistum Chur und die Grafen von Montfort mit einander zu identifizieren sind, beweist uns nicht zuletzt ein zeitgenössisches Zeugnis: die um 1340 entstandene Zürcher Wappenrolle. In ihr wird das Wappen von Chur mit dem der Grafen von Montfort-Feldkirch gleichgesetzt.

Nach 1390 verschwinden die Grafen von Montfort-Feldkirch aus der Geschichte des Bistums Chur. Doch die Verbindungen zur Grafschaft Feldkirch blieben noch lange bestehen. Im 15. Jahrhundert begegnen uns mehr und mehr Feldkircher Patrizier im Churer Domkapitel. Das Domkapitel übt das Patronatsrecht in Feldkirch aus, ferner in Altenstadt, Göfis und seit 1466 auch in Röthis, wo es reichen Besitz hat, insbesondere auch den Zehnten aus den Weinbergen bezieht. In den Wirren der Reformation übersiedelt das Domkapitel sogar für einige Zeit nach Feldkirch, das nach Chur die bedeutendste Stadt im Bistum bleibt.

Im Laufe des 15. Jahrhunderts kommt die Geschichte Graubündens noch einmal für einige Jahrzehnte in Berührung mit den Grafen von Montfort, diesmal jedoch mit der Linie in Montfort-Tettnang, deren Wappen die rote Fahne im silbernen Schild ist. Graf Wilhelm V. von Montfort-Tettnang suchte in den alten montfort-werdenbergischen Gebieten Fuß zu fassen: Erster Stützpunkt wurde die Burg Werdenberg, die in die montfortische Pfandschaft kam. 1420 – 1438 hielten sie die Herrschaft Bludenz als Pfand inne. 1437 erhielten sie aus dem Toggenburger Erbe sieben Gerichte im Prätigau, nämlich Davos, Klosters, Schiers, Inner- und Außerschanfigg, Belfort und Churwalden. Nach dem Tod Wilhelms V. einigten sich 1443 die beiden überlebenden Brüder, das Tettnanger Erbe ungeteilt zu lassen und mit den rätischen Besitzungen eine neue Linie zu begründen, die ihren Wohnsitz in Werdenberg nahm. Graf Heinrich VI. (†1444) übernahm diese Besitzungen, die dann auf seinen minderjährigen Sohn Wilhelm VIII. (†1483) übergingen, als dessen Vormund Graf Hugo XIII. von Montfort-Tettnang-Rothenfels die Regierung übernahm. Die Montforter nannten sich fortan auch Herren in Prätigau und auf Davos. Ihre Rechte, die nach der historischen Struktur der einzelnen Gerichte recht unterschiedlich waren, bestanden aus der Hochgerichtsbarkeit und Teilen der Regalien und der Niedergerichtsbarkeit; dabei stand ihnen in einigen Gerichten das Recht der Ammann- und Gerichtsbesatzung nicht zu, in einigen anderen nicht einmal die Jagd- und Fischereirechte. Im Gegensatz etwa zur Herrschaft Tettnang war in diesem rätischen

Besitzungen die Landesherrschaft durch die Selbstverwaltungsrechte des Volkes stark eingeengt und sozusagen auf eine nominelle Landeshoheit und den Einkünftebezug reduziert.

Die Grafen von Montfort trugen dazu bei, diese schon fortgeschrittene Entwicklung weiter zu befördern. Die meisten Gerichte erhielten von den Montfortern ausgedehnte Freiheitsbriefe, so z.B.

Davos 1438 durch die Gräfin Kunigunde von Montfort, Graf Wilhelm und
Graf Rudolf
die Walser von Innerbelfort 1438 durch dieselben
Schiers und Seewis 1440 durch die Grafen Heinrich und Ulrich
Langwies 1441 durch Grafen Heinrich und Ulrich
Churwalden 1441 durch dieselben usw.

Die Montforter zeigten nicht den geringsten Ehrgeiz, ihre Herrschaft zu festigen oder auszubauen. Es mag das auch damit zusammenhängen, daß sie bereits längst stark überschuldet und im Abstieg begriffen waren. Der zunächst minderjährige Graf Wilhelm VIII., der bis 1466 seinen gesamten rätischen Besitz wieder veräußert hatte, begnügte sich mit den Einkünften, mit denen er ein standesgemäßes Leben zu führen trachtete. Ein Herrscherwille ging ihm völlig ab. So blieben diese Jahrzehnte montfortischer Herrschaft in Graubünden ohne größere Nachwirkung. Gleichwohl sie hier noch festgehalten, daß die Montforter sich bei der Bevölkerung, nicht zuletzt durch die Gewährung der Freiheitsbriefe und ihre milde Herrschaft, sehr beliebt gemacht hatten, daß man sie nur recht ungern gegen die nachfolgende habsburgische Herrschaft eingetauscht haben.

Die Einheit Rätiens, die trotz des Schwabenkrieges von 1499 in der Institution des Bistums Chur bis ins 19. Jahrhundert sichtbar blieb, ist für die Grafen von Montfort im 13. und 14., ja selbst im 15. Jahrhundert noch eine Selbstverständlichkeit gewesen, wie Thomas Lirer, der fabulöse Hauschronist der Montforter beweist. Das Bistum Chur war das Heimatbistum der Grafen von Montfort-Feldkirch und ihrer gleichnamigen Ministerialen. Als das führende Adelsgeschlecht in diesem Bistum erhoben sie unbedenklich den Anspruch auf die führenden Positionen in der Verwaltung des Bistums Chur: als Bischöfe, als geistliche Richter, als weltliche Pfleger, als Dompröpste und Domdekane. Die vier Bischöfe, die sie in der Zeit von 1251 – 1325 stellen, stimmen im wesentlichen darin überein, daß sie sich aus der Reichspolitik zurückhalten, ihre geistlichen Aufgaben ernster nehmen, ausgebildete Kanonisten und Förderer der Dominikaner sind, daß sie die Angelegenheit ihres Amtes mit denen ihres Hauses als eine Einheit betrachtet haben. Die Identität von Montfort-Feldkirch und Chur zeigt sich vor allem in der großzügigen materiellen Förderung, die der letzte Montforter dem Domkapitel in Chur mit Wirkung über seinen Tod hinaus zukommen ließ. Der bis ins 19. Jahrhundert bestehende reiche Churer Besitz in Vorarlberg, der durch einen eigenen Churer Amtmann in Feldkirch verwaltet wurde, legt dafür Zeugnis ab.

Die Geschichtsschreibung sollte sich künftig stärker dieser Tatsache bewußt werden, daß die Montforter nicht als ein ausländisches Adelsgeschlecht in Graubünden Einfluß

Siegel Friedrichs II. von Montfort, Bischof von Chur und Konstanz.
(Foto: Vorarlberger Landesarchiv).

zu gewinnen trachteten. Die Montforter-Ausstellungen des Jahres 1982 haben, durch solche Fehleinschätzungen verleitet, die Kunst- und Kulturschätze montfortischer Provenienz in Graubünden viel zu wenig berücksichtigt. Eine künftige Montfort-Ausstellung wird diese rätische Komponente des schwäbischen Adelsgeschlechtes sehr viel stärker hervorkehren müssen. Das bedingt freilich auch auf der anderen Seite eine entsprechende Aufgeschlossenheit der Bündner Historiker gegenüber diesem Thema. Ich hoffe, daß ich dazu mit meinem Vortrag ein wenig beitragen konnte, das Interesse für die Grafen von Montfort zu wecken.

Die Grafen von Montfort-Feldkirch und ihre Stellung in der Reichspolitik

Die Grafen von Montfort werden in der Regel ausschließlich unter landesgeschichtlichen Gesichtspunkten dargestellt. Dagegen blieb ihre Bedeutung für die allgemeine Geschichte meist außer Betracht. Der folgende Beitrag will versuchen, zumindest in einigen Andeutungen den landesgeschichtlichen Aspekt mit jenem der allgemeinen Geschichte zu verbinden. Damit soll vor allem dem Lehrer eine Handhabe gegeben werden, die Landesgeschichte stärker in die allgemeine Geschichte einzubauen

Die Anfänge der Grafen von Montfort reichen in die Regierungszeit des Stauferkaisers Friedrich I. Barbarossa (1152 – 1190) zurück. In dem Streit um das Bregenzer Erbe zwischen Hugo von Tübingen und Rudolf von Pfullendorf hatte Barbarossa im Hinblick auf den vierten Italienzug und den erstrebten Ausgleich mit den Welfen auf dem Ulmer Reichstag von 1166 einen Frieden erzwungen. Rom wurde erobert, aber eine Malariaseuche brach über das Heer herein, so daß Italien dem Kaiser wieder verloren ging. Die Katastrophe von 1167 schuf die Voraussetzung dafür, daß Hugo von Tübingen sein Erbe antreten konnte, das allerdings zugunsten des Staufers beträchtlich verkleinert worden war. Im Hinblick auf die Beherrschung Italiens waren zahlreiche Burgen an der Paßstraße durch das Rheintal in staufischen Händen, vor allem aber die wichtige Handelsstadt Lindau, wo lange Zeit das Hauskloster der Grafen von Bregenz gestanden war.

Der Verlust der einzigen Stadt veranlaßte Hugo von Tübingen noch vor 1182 Bregenz, das durch die Kämpfe von 1165 besonders gelitten hatte, als eine Stadt im Rechtssinne zu begründen. Dieser Vorgang war gewiß kein Akt gegen den sich die mächtigen Vögte Barbarossas hätten wenden müssen. Denn für den Lindauer Markt konnte ein kapitalkräftiges Bregenz nur von Vorteil sein. Nach dem Ausgleich über das Bregenzer Erbe war auch kein Anlaß mehr für solche Feindschaft. Noch etwas kommt hinzu: wenn man Bregenz als planmäßige Stadtgründung annimmt, dann muß man auch an einen entsprechenden Rechtsakt denken. Da die Gründung einer Stadt ein königliches Regal darstellt, ist eine Mitwirkung des Königs unerläßlich gewesen. Man muß folglich annehmen, daß Barbarossa selbst in irgendeiner Form an der Stadtgründung von Bregenz direkt beteiligt gewesen ist, so daß seine Lindauer Vögte überhaupt keinen Anlaß haben konnten, hier hindernd einzugreifen.

Gleichwohl konnte Bregenz, das sein Hinterland eingebüßt hatte, sich als Markt und Stadt nicht richtig entfalten, so daß die Söhne Hugos von Tübingen ihr Herrschaftszentrum von Bregenz nach Feldkirch verlegten. Soweit man einen Zeitpunkt für die

Gründung von Feldkirch als Stadt überhaupt mit einer Jahrzahl angeben kann, müssen wir dies nach 1188 ansetzen, weil Bregenz bis dahin als »Residenz« nachweisbar ist. Da andererseits aber eine Mitwirkung des Königs auch bei der Gründung von Feldkirch wiederum vorauszusetzen ist, kommt das Ende der Regierungszeit Friedrichs I. kaum mehr in Betracht. Noch 1188 hatte Barbarossa das Kreuz genommen, um den Dritten Kreuzzug (1189 – 1192) durchzuführen, auf dem er 1190 im Saleph ertrank.

Die Gründung von Feldkirch dürfte daher unter Kaiser Heinrich VI. (1190 – 1197) erfolgt sein, der schon 1189 die Regentschaft übernommen hatte. Heinrich VI. ist der Vorarlberger Landesgeschichte dadurch vertraut, daß er 1195 den normannischen König Wilhelm III. von Sizilien, den Sohn Tancreds von Lecce, als Staatsgefangenen in die Burg Hohenems bringen ließ, wo dieser 1197 starb.

Mit der Gründung der Stadt Feldkirch treten die Grafen von Montfort in das Licht der Geschichte: der jüngere Sohn Hugos von Tübingen, der sich seit 1206 Hugo von Montfort nennt, überläßt seinem älteren Bruder das Tübinger Erbe, wofür er das Bregenzer Erbe in Anspruch nimmt. Planmäßig errichtet er hier eine Landesherrschaft, welcher er vor allem dadurch Bedeutung verleiht, daß er die Einrichtungen des Fernverkehrs mit besonderem Eifer ausbaut und pflegt. Denn die Beherrschung der Paßstraße nach Italien verschaffte ihm politische Bedeutung und machte ihn umworben beim Kaiser, einmal wegen der staufischen Italienpolitik, zum anderen im Hinblick auf die Kreuzzüge.

Als unter Friedrich II. (1210 – 1250) das staufische Königtum noch einmal einen Höhepunkt erreichte und der in Italien aufgewachsene junge König 1212 durch das Rheintal erstmals nach Deutschland zog, schlug sich auch Hugo von Montfort auf seine Seite (er begegnet uns 1213 wiederholt in der Umgebung Friedrichs II.), nachdem er im staufisch-welfischen Thronstreit zwischen Philipp von Schwaben und Otto IV. den letzteren unterstützt hatte. Friedrich II. gelobte anläßlich seiner Königskrönung in Aachen 1215 einen Kreuzzug.

Wenig später förderte Hugo von Montfort diese Kreuzzugspläne durch die Gründung einer reich ausgestatteten Johanniterkommende in Feldkirch. In Anwesenheit Kaiser Friedrichs II. beurkundete Hugo von Montfort diese Stiftung zugunsten des Hospitals St. Johann in Jerusalem, dessen Ritter sich neben dem Waffendienst auch der Krankenpflege verschrieben hatten. Der Orden wurde durch die Stiftung auch verpflichtet, den Pilgerreisenden über den Arlberg Unterkunft zu geben. Im Leben Hugos von Montfort steht diese Stiftung so sehr im Mittelpunkt, daß er auch in der Johanniterkirche in Feldkirch seine lebte Ruhestätte fand, sich auf seinem Grabstein als Stifter feiern und in der Ordenstracht eines Komturs der Johanniter abbilden ließ.

Friedrich II. erreichte auf dem Fünften Kreuzzug 1228/29 im Wege eines Vertrags mit dem ägyptischen Sultan die Rückgabe Jerusalems an die Christenheit. Die Stadt ging dann 1244 endgültig verloren. Noch im gleichen Jahrhundert mußten die Christen sich gänzlich aus dem Heiligen Land zurückziehen; lediglich Zypern verblieb noch für lange Zeit in christlichen Händen. Der Kreuzzuggedanke verlor an Bedeutung, wenn auch noch der letzte Graf von Montfort-Feldkirch Rudolf V. 1372 die heiligen Stätten als friedlicher Pilger aufsuchte.

Was die ersten Grafen von Montfort–Feldkirch ebenfalls mit der allgemeinen Geschichte verbindet, ist die ritterliche Kultur. Die Montforter sind in Vorarlberg und Oberschwaben die Exponenten dieser ritterlichen Kultur, die ganz Europa gemeinsam ist. Sie steht ganz im Banne der Staufer, deren Politik auch Hugo II. von Montfort über den Tod Kaiser Friedrichs II. treu bleibt. Nichts vermag dies besser zu verdeutlichen als die Weltchronik des Rudolf von Ems (1200 – 1254), der ursprünglich ein montfortischer Ministeriale war und später den Stauferkönig Konrad IV. (1250 – 1254) nach Italien begleitete. Seine Weltchronik wird zur literarischen Rechtfertigung der staufischen Politik. Und – um der Zeit vorauszugreifen – die ritterliche Kultur fand im Minnesänger Hugo von Montfort–Bregenz um 1400 noch einmal einen hervorragenden Repräsentanten, der seinem Geschlecht großen Ruhm verliehen hat.

Kaiser Friedrich II. hatte den Grafen von Montfort auch den Weg gezeigt, wie ihre Herrschaft in einen modernen Staat umzuwandeln war. Das Statutum in favorem principum, das berühmte Fürstengesetz von 1231, mochte es die Montforter auch nicht unmittelbar betreffen – gab ein weiteres Vorbild ab, wie eine Landesherrschaft auszubauen und zu festigen war. Zahlreiche Regalien gingen auf die Landesherren über, eine Entwicklung, die durch die kaiserlose Zeit des Interregnums noch weiter gefördert wurde. Ihr Herrschaftsausbau wurde freilich dadurch gestört, daß die Montforter sich in verschiedene Linien aufsplitterten, so daß sie letztlich den Wettlauf mit den Fürsten verloren.

Im Gegensatz dazu gelang es den Habsburgern, das Erbe der Staufer anzutreten. Konsequent setzten die Habsburger den durch das Beispiel Friedrichs II. und die Fürstengesetze gegebenen Weg fort und versuchten in ihren Stammlanden in der Schweiz eine moderne Landesherrschaft zu errichten. Ein berühmt gewordenes Zeugnis ist das durch rechtsgelehrte Beamte verfaßte Habsburger Urbar. Seine Wahl zum König erlaubte es Rudolf I. von Habsburg (1273 – 1291) auch die Mittel des Reiches für seine Hausmachtpolitik einzusetzen. 1282 belehnte er seine Söhne mit Österreich und der Steiermark, womit der Grund zu einem umfassenden Alpenstaat gelegt schien.

Diese Vorgänge hatten eine doppelte Auswirkung auf Vorarlberg: einmal gerieten die Montforter und Werdenberger selbst in den Sog der habsburgischen Expansion; sie wurden gegeneinander ausgespielt und blieben schließlich auf der Strecke. Die Niederlage von Göllheim, in der sich die Montforter ein letztes Mal im Gefolge König Adolfs von Nassau (1291–1298) gegen die Habsburger erhoben hatten, besiegelte ihr Schicksal. Sie gaben ihre eigenständige Politik auf, wurden mehr und mehr, besonders früh die Feldkircher, zu Vasallen der Habsburger, denen sie Land und Leute verkauften.

Zum anderen bildete sich in einem langen Prozeß die Eidgenossenschaft, die im Kampf um ihr altes Recht den modernen Fürstenstaat abzuwehren trachtete und darüber mit den Habsburgern in einen zwei Jahrhunderte andauernden Krieg eintrat. Da Vorarlberg auf Grund seiner geographischen Lage in die Zone dieser Interessengegensätze geriet, wurde es für längere Zeit zur Front. Da die Auseinandersetzung zwischen den Eidgenossen und den Habsburgern immer mehr zu einem Kampf zwischen dem Adel und den Kräften des Volkes wurde, zwischen Fürstenstaat und

Demokratie vollzog sich im 14. Jahrhundert der Übergang der Montforter zu den Habsburgern sehr rasch, weil auch die Bischöfe von Chur und Konstanz natürliche Verbündete der Habsburger gegen die Eidgenossen waren. Im Domkapitel von Chur hatten die Montforter einen bestimmenden Einfluß: sie stellten dort auch eine Reihe von Bischöfen. Und auch in Konstanz gelangte Rudolf III. von Montfort-Feldkirch 1322 zur Bischofswürde. Wie kaum je ein anderer griff Rudolf III. in die Reichspolitik ein. Er wurde im Thronstreit zwischen Friedrich dem Schönen von Habsburg und Ludwig dem Bayern zu einem der bedeutendsten Parteigänger der Habsburger. Später suchte er zwischen Kaiser und Papst einen Standort zu finden.

Rudolf III. schloß auch die ersten Dienstverträge mit Österreich ab, die zunächst befristet waren. Aber schon 1337 kam es zu einem ewigen Bund zwischen den Herzögen von Österreich und den Grafen von Montfort-Feldkirch, der den Übergang Vorarlbergs an Österreich einleitete.

Gerade in diesem Thronstreit zeigte sich einmal mehr die Uneinigkeit der Montforter, die sich bereits früher im Gegensatz der Montforter und Werdenberger so verhängnisvoll ausgewirkt hatte. Graf Wilhelm II. von Montfort-Tettnang unterstützte Ludwig den Bayern. Er mußte dafür zwar 1322 mit der Zerstörung Tettnangs durch die Habsburger bezahlen, trug aber als wackerer Kriegsheld ganz entscheidend zum Sieg des Königs in der Schlacht bei Mühldorf bei. Der König lohnte es ihm, indem er ihn anläßlich seiner Romfahrt zum Statthalter über Mailand machte. Graf Wilhelm II. kehrte von dieser Statthalterschaft als vermögender Mann nach Tettnang zurück und ging als *Wilhelm, der Reiche* in die Geschichte ein. Er mag damit die Grundlagen gelegt haben, daß die Tettnanger etwas länger als die Feldkircher oder die Bregenzer eine unabhängige Politik aufrecht erhalten konnten.

Ludwig der Bayer scheiterte schließlich aber nicht, wie man es aus dem landesgeschichtlichen Blickpunkt gerne sehen würde, an der erfolglosen Belagerung von Feldkirch 1345, sondern am Gegensatz der um ihre Hausmacht ringenden Königsgeschlechter der Wittelsbacher und der Luxemburger. 1346 wurde Karl IV. zum König gewählt, doch setzte ihm Ludwig IV. noch beträchtlichen Widerstand entgegen. Zahlreiche Reichsstädte blieben ihm treu, darunter auch Aachen, so daß Karl IV. in Bonn zum König gekrönt werden mußte.

Die Grafen von Montfort-Feldkirch sind bereits zu schwach, um noch eine aktive, geschweige denn maßgebliche Rolle in der Reichspolitik zu spielen. Die Schutzmacht der Habsburger setzt sich immer mehr durch. 1360 wird ein habsburgisch-montfortisches Schutzbündnis erneuert. Als 1363 die Herrschaften Neuburg und Tirol an Österreich übergehen, sind die Tage der Montforter gezählt. 1375 verkauft Graf Rudolf V. von Montfort-Feldkirch seine Lande an Österreich. 1394 folgt Graf Albrecht von Werdenberg-Heiligenberg diesem Beispiel und verkauft auf Ableben die Grafschaft Bludenz an die Habsburger. Seit 1362 bzw. seit 1374 werden auch die Grafen von Montfort-Bregenz und Montfort-Tettnang getreue Vasallen der Österreicher und legen damit den Grund dafür, daß auch ihre Lande an Österreich übergehen. Die für die Habsburger schmerzlichen Niederlagen von Sempach 1386 und Näfels 1388 gegen die

Eidgenossen lassen den Adel näher zusammenrücken, entwickeln aber auch unverkennbar eine Integrationswirkung und festigen die habsburgische Position am Alpenrhein.

Eine aktive Reichspolitik der Montforter gehört seit dieser Zeit der Vergangenheit an. Die Habsburger haben, wie schon vor ihnen die Staufer, eines der hervorragendsten Adelsgeschlechter des südwestdeutschen Raumes beerbt: ein Erbe, das sozusagen bis heute die Geschichte überdauert hat. Zwar wurden die Habsburger in der Folge des Ersten Weltkrieges durch die Republik Österreich abgelöst. In diesem veränderten Rahmen, der schließlich den Sieg der demokratischen Kräfte über den absoluten Fürstenstaat bedeutete, blieb das Ergebnis der politischen Entwicklungen des 14. Jahrhunderts bis heute – wenn auch nicht immer ganz unangefochten – gültig: bis auf Tettnang, das nach wenigen Jahrzehnten österreichischer Herrschaft im ausgehenden 18. und beginnenden 19. Jahrhundert an Bayern bzw. Württemberg überging, und Sargans, das bereits im 15. Jahrhundert von den Werdenbergern an die Eidgenossen überging, sind alle traditionellen Zentren der Grafen von Montfort: Bregenz, Feldkirch und Bludenz, österreichisch geworden und österreichisch geblieben.

Die Entstehung und Entwicklung der Freiheiten der Stadt Feldkirch im 14. Jahrhundert

Der Feldkircher Humanist Achilles Pirmin Gasser hat in der ersten Hälfte des 16. Jahrhunderts die politischen Freiheiten der Feldkircher Bürger stark hervorgekehrt: Gasser hebt hervor, daß Graf Rudolf III. von Montfort bei Kaiser Heinrich VII. seiner Stadt Feldkirch die Freiheit erwirkt habe, »daß sie alle die recht wie die statt Lindow haben, der selben geniessen, und das niemand außer ire statt auff kein landgericht laden sol.« Gasser erwähnt auch die Rechte, die Graf Rudolf V. 1376 der Stadt zukommen ließ »darüber herrliche freiheitsbrieff« vorhanden sind. Die Bedeutung der Feldkircher Bürgerfreiheiten ist für die Entwicklung der Vorarlberger Verfassung des Spätmittelalters von großer grundsätzlicher Bedeutung. Ihre Entstehung und Entwicklung ist zugleich ein Spiegelbild des Zerfalls der Herrschaft der Grafen von Montfort, sie ist geradezu ein Kernstück der Geschichte der Montforter. Dabei lassen sich deutlich vier Stufen der Entwicklung erkennen: eine erste Epoche, die bis zum Ende des 13. Jahrhunderts reicht, in der es überhaupt keine Freiheiten gibt; eine zweite Phase der Auseinandersetzung zwischen der Stadt und dem Stadtherrn, die vom Beginn des 14. Jahrhunderts bis 1375 geht; sie ist gekennzeichnet durch einen Wechsel von Erfolgen und Mißerfolgen, von einem echten Ringen um Positionen, wobei die Bürgerschaft im großen und ganzen nur beschränkte Vorrechte durchsetzen konnte; und schließlich eine dritte Epoche, in welcher der Durchbruch mit dem großen Freiheitsbrief gelang, zeitlich etwa durch die Jahreszahlen 1376 bis 1391 eingegrenzt. Eine vierte, hier freilich nicht mehr zu behandelnde Epoche, stellt schließlich der Appenzellerkrieg 1405 – 1408 dar, in dem die vollständige Beseitigung der Adelsherrschaft vorübergehend gelungen ist, ein Weg, der sich schließlich jedoch als nicht gangbar erwiesen hat.

Die erste Epoche ist durch eine unbestrittene Führung des Stadtherrn gekennzeichnet. Er ist der Gründer der Stadt, er zieht die Vorteile aus ihrer Existenz, er bestimmt das Geschehen, er verwaltet sie durch seine Beamten. Sie festigt sein Bestreben, aus seiner Herrschaft einen Territorialstaat zu machen, als Quelle der Finanzen und militärischer Macht.

Um diese Zeit befand sich Lindau, ursprünglich zu der Grundherrschaft des Damenstifts gehörig, bereits auf dem Weg zu einer königlichen Stadt. König Rudolf I. von Habsburg verlieh ihr 1275 bedeutende Freiheitsrechte.

Der Stadtherr hielt jedoch Feldkirch noch fest in der Hand, an die Entwicklung von Freiheitsrechten war vorerst nicht zu denken. Die engen Handelsbeziehungen zu Lindau mußten jedoch auch in Feldkirch den Wunsch wachrufen, ihrer Bürgergemeinde, die freilich soziologisch noch wenig homogen war, in ähnlicher Form zu organisieren. Erst recht mußte das der Fall sein, als die Belagerung von 1269, eine Reihe weiterer Kriegsläufe und schließlich die Katastrophe der Montforter in der verlorenen Schlacht von Göllheim der Bürgerschaft zunehmend Opfer abverlangten. Der erstmals 1290 nachweisbare Stadtammann läßt, obwohl er Beamter des Grafen ist, erste Formen einer bürgerschaftlichen Organisation erkennen.

Gleichwohl konnten sich die Grafen von Montfort-Feldkirch zu keinen Zugeständnissen gegenüber der Bürgerschaft entschließen, auch nach der Schlacht von Göllheim nicht. Graf Rudolf II. (†1302) und sein Nachfolger Graf Hugo IV. (†1310) blieben hart, obwohl ihre Verwandten ihrer Stadt Tettnang 1297 und 1304 die Bewidmung mit dem Lindauer Stadtrecht erwirkten.

Ein grundlegender Wandel trat erst ein, als nach dem Tode Hugos, dessen Kinder noch unmündig waren, zwei geistliche Herren die Stadtherrschaft übernahmen: Rudolf III. und sein Bruder Ulrich II. Beide brachten ungewöhnliche Voraussetzungen mit. Sie gehörten dem geistlichen Stand an, waren sorgfältig erzogen, hatten in Bologna die Rechte studiert, kannten aus vielen Reisen die Freiheiten der italienischen Kommunen. Eine neue Generation mit neuen Ideen kam an die Macht: die Zeit für einen Wechsel in der Innenpolitik war gekommen.

Wieder wurde ein Krieg das auslösende Moment, die Neuburger Fehde. Diese richtete sich gegen die Ritter, die potentielle Kriegergefolgschaft der Grafen, so daß diese sich gezwungen sahen, auf ein Reservoir nichtadeliger Kämpfer zurückzugreifen: die aus dem Wallis gerufenen Walser, die zum Kriegsdienst verpflichtet, zugleich aber auch unter der Gewährung von besonderen Freiheitsrechten in Vorarlberg angesiedelt wurden. Zugleich wurden aber auch die wehrhaften Bürger der Stadt Feldkirch bei der erfolgreichen Belagerung der Feste Neuburg herangezogen. Die Konsequenz mußte sein, daß man dem Wunsch der Feldkircher Bürger nach Freiheitsrechten entsprechen mußte, wenn man sich schon gegenüber den fremden Einwanderern in dieser Hinsicht großzügig zeigte.

Der erste Schritt war eine rechtliche Anerkennung der Feldkircher Bürgerschaft als juristische Person durch den Stadtherrn. Das geschah wie üblich, durch einen gräflichen Freiheitsbrief, welcher der Bürgerschaft die Führung eines Siegelwappens gestattete. Die Rechtsgrundlage einer solchen Verleihung enthält der Schwabenspiegel (ca. 1275). Der Stadtherr erlaubt den Bürgern, auch sein eigenes Hoheitszeichen, wenn auch in verkleinerter Form, neben der namengebenden Kirche im Wappen zu führen. Mit dieser rechtlichen Organisation der Bürgerschaft hat sich auch der Dualismus zwischen Stadt und Stadtherr formiert. Die Stadt war nicht länger bloßes Herrschaftsobjekt, sie ist Rechtsperson geworden, die vom Grafen als Verhandlungspartner akzeptiert wird.

Das Siegelprivileg der Grafen von Montfort für Feldkirch hat sich nicht erhalten. Doch läßt sich der Nachweis führen, daß die Bürgerschaft spätestens am 17. November 1312 ihr eigenes Siegel benutzt hat. Das älteste erhaltene Siegel hängt an einer Urkunde von 1323. Unsicher ist, ob es überhaupt einer Urkunde dazu bedurfte. Siegelprivilegien haben sich nur in geringer Zahl erhalten, weil die faktische Erlaubnis und Duldung des Siegels hinreichte, um ein entsprechendes Gewohnheitsrecht zu begründen.

Noch sehr viel bedeutender für die künftige Entwicklung wurde das Privileg, das Graf Rudolf III. bei Kaiser Heinrich VII. um 1312/13 für die Feldkircher Bürger erwirkte. Graf Rudolf III. befand sich persönlich im Gefolge des Kaisers, so daß er über die notwendigen Beziehungen verfügte. Da es sich bei der Stadtrechtsverleihung um ein Regal, ein Vorrecht des Königs handelte, bedurfte es der Mitwirkung des Kaisers.

Diese wichtige Kaiserurkunde hat sich nicht erhalten. Sie lag schon 1405 bei der Anlage des Feldkircher Privilegienbuches nicht mehr vor. Es ist anzunehmen, daß ein späterer, weniger volksfreundlich gestimmter Stadtherr, die Urkunde unterdrückte.

Dennoch können wir uns ein Bild von der Urkunde machen. Denn ihre Existenz wird 1328 vom Landgericht Schwarzach bezeugt, wobei wir über ihren Inhalt zweierlei erfahren:

1. Der Kaiser bestimmt auf Bitte von Graf Rudolf III., daß die Stadt Feldkirch alle die Rechte haben soll, welche die Stadt Lindau hat.
2. Der Kaiser befreit die Bürger der Stadt Feldkirch von allen Landgerichten (außer im Falle der Rechtsverweigerung durch das Stadtgericht).

Man muß aus der Formulierung folgendes ableiten: die besondere Erwähnung der Freiheit von den Landgerichten macht deutlich, daß lediglich das Lindauer Recht für Feldkirch maßgeblich wurde, keineswegs aber automatisch alle Lindauer Privilegien damit auch Feldkirch zugute kamen. Insbesondere hat das Gerichtsprivileg, das König Rudolf I. von Habsburg 1275 der Stadt Lindau gewährte, keinerlei Rückwirkungen für Feldkirch gehabt. Denn wäre das der Fall, dann müßte man ebenso die anderen Privilegien König Rudolfs I. für Lindau auf Feldkirch übertragen, etwa die Blutgerichtsbarkeit des Stadtammanns oder das Recht der Unveräußerlichkeit und Unverpfändbarkeit. Davon kann aber 1312/13 in Feldkirch noch keine Rede sein.

Der Freiheitsbrief Kaiser Heinrichs VII. war zwar eine wichtige Grundsatzentscheidung, sich die Lindauer Freiheiten zum Vorbild zu machen. Sie mußte der Feldkircher Freiheitsbewegung einen beträchtlichen Auftrieb geben. Der eigentliche Zweck des Privilegs war aber Schaffung einer stärkeren Rechtssicherheit. Das erhaltene Stadtrechtsprivileg von 1297 für Tettnang enthält darüber genaue Aussagen: Die Stadt sei bisher ohne feste gesetzliche und gewohnheitsrechtliche Regeln verwaltet worden, weshalb sie sich künftig nach dem Lindauer Recht richten soll. Man wird diese Aussage nicht wörtlich nehmen dürfen, aber es gab vermutlich doch zahlreiche Lücken im Feldkircher Stadtrecht. Sie wurden künftig geschlossen, indem man in strittigen Fällen entweder die schon bestehenden Lindauer Rechtsnormen übernahm oder aber Rechtsauskünfte in Lindau einholte. Zudem wurde eine Form des Appellationsverfahrens vom Stadtgericht Feldkirch an das Stadtgericht Lindau eingeführt: auch dadurch wurde das Feldkircher Stadtgericht gezwungen, in solchen Fällen, wo die Richter unter sich nicht einer einheitlichen Meinung waren, nach dem Lindauer Recht zu entscheiden.

Bald darauf übernahmen die Grafen Rudolf III. und Ulrich II. auch eine erste Niederschrift des Feldkircher Stadtrechtes. Da beide Grafen, insbesondere aber Rudolf III., eine solide juristische Ausbildung hatten, war die Zeit für eine solche Niederschrift jetzt reif. Der Dualismus zwischen Stadt und Stadtherrn zeigte sich auch bei diesem

Vorgang sehr deutlich. Stadt und Stadtherr (Graf) haben diese Niederschrift gemeinsam »uffgesetzt«. Man wird aber wohl kaum fehlgehen, daß die juristisch gebildeten Stadtherren den Ton angaben. So verrät die Verwendung des legistischen Kunstgriffes der Legaldefinition in Titel 6, § 2 (Definition der Wunde) die hohe Schule der Rechtstechnik.

Inhaltlich bildet das Feldkircher Stadtrecht um diese Zeit ein Gemisch aus Feldkircher und Lindauer Rechtsnormen, wobei aber den Lindauer Rechtsnormen zunächst keine unmittelbare Geltung zukommt. Sie werden stets in Feldkircher Recht umgesetzt, den Feldkircher Verhältnissen angepaßt.

Sie weichen daher oft vom Lindauer Stadtrecht ab. In diesem Sinne ist das Feldkircher Stadtrecht als ein *reines Feldkircher Stadtrecht* anzusehen, das lediglich teilweise nach Lindauer Recht formuliert wurde. Im Hinblick auf den Rechtszug mußten aber die Feldkircher Richter neben diesem Feldkircher Stadtrecht auch stets das Lindauer Stadtrecht im Auge behalten, auch und gerade dort, wo es nicht in die Niederschrift des Feldkircher Stadtrechts Aufnahme gefunden hatte.

Rudolf III. starb 1334; doch setzte sein Bruder Ulrich II. die bürgerfreundliche Politik fort. Als Graf Ulrich II. und seine Neffen Hugo VII. und Rudolf IV. am 1. November 1337 den Ewigen Bund mit Österreich abschlossen, wurde die Bürgerschaft von Feldkirch als Vertragspartner herangezogen. »Die burger gmainlich von Veltkilch« werden – allerdings mit besonderer Zustimmung der Grafen – in den Vertrag mit einbezogen. Sie erhalten ein beschränktes Bündnisrecht. Dieser Vorgang ist von großer Bedeutung gewesen. Einmal läßt sich hier ein weiterer Höhepunkt der Feldkircher Freiheitsbewegung unschwer erkennen. Zum anderen fand die Feldkircher Freiheitsbewegung in den städtefreundlichen Habsburgern einen wichtigen Partner, der vor allem nach 1375 auf die Feldkircher Bürger politisch angewiesen war, womit der Erlangung neuer Freiheitsrechte der Weg bereitet wurde.

Der Weg in die Reichsfreiheit, die höchste Stufe städtischer Freiheiten, führte in der Regel über den König. So kam etwa Leutkirch, ebenfalls eine Stadt mit Lindauer Recht, aus dem Besitz der Montforter an den König und wurde schließlich Reichsstadt. Diese Chance bot sich auch Feldkirch, sie wurde jedoch vertan bzw. durch den Stadtherrn verhindert.

Graf Ulrich II. wurde 1343 von seinen Neffen Hugo VII. und Rudolf IV. abgesetzt. Um diese Entscheidung rückgängig zu machen, übertrug Ulrich II. seinen gesamten Besitz, insbesondere auch die Stadt Feldkirch, dem König. Es gelang dem König Ludwig dem Bayern jedoch nicht, die Stadt den Neffen Hugo VII. und Rudolf IV. zu entreißen. 1345 scheiterte das Reichsheer bei der Belagerung von Feldkirch. Graf Ulrich II. mußte 1346 seine Verfügung wieder rückgängig machen.

Die Feldkircher Freiheitsbewegung kam damit zu einem Stillstand. Die neuen Stadtherrn speisten die Bürger für ihre Verdienste um die Verteidigung der Stadt mit einem nichtssagenden Privileg ab, das den Anschein eines Unverpfändbarkeitsprivilegs erweckt, tatsächlich aber weit hinter vergleichbaren Privilegien zurückblieb, die etwa Lindau von Rudolf von Habsburg erworben hatte. Die Feldkircher fanden es nicht einmal Wert für die Aufnahme in das Privilegienbuch, das 1405 angelegt wurde.

1355 gingen die Stadtherren mit gewaltsamem Terror gegen die Bürger vor. Viele wurden gefangengesetzt, enteignet und ins Exil geschickt, unter ihnen Exponenten der Freiheitspartei wie der ehemalige Stadtschreiber Johannes Huser, ein enger Vertrauter von Graf Rudolf III. Zwar konnte der Status quo erhalten werden. Die Bürgergemeinde war soweit erstarkt, daß ihre Eigenständigkeit nicht mehr in Frage gestellt werden konnte. Aber die Freiheitsbewegung verlor jeden Schwung, wie sie ihn unter den Stadtherrn Rudolf III. und Ulrich II. hatte. Nahezu dreißig Jahre blieb die Stadtverfassung erstarrt. Auch außenpolitisch blieb die Bürgerschaft unter der Vormundschaft des Stadtherrn. So wurde etwa selbst der für die Stadt wichtige Zollvertrag vom 26. August 1372 durch den Grafen Rudolf IV. von Montfort allein mit dem Bischof von Chur abgeschlossen.

Durch den Tod des Grafen Rudolf IV. 1375 entstand eine neue Situation. Mit seinem Sohn Graf Rudolf V. kam ein Stadtherr an die Regierung, der aus der geistlichen Laufbahn kam. Er wurde 1329 zum Domherrn von Chur ordiniert; der erzieherische Einfluß seines Großonkels Rudolfs III., der 1322 – 1325 Bischof von Chur und seit 1322 Bischof von Konstanz war, ist unverkennbar. Es überrascht daher nicht, daß gerade unter Graf Rudolf V. die Feldkircher Freiheitsbewegung wieder aufblüht und ihren Höhepunkt erreicht.

Graf Rudolf V., der bei Antritt seiner Herrschaft bereits ein alter Mann und ohne leibliche Nachkommen war, dachte von Anfang an den Verkauf seiner Grafschaft Feldkirch an Österreich, der dann auch rasch zustande kam.

Diese Veräußerung betraf natürlich die Untertanen, die aus ihren Treupflichten gegenüber dem Grafen von Montfort entlassen wurden und einem neuen Herrn huldigen mußten. Die Frage ist, ob sich aus dem Unverpfändbarkeitsprivileg von 1346 ein Zustimmungserfordernis der Bürger von Feldkirch für diese Veräußerung ergibt oder zumindest von den Bürgern abgeleitet worden ist. Denn tatsächlich stellt sich eine Veräußerung als ein Eingriff dar, der weitergeht als eine bloße Verpfändung. Der Wortlaut der Urkunde von 1346 läßt freilich solche Vermutungen nicht zu. Und auch der Wortlaut des Freiheitsbriefes macht den gräflichen Gnadenakt recht deutlich.

Aber dennoch: es war aus der Sicht des Grafen vorteilhaft, die Feldkircher Bürger für sein Vorhaben zu gewinnen. Und der Freiheitsbrief läßt bei näherem Hinsehen auch deutlich Elemente eines Vertrages zwischen Stadtherr und Bürgern erkennen. Mag ein Mitspracherecht auch nach positivem Recht nicht bestanden haben, so scheint andererseits die Beschwörung des göttlichen Rechts einen solchen Rechtsanspruch doch wieder zu belegen: der Lohn für treue Dienste ist nicht Gnade, sondern Recht. Die Mitwirkung der Reichsstädte Zürich und Lindau, gleichsam als die von Feldkirch bestellten Schiedsleute, bringt dieses Recht noch einmal verstärkt zum Ausdruck.

Inhaltlich gewährt der Vertrag auf Ableben des Grafen Rudolf V. folgende Rechte:

1. Das Einfrieren der jährlich an den Stadtherrn zu zahlenden Steuer.
2. Die Einschränkung der Gesetzgebungsbefugnis des Stadtherrn.
3. Das Verbot der Einführung von Sondersteuern.
4. Die Mitwirkung der Bürger bei der Wahl des Stadtammanns.

5. Das Recht der Bürger auf freien Zug.

6. Das Recht der Bürger auf freie Heirat.

7. Eine Bevorzugung der Bürger in Erbfällen.

8. Das Vorrecht der Bürger, die Huldigung gegenüber jedem künftigen Stadtherrn von der vorherigen Bestätigung ihrer Freiheitsrechte abhängig zu machen.

9. Die Bestellung der Stadt Zürich zum Schiedsgericht über alle Streitigkeiten um den Freiheitsbrief.

Diese Schiedsklausel gewährt den Bürgern eine besonders starke Position. Verletzt nämlich der Stadtherr die Bürgerrechte, so verfällt die Stadt Feldkirch dem Reich, d.h. es öffnet sich ihr der Weg zur freien Reichsstadt.

Es ist nicht zu übersehen, daß darauf das eigentliche Ziel der Feldkircher Freiheitsbewegung gerichtet gewesen ist. Innert eines Zeitraums von dreißig Jahren wurde Feldkirch dreimal mit diesem lockenden Ziel konfrontiert:

1. bei der Veräußerung der Stadt an Kaiser Ludwig IV. durch Graf Ulrich von Montfort (1344);

2. durch das drohende Aussterben der Grafen von Montfort-Feldkirch, die den Heimfall an das Reich zur Folge hätte haben können;

3. die Schiedsklausel des Freiheitsbriefes von 1376, wobei das Befinden über das Vorliegen einer allfälligen Rechtsverletzung der Stadt Zürich anheimgestellt war, in der ein revolutionäres, demokratisches System herrschte.

Man darf aus allem rückschließen, daß die 1345 und 1355 unterdrückte Freiheitspartei bei der Entstehung des Freiheitsbriefes maßgeblich mitgewirkt hat. Sie griff das 1345 vertane Ziel der Reichsfreiheit, das 1375 wieder in greifbare Nähe rückte, auf und machte es über die Schiedsklausel zu einem Bestandteil des Freiheitsbriefes. Durch die Garantie von Zürich konnte dieser Teil des Vertrages für die Feldkircher kaum günstiger ausfallen.

Wie Heinrich Koller in seinem Aufsatz über »Die Privilegien der Stadt Feldkirch in Vorarlberg« nachgewiesen hat, hat Feldkirch in den folgenden Jahrzehnten diese Politik konsequent weiterverfolgt, eine Reichsstadt zu werden oder einer Reichsstadt gleichzukommen.

Man darf sich gleichwohl nicht darüber täuschen lassen, daß das konkrete Ergebnis des Freiheitsbriefes nicht zu hoch zu veranschlagen ist. Denn alle Rechte sollten erst mit dem Ableben des Grafen Rudolf V. wirksam werden. Wir wissen auch, daß 1381 die eingefrorene Steuersumme verdoppelt wurde. So ist die Bedeutung des Freiheitsbriefes in erster Linie wohl eine programmatische. Die Feldkircher Freiheitsbewegung hatte ihre Ziele formuliert, ja sie hatte ihren Zielen eine offizielle Anerkennung verschafft.

Die Bedeutung des Freiheitsbriefes von 1376 reicht aber über die Stadt Feldkirch hinaus. Der Freiheitsbrief wird zur Magna Charta der Vorarlberger Freiheiten. Er wird zum Programm auch für die anderen Gerichte, die ähnliche Freiheitsbriefe anstreben und teilweise auch erreichen können. Mit dem Feldkircher Freiheitsbrief wurde eine wichtige Grundlage für die Ausbildung der Vorarlberger landständischen Verfassung geschaffen.

Als 1390 Graf Rudolf V. starb und damit die österreichische Herrschaft in Feldkirch endgültig wurde, gingen die heimischen politischen Kräfte ein Landfriedensbündnis ein: die Vorarlberger Eidgenossenschaft vom 18. August 1391. Unter der Führung der Stadt Feldkirch und dem Grafen Albrecht von Werdenberg-Heiligenberg-Bludenz schließen die Stände der Grafschaften Feldkirch und Bludenz (dessen Verkauf an Österreich sich abzeichnete) ein Bündnis auf 40 Jahre. Die Vorarlberger Landstände haben später in diesem Vertrag stets ihre eigentliche Gründungsurkunde gesehen.

Besonders aussagekräftig ist dieser Vertrag aber auch für die politische Emanzipation der Stadt Feldkirch. Die Stadt ist nicht, wie es noch 1337 der Fall war, ein geduldeter Partner. Vielmehr liegt bei ihr jetzt ein initiatives Handeln, sie ist der wichtigste Partner dieses Vertrages, deren Inhalt weitgehend von ihr bestimmt wird. Der Stadtherr, der österreichische Landfürst, ist nicht Partner dieses Vertrages, wiewohl man seine Zustimmung voraussetzen muß. So wird die Urkunde 1391 zu einem Höhepunkt in der Entwicklung der Emanzipation vom Stadtherrn. Feldkirch bedarf nicht länger eines politischen Vormunds, die Stadt hat eine volle politische Eigenständigkeit erreicht. Unter der Führung Feldkirchs bildet sich fortan die »Landschaft« als das verfassungsmäßige Organ, das gegenüber dem österreichischen Landesfürsten und seiner Regierung die politischen Kräfte des Landes selbst repräsentiert.

Siegel der Stadt Feldkirch mit dem Wappen der Grafen von Montfort, 14. Jh. (Foto: Klapper, Landesbildstelle).

Die Grafen von Montfort und ihr Kampf um die Stadtherrschaft von Wangen

Schon im Frühmittelalter bildet Wangen den Mittelpunkt ausgedehnter Besitzungen des Klosters St. Gallen, das hier einen Kellhof zur Verwaltung seiner Güter errichtet und auch seit jeher über das Patronatsrecht der Kirche verfügte. Die Vogtei über diese Besitzungen lag in den Händen der Grafen von Bregenz, kam später in staufische Hände und wurde bald als königliche Vogtei angesehen, da das staufische Hausgut mit dem königlichen Besitz eng verbunden war. Am 5. Februar 1217 erteilte Kaiser Friedrich II. auf Bitten des Abtes von St. Gallen den Bürgern von Wangen das Privileg, die Vogtei über Wangen für immer in königlichen Händen zu bewahren und niemals dem Reich zu entfremden, weder an geistliche noch an weltliche Machthaber. Jede entgegenstehende Verfügung sollte nichtig sein. Die Bürger von Wangen erhielten eine schriftliche Ausfertigung dieses Privilegs.

1217 ist also Wangen bereits Stadt. Die Entstehung dieser Stadt müssen wir uns so vorstellen, daß der Abt von St. Gallen als Grundherr einen bestimmten abgegrenzten Teil seines Landes für die Errichtung eines Marktes zur Verfügung gestellt hat. Hier konnten sich Handwerker, Gewerbetreibende und Kaufleute niederlassen: der Abt versprach sich davon eine wirtschaftliche Hebung und Entwicklung des Gesamtraumes; denn auch die dem Abte hörigen Bauern konnten diesen Markt besuchen und dort ihre Erzeugnisse verkaufen. Wir stehen am Anfang der Geldwirtschaft: der Markt zieht Käufer und Verkäufer an, er bringt Geld ins Land, das vorerst noch knapp ist, aber um so wichtiger. Denn auch der Abt von St. Gallen braucht jetzt zunehmend Geld. Er ist daran interessiert, die Naturalzinse, die die ihm hörigen Bauern in den Kellhof in Wangen liefern, in Geldzinse umzuwandeln. Das aber kann er nur dann machen, wenn seine Bauern selbst Geldeinnahmen haben. Und diese Geldeinnahmen der Bauern erfordern eben jenen Markt.

Wir können hier sehr schön diesen Kreislauf beobachten: der Abt braucht Geld; er gründet einen Markt, indem er Kaufleute und Handwerker ins Land holt; die Bauern können auf diesem Markt ihre Erzeugnisse verkaufen und kommen so zu Geld; der Abt kann jetzt von den Bauern statt Naturalzinsen Geldzinsen einfordern, zugleich kommt er aber auch durch die Besteuerung der Marktbewohner bzw. später Stadtbürger zu Geld; denn diese sitzen schließlich auf seinem Grund und Boden, auch wenn sie nicht Hörige des Abtes sind und auch ihre eigene, vom Kellhof des Abtes unabhängige Gerichtsbarkeit hatten.

Diese Entwicklung des Marktes hat zur Folge, daß neben die hörigen Bauern eine gewisse Anzahl von freien Bürgern getreten ist: die in der Urkunde von 1217 genannten cives. Wir haben zwar gesehen, daß der Abt weiterhin gewisse Rechte und Einkünfte in der Stadt zu wahren gewußt hat. Gerade deshalb lag es im Interesse der Bürger, die Position des königlichen Vogtes zu stärken. Der König sollte den Vogt einsetzen, der Vogt dem König verantwortlich sein. Und es sollte um jeden Preis verhindert werden, daß die Vogtei an eine vom Abt abhängige Person oder gar an den Abt selbst vom König veräußert werden würde. Denn aus dem Dualismus zwischen dem Abt und dem königlichen Vogt konnten die Bürger nur gewinnen; man konnte diese beiden in der Stadt bestimmenden Kräfte gegeneinander ausspielen und dadurch die eigenen Rechte vermehren und ausbauen. Sobald aber die Vogtei in die Hand des Abtes gerät, war dieser wieder die allein herrschende Kraft in der Stadt. Das Privileg von 1217 sollte das ein für allemal festlegen: der Dualismus von Grundherr und Vogt, von äbtischer und königlicher Herrschaft, sollte institutionalisiert werden. Er sollte zum Grundpfeiler der Wangener Verfassung werden. Der Weg zur Reichsstadt war damit geöffnet.

Nun stellt sich hier allerdings eine Frage, die noch zu beantworten ist. Der Kaiser erteilt den Bürgern von Wangen das Privileg auf Bitten des Abtes. Würde das nicht bedeuten, daß der Abt mit dieser Bitte seine eigene Machtposition in der Stadt schwächt? Kann der Abt überhaupt ein Interesse daran haben, daß die Bürgerschaft sich über den Vogt vom Grundherrn zu lösen beginnt?

Bevor wir versuchen, auf diese Frage eine Antwort zu finden, bleibt ein Blick auf die politische Lage zu tun. Hier ist zunächst einmal festzustellen, daß zwischen dem Kaiser und dem Abt ein geradezu freundschaftliches Verhältnis herrschte. Friedrich II. war 1212 gegen den vom Papst gebannten Kaiser Otto IV. gewählt worden. Auf dem Weg von Italien nach Deutschland war Abt Ulrich v. St. Gallen dem Staufer mit bewaffneter Macht entgegengezogen, um seinen Einzug nach Deutschland zu sichern. Der Abt von St. Gallen war entscheidend am Aufstieg des Staufers zum König beteiligt. Und Friedrich II. hat dem Abt diese Dienste nie vergessen. In den folgenden Jahren finden wir Abt Ulrich immer wieder in nächster Umgebung des Kaisers oder aber auch wiederholt als Gesandten des Kaisers an den Papst. Zwischen Kaiser und Abt besteht ein solches Vertrauensverhältnis, daß ein vom Kaiser eingesetzter Vogt faktisch kaum in der Lage war, irgend etwas gegen den Abt auszurichten. Der Einfluß des Abtes auf den Kaiser war einfach zu groß.

Dennoch bleibt zu bedenken, daß dieses politische Einverständnis zwischen Kaiser und Abt erwartungsgemäß nicht von ewiger Dauer sein konnte. Und deshalb stellt sich eben doch die Frage, warum der Abt selbst als Bittsteller dieses Privilegs für die Bürger von Wangen auftritt. Zwei Möglichkeiten kommen in Betracht. Einmal könnte es sein, daß der Abt selbst den Bürgern gegenüber verpflichtet war. Die Bürger, insbesondere reiche Kaufleute, könnten ihm mit Geld ausgeholfen haben. Sie könnten ihm militärische Dienste geleistet haben, Verpflichtungen hinsichtlich der Stadtbefestigung übernommen haben, usw. Es gibt hier viele Möglichkeiten, die den Abt zu einer solchen Zusage bewogen haben mögen. Und er konnte diese Zusage um so leichter gewähren, als sein Verhältnis zum Kaiser kaum ein besseres sein konnte.

Eine weitere Möglichkeit ist die, daß der Abt selbst an einer künftigen Entwicklung der Stadt interessiert gewesen ist. Diese Entwicklung wurde durch die starke Abhängigkeit vom Abt behindert. Denn die Bürger waren nur dann bereit, wagemutige Investitionen zu tätigen, wenn sie auch sicher waren, daß die Früchte ihnen selbst zugute kamen. Wir werden noch sehen, daß die Bürger ihr Privileg gegenüber dem Abt nicht durchsetzen konnten, im Gegenteil: der Abt bringt die Vogtei in seine Hände. Ein äbtischer Ammann regiert die Stadt und lange Zeit kann sich nicht einmal ein Rat als Organ der Bürgerschaft konstituieren. Diese Tatsache wird mit Recht immer wieder dafür verantwortlich gemacht, daß Wangen sich im 13. Jahrhundert nicht entwickeln konnte. Es blieb eine kleine Stadt, deren Reichssteuer 1241 nur 10 Mark Silber betrug; dagegen zahlte vergleichsweise Lindau 100 Mark.

Kehren wir jedoch zu unserem Privileg von 1217 zurück. Solange das Verhältnis zwischen Kaiser und Abt ungetrübt war, konnte es den Bürgern zunächst kaum unmittelbare Vorteile bringen. Auch Abt Konrad von Bußnang, der 1220 auf den Abt Ulrich von Sax folgte, erfreute sich während seiner ganzen Regierungszeit bis 1235 der ungetrübten Gunst des Kaisers. Erst nach 1245, als Kaiser Friedrich II. zum dritten Mal vom Papst in den Kirchenbann getan wurde, änderten die Äbte von St. Gallen ihre kaisertreue Politik. In St. Gallen wurde zum Kreuzzug gegen Friedrich II. gepredigt. Abt Berchtold von Falkenstein führte selbst dem Papst Hilfstruppen zu. Und die päpstlichen Gunsterweise blieben nicht aus.

Damit war aber auch das Schicksal des Privilegs von 1217 besiegelt. Als Kaiser Friedrich II. 1250 im Kirchenbann starb, war dieses Privileg nur mehr ein wertloses Stück Pergament.

Zum Vergleich sei auf ein Privileg hingewiesen, das Kaiser Friedrich II., damals schon im Kirchenbann, 1240 den Landleuten von Schwyz erteilt hat. Inhaltlich geht es, wie im Privileg für Wangen von 1217, um das Versprechen, daß der Kaiser Schwyz niemals vom Reich veräußern wird. Das Privileg wurde von keinem anderen König bestätigt, weder während des Interregnums, noch während der Regierungszeit des Königs Rudolf von Habsburg, dessen Interessen in Schwyz berührt waren. 1274, als die Schwyzer den König Rudolf von Habsburg um eine Bestätigung gebeten hatten, schrieb ihnen der König einen Brief, es sei ihm unmöglich, dieses Privileg eines exkommunizierten und vom Konzil von Lyon abgesetzten Königs zu erneuern. Wangen befand sich in der gleichen Situation wie Schwyz. Das Privileg Kaiser Friedrichs II. war nichts mehr wert. Keiner der nachfolgenden Könige hat es je erneuert. Das aber wäre notwendig gewesen, um die mit dem Privileg geschaffene Rechtslage aufrecht zu erhalten. Denn grundsätzlich galt ein Privileg nur für die jeweilige Regierungszeit des Kaisers oder Königs.

Gleichwohl ist festzuhalten: Das Privileg behielt für die Willensbildung der Wangener Bürger einen Wert. Es stellte für sie ein ideologisches und politisches Programm dar, auch wenn es nicht durchsetzbar war. Es blieb eine Richtlinie für die Wangener Politik. Es konnten ja politische Konstellationen kommen, die ihm plötzlich wieder einen aktuellen Wert verschaffen konnte. Und hier muß noch mal auf die Parallele zu Schwyz hingewiesen werden. Wir haben gesehen, daß das Unveräußerlichkeitsprivileg von 1240 für Schwyz ohne Wert war. Aber als König Adolf von Nassau 1297 in seinen Entscheidungskampf gegen die Habsburger eintrat, da erneuerte er den Schwyzern das Privileg von 1240. Er gab zwar zu verstehen, daß er nicht in der Lage sei, das Privileg eines exkommunizierten Königs zu erneuern; aber er gab den Schwyzern von sich aus ein gleichlautendes Privileg, das Wort für Wort mit jenem Kaiser Friedrichs II. übereinstimmte. So konnte auch jenes wertlose Stück Pergament von 1240 auf Grund einer neuen politischen Situation plötzlich wieder volle Rechtskraft gewinnen. Und so haben auch die Bürger von Wangen gut daran getan, dieses wertlos gewordene Pergament von 1217 sorgfältig aufzubewahren.

Zunächst aber war das Stück einmal wertlos geworden. Die Folge war, daß sich König und Abt nach 1245 bzw. 1250 ohne weiteres über die durch das Privileg geschaffene Rechtslage hinwegsetzen konnten. Und so konnte der König die Vogtei an den Abt verpfänden, was das Privileg von 1217 eigentlich ausschließen wollte. 1267, zur Zeit des Interregnums, als eine starke Reichsgewalt überhaupt fehlte, gelangte die Vogtei über Wangen um den Preis von 200 Pfund Silber an das Kloster St. Gallen. Die faktischen Machtverhältnisse waren dafür bestimmend. Und dazu ließ sich durchaus der Rechtsstandpunkt vertreten, daß diese Verpfändung rechtmäßig war, weil sie allenfalls zu dem Privileg eines exkommunizierten Königs im Widerspruch stand und dieses Privileg zudem nie erneuert worden war.

Mit dem Regierungsantritt des Königs Rudolf von Habsburg 1273 trat nun eine völlig veränderte Lage ein. Die Reichsgewalt kam wieder in die Hände eines starken Königs. Und noch auf dem Speyrer Hoftag vom Dezember 1273 und auf dem 1274 folgenden Reichstag zu Nürnberg erließ der neue König eine Anordnung, daß alle dem Reich entfremdeten Güter und Rechte zurückzugeben waren. 1281 schärfte der König diese Anordnung noch einmal ein und präzisierte sie dahingehend, daß alle Verfügungen über Reichsgut ungültig sein sollten, sofern diese ohne einen Mehrheitsbeschluß der Kurfürsten vorgenommen waren. Das betraf nun mit Sicherheit auch Wangen, wo der Übergang der Reichsvogtei an den Abt von St. Gallen im Wege einer Verpfändung sich nicht auf eine Zustimmung der Kurfürsten abstützen konnte.

Aber: immerhin war die Rechtslage ungewiß, weil das Privileg von einem exkommunizierten Kaiser herrührte und nachträglich nie bestätigt worden war. König Rudolf von Habsburg beeilte sich daher, hier wieder Klarheit zu schaffen. Und so erneuerte er am 15. Oktober 1281 das Privileg von 1217. Anders als im Falle von Schwyz, wo der Habsburger selbst daran interessiert war, auf Reichsgut zu greifen, bestätigt der König die Gültigkeit des Privilegs Friedrichs II. von Anfang an. Immerhin konnte er argumentieren, daß König Friedrich II. 1217 noch nicht im Bann war – wie 1240 bei der Ausstellung des Privilegs für Schwyz. Das bedeutet aber, daß der Abt von St. Gallen gegen die Rechtslage von 1217 verstoßen hat. Die Verpfändung der Vogtei an den Abt von 1267 ist demgemäß unrechtmäßig. Der König schafft sich mit der nachträglichen Bestätigung des Privilegs eine rechtliche Handhabe gegen den Abt. Er kann die Vogtei herausfordern, zumal die Mehrheit der Kurfürsten der Verpfändung der Vogtei an den Abt niemals zugestimmt hat. Der Abt von St. Gallen gerät in eine bedrängte Lage.

Und hier treten nun die Grafen von Montfort auf den Plan. Diese waren, ebenso wie der Abt von St. Gallen, Nutznießer aus der schwachen Position des Reiches während des Interregnums gewesen. Wobei vielleicht zu ergänzen ist, daß Rudolf von Habsburg einer der größten Nutznießer dieser Situation gewesen war. Es war ihm in kürzester Zeit gelungen, durch Erbschaften, durch Käufe und Eroberungen, aber auch durch Entfremdung von Reichsgut den größten Teil der Schweiz in seine Hand zu bringen und hier die Grundlagen für einen mächtigen Territorialstaat zu schaffen. Die Nachbarn dieses Territoriums, also etwa der Bischof von Chur, der Abt von St. Gallen und besonders auch die Grafen von Montfort setzen seinem Expansionsstreben jedoch Grenzen und so wurden diese seine erbittertsten Feinde. Als Rudolf von Habsburg 1273 zum deutschen König gewählt wurde, zeigten sich seine Nachbarn tief betroffen. Ja der Bischof von Basel soll sogar ausgerufen haben: »Herrgott, halt Dich an Deinem Thron fest, damit Dich Rudolf von Habsburg nicht davon jagt.«

Die Grafen von Montfort waren zur Zeit der Staufer eines der ersten Geschlechter in Alemannien; sie hätten, wie die Habsburger, die Voraussetzungen mitgebracht, die bestimmende politische Kraft zu werden. Jedoch die Habsburger setzten sich durch. Eine Todfeindschaft beider Geschlechter zieht sich somit durch Jahrzehnte, bis schließlich 1298 die Montforter unterliegen und Vasallen der Habsburger werden.

Bei der Königswahl Rudolfs von Habsburg sind die Montforter jedoch noch im Vollbesitz ihrer Kräfte. Im Bistum Chur üben sie einen bestimmenden Einfluß aus. Und ihr Interesse richtet sich zunehmend auch auf St. Gallen. Hier hatte sich der neue König denkbar schlecht eingeführt, indem er einen st. gallischen Dienstmann, Ulrich von Ramschwag, zum Reichsvogt über das Kloster bestellte. Vogt und König beuteten das Kloster aus, zwangen es zu Verkäufen. Abt Rumo von Ramstein war ein äußerst schwacher Abt, »ain tumper man von sinen sinnen«, der auf Kosten des Klosterschatzes aufwendig lebte, zugleich aber das Gotteshaus verfallen ließ.

Hier griffen nun die Grafen von Montfort ein. Es gelang dem Churer Dompropst Friedrich von Montfort, der 1282 auch zum Bischof von Chur gewählt wurde, den schwachen Abt Rumo vom Ramstein zu bewegen, sein Amt niederzulegen. Und an dessen Stelle trat nun sein Bruder, Graf Wilhelm von Montfort. Am 4. Dezember 1281 wurde Wilhelm von Montfort zum Abt gewählt. Wenn wir annehmen, daß sich diese Wachablöse über einen längeren Zeitraum erstreckt hat, so könnte man vermuten, daß die Erneuerung des Privilegs für Wangen vom 15. Oktober 1281 durch König Rudolf von Habsburg ein ganz bewußter Schlag gegen seine montfortischen Todfeinde gewesen ist. Der noch nicht gewählte Abt sollte von Anfang an sehen, daß der König seine Position gegenüber St. Gallen zu wahren gewillt war.

Nachdem auch Wilhelms Bruder Friedrich 1282 zum Bischof von Chur gewählt worden war, zeichnete sich im Osten des habsburgischen Territorialstaates eine starke Front Chur-St. Gallen-Montfort gegen Rudolf von Habsburg ab. Im Dezember 1282 erhielt Abt Wilhelm in Augsburg vom König die Regalien, folgte aber einer Einladung des Königs nicht, das Weihnachtsfest mit ihm zu verbringen, weil er befürchtete, vom König zum Verzicht auf St. Gallen erpreßt zu werden. Offene Feindschaft zwischen

König und Abt war die Folge. Da der Abt zudem in St. Gallen wieder Ordnung zu schaffen suchte und hart durchgriff, klagten ihn seine Gegner beim König an. Die Spannungen wuchsen.

In Wangen hatte sich die Situation seit dem Privileg vom 15. Oktober 1281 gegen den Abt gewandelt. Der Abt hatte die Vogtei wieder an den König verloren. Abt Wilhelm von St. Gallen suchte aber seine Position in Wangen auf andere Weise zu festigen. Sein Neffe, Graf Hugo VI. von Montfort-Tettnang, besuchte seit Beginn der 1280er Jahre die Klosterschule zu St. Gallen. Offenbar hatte der Abt die Erziehung seines Neffen übernommen, da Hugo für eine geistliche Laufbahn auserwählt war. Da St. Gallen in Wangen das Patronatsrecht besaß, d.h. das Recht, dem Bischof einen Kandidaten für den Pfarrer vorzuschlagen, zögerte Abt Wilhelm nicht, seinem jungen Neffen dieses Amt zu verschaffen. Graf Hugo VI. von Montfort-Tettnang wurde – in jedem Falle vor 1285 – Pfarrer von Wangen.

Die Existenz dieses Pfarrers Hugo von Montfort scheint der Wangener Geschichtsschreibung bisher nicht bekannt zu sein. Kein Wunder, denn die Quelle dafür ist ein Notariatsakt im Staatsarchiv von Bologna. Und das ist nun wieder aus anderen Gründen von höchstem Interesse: in dieser Zeit kommt in den Bistümern Konstanz und Chur das Amt des geistlichen Richters auf. Das bedeutet, daß man jetzt Streitentscheidungen mehr und mehr im Prozeßwege sucht, auf der Basis des Kirchenrechts, während man gleichzeitig der Gewalt entsagt. Abt Wilhelm schickt im Herbst 1285 seinen Neffen Hugo von Montfort in Begleitung zweier Kleriker, des Walter von St. Gallen und des Heinrich von St. Gallen nach Bologna, wo sie drei Jahre lang das Kirchenrecht studierten. Walter von St. Gallen und Heinrich von St. Gallen machen beide eine Karriere als geistliche Richter von Konstanz. Beide sind, nebenbei bemerkt, hinter einander Pfarrer von Schwarzenberg im Bregenzerwald, das wie Wangen dem Abt von St. Gallen gehörte. Der Wangener Pfarrer Hugo von Montfort wurde 1298 zum Bischof von Chur gewählt. Es scheint mir sehr bedeutend zu sein, daß in dieser Auseinandersetzung des Abtes mit dem König juristische Fachleute in Bologna ausgebildet werden, die in der Lage waren, den Streit jetzt auch mit andern Mitteln, denen des Rechtes, auszufechten. Es mag daher vielleicht gar kein Zufall sein, daß uns ein solcher Jurist als Pfarrer von Wangen begegnet, wo der Abt von St. Gallen gerade gewisse Positionen an den König verloren hatte.

Im Jahre 1286 holte der König erneut zu einem Schlag gegen den Abt von St. Gallen in Wangen aus, indem er den Bürgern ein neues Privileg erteilte. Die Urkunde vom 10. Januar 1286 besteht aus zwei Teilen: die Verleihung des Überlinger Stadtrechtes und die Bestätigung des Wochenmarktes. Der erste Teil des Privilegs, der ungleich wichtiger ist, klingt zunächst sehr verlockend: der König verleiht sämtliche Gnaden, Freiheiten, Immunitäten und Rechte, deren sich unsere Bürger von Überlingen erfreuen. Und die Bürger von Wangen sollen sich dieser Rechte so erfreuen, als seien sie Wort für Wort in diese Urkunde aufgenommen worden. Allerdings, so fährt die Urkunde fort, doch nur so, daß dem ehrwürdigen Abt von St. Gallen und seinem Kloster in deren Eigentumsrechten kein Präjudiz geschehen soll.

Albert Scheuerle hat in seiner Geschichte von Wangen diese widersprüchliche Urkunde folgendermaßen gedeutet: die Freiheitsrechte, die der König am 30. Juni 1275 den Bürgern von Überlingen erteilt hatte, bestehen namentlich aus drei Vorrechten:

1. Das Erbrecht wird auf die Blutsverwandten beschränkt.
2. Die alleinige Zuständigkeit des Stadtgerichtes für alle Bürger wird erklärt (geistliche Sachen ausgenommen).
3. Das Besteuerungsrecht der Stadt erstreckt sich auf sämtliche Güter innerhalb der Stadtgrenzen.

Sieht man diese drei Bestimmungen genauer an, so richten sie sich in erster Linie gegen den bisherigen Stadtherrn: St. Gallen. Denn zahlreiche Bürger der Stadt Wangen waren dem Abt todfallpflichtig, d.h. der Abt konnte beim Tod des Familienoberhauptes ein Drittel des Nachlasses oder das beste Stück Vieh für sich einfordern. Die zweite Bestimmung hob die Gerichtsbarkeit des äbtischen Pfalzgerichtes für die Wangener Bürger auf. Und die dritte Bestimmung unterwarf die äbtische Besitzungen in der Stadt der Besteuerung durch die Stadt. Das würde nun in der Tat, und Scheuerle äußert sich auch in dieser Richtung, die Rechtsstellung des Abtes in Wangen in einem sehr entscheidenden Maße einschränken. Scheuerle ist geneigt, in dem rechtlichen Vorbehalt für den Abt nur mehr eine Ironie des Königs zu sehen.

Dieser Auslegung kann nicht gefolgt werden. Denn, erstens geht es hier bei der Bewidmung der Stadt Wangen mit dem Überlinger Recht doch um einen Rechtsvorgang. Das heißt aber, daß wir dieses Privileg zunächst einmal streng nach rechtlichen Maßstäben messen müssen.

Dann aber gewinnt der Vorbehalt zugunsten des Abtes von St. Gallen doch einen ganz anderen Stellenwert. Es gibt ein altes Rechtssprichwort: *nemo plus iuris transferre potest quam ipse habet.* (Niemand kann mehr Rechte übertragen als ihm selbst zustehen.) Das aber bedeutet, daß der König rechtlich gar nicht in der Lage war, das durch altes Herkommen gesicherte Todfallrecht des Abtes durch ein Privileg zu beseitigen. Und genau so wenig konnte er die Zuständigkeit des Pfalzgerichtes in St. Gallen für die Lehensverhältnisse, wie sie zwischen dem Abt und den von ihm abhängigen Bürgern in Wangen bestanden, aufheben oder gar den Abt der Besteuerung durch die Stadt unterwerfen. Der Vorbehalt ist also wörtlich zu nehmen; keineswegs ist er bloße Ironie.

Zweitens ist zu bemerken, daß die Bewidmung mit dem Überlinger Stadtrecht natürlich sehr viel mehr aussagt und keineswegs nur unter den Aspekten gesehen werden kann, die sich gegen den Abt von St. Gallen richten. Wangen konnte in der Zukunft allen seinen rechtlichen Entscheidungen das Überlinger Recht zugrunde legen. Man konnte sich jederzeit in Überlingen Rechtsauskünfte holen. Urteile des Stadtgerichtes konnten dem Überlinger Gericht zur Überprüfung vorgelegt werden. 1297 bewidmete König Adolf von Nassau die Stadt Tettnang mit dem Lindauer Recht, und zwar deswegen, weil in der Stadt bis dahin ein verbindliches Recht gefehlt hat. Dasselbe gilt auch für Wangen. Die Bewidmung mit dem Überlinger Recht ist daher auch für den Grundherrn ein durchaus positiver Vorgang. Ließ doch der Abt selbst Juristen ausbilden, um Streitfragen auch im Rechtswege lösen zu können. Es ist daher vielleicht nicht ganz richtig, in dem Stadtprivileg von 1286 einseitig und ausschließlich eine Maßnahme gegen den Abt sehen zu wollen.

Zur Bestätigung dieser These ist auch auf die wörtliche Wiederholung des Privilegs hinzuweisen, das König Adolf von Nassau am 23. März 1295 den Bürgern von Wangen ausgestellt hat. Damals herrschte ein durchaus spannungsfreies, ja sogar gutes Verhältnis zwischen König und Abt. Es fällt schwer, den Vorbehalt zugunsten St. Gallens einmal als Ironie, ein anderes Mal aber als ernstgemeint aufzufassen. Denn es hat sich um einen wichtigen rechtlichen Vorgang gehandelt und der König war nicht befugt, über die Rechte des Abtes zu verfügen.

Dennoch spüren wir, daß das Privileg von 1286 ganz gezielt gegen den Abt von St. Gallen gerichtet war. Läßt doch schon die Existenz dieses Vorbehaltes, also die Tatsache, daß der König die Rechte des Abtes vorgeblich schützen wollte, klar und deutlich erkennen, daß man den Abt damit treffen wollte. Denn es hätte dieses Vorbehaltes nicht bedurft, wenn in dem neuen Recht nicht eine Gefahr für die Rechte des Abtes gegeben gewesen wäre.

Die Bewertung des Privilegs hängt im wesentlichen von der Frage ab, inwieweit es tatsächlich in der Lage gewesen ist, Veränderungen im Rechtszustand der Bürger zu bringen. Der Wortlaut ist demnach sehr viel weniger entscheidend als die faktischen Gegebenheiten. Das Privileg von 1217 hatte ungeachtet des für die Bürger von Wangen günstigen Wortlautes nichts gebracht, ja der Abt selbst hatte den Bürgern von Wangen dieses kaiserliche Privileg verschafft. Er konnte das tun, weil seine Machtstellung in Wangen unangefochten war und zwischen Kaiser und Abt enge und freundschaftliche Beziehungen herrschten. Die Ereignisse gaben dem Abt recht, er konnte sogar – gegen den Wortlaut des Privilegs – die Pfandschaft über die Reichsvogtei wieder in seine Hand bringen. Nicht der Wortlaut, sondern die faktischen Machtverhältnisse erwiesen sich als entscheidend.

1286 und in den unmittelbar darauf folgenden Jahren war die Lage eine andere. Zwischen König und Abt bestand ein feindschaftliches Verhältnis. Das Privileg von 1217 war erneuert worden, um den Anspruch des Königs auf die Reichsvogtei zu unterstreichen und deren Rückforderung rechtlich zu untermauern. Der Abt war jetzt in dieser Frage im Unrecht. Er hatte einen Kampf nicht nur gegen den König, sondern auch gegen das Recht zu führen. Und schon deswegen war es aus der Sicht des Königs ein Schachzug, die Rechte des Abtes nicht in Frage zu stellen. Es galt, den Abt vor den Großen des Reiches in eine Unrechtsposition zu drängen.

In der gegebenen Situation war auch das Privileg von 1286 geeignet und wohl auch dazu geschaffen worden, Unsicherheit hervorzurufen. Der König gab den Bürgern von Wangen zu verstehen, daß es sein Anliegen war, daß die Bürger sich der Freiheiten der Stadt Überlingen erfreuen sollten. Er will sie für ihre Treue belohnen, ja er ist es ihnen schuldig, ihren Nutzen zu fördern usw. Das alles steht so in der Urkunde.

Aber da ist einer, der Vorrechte genießt, dessen Sinnen und Trachten darauf hinausläuft, die Bürger von Wangen im Genuß dieser Vorrechte zu hindern: der Abt von St. Gallen.

Das Privileg von 1286 ist somit ein Versuchsballon. Natürlich würden die Bürger danach trachten, die gewährten Freiheiten für sich in Anspruch zu nehmen. Dabei hätten sie sich mit dem Abt auseinanderzusetzen. Die Tendenz des Königs ist es, Unruhe zu schaffen, Konfrontationen zwischen der Stadt und dem Abt, wobei der Ausgang letztlich von den Machtverhältnissen abhing. Die Bürger wußten, daß die Position des Abtes keine günstige war. Abt Wilhelm von Montfort verfiel 1288 dem Kirchenbann; er wurde abgesetzt, konnte sich freilich zunächst gerade wieder in Neuravensburg halten, sozusagen vor den Toren der Stadt. Der König mochte sich erhoffen, daß die Bürger sich von seinem Gegner lossagten. Auf der anderen Seite blieben doch viele Bürger auf Grund ihres Lehenseides dem Abt zur Treue verpflichtet.

So stellt sich das Privileg von 1286 nicht als Entmachtung des Abtes und als Ironie auf seinen Machtverlust dar, sondern als ein Versuch, innere Gegensätze in der Stadt aufkommen zu lassen und den Abt dadurch zu schwächen. Das Privileg ist ein politisches Kampfmittel des Königs gegen den Abt. Im Vordergrund stehen nicht etwa die Rechte der Bürger, sondern die politischen Gegensätze der Großen, der Kampf zwischen dem Reich und den territorialen Gewalten und der Kampf zwischen den Häusern Montfort und Habsburg.

Das Konzept des Königs schien aufzugehen: 1288 kommt Abt Wilhelm von Montfort in den Kirchenbann, 1288 gerät der Bischof von Chur, Friedrich von Montfort, in die Gefangenschaft des Habsburgers und stürzte zu Tode, als er 1290 aus der Burg Werdenberg entfliehen will. Die Montforter müssen 1289/90 einen großen Teil ihrer Lande an den Habsburger verkaufen. Sie verlieren Leutkirch, Sigmaringen und Scheer.

Doch dann ändert der plötzliche Tod des Königs 1291 schlagartig wieder die politische Landschaft. Die Kurfürsten wählen nicht wieder einen Habsburger, sondern einen schwachen König, Adolf von Nassau. Dieser erneuert 1295 das Privileg für Wangen von 1286, und zwar Wort für Wort, Buchstabe für Buchstabe. Es wurde bereits schon erwähnt, daß unter der veränderten Situation jetzt die Spitze gegen den Abt von St. Gallen entfallen war. Wilhelm von Montfort war schon bald nach dem Tod des Königs wieder auf seinen Thron zurückgekehrt.

Die Wangener Stadtgeschichte hat viel über die Stadtprivilegien von 1217 und 1281, von 1286 und 1295 geschrieben. Was aber nicht weniger wichtig ist, sind die Privilegien, die nicht gegeben wurden. Jedes Privileg gewinnt an rechtlicher Kraft dadurch, daß es eine Kette bildet, eine möglichst lückenlose Privilegienkette von König zu König. Adolf von Nassau erneuert das Privileg von 1286. Was aber geschieht mit dem Privileg von 1281, mit dem Rudolf von Habsburg das Privileg von 1217 erneuert hatte? Adolf von Nassau erneuert es nicht, und zwar ganz bewußt nicht. Schon am 26. August 1294 erteilt der König dem Abt eine Bestätigung um etliche Güter in Wangen, offenbar solche, die während der Refundationspolitik Rudolfs von Habsburg der Abtei verloren gegangen waren. König und Abt wurden sich damals schon einig, daß auch die Vogtei wieder an den Abt zurückgegeben werden sollte. Doch behielt der König dieses Faustpfand vorerst zurück; immerhin war er auch rechtlich gebunden an die Entscheidung seines Vorgängers. Aber er unterläßt eine Bestätigung dieses Privilegs.

Denn für den König, der bald darauf in die Entscheidungsschlacht gegen die Habsburger zieht und dort sein Leben läßt, ist der Abt von St. Gallen ein wichtiger Verbündeter. Abt Wilhelm zieht selbst in den Krieg. Drei Tage vor der entscheidenden Schlacht bei Göllheim treffen sich der Abt und der König am 29. Juni 1298 zum Abendessen. »*Herr von St. Gallen*«, so sprach der König den Abt an, »*sol mir got glück geben, ich wil üwer gotzhus bessren um XL. tusend mark.*«

Einen Tag später, am 30. Juni 1298, verpfändet der König dem Abt die Vogtei über Wangen. Hätte der König das Privileg von 1217 bzw. von 1281 erneuert, so wäre ihm diese Entscheidung sicher nicht leicht gefallen. Er hätte sich gegen das von ihm gesetzte Recht entscheiden müssen, denn das Privileg verbot ja ausdrücklich eine solche Verpfändung. So aber verstieß er nur gegen das Recht, das sein Vorgänger erlassen hatte, gegen dessen Sohn er wenige Tage später am 2. Juli 1298 sein Leben in der Schlacht von Göllheim verlor.

Der Abt von St. Gallen hatte, wie schon vor 1217 und erneut 1267, seine Position in Wangen gefestigt. Er war Grundherr und zugleich pfandweise Inhaber der Reichsvogtei. Die ganze Fülle der Macht in der Stadt Wangen lag in seinen Händen. Aber: die politische Landschaft hatte sich erneut zuungunsten des Abtes geändert. Denn mit Albrecht I. bestieg 1298 wiederum ein Habsburger den deutschen Königsthron. Und die Bürger von Wangen zögerten nicht, diese veränderten politischen Umstände auszunutzen. Ein regelrechter Krieg entbrannte zwischen dem Kloster und der Stadt, der erst nach acht Jahren 1306 zu Ende ging. Abt Wilhelm von Montfort war bereits 1301 gestorben. Sein Nachfolger, Abt Heinrich von Ramstein, und Wangen schlossen einen Frieden, der im wesentlichen die Stellung des Abtes bestätigte. Nur gegen eine Entschädigung von 50 Pfund Pfennig verzichtete der Abt auf den Todfall der in Wangen ansässigen Gotteshausleute. Die Bürger mußten sich zudem verpflichten, keine Gotteshausleute mehr ohne die Zustimmung des Abtes als Bürger aufzunehmen. Auch die Zuständigkeit des äbtischen Pfalzgerichtes wurde bestätigt. Bürger, Rat und Gemeinde mußten dem Abt den Huldigungseid leisten. Wangen war damit mehr oder weniger eine st. gallische Landstadt geworden. Irgendwelche Interessen der Montforter bestehen zu dieser Zeit nicht mehr; diese sind vorerst ganz in den Hintergrund getreten. Aber nur scheinbar: denn als bei Doppelwahl des deutschen Königs die Montforter für Friedrich den Schönen von Habsburg gegen Ludwig den Bayern Partei ergriffen, ließ sich Graf Hugo V. von Montfort-Bregenz 1315 Wangen und 1318 auch Leutkirch verpfänden. Die Montforter konnten sich allerdings nicht behaupten, da sich der Habsburger gegen Ludwig den Bayern als König nicht durchsetzen konnte.

Als der 1319 nachfolgende Abt neuerlich von den Bürgern den Huldigungseid verlangt, widersetzte sich die Stadt abermals. Doch nun kämpfte der Abt mit den modernen Mitteln des Prozesses. Das Kloster konnte sich wiederum behaupten, nachdem fünf Jahre lang prozessiert worden war.

Wenige Jahre später kam es zu einer Doppelwahl in St. Gallen, die schließlich dazu führte, daß 1329 Graf Rudolf III. von Montfort-Feldkirch, zugleich Bischof von Konstanz, zum Administrator der Abtei bestellt wurde. Die jetzt plötzlich wieder aufgetretenen Montforter bedeuteten für Wangen eine ernsthafte Gefahr. War der Abt von St. Gallen schon ein unbequemer Stadtherr, so waren es die Grafen von Montfort um so mehr. Denn das Territorium dieser Grafen, einerseits der Grafen von Montfort-Bregenz, reichte jeweils nahe an die Tore der Stadt heran. Für beide Linien der Montforter stellte sich Wangen als ein begehrenswertes Ziel ihrer Territorialpolitik dar, nicht zuletzt deshalb, weil die Grafen von Montfort als Nachfolger der Grafen von Bregenz auch historische Ansprüche auf die Vogtei über Wangen erheben konnten.

Graf Rudolf von Montfort, der Pfleger der Abtei St. Gallen, zögerte auch keinen Augenblick, seine Vettern in den Genuß der Stadt kommen zu lassen. Er verkaufte die st. gallischen Kellhofrechte zu Wangen an den Grafen Hugo von Montfort-Bregenz. Und zusätzlich veranlaßte der König Ludwig IV., daß die Reichsvogtei über Wangen ebenfalls an den Grafen Hugo von Montfort-Bregenz übertragen wurde. Die st. gallische Stadtherrschaft wurde damit in vollem Umfang auf den Grafen von Montfort übertragen: er wurde Grundherr und Pfandinhaber der Reichsvogtei. Die Bürger müssen ihm den Eid schwören, ihm warten und dienen. Nach dem Tode des Grafen Hugo von Montfort-Bregenz ging 1338 der gesamte Komplex an den Grafen Wilhelm von Montfort-Tettnang über. Es wäre für die Stadt Wangen verhängnisvoll gewesen, wenn die Grafen von Montfort in der Lage gewesen wären, ihre Stellung in Wangen zu behaupten. Denn in ihren eigenen Städten, in Bregenz und Tettnang, zeigten sie sich äußerst kleinlich in der Gewährung von Bürgerrechten.

Möglicherweise war die Entwicklung der Bürgerfreiheiten in Wangen infolge der langen Zugehörigkeit zum Reiche schon soweit fortgeschritten, daß die Grafen von Montfort diese Stadt eher als ein schlechtes Beispiel für ihre eigenen Untertanen empfinden mochten. Und so gaben sie schon sehr bald Wangen wieder auf. Der Kellhof fällt an St. Gallen zurück. Und 1347 lösen sich die Bürger selbst aus ihrer Verpfändung an die Montforter aus; die Vogtei fällt an das Reich zurück. Nach langen Irrwegen erneuert jetzt Kaiser Karl IV. 1348 das Unveräußerlichkeitsprivileg: die Vogtei soll nie mehr dem Reich entfremdet werden. 1377 bestätigt auch König Wenzel dieses Privileg und alle weiteren Könige handeln in gleicher Weise. Endlich wird jetzt die nach 1217 und auch nach 1281 unterbrochene Privilegienkette Wirklichkeit. Seit 1347 steht Wangen unter der Vogtei des Reiches: Wangen ist damit endlich zur Reichsstadt geworden. Die Bindungen an St. Gallen werden immer mehr lockerer und beschränken sich schließlich auf einige grundherrliche Rechte. St. Gallen und die Grafen von Montfort, die einst bestimmenden Machtfaktoren im Raum Wangen, hatten ihren Einfluß weitestgehend verloren. Die junge Reichsstadt tritt als eigenständige politische Kraft neben St. Gallen und neben die Grafen von Montfort. Es sollte sogar die Zeit heranbrechen, in der Wangen selbst planmäßig den aktiven Aufbau einer Territorialherrschaft betreiben sollte, auf Kosten der Grafen von Montfort und auf Kosten von St. Gallen. So konnte etwa Wangen 1586 die Herrschaft Neuravensburg, die alte st. gallische Zwingburg, wohin die Wangener ihre Zinse abzuliefern hatten, vorübergehend erwerben. Diese Wangener Herrschaft über Neuravensburg ist ein beeindruckendes Symbol für die Vergänglichkeit der Macht: während die Reichsstadt Wangen im 16. Jh.

eine Zeit politischer Blüte erlebte, sahen sich die Grafen von Montfort gezwungen, ihre Lande Stück für Stück zu verkaufen und zu verpfänden und auch der Abt von St. Gallen mußte sich gänzlich aus dem Allgäu zurückziehen, wo einst ein Schwerpunkt äbtischer Herrschaft bestanden hatte.

Turniere der Montforter

Im Zentrum des kulturellen Lebens der Montforter steht das Turnier: der sportliche Wettkampf. Das Turnier ist zugleich Vorbereitung und Vorübung des Krieges, dem der Ritter sein Leben widmet. Mit seinen hoch entwickelten, reichen Formen ist das Turnier die Selbstdarstellung des Adels nach Außen. Hier präsentiert der Adel die von ihm in Anspruch genommene höhere Stufe menschlicher Existenz. Adeliger Luxus, aber auch adelige Tugenden werden hier zur Schau gestellt: Mut, Kampferprobung, Übung im Umgang mit Pferden und Waffen, Ritterlichkeit. Die Turniere sind gleichzeitig Feste, auf denen die Sänger und Dichter zu Wort kommen, Bankette und Gelage gefeiert werden, der Tanz und der Minnedienst ihren Platz haben.

Große Adelsgesellschaften aus allen Teilen des Reiches finden sich zu solchen Festen zusammen. Die Montforter Historiker des 16. Jahrhunderts legen großen Wert auf die Feststellung, daß die Grafen von Montfort von Beginn an diese Turniere besucht haben: so bereits 935, 942 oder 948, als es noch lange keine Grafen von Montfort gab. Man ließ der Phantasie freien Lauf, ließ aber wohl auch gelegentlich die Grafen von Bregenz als Montforter gelten.

So sind alle älteren Berichte mit Skepsis aufzunehmen. Es ist daher sehr fraglich, in wie weit selbst einem Hinweis wie dem, daß »Haug Graff zue Montfort« 1209 an einem Turnier zu Worms teilgenommen habe (was man auf Hugo I. beziehen könnte), historischer Quellenwert zukommt. Dennoch sind solche Aufzeichnungen wichtig für die Ausbildung des familiengeschichtlichen Bewußtseins der Montforter. Ab dem 14. Jahrhundert kommt den Nachrichten über die Turniere größere Glaubwürdigkeit zu. 1376 nahmen Graf Heinrich IV. von Montfort-Tettnang und der jugendliche Graf Hugo XII. von Montfort-Bregenz, der Minnesänger, im Gefolge Herzog Leopolds III. von Österreich an einem Turnier auf dem Münsterplatz in Basel teil. Um diese Zeit geht bereits die Ära des Hauses Montfort-Feldkirch zu Ende. In Feldkirch selbst haben glänzende Turniere auf dem Jahnplatz zu Füßen der Schattenburg erst in der nachmontfortischen Zeit der Toggenburger Pfandschaft (1417–1436) stattgefunden. Überhaupt berichtet das 15. Jahrhundert verläßlicher über die Turniere. Verschiedene Grafen von Montfort und Werdenberg nahmen als Mitglieder der »Gesellschaft im Falken und Fisch von Schwaben« an mehreren Turnieren des ausgehenden 15. Jahrhunderts teil. So kämpften zu Stuttgart 1484 Graf Hugo XVII. von Montfort-Bregenz, 1487 in Regensburg Graf Ulrich V. von Montfort-Tettnang und sein Sohn Ulrich VII. In Worms finden wir 1487 die Gräfin Anna von Bitsch, die Gemahlin Graf Hugos XV. von

Graf Wolfgang I. von Montfort-Rothenfels bei einem Turnier. Federzeichnung im Turnierbuch Herzog Wilhelms IV. von Bayern.
(Foto: Bayerische Staatsbibliothek München).

Montfort-Tettnang-Rothenfels, unter den Ehrendamen. 1474 erkämpfte Wolfgang von Montfort auf einem Turnier in Eßlingen die Siegesprämie, ein Kleinod, das er aus der Hand der Gräfin Kunigunde von Werdenberg-Sargans entgegennahm.

Das 16. Jahrhundert hat uns schließlich auch bildliche Darstellungen von Montfortern im Turnier überliefert. So ist ein Kampf zwischen König Maximilian und Graf Johannes I. von Montfort-Tettnang in Innsbruck 1498 in Hans Burgkmairs Turnierbuch überliefert, ebenda auch ein Bild, das einen Graf Hugo von Montfort (-Bregenz?) in Augsburg 1511 zeigt. Wir wissen, daß auch Graf Georg III. von Montfort-Bregenz zu Fuß und zu Pferd gegen König Maximilian angetreten ist. Das Turnierbuch Herzog Wilhelm IV. von Bayern zeigt Graf Wolfgang I. von Montfort-Rothenfels zu Pferd. Die Turniere stehen also noch zu der Zeit, als die Montforter als die Landesherren von Bregenz abtreten, in höchster Blüte. Durch mehrere Jahrhunderte bildeten sie einen wesentlichen Bestandteil im Leben der Montforter.

Die Montforter auf Reisen

Wenn wir uns das Alltagsleben der Grafen von Montfort vorstellen, so denken wir sie uns meist wohlgeschützt hinter den Mauern ihrer Burgen, von wo aus sie mit fester Hand ihr Land regierten: ihre leibeigenen Untertanen liefern ihnen dorthin die schuldigen Abgaben: Getreide, Wein, Hühner, Eier, Schweine usw., kurz alles, was man zum Leben braucht. Und wenn es den Grafen einmal langweilig wird, so gehen sie auf die Jagd in die nahegelegenen Wälder. Und auch dazu war einzelnen Untertanen aufgetragen, Falken oder Hunde zu züchten und in regelmäßigen Abständen auf dem Schloß abzuliefern[1].

Wie aber steht es nun mit der Reisetätigkeit der Grafen? Haben sie ihr Schloß jemals verlassen, um in die nähere oder gar weitere Umgebung ihres Landes auszurücken? Die Antwort ist nicht nur ein einfaches »Ja«; vielmehr gewinnt man den Eindruck, daß die Montforter den größten Teil ihres Lebens außerhalb ihrer Burgen verbracht haben. Wir finden sie unentwegt auf Reisen, und selbst Fernreisen in Länder, die außerhalb des Reiches oder gar jenseits des Meeres liegen, sind keineswegs Einzelfälle geblieben. Wenn Thomas Lirer, der Chronist der Montforter, zugleich mit den Rittern die »Lantfarer« beschwört[2], die in fernen Ländern dieses oder jenes gesehen haben und noch sehen mögen, so kennzeichnet er mit diesem Wort überaus treffend einen verbreiteten Typus des Grafenhauses: der »Lantfarer« ist ein Mensch, der ungeachtet der wenig entwickelten Verkehrsmittel der Zeit keine Mühen scheut, seinen Horizont durch Reisen oder durch den zeitweisen Aufenthalt in fernen Ländern zu erweitern. So wie Lirer selbst von sich behauptet, er sei als Knecht eines Grafen von (Montfort-)Werdenberg »außgefahren gen Portigal vnd mit ym wider haim kumen.«[3] Mehr noch: Lirer bezeichnet sich als einen Chronisten, der die von ihm niedergeschriebenen Geschichten nicht nur von vielen Leuten erfragt, sondern auch »erfahren«[4] hat. Und dazu ist das Reisen unerläßlich.

Wir werden die verschiedenen Gründe im einzelnen kennenlernen. Es scheinen jedoch zwei Grundtatsachen besonders wichtig, die den Grafen das Rüstzeug für nahe und ferne Reisen an die Hand gegeben haben. Da ist erstens wieder das Feudalsystem,

1   Burmeister, Röthis, S. 61.
2   Lirer, S. 52.
3   Ebd., S. 52.
4   Ebd., S. 52.

Kriegszug zu Schiff unter dem montfortischen Banner. Feder aquarelliert, aus der Geschichte von Jason und Troja.
(Foto: Staatliche Museen Preußischer Kulturbesitz, Kupferstichkabinett Berlin).

das jeden Bedarf deckt. Zum Beispiel das Fahrlehen: So gibt es etwa in Bregenz Grundstücke – Häuser –, die an die Untertanen mit der Verpflichtung ausgegeben werden, ein Schiff bereitzuhalten und den Grafen auf Wunsch jederzeit an jeden gewünschten Ort auf dem Bodensee zu fahren (daher: Fahrlehen):[5] nach Lindau, nach Langenargen, nach Überlingen, nach Konstanz, nach Rorschach, nach Schaffhausen. Der ganze Bodensee mit den anliegenden schiffbaren Flüssen stand mithin den Montfortern als Verkehrsfläche offen. Und wenn wir etwa das Geschäftsbuch des Konstanzer Goldschmieds Stefan Maynau ansehen[6], so wird daraus sichtbar, daß die Montforter recht häufig zum Einkauf von Gegenständen des gehobenen Bedarfs nach Konstanz gefahren sind. In ähnlicher Weise hatten andere Untertanen den Auftrag, einen Reisewagen zur Verfügung zu halten, der allerdings vornehmlich auf Feldzügen eingesetzt wurde, bei denen man größere Mengen Kriegsmaterial transportieren mußte. Zu Wasser und zu Land standen also die erforderlichen Fahrzeuge mit dem notwendigen Personal stets auf Abruf zur Verfügung.

In erster Linie führten aber die Montforter ihre Reisen zu Pferde durch, womit wir bei der zweiten Grundvoraussetzung angelangt sind. Rassige Pferde sind, dem heutigen Mercedes oder Porsche vergleichbar, ein Statussymbol für die Grafen, die ausgesprochene Pferdeliebhaber und Pferdekenner sind. Das oberste Amt im montfortischen Hofstaat ist das des Marschalls[7]; die Marschälle von Montfort sind die bedeutendsten Ministerialen der Montforter. Der Marschall, eigentlich »Pferdeknecht«, der Stallmeister, wird zum obersten Hofbeamten. Zu den ältesten Gebäuden Feldkirchs, die urkundlich genannt werden, gehört der Marstall, der gräfliche Pferdestall[8]. Und als Hugo I. von Montfort 1218 das Johanniterkloster in Feldkirch errichtete, gab er in der Gründungsurkunde der Erwartung Ausdruck, daß seine Lehensleute zu ihrem Seelenheil vor allem Pferde an das Kloster stiften würden[9], an dessen Spitze er selbst trat. Alle frühen Montforter führen ein Reitersiegel[10], auf dem sie sich selbst auf schnellen Pferden darstellen: der neben dem Pferd laufende Windhund hat Mühe, mitzukommen. Wo immer die Grafen mit ihren Pferden in ihren Landen erschienen, müssen die Untertanen ausgesuchtes Futter bereithalten. Ist es ein Zufall, daß Lindenberg im Allgäu, im Gebiet der Grafen Montfort gelegen, zu einer Drehscheibe des internationalen Pferdehandels geworden ist: die kostbarsten Züchtungen aus Niedersachsen und Schleswig-Holstein wurden durch Jahrhunderte über Lindenberg zu Höchstpreisen an die italienischen Fürstenhäuser geliefert. Jeder Graf ist von früher Jugend an vertraut, mit Pferden umzugehen, im Turnier und im Kampf. Und so entwickeln sich die Grafen zu ganz hervorragenden Pferdekennern: So erfand Graf Georg von Montfort ein

---

5   Bilgeri, Bregenz, Siedlungsgeschichtliche Untersuchung, S. 105 ff.
6   Stadtarchiv Konstanz, Signatur D. II. S. 83, passim.
7   Bilgeri, Geschichte, Bd. 1, S. 181.
8   Burmeister, Feldkirch, S. 26.
9   Somweber, Urkunde, S. 240 und S. 242.
10 Liesching, Die Siegel, S. 96 ff., besonders die Bildtafel, S. 96.

vielfach nachgemachtes »Pulver zu den Pferden«, ein Mittel aus Enzian, Lorbeer und anderen Substanzen, das man den Pferden auf einer Schnitte Brot gab, die zuvor in starkem Wein genetzt war: dieses Pulver, behauptet Graf Georg, »ist den Rossen zu viel zufallenden Kranckheiten gut«.[11] Wir wissen von Graf Georg III., dem Stammvater der späteren Tettnanger Linie, daß er in zahlreichen Turnieren, zu Fuß und zu Pferde, gekämpft hat. Das Turnierbuch Kaiser Maximilians enthält nicht weniger als drei Abbildungen, die Graf Georg, zu Pferde kämpfend, darstellen. Graf Georg ist aber keineswegs ein Einzelfall. Erfahren wir doch von dem Minnesänger Hugo XII. von Montfort, daß er einen erheblichen Teil seiner Gedichte im Sattel geschaffen hat:

> So han ich vil geticht
> in welden und in owen
> Und derzu geritten.
> Dis buoch han ich gemachen
> Den sechsten teil wol ze rossen.[12]

Die Mittel zur Durchführung der Reisen sind also durchaus vorhanden. Auf dem See ist jedes Ziel in Tagesfrist zu erreichen. Und auch zu Pferd sind durchschnittliche Tagesleistungen von 60 bis 100 km durchaus üblich. Zu fragen ist jetzt nach den Motiven solcher Reisen. Es darf hier, zumindest für die ältere Zeit, an erster Stelle der Königsdienst genannt werden. Die Grafen sind Lehensmannen des Königs und dadurch dem Hof verpflichtet. Sie begleiten den König, der sich ja seinerseits meist auf Reisen befindet, vor allem natürlich im Gebiet des deutschen Reiches, nicht selten auch in Italien.

Dieses Thema wäre endlos. Ich möchte mich daher darauf beschränken, hier nur ein Beispiel herauszuheben, nämlich die Montforter und Werdenberger – letztere sind ja auch Nachkommen Hugos I. von Montfort – als Begleiter des Königs Rudolf I. v. Habsburg[13]. Dabei rufe ich ins Bewußtsein, das war vor mehr als 700 Jahren, kurz vor der Gründung der Stadt Tettnang. Ich kann mich hier auf eine Aufzählung der Orte beschränken. Es beginnt 1273 in Köln und Worms, es folgt 1274 Rothenburg o. d. T., Ensisheim und Hagenau im Elsaß, dann Rottweil, 1275 Augsburg, 1276 Nürnberg, Ulm, Passau, Enns in Oberösterreich und Wien, wo wir sie 1278 erneut antreffen. 1279 sind sie in Graz und in Linz, 1280 wieder in Wien.

1282 ist Hugo III. von Montfort, der Begründer der älteren Tettnanger Linie, in Oppenheim und in Ulm. 1286 treffen wir denselben in Augsburg sowie drei Montforter auf einem Hoftag in Ulm, im gleichen Jahr wieder in Stuttgart, dann 1288 in Mainz. Bedingt durch die Fehde zwischen den Montfortern und dem König gehen dann diese

---

11   Eis, Hugo und Georg, S. 155 ff.
12   Ebd., S. 158.
13   Sämtliche Nachweise bei Johann Friedrich Böhmer, Regesta Imperii VI, 1. Abt., hg. v. Oswald Redlich, Innsbruck 1898, passim.

Hoffahrten der Grafen zurück. Die hier gegebene Liste ist keinesfalls vollständig, aber sie läßt durch fünf Jahrzehnte ein System erkennen: die Montforter sind stets am Hof vertreten; hier kann man Einfluß nehmen, hier wird Politik gemacht. Und so wie der König stets unterwegs und der Hof auf Reisen ist, so sind es die Grafen von Montfort. Nicht nur unter König Rudolf I., sondern unter jedem Kaiser und König. Der Hofdienst ist eine zentrale Aufgabe des Grafenamtes.

Es ist klar, daß dieses häufige Zusammentreffen mit dem Hochadel auch den Bekanntenkreis der Montforter beständig erweitert hat. Gegenseitige Einladungen waren die Folge. Und nicht selten wurden in diesem Kreis auch Ehen geschlossen. Es wäre ein sehr reizvolles Unterfangen, einmal die Frauen der Montforter[14] nach ihrer Herkunft in eine geographische Karte einzuzeichnen. Auch hier würde sich ähnlich wie bei dem Besuch der Hoftage ein weit ausgedehnter Raum feststellen lassen, in dem sich die Montforter bewegt haben: er reicht von Lothringen und dem Elsaß über die Schweiz nach Südtirol und das Trentino, von dort weiter nach Kärnten, der Steiermark und Slowenien, nach Österreich und von dort wieder zurück nach Bayern und Schwaben. Auch eine solche weitgespannte Verwandtschaft gibt immer wieder Anlaß für eine Reisetätigkeit: man fährt zu einer Taufe oder einer Hochzeit, man nimmt an einem Begräbnis teil oder setzt sich in Erbschaftsangelegenheiten auseinander, man übernimmt eine Vormundschaft oder stiftet eine Ehe. Es gibt eine Vielzahl von Möglichkeiten und Gründen für solche Besuche bei der Verwandtschaft, die durch einen ausgeprägten Familiensinn noch besonders gefördert wurden.

In dem nun folgenden Überblick über die Reiseziele der Montforter übergehe ich die Zielorte in Deutschland und in der Schweiz. Denn damit ließen sich leicht zwei weitere Vorträge füllen. Durch viele Jahrzehnte herrschten die Montforter über Graubünden und damit über die Paßstraßen nach Süden. 1337 schlossen sie einen Vertrag mit Österreich[15]: sie sagten den Habsburgern militärische Hilfe zu auf dem gesamten Gebiet der deutschsprachigen Schweiz, die wir damit als ihre erweiterte Heimat ansehen dürfen. Einzelne Montforter verbürgerten sich sogar in eidgenössischen Städten. Und nicht weniger waren sie in Deutschland zu Hause, nicht nur in Schwaben, sondern wo immer sich der Kaiser aufhielt, wo Reichstage stattfanden oder wo Institutionen des Reiches wirkten, wie beispielsweise das Reichskammergericht in Speyer. Die Montforter hatten hier in Speyer[16] ebenso ein Haus wie in Augsburg[17], das im 16. Jahrhundert wiederholt der Schauplatz wichtiger Reichstage gewesen ist.

Je mehr die Montforter sich an die Habsburger anlehnten und die Habsburger sich als Kaiser durchsetzen konnten, desto wichtiger werden für die Montforter die Reisen

---

14 Den bisher wohl vollständigsten Überblick bietet Roller, Grafen von Montfort, S. 145–187. Wichtige Ergänzungen dazu auch in der Handschrift Cod. hist. fol. 618 der Württembergischen Landesbibliothek Stuttgart, besonders Bl. 64 – 66 und Bl. 74.
15 Text bei Burmeister, Geschichte Vorarlbergs, S. 73 f.
16 Zimmerische Chronik, S. 598 f.
17 Burmeister, Hugo von Montfort-Bregenz, S. 197.

nach Österreich. Die habsburgischen Erblande werden und bleiben das wichtigste Reiseziel, ja sie werden ihnen zu einer zweiten Heimat. Und so kommen die Montforter immer wieder nach Wien, im 13. Jahrhundert noch vereinzelt, im 14. Jahrhundert dann immer häufiger. Graf Wilhelm IV. von Montfort-Bregenz stirbt 1368 in Wien. In der Kirche der Minoriten wird sein Todestag Jahr für Jahr mit großem Prunk begangen. Eine reiche Stiftung schuf die Grundlagen dafür. Und es ist bezeichnend, daß zu dieser Stiftung für das Minoritenkloster auch wieder in erster Linie kostbare Pferde gehört haben[18].

Spätestens im 15. Jahrhundert lassen sich die Montforter dann ständig in Wien nieder[19]. Sie erwerben in Wien ein repräsentatives Haus – und auch dieses ist wiederum mit einem Marstall ausgerüstet, einer angemessenen Unterkunft für die prachtvollen Pferde. Bald darauf erwerben die Grafen von Montfort auch in Graz[20] und in Wiener Neustadt[21] solche Häuser, die jeweils in den besten Wohngegenden liegen. Es geht ja nicht nur um die bloße Unterkunft, sondern darum, in den Residenzorten des Kaisers auch Gäste aufzunehmen und Feste zu feiern, zu denen man auch höher stehende Persönlichkeiten, vielleicht sogar den Kaiser, einladen kann. Die Montforter haben später einige dieser Häuser an den Kaiser verkauft, woraus zu entnehmen ist, daß diese montfortischen Häuser etwas dargestellt haben.

Wichtiger noch als die Stadthäuser waren die Burgen, die die Montforter im 15. Jahrhundert in Kärnten und in der Steiermark erworben haben.[22]

Als Beispiel für montfortische Burgen in Kärnten ist *Mannsberg* (BH St. Veit) zu nennen. Denn die Burgen gaben nicht nur Wohnung, sondern sie waren in der Regel Mittelpunkt eines Verwaltungsbezirkes und damit auch wirtschaftliche Zentren, in denen große Vorräte lagerten. Zahlreiche Bauernhöfe lieferten dorthin ihre Naturalabgaben. Mehr als ein Dutzend solcher Burgen in Innerösterreich befinden sich in der

---

18 Necrologia Germaniae, Bd. 5: Dioecesis Pataviensis, Pars altera, edidit Adalbertus Franciscus Fuchs, Berlin 1913, S. 190.

19 Quellen zur Geschichte der Stadt Wien, 1. Abt., Bd. 8, hg. v. Josef Lampel, Wien 1914, S. 51, Nr. 15743 (Urkunde vom 5. November 1459).

20 Veröffentlichung der Historischen Landes-Commission für Steiermark 13, 1901, S. 184, Urkunde vom 22. Oktober 1450.

21 Gertrud Gerhartl, Die Grafen von Montfort und Wiener Neustadt. In: Montfort 34, 1982, S. 327 – 330.

22 Zu den Burgen und Besitzungen in der Steiermark vgl. Handbuch der Historischen Stätten Österreich, Bd. 2, Alpenländer mit Südtirol, hg. v. Franz Huter 2. Aufl., Stuttgart 1978, passim. Im einzelnen sind zu erwähnen: *Festenburg* (Gemeinde St. Lorenzen am Wechsel, BH Hartberg), *Frondsberg* (Gemeinde Kogelhof, BH Weiz), *Hohenwang* (Gemeinde Langenwang, BH Mürzzuschlag), *Kaiserberg* (Gemeinde St. Stefan, BH Leoben), *Klingenstein* (Gemeinde Salla, BH Voitsberg), *Knappenhof* (Gemeinde Mürzzuschlag, BH Mürzzuschlag), *Obdach* (BH Judenburg), *Pack* (BH Voitsberg), *Peggau* (BH Graz), *Pfannberg* (Gemeinde Frohnleiten, BH Graz), *Stadeck* (Gemeinde Stattegg, BH Graz), *Weyer* (Gemeinde Rothleiten, BH Graz), *Krems* (Gemeinde Voitsberg, BH Voitsberg).

Hand der Montforter, so daß sie auf dem Weg nach Wien sozusagen jede Nacht in einem ihrer eigenen Häuser verbringen konnten.

Auch in Salzburg verfügte der Domherr Johann von Montfort-Bregenz am Ende des 15. Jahrhunderts über ein Haus[23]. Die Montforter wurden in der Steiermark[24] und in Kärnten[25] landsässig, später auch in Salzburg[26], d. h. sie wurden dem einheimischen Adel dieser Länder zugerechnet und in die jeweilige Landtafel aufgenommen. Sie konnten demnach auch in diesen Ländern politisch mitreden, da sie in den Landtagen dieser Länder vertreten waren.

Neben der Teilnahme an den Hoftagen und dem Besuch der Verwandten bzw. auch der ererbten Besitzungen gab es einen weiteren Grund für die Reisen der Grafen von Montfort: das Studium. Im Zeitalter des fahrenden Scholaren spielte dabei das Reisen eine ungleich größere Rolle als heute. Zunächst war das Studium allein den Familienmitgliedern geistlichen Standes vorbehalten. Ein frühes Beispiel aus dem 13. Jahrhundert ist Graf Heinrich I. von Montfort, ein Dominikanermönch, der lange Jahre in Rom als päpstlicher Bußrichter wirkte und aufgrund seiner reichen kirchenrechtlichen Erfahrungen später Bischof von Chur geworden ist[27]. Sein Großneffe Hugo VI. von Montfort-Tettnang studierte mehrere Jahre in Bologna das Kirchenrecht und wurde ebenfalls 1298 zum Bischof von Chur gewählt, starb aber vor dem Antritt seines Amtes in Rom[28].

Dieser Hugo VI. ist ein Musterbeispiel dafür, was die Grafen auf ihren Reisen alles erleben konnten. Denn in den Hörsälen der Rechtsschule von Bologna saß Hugo VI. in der gleichen Bank mit Dante, dem größten Dichter Italiens. Der Dichter scheint allerdings von seinen Professoren nur wenig begeistert gewesen zu sein; denn in der »Göttlichen Komödie«, seinem Hauptwerk, läßt er alle seine Bologneser Rechtslehrer in der Hölle schmoren.

Später wandten sich auch die weltlichen Montforter häufiger einem Hochschulstudium zu, wobei allerdings das ernste Studium zurücktrat und im Vordergrund die Kavalierstour stand. Alois Niederstätter[29] hat in einem Aufsatz diese »Grafen von Montfort als Studenten an den Universitäten Europas« zusammengestellt. Insgesamt lassen sich über 50 Eintragungen in den Universitätsmatrikeln feststellen. Bevorzugt

---

23 Vorerst ohne Beleg, da eine Studie über den Domherrn Johann IV. von Montfort-Bregenz noch aussteht.

24 Elmar L. Kuhn, Die Herrschaftsgebiete. In: Die Grafen von Montfort (= Kunst am See, 8), Friedrichshafen 1982, S. 18 – 33 (hier S. 24).

25 Wilhelm Neumann, Das Wappenbuch C des Kärntner Landesarchivs Klagenfurt 1980, S. 139. Graf Stefan von Montfort war 1429 – 1435 Landeshauptmann. Vgl. Evelyne Webering, Landeshauptmannschaft und Vizedomamt in Kärnten bis zu Beginn der Neuzeit, Klagenfurt 1983, S. 83.

26 Zu diesen späteren Beziehungen der Montforter zu Salzburg vgl. Vanotti, S. 199.

27 Über ihn Affentranger, Heinrich, Bischof von Chur, S. 209–240.

28 Vgl. dazu Burmeister, Hugo VI., S. 389 – 408.

29 Niederstätter, Grafen von Montfort, S. 270 – 276.

waren vor allem die italienischen Hochschulen: Bologna, Ferrara, Padua, Perugia, Siena und Rom. Daneben ragen Wien, Freiburg, Ingolstadt und später auch Dillingen heraus. Dagegen wurden die französischen Universitäten, die durchaus einen guten Ruf hatten, eher gemieden. Das Studium des Ulrich IX. von Montfort, des letzten Grafen der älteren Tettnanger Linie, 1548 in Dôle in Burgund, bleibt ein Einzelfall.

Die Erlebnisse der Grafen, die häufig auch in Universitätsämter gewählt wurden, wären ein Thema von großem kulturgeschichtlichem Reiz. So etwa, wenn wir hören, daß es in Padua zu einem Skandal kam, weil zwei Montforter bei der Aufführung einer italienischen Komödie keine Plätze mehr bekommen hatten[30].

Die Studenten sind nur eine Gruppe montfortischer Italienfahrer. Eine andere Gruppe sind die Geistlichen, die die Jagd nach Pfründen immer wieder nach Rom führt. Es ist unmöglich, sie alle hier aufzuzählen. Statt vieler sei nur ein markantes Beispiel genannt: Meister Wilhelm von Montfort, ein Bastard aus der Tettnanger Linie, der nicht nur in Deutschland mehr als ein halbes Dutzend Pfründen hatte, sondern auch in Italien zum Domherrn und Generalvikar von Trient aufstieg und dort nicht weniger als sechs Pfarren gleichzeitig im Besitz hatte:

Tenno, hoch über dem Gardasee gelegen, Valle di Gardumo, Calavino, Malè und Livo in der Val di Sole und Sarnonico am Nonsberg[31]. Man möchte hier von einer Kette von Ferienwohnungen schwärmen, die den Montfortern in schönster landschaftlicher Lage zur Verfügung standen.

Natürlich kam man nicht nur nach Rom, um sich solche Pfründen zu verschaffen oder seine unehelichen Kinder legitimieren zu lassen. Mancher Montforter kam auch ohne solche Hintergedanken als frommer Pilger nach Rom, um die heiligen Stätten der ewigen Stadt aufzusuchen. 1583 schrieb sich Graf Anton I. von Montfort und 1589 Graf Wolfgang III. von Montfort in die Bruderschaft der deutschen Kirche S. Anima in Rom ein[32]. Schon 1479 waren Hugo XIII., seine Ehefrau Elisabeth von Hohenlohe, seine Tochter Kunigunde von Montfort und sein unehelicher Sohn Johannes Hugo von Montfort Mitglieder dieser Bruderschaft geworden[33].

1433 begleitete Graf Wilhelm V. von Montfort-Tettnang König Sigismund auf seinem Romzug[34]. Auf vielen anderen Romzügen der deutschen Kaiser darf man die Montforter ebenso vermuten. Andere nahmen in Italien Verwaltungsaufgaben des Reiches wahr. 1327, bei der Romfahrt Kaiser Ludwigs aus Bayern, übernahm Graf Wilhelm II. von Tettnang die Statthalterschaft in Mailand, die er später um 60.000

30 Brugi, Atti della Nazione Germanica nello studio di Padova, Venecia 1912, S. 178 – 180.
31 Burmeister, Meister Wilhelm von Montfort, S. 79 – 97.
32 Liber confraternitatis B. Marie de Anima Teutonicorum in urbe, Rom 1875, S. 172 und S. 177.
33 Niederstätter, Johannes Hugonis de Montfort, S. 105.
34 Regesta Imperii XI: Die Urkunden Kaiser Sigmunds (1410 – 1437), bearb. v. Wilhelm Altmann, Innsbruck 1896 ff., S. 247 f., Nr. 9674.

Dukaten an die Visconti verkaufte[35]. Die Lirersche Chronik weiß von einem Grafen Hugo zu berichten, der 21 Jahre in Vicenza verbracht hat und als reicher Mann heimgekehrt ist[36]. 1415 belohnte König Sigismund Graf Wilhelm V. von Tettnang für seine Dienste in der Lombardei[37]. Ob »Monteforte« bei Verona[38] in einer Beziehung zu den Montfortern steht, läßt sich vorerst nicht sagen.

Wieder andere Montforter suchten in Italien ihr Glück als Reisläufer. 1364 gründete Graf Johannes II. von Habsburg-Laufenburg die italienische Kompanie vom Hl. Georg, deren oberster Feldhauptmann Graf Heinrich IV. von Tettnang wurde, sein Schwiegersohn[39]. Dieser erfocht 1364 als Oberbefehlshaber der gesamten florentinischen Streitmacht den entscheidenden Sieg über Pisa. Noch 1380 finden wir Graf Heinrich in dieser Funktion[40]. Auch er hat fast zwei Jahrzehnte in Italien verbracht. Die italienischen Chronisten schwärmen von den prächtigen Gestalten und Rüstungen dieser schwäbischen Edelleute, wie es in Florenz zuvor nie schönere gegeben habe. Graf Heinrich stand als Bannerträger an ihrer Spitze. Viele Heldentaten werden im einzelnen geschildert.

Bereits Jahrzehnte zuvor steht ein Heinrich von Montfort im Dienste von Pisa[41]. Auch von ihm werden rühmenswerte Heldentaten wie die Verteidigung einer Festung auf Sardinien erzählt. Ob er unserer Familie zuzurechnen ist, bleibt allerdings zweifelhaft. Heinrich IV. von Tettnang begegnet uns 1390 mit seinem Sohn Hugo IX. dagegen in Venedig[42]. Es hat den Anschein, daß gerade die Tettnanger durch viele Jahre in venetianischen Diensten standen, um im gesamten Mittelmeerraum gegen die Türken zu kämpfen. Einige Montforter haben auch ihre Frauen in Italien gefunden und heimgeholt. So heiratete Ulrich III. von Montfort-Feldkirch 1363 Johanna von Carrara aus Padua[43]. Der Kleriker Johannes Hugo von Montfort mußte sich dagegen damit begnügen, seine nur aus der Ferne angebetete »Jungfrau aus Bologna« in einem seiner handschriftlichen Bücher als Bildnis darzustellen und überschwenglich als »altera Venus«, als eine zweite Venus, zu verherrlichen[44].

Alles das sind nur wenige Beispiele dafür, wie ungeheuer reich allein Italien an Reminiszenzen an die Grafen von Montfort ist. Frankreich ist sehr viel weniger ergiebig. Eine breitere Spur hinterlassen die Montforter im wesentlichen nur in Lyon[45] und in Avignon[46]. Spanien und Portugal scheinen ebenfalls ein weißer Fleck

---

35   Burmeister, Grafen von Montfort, S. 55.
36   Lirer, Chronik, S. 30.
37   Original im Hauptstaatsarchiv München, Urk. S. 23, Nr. 70 vom 23. Mai 1415.
38   Vgl. dazu den Artikel »Monteforte« in den Enciclopedia Italiana.
39   Schäfer, Deutsche Ritter und Edelknechte, S. 80, S. 93 u. passim.
40   Ebd., S. 136.
41   Ebd., S. 116.
42   Hauptstaatsarchiv München, Repertorium Montfort-Archiv, Lfd. Nr. 37 (1390 September 17).
43   Winkler, Chronik, S. 22.
44   Niederstätter, Johannes Hugonis, S. 103 f. mit Abb. auf S. 104.
45   Bilgeri, Geschichte, Bd. 1, S. 163.
46   Burmeister, Rudolf III. und die Anfänge, S. 314.

auf der Landkarte zu sein. Immerhin müßte man einmal jene Reise verfolgen, die Graf Georg III. im Auftrag Kaiser Rudolfs II. 1576 nach Spanien und Portugal unternommen hat.[47] Auch die Niederlande, England und Skandinavien wurden kaum von den Montfortern berührt.

Dagegen finden wir sie wohl in Osteuropa. In Slowenien lassen sich im 13. und 15. Jahrhundert zahlreiche Montforter nachweisen. Ein Zentrum montfortischer Interessen war Skofja Loka bei Laibach, ein Besitz des Bischofs von Freising, der zur Verwandtschaft der Grafen zählte[48]. Später treffen wir die Montforter in der Gegend um Marburg, wo sich ein Graf von Bregenz auch verheiratet hat, und in Zadar in Dalmatien[49].

Mehrere Montforter kamen im Königsdienst nach Böhmen, insbesondere nach Prag. Auch in Polen und Litauen begegnen wir ihnen[50]. Der Minnesänger Hugo von Montfort[51] und Johann III. von Montfort-Bregenz[52] kämpfen hier im Dienste des Deutschen Ordens gegen die Heiden. Schon 1328/29 finden wir Graf Albrecht von Werdenberg-Heiligenberg in Litauen[53].

Das gleiche Anliegen verfolgen zahlreiche Montforter auf den Kreuzzügen und Wallfahrten ins Heilige Land. Schon Hugo I. von Montfort gelobte 1217 einen solchen Kreuzzug[54]. 1372 begab sich Rudolf V. auf eine Pilgerreise nach Jerusalem, wo er Ritter des hl. Grabes wurde[55]. Zwischen 1390 und 1396 zog auch der Minnesänger Hugo XII. ins Heilige Land; in einem seiner Gedichte schilderte er einen Sturm auf dem Meer[56]. 1433 folgt ihm Graf Heinrich VI. von Montfort-Tettnang[57].

Die Pilgerfahrt nach Jerusalem gehört eigentlich zu jeder Biographie eines Montforters. Manche kamen allerdings nicht ans Ziel, sondern blieben in Italien oder Rhodos hängen. Der Weg ins Heilige Land führt immer über Italien. Und so bleibt in diesem Zusammenhang eine weitere große Gruppe von Italienfahrern nachzutragen. Rudolf IV. von Feldkirch reist 1366 nach Apulien[58], sein Sohn Ulrich III. nach Rhodos, wo er

---

47 Eis, Hugo, S. 157.
48 Vgl. dazu Burmeister, Hugo XVII. von Montfort, passim.
49 Vgl. Zadra, La sacra spina (wie Anm. 64), S. 25 ff.
50 Burmeister, Rudolf III. und die Anfänge, S. 314.
51 Moczygemba, Hugo von Montfort, S. 147. Graf Hugo begleitete Herzog Albrecht III. von Österreich auf dessen Kreuzfahrt gegen die heidnischen Preußen im April/Herbst 1377.
52 Regesta Historico-Diplomatica Ordinis S. Mariae Theutonicorum 1198 – 1525, bearb. v. Erich Joachim und Walter Hubatsch, 1. Teil, Bd. 1, Göttingen 1948, passim und Bd. 2, Göttingen 1950, passim.
53 Josef Zösmair, Ulrich Tränkle von Feldkirch und Thomas Lürer, angeblich von Rankweil, zwei vorarlbergische Chronisten des Mittelalters. In: Schriften des Vereins für Geschichte des Bodensees und seiner Umgebung 17, 1886, S. 10 – 26 (hier S. 17).
54 Burmeister, Feldkirch, S. 10.
55 Röhricht, Pilgerreisen, S. 93.
56 Ebd., S. 97 – 99.
57 Ebd., S. 108.
58 Winkler, Chronik, S. 24.

1367 stirbt[59]. Aus dem Jahre 1491 wird berichtet, daß Graf Ulrich VIII. von Tettnang in Rhodos Pilger herumgeführt hat[60]. Auch die Chronik des Thomas Lirer läßt vermuten, daß die Montforter auf Rhodos, dem Bollwerk des Johanniterordens, geradezu heimisch waren[61]. Ein Graf Johann von Montfort-Tettnang hat sich in venetianischen Diensten längere Zeit auf dem Peloponnes aufgehalten, wo ihm sein Sohn Vinzenz geboren wurde[62]. Dieser wurde nach der Vertreibung durch die Türken Domherr von Trient und stiftete dort eine Monstranz mit einem Dorn aus der Dornenkrone Christi. Das Grab des Domherrn ist heute noch am Dom von Trient sichtbar[63] und die Monstranz mit der Reliquie ist im dortigen Diözesanmuseum ausgestellt[64]. Mehrere Montforter gelangten auf ihren Jerusalemreisen auch nach Zypern, wo sie das Grab des Inselheiligen Johannes von Montfort sahen, eines französischen Ritters, den sie aber für ihre Familie reklamiert und seinen Kult in ihre Heimat gebracht haben[65].

Die Reisen der Montforter ins Heilige Land werden zu den eigentlichen Fernreisen der Grafen. Will man allerdings dem Thomas Lirer glauben, so wagte sich ein Montforter bis nach Kathay[66], das sagenhafte östliche Asien, von dem man aus den Berichten eines Marco Polo wußte. Immerhin hat man den Montfortern auch solche Entdeckungsreisen zugetraut.

Insgesamt haben wir den Eindruck gewonnen, daß die Montforter ein überaus bewegliches Geschlecht gewesen sind. Natürlich ist hier längst nicht alles gesagt, was zum Thema gehören würde. Aus den verschiedensten Gründen waren die Grafen ständig unterwegs; sie waren eigentlich mehr auf Reisen als daheim in ihren Burgen und Schlössern. Ihre vielfältige Reisetätigkeit, vor allem im Süden Europas und im heiligen Land, setzt der Geschichte der Grafen von Montfort einige besonders leuchtende Farbtupfer auf.

Es ist wohl kein Zufall, daß der hl. Nikolaus als der Patron der Schiffsleute und der Fahrenden die besondere Verehrung der Grafen von Montfort genoß. Ein Zeugnis dafür ist die um 1200 im Auftrag eines Montforters entstandene Glasscheibe von Göfis[67]. Der Heilige ist auch auf dem von Bischof Heinrich I. von Montfort in Auftrag gegebenen

---

59 Röhricht, Pilgerreisen, S. 93; Winkler, Chronik, S. 24.

60 Ebd., S. 170. Wahrscheinlich handelt es sich um den Johanniter Graf Ulrich VIII. von Montfort-Tettnang (†1520).

61 Lirer, Chronik, S. 41, S. 44 und S. 47.

62 Burmeister, Vinzenz von Montfort, S. 39 f.

63 Eggart, Das Montfortdenkmal in Trient, S. 1–5.

64 Vgl. dazu Zadra, La sacra spina; Francesco Zoara, Le reliquie della passione, Trento 1933, S. 54 f. mit Abbildung der Monstranz.

65 Eggart, Der selige Johannes, S. 1–24.

66 Lirer, Chronik, S. 35: »... do ist gewesen ain mechtiger vnd edler herr von Montfort ... Der ist vmb eren willen vnd der ritterschafft nach weiten vnd in verre land ausgezogen vnd kummen an des grossen Kaisers hoff des Chans von Kathay. daran hat er sich etwen vil zeit so gar ritterlich vnd wol gehalten.«

67 Vgl. Grafen von Montfort, S. 127.

Luciusschrein im Churer Domschatz wiederzufinden. Die gleichfalls im 13. Jahrhundert entstandene Stadtpfarrkirche in Feldkirch wählte ihn zu ihrem Patron. Als eine weitere montfortische Stadtgründung kennt Immenstadt für die Pfarrkirche ein Nikolauspatrozinium.

Die Gräfinnen von Montfort und von Werdenberg im 13. Jahrhundert

Der folgende Beitrag möchte einige Grundlinien für eine künftige Publikation über die Gräfinnen von Montfort und von Werdenberg erarbeiten. Dabei stellt sich sehr bald heraus, daß diesem Thema von der überaus spärlichen Überlieferung her enge Grenzen gesetzt sind. Die Fragestellung nach den Gräfinnen von Montfort ist keineswegs neu. Schon Jakob von Rammingen hat in der 2. Hälfte des 16. Jahrhunderts im Rahmen seiner Hauschronik zwei Listen erstellt: die eine, ohne Überschrift, verzeichnet die Grafen und ihre Frauen[1]. Die andere, überschrieben »Zue anderen Verheurath«, führt die aus fremden Familien stammenden Ehepartner der Gräfinnen von Montfort auf[2]. Schon Rammingen hatte große Mühe, für das 13. Jahrhundert Material zu finden; die Liste ist für diesen Zeitraum völlig unzureichend. In Zahlen ausgedrückt bedeutet das: die Liste 1 verzeichnet insgesamt 55 Frauen, viele davon jedoch ohne Vornamen, bei vielen ist eine Zuordnung nicht möglich. Sieht man von den Bregenzerinnen Bertha von Rheinfelden, Wulfhild von Bayern und Elisabeth von Bregenz ab, so gehören allenfalls noch zwei der genannten Frauen ins 13. Jahrhundert. 90 % der Namen liegen später, d.h. im 14., 15. und 16. Jahrhundert. Die zweite Liste ist noch unergiebiger. Dabei sollte man meinen, daß der im 16. Jahrhundert schreibende Jakob von Rammingen den Quellen des 13. Jahrhunderts sehr viel näher stand als wir.

Aber auch unsere Zeit hat bisher wenig zur Erforschung des Problems für das 13. Jahrhundert beigetragen. Überhaupt sind nur zwei kleinere Beiträge erschienen: der eine von dem verstorbenen Tettnanger Stadtarchivar Dr. Alex Frick »Über Montforterinnen oder: Geschichten von Montforterinnen«[3], der andere von mir »Die Frauen der Montforter«[4]. Bedingt durch die schon angesprochene Quellenlage widmen sich alle diese Studien vorrangig spätmittelalterlichen oder neuzeitlichen Frauengestalten. Und ich muß mir auch für die folgenden Ausführungen vorbehalten, gelegentlich auf diese späteren Zeiten zurückzugreifen.

---

1   Württembergische Landesbibliothek Stuttgart, »Allerlei Schrifften vnd Documenta, die Genealogiam, auch den Vhralten Gräfflichen Stammen der Herrenn Graffen von Montfort betreffendt«, Bl. 64 recto – Bl. 65 recto.
2   Ebd., Bl. 65 recto – Bl. 66 recto.
3   Undatiert, Manuskript im Vorarlberger Landesarchiv, Misc. 307/17 b.
4   Vortrag im Schloß Montfort in Langenargen vom 19. Januar 1987 aus Anlaß des Neujahrsempfangs, Manuskript im Vorarlberger Landesarchiv, Misc. 307/17 a.

Das 13. Jahrhundert ist im übrigen nur als eine grobe Umgrenzung zu verstehen; denn in die Betrachtung werden sämtliche Personen der 1. bis 4. Generation einbezogen. Andererseits werden – wie auch schon Rammingen gehandhabt hat – auch einige frühere Gräfinnen von Bregenz vergleichsweise einbezogen, die traditionell als repräsentative Stammütter der Montforter gelten: Bertha von Rheinfelden, die Welfin Wulfhildis und Elisabeth von Bregenz.

In einem ersten »Allgemeinen Teil« versucht die vorliegende Studie zu einem Gesamtbild einer Gräfin von Montfort im 13. Jahrhundert zu gelangen, und zwar auf der Grundlage der in einem zweiten – hier heute allerdings nicht zum Vortrag gelangenden – »Besonderen Teil« zusammengefaßten insgesamt 36 Biographien, falls man dieses Wort zulassen will; in Wirklichkeit handelt es sich allenfalls um Mosaiksteine biographischen Materials, oft aus nicht mehr als ein oder zwei Regesten bestehend. Grundlage dieses biographischen Materials ist die zusammenfassenden Darstellung von Otto Konrad Roller[5]. Trotz gewisser Lücken und Unrichtigkeiten ist Roller nach wie vor eine solide Grundlage für eine solche Untersuchung.

Grundsätzlich kann man natürlich über eine neue Genealogie der Grafen von Montfort und von Werdenberg nachdenken. Neuerdings haben Peter Heidtmann und Roland Weiß[6], einen Versuch »zur zeitgerechteren Darstellung einer Genealogie« unternommen, der einige gute Ansätze enthält, andererseits aber auch neue Verwirrung stiftet. Für unser Thema belangreich ist die Frage, ob Berthold I. ein Sohn Hugos IV. war (dann fällt er nicht mehr in unsere Betrachtung) oder ob er ein Sohn Rudolfs II. gewesen ist (dann müßte er mitberücksichtigt werden). Heidtmann und Weiß entscheiden sich, den widersprüchlichen Aussagen Bilgeris folgend, gegen Roller für die letztgenannte Lösung. Ich kann ihrer Argumentation nicht folgen. Wenn in einer kopialen Überlieferung, aber immerhin in einer vidimierten Abschrift aus dem 16. Jahrhundert, »Graf Berchtolt« als »Graf Hugs von Montfort Sohn« bezeichnet wird, dann erübrigen sich alle Spekulationen, ihn zu einem Sohn Rudolfs II. zu machen, soweit keine wichtigen Gründe dafür vorliegen. Ebenso sollte man auf den angeblichen Sohn Hugos V. Rudolf IV. verzichten, mit dem wahrscheinlich Rudolf III. gemeint ist, der wiederholt in der gleichen Quelle aufscheint und hier wohl nur einmal irrtümlich als *comes Rudolfus de Pregenz* (Graf Rudolf von Bregenz) bezeichnet wird. Eine zeitgerechtere Genealogie würde jedoch eine stärkere Berücksichtigung der Frauen verlangen, des weiteren auch eine Einbeziehung der Illegitimen, wozu ich selbst bereits einen kleinen Versuch gemacht habe[7].

Eine Erweiterung Rollers habe ich nur an zwei Stellen vorgenommen, die aber weiterhin problematisch bleiben. Einmal handelt es sich um eine in der Zimmerschen Chronik erwähnte mutmaßliche Tochter Hugos II. (?) mit Namen Katharina, die einen Herrn von Hoheneck in Österreich, einen Lehensmann König Rudolfs I. geheiratet

---

5   Roller, Grafen von Montfort.
6   Weiß, Grafen von Montfort.
7   Burmeister, Meister Wilhelm, hier S. 90.

haben soll[8]. Zum andern betrifft es jene Margaretha von Freiburg, die Roller Berthold I. als Ehefrau zuweist, wobei er eine nicht vollzogene oder geschiedene Ehe annimmt[9]. Es gibt ein Siegel dieser Frau, dessen Legende sie als Margaretha de Montfort ausweist; das Siegel zeigt das Freiburger und das Montforter Wappen. Margaretha heiratete zwischen 1300 und 1303 den Grafen Otto von Straßberg[10]. Da es sehr unwahrscheinlich ist, eine nicht zustande gekommene oder gar geschiedene Ehe durch ein Allianzsiegel zu feiern und dieses Siegel auch noch bis 1329 zu verwenden, muß eine andere Lösung für dieses Problem gefunden werden. Am ehesten ist Margarethe die Witwe eines vorerst unbekannten Grafen von Montfort, der vor 1300/1303 gestorben ist. Von den bekannten Grafen von Montfort käme allenfalls Ulrich I. von Bregenz (†1287) in Betracht, dem wir Margarethe von Freiburg als dritte Frau zuordnen könnten.

Roller bleibt eine zuverlässige Grundlage. Im übrigen sind für unser Thema gelegentliche Unsicherheiten oder Verwechslungen nicht besonders nachteilig, weil es uns ja in erster Linie darum geht, gewisse allgemeine Aussagen über den Heiratskreis der Montforter zu gewinnen. Es geht um eine allgemeine sozial- und kulturgeschichtliche Auswertung des Materials. Und in diesem Sinne darf man sich gelegentlich auch auf ein Werk berufen, das für den positivistischen Historiker geradezu eine Horrorvision darstellt: nämlich die »Schwäbische Chronik« des Thomas Lirer aus dem späten 15. Jahrhundert.

Ausgangspunkt für unsere Untersuchung ist die Stammtafel des Grafen Hugo I. von Montfort. Von den 38 Personen dieser Stammtafel sind 25 Männer und nur 13 Frauen; zwei dieser Frauen haben keinen Namen. Geht man von der natürlichen Ausgewogenheit der Geschlechter aus, so ist die erste Feststellung, die wir machen müssen, die, daß in der Stammtafel etwa 50 % der Frauen gar nicht enthalten sind. Die Quellen über die Frauen fließen eben sehr viel spärlicher. Die Ausfallquote liegt in unserem Fall bei etwa 50 %.

Zu ähnlichen Ergebnissen eines beträchtlichen Ausfalls der Frauen kommen wir auch, wenn wir das Verhältnis der Grafen und Gräfinnen weltlichen und geistlichen Standes betrachten. Den 25 weltlichen Personen stehen 13 geistliche gegenüber. Von diesen Geistlichen sind 11 Männer und nur zwei Frauen. Auch das kann nicht stimmen. Rechnen wir auch hier mit einem einigermaßen ausgeglichenen Anteil von Männern und Frauen, so kämen weitere 10 Frauen hinzu. Die Stammtafel weist also auch in dieser Hinsicht einen vermutlich recht beträchtlichen Fehlbestand aus.

Auf diesen Tatbestand weisen auch andere Beobachtungen hin. So sind in den Nekrologien eine größere Zahl von Montforterinnen enthalten, die sich nicht zuordnen lassen. Allein im Kloster Löwental zählen wir vier solche geistlichen Frauen: soror Adelhait, soror Mächildis, soror Lügart und soror Elysabet, alle Gräfinnen von Montfort (in einem Fall von Tettnang)[11].

---

8   Roller, Grafen von Montfort, S. 184.
9   Ebd., S. 160 f.
10   ZGO 12, S. 375 f.
11   Roller, S. 184; Baumann, Necrologia, S. 199 f.

Verweilen wir noch einen Augenblick bei den 13 geistlichen Personen. Von diesen 13 Geistlichen machen 12, also nahezu alle, eine Karriere in den heimischen Bistümern Chur und Konstanz; lediglich Hartmann (II.) von Werdenberg erscheint als Domherr in Bamberg, was aber nicht ausschließt, daß er – wenn auch vorerst ohne Beleg – Domherr in Chur oder in Konstanz gewesen ist. Denn gewöhnlich wurde eine geistliche Karriere in der Heimat begonnen; erst später suchte man dann zusätzliche Pfründe in der Fremde. So begann Hugo VI. von Montfort seine Laufbahn als Pfarrer von Wangen, um dann Domherr von Freising und Propst des Stiftes St. Zeno in Isen (Landkreis Wasserburg) zu werden; er war aber auch Domherr in Chur und starb 1298 in Rom als erwählter Bischof von Chur. Mit ihm zusammen waren vier Grafen von Montfort Bischöfe von Chur, einer Bischof von Konstanz, zwei Äbte von St. Gallen und ein Graf von Werdenberg Abt von Disentis; ein anderer Graf von Werdenberg war Johanniterkomtur in Bubikon. Als Bischöfe von Konstanz oder Äbte von St. Gallen lassen sich bereits einige Grafen von Bregenz belegen; die Montforter setzen hier die Tradition ihrer Vorgänger fort.

Wenigstens sieben Grafen von Montfort waren Domherren in Chur, dagegen nur zwei Domherrn von Konstanz. Ohne herausragende Karriere blieben die wenigen Frauen unter den Geistlichen: die eine ohne Namen und ohne Angabe des Klosters, die andere Sophie von Werdenberg, Nonne im Kloster Oetenbach bei Zürich; ebenso ohne Karriere blieb auch der einzige bekannte illegitime Konrad von Montfort, Pfarrer in den beiden montfortischen Pfründen Langenargen und Obereschach bei Ravensburg. Auf Grund seiner niederen Geburt konnte er nicht zu einer höheren Karriere aufsteigen, was im Spätmittelalter durchaus möglich war.

Die Illegitimen sind in der Rollerschen Stammtafel nicht ausgewiesen. Diese sind im 13. Jahrhundert nur selten genannt: Von den ausgewiesenen 38 Personen ist nur einer unehelichen Standes, was wohl kaum mit der Wirklichkeit übereinstimmt. Im 15. und 16. Jahrhundert lassen sich an die 30 Illegitime allein bei den Montfortern feststellen; auch bei den Werdenbergern gab es in diesem Zeitraum zahlreiche Uneheliche.

Der illegitime Konrad war ein Sohn Graf Hugos III. von Montfort-Tettnang. Er resignierte 1353 seine beiden Pfarren Obereschach und Langenargen. In der Quelle wird er – ohne jede Einschränkung – als *Conradus frater domini Wilhelmi comitis de Tettnant* (Konrad, Bruder des Herrn Wilhelm, Grafen von Tettnang) genannt. Diese Formulierung läßt darauf schließen, daß er bis zu einem relativ hohen Grad von der Familie anerkannt war, die ihn auch mit zwei montfortischen Pfarrpfründen versorgte. Für Illegitime erschien die geistliche Laufbahn besonders angezeigt, weil sich hier mit dem Tode des Illegitimen alle weiteren Probleme lösten, namentlich im Hinblick auf das Fortleben einer solchen unebenbürtigen Linie.

Von den 25 Personen weltlichen Standes sind 24 verheiratet: 12 Männer und 12 Frauen. Bei einem Mann, nämlich Hugo V., wissen wir es nicht, zumindest kennen wir den Namen der Frau nicht. Ein weiterer Mann, Ulrich II. von Montfort, kehrte aus dem geistlichen Stand in den weltlichen Stand zurück, blieb aber wohl auch unverheiratet; er war auch beim Übertritt schon über 50 Jahre alt.

Basis für unsere Betrachtung sind mithin einmal die zwölf Gräfinnen von Montfort und von Werdenberg, die in andere Familien hinausgeheiratet haben; zum andern die zwölf angeheirateten Ehefrauen der Grafen von Montfort und von Werdenberg. Das auch bei den Montfortern wie anderswo zu beobachtende Phänomen der sukzessiven Polygamie führt zu einer leichten Steigerung der Anzahl der Frauen. Hugo I. von Montfort, Hugo I. von Werdenberg und Rudolf II. von Werdenberg waren zweimal verheiratet, Ulrich I. und Wilhelm II. von Montfort dreimal. Auf der Seite der Frauen war Elisabeth I. von Montfort dreimal verheiratet. Somit erhöht sich die Zahl der Frauen auf insgesamt 30. Vermutlich ist die Zahl der Doppel- und Dreifachehen noch erheblich größer, infolge mangelnder Überlieferung aber urkundlich nicht greifbar. Die beiden geistlichen Frauen eingerechnet kann sich also unsere Untersuchung auf insgesamt 32 Frauen der Montforter abstützen. Es kommen schließlich noch drei weitere hinzu, weil vergleichsweise auch auf drei ältere Gräfinnen von Bregenz Bezug genommen wird: Elisabeth von Bregenz, die Welfin Wulfhildis und Bertha von Rheinfelden. Insgesamt sind es also 35 Frauen.

Eine erste Beobachtung, die wir bezüglich des Heiratsverhaltens machen können, ist die, daß man bevorzugt innerhalb der heimischen Bistumsgrenzen Konstanz und Chur heiratet: 12 mal in Konstanz, 4 mal in Chur, nur insgesamt 5 mal außerhalb, jedoch in allen diesen Fällen in benachbarten Diözesen wie Augsburg oder Brixen, jedenfalls noch innerhalb der Grenzen des Metropolitanbistums Mainz. Man heiratet nicht in entferntere Kirchenprovinzen wie Köln, Trier, Magdeburg oder Mailand, sondern bleibt im engeren eigenen Kulturkreis. Schon gar nicht sind exotische Partner gefragt, was im Spätmittelalter durchaus vorkommt. Lirer schildert in aller Ausführlichkeit die Reise des Albrecht von Werdenberg nach Portugal, wo er die Königstochter Elisa zur Frau gewinnt.

Das Heiratsverhalten entspricht im 13. Jahrhundert geographisch genau den geistlichen Karrieren, die man in den beiden heimischen Bistümern Chur und Konstanz suchte. Die Heiratsbezirke sind mit den Bezirken der geistlichen Karrieren identisch.

Die Gräfinnen von Montfort und Werdenberg werden besonders eindrücklich repräsentiert durch drei Frauengestalten des 12. Jahrhunderts, d.h. durch Gräfinnen von Bregenz: Bertha von Rheinfelden (Ehefrau Graf Ulrichs X.), die Welfin Wulhildis (Ehefrau Rudolfs, des letzten Grafen von Bregenz) und Elisabeth von Bregenz (Ehefrau des Pfalzgrafen Hugo von Tübingen).

Über diese drei Frauen ist die Überlieferung sehr viel dichter als über alle anderen Gräfinnen von Montfort. Das mag daher rühren, daß diese drei Heiraten in höchste Hochadelskreise führten. Bertha von Rheinfelden, eine Enkelin Kaiser Heinrichs III., war die Tochter des Herzogs von Schwaben Rudolf von Rheinfelden, Gegenkönig gegen Heinrich IV. Ihre Schwester Agnes heiratete einen Herzog von Zähringen, ihre Schwester Adelheid den König von Ungarn. Bertha gilt – gemeinsam mit ihrem Mann Ulrich X. – als die Begründerin des Klosters Mehrerau im Geiste der Hirsauer Reform; sie erwies sich nach dem frühen Tode ihres Mannes (†1097) als eigentliches Familienoberhaupt[12]. Nach der Marchtaler Chronik kämpfte sie in der Schlacht bei Jedesheim

---

12   Bilgeri, Geschichte, Bd. 1, S. 113.

an der unteren Iller (in der Nähe ihrer Heimat Kellmünz) wie ein Mann gegen die Grafen von Kirchberg: *viriliter pugnavit*[13] (sie kämpfte mannhaft). Es gibt keine zweite auf Schloß Bregenz residierende Gräfin, die einen auch nur annähernd vergleichbar Nachruhm in den Totenbüchern verschiedener Klöster fand: vorab in der Mehrerau, wo die 1128 Verstorbene ihr Grabmal inmitten der Kirche fand (*in medio ecclesiae nostrae*), ja es ist von einem *augustissimum sepulcrum*, einem sehr majestätischen Grab die Rede. Nicht weniger feierte man die Jahrzeit der Wohltäterin in den Klöstern von Petershausen, Isny, Ottobeuren, Füssen und St. Ulrich und Afra in Augsburg[14].

Im Mehrerauer Chartular von 1472 ist Bertha von Rheinfelden abgebildet. Das hinzugesetzte Wappen ist nicht das von Rheinfelden, sondern der Reichsadler. Die königliche Herkunft wird noch im späten 15. Jahrhundert unterstrichen.

In Jakob Mennels »Charta fundatorum«, einer Gründungsgeschichte des Klosters Mehrerau aus dem frühen 16. Jahrhundert, gibt es eine weitere bildliche Darstellung: Bertha fundatrix, hier ohne Wappen dargestellt, schenkt den Aposteln Petrus und Paulus die Kirche von Sargans; Mennel betont, daß er seine Zeichnung aus einer mittelalterlichen Vorlage, einer *carta vetustissima* (eine sehr alte Urkunde), übernommen hat.

Bertha von Rheinfelden ist eine höchst bemerkenswerte Frau, die man als Stammutter und Vorbild der Gräfinnen auf Schloß Bregenz zu betrachten hat: eine Frau, die gelegentlich männliche Züge annimmt und damit den Männern in nichts zurücksteht.

Ihre Schwiegertochter, die Ehefrau Graf Rudolfs des Letzten von Bregenz, die Welfin Wulfhildis, stand ihr kaum nach. Auch sie wurde im Mehrerauer Chartular von 1472 und von Mennel im gleichen Zusammenhang nach einer Vorlage aus dem 13. Jahrhundert abgebildet.

Die Herzogin (*ducissa*) schenkt der hl. Maria, der Patronin der Kirche in Alberschwende, das dortige Gotteshaus. Die vornehme Abstammung wird durch die Zugabe des welfischen Löwen gekennzeichnet. Wulfhildis, die sich nach dem Tode ihres Mannes in das Kloster Wessobrunn als Nonne zurückzog, wird in den Jahrzeitbüchern von Mehrerau und Wessobrunn genannt.

Wulfhildis ist der einzige bekannte Fall dafür, daß eine Witwe nach dem Tode ihres Mannes in den geistlichen Stand eingetreten ist. Sie wäre also noch nachträglich den beiden geistlichen Frauen hinzuzurechnen. Häufiger kam es vor, daß Witwen eine zweite Ehe eingegangen sind. Nicht zuletzt war die Wiederverheiratung wohl eine Frage des Alters.

Das Bildnis der Wulfhildis wurde im 17. Jahrhundert noch einmal neu gestaltet. Ein Papierbild im Format 55,5 x 45 cm zeigt die rot gekleidete Frau mit dem Wappen, einem nach links schreitenden roten Löwen. Das Bild entstammt einem Zyklus von Bildern der Grafen von Bregenz und von Montfort-Bregenz, dessen Funktion vorerst noch unbekannt ist. Möglicherweise sind diese Bilder im Kloster Mehrerau entstanden, um dessen Wohltäter zu verherrlichen.

---

13 Ebd., S. 290, Anm. 180.
14 Ebd., S. 290 f., Anm. 185.

Wulfhildis Tochter Elisabeth war die letzte Gräfin von Bregenz, die durch ihre Heirat mit den Pfalzgrafen Hugo von Tübingen die Mutter des Stammvaters der Grafen von Montfort wurde. Wie Bertha von Rheinfelden und Wulfhildis können wir ihre Persönlichkeit einigermaßen gut greifen. Was wir über sie wissen, beschränkt sich nicht nur auf einige wenige Regesten. Ihr Name wurde der weibliche Leitname im Hause Montfort bis hin zu jener letzten Gräfin von Montfort, die 1451 die halbe Grafschaft Bregenz an Österreich verkaufte, ja auch noch lange darüber hinaus. Dem Leitnamen Hugo auf der Seite der Männer entspricht der Leitname Elisabeth auf der Frauenseite.

Die Quellen – so beispielsweise die Klostergeschichte von Marchtal aus dem frühen 13. Jahrhundert – streichen Elisabeth als *nobilissima domina* (vornehmste Damen) und *filia cuiusdam praepotentissimi comitis* (Tochter eines sehr mächtigen Grafen) heraus und erwähnen auch die Verwandtschaft mit den Welfen. Wir können in einer solchen Bemerkung noch einmal nachvollziehen, daß Elisabeth von Bregenz zur Spitze des süddeutschen Hochadels zählte. Es mag dies auch – ähnlich wie bei Bertha und Wulfhildis – der Grund dafür sein, daß die Quellen über sie sehr viel reicher fließen als über jede andere Gräfin von Montfort des 13. Jahrhunderts.

Die urkundlichen Nennungen beziehen sich inhaltlich auf Schenkungen an Klöster, in denen Elisabeth den Verfügungen ihres Mannes oder ihrer Kinder zustimmt. In der Regel handelt es sich um Schenkungen zum Seelenheil der Verfügenden, ihrer Vorfahren und Nachfahren. Im einzelnen gehen diese Stiftungen an die Klöster Marchtal, Mehrerau, Isny und St. Johann im Thurtal. In Isny ist speziell von einer Erstellung eines Klosterneubaus die Rede. Obwohl als Stifter ihr Ehemann oder ihre Söhne aufscheinen, neigt die Überlieferung dazu, ihr eine maßgebliche Rolle dabei einzuräumen. Das wird besonders deutlich bei der reichen Stiftung an das Kloster Marchtal, die zufolge der Stiftungsurkunde durch ein Gelübde ihres Ehemannes motiviert war; die Klostergeschichte dagegen weiß, daß die Bitten der Elisabeth für die Stiftung maßgeblich waren.

Wie ihre Mutter Wulfhildis bei der Kirchenstiftung von Alberschwende oder ihre Großmutter Bertha bei der Stiftung von Sargans an das Kloster Mehrerau machte Elisabeth eine selbständige Stiftung an das Kloster Mehrerau aus ihren eigenen Gütern. Elisabeth tritt hier aus dem Schatten ihres Mannes heraus. Zwar handeln beide gleichzeitig und gemeinsam: Pfalzgraf Hugo von Tübingen schenkt dem Kloster Mehrerau um 1181 eine berühmte Kreuzpartikel, die er von Mathilde, der Tochter König Heinrichs II. von England und Gemahlin Herzog Heinrichs des Löwen erhalten hatte. Dann aber heißt es weiter: *Elisabeth contulit ecclesiae ista bona* (Elisabeth verschaffte der Kirche die folgende Güter): zwei Kelche, ein liturgisches Gewand, sowie Dörfer bzw. Güter in Wolfried (Gemeinde Stiefenhofen, Kreis Sonthofen), Bolgenach (Gemeinde Krumbach, Vorarlberg), Eisenharz (Landkreis Ravensburg), Gestratz (Landkreis Lindau), Kinberg (Gemeinde Niederstaufen, Landkreis Lindau) und Kettershausen (Landkreis Illertissen). Alle diese Besitzungen befinden sich in der Nachbarschaft von Bregenz und stammen demnach wohl aus dem Erbe des letzten Grafen von Bregenz. Man muß hier wohl an ein Sondergut der Frau denken. Die weitere Frage stellt sich, ob jenes zweifellos besonders prachtvolle liturgische Gewand nicht eine Handarbeit der

Elisabeth selbst darstellen könnte. Ähnliche Gewänder schufen nach Aussage des Lindauer Anniversariums auch die adligen Stiftsdamen in Lindau. Durch solche beiläufigen Bemerkungen gewinnen wir einen kleinen Einblick selbst in das Alltagsleben der Gräfin Elisabeth.

Während Pfalzgraf Hugo von Tübingen 1182 verstarb, lebte Elisabeth noch bis 1216. Sie folgte weniger dem Beispiel ihrer Mutter, die sich in die Stille eines Klosters zurückzog, sondern nahm ihrer Großmutter Bertha von Rheinfelden folgend die Zügel in die Hand. Sie taucht weiterhin in den Urkunden auf, den Verfügungen ihrer Söhne zustimmend. Sie betrieb weiterhin Politik und Hauspolitik. Sie reist zu der Klostergründung von Bebenhausen um 1188 persönlich an, bei der ihre Söhne *in Gegenwart ihrer beider Mutter* eine Erbteilung vornehmen[15]. Wahrscheinlich lebte sie in Bregenz. Da ihr jüngerer Sohn Hugo I. von Montfort, der bei der Teilung das Bregenzer Erbe erhielt, seinen Herrschaftsmittelpunkt von Bregenz in die von ihm neu gegründete Stadt Feldkirch verlegte, stand die Bregenzer Burg zur Verfügung. Hier hielt Elisabeth Hof und wachte über das väterliche Erbe und die Hinterlassenschaft ihres Mannes.

In ihren letzten Lebensjahren war es ihr ein Anliegen, das Andenken an die ruhmreiche Vergangenheit der Grafen von Bregenz aufrecht zu erhalten, nicht zuletzt auch durch die Ausgestaltung des Erbbegräbnisses in der Klosterkirche von Mehrerau. Hier hatte auch ihr verstorbener Mann, Pfalzgraf Hugo von Tübingen, seine letzte Ruhestätte gefunden. Im Totenbuch von Mehrerau wurde unter dem 31. Dezember seine Jahrzeit gefeiert, am selben Tag auch in Petershausen, einer Gründung des heiligen Gebhard, Bischofs von Konstanz, der aus der Bregenzer Grafenfamilie stammte. Wie der Mehrerauer Archivar Ransperg 1656 berichtete, befand sich das Grab des Pfalzgrafen in der Kapelle Unserer Lieben Frau in der Mehrerau, wo damals noch das tübingische Wappen zu sehen war. Ransperg erwähnt auch ein Wandgemälde, das später übertüncht wurde: es stellte den Pfalzgrafen und seine Gemahlin Elisabeth als die besonderen Förderer des Klosters dar; beide hielten besiegelte Urkunden in ihrer Hand, auf denen die folgende Verse zu lesen waren:

Hugo Palatinus.
Firmiter observo quod fundantes statuerunt.
Insuper accervo plureis, quae nostra fuerunt.

(Pfalzgraf Hugo:
Ich beachte fest, was die Gründer beschlossen;
überdies füge ich mehr hinzu, was uns gehört hat.)

Elisabetha ultima haeres Brigantiae.
Fulmen eum feriat, fundum qui destruit istum.
Daemon eum rapiat, contraria sors sibi fiat.

---

15   Helbok, Regesten, Nr. 298.

(Elisabeth, letzte Erbin von Bregenz:
Der Blitz soll den treffen, der diesen Besitz zerstört;
ein Dämon soll ihn zerreissen, ein unglückliches
Schicksal soll ihm zuteil werden).

Auch wenn sich das Bild nicht im Original erhalten hat, so wurde dessen Inhalt doch zu verschiedenen Zeiten neu gestaltet und fortüberliefert: wir besitzen auf diese Weise mehrere bildliche Darstellungen der Elisabeth von Bregenz, auch wenn diese nicht zeitgenössisch sind.

Die älteste Fassung geht auf jene *carta vetustissima* (eine sehr alte Urkunde) des 13. Jahrhunderts zurück, die Jakob Mennel benützt hat; sie ist heute verschollen. Erhalten hat sich dagegen die Fassung des Mehrerauer Chartulars von 1472 und diejenige der »Charta fundatorum« Mennels von 1518. Beide sind sich sehr ähnlich. Mennel stellt das Paar in spätmittelalterlicher Tracht dar. Beide halten Urkunden in der Hand, die ihre Verdienste andeuten und jene verfluchen, die diesen Besitzstand stören sollten.

Aus dem 17. Jahrhundert stammen zwei weitere Darstellungen: ein Gemälde sowie ein Papierbild. Der Pfalzgraf und die Gräfin Elisabeth erscheinen jetzt im Gewand des ausgehenden 16. oder beginnenden 17. Jahrhunderts. In je einer Kartusche wird auf die Stiftungen des Pfalzgrafen, nämlich die Kreuzpartikel, und die der Elisabeth, nämlich die eingangs schon genannten Dörfer und Güter, hingewiesen.

Wappen und Siegel der Gräfin Elisabeth sind aus historischer Zeit nicht überliefert. Aber Jakob Mennel, ein diplomatisch sehr versierter Historiker, kennzeichnet beide genannten Urkunden mit dem Tübinger und mit dem Bregenzer Wappen. An beiden Urkunden hängen je zwei Siegel, von denen eines durch Zusatz des Wappens als Tübinger, das andere als Bregenzer gekennzeichnet ist. Möglicherweise beruht die Darstellung auf der Willkür Mennels bzw. seiner Vorlage; denn in den überlieferten Urkunden findet man weder ein Siegel noch eine Siegelankündigung der Elisabeth von Bregenz.

Dennoch bleibt es bemerkenswert, daß uns Elisabeth von Bregenz in Bildern des 13., 15., 16. und 17. Jahrhunderts überliefert ist: ihr Aussehen, ihr Wappen, ihr Siegel. Zumindest ist das ein Beleg dafür, daß man in ihr eine historisch bedeutende Persönlichkeit gesehen hat.

Ein Bilderzyklus der Grafen von Bregenz und von Montfort hat nach Wulfhildis und Elisabeth nur mehr Männer zum Gegenstand: erst mit Wilhelm III., der dem 14. Jahrhundert angehört und nicht mehr in unsere Zeit fällt, setzen wieder Darstellungen von Frauen ein. Die Grafen Hugo I. und Hugo II. von Montfort sind ohne ihre Frauen dargestellt worden; Ulrich I. und Hugo V. fehlen ganz.

Die besonders dichte Überlieferung zu Bertha von Rheinfelden, Wulfhildis und Elisabeth von Bregenz ließ es angezeigt erscheinen, diese drei großen Gestalten voranzustellen; denn was jetzt folgt, läßt sich nur äußerst bruchstückhaft darstellen. Man muß sich darauf beschränken, gewisse Beobachtungen zusammenzustellen, um sie versuchsweise in ein System zu bringen. Man kann es nicht genug betonen, daß sich in der Darstellung der Frauen ein regelrechter Graben auftut zwischen den genannten Gräfinnen von Bregenz und den ihnen folgenden Gräfinnen von Montfort und von Werdenberg: es ist so, als hätten die Frauen mit den beginnenden 13. Jahrhundert sehr viel an Bedeutung eingebüßt. Sie erscheinen jetzt meist nur mehr als Anhängsel der Männer, obwohl das sicher nicht ganz zutreffend ist, wie Einzelbeispiele zeigen. Man kann und muß sich dieses Phänomen wohl einfach, wie schon gesagt, aus der Tatsache erklären, daß die Gräfinnen von Bregenz von ihrem Stand her einfach höher einzuschätzen sind. Diese drei Frauen strahlen eine gewisse Überlegenheit aus.

Freilich kamen auch im 13. Jahrhundert höher gestellte Standespersonen durchaus vor: die Grafen verheiraten sich mit Töchtern von Herzögen, Pfalzgrafen oder Markgrafen. Aber ebenso häufig sind auch Ehen mit Töchtern von Freiherren üblich. Die Kombination mit Töchtern von Grafen bilden jedoch durchaus die Regel.

Wir können auch schon im 13. Jahrhundert erste Ansätze zur Ausbildung fester Heiratskreise aufzeigen, die sich im Spätmittelalter und in der frühen Neuzeit immer mehr abschließen. So gibt es mehrfache Eheschließungen mit den Pfalzgrafen von Ortenburg-Kraiburg oder mit den Markgrafen von Burgau, ebenso mit den Grafen von Toggenburg. Später nehmen die Heiraten der Montforter mit den eng verwandten Werdenbergern stark zu, ebenso die mit den Grafen von Zollern oder den Truchsessen von Waldburg. Es gibt offenbar ein Bestreben, den Besitz zusammenzuhalten. Man bevorzugt, ungeachtet näherer Verwandtschaft, solche Geschlechter, mit denen man bereits gute Erfahrungen gemacht hat. Vor allem sucht man wohl auch politisch verläßliche Partner.

Für die insgesamt 36 Eheschließungen ergibt sich die folgende ständische Gliederung:

1 Königstochter
1 Herzogstochter
2 Pfalzgrafen
2 Markgrafen
1 Landgraf
16 Grafen
13 Freiherren

Es überwiegen mithin die Grafen und was darübersteht, diese Gruppe macht etwa 2/3 aus. Ein Drittel gehört dem Freiherrenstand an. Dazu ist zu bemerken, daß einige dieser Freiherren in enger verwandtschaftlicher Beziehung zu Grafen und Herzögen standen. Insgesamt können wir daher einen Zug nach oben beobachten.

Auf der andern Seite müssen wir aber doch feststellen, daß die Dichte der Überlieferung, verglichen mit den drei Gräfinnen von Bregenz aus dem 12. Jahrhundert, spürbar geringer geworden ist.

Über das Heiratsalter der Frauen lassen sich nur recht dürftige Angaben machen. Für Elisabeth I. von Montfort ist eine sehr frühe Heirat anzunehmen, wie ihre dreimalige Verheiratung anzeigt. Die Heirat mit dem Wildgrafen Emicho, die sie weitab ins

Rheinland führte, läßt auch erkennen, daß hier nicht irgendwelche Pläne zu einer territorialen Erweiterung vorhanden waren. Umgekehrt wird man aber argumentieren müssen, daß die bevorzugten Heiraten in der Region dafür sprechen, daß solche Ziele häufig mitgespielt haben. Denn nur in geographischer Nähe erreichbare Gebiete waren auf Dauer wirklich zu beherrschen.

Aus solchen politischen Erwägungen heraus pflegte man die Ehen schon sehr früh zu stiften, meist verfügten die Eltern schon im Kindesalter, mit wem sie ihr Kind verlobten, so wie auch bereits die Kinder für eine geistliche Laufbahn bestimmt wurden. So wurde Sophie von Werdenberg als 3jähriges Kind dem Kloster Oetenbach *geopfert*; die Mitgift ermöglichte dem Kloster einen Neubau. Auch die filia N., die zweite geistliche Frau, ging ins Kloster, nachdem ihr Verlobter Friedrich I. von Toggenburg noch während des Verlobungsstandes ermordet worden war; auch hier muß eine Verlobung im Kindesalter erfolgt sein. Darüberhinaus gibt es kaum Anhaltspunkte für das Lebensalter der Gräfinnen bei ihrer Verlobung oder Verheiratung. Insgesamt bekommt man aber den Eindruck, daß das Heiratsalter sehr niedrig war. Im 17. Jh. äußert dazu Graf Kaspar von Hohenems, daß ein 14 Jahre altes Mädchen – zumindest in Deutschland – noch als Kind anzusprechen sei.

Eine frühe Verlobung der Kinder konnte gelegentlich ungewollte Folgen haben, wie ein Beispiel aus dem späten 15. Jahrhundert zeigt. Graf Wilhelm VIII. von Montfort zu Werdenberg und seine Ehefrau Klementa von Hewen verlobten ihre Tochter dem Johann Peter von Sax-Misox. Der aufmerksame Schwiegersohn in spe besuchte häufig die Familie seiner Braut. Dabei kam es zu intimen Beziehungen mit der Mutter der Braut. Und als dann nach dem Tode des Grafen Wilhelm die Braut endlich mannbar geworden war, heiratete Johann Peter die Mutter anstelle der ihm verlobten Braut.

Oft läßt sich der Unterschied zwischen Verlobung und Verheiratung nicht deutlich greifen. Das zeitgenössische Kirchenrecht unterschied zwischen *sponsalia de futuro* (Verlobung) und *sponsalia de praesenti* (Verheiratung); es stellte dazu die beiden Formeln bereit *accipiam te uxorem* bzw. *accipiam te maritum* (ich werde dich zur Frau nehmen) für die Verlobung bzw. *accipio te uxorem* (ich nehme dich zur Frau) für die Verheiratung. Das germanische Eherecht verlangte zusätzlich den körperlichen Vollzug der Ehe, der nach dem Kirchenrecht nicht erforderlich war. Kirchenrechtliche und germanische Vorstellungen über das Zustandekommen einer Ehe lagen daher oft im Widerstreit, wie ein bemerkenswertes Beispiel aus dem Umkreis der Montforter zeigt.

Elisabeth von Werdenberg, eine Tochter Rudolfs I. von Werdenberg, sollte nach dem Willen ihres Vaters den Grafen Diethelm von Toggenburg heiraten. Man muß annehmen, daß eine »Ehe« unter der Verwendung der Formel *accipiam te uxorem* usw. geschlossen wurde; eine Umwandlung dieses Verhältnisses in eine Ehe, beispielsweise durch einen Vollzug, der zwar nach Kirchenrecht nicht erforderlich war, aber dennoch auf einen *affectus maritalis* (Wunsch zu heiraten) hätte rückschließen lassen, stand noch aus. Der frühe Tod des Grafen Rudolfs von Werdenberg bedingte, daß Graf Hugo II. ihr Vormund wurde, ein erklärter Gegner des Papstes und glühender Anhänger der Staufer. Ich weise nur darauf hin, daß sein Dienstmann, der Dichter Rudolf von Ems, in seiner Weltchronik die staufische Politik literarisch verklärt hat. Graf Hugo II. löste diese Verlobung, um seine Nichte nach seinen eigenen Vorstellungen zu verheiraten, was Diethelm von Toggenburg veranlaßte, persönlich beim Papst Klage zu führen. Der Papst schrieb daraufhin 1247 einen geharnischten Brief an den Abt von Lützel, der beauftragt wurde, gegen Hugo von Montfort vorzugehen. Unter anderm hieß es in dem Brief, *quod nobilis vir ... comes Montisfortis, Cur. dioc., HELYSABETH mulierem, neptem suam, uxorem dicti Diethelmi, contra iustitiam detinens eam renitentem penitus et invitam viro alii de facto dicitur desponsasse* (daß der edle Mann ... Graf von Montfort, Churer Bistums, die Frau Elisabeth, seine Nichte, die Ehefrau des genannten Diethelm gegen die Gerechtigkeit zurückhält und ganz gegen ihr Widerstreben und gegen ihren Willen einem anderen Mann tatsächlich verlobt haben soll). Eine Woche zuvor hatte der Papst den Bischof von Konstanz beauftragt, dem Grafen Hugo II. von Montfort alle Lehen von Chur und von St. Gallen zu entziehen und sie seinem Bruder Friedrich zu übertragen. Der politische Konflikt ging quer durch die eigene Familie; und hier dürfte auch der Grund für die gewaltsame Entlobung liegen. Wie die Sache ausgegangen ist, wissen wir nicht.

Wiewohl die Hauspolitik bei den Heiraten eine wichtige Rolle spielte, lassen sich Liebesheiraten dennoch nicht ganz ausschließen. Thomas Lirer erzählt die Geschichte des Malsier von Rotenfahn (Rotenfahn steht symbolisch für Montfort), der die Tochter des Herrn von Bregenz entführt; denn er war *der jungkfrawen hold*. Lirer weiß auch von einem Graf Hugo von Bregenz (man beachte hier den montfortischen Leitnamen »Hugo«) zu berichten, der eine Eva von Ems schwängerte, denn *die was gar schön*; er bringt *sein lieb frauwen* vor den Verwandten auf der Burg Bodman in Sicherheit und heiratet sie nach dem Tode ihres Vaters. Eingriffe der Familie in solche Liebesverhältnisse wurden von den Betroffenen oft sehr schmerzlich empfunden. Graf Hugo XV. rächte sich dafür 1662 noch kurz vor seinem Lebensende, als er in seinem eigenhändigen Testament verfügte: *Weillen man mir den Heirat mit der Agneten Benslin nit wollen lassen fortgehen..., so lang sie lebt, 1/2 Fuder Wein aus Schnellen Garten, 2 Malter Kernen und 2 Malter Roggen, 4 Scheffel Hafer, 50 Gulden*[16]. Ähnlich versorgte Graf Wilhelm V. von Montfort-Tettnang (†1439) seine Konkubine Grete Gabler, die er sich als geistlicher Herr zugelegt hatte, nach der Rückkehr in den weltlichen Stand und seiner Verheiratung aber stets in seiner Nähe behalten hat. Diese Lebensgefährtinnen der geistlichen Herren wären ein Thema für sich; ich kann das hier nur andeuten, für das 13. Jh. fehlen ohnedies die Quellen.

Nicht immer haben die Kinder den Willen ihrer Eltern akzeptiert. Dafür sei hier ein Beispiel aus dem frühen 16. Jh. angeführt. Die 1497 geborene Ursula von Montfort wurde bereits im Jahr ihrer Geburt mit dem 9jährigen Georg III. Truchseß von Waldburg, dem später berühmt gewordenen Bauernjörg, verlobt. Die Väter kamen überein, daß man, sobald Ursula 12 Jahre alt sei, *beide mit der Decke beschlagen lassen* werde. Doch schon 1506 löste Georg dieses Verlöbnis. Er mußte von zu Hause

---

16   HStA Stuttgart, Rep. B 123 I Bü 85/86 (1662 Juni 17).

Elisabeth von Werdenberg, die Gattin Hugos XIII. von Montfort-Tettnang. Altarflügel aus der ehemaligen Pfarrkirche Langenargen von Hans Strigel, 1465.
(Foto: Vorarlberger Landesarchiv).

wegziehen, zog ein Jahr lang bettelnd von Kloster zu Kloster, ehe ihn der wütende Vater wieder in Gnaden aufnahm. Der Grund für die Lösung des Verlöbnisses war eine Äußerung der Mutter der Braut, *sie wolle ihm ein Weib ziehen, das ihm das Kraut von den Ohren blase.*

Ich möchte hier noch eine kleine Geschichte anfügen: einen Brief des Grafen Kaspar von Hohenems an seinen heiratswilligen Sohn Jakob Hannibal aus dem Jahre 1619. Graf Kaspar beginnt seinen Brief mit einer Warnung an den Sohn, möglichst keine Person höheren Standes auszuwählen. Denn nur *So kann man eine halten und gewöhnen, wie man gern will und bleibt Meister in seinem Haus und nicht Knecht. Zu Hechingen sind noch zwei Fräulein zu verheuraten, deren aber die eltere noch nicht 14 Jahr alt, welches sonderlich in Teutschland so viel als ein Kind kann genennt werden, deren Du nit bedarfst, sondern eine, die neben dem gebührenden Alter Verstand hat, daran oft mehr als an Geld und Guet gelegen. Auch hat ermeltes Frewlin ein wenig einen krumben Hals, darum sie dicke Krester tragen mueß. Überdies, wenn ihr etwa warm ist, oder wann sie Wein trinkt, würdet ihr die under Lefzen am Maul gar groß, so sie übel schendet. Die Jünger aber ist heßlicher und gar gelb und in ihren Sachen hinlessig und unaufmerkig. Zu Wolfegg ist ein Frewlin, welches das Alter hette, so aber gar zu heßlich. Sonst weiß ich in ganz Schwaben ... keine mit entsprechendem Alter, Gestalt und Verstand außer die 21 Jahre alte Maria Magdalena in Scheer: wohlgestalet, von ziemlicher Länge und genugsamen Verstand, von gut adeligem, uraltem Geschlecht ... Schau sie gelegentlich an. Denn ein Weib nehmen, das einer nie gesehen, halt ich für ein vermessen Stuck!*[17]

Die Bedingungen für die Heirat waren in der Regel in Eheverträgen niedergelegt. Es scheint aber, daß sich aus dem 13. Jahrhundert nicht ein einziger Ehevertrag erhalten hat.

Wir können gewisse Spuren solcher Eheverträge greifen, etwa wenn Graf Wilhelm II. von Montfort 1309 seiner ehelichen Wirtin als Pfand für eine ihr auszuzahlende Summe von 400 Mark Silber die Burg Liebenau bei Tettnang verschreibt mit der ausdrücklichen Bestimmung, daß ihr im Falle der Nichtzahlung diese Burg mit ihren gesamten Zubehör zufällt[18]. Oder wenn die zum dritten Mal verheiratete Elisabeth von Montfort ihre Morgengabe aus der ersten Ehe, ein Gut in Homberg bei Stockach, für eine Jahrzeitstiftung zur Verfügung stellt. Oder wenn eine Quittung für eine Heimsteuer ausgestellt wird. Die Heiratsabreden konnten bedeutende Erwerbungen zur Folge haben: als Beispiel sei hier der Erwerb der Grafschaft Sigmaringen im Zuge der Ehe Graf Ulrichs I. von Montfort-Bregenz mit einer Gräfin von Helfenstein erwähnt[19].

In der chronikalischen Überlieferung ist von den Gräfinnen von Montfort nur insgesamt vier Mal die Rede (sieht man von der phantasievollen Chronik des Thomas Lirer ab): es wird eine Hochzeit erwähnt, ein anderes Mal ein Sterbefall. Und es ist dann schon auffällig, wenn bei Johannes von Winterthur einmal die Aktivität einer Frau ausführlicher geschildert wird: nämlich die Rettung der Stadt Tettnang 1322 (1323?).

---

17   Ludwig Welti, Graf Kaspar von Hohenems, 1573 – 1640, Innsbruck 1963, S. 209.
18   Vanotti, S. 542.
19   Bilgeri, Geschichte, Bd. 1, S. 190 u. 353, Anm. 41.

Herzog Leopold von Österreich belagerte die Stadt und ließ im weiten Umkreis alles, was er an Pflanzenwuchs finden konnte, Bäume, Saaten, stehendes Getreide, Gärten und Gehölz, abhauen, zerstampfen und zerstören[20]. Um der Eroberung und Zerstörung von Burg und Stadt zuvorzukommen, trat Kunigunde von Rappoltstein aus der Burg heraus und bat den Herzog unter Tränenströmen und kniefälligem Bitten, von seinem Vorhaben abzustehen. Der Herzog gab tatsächlich die Belagerung auf im Hinblick darauf, daß sich die Montforterin sowohl durch ihre Tugenden als auch durch ihre Verwandtschaft auszeichnete. Der Chronist nimmt jedoch dem Historiker der Gräfinnen von Montfort die Freude über diesen Fund, wenn er hinzufügt: licet quidam hoc negent (wenn auch einige diese Tat bestreiten). Leopold habe außer den Zerstörungen nichts zuwege gebracht[21].

Recht spärlich sind auch die auf uns gekommenen Überreste. Hier sind an erster Stelle die Siegel zu nennen. Insgesamt haben sich sieben verschiedene Siegel von insgesamt fünf Gräfinnen erhalten:

1. Elisabeth von Montfort, Witwe des Grafen Mangold von Nellenburg, 1251: drei nach rechts gekehrte Hirschstangen. Umschrift: *S' Elisabete Cometisse d Nellenburg.*
2. Mechtild von Neiffen, Witwe Rudolfs I. von Rapperswil, dann Ehefrau Hugos I. von Werdenberg, 1267. Umschrift: *S' MATHILDIS COMITISSE DE RAPRECHTS-WILARE.*
3. Elisabeth von Ortenburg-Kraiburg, Witwe Hartmanns I. von Werdenberg, drei Siegel bei Gull, S. 45 f.
4. Anna von Veringen, Witwe des Grafen Hugo IV. von Montfort-Feldkirch-Jagdberg, 1310: Sitzende Frau en face, Greifvogel in der linken Hand, links davon Montfortwappen. Umschrift: *S' Anne Comitisse Montis Fortis.*
5. Margarete von Freiburg, Witwe Ulrichs I. von Montfort-Bregenz, Ehefrau des Otto von Straßberg, 1324: Weibliche Gestalt in langen Gewändern, in der Rechten Freiburger Wappen, in der Linken dreieckigen Schild mit Montforter Fahne. Umschrift: *S' MARGARETE DE MONTFORT.*

Es hat den Anschein, daß die Frauen erst in dem Moment ein Siegel annehmen, wo ihr Ehemann stirbt. Denn bis zu diesem Zeitpunkt mochte er für sie siegeln, danach mußten sie selbst handeln und siegeln. Auf Grund dieser Umstände führen die Frauen auch nicht ihren Mädchennamen, sondern den ihres ersten Ehemanns, und zwar auch dann, wenn sie sich wieder verheiraten.

Es ist auch mehrfach belegt, daß die Witwe die Vormundschaft oder zumindest die Mitvormundschaft über ihre Kinder übernehmen. Auch dazu bedurften sie notwendigerweise eines Siegels.

---

20 Bilgeri, Geschichte, Bd. 2, S. 41.
21 Die Chronik Johanns von Winterthur, hg. v. Friedrich Baethgen, (MGH Scriptores NS3), 2. Aufl., Berlin 1955, S. 82.

Relativ gut belegt sind die Jahrzeitstiftungen für die Gräfinnen, obwohl auch in diesem Bereich die Frauen deutlich unterrepräsentiert sind. Wir konnte für die drei Bregenzer Gräfinnen des 12. Jh. eine ganze Reihe von Anniversarien aufzeigen: für Bertha von Rheinfelden waren es sechs (Mehrerau, Petershausen, Isny, Ottobeuren, Füssen und St. Ulrich und Afra in Augsburg), für Wulfhildis zwei (Wessobrunn und Mehrerau), für Elisabeth von Bregenz ebenfalls zwei (Mehrerau und Petershausen), insgesamt also zehn Jahrzeiten. Für die Gräfinnen des 13. Jh. sind es insgesamt nur sieben. Auch wenn die Belege sicher nicht vollständig sind, so bemerken wir erneut einen beträchtlichen Unterschied. Diese Jahrzeiten verteilen sich auf die folgenden Klöster und Kirchen: Mehrerau, Stams, Wurmspach (Gemeinde Jona, Kanton St. Gallen), Oetenbach (Kanton Zürich), Tobel (Kanton Thurgau), Güntherstal bei Freiburg und das Dominikanerinnenkloster St. Agnes in Freiburg.

Es haben sich keine Gräber der Gräfinnen erhalten. Um so bedeutender erscheinen die wenigen schriftlichen Hinweise. Bertha von Rheinfelden fand ihre letzte Ruhestätte in der Klosterkirche von Mehrerau, desgleichen Elisabeth von Bregenz, deren Grab im 17. Jh. noch vorhanden war. Agnes von Montfort, verheiratet mit Nanno von Ramosch, soll in Stams begraben liegen, wo auch ihre Jahrzeit gefeiert wurde. Der Chronist Laurenz Bosshard von Winterthur hat uns in seiner im 16. Jh. verfaßten Chronik die lateinische Grabschrift der Clementa von Werdenberg, Ehefrau Friedrichs III. von Toggenburg, überliefert; sie wurde in Töss beerdigt. Abschriftlich überliefert ist schließlich die Inschrift des Grabsteins der Anna Magdalena von Schwarzenberg im Freiburger Dominikanerinnenkloster: *ANNO DNI MCCCX X.KL. APRIL DNA ANNA MAGDALENA DE MVNTFORT NATA DE SWARZNBERG.*

Zusammenfassung

Schon die Montforter Hauschronisten des 16. Jahrhunderts hatte auf Grund der prekären Quellenlage große Probleme, die Gräfinnen des 13. Jahrhunderts zusammenzutragen. Während wir uns von den Gräfinnen von Bregenz des 12. Jahrhunderts dank einer gezielten Überlieferung noch ein recht gutes Bild machen können, fällt dieses für das 13. Jh. äußerst lückenhaft aus. Über die geistlichen Frauen wird noch weniger überliefert. Insgesamt lassen sich 35 Frauen erfassen. Meist verloben die Eltern ihre Kinder schon im Kindesalter. Bevorzugt wird innerhalb der heimischen Bistumsgrenzen geheiratet, fast nie in entferntere Regionen. In geographischer Hinsicht entspricht das Heiratsverhalten der Karriere der höheren Geistlichkeit. Man verheiratet sich in Schwaben oder man sucht eine geistliche Laufbahn in Schwaben. Zu 2/3 stammen die Ehepartner aus gräflichen (oder noch darüber stehenden) Familien; freiherrliche Familien weisen oft enge verwandtschaftliche Beziehungen zu gräflichen Familien auf. Viele Geschlechter stellen mehrfach einen Ehepartner, z.B. die Markgrafen von Burgau, die Pfalzgrafen von Ortenburg-Kraiburg, die Grafen von Toggenburg, die Herren von Rappoltstein oder die Herren von Ramosch oder Vaz, die Vögte von Matsch, die

Truchsessen von Waldburg. Hier sind frühe Ansätze zu später immer fester werdenden Heiratskreisen. Es gibt nur geringe Spuren für den Inhalt der Eheverträge. Insgesamt spielen die Frauen in der chronikalischen Überlieferung eine sehr geringe Rolle. Auch Überreste sind kaum greifbar, allenfalls noch in den sieben Siegelabdrucken von fünf Gräfinnen. Ganz vereinzelt sind Grabinschriften auf uns gekommen, jedoch nur abschriftlich.

Einen größeren Handlungsspielraum erlangen die Frauen meist erst im Witwenstand: hier übernehmen sie Vormundschaften und führen erst jetzt eigene Siegel. Ganz vereinzelt greifen die Frauen auch ins militärische Geschehen ein.

Illegitime Adelssprößlinge aus dem Hause Montfort

Die folgende Untersuchung über illegitime Adelssprößlinge beschränkt sich im wesentlichen auf die Familie der Grafen von Montfort, bezieht aber fallweise auch die nahe verwandten Grafen von Werdenberg mit ein: Beide Geschlechter sind eine, von Hugo I. von Montfort abstammende Familie, die sich lediglich nach verschiedenen Burgen benannte und im 13. Jahrhundert in blutiger Fehde miteinander lag, später sich jedoch wieder aussöhnte und im 15. Jahrhundert auffallend häufig in gegenseitige eheliche Verbindungen trat[1].

Gelegentlich sollen auch noch die Edlen und späteren Grafen von Ems zu Hohenems berücksichtigt werden. Alle übrigen heimischen Adelsgeschlechter weisen eine so lückenhafte Überlieferung auf, daß es kaum gelingt, deren Genealogie richtig in den Griff zu bekommen: Illegitime dieser Adelsgeschlechter tauchen in den Quellen äußerst selten auf, sind sie doch schon in der Montforter und Werdenberger Überlieferung Mangelware, ganz davon zu schweigen, daß sich die bisherige Literatur über dieses Thema wenig verbreitet hat. Eine Ausnahme bilden zwei Aufsätze von Karl Heinz Burmeister[2] über »Meister Wilhelm von Montfort, genannt Gabler« und Alois Niederstätter[3] über »Johannes Hugonis de Montfort« sowie ein im gleichen Jahr erschienener Aufsatz von Karl Heinz Burmeister[4] über »Vinzenz von Montfort«.

Diese drei Einzelstudien sind aber nur die Spitze des Eisberges; sie konnten deswegen entstehen, weil ausgedehnte Forschungen weit mehr Material zutage gebracht haben, als man zuvor glauben mochte. Die Zahl der illegitimen Montforter – und darunter sind nur die zu verstehen, die von den gräflichen Vätern anerkannt wurden – liegt inzwischen bei etwa 30 Personen aus der Zeit von der Mitte des 14. bis zur Mitte des 16. Jahrhunderts; sie verteilen sich also über einen Zeitraum von 200 Jahren. Für die Zeit vor 1350 fehlen die Quellen, für die Zeit nach 1550 wurden bisher keine Nachforschungen betrieben. Für die Werdenberger dürfte man auf eine ähnliche Größenordnung kommen, für die Emser auf eine etwas niedrigere Zahl, aber wohl nur deshalb, weil hier die Quellen sehr viel später einsetzen, dann allerdings um so saftiger sprudeln.

---

1   Vanotti.
2   Burmeister, Wilhelm von Montfort, S. 79 – 97.
3   Niederstätter, Johannes Hugonis, S. 99 – 110.
4   Burmeister, Vinzenz von Montfort, S. 37– 48.

Während die bürgerlichen Genealogen, wie beispielsweise Otto Konrad Roller[5], dessen Zählung der Grafen von Montfort noch heute verbindlich ist[6], dazu neigen, die unehelichen Kinder eher zu verschweigen – sie fielen in den Genealogien fast stets durch den Rost –, nahmen die Grafen von Montfort die Illegitimen auf die leichte Schulter; sie hatten ein völlig unbefangenes Verhältnis zu ihren unehelichen Kindern. Daher sollten auch die Stammtafeln nicht auf die Illegitimen verzichten, nicht zuletzt aber auch deshalb, weil diese im Rahmen der Haus- und Familiengeschichte eine nicht unwichtige Rolle spielen.

So nennt sich 1353 der illegitime Konrad, Pfarrer in Langenargen und in Ober-Eschach (bei Ravensburg) ohne jede Einschränkung *frater Wilhelmi comitis de Tettnant*[7], also Bruder des Grafen Wilhelm; in späteren Quellen kommen solche direkten Wendungen nicht mehr vor. Dennoch konnte es geschehen, daß ein einzelner Illegitimer, wie Vinzenz von Montfort, der eine Karriere als Domherr von Trient machte, das Zugeständnis erwirken konnte, auf seinem Grabstein an der Domkirche zu Trient nicht nur das Montforter Wappen, sondern auch den Titel *comes zu* führen.

Wie hoch ein solcher Gunstbeweis zu veranschlagen ist, lehrt das Beispiel des Juristen Johannes von Hirnkofen; dieser hatte die uneheliche Tochter Marina des Grafen Hugo XVII. von Montfort-Bregenz geheiratet und das Montforter Wappen auf sein Haus in Lauingen anbringen lassen. Die Montforter legten dagegen heftigsten Protest ein; Hirnkofen wurde beschuldigt, den Heiratspakt aus dem Rathaus in Lauingen entwendet zu haben, er wurde gefoltert und starb wenig später an den Folgen dieser Folterung[8].

Thomas Lirer, der Chronist der Montforter und Werdenberger, dessen erklärtes Ziel es war, über *viele hübsche sachen und getaten zu* berichten, *so durch die Graffen, Ritter und knecht in dem land zu Schwaben ... geschehen*[9], stellt das Problem der Illegitimen völlig unbefangen als eine Tatsache hin: Einer der Urahnen der Familie, Heinrich von Rotenfan (eine Anspielung auf die rote Fahne im Wappen der Grafen von Montfort), verheiratete seine Tochter Frena mit einem Ulrich von Montfort, aus welcher Ehe unter anderem ein Wilhelm hervorging. Wörtlich heißt es weiter bei Lirer: *Da nam Wilhelm ritter Jörigens von Lochen tochter* (man beachte die Formulierung: er heiratet nicht, sondern er nimmt eine Frau, wählte also eine minderverbindliche Form der Ehe). Dann heißt es weiter. *... vnd hetent vil kind. die wurdent für schlecht ritters genoß gehalten. die hieß man Montforter. ir wapen was dreü schwartze roch in aim gelben feld*[10].

---

5   Roller, Grafen von Montfort, S. 145 – 187, S. 233 f., S. 409 und S. 414 f., auch Bd. 3, S. 406.

6   Eine bemerkenswerte neue Zählung, die dem neuesten Wissensstand angepaßter ist, versuchen Peter Heidtmann und Roland Weiß. In: Weiß, Grafen von Montfort, S. 123 – 139.

7   Roller, Bd. 1, S. 233; Regesta Episcoporum Constantiensium, Bd. 2, bearb. v. Alexander Cartellieri und Karl Rieder, Innsbruck 1905, S. 245, Nr. 5100.

8   Eduard Freiherr von Hornstein-Grüningen, Die von Hornstein und die von Hertenstein, Konstanz o. J., S. 190 – 192.

9   Lirer, Chronik, S. 4.

10 Ebd., S. 30.

Diese für das 13. und 14. Jahrhundert zahlreich belegten Montforter, die in unserer Statistik nicht enthalten sind, spielen sowohl als Dienstleute der Grafen als auch als deren Vertrauensleute im Churer Domkapitel eine überaus wichtige Rolle[11]. Dieses unebenbürtige Geschlecht der Montforter nimmt im 13. und 14. Jahrhundert genau jene Funktion wahr, die die Grafen im 15. und 16. Jahrhundert ihren unehelichen Sprößlingen anvertrauen. Der Unterschied ist lediglich der, daß die Dienstmannen sich als ein eigenes Geschlecht etabliert hatten, während die späteren Illegitimen jeweils einzelne Abkömmlinge von Grafen sind, die in der Regel keine neuen Geschlechter begründen, die in gräflichen Diensten bleiben. Ihr soziales Ansehen ist auch weniger stark: sie führen kein Familienwappen, allenfalls den Bastardfaden im montfortischen Wappen[12], sie führen auch keineswegs immer den Namen Montfort oder Montforter, sondern heißen Bastard oder tragen einen mütterlichen Familiennamen wie Gabler, Stadler[13], Ziegler, Bechrer, Rot usw. Vereinzelt gibt es im 16. Jahrhundert auch Nobilitierungen, wenn der gräfliche Vater kinderlos und daher seinen Illegitimen besonders zugetan ist. Aber es wird in allen diesen Fällen nicht mehr eine dauerhafte Verbindung mit der Grafenfamilie zum Ausdruck gebracht. Mit dem Fortschreiten der Zeit, vor allem seit dem 16. Jahrhundert, werden auch die Positionen für die Illegitimen immer minder: anstelle von Domherrenpfründen gibt es nur mehr Pfarrstellen, Kaplaneien oder einen Platz im Kloster. Wer noch im 15. Jahrhundert Vogt wurde, wird im 16. Jahrhundert nur mehr Förster oder Schreiber.

Von Anfang an stehen den Unehelichen entweder geistliche oder weltliche Karrieren offen. Im folgenden sollen die Laufbahnen zweier illegitimer Brüder dargestellt werden, die beide vom gleichen Vater abstammen, der eine, Wilhelm von Montfort, alias Gabler, wird Magister artium, Pfarrer, Generalvikar und Domherr, der andere, Heinrich Gabler, Vogt und Schloßinhaber.

Ihr Vater, Wilhelm V. von Montfort-Tettnang, war ein besonders erfolgreicher Vertreter seiner Familie: Hofmeister des Erzherzogs von Tirol in Innsbruck, österreichischer Vogt in Bludenz, habsburgischer Landvogt im Oberelsaß, Fürleger König Sigismunds, Schirmvogt des Basler Konzils, Beisitzer des königlichen Hofgerichts: kurz ein Mann mit einer blendenden Karriere[14].

Nun darf man sich, was den Zeitpunkt der Geburt seiner unehelichen Kinder angeht, allerdings nicht täuschen lassen. Denn zu dieser Zeit waren diese Kinder eines Niemand: Für die geistliche Laufbahn bestimmt, hatte er zunächst nur wenig Aussichten, je an die Regierung zu gelangen: er studierte in Wien, wurde Pfarrer von Mittelberg im Kleinen Walsertal und Domherr in Augsburg. Auf diesem Abstellgleis tröstete er sich mit einer Konkubine, der Gablerin, die dem geistlichen Herrn den Haushalt führte und mit zwei

---

11 Vgl. Helbok, Die Dienstmannen von Montfort, S. 33 – 38 und S. 71 – 77.
12 Beispiele bei Burmeister, Schlossherren, S. 20
13 Hauptstaatsarchiv Stuttgart B 123 Bü 56, Urkunde vom 2. Februar 1440. Anna Stadler war eine uneheliche Tochter Graf Rudolfs VII.
14 Über ihn vgl. zuletzt Burmeister, Schloßherren, S. 19 – 21

Söhnen Wilhelm und Heinrich die Freude bescherte, glücklicher Familienvater zu werden: eine stille Idylle in ländlicher Abgeschiedenheit, frei von politischer Verantwortung, vielleicht ein erfülltes Leben.

Diese Idylle wurde jedoch durch seinen Bruder Rudolf VI. empfindlich gestört. Dieser Rudolf hätte eigentlich, nachdem ein zweiter weltlicher Bruder Heinrich V. früh verstorben war, die Herrschaft in den Montforterlanden übernehmen sollen. Er verspürte aber, was für diesen Fall unerläßlich gewesen wäre, nur wenig Lust, sich zu verheiraten. Das soll keineswegs heißen, daß er den Frauen grundsätzlich abgeneigt war; denn immerhin zeugte er einen unehelichen Sohn Ulrich, der Pfarrer zu Seifriedsberg und Dornbirn wurde, später auch Chorherr in Zürich[15]. Aber eine Ehe wollte Rudolf nicht eingehen, so daß der Fortbestand der Familie ernsthaft in Frage gestellt war.

Und so zog der Vater Heinrich IV. die notwendigen Konsequenzen. Zunächst wurde der geistliche Wilhelm V. zur Mitregierung herangezogen, etwa seit 1400; dann erwirkte man eine päpstliche Dispens für ihn, in den weltlichen Stand zurückzukehren inklusive einer Heiratserlaubnis, der 1404 auch die Verehelichung Wilhelms V. mit seiner Verwandten Kunigunde von Werdenberg-Heiligenberg-Bludenz folgte. Die geliebte Konkubine mußte zurückstehen; aber immerhin leistete sich Wilhelm V. den Scherz, zwei seiner ehelichen Söhne ebenso zu taufen wie seine unehelichen Söhne, nämlich ebenfalls Wilhelm VI. und Heinrich VI. Das Konkubinat zeichnete sozusagen die Linien der späteren Ehe in diesem Punkt vor.

Zu den Vornamen ist allgemein nachzutragen, daß sie in vielen Fällen – so wie der Name Montforter oder das Montforter Wappen mit dem Bastardfaden, ein Bekenntnis zur Familie darstellen. Denn man wählt auch für die Illegitimen die gängigen Vornamen, etwa die der Grafen von Montfort, wie Hugo, den Leitnamen der Familie, oder Heinrich, Wilhelm, Johannes, Konrad, Ulrich. Wenn andere Namen auftauchen, wie beispielsweise *Tristram*, dann darf man vermuten, daß dafür eher eine der Ritterromantik verfallene Konkubine verantwortlich zu machen ist; denn den Montfortern sind solche Namen völlig fremd. Auch der Name Vinzenz ist fremd: der Name, abgeleitet vom Lateinischen *vincere* = siegen, erklärt sich vielleicht dadurch, daß der Träger dieses Namens in dem damals zwischen Christen und Türken heiß umkämpften Modon in Achaia (im südlichen Griechenland) geboren wurde.

Georg Sigmund von Ems (†1547), Domherr zu Konstanz und Basel[16], benannte seine unehelichen Söhne auch nach familienfremden Namen, nämlich nach den Pestheiligen Sebastian und Rochus. Der Grund war wohl der, daß er große Angst vor der in der ersten Hälfte des 16. Jahrhunderts in Süddeutschland grassierenden Pest hatte.

Graf Wilhelm V. erhielt seine beiden »Ehen« aufrecht; denn der Tatbestand der Bigamie, damals noch mit der Todesstrafe belegt, war schon deshalb nicht gegeben, weil er die erste Ehe als Kleriker gar nicht gültig eingehen konnte und zudem es sich nicht

---

15   Repertorium Germanicum IV/3, bearb. v. Karl August Fink, Berlin 1958, Sp. 3643, auch Sp. 3307.

16   Über ihn vgl. Burmeister, Georg Sigmund von Ems, S. 135 – 150.

um Ehen auf gleicher Ebene gehandelt hat. Jedenfalls gab er die Konkubine Grete Gablerin nicht auf, vielmehr bedachte er sie noch in seinem Testament viele Jahrzehnte später mit einem Quantum von 1½ Liter Wein pro Tag sowie mit Brotgetreide und Geld[17]. Und auch seine unehelichen Söhne versorgte er über seinen Tod hinaus.

Aus der Sicht der Familie war dagegen nichts einzuwenden; zum Problem wurden solche Fälle erst dann, wenn ein Graf wie Hugo XVII. von Montfort-Bregenz sozusagen auf dem Totenbett seine langjährige Konkubine ohne Rücksicht auf den Standesunterschied heiratete, um ihr ein Erbrecht zu verschaffen. Durch solche Vorfälle wurde in Rechte der Familie eingegriffen, die sich das nicht ohne weiteres bieten lassen konnte.

Ähnlich reagierte auch die Familie von Ems, als der Domherr Georg Sigmund von Ems 1541 seine langjährige Konkubine Martha Ochsenbach testamentarisch reich bedachte, zugleich aber auch seine unehelichen Kinder: er überantwortete ihnen seine gesamte Fahrnis sowie alles Bargeld. Die Familie verlangte jedoch einige kunstvolle Waffen für die emsische Rüstkammer. Zuerst schrieb man deswegen der *herzlieben Frau Martha*, dann lud man eines der Kinder auf das Schloß Hohenems ein und versprach diesem einen ehrenvollen Posten bei Verwandten in Italien, zuletzt kam es 1550 zu einem Prozeß gegen Martha Ochsenbach, dessen Ausgang unbekannt ist[18].

Der um 1390 geborene Wilhelm Gabler[19] promovierte vor 1417 zum Magister artium. Für die Illegitimen war ein solcher Titel wichtig, da er grundsätzlich nur von ehelich Geborenen erlangt werden konnte. Der Titel erweckte also nach außen den Anschein legitimer Geburt, weil die päpstliche Dispens wegen *defectus natalis* (Mangel ehelicher Geburt) in den Akten blieb und nicht sichtbar hervortrat. Wenn man sieht, wie oft sich Wilhelm Gabler im Laufe seines Lebens um solche Dispensen wegen *defectus natalis* bemühte – er mußte sie bei jeder Erwerbung einer Pfründe neuerlich einholen –, kann man ihm gut nachfühlen, daß er bestrebt war, diesen Mangel tunlichst zu verbergen. Und so nannte er sich nicht von Montfort; und so führte er auch kein Montforter Wappen mit dem Bastardfaden.

1414 sehen wir Gabler im Besitz der ersten Pfründen: in Waldbertsweiler, Breisach und Sipplingen. Der Fall Breisach, eine besonders ertragreiche Pfründe, ist höchst bemerkenswert. Diese Pfarre war streitig geworden, 1394 aber durch ein Schiedsgericht zur Hälfte an Rudolf VI. von Montfort gefallen, der diese Hälfte seinem Bruder Wilhelm V., überließ, also Gablers Vater. Als der Konkurrent starb, beanspruchte Wilhelm V. die ganze Pfarre Breisach. Die Folge war eine Fehde, Wilhelm V. wurde gefangengesetzt und gegen das Versprechen frei gelassen, auf seine Rechte zu verzichten.

Und jetzt zeigte sich, wie nützlich ein unehelicher Sohn war: Wilhelm V. verzichtete, zugleich aber begann Wilhelm Gabler in Rom einen Prozeß um die Pfarre Breisach. Gabler scheint sich aber nicht durchgesetzt zu haben; die gleichzeitig einsetzende

---

17   Bayerisches Hauptstaatsarchiv, Rep. Montfort-Archiv, Nr. 106a.

18   Ludwig Welti, Merk Sittich und Wolf Dietrich von Ems. Die Wegbereiter zum Aufstieg des Hauses Hohenems (= Schriften zur Vorarlberger Landeskunde 4). Dornbirn 1952, S. 17–19.

19   Zum folgenden vgl. Burmeister, Meister Wilhelm, passim.

Pfründejagd wurde aber recht erfolgreich. 1416 erhielt er eine Pfründe im Dekanat Ravensburg, vermutlich Tettnang oder Grünkraut, danach 1417 Herbertingen. Als dann 1420 sein Vater Wilhelm V. Hofmeister in Innsbruck wurde, gelangte er schon 1421 zu einer Domherrenpfründe in Trient (unter Beibehaltung von Herbertingen, das er jedoch noch im selben Jahr gegen die reiche Pfründe Neuburg [württ. Oberamt Ehingen] eintauschte), die ihm der Herzog von Tirol verschaffte. Das Kanonikat in Trient gab Gabler 1423 wieder auf, wurde aber gleichzeitig dort Generalvikar (bis 1425); Ende 1424 erwarb er sein Kanonikat in Trient zurück, das er 1431 resignierte. Als Gegenleistung erhielt er 1431 sechs besonders reiche Pfarreien im Bistum Trient: Calavino, Tenno, Valle di Gardumo, Livo, Malè und Sarnonico. Zu diesem Zeitpunkt sehen wir Gablers Vater Wilhelm V. des längeren in der Gesellschaft des Königs und des Bischofs von Trient: offenbar ist der Vater zu jeder Zeit darauf bedacht, den illegitimen Sohn zu fördern.

Es scheint, daß Gabler sich 1437 gänzlich aus Trient zurückgezogen hat. Er wurde, weiterhin bis an sein Lebensende Pfarrer in Neuburg, Kaplan und später Chorherr im Stift Buchau, wo eine Nichte Wilhelm V. seit 1426 Äbtissin war. Ihr wurde Gabler als Rechtsbeistand zugeordnet, um die montfortischen Interessen im Stift zu wahren. Gabler war in dieser Hinsicht wohl etwas sehr einseitig; denn nach dem Tod der Äbtissin 1449 geriet er mit deren Nachfolgerin Margaretha von Werdenberg in einen heftigen Streit, als diese alle möglichen Zuwendungen, die ihre Vorgängerin an Gabler gemacht hatte, zurückforderte (Haus, Garten, Wein); dazu hatten sich Gabler und die Äbtissin gegenseitige Vermächtnisse ausgesetzt. Der Streit wurde schiedsgerichtlich beigelegt; doch zog sich Gabler jetzt nach Neuburg zurück, wo er sich in seinen letzten Jahren der Erziehung des Johannes Hugonis widmete, eines unehelichen Enkels Wilhelms V.

Zusammenfassend darf man das Leben Gablers, der es auf mindestens 15 Pfründe, und zwar meistens sehr reiche Pfründe, gebracht hat, als ein unausgesetztes Wirken für die Familie betrachten, deren Einsatz er aber andererseits auch seine Karriere zu verdanken hatte. Ungeachtet seiner materialistischen Grundeinstellung war Gabler, der wohl nie zum Priester geweiht wurde, ein sehr frommer Mann, der besonders der Marienverehrung zugetan war.

Wenn wir diesem Vertreter der Geistlichkeit im folgenden seinen weltlichen Bruder Heinrich gegenüberstellen, so zeigt sich auch in dessen Lebenslauf die stets fördernde Hand des Vaters Wilhelms V. sowie das vorbehaltlose Engagement des Illegitimen für die Familie. Heinrich Gabler war nicht dem Zwang ausgesetzt, wieder und wieder um Dispens für den *defectus natalis* einzukommen. Er zeigte daher auch keine Scheu, das Montforter Wappen mit dem Bastardfaden zu führen. Im Gegenteil: er sah eine Ehre darin. Vor 1400 geboren, wird er urkundlich erstmals 1424 genannt: er empfing von Herzog Friedrich von Tirol den Jahressold für Dienste mit zwei Pferden, sein Vater Wilhelm V., damals Hofmeister des Herzogs, siegelte die Urkunde für seinen illegitimen Sohn[20]. Zu beachten ist die Parallele zu Wilhelm Gabler, dem Herzog Friedrich

---

20   Tiroler Landesarchiv Innsbruck, Urk. I 3291.

Siegel des Heinrich Gabler 1435. Der schräg über das montfortische Wappen gelegte Balken kenn-
zeichnet ihn als illegitimen Montforter.
(Foto: Vorarlberger Landesarchiv).

von Tirol etwa gleichzeitig zu der Pfründe im Domkapitel zu Trient und zur Pfarre
Neuburg verholfen hat. Die Wege der beiden Brüder liefen in die gleiche Richtung.

1426 kaufte Wilhelm V. die Burg Rosenharz bei Bodenegg/Ravensburg[21]. Es hat den
Anschein, daß Heinrich Gabler in der Folge dieses Schloß zu einer Art Herrensitz
ausbaute. Denn wir finden ihn später nicht nur im Besitz des Schlosses, sondern auch
einiger Güter in der Umgebung: so besaß er 1443 den Zehnt in Hargarten[22], beides in
Bodenegg gelegen, außerdem 1444 den Hof Heggelbach[23] in Oberlangnau bei Tettnang[24] und 1451 den Hof Straß in Eisenbach bei Tettnang[25].

Heinrich Gabler führte jetzt auch Siegel und Wappen, er nannte sich spätestens seit

---

21   Chronik des Kreises Ravensburg. Landschaft, Geschichte, Brauchtum, Kunst. Hinterzarten
     1975, S. 408.
22   Bayerisches Hauptstaatsarchiv München, Repertorium Montfort, Nr. 106a.
23   Ebd., Nr. 106a.
24   Beschreibung des Oberamts Tettnang. 2. Bearbeitung Stuttgart 1915, S. 809.
25   Ebd., S. 846.

1434 auch Junker[26], und: vielleicht schieße ich mit der folgenden These etwas über das Ziel hinaus, aber ich finde sonst keine andere Erklärung dafür: 1434 fand aus Anlaß der Hochzeit des Grafen Ulrich von Württemberg ein Turnier statt: zwei Grafen von Montfort und zwei Grafen von Werdenberg waren anwesend, zugleich wird unter den Rittern und Knechten aber auch von Tettnang einer aufgeführt[27]. Könnte dieser mit dem Junker Heinrich Gabler identisch sein? Wie auch immer – Heinrich Gabler hatte sich in oder um Tettnang etabliert. 1432 wurde er anläßlich einer Fehde der Grafen von Montfort mit der Stadt Lindau gefangen gesetzt, da er an einem Totschlag beteiligt war[28]. Nach einer Einigung zwischen Graf und Stadt wurde er wieder freigelassen.

Dann wechselte Heinrich Gabler sein Betätigungsfeld. Als 1420 die Grafschaft Bludenz (mit dem Montafon) an Österreich übergegangen war, wurde Graf Wilhelm V. dort der erste österreichische Vogt[29]. Wilhelm V. setzte jedoch für die eigentliche Verwaltung der Grafschaft Untervögte ein. In den Jahren 1434 bis 1436 übte Heinrich Gabler dieses Amt aus[30]. Drei Urkunden aus der Gerichtssphäre beleuchten diese Tätigkeit Gablers[31]. Nach dem Tode Wilhelms V. bedienten sich dessen Söhne, insbesondere Heinrich VI. (†1444) und Hugo XIII. (†1491), die natürlichen Brüder Gablers, weiterhin dieses tüchtigen Verwaltungsbeamten. Von 1441 bis 1451 setzten sie Heinrich Gabler als Vogt zu Werdenberg zur Verwaltung ihrer rätischen Besitzungen ein. Die Tätigkeit Gablers ist in verschiedenen Urkunden und Rechnungsbüchern belegt[32].

Gabler war jedoch – auch während seiner Amtszeit in Werdenberg – immer wieder auch als Rat Heinrichs VI. und Hugos XIII. in Tettnang tätig, so 1443[33] und 1449[34].

26 Gebhard Fischer, Urkundenauszüge aus dem Bludenzer Archive. In: 27. Jahres-Bericht des Vorarlberger Landesmuseums 1888, S. 35, Nr. 18.

27 Anfang, vrsprung vnd herkomen des Thurniers, o.O. 1532, S. CLI – CLIII.

28 Staatsarchiv Augsburg, Repertorium Urkunden der Reichsstadt Lindau, Nr. 440 vom 26. März 1432; Karl Wolfart (Hg.), Geschichte der Stadt Lindau im Bodensee, Lindau 1909, Bd. 1, S. 147.

29 Hermann Sander, Die österreichischen Vögte von Bludenz (= Beiträge zur Geschichte von Bludenz Montafon und Sonnenberg in Vorarlberg, 3). Innsbruck 1899, S. 9, Ludwig Welti, Bludenz als österreichischer Vogteisitz 1418–1806. Eine regionale Verwaltungsgeschichte (= Forschungen zur Geschichte Vorarlbergs, 2). Zürich 1971, S. 8.

30 Sander (wie Anm. 29), S. 10 (die falsche Schreibweise »Heinrich Gablon« bei Sander ist zu korrigieren).

31 Fischer (wie Anm. 26), S. 35, Nr. 18; Vorarlberger Landesarchiv, Urkunde Nr. 2875 vom 24. April 1435 (die Jahreszahl 1436 im Regest ist falsch und entsprechend zu korrigieren); Vorarlberger Landesarchiv, Urkunde Nr. 2876 vom 26. November 1436.

32 Burmeister, Schloßherren, S. 22; Fritz Jecklin und J. C. Muoth, Aufzeichnungen über Verwaltung der VIII Gerichte aus der Zeit der Grafen von Montfort. In: Jahrbuch der Historisch-antiquarischen Gesellschaft von Graubünden 35 (1905), S. 4 f. und S. 31 f., Mooser, Die VIII Gerichte, S. 243.

33 Bayerisches Hauptstaatsarchiv München, Repertorium Montfort, Nr. 106a; Vanotti, S. 600.

34 Bayerisches Hauptstaatsarchiv München, Repertorium Montfort, Nr. 115a.

1452 ist Heinrich Gabler gestorben[35]. Das Schloß Rosenharz kam 1465 um 240 Gulden als Pfandschaft an die Gabler von Rosenharz[36]. Daraus folgt, daß Heinrich Gabler eine Familie bzw. Nachkommen gehabt haben muß. 1518 wurde die Burg verkauft mit Zustimmung der Elsbeth Gablerin, Wilhelms von Adenau zu Adenau ehelicher Hausfrau, und ihrer Schwester, wobei dahingestellt bleiben muß, ob es sich um Töchter oder – wohl wahrscheinlicher – Enkelinnen Heinrich Gablers handelt[37]. Insgesamt machte Heinrich Gabler im weltlichen Bereich eine ähnliche erfolgreiche Karriere wie sein Bruder Wilhelm: als Diener Herzog Friedrichs von Tirol, als Vogt zu Bludenz und Werdenberg, als Rat der Tettnanger Grafen stieg er an die Spitze der montfortischen Verwaltung auf, als Junker und Inhaber eines Schlosses, das ein Lehen der Grafen von Montfort war, begründete er auf einer niederen Adelsstufe die neue Familie der Gabler von Rosenharz.

Ein anderer Typus war Johannes Hugonis, der Sohn Hugos XIII., also ein Neffe von Wilhelm und Heinrich Gabler. Ich folge hier weitgehend den Forschungen von Alois Niederstätter[38]. Johannes Hugonis nannte sich regelmäßig von Montfort, führte deren Wappen mit dem Bastardstrich, und führte auch im Namen einen direkten Hinweis auf den Vater: Johannes Hugonis de Montfort. Er studierte seit 1456 in Wien, wurde dort 1458 baccalaureus artium, erbte dann die reiche Pfründe des Wilhelm Gabler in Neuburg, die er durch einen Vikar verwalten ließ. 1470 verzichtete Johannes auf die Neuburger Pfründe, die Herzog Albrecht VI. von Österreich der Universität Freiburg geschenkt hatte, bezog aber für seinen Verzicht jährlich 74 Gulden. Die Quittungen liegen noch im Universitätsarchiv Freiburg. Johannes Hugonis ging zum Studium des Kirchenrechts nach Bologna. Dort schrieb er 1465 ein kirchenrechtliches Werk ab, nicht ohne dieses Buch mit dem Bildnis einer schönen Frau zu schmücken, die er Altera natura Venus unterschrieb[39]. Mit einem (Pseudo-)Ovid-Zitat leitete er seine Handschrift ein.

Johannes Hugonis entwickelte sich in der Folge zum Prototyp des ewigen Studenten. 1466 trug er sich in die Basler Matrikel ein, 1479 war er in Rom[40], 1481 in Venedig[41], 1482 schrieb er sich wieder in Bologna ein, nunmehr im 52. Semester, zahlte aber gleichwohl die übliche Gebühr von 8 Groschen. 1484 war er abermals in Rom[42]. Obwohl er sich später gelegentlich Magister nannte, ist doch fraglich, ob er je diesen Grad erworben hat.

---

35 Mooser, S. 243.
36 Stadtarchiv Lindau, Heider-Genealogie. Nr. 218., S. 215.
37 Ebd., S. 216.
38 Niederstätter, Johannes Hugonis, S. 99 – 110; vgl. auch Vera Sack, Die Inkunabeln der Universitätsbibliothek und anderer öffentlicher Sammlungen in Freiburg im Breisgau und Umgebung (= Kataloge der Universitätsbibliothek Freiburg im Breisgau, 2). Wiesbaden 1985, hier besonders S. 1593.
39 Abbildung bei Niederstätter, Johannes Hugonis, S. 104.
40 Sack (wie Anm. 38), S. 360 f., Nr. 1081.
41 Ebd., S. 783, Nr. 2360.
42 Ebd., S. 68, Nr. 216.

Als erfahrener Jurist, ausgestattet mit einer beachtlichen Büchersammlung, von der sich Reste in der Universitätsbibliothek Freiburg erhalten haben, kehrte er in die Heimat zurück, wo er als Anwalt und juristischer Berater der Grafen von Montfort fungierte. Vielfach vertrat er sie auf den Reichstagen. Wir treffen ihn 1489/90 in Frankfurt, 1491 in Straßburg[43], 1494 in Köln[44], 1501 in Ravensburg[45] und abermals in Straßburg[46]. 1498 erteilten mehrere Grafen von Montfort dem Hans Hug eine Vollmacht für einen Prozeß am Reichskammergericht47[47].

König Maximilian I. schlug 1486 im Wege der »ersten Bitten« Johannes Hugo auf eine Pfründe des Damenstiftes Lindau vor[48].

1492 eilte Johannes Hugonis nach Werdenberg, das inzwischen aus dem montfortischen Besitz verloren gegangen war und einen Luzerner Vogt hatte, um einem verwandten Illegitimen beizuspringen: Heinrich Montforter, natürlicher Sohn Wilhelms VIII., des letzten montfortischen Grafen von Werdenberg, hatte *ains klains maidtlin genöt* und seinen *bösen willen an ihm vollbracht*. Johannes Hugonis konnte gegen eine Bürgschaft von 200 Gulden erwirken, daß Heinrich Montforter gegen Urfehde und unter Verbannung aus der Herrschaft Werdenberg aus dem Gefängnis entlassen wurde. Auch dieser Heinrich Montforter führte ein Montforter Wappen mit dem Bastardfaden. Sein weiterer Lebensweg ist unbekannt. Ebensowenig wissen wir etwas über Andreas, einen weiteren Bastard Graf Wilhelms VIII., außer daß die Familie ihn finanziell abzusichern versuchte[49].

Johannes Hugonis scheint um 1505 verstorben zu sein. Seine Bücher vermachte er teilweise dem montfortischen Hauskloster Langnau[50]. Johannes Hugonis, wiewohl geistlichen Standes, steht zwischen einem Wilhelm und einem Heinrich Gabler. Er war alles andere als ein Pfründejäger, er verzichtete auf jede geistliche Karriere, dafür lebte er dem Studium und seinen Büchern, um als Anwalt der Familie vorwiegend in einem

---

43 Ebd., S. 233, Nr. 694.
44 Ebd., S. 738, Nr. 2202.
45 Ebd., S. 1593. Kurt Ohly und Vera Sack, Inkunabelkatalog der Stadt- und Universitätsbibliothek und anderer öffentlicher Sammlungen in Frankfurt am Main (= Kataloge der Stadt- und Universitätsbibliothek Frankfurt a. M., 1). Frankfurt a. M. 1967, Nr. 2379. Die Identität des »h. hug« mit Johannes Hugonis erscheint mir nicht zweifelsfrei gegeben, doch spricht einiges dafür.
46 Sack (wie Anm. 38), S. 1593.
47 Hauptstaatsarchiv Stuttgart, B 123 I, Nr. 331.
48 Sack (wie Anm. 38), S. 1593 unter Bezugnahme auf Leo Santifaller, Die preces primariae Maximilians I. Auf Grund der Maximilianischen Registerbücher des Wiener Haus-, Hof- und Staatsarchivs. In: Festschrift zur Feier des zweihundertjährigen Bestandes des Haus-, Hof- und Staatsarchivs, hg. v. Leo Santifaller, Bd. 1, Wien 1949, S. 578 – 661 (hier S. 607). Die von Santifaller und von Sack mitgeteilte Jahreszahl 1468 muß richtig 1486 lauten. Die Identität des Johannes Hugo mit unserem Johannes Hugonis unterliegt freilich einigen Zweifeln.
49 Bayerisches Hauptstaatsarchiv München, Repertorium Montfort, Nr. 206.
50 Sack (wie Anm. 38), passim.

weltlichen Raum wirksam zu werden. Nicht nur die Montforter, auch die Grafen von Werdenberg und von Sonnenberg, die Truchsesse von Waldburg sowie die Klöster von Isny und Kreuzlingen schätzten seinen juristischen Rat. Die erhalten gebliebenen Bücher, verschiedene Konfessionale und Passionen, zeigen, daß er nicht nur Kanonist und Humanist war, sondern auch ein frommer Mann, der Mitglied der Heiliggeistbruderschaft in Rom war und dessen Lebensmotto den glücklich preist, der sich scheut, ein ruhiges Leben zu führen und die angenehmen Tage durch ein feststehendes Ende zu beschließen. 1501 brachte er diesen letzteren Gedanken noch einmal dadurch zum Ausdruck, daß er in ein Buch, das er dem Kloster Langnau schenkte, den Satz schrieb: *Dans obsequor fatis*[51]. (Indem ich das herschenkte, gehorche ich dem unausweichlichen Schicksal).

Wilhelm Gabler, Heinrich Gabler und Johannes Hugonis sind drei völlig unterschiedliche Typen, jeder aber ist auf seine Art erfolgreich gewesen, nicht nur aus der Sicht der eigenen Karriere, sondern auch aus der Sicht der Familie, die in diesen Illegitimen ergebene Gefolgsleute hatte, denen die Ziele der Hauspolitik über alles gingen.

Völlig anderer Art war Vinzenz von Montfort, ebenfalls aus der Tettnanger Linie, der als der illegitime Sohn eines Kreuzfahrers um 1420 in Griechenland zur Welt kam[52]. Er studierte als Kleriker des griechischen Bistums Modon 1436 – 1443 in Padua, wo er zum Magister in medicinis promovierte. Möglicherweise ist er Verfasser einer medizinischen Handschrift, die um 1465/66 unter dem Titel »Practica« verfaßt wurde (heute in der Universitätsbibliothek Kopenhagen). Nach der Eroberung von Morea durch die Türken kehrte Vinzenz, der sich längere Zeit in Zypern sowie in Zadar (Dalmatien) aufgehalten hatte, nach Italien zurück. Nach kurzem Aufenthalt in Rom wurde er 1466 Domherr zu Trient. 1486 schenkte er der Domkirche ein wertvolles Reliquiar, eine Turmmonstranz mit einem Dorn der Dornenkrone Christi (heute noch im Dommuseum in Trient ausgestellt). Kurz darauf ist er gestorben, nachdem er in den letzten Jahren enge Beziehungen zu seinen Tettnanger Verwandten aufgenommen hatte, die ihm sogar die Führung des Montforter Wappens gestatteten. Der exotische Verwandte, der weitgereiste Arzt und Domherr, der Kreuzfahrer und Glaubensflüchtling, der humanistisch gebildete Kenner des Griechischen, konnte nur mehr zum Glanz des Hauses Montfort beitragen, worüber man den Makel der unehelichen Geburt gerne vergaß. Graf Ulrich V., regierender Graf in Tettnang, stattete seinem *consanguineus* (Blutsverwandter) sogar persönlich einen Besuch in Trient ab. Vinzenz von Montfort ist der einzige Illegitime, der eine volle Anerkennung durch die Familie erringen konnte, die stolz auf ihn war. Man wird dabei allerdings auch in Rechnung stellen müssen, daß von dem kinderlosen Domherrn keinerlei unliebsame Erbansprüche erwachsen konnten.

Nicht alle Illegitime waren so erfolgreich wie diese vier dargestellten Musterbeispiele.

---

51   Ebd., S. 68, Nr. 216.
52   Burmeister, Vinzenz von Montfort, S. 37 – 48.

Viele Illegitime geistlichen Standes begnügten sich aber damit, als einfache Pfarrer ihre Einkünfte zu beziehen und ihr Leben zu fristen, ohne daß man je etwas Besonderes von ihnen hörte: etwa jener schon für 1353 bezeugte Konrad als Pfarrer von Langenargen und Ober-Eschach, Hans von Montfort (mit Bastardsiegel), 1452 Kirchherr zu Sigmaringen[53], Johannes Montfort 1489 und 1508/15 als Pfarrer von Tannau[54], ebendort aber auch ein Hug Montforter als Pfarrer von Tannau bezeugt[55], Ulrich von Montfort alias Rot 1417/22 als Pfarrer von Seifriedsberg und Dornbirn, immerhin aber auch noch Chorherr in Zürich[56]. Eine geistliche Laufbahn verfolgte wohl auch der 1485 in Heidelberg immatrikulierte Hugo Montforter aus Immenstadt[57]; vielleicht ist er mit dem eben genannten Pfarrer von Tannau identisch.

Martha Montfort, eine natürliche Tochter Hugos XVII. von Montfort-Bregenz, trat in das von den Grafen gegründete Dominikanerinnenkloster Hirschtal ein[58]. Auch eine Reihe unehelicher Töchter der Edlen von Ems bevölkerten die heimischen Klöster, meist solche der Dominikanerinnen[59]. Bei allen diesen Personen steht eine adäquate Versorgung im Mittelpunkt; dagegen fehlt es an Karrieren ebenso wie an Leistungen für die Familie.

Von den weltlichen Montfortern möchte man dem Heinrich Bechrer, 1448 Ammann in Tettnang[60], noch eine gewisse Bedeutung auf einer mittleren Verwaltungsebene zubilligen. Seit dem ausgehenden Mittelalter werden die Karrieren schwieriger, weil jetzt plötzlich die ehelichen Söhne anfangen zu studieren[61]. Man überläßt das Studium nicht mehr den illegitimen oder geistlichen Söhnen. Viele Illegitime weltlichen Standes schob man zum Militär ab: 1487 stand Hugo Montfort in österreichischen Diensten[62]

---

53 Repertorium Germanicum IV/2, bearb. v. Karl August Fink, Berlin 1957, Sp. 2170. Sein Siegel mit der Montfortfahne mit rechtem Schrägbalken befindet sich an einer Urkunde von 1452 im Staatsarchiv Sigmaringen (Mitteilung von Dr. Alex Frick in Tettnang).

54 Stefan Krießmann, Reihenfolge der Pfarrer (series parochorum) in den katholischen Pfarreien des Dekanats Tettnang, Althausen o. J., S. 28 (unter Hinweis auf Freiburger Diözesan-Archiv 27, S. 75); Bruderschaftsbuch von Grünenbach, Vorarlberger Landesarchiv, Hds. u. Cod., Lichtbildserie 107, sub anno 1487.

55 Pfarrarchiv Tettnang P 23: Hug Montforter, Pfarrer von Tannau verpflichtete sich mit anderen Geistlichen der Umgebung, viermal jährlich eine Jahrtagsfeier zum Dank für die Befreiung vom Erbfall zu feiern.

56 Repertorium Germanicum IV/3, bearb. v. Karl August Fink, Berlin 1958, Sp. 3643.

57 Gustav Toepke, Die Matrikel der Universität Heidelberg, Bd. 1, Heidelberg 1884, S. 381.

58 Gestorben am 1. Juni 1555 im Kloster Hirschtal bei Bregenz, vielleicht identisch mit der weiter unten genannten Marina. Vgl. Vorarlberger Landesarchiv, Kloster Hirschtal, Sch. 1.

59 Z.B. Helena Emser 1581 im Kloster St. Peter in Bludenz, vgl. dazu Hermann Sander, Beiträge zur Geschichte des Frauenklosters St. Peter bei Bludenz (= Beiträge zur Geschichte von Bludenz, Montafon und Sonnenberg in Vorarlberg, 4). Innsbruck 1901, S. 100.

60 Stadtarchiv Tettnang, Urkunde Nr. 6 vom 12. März 1448, vgl. auch Alex Frick, Regesten über die Urkunden des Stadtarchivs zu Tettnang I, S. 7.

61 Vgl. Niederstätter, Grafen von Montfort, S. 270 – 276.

62 Roller, Grafen von Montfort, Bd. 1, S. 185 und S. 409; Tiroler Landesarchiv Innsbruck,

und stieg 1496 zum Rottmeister auf; Konrad Montforter aus Tettnang wurde Mitte des 16. Jahrhunderts auf die christliche Armada abgefertigt[63]. So wurden auch sie versorgt, ohne daß der Familie daraus ein großer Vorteil entstand. Zu erwähnen bliebe noch der 1530/37 bezeugte Forstmeister Tristram (Tristerant) Montforter[64], also ein Beamter in eher niedrigerer Stellung. Manche lebten auch als einfache Bürger dahin; Ruef Baschart, ein Bastard aus der Bregenzer Linie, 1399 als Bäcker in Feldkirch[65], Erhard Montfort 1458/59 als Bürger von Sennheim (Cernay, Haut-Rhin)[66], die Brüder Hugo von Montfort 1547 in Speyer[67] und Hans Pastard von Montfort 1548 in Speyer[68], zu denen sich ein dritter und vierter illegitimer Bruder Jakob Montforter[69] und Bartholomäus Montforter[70] gesellten. Zu dritt waren auch die Kinder Hugos XVII. von Bregenz, die der Vater durch Kaiser Karl V. in den Adelsstand erheben ließ: Christoph[71], Daniel[72] und Marina[73] von Flugberg; über sie ist sonst kaum weiteres bekannt. Weitere illegitime Montforter, die in unseren Zeitraum fallen, sind noch zu nennen: Agatha Montforter, 1567 verheiratet mit dem Schulmeister Magister Christoph Herz von Immenstadt[74], und Hans Montforter, 1565 Inhaber eines Lehens des Klosters Mehrerau[75]. Der 1575 als Pfarrer der montfortischen Pfarrei Gattnau bezeugte und ausdrücklich als illegitimus bezeichnete Metusalem Hugonis dürfte ein Sohn des Grafen Hugo XVI. gewesen sein[76]. Diese Liste der illegitimen Montforter dürfte aber kaum vollständig sein.

Gleichwohl erkennen wir aus dem vorliegenden Material, daß den Illegitimen in der Familien- und Hausgeschichte teilweise eine recht beträchtliche Bedeutung zukommt. Sowie die Grafen selbst und deren Kinder vermöge ihrer Geburt für Karrieren prädestiniert sind und damit ohne Frage den Eliten zugerechnet werden müssen, so stehen

---

Urkunde I. 5064 vom 11. Juli 1487.

63   Bayerisches Hauptstaatsarchiv München, S. 23, Lit 25 (Mitteilung von Dr. Alex Frick in Tettnang).

64   Kichler/Eggart, Langenargen, S. 76 (1530), Staatsarchiv Augsburg, Urkunde Reichsstadt Lindau Nr. 1167 vom 12. Juli 1535.

65   Stadtarchiv Feldkirch, Sattlersches Jahrzeitbuch, Fol. 38a ff.

66   Staatsarchiv Basel, Urkunde Nr. 1612.

67   Bayerisches Hauptstaatsarchiv München, Rep. S. 25, Nr. 400.

68   Ebd., Nr. 403

69   Mitteilung von Dr. Alex Frick in Tettnang.

70   Mitteilung von Dr. Alex Frick in Tettnang.

71   Karl Friedrich von Frank, Standeserhebungen und Gnadenakte für das Deutsche Reich und die Erblande bis 1806. Bd. 2, Schloß Senftenegg 1970, S. 77; Bayerisches Hauptstaatsarchiv München, Abt. I »Montfort«, U 377 vom 23. Mai 1536.

72   Tiroler Landesarchiv Innsbruck, Bekhennen 1523, Fol. 70 verso. Bayerisches Hauptstaatsarchiv München, Abt. I »Montfort«, U 377 vom 23. Mai 1536.

73   Bayerisches Hauptstaatsarchiv München, Abt. I, »Montfort«, U 377 vom 23. Mai 1536.

74   Kichler/Eggart, Langenargen, S. 77.

75   Bilgeri, Rieden und Vorkloster. In: Alemannia 11 (1937), S. 123 – 183 (hier S. 167).

76   GLA Karlsruhe 61/7321, S. 117 (1575) und S. 138 (um 1580). Den Hinweis verdanke ich Herrn Stadtarchivar Dr. Georg Wieland in Friedrichshafen.

auch den Illegitimen Karrieren auf einer mittleren Ebene auf Grund ihrer Geburt offen;
allerdings setzte eine solche Karriere eine besondere Förderung durch die natürlichen
Väter voraus.

Der heilige Johannes von Montfort

Jean de Montfort entstammt einem nordfranzösischen Grafengeschlecht. Vermutlich ist er identisch mit jenem Jean de Montfort l'Amaury, der 1248 König Ludwig den Heiligen aus seinem Kreuzzug begleitete und 1249 auf Zypern starb. Um sein Grab in Nikosia, das von einem Franziskanerkonvent betreut wurde, entstand eine Wallfahrt. Verschiedene Jerusalempilger des 15. und 16. Jahrhunderts geben davon Bericht.

Im Jahre 1486 berichtete der vor den Türken geflüchtete und Domherr in Trient gewordene Vinzenz von Montfort seinem Vetter Graf Ulrich V. von Montfort-Tettnang über diesen Heiligen, den er für einen Blutsverwandten des schwäbischen Adelsgeschlechtes hielt, fand aber nur wenig Interesse.

Der hl. Johannes von Montfort auf einer Münze des Grafen Ulrich IX. von Montfort-Tettnang, 1573. (Foto: Vorarlberger Landesarchiv).

In der Zeit der Gegenreformation erhielt Graf Hugo XVI. von Montfort-Tettnang, ein eifriger Verfechter des katholischen Glaubens, aus Zypern zwei Briefe, das Kloster mit dem Grabe des hl. Johannes zu unterstützen. Gestützt auf den Brief von 1486 hielt Graf Hugo die Verwandtschaft für erwiesen und erhob in der Folge den hl. Johannes zum Familienheiligen seines Hauses. Man stellte ihn auf Bildern und Münzen dar (meist als geharnischter Ritter mit Schild, Schwert und Fahne) und förderte seinen Kult in Tettnang, Langenargen und Langnau. Doch konnte sich der hl. Johannes nie als Volksheiliger durchsetzen. Mit dem Tode des letzten Montforters 1787 endigt auch seine Verehrung.

Die Chronisten des 16., 17. und 18. Jahrhunderts und die heimatgeschichtliche Literatur der letzten hundert Jahre haben den Heiligen durchwegs für einen rätischen bzw. schwäbischen Grafen gehalten, so daß dieser auch einen Platz in der Vorarlbergia Sacra zugewiesen bekam. In Wirklichkeit ist der Heilige aber unzweifelhaft ein französischer Graf, den die Grafen von Montfort-Tettnang erst später für ihre gegenreformatorischen Zwecke »entdeckten«.

Graf Hugo I. von Montfort, Grabdenkmal im Dom zu Feldkirch.
(Foto: Vorarlberger Landesarchiv).

Graf Hugo I. von Montfort (†1228)
Zur Gründungsgeschichte der Stadt Feldkirch

Über die Städtegründungen von Bregenz und Feldkirch herrschen in der Literatur bis heute unterschiedliche Auffassungen vor; auch gibt es über die Rolle des Grafen Hugo I. von Montfort an diesen Städtegründungen verschiedene Ansichten. Die ganze Diskussion krankt daran, daß bisher zu wenig von der Archäologie her argumentiert wurde, die künftig bei der Lösung dieser Streitfragen ein gewichtiges Wort mitzusprechen hat. Im Hinblick auf eine solche künftige Diskussion und vielleicht sogar Lösung dieser umstrittenen Problematik sei hier einer der bisherigen Standpunkte, auch wenn Teile davon vielleicht schon als überholt gelten müssen, noch einmal pointiert zusammengefaßt.

Pfalzgraf Hugo von Tübingen trat nach 1168 das erheblich geschmälerte Bregenzer Erbe an: die Stadt Lindau, der Bregenzerwald und zahlreiche Burgen entlang der Paßstraße nach Italien waren in staufischen Besitz übergegangen; das Land um Bregenz war in der tübingisch-welfischen Fehde 1165 verwüstet worden. Die damals gegebene Situation verlangte nach einem Ausbau von Bregenz zur Stadt, die bald nach 1168 auf dem gräflichen Grund in der Oberstadt erfolgte.[1]

Der regelmäßige rechteckige Grundriß weist auf die planmäßige Anlage einer Gründungsstadt hin: Eine breitere mittlere Gasse läuft über den Hügel auf die Burg zu, parallel dazu laufen am Hügelrand zwei schmälere Gassen, die vordere und die hintere Gasse. Zwei Toreingänge, das obere (Burgtor) und das untere Tor gewähren einen Zugang; dazu kommt noch ein weiterer Ausgang, das sogenannte Türlin. Der Boden zwischen diesen Gassen wird in gleichmäßig große Hofstätten eingeteilt und vom Grafen zu einem Hofstattzins von 20 Pfennig ausgeteilt. Eine Verfügung über dieses Erblehen ist nur mit Einwilligung des Grafen möglich, womit sich der Graf ein Entscheidungsrecht über die Aufnahme der Bürger vorbehalten hat. Weitere Leistungen der Hofstattinhaber an den Grafen bestanden im Wachdienst und in der Lieferung von einem Fuder Mist jährlich für die gräflichen Weinberge.

Die etwa sechs Hofstätten bestehen aus einem einstöckigen Holzhaus, dem dahinter gelegenen Hof und einem Stallgebäude sowie einem kleinen Krautgarten. Auch die Burghalde wird an die Siedler ausgeteilt: lange schmale Streifen mit Wiesen, Baum- und

---

1   Vgl. dazu im einzelnen Burmeister, Städtegründungen der Tübinger, S 15 – 28. Dazu nunmehr kontrovers: Alois Niederstätter, Neue Forschungen zu Graf Hugo I. von Montfort sowie zur Gründung der Stadt Bregenz. In: Montfort 46 (1994), S. 271 – 289.

Rebgärten, die vom Hügelrand bis ins Tal reichen. Mit der Ummauerung kamen diese Grundstücke dann außerhalb der Stadt zu liegen.

Bregenz war in erster Linie wohl als Wehrsiedlung gedacht gewesen. Der Markt auf dem Burgplatz, zu dem schon der Zugang der Fuhrwerke mühsam war, konnte sich nicht entwickeln. Es fehlte das Hinterland. Auch wirkte sich die Konkurrenz des schon bestehenden Lindauer Marktes negativ aus.

Die wirtschaftlichen Hoffnungen des Städtegründers stützten sich vor allem auf den Weinbau. Auch in Tübingen hatte sich der Pfalzgraf bereits um die Hebung der Weinkulturen sehr verdient gemacht. Der arbeitsintensive Weinbau förderte insbesondere die Siedlungskonzentration, er brachte Menschen in die Stadt, womit gleichzeitig deren militärisches Potential wuchs. Die Mistlieferungen von den Bregenzer Hofstätten waren von vornherein für die Anlage von neuen Weinbergen gedacht gewesen. Der Förderung des Weinbaus diente auch, daß die großen Keller in der Oberstadt von jeglichen Abgaben frei waren. Der Graf von Bregenz wurde selbst der größte Weinbauunternehmer. Noch 1379 lagen 13 Weingüter in der Umgebung von Bregenz in gräflicher Hand, nachdem bereits viele andere veräußert worden waren.

Schon bald nach dem Tode des Pfalzgrafen Hugo von Tübingen 1182 gründeten seine Söhne bzw. sein Sohn Hugo I. von Montfort eine zweite Stadt in einer verkehrsgünstigen Lage: Feldkirch. Auch in Feldkirch wurden den Neusiedlern 60 Hofstätten gegen einen jährlichen Zins und die jährliche Lieferung von einem Fuder Mist für die gräflichen Weingärten zur Verfügung gestellt. Anders als in Bregenz wurden in Feldkirch die Erwartungen nicht enttäuscht: die Stadt blühte rasch auf und verlangte schon bald eine Erweiterung.

In der bisherigen Diskussion hat der unterschiedliche Hofstattzins eine zentrale Rolle gespielt: in Bregenz 20 d + 1 Fuder Mist, in Feldkirch 72 d + 1 Fuder Mist. Dieser beträchtliche Unterschied wurde als Argument für die Priorität von Bregenz ins Feld geführt. Doch ist dieses Argument inzwischen in sich zusammengefallen, weil die Berechnung der Höhe des Hofstattzinses von falschen Voraussetzungen ausgegangen ist.

Wir verdanken diese neue Erkenntnis Benedikt Bilgeri, der in einer weitgehend überzeugenden Beweisführung im 1. Band der Stadtgeschichte von Feldkirch (1987) seine 1956 aufgestellte Berechnung – wenn auch nur stillschweigend – korrigiert hat.[2] Gestützt auf eine Urkunde von 1376 legt Bilgeri dar, Graf Hugo I. habe kurz vor seinem Tode 95 Schilling an das Ewige Licht in St. Johann gespendet; bei diesen 95 Schilling handelt es sich »um die Hofstattzinse, die sie haben von den Häusern und Hofstätten in Feldkirch, die gehören an das Ewige Licht ihrer Kirche, wie ihre Rödel bezeugen.« In einer Urkunde von 1375 erscheint unter den Belastungen eines Grundstückes »ein Schilling Pfennig Geldes Hofstattzinses St. Johann« auf. Da dieser Hofstattzins durch

---

2 Bilgeri, Feldkirch, S. 93 – 98. Dagegen hatte Bilgeri, Gründungsgeschichte, S. 247, den Erblehenszins auf 72 d berechnet; ebenda S. 248, erklärte den hohen Hofstattzins mit den besonderen Erwartungen, die die Gründer in Bezug auf ein rasches Wachstum der Stadt hegten.

einen Boten von St. Johann alljährlich »von jeglichem hus« eingesammelt wurde und dabei 1367 der Stadtammann mitging, um bei den säumigen Zahlern Pfand zu nehmen, waren in den 95 Schilling ein großer Teil, wenn nicht alle Hofstätten, enthalten.

Bilgeri geht von einer Zahl von 95 Hofstätten aus, die am Ende der Regierungszeit Hugos I. in Feldkirch vorhanden gewesen sind, gestützt auf den Beleg von 1375 konnte er zu einem Hofstattzins von 1 sh = 12 d.

Sprach bisher der geringe Hofstattzins von 20 d in Bregenz gegenüber 72 d in Feldkirch für eine Priorität der Stadtgründung in Bregenz, so verwendet Bilgeri jetzt die neu gewonnene Erkenntnis im umgekehrten Sinn: Feldkirch muß älter sein, weil hier der Hofstattzins mit 12 d niedriger lag als in Bregenz.

Diese Rechnung geht deswegen nicht auf, weil sich Bilgeris Berechnung auf Zahlen stützt, die nach einer Stadterweiterung von Feldkirch liegen. Gehen wir hingegen von den ursprünglich bei 60 liegenden Hofstätten aus, so nähert sich der Feldkircher Zins mit 18 d dem Bregenzer Zins von 20 d bereits stark an. Da nicht erwiesen ist, daß wirklich alle Feldkircher Hofstätten an das Ewige Licht gezahlt haben, ist es wahrscheinlich, daß der Zins in beiden Neugründungen bei 20 d lag, was auch durch die gleichartige Mistlieferung nahegelegt wird. Der Hofstattzins ist jedenfalls kein Kriterium mehr, das die Gründung in Bregenz und Feldkirch wesentlich unterscheidet.

Die Gründung von Feldkirch wurde bisher einhellig als das Werk der beiden Söhne des Pfalzgrafen v. Tübingen (†1182) angesehen.[3] Pfalzgraf Hugo von Tübingen und seine Ehefrau Elisabeth von Bregenz hatten zwei Söhne: Von diesen Söhnen war, wie sich aus der Reihung in den Urkunden ergibt, Rudolf der ältere, Hugo der jüngere.

Nach dem Tode ihres Vaters regierten beide zunächst gemeinsam, teilten dann aber um 1200 ihren Besitz so, daß Rudolf das väterliche, sprich Tübinger Erbe erhielt, Hugo das mütterliche, sprich Bregenzer Erbe. Dabei gab es allerdings gewisse Ausnahmen, von denen noch die Rede sein wird.

Gehen wir von der urkundlichen Überlieferung aus, so stellen wir fest, daß Rudolf seinen Bruder an Bedeutung erheblich übertroffen hat. Rudolf erscheint seit 1175 auf zahlreichen Reichstagen in Deutschland und in Italien; er spielt in der Reichspolitik eine wesentliche Rolle. Er war wohl auch der Vormund seiner Mutter, die wir mehrfach in seiner Begleitung sehen. Demgegenüber erscheint uns Hugo als ein kleines Licht. Er wird erstmals 1188 urkundlich erwähnt[4], also 13 Jahre später als sein Bruder, könnte also wohl auch um viele Jahre jünger gewesen sein.

Hugos Werdegang gibt uns einige Rätsel auf. Während für Bilgeri feststeht, daß Hugo als bewußter Nachfolger seines Großvaters mütterlicherseits Rudolf von Bregenz Jahrzehnte lang von Bregenz aus regierte[5], hat Otto Baumbauer eine Herrschaft

---

3   Bilgeri, Gründungsgeschichte, S. 254.
4   Fürstenbergisches Urkundenbuch, Bd. 1, bearb. v. Sigmund Riezler, Tübingen 1877, S. 70
     – 71; Wirtembergisches Urkundenbuch, Bd. 2, Stuttgart 1858, S. 255
5   Bilgeri, Graf Hugo, S. 102–122

Hugos in und über Bregenz allenfalls für die letzten Regierungsjahre für möglich gehalten.[6] Und es ist tatsächlich so, daß Hugo in Bregenz nicht präsent ist.

Gewiß, in seinem Reitersiegel bezeichnet sich Hugo als »Comes Brigantinus«.[7] Erstmals wird dieses Siegel 1214 verwendet. Stilistische Merkmale deuten jedoch darauf hin, daß dieses Siegel bereits in den 1190er Jahren angefertigt wurde.[8] Doch dann liegt in diesem Siegel wohl mehr ein Anspruch auf die Grafschaft Bregenz als die tatsächliche Gewere.

Umso auffälliger ist, daß Hugo in Urkunden fast ausschließlich als Graf von Montfort aufscheint; er verzichtet weitgehend auch auf den dank seiner Tradition sehr viel klangvolleren Titel Graf von Bregenz, wiewohl dieser den Rechtsanspruch weiter unterstrichen hätte. Erst 1216 nennt sich Hugo in zwei Urkunden Graf von Bregenz,[9] was zeitlich übrigens der ersten Verwendung des Siegels mit der Inschrift »Comes Brigantinus« nahe kommt. Hugos Ministeriale Bilgerinus de castro Brigantino taucht erst 1209 auf.[10] Baumhauer vertritt die Ansicht, daß Hugo zunächst nur die Grafschaft Montfort erhielt und es ihm erst nach dem Tod König Philipps von Schwaben gelang, sich in Bregenz festzusetzen.[11]

Dasselbe Bild ergibt sich auch, wenn wir die Position betrachten, die Rudolf anfangs in Bregenz einnahm. Martin Crusius erwähnt eine Fehde, die Rudolf als Graf von Bregenz mit Graf Hartmann von Kyburg († 1180) gehabt habe.[12] 1187 gab Rudolf ein Gut in Langenargen an das Kloster Isny,[13] wobei von seinem Bruder Hugo keinerlei Notiz genommen wird, der doch theoretischer Miterbe war. Als Graf von Bregenz handelt hier Rudolf allein. Rudolf und seine Ehefrau Mechtilt gehören auch zu den Wohltätern des Bregenzer Klosters Mehrerau.[14] Der 1188 genannte Ministeriale Ulrich von Bregenz ist kein Dienstmann Hugos, sondern Rudolfs.[15] Denn in der Urkunde von 1188 stellt das »et« eine Verbindung zu den Tübinger Ministerialen her: *Wlrici de Bregantia et fere in presencia omnium ministerialium de Twingen* (des Ulrich von Bregenz und in Gegenwart fast aller Ministerialen von Tübingen).[16]

Zu der Rechtshandlung, die 1188 vorgenommen wurde, mußte Hugo von Montfort eigens herbeigeholt haben. Der Ort wird nicht genannt, wahrscheinlich aber ist es nicht Bregenz gewesen, da die Mutter Elisabeth von Bregenz bereits anwesend war. Hugo ist

---

6 Baumhauer, S. 219–236.
7 Liesching, Die Siegel, S. 37, Nr. 46.
8 Helbok, Regesten, S. 167, Nr. 341.
9 Ebd., S. 169, Nr. 346 und S. 184, Nr. 379 (mit unrichtiger Datierung auf 1206).
10 Ebd.
11 Baumhauer, S. 234.
12 Vgl. dazu Bilgeri, Geschichte, Bd. 1, S. 145.
13 Ebd. Helbok, Regesten, Bd. 1, S. 144 f., Nr. 294.
14 Necrologium Augiae maioris Brigantinae, hg. v. Joseph Bergmann, Wien 1853, S. 16 (9. April) und S. 9 (12. Januar).
15 Wirtembergisches Urkundenbuch, Bd. 2, Stuttgart 1858, S. 255, Nr. CDLVI.
16 Ebd., »convocatis ... et fratre nostro«.

also nicht mit seiner Mutter aus Bregenz angereist. Wir können also feststellen, daß Hugo von Montfort vor der Teilung mit seinem Bruder und möglicherweise auch noch viele Jahre danach nicht in Bregenz residiert hat, ja wohl nie dort wohnhaft gewesen ist.

Auch nachdem Hugo die tatsächliche Gewere über die Burg und Grafschaft Bregenz hatte, blieb ihm dieses Gebiet fern. Es gibt nicht den geringsten Hinweis dafür, daß er dort residierte. Natürlich förderte er als Vogt des Klosters auch die Mehrerau; aber schon seine beiden Ehefrauen haben dort keine Jahrzeit eingerichtet. Hugo von Montfort wählt auch für sein Erbbegräbnis nicht die Mehrerau aus, sondern die Johanniterkirche in Feldkirch[17].

Es ist offenkundig, daß Hugo von Montfort seinen Herrschaftsmittelpunkt in Feldkirch und nicht in Bregenz hatte, wo er zuerst nicht residieren konnte und später auch nicht mehr wollte. Ähnliches beobachteten wir für seinen Sohn Hugo II.; doch soll davon hier nicht die Rede sein. Wir kommen daher zu dem Ergebnis, daß Hugo von Montfort von Anfang an den traditionellen Herrschaftsmittelpunkt von Bregenz nach Feldkirch verlegte, also ganz bewußt mit der Tradition seiner mütterlichen Vorfahren brach. Und auch aus diesem Grunde fällt es natürlich schwer, in ihm den Gründer der Stadt Bregenz sehen zu wollen.

Der Bruch mit der bisherigen Tradition zeigt sich auch in anderen Bereichen recht deutlich. Hugo von Montfort bevorzugt die Ritterorden, nicht mehr die von den Udalrichingern geförderten Benediktiner. Bregenz war traditionell, trotz der Herrschaft über Rätien, nach Konstanz ausgerichtet gewesen, wie schon die Lage am See vorgab. Die Udalrichinger stellten dort Bischöfe, z.B. den hl. Gebhard, sie pflegten enge Beziehungen zu Petershausen.

Diese traditionellen Verbindungen brechen ab und verlagern sich nach Chur. Chur wird das geistige und geistliche Zentrum. Die Grafen von Montfort beherrschen durch ihre geistlichen Söhne und ihre Ministerialen das Churer Domkapitel. Bis zum beginnenden 14. Jahrhundert stellen sie vier Churer Bischöfe, nur mehr einen in Konstanz. Als Dompröpste von Chur und in anderen Dignitäten begegnen uns zahlreiche Grafen von Montfort, in Konstanz dagegen beschränkt sich ihre Präsenz auf wenige Domherren ohne Dignität, wobei diese Konstanzer Pfründe nie selbständig bestehen, sondern lediglich als Zubuße zu Churer Kanonikaten aufscheinen. Ein anderer Wandel vollzieht sich beim Connubium. Hier fehlen noch detaillierte Untersuchungen, aber es ist leicht zu erkennen, daß die Grafen von Montfort jetzt bevorzugt ihre Frauen in Graubünden und in Südtirol suchen. Wir sehen, wie sich die politische Ausrichtung der Nachfolger der Grafen von Bregenz nach Süden verlagert. Bregenz wird bedeutungslos und kann sich erst unter den Habsburgern seit der Mitte des 16. Jahrhunderts langsam wieder erholen.[18]

Hugo von Montfort bricht aber nicht nur mit Bregenz, er bricht auch mit Tübingen.

---

17 Vgl. unten Anm. 49 (Vallaster) und Anm. 53 (Stump), hier besonders auch den Plan Abb. 15.

18 Vgl. dazu Burmeister, Bregenz und Feldkirch, S. 70 – 80.

Sein älterer Bruder Rudolf erbt die Pfalzgrafenwürde und das väterliche Herrschaftsgebiet. Hugo erscheint kein einziges Mal unter seinem eigentlichen Geschlechtsnamen von Tübingen. Er gibt diesen zugunsten seines neuen Namens »von Montfort« auf. Zugleich distanziert sich Hugo von Montfort auch vom väterlichen Wappen durch eine Farbabscheidung: statt der goldenen Fahne im roten Schild führt er die rote Fahne im goldenen Schild.[19]

Fassen wir alle diese Beobachtungen zusammen, so ergibt sich ein deutlicher Bruch mit der elterlichen und großelterlichen Tradition. Dieser Bruch war keineswegs vorgegeben, wir müssen ihn vielmehr in der Persönlichkeit und im Werdegang Hugos von Montfort suchen.

Hatten wir schon bei der Gegenüberstellung mit seinem Bruder Rudolf den Eindruck gewonnen, daß Hugo als ein kleines Licht anzusprechen sei, so verstärkt sich bei der Betrachtung seiner Biographie der Eindruck, daß er als der jüngere Bruder stets benachteiligt wurde. So wurde ihm lange Zeit Bregenz vorenthalten. Er spielt in der Reichspolitik keine Rolle. Es gibt nur eine sehr geringe urkundliche Überlieferung, so daß sein Werdegang weitgehend im dunkeln liegt und Widersprüche aufweist.

1209 widerrief Hugo von Montfort eine Schenkung an St. Johann im Thurtal, die er angeblich gemeinsam mit seinem Bruder Rudolf und seiner Mutter vorgenommen hatte.[20] Obwohl seine eigenen Dienstleute vor Gericht gegen ihn zeugten, verharrte er auf dem Widerruf. Hugo gab das fragliche Gut Breitenau nur gegen die Zahlung von 67 Mark Silbers und die Anerkennung seiner Vogtei über das Gut heraus.

Der Streit stellt sich als ein Fall dar, in dem er sich durch seinen Bruder und seine Mutter nachträglich übergangen und vergewaltigt gefühlt haben mochte. Hugo von Montfort muß sehr empfindlich gewesen sein, anders ist seine Überreaktion nicht zu erklären, zumal alle seine Ministerialen gegen ihn zeugten.

Es lassen sich für solche Überreaktionen weitere Beispiele nennen. Eines ist der Überfall auf die Burg Forstegg in der Saxer Fehde, den Hugo unter Bruch des Gottesfriedens am Karfreitag durchführte.[21]

Ein zweites Beispiel ist der Überfall auf italienische Kaufleute 1208, die offenbar ein von ihm beanspruchtes Geleitsrecht verletzt hatten.[22] Solche Raubrittermethoden waren keine Empfehlungen für die von Hugo mit besonderer Aufmerksamkeit gepflegte Verkehrspolitik.

Die Chroniken klagen solche Taten denn auch heftig an. So sagt die Ursperger Chronik ... *barones et milites ... in Alemannia plerunque solent esse praedones* (Die Freiherrn und Ritter in Alemannien pflegen meistens als Räuber in Erscheinung zu

---

19 Bilgeri, Feldkirch, S. 88 unter stillschweigender Korrektur von Bilgeri, Geschichte, Bd. 1, S. 150, wo das »rote Banner« als Wappen seiner Familie hingestellt wird.
20 Bilgeri, Geschichte, Bd. 1, S. 152; Thurgauisches Urkundenbuch, Bd. 2, bearb. v. Johannes Meyer und Friedrich Schaltegger, Frauenfeld 1917, S. 292 – 300, Nr. 87.
21 Bilgeri, Geschichte, Bd. 1, S. 152.
22 Ebd., S. 154 und S. 329, Anm. 73.

treten).[23] Eine Weingartner Chronik spricht von den Söhnen Belials ... *diabolico furore se propollente ... diripientes ... praecipue per Sueviam et Alemanniam* ... (die sich in teuflischer Raserei raubend vorwärts bewegten besonders durch Schwaben und Alemannien).[24] Der Abt von St. Gallen vergleicht das Vorgehen Hugos gegen Forstegg mit dem »Biß einer Schlange«.[25]

Hugos Werdegang, dessen einzelne Stationen wir nicht kennen, gewinnt erste Konturen durch die Stadtgründung von Feldkirch. Man hat aus der Tatsache, daß die Tübinger noch 1300 im Besitz des Patronatsrechtes von Feldkirch waren, den Schluß gezogen, daß Feldkirch gemeinsam von den Brüdern Rudolf und Hugo gegründet worden sei.[26] Das Engagement Hugos in Feldkirch steht aber so sehr im Mittelpunkt, daß eine allfällige Beteiligung Rudolfs dabei völlig zurücksteht. Es ist Hugo, der diesen Ort prägt; es ist Hugo, der mit seinem Titel »von Montfort« zum Ausdruck bringt, daß er hier in Unterrätien zuständig ist. Hier in der Grafschaft Montfort hat allein Hugo die tatsächliche Gewere. Die Grafschaft Montfort ist somit das Gegenstück zu Bregenz. Vor der endgültigen Teilung haben die Brüder sich gegenseitig zugestanden, daß Rudolf in Bregenz und Hugo in Montfort die tatsächliche Gewere ausübt.

Die Grafenrechte in Unterrätien stehen in Verbindung mit einer Burg namens Montfort. Sie wird in der Zwiefaltener Chronik um 1137/38 als »urbs Montfort« bezeichnet.[27] Dort wird auch deren Lage näher bestimmt: sie liegt im Walgau in der Nähe einer villa (villula) Altaburgga oder Vilwiloch (Nilwiloch). Unzweifelhaft handelt es sich um eine Burg größeren Ausmaßes (»urbs«), zumal sie der Mittelpunkt einer Grafschaft ist.

Über die Identifizierung dieser Burg herrscht Streit. Gegen die Schattenburg in Feldkirch spricht, daß diese als eine Neugründung Hugos von Montfort anzusehen ist und nie den Namen Montfort geführt hat. Es bleiben zwei weitere Möglichkeiten:

1. Die Altmontfort bei Weiler, auf der 1209, 1218 und 1237 die Ritter von Montfort saßen,[28] ein montfortisches Ministerialengeschlecht. Bilgeri hat wiederholt diese These vertreten:[29] die Burg liegt in Unterrätien, heißt Montfort; sie liegt zwar nicht bei Alteburgga (das wir noch identifizieren müssen) und Vilwiloch (zweifellos Feldkirch). Dafür bietet jedoch Bilgeri als Lösung das 1261 belegte Althabruggi bei Altach an.[30] Abgesehen davon,

23 MG SS XXIII, S. 373, zitiert nach Bilgeri, Geschichte, Bd. 1, S. 330, Anm. 77.
24 Zitiert nach Bilgeri, Geschichte, Bd. 1, S. 330, Anm. 77.
25 Bilgeri, Geschichte, Bd. 1, S. 152.
26 Ebd., Bd. 1, S. 147 f.
27 Die Zwiefalter Chroniken Ortliebs und Bertholds, hg. v. Luitpold Wallach, Erich König und Karl Otto Müller (= Schwäbische Chroniken der Stauferzeit, 2), Sigmaringen 1978, S. 230 f. Dazu zuletzt mit neuem Lösungsvorschlag: Niederstätter, Neue Forschungen.
28 Adolf Helbok, Die Dienstmannen von Montfort. In: Vierteljahresschrift für Geschichte und Landeskunde Vorarlbergs 8, 1924, S. 33 – 38 und S. 71 – 77, hier passim.
29 Bilgeri, Graf Hugo, S. 102 – 111; Bilgeri, Geschichte, Bd. 1, S. 295, Anm. 5.
30 Ebd.

daß damit der überlieferten Schreibweise Altaburgga bzw. Alteburgga Gewalt angetan wird, spricht folgendes gegen die Identifizierung mit der Altmontfort:

Die Burg Altmontfort ist nur eine kleine Ministerialenburg. Bilgeri vertritt zwar die Meinung, diese Burg sei besonders groß gewesen, weil die Stiftung der Johanniterkommende von 1218 den Passus enthält: *Hoc privilegium confirmatum est coram ministerialibus Comitis in Monte forte* (Dieses Privileg ist bestätigt worden vor den Ministerialen des Grafen in Montfort).[31] Es folgen dann 8 Namen, von denen er annimmt, diese hätten alle auf der Altmontfort gewohnt. Und daher sei dort für den Grafen auch kein Platz gewesen, er müsse in Bregenz residiert haben. Die Schlußfolgerungen gehen jedoch fehl: die genannten Ministerialen halten sich nicht auf der Burg Altmontfort auf, wenn ihr Herr auf einem Reichstag in Ulm anwesend ist. Sie befinden sich selbstverständlich in seiner Begleitung und konfirmieren den Rechtsakt in Ulm. So wie in der Urkunde von 1209 die ministeriales de Monteforti und die ministeriales de Toggenburch die Dienstleute dieser Herren bezeichnen, so ist das auch bei den Ministeriales Comitis in Monte forti. Es sind die Dienstleute des Grafen Hugo; nicht aber soll hier eine Ortsangabe gemacht werden. Im übrigen kennen wir die Originalurkunde nicht, sie liegt uns in einer Kopie des späten 14. Jahrhunderts vor, so daß gar nicht einmal sicher ist, ob nicht im Text »de Monteforti« statt »in Monteforti« steht.

Die Ministerialen von Montfort sind erstmals 1209 belegt. Ihren Namen tragen sie sekundär von den Grafen von Montfort und weil sie Dienst auf der »urbs Montfort« taten. Nach Ulmer wurde die Altmontfort erst von Hugo von Montfort errichtet,[32] die Benennung der Burg nach den Ministerialen ist demzufolge ebenfalls sekundär. Es wird Sache der Archäologie sein, das Alter der Burg Altmontfort genauer zu bestimmen.

2. Die »urbs Montfort« ist anderswo zu suchen: es muß eine große Anlage sein, in der Nähe von Feldkirch, in der Nähe von »Alteburgga«.

Hier bietet nun eine seit dem 16. Jahrhundert mehrfach überlieferte Gründungssage einen Anhaltspunkt. Der aus Lindau gebürtige Humanist und Feldkircher Stadtarzt Achilles Pirmin Gasser berichtet um 1545, Hugo von Montfort habe »sein Wohnung ... auff das Schloß Schattenburg gelegt vnd gehalten, dahin sich nicht lang darnach die besten Bürger vnd was wol zu Hof hat wöllen seyn, auß der alten Statt gethan, ihnen Häuser an die Burg, auch ein gemawrten Schwybbogen zu einer Landstraß vber die Yll gebawen, die Gaß zu nechst vnder dem Schloß von Marckstall biß zu dem Rhathauß herab in der newen Statt vnd ist also da eine andere Statt worden, vnd die erst zergangen.«[33]

Das bedeutet, daß Graf Hugo von Montfort seine Wohnung von der »urbs Montfort« auf die neu errichtete Schattenburg verlegte. Die ursprüngliche Burg und die Siedlung Feldkirch wurde aufgelassen, die Bewohner siedelten sich im Schatten der neuen Burg, und zwar in der sogenannten Neustadt an. Die alte Burg ist »zergangen«.

Was paßt besser zu dieser Geschichte als die Tatsache, daß der alte Namen Feldkirch

31 Helbok, Regesten, S. 171, Nr. 351.
32 Ulmer, Burgen, S. 94.
33 Sebastian Münster, Cosmographia, Basel 1618, S. 934.

Die Burg Altmontfort nach der Chronik des P. Anizet Riedinger.
(Foto: Vorarlberger Landesarchiv).

jetzt auf die neue Burg und die neue Stadt überging, das ehemalige Feldkirch jetzt aber den Namen Altenstadt (»civitas antiqua«) im Gegensatz zur Neustadt (»civitas nova«) erhielt. Ist nicht Alteburgga ein passendes Pendant zur Altenstadt?

Eine Urkunde von 1502 bezeugt auf dem Boden von Altenstadt im Bereiche des damals erbauten Schlößchens Amberg den Flurnamen »zur Altenburg« oder »die alt Burg«.[34] Die Alteburgga bzw. die »urbs Montfort« von 1138 läßt sich hier mit Händen greifen. Und wenn man immer noch nicht überzeugt ist, sollte man einen Blick in die Urkunde tun, wo eine der betroffenen Parteien folgendes aussagt: »... Da er nun sin hus daselbs buwte, were es Ain gestud vnd vil alter Muren da, das er alles hinweg Rumen vnd brechen müste, darby man verston möcht, das es an dem end allenthalb zur alten burg hieß«. Wenn mehr als dreihundert Jahre nach der Aufgabe der alten Burg noch viele alte Mauern ein Hindernis waren, dann muß hier eine große Anlage gewesen sein: die »urbs Montfort« von 1138 bei der villa Alteburgga, bei Altenstadt, bei Vilwiloch = Feldkirch.

Zwei weitere Gründe sind noch anzufügen; in Altenstadt wird die römische Straßenstation Clunia vermutet, die in der Tabula Peutingerina erwähnt wird. Es wäre nicht ganz unwahrscheinlich, wenn die Burg Montfort sich, so wie die Burg Bregenz, an ein römisches Bauwerk angelehnt hätte.

Zweitens sprechen praktische Gründe dafür, daß die Neugründung der Burg und der Stadt Feldkirch in Sichtweite der »urbs Montfort« bzw. »villa Alteburgga« erfolgt ist. Denn wo konnte man einen günstigen Steinbruch für den Neubau von Burg und Stadt finden?

Der älteste Teil der neuen Stadt am Fuße der Schattenburg blieb nach Altenstadt zehntpflichtig, und zwar zehn Hofstätten.[35] Die Separation der neuen Pfarre erfolgte also erst später.

Urkundlich wird die neue Pfarre St. Nikolaus erst 1275 bezeugt.[36] Da jedoch Hugo von Montfort 1218 eine ecclesia in civitate sua Veltkilch (Kirche in seiner Stadt Feldkirch), nämlich die Kirche St. Johann, den Johannitern stiftete, liegt die Annahme nahe, daß die Separierung beider Kirchen St. Johann und St. Nikolaus von der Mutterpfarre Feldkirch, jetzt Altenstadt genannt, gleichzeitig erfolgt ist. Allerdings ließ sich der Patronatsherr, das Domkapitel in Chur, diese Änderung bezahlen: 10 Hofstätten der neu gegründeten Stadt mußten ihren Zehnt an die alte Pfarre entrichten.[37]

Die gleichzeitige Errichtung der Pfarren St. Johann und St. Nikolaus wird dadurch wahrscheinlich, daß die Nikolauspfarre noch um 1300 in Tübinger Besitz ist, folglich also bei der endgültigen Teilung der Brüder zur Gänze an Rudolf von Tübingen gefallen ist.[38] Denn Hugo von Montfort mußte seinerseits die Kirche St. Johann zur Gänze haben, sonst hätte er sie nicht an die Johanniter verschenken können.

---

34 Vorarlberger Landesarchiv, Urk. Nr. 6712a vom 1. August 1502.
35 Bilgeri, Feldkirch, S. 90.
36 Bodman'sche Regesten, gesammelt von A. Poinsignon. In: Schriften des Vereins für Geschichte des Bodensees und seiner Umgebung 11, 1882, Anhang, S. 25 ff.
37 Helbok, Regesten, S. 171, Nr. 351; Somweber, Urkunde, S. 239 – 252.
38 Bilgeri, Gründungsgeschichte, S. 253.

Wir können einen ganz ähnlichen Vorgang 1188 beobachten.[39] Rudolf und Hugo besaßen gemeinsam das Dorf Weil im Schönbuch nördlich von Tübingen. Rudolf teilte mit Hugo und schenkte seinen Teil dem Kloster Bebenhausen. Ebenso schenkte Rudolf dem Kloster Bebenhausen das Patronatsrecht von Bebenhausen, das dem Bistum Speyer gehörte, nachdem er zuvor das Patronatsrecht über Meimsheim an Speyer geschenkt hatte. Das setzte jedoch voraus, daß Hugo seinen halben Anteil an dem Patronatsrecht in Meimsheim seinem Bruder Rudolf überließ. Um diesen Zweck zu erreichen, verzichtete Rudolf auf seine Hälfte des Patronatsrechtes an der Kirche in Weil im Schönbuch, das von nun an zur Gänze Hugo gehörte.

Die Vorgänge in Feldkirch liegen ziemlich ähnlich. Sie zeigen, daß es nicht ungewöhnlich war, ungeachtet der später vorgenommenen Grobteilung nach dem väterlichen und mütterlichen Erbe kleine Erinnerungsposten im Gebiet des anderen zu behaupten: Hugo in Weil im Schönbuch bei Tübingen, Rudolf in Feldkirch. Solche Erinnerungsposten mochten ohne großen materiellen Wert sein, sie stärkten aber den Familienzusammenhalt.

Was den Zeitpunkt der Separation angeht, so würde der geschilderte Teilungsmodus nahelegen, die Pfarrgründung noch in die Zeit gemeinsamer Verwaltung der Brüder anzusetzen, also vor 1200. Doch scheint diese Annahme deswegen nicht so sicher, weil möglicherweise Reste des Besitzes erst nach 1208 aufgeteilt wurden.

1208 bestätigt der Papst dem Kloster Churwalden seine Rechte und Besitzungen, u. a. einen Hof und Weinberg »in villa Feldkirch«.[40] Zumindest in der päpstlichen Kanzlei hatte sich die Übertragung des historischen Namens von Feldkirch auf die neue Stadt und die Umbenennung der alten Siedlung in Altenstadt noch nicht herumgesprochen. Wir befinden uns offenbar noch im Jahre 1208 im Stadium der Siedlungsverlegung. 1218 ist dieses Stadium beendet. Hugo von Montfort spricht von »sua civitas Veldkirch«. Die Pfarrseparation von St. Johann und St. Nikolaus könnte um 1208 oder wenig später erfolgt sein.

Bucelin berichtet 1666, Hugo von Montfort sei *Generalis Magister Teutonicae militiae* (oberster Meister des Deutschen Ordens) gewesen.[41] Er habe 1218 das Kloster St. Johann in Feldkirch gestiftet *pro meliore successu sacrae militiae* (für einen besseren Erfolg des heiligen Heeres)[42] und mit weitreichenden Privilegien und Immunitäten ausgestattet. Und Bucelin unterstreicht, Hugo von Montfort sei der *praecipuus fere auctor residentiarum sui Ordinis per Germaniam* (beinahe der bedeutendste Urheber der Residenzen seines Ordens in Deutschland)[43] gewesen. Diese Darstellung ist falsch:

---

39 Wirtembergisches Urkundenbuch, Bd. 2, Stuttgart 1858, S. 255; vgl. dazu Jürgen Sydow, Die Zisterzienserabtei Bebenhausen (= Germania sacra, N.F.16, Das Bistum Konstanz, 2), Berlin/New York 1984, S. 52 (es muß dort heißen: die Zustimmung seines Bruders Hugo, nicht: Burkhard).

40 Helbok, Regesten, S. 157, Nr. 325.

41 Bucelin, Rhaetia, S. 249.

42 Ebd., S. 249.

43 Ebd., S. 249.

es liegt eindeutig eine Verwechslung mit Hugo XIV. von Montfort vor,[44] der oberste Meister der Johanniter in Deutschland war und den auch Bilgeri fälschlich als Hugo den »Deutschmeister«[45] bezeichnet hat, obgleich er mit dem deutschen Orden nichts zu tun hatte. Auch Hugo I. von Montfort hatte mit dem deutschen Orden nichts zu tun.

Dennoch könnte man sich fragen, ob er sich nicht im Heiligen Land engagiert hat. Es wäre das eine Erklärung dafür, daß die Quellen über ihn so spärlich fließen. Seine Verkehrspolitik über den Arlberg nach Venedig ließe sich hier gut einordnen. Rudolf von Tübingen wird 1215,[46] Hugo von Montfort 1217 als »crucesignatus« bezeichnet.[47] Der Chronist Prugger weiß 1685 zu berichten, daß Hugo von Montfort wiederholt im Heiligen Land gewesen ist.[48] In zeitgenössischen Quellen läßt sich dafür kein Nachweis erbringen. Immerhin: die Stiftung der Johanniterkommende zeigt, daß Hugo von der Kreuzzugsidee erfaßt war und Bucelins Bemerkung nicht ganz unzutreffend ist, er sei »pro meliore successu sacrae militiae« tätig geworden.

Graf Hugo I. von Montfort ist vermutlich auf einer Kreuzfahrt 1228 gestorben; vielleicht begleitete er Kaiser Friedrich II. auf dessen Kreuzzug 1228/29. Hugo I. fand in dem von ihm gegründeten Johanniterkloster in Feldkirch sein Grabdenkmal;[49] auch wurde ihm auf den 12. März eine feierliche Jahrzeit eingerichtet.[50] Doch spricht manches dafür, daß sein Leichnam in Wirklichkeit nicht beigesetzt wurde.

So stammt das zu seinem Andenken errichtete Hochgrab nicht aus dem 13. Jahrhundert, sondern aus dem ersten Viertel des 14. Jahrhunderts, es wurde also erst hundert Jahre später errichtet.[51] Damals waren offenbar keine genauen Todesdaten mehr verfügbar; die Grabinschrift erwähnt anstelle des Todesjahres des Grafen die Gründung des Johanniterhauses: Bucelin hat das Grabmonument gezeichnet.[52] Es stellt Hugo in einem langen Talar mit Schwert dar,[53] was zusammen mit einer von Bucelin überlieferten Komturliste zu der Vermutung Anlaß gab, daß Hugo auch der erste Komtur von Feldkirch gewesen sein kann. Das Grabmonument wurde im 17. Jahrhundert aus der Johanniterkirche in die St. Nikolauskirche überführt.[54]

Das montfortische Erbe fiel 1228/29 an die Söhne Hugos I.: Hugo II. und Rudolf I. Die Literatur hat bisher ohne Bedenken Rudolf I. von Werdenberg für den ältesten Sohn

---

44 Über ihn vgl. Burmeister, Graf Hugo XIV., S. 17 – 39.
45 Bilgeri, Bund ob dem See, S. 11 und S. 191.
46 Röhricht, Die Deutschen im heiligen Lande, S. 116.
47 Ebd., S. 108.
48 Prugger, Veldkirch, S. 15 f.: »General der deutschen Völker in dem Krieg wider die Ungläubigen«; »sich wiederum in das Feld gegen die Ungläubigen begeben«.
49 Vallaster, Grabplatte, S. 311 – 313.
50 Zösmair, Jahrzeitbuch, S. 82.
51 Frey, Kunstdenkmäler, S. 157.
52 Vgl. die Zeichnung des Grabes von Bucelin in der folgenden Anm. 53.
53 Vgl. die Zeichnung bei P. Thomas Stump, Bilder aus Vorarlberg in Werken von P. Gabriel Bucelin (1599 – 1681). In: Montfort 16, 1964, S. 25 – 40, hier Abb. 16.
54 Vallaster, Grabplatte, S. 311 f.

Hugos I. gehalten, während man in Hugo II. den Zweitgeborenen sah.[55] Einziger Beleg ist eine heute nicht mehr greifbare handschriftliche Notiz, die Bergmann 1849 wiedergegeben hat.[56] Danach hätten im Jahre 1237 »die Grafen Rudolf und Hugo von Montfort ihre Güter« zu Klaus dem Kloster St. Johann im Thurtal geschenkt. Diese Notiz ist jedoch nicht geeignet, die Erstgeburt Rudolfs von Werdenberg zu belegen, da vieles dagegen spricht. Denn erstens erbt nach der Teilung der Brüder Hugo II. den Namen, die neue Stammburg in Feldkirch und die Grafenschaft Bregenz. Hugo II. führt das Originalsiegel seines Vaters als »Comes Brigantinus« weiter.[57] Dagegen erbt Rudolf von Werdenberg die städtelosen und daher weit weniger attraktiven südlichen Teile des väterlichen Erbes, wo erst seine Söhne um 1265 mit Bludenz und Sargans neue Städte gründeten.[58]

---

55 Vanotti, S. 38; Roller, Grafen von Montfort, S. 151; Bilgeri, Geschichte, Bd.1, S. 161.
56 Bergmann, Urkunden, S. 10 f. (S. 68 des Sonderdrucks). Vgl. auch Urkundenbuch der südlichen Teile des Kantons St. Gallen, bearb. v. F. Perret, Bd. 1, Rorschach 1961, S. 274. Nr. 362.
57 Liesching, Die Siegel, S. 37, Nr. 46.
58 Burmeister, Städtegründungen, S. 25 – 27.

Friedrich I. von Montfort (1220 – 1285)
Domherr zu Chur und Konstanz, Pfarrer zu Bregenz

In der bekannten Urkunde vom 17. Mai 1273, mit der die Statuten des Churer Domkapitels festgelegt wurden[1], begegnet unter den Zeugen der damalige Kanoniker und spätere Churer Bischof Friedrich von Montfort, bekannt durch seinen tragischen Todessturz aus dem Turm der Burg Werdenberg (3. Juni 1290), wo ihn die Habsburger gefangen hielten[2]. In der genannten Urkunde wird dieser künftige Bischof ausdrücklich als *Friedericus iunior* (Friedrich der Jüngere) bezeichnet, wodurch er von seinem gleichnamigen Onkel (Vatersbruder) unterschieden werden sollte, der ebenfalls Domherr zu Chur gewesen ist. Beide werden im Dezember 1264 gemeinsam in einer Urkunde genannt: *Friderico fratre domini episcopi Curiensis et Friderico patruele suo de Monteforti ... clericis*[3] (die Kleriker Friedrich I., Bruder des Bischofs von Chur, und sein Neffe Friedrich II. von Montfort).

Die Existenz von zwei gleichnamigen Churer Klerikern und Domherren mit dem Namen Friedrich von Montfort hat in der Vergangenheit immer wieder zu Verwechslungen Anlaß gegeben. So hat etwa Johann Nepomuk Vanotti (1777 – 1847), der Geschichtsschreiber der Grafen von Montfort, die beiden Domherren als eine Person betrachtet[4]. Wendelin Haid bleibt ebenfalls dabei, wenn er auch unsicher geworden ist[5]. Ferdinand Gull weist das Siegel des jüngeren Friedrich von Montfort fälschlich dem älteren zu[6]. Selbst im Bündner Urkundenbuch kommen noch solche Verwechslungen beider Personen vor[7], die sich naturgemäß auch in der Sekundärliteratur ausbreiten[8].

---

1 BUB, Bd. 3, S. 2 – 5, Nr. 1044.
2 Vanotti, S. 42. – Zu Bischof Friedrich I. von Montfort (1282 – 1290), vgl. darüber hinaus Otto P. Clavadetscher und Werner Kundert, Das Bistum Chur. In: Helvetia Sacra 1/1, Bern 1972, S. 480.
3 BUB, 2, S. 400 f., Nr. 944.
4 Vanotti, S. 39. Richtig dagegen Krüger, Grafen von Werdenberg, S. 120 f.; sowie Roller, Grafen von Montfort, S. 152 f., Nr. 5, 155 und 12.
5 Wendelin Haid, Liber decimationis, S. 160, Anm. 4.
6 Gull, Die Grafen von Montfort, S. 7, Nr. 5.
7 BUB, Bd. 3, S. 77 f., Nr. 1126. Der dort in Anm. 9 Gedeutete ist nicht Friedrich II., der spätere Bischof (vgl. ebd. 6 f. Nr. 1045), sondern Friedrich I., denn der Bischof kann nicht Zeuge in einer von ihm selbst ausgestellten Urkunde sein; auch würde er in der Rangfolge der Zeugen nicht hinter dem Dekan, Kustos und Kantor genannt.
8 Z.B. Ulmer, Burgen, Stammtafel nach S. 216. Ohne Kenntnis Friedrichs I. sind auch Andreas

Nicht zuletzt im Hinblick auf eine künftige Biographie des Churer Bischofs Friedrich von Montfort erscheint es nützlich, die Persönlichkeit seines Onkels und Namensvettern einmal im Zusammenhang darzustellen.

Der Vater ist der bekannte Graf Hugo I. von Montfort (†ca. 1228), der jüngere Sohn des Pfalzgrafen Hugo von Tübingen und Begründer der neuen Dynastie der Grafen von Montfort, der um 1200 das traditionelle Herrschaftszentrum aus dem schwäbischen Bregenz in die von ihm gegründete Stadt Feldkirch nach Rätien verlegte[9]. Gemeinsam mit ihren Ministerialen stellten die Montforter im 13. Jahrhundert einen bestimmenden politischen Faktor im Bistum Chur dar. Wenn in dem Zeitraum von 1251 bis 1325 vier Churer Bischöfe aus dem Geschlechte der Montforter hervorgingen[10], so ist das ein deutliches Zeichen für dessen Einfluß im Domkapitel, wo sie häufig auch die Propstei in ihren Händen gehabt haben. So ist letztlich auch die Biographie Friedrichs I. von Montfort ein Stück montfortischer Kirchenpolitik, ein Beispiel des Ringens um beherrschenden Einfluß in den Bistümern Chur und Konstanz.

Wie der Churer Bischof Heinrich von Montfort (1251 – 1272) entstammte Friedrich I. der zweiten Ehe Graf Hugos I. mit Mechtild von Wangen. Beim Tode Hugos I. traten seine Söhne aus erster Ehe, Rudolf I. (später genannt von Werdenberg) und Hugo II. von Montfort, gemeinsam die väterliche Herrschaft an, während die beiden Söhne aus zweiter Ehe, Heinrich I. und Friedrich I., noch minderjährig waren[11]. Diese familiengeschichtlichen Fakten sind auch für die spätere politische Entwicklung von höchster Bedeutung. Denn in der ihrem Höhepunkt zutreibenden Auseinandersetzung zwischen Kaiser Friedrich II. und dem Papst stellte sich Hugo II. – entgegen der Tradition der Familie – auf die Seite des Kaisers, während seine jüngeren Halbbrüder Heinrich I. und Friedrich I. entschieden der päpstlichen Partei anhingen.

Friedrich I. erhielt seinen Namen, der in der montfortisch-tübingischen Familie keine Tradition hatte, wohl auch nicht nach den berühmten staufischen Kaisern, sondern aus der mütterlichen Familie[12]. Nicht nur sein Großvater mütterlicherseits trug den Namen Friedrich; berühmter noch war der Bruder der Mutter Friedrich von

---

Ulmer und Christoph Vallaster, Bedeutende Feldkircher, Bregenz 1975, bzw. Christoph Vallaster, Die Bischöfe Vorarlbergs, Dornbirn 1988.

9   Über Hugo vgl. Bilgeri, Geschichte, Bd. 1., S. 144 – 160.

10 Es sind dies Heinrich I. (III.) von Montfort, Bischof von Chur 1251 – 1272, Friedrich II. (I.) von Montfort, Bischof von 1282 – 1290, der 1298 von der Mehrheit des Domkapitels zum Bischof gewählte Hugo von Montfort, der aber auf päpstlichen Wunsch resignieren mußte, und Rudolf III. von Montfort, der den Churer Bischofsstuhl zwischen 1322 und 1325 innehatte. Pröpste waren – außer den späteren Bischöfen Friedrich (1273–1282) und Rudolf (1307 – 1322) – Wilhelm von Montfort (1228 – 1237), Heinrich von Montfort (1288 – 1307), Hermann von Montfort (1338 – 1352) sowie Ulrich und Rudolf von Montfort–Feldkirch (1354 – 1357 bzw. 1357 – 1368). Dazu Clavadetscher/Kundert, Das Bistum Chur (wie Anm. 2), S. 480 – 482 bzw. 537 – 539.

11 Bilgeri, Geschichte, Bd. 1, S. 161.

12 Krüger, S. 117.

Wangen, Bischof von Trient (†1218), dessen tatkräftige Politik beim Aufbau einer Landesherrschaft für Graf Hugo I. von vorbildlicher Wirkung gewesen ist[13].

Die Geburtsdaten sind selbst bei den Vertretern des hohen Adels nur selten überliefert; sie sind auch für Heinrich I., den wir für den älteren Bruder ansehen müssen, und Friedrich I. nur ungefähr zu erschließen. Heinrich I. und Friedrich I. waren 1234 noch minderjährig[14], während ihre ebenfalls aus der zweiten Ehe Hugos I. mit Mechtild von Wangen abstammende Schwester Elisabeth 1238 bereits in zweiter Ehe verheiratet war[15]. Gehen wir davon aus, daß der Altersabstand der Kinder Hugos I. aus der zweiten Ehe jeweils nur ein bis zwei Jahre betragen hat, ihre verheiratete Schwester aber mindestens zwanzig Jahre alt gewesen sein mag, so könnte Heinrich 1234 zwischen zwölf und siebzehn, Friedrich zwischen elf und sechzehn Jahre alt gewesen sein. Beide waren 1247 volljährig, also um die fünfundzwanzig Jahre alt. Denn Heinrich I. war zu diesem Zeitpunkt bereits päpstlicher Bußrichter[16], während Friedrich I. Lehen übergeben wurden[17]. Heinrich I. dürfte demzufolge zwischen 1217 und 1222, Friedrich I. zwischen 1218 und 1223 geboren sein, beide eher nach 1218, wenn wir Elisabeth als ihre ältere Schwester ansehen. Demnach könnte Friedrich I. um das Jahr 1220 geboren sein.

Als Geburtsort ist in erster Linie die Schattenburg in Feldkirch in Betracht zu ziehen[18]. Friedrich I. dürfte hier seine ersten Jahre verbracht haben. Im Gegensatz zu seinem Bruder Heinrich I., der von Anfang an für eine geistliche Laufbahn bestimmt und in einem Dominikanerkloster (Konstanz?) erzogen wurde[19], scheint Friedrich I. zunächst die Erziehung eines adeligen Laien erhalten zu haben. Einzelheiten sind darüber nicht bekannt. Der junge Friedrich I. mag sich als Page am Hof eines Fürsten aufgehalten und im edlen Turnierkampf geübt haben. Nach dem frühen Tod seines Halbbruders Rudolf I. von Werdenberg hatte Friedrich I. durchaus Chancen auf eine Regentschaft in den Montforter Landen.

Insbesondere nachdem das Konzil von Lyon 1245 Friedrich II. als Kaiser abgesetzt hatte und Graf Hugo II. gleichwohl an der staufischen Sache festhielt, eröffnete sich für Friedrich I. von Montfort eine Möglichkeit, seinen Halbbruder in der Macht abzulösen.

Eine am 28. September 1247 in Lyon ausgestellte Urkunde läßt Ansätze dazu deutlich erkennen[20]. Papst Innozenz IV. beauftragte den Bischof von Konstanz, Hugo II. von

---

13   Vgl. dazu Burmeister, Feldkirch, S. 10. – Zu Friedrich von Wangen, Bischof von Trient (1207–1218), vgl. nur Armando Costa, I vescovi di Trento. Notizie – Profili (Trento 1977), S. 78–80.

14   Hugo II. regiert und ist demzufolge als Vormund anzusehen.

15   Roller, Grafen von Montfort, S.153, Nr. 8.

16   Affentranger, Heinrich III., S. 213 f.

17   Vgl. unten Anm. 20.

18   In Frage käme wohl auch die Burg Altmontfort bei Weiler.

19   Affentranger, Heinrich III., S. 213.

20   BUB, Bd. 2, S. 292, Nr. 844. Vgl. auch Helbok, Regesten, S. 203, Nr. 431; Johann Georg Mayer, Vaticano-Curiensia. Ungedruckte päpstliche Urkunden, die Diözese Chur betref-

Montfort, der in verdammungswürdiger Weise immer noch dem ehemaligen Kaiser Friedrich II. anhängt, seine Lehen, die er von der Churer und der St. Galler Kirche hat, zu nehmen und diese seinem Bruder Friedrich, dem »geliebten Sohn« des Papstes, in *devotione ecclesie persistenti* (der der Kirche in der rechten Verehrung treu geblieben ist), zu übergeben. Es ist gut möglich, daß Friedrich I. sich um diese Zeit in der Nähe seines Bruders Heinrich I., der Predigermönch und päpstlicher Bußrichter gewesen ist, aufgehalten hat, d.h. ebenfalls in der Umgebung des Papstes in Lyon. Die Machtverhältnisse in Rätien ließen aber kaum einen Umsturz zu. Im Gegenteil ging Hugo II. hier mit Gewalt gegen seine eigenen Klöster in Feldkirch und Bregenz vor. Erst nach dem Tode Kaiser Friedrichs II. (1250) konnte der Papst seinen Pönitentiar Heinrich von Montfort über die Alpen schicken: Er wurde 1251 zum Bischof von Chur erwählt und es gelang ihm auch, seinen Halbbruder Hugo II. zum Frieden zu bewegen[21]. Friedrich I. von Montfort mußte damit seine Pläne auf eine weltliche Herrschaft in den Montforterlanden endgültig begraben. Die in der Literatur vertretenen Meinung[22], er sei 1247 noch Laie gewesen, verdichtet sich zur Gewißheit; denn als Kleriker wäre Friedrich I. nicht lehnsfähig gewesen.

Friedrich I. von Montfort wird in den Quellen nach dem 28. September 1247 erst ein Jahrzehnt später wieder erwähnt. Mit anderen Churer Domherren erscheint Graf Friedrich I. von Montfort als Zeuge in einer in Steinach bei Meran am 17. März 1257 ausgestellten Urkunde, mit der sein Bruder, Bischof Heinrich von Montfort, dem Augustiner-Chorfrauenstift Steinach, die Kapelle von Monter im Vinschgau überträgt. Friedrich I. wird in dieser Urkunde als Churer Domherr bezeichnet[23].

Die Möglichkeit, daß hier der spätere Bischof Friedrich II. von Montfort gemeint ist, kann man wohl ausschließen. Die Reihenfolge, in der Friedrich I. und Friedrich II. in der Urkunde vom 27. Dezember 1264 aufscheinen, läßt erkennen, daß Friedrich I. in jedem Falle der dienstälteste Domherr ist; zu dieser Zeit ist Friedrich II. auch noch nicht im Besitze einer Dignität, die ihm später einen Vorrang vor seinem Onkel verschafft hat.

In jenem – urkundlich dunklen – Jahrzehnt zwischen 1247 und 1257 muß sich demzufolge Friedrich I. für eine geistliche Laufbahn entschieden haben. Dazu mag ihn die Nähe seines Bruders Heinrich bewogen haben, der 1251 als Bischof von Chur eine bedeutende Karriere gemacht hatte. Als Bischof hatte Heinrich alle Möglichkeiten, eine solche geistliche Laufhahn seines Bruders zu fördern; für Heinrich mochte es auch von Nutzen sein, mit seinem Bruder einen engen Verwandten im Domkapitel sitzen zu haben.

---

fend, aus dem 13., 14. und 15. Jh. In: Jahresbericht der historisch-antiquarischen Gesellschaft von Graubünden 17 (1887), S. 29 f.

21   Bilgeri, Geschichte, Bd. 1, S. 164 – 171.

22   So richtig Helbok, Regesten, S. 203 Nr. 431. Nicht überzeugend dagegen BUB, 2, S. 292, Nr. 844 (Anm. 3): »ist Domherr von Chur«.

23   BUB, Bd. 2, S. 353 f., Nr. 917.

Als Angehöriger des Klerikerstandes ist Friedrich I. von Montfort in der vorhin genannten Urkunde vom 27./30. Dezember 1264 ausgewiesen[24]. Wir dürfen voraussetzen, daß er auch 1257 schon Kleriker gewesen ist. Es ist jedoch nichts darüber bekannt, inwieweit Friedrich I. auch eine entsprechende geistliche Ausbildung erhalten hat. Längere Aufenthalte in Lyon und Rom, später aber auch in Chur, boten ihm vielfältige Möglichkeiten, sich die in der lateinischen Sprache und im Kirchenrecht notwendigen Kenntnisse zu verschaffen. Dennoch ist Friedrich I. nie über den Status eines Klerikers mit den niederen Weihen hinausgelangt. Er wird in den Quellen nie als Priester bezeichnet.

Einzelheiten über die Tätigkeit Friedrichs von Montfort als Churer Domherr sind kaum bekannt, außer daß er als Zeuge in den genannten Urkunden mitgewirkt hat.

Während der 1270er Jahre, in denen er in den Churer Quellen nicht aufscheint, ist Friedrich I. von Montfort wiederholt als Konstanzer Domherr genannt. Erstmals begegnet er um 1275 in dem bekannten »Liber decimationis«, und zwar einmal in der Liste der Konstanzer Domherren *(Dominus Fridericus de Montefort* hat den Eid geleistet)[25], sodann in ähnlichem Zusammenhang *Dominus Fridericus comes de Monteforte iuravit, quod debet dare pape in decima de prebenda Ecclesie Constanciensis dimidiam marcam*[26] (Herr Friedrich, Graf von Montfort, hat geschworen, daß er dem Papst zu Zehnt von seiner Pfründe der Konstanzer Kirche eine halbe Mark geben muß). Dazu ist der Kontext recht aufschlußreich. Denn einmal zahlte Friedrich I. von Montfort den weitaus niedrigsten Zehnt von allen Domherren. Zum andern findet sich bei den übrigen Domherren durchwegs die Formulierung *de prebenda et aliis suis beneficiis*[27] (von der Pfründe und seinen anderen Benefizien). Daraus folgt, daß Friedrich I. von Montfort im Konstanzer Bistum keine andere Pfründe innegehabt hat. Im Gegensatz zu ihm besaß sein Neffe Friedrich II. von Montfort, der nachmalige Bischof von Chur, zur gleichen Zeit die Pfarrpfründen von Lustenau (Vorarlberg)[28], Egg (Vorarlberg)[29], Gestratz (Landkreis Lindau)[30] und Röthenbach (Landkreis Lindau)[31], allesamt im Konstanzer Bistum gelegen. Insbesondere ist Friedrich I. von Montfort um 1275 auch noch nicht Pfarrer von Bregenz gewesen. Er blieb – ungeachtet der Konstanzer Domherrenpfründe – im Churer Bistum beheimatet. Der »Liber decimationis« bezieht sich ausschließlich auf die Konstanzer Pfründen, nicht aber auf solche im Bistum Chur.

Wir dürfen annehmen, daß die doppelte Bepfründung Friedrichs I. von Montfort in Chur und Konstanz auf Grund einer päpstlichen Dispens erfolgt ist. Möglicherweise

---

24   Ebd., S. 400 f., Nr. 974.
25   Haid, S. 244.
26   Ebd., S. 157.
27   Ebd.
28   Ebd., S. 164.
29   Ebd., S. 114.
30   Ebd., S. 119.
31   Ebd.

hat sich Friedrich I. zu Beginn der 1270er Jahre deswegen selbst in Rom aufgehalten. Er kannte sich an der Kurie aus; auch mochte ihn der Tod seines Bruders Heinrich und die damit verbundene Neuwahl bzw. Bestätigung des neuen Bischofs um 1272 mit einer Churer Gesandtschaft zum Papst geführt haben.

Über die Hintergründe dieses vorübergehenden Wechsels nach Konstanz kann man nur Vermutungen anstellen. Möglicherweise ging es darum, die Gegner der Habsburger zu stärken. Denn seit der Wahl Rudolfs I. von Habsburg zum deutschen König schienen die Montforter durch die Habsburger in ihrer Existenz gefährdet. Zu Beginn der 1280er Jahre bildeten der Churer Bischof Friedrich II. von Montfort und sein Bruder, der St. Galler Abt Wilhelm von Montfort, das Rückgrat eines antihabsburgischen Bündnisses. Die Interessen der Familie waren mit denen ihrer Ämter aufs engste verbunden.

Friedrich I. blieb, auch wenn weitere urkundliche Zeugnisse fehlen[32] bis zu seinem Tode Domherr in Konstanz, wenn er auch in den letzten Jahren dort nicht mehr residiert haben mag. Das Anniversar des Konstanzer Münsters verzeichnet seinen Tod mit der ausdrücklichen Bemerkung *Canonicus huius ecclesie*[33] (Domherr dieser Kirche).

In einer Urkunde vom 21. Juli 1285 wird Friedrich von Montfort als verstorbener Inhaber der Pfarre und Rektor der Pfarrkirche St. Gallus in Bregenz bezeichnet[34]. Mit dieser Urkunde bestätigte der Konstanzer Bischof Rudolf von Habsburg die schon von seinem Vorgänger Eberhard von Waldburg vollzogene Inkorporation der Pfarrkirche in das Benediktinerkloster Mehrerau.

Da dieser Kirchherr von Bregenz ausdrücklich als verstorben bezeichnet wird, Friedrich II. von Montfort aber erst 1290 stirbt, bestehen bezüglich der Identität mit Friedrich I. keine Zweifel.

Bereits 1196 hatte das Kloster durch Papst Coelestin III. das Privileg erhalten, die Pfarre Bregenz mit eigenen Konventualen zu besetzen[35]. Da diese Bestimmung jedoch offenbar nicht eingehalten worden war, mochte das Kloster den Tod Friedrichs I. zum Anlaß genommen haben, sich dieses Privileg durch den zuständigen Bischof erneuern zu lassen. In der Literatur wird auch die Bestätigung des Privilegs von 1251 mit dem

---

32 Urkunde vom 11. Dezember 1275 (Erneuerung der Statuten der Dompropstei durch das Konstanzer Kapitel), abgedruckt im Thurgauischen Urkundenbuch 3 (Frauenfeld 1925), S. 495 – 497, Nr. 628; Urkunde vom 5. April 1278 (Schenkung an die Zisterze Salem), abgedruckt in BUB, Bd. 3, S. 44, Nr. 1082a; Urkunde vom 11. April 1278 (Schenkung an Salem), abgedruckt bei Joseph Dambacher, Urkunden zur Geschichte der Grafen von Freiburg. Zeitschrift für die Geschichte des Oberrheins 9, 1858, S. 465 – 467.

33 Baumann, Necrologia, S. 286.

34 Bregenz, Vorarlberger Landesarchiv, Diplomatar Joller, sub dato 1285 August 26. Vgl. Rec, Nr. 2630. Zu Eberhard II. von Waldburg (1248 – 1274) und seinem Nachfolger Rudolf I. von Habsburg (1274 – 1293) vgl. Die Bischöfe von Konstanz. Hg. von Elmar L. Kuhn – Eva Moser – Rudolf Reinhardt – Petra Sachs, I: Geschichte (Friedrichshafen 1988), S. 486 (Reg.).

35 Helbok, Regesten, S. 152, Nr. 309. Die Datierung lautet richtig »V. Id. Febr.« (nicht »V. febr.«) die Umrechnung auf den 9. Februar stimmt jedoch.

Amtsantritt Friedrichs von Montfort in Beziehung gebracht[36], so daß dieser demnach von 1251 bis 1285 Pfarrer von Bregenz gewesen wäre. Da er jedoch als Kanoniker nicht in Bregenz residiert hat, ließ er die Stelle – wie damals üblich – durch einen Vikar verwalten.

Ein Amtsantritt Friedrichs von Montfort 1251 würde sich gut in seine Biographie einfügen. Das von seinem Bruder Hugo II. hart bedrängte Kloster, dem Papst Innozenz IV. 1249 einen Schutzbrief ausgestellt hat[37], könnte gute Gründe gehabt haben, die wichtige Pfarre Bregenz einer starken Persönlichkeit anzuvertrauen, die politisch nicht im Lager des Grafen Hugo II. stand. Friedrich I. von Montfort, der schon 1247 als dessen Gegenspieler aufscheint, mochte sich aus derartigen Überlegungen als besonders geeignet anbieten.

Gleichwohl sprechen gewichtige Gründe gegen einen so frühzeitigen Amtsantritt Friedrichs von Montfort in Bregenz. Mag man es noch mit dem Zufall der Überlieferung erklären, daß in über dreißig Jahren kein urkundlicher Hinweis auf Friedrich als Pfarrer von Bregenz auftaucht, so stimmt doch der »Liber decimationis« von 1275 bedenklich. Hier fehlt einmal sein Name im Zusammenhang mit der Bregenzer Pfründe[38]. Sodann fällt *Fridericus comes de Monteforti* in der Reihe der Konstanzer Domherren dadurch auf, daß er zumindest 1275 keine weitere Pfründe im Konstanzer Bistum besaß.

Friedrich I. von Montfort ist demzufolge erst nach 1275 Pfarrer von Bregenz geworden. Es hat den Anschein, daß er dieses Amt erst in seinen letzten Lebensjahren angetreten hat, möglicherweise auch in Bregenz gestorben ist. Denn das Jahrzeitbuch der Mehrerau, des bei Bregenz gelegenen Benediktinerklosters der Grafen von Montfort, verzeichnet seinen Tod zum 12. März[39], während man in Konstanz seinen Tod am 13. März[40], in Chur erst am 14. März registrierte[41]. Die Verbreitung der Nachricht von seinem Ableben nahm offenbar ihren Ausgang von Bregenz, gelangte am folgenden Tag in das auf dem See etwa vierzig Kilometer weite Konstanz und erreichte am übernächsten Tag das einhundert Kilometer entfernte Chur.

Wenn das Mehrerauer Jahrzeitbuch Friedrich I. nur als *Comes et Canonicus* (Graf und Domherr) bezeichnet, nicht aber seiner auch als Pfarrer von Bregenz gedenkt, so läßt das nur den Schluß auf ein recht lockeres Verhältnis zur Pfarre Bregenz zu. Wäre Friedrich wirklich über dreißig Jahre Bregenzer Kirchherr gewesen, so wäre das im Jahrzeitbuch wohl auch zum Ausdruck gekommen.

Da Friedrich I. von Montfort noch am 16. Juni 1283 urkundlich genannt wird[42] und

---

36 Andreas Ulmer, Pfarrgeschichte Bregenz (Manuskript o.J. – Exemplar im Besitze des Vorarlberger Landesarchivs, Bregenz), S. 87.
37 Helbok, Regesten, S. 207 ff., Nr. 445.
38 Haid, Liber decimationis, S. 114 ff.
39 Baumann, Necrologia, S. 147.
40 Ebd., S. 286.
41 Ebd., S. 625.
42 BUB, Bd. 2, S. 77 f., Nr. 1126.

am 21. Juli 1285 als verstorben erwähnt wird[43], ist sein Tod auf den 12. März 1284 oder den 12. März 1285 anzusetzen. Die bisherige Literatur hat sich in Unkenntnis der Urkunde vom 21. Juli 1285 und in Unkenntnis der Eintragung im Mehrerauer Jahrzeitbuch auf den 13./14. März 1284 festgelegt[44]. Der 12. März dürfte gegenüber dem 13./14. März größere Wahrscheinlichkeit haben. Den Vorzug gewinnt auch 1285 gegenüber 1284. Denn die Urkunde vom 26. August 1286 sagt wörtlich, *quae ecclesia ex morte Domini Friderici de Monteforti, quondam eiusdem ecclesiae rectori, vacat* (welche Kirche durch den Tod des Herrn Friedrich von Montfort einst Pfarrherrn derselben Kirche, unbesetzt ist). Diese Formulierung deutet eher auf den März 1285, weniger auf 1284 hin. Mit größter Wahrscheinlichkeit ist Friedrich I. von Montfort um den 12. März 1285 in Bregenz gestorben.

Die Jahrzeitfeiern, die am 12. März im Kloster Mehrerau bei Bregenz, am 13. März im Konstanzer Münster und am 14. März in der Churer Bischofskirche stattfanden, lassen erkennen, daß Friedrich I. von Montfort für sein Seelenheil eine überreiche Vorsorge getroffen hat. In Bregenz, Konstanz und Chur, den wichtigsten Stationen seiner geistlichen Laufbahn bewahrte man das Andenken an seine Tätigkeit. Man kann sich vorstellen, daß auch sein Begräbnis bzw. der »Dreißigste« mit aufwendiger Pracht, gefeiert wurde und die Montforter Familie in Bregenz zusammengeführt hat.

Die Mehrerauer Jahrzeit deutet darüber hinaus darauf hin, daß Friedrich I. von Montfort seine letzte Ruhestätte in Unserer-Lieben-Frauen-Kapelle im Erbbegräbnis der Grafen von Bregenz und von Montfort zu Bregenz gefunden hat. Auch sein Halbbruder Hugo II. von Montfort war hier – ungeachtet der Gewalttaten, die er in den Wirren der Stauferkriege gegen das Kloster verübt hatte – beigesetzt worden[45].

Friedrich I. von Montfort gehört nicht zu den großen Vertretern der regionalen höheren Geistlichkeit. Allzusehr stand er im Schatten seines Bruders Heinrich I. und seines Neffen Friedrich II., beide Bischöfe von Chur. Zeitweise ist er durch die Identifikation mit Friedrich II. gänzlich aus der geschichtlichen Überlieferung verschwunden. Sein Lebensweg weist einen Bruch auf; weder in der weltlichen noch in der geistlichen Laufbahn gelangte er deswegen zu den höchsten Zielen, die er auf Grund seiner Herkunft anzustreben berufen war. Es ist ihm nie gelungen, im eigentlichen Sinne Herrschaft auszuüben. Es gab montfortische Ministerialen, die in dieser Hinsicht erfolgreicher waren. Von seiner Herkunft wäre Friedrich I. von Montfort berufen gewesen, das Amt eines Bischofs von Chur zwischen den beiden Montforter Heinrich I. (1251 – 1272) und Friedrich II. (1282 – 1290) auszufüllen.

Es ist bezeichnend, daß ein Siegel Friedrichs I. von Montfort nicht überliefert ist. Man kann das gewiß einer spärlichen Überlieferungslage zuschreiben. Aber andererseits ist die mangelhafte Überlieferung nicht zuletzt durch eine gewisse Mittelmäßigkeit seiner Bedeutung bedingt.

---

43 Vgl. Anm. 34.
44 So z. B. Roller, Grafen von Montfort, S. 153 bzw. Ulmer (wie Anm. 36), S. 87.
45 Bilgeri, Geschichte, Bd. 1, S. 175.

Friedrich I. von Montfort erscheint als ein Beispiel dafür, daß adelige Geburt zwar den Rahmen für eine gewisse Karriere mit in die Wiege gelegt hat, daß aber doch mehr dazu gehörte, aus dieser Grundlage etwas zu machen. Das scheint Friedrich I. von Montfort nicht gelungen zu sein.

Dennoch bleibt sein Lebensweg für den Historiker ein lehrreiches Beispiel. Auch in einem Feudalsystem kommt es nicht allein auf die Herkunft an: Die eigene Tatkraft, aber auch die Gunst eines Augenblicks bestimmen nicht weniger den von gesellschaftlichen Zwängen in groben Umrissen vorgezeichneten Lebensweg.

Rudolf III. von Montfort (1260 – 1334)
Bischof von Chur und Konstanz

Wenn man sich von der Hausgeschichte der Grafen von Montfort[1] der Persönlichkeit des Konstanzer Bischofs Rudolf von Montfort nähert, so ist man verwirrt durch die große Zahl der Regesten[2] und sonstigen Aussagen von Chronisten und Historikern, die zuletzt von Brigitte Degler-Spengler[3] für die Helvetia Sacra zusammengefaßt worden sind.

Schlüsselszenen der Biographie Rudolfs von Montfort erscheinen in einigen zeitgenössischen bildlichen Darstellungen. So findet man am Beginn der Zürcher Wappenrolle[4] Kurfürsten-, Fürsten- und Grafenwappen, die sich allesamt als die Wähler und Anhänger Friedrichs des Schönen, des habsburgischen Gegenkönigs Ludwigs des Bayern, identifizieren lassen. Das persönliche Wappen Rudolfs von Montfort erscheint dabei unter der Bezeichnung *KUR*[5]. Da Rudolf 1322 nur wenige Monate Bischof von Chur gewesen ist, datiert diese Darstellung unmittelbar vor der Schlacht bei Mühldorf. Etwa gleichzeitig ist jener *Turm der tausend Schilde*, mit dem ein Weissenauer Mönch das *Speculum humanae salvationis* (Spiegel menschlicher Erlösung) illuminiert hat[6]. Auch hier wird auf den Thronstreit Bezug genommen: exponiert der Reichsadler, der österreichische Bindenschild, das Feldkircher Banner Rudolfs III., es folgen Württemberg, Baden, Hohenzollern sowie eine Reihe kleiner Adeliger aus dem Bodenseeraum. Das Motiv entstammt dem Hohenlied 4.4 und ist ein Ausdruck der zeitgenössischen Marienverehrung:

> *Wie der Turm Davids ist dein Hals,*
> *in Schichten von Steinen erbaut,*
> *tausend Schilde hängen daran,*
> *lauter Waffen von Helden.*

---

1   Maßgeblich ist immer noch das bekannte Werk des Rottenburger Domkapitulars Johann Nepomuk von Vanotti (1777–1847).

2   Schon vor den REC wurden diese zusammengefaßt von Alexander Cartellieri, Regesten.

3   Helvetia Sacra, I/2, S. 219–297.

4   Walther Merz und Friedrich Hegi, Die Wappenrolle von Zürich. Ein heraldisches Denkmal des vierzehnten Jahrhunderts, Zürich 1930, Tafel III nach S. 20.

5   Ebd., Tafel III nach S. 20, Nr. 36.

6   Speculum humanae salvationis (Codices selecti, 32), Bd. 1, Graz 1972, Fol. 12^{r} und Bd. 2 (Kommentarband von Willibrod Neumüller), S. 26 f.

Drittes Bild ist ein Ablaßbrief für St. Felix und Regula in Zürich, ausgestellt am 1. September 1332 in Avignon, bestätigt von Rudolf am 20. Januar 1333[7]. Dargestellt sind eine Muttergottes, der Pfarrer Magister Walther von Wädenswil und der Bischof, den Hirtenstab in der Hand, die Worte sprechend: *Ratificamus et confirmamus* (wir bestätigen und bekräftigen).

Das Brustbild des Bischofs ist auf Rudolfs Münzen[8], der thronende Bischof auf den meisten seiner Siegel[9] dargestellt. In allen Siegeln erscheint das Bild der Verkündigung an Maria.

Das überlieferte Bildmaterial weist hin auf die historisch-politische Bedeutung Rudolfs im Thronstreit, der sich zu einer grundsätzlichen Auseinandersetzung zwischen Kaiser und Papst entwickelte. Andererseits finden sich in der – auch in vielen Weihe- und Ablaßurkunden – bezeugten Marienverehrung Anzeichen einer tiefen Frömmigkeit, die in einem eigenartigen Widerspruch zu den kriegerischen Idealen steht, denen Rudolf Zeit seines Lebens anhing.

Rudolf war der Sohn des Grafen Rudolf II. von Feldkirch und der Agnes von Württemberg-Grieningen.

Dem Geburtsjahr Rudolfs hat Meinrad Pichler[10] einen eigenen Exkurs gewidmet. Die Literatur hat sein Ergebnis 1275/80 stillschweigend übernommen. Hier sind aber noch einige Zweifel angebracht. Man kann bei allen Dispensmöglichkeiten nicht ernsthaft annehmen, daß der 1283 erstmals als Domherr genannte[11] Rudolf erst 3 Jahre alt gewesen ist; oder auch 8 Jahre. Denn immerhin tritt er als Zeuge auf, was für Volljährigkeit spricht.

Es steht auch keineswegs fest, daß Hugo IV., der 1282 und 1283 siegelt[12], der ältere Bruder Rudolfs ist. Man könnte nämlich wie bei Hugo VI. von Montfort, dem Churer Elekt von 1298[13], an einen auch sonst zu beobachtenden Brauch denken, daß bei entsprechender Eignung gemäß Numeri 3,45 gerade der älteste Sohn für den geistlichen Stand bestimmt wurde.

Vom Vater Rudolf II. steht fest, daß er 1252 volljährig war[14], also wohl bald danach

---

7   REC, Bd. 2, Nr. 4307.

8   Die Bischöfe von Konstanz, hg. v. Elmar L. Kuhn, Eva Moser, Rudolf Reinhardt und Petra Sachs, Bd. 1 Geschichte, Bd. 2 Kultur, Friedrichshafen 1988; hier der Beitrag von Ulrich Klein, Die Münzen und Medaillen, Bd. 2, S. 178 – 194, besonders S. 183, Nr. 89 und Nr. 90 sowie Nr. 184.

9   Liesching, Siegel und Wappen, S. 199, Abb. 2, sowie zur Bilderklärung auch S. 259, Anm. 11; zusätzliche Hinweise bei Liesching, Siegel der Grafen von Montfort-Feldkirch, S. 59 f, Nr. 156–160a, dazu die Abb. 156, 160 und 160a.

10 Meinrad Pichler, Graf Rudolf II. von Montfort-Feldkirch, Bischof von Chur und Konstanz (um 1275 – 1334) [Hausarbeit in Geschichte], Wien 1972, hier S. 53 – 54.

11 BUB, Bd. 3, 77 f.

12 UBSG, Bd. 3, S. 233, Nr. 1032; BUB, Bd. 3, S. 77 f, Nr. 1126.

13 Burmeister, Hugo VI. S. 392.

14 Thommen, Bd. 1, S. 37, Nr. 58.

geheiratet hat. Die Ehe ist für 1265 als bestehend bezeugt[15]. Bereits 1275 existiert eine verheiratete Tochter Elisabeth[16]. Daraus folgt, daß die Eheschließung spätestens zwischen 1255 und 1260 erfolgt sein muß.

Mit hoher Wahrscheinlichkeit sind dann auch die Kinder aus dieser Ehe in rascher Folge zur Welt gekommen: Elisabeth, Rudolf, Hugo[17], Ulrich[18] und Adelheid[19]. Für Rudolf wäre somit ein Geburtsjahr um 1260 anzunehmen. Diese These wird noch durch eine andere Quelle bestätigt. Johannes von Winterthur bezeichnet Ulrich II., den jüngeren Bruder Rudolfs, für 1343 als »quasi octogenarius«[20]; er wäre dann also um 1263 geboren. Wir dürfen diese Aussage für einigermaßen verläßlich halten, weil Johannes von Winterthur Ulrich II. während dessen Lindauer Exil persönlich kennengelernt hat. Für das hohe Alter spricht auch, daß seine Neffen ihn damals zu einem Erbverzicht erpreßten, weil sie nicht länger auf das Erbe des alten Herrn warten wollten. Schließlich paßt auch der Bericht Jakob Mennels, Rudolf habe kurz vor seinem Tod den Abfall vom Papst bereut, *dum iam senio ei corporis imbecillitate molestaretur*[21] (als er schon unter dem Alter und körperlicher Schwäche litt), eher auf einen 70jährigen als auf einen 55jährigen Mann.

Es bleiben freilich Einwände gegen die Annahme, Rudolf sei 1260 geboren, bestehen. Daß Rudolf bei seiner Immatrikulation in Bologna schon über 40 Jahre alt war, wiegt nicht besonders schwer, weil das Studienalter der Kanonisten – schon wegen der hohen bildungsmäßigen Anforderungen – ohnehin überdurchschnittlich hoch gewesen ist[22]. Erheblicher ist der Einwand, warum sich Rudolf zwischen 1283 und 1301 nicht ein einziges Mal nachweisen läßt.

Rudolf dürfte die Stiftsschule in Chur besucht haben. In Chur war sein Großonkel Heinrich von Montfort bis 1272 Bischof[23], ein anderer Großonkel Friedrich I. war Domherr[24], sein Onkel Friedrich II. 1273 – 1282 Dompropst und dann Bischof[25], sein Onkel Heinrich III. seit 1282 Domherr und seit 1288 Dompropst[26]. Nirgendwo konnte es für Rudolf bessere Voraussetzungen für eine geistliche Karriere geben als hier in Chur, wo er bald den sicheren Umgang mit der lateinischen Sprache in Wort und Schrift

15 Vgl. Roller, Grafen von Montfort, S. 154, Nr. 9.
16 Ebd., S. 158, Nr. 21.
17 Ebd., S. 156, Nr. 17.
18 Burmeister, Graf Ulrich II., S. 121–130.
19 Roller, S. 157 f., Nr. 20.
20 Baethgen, Chronik , S. 217.
21 Jakob Mennel, Chronicon Episcopatus Constantiensis. In: Johannes Pistorius, Rerum Germanicarum veteres iam primum publicati Scriptores VI, Frankfurt 1607, S. 615–722 (hier S. 675).
22 Burmeister, Studium der Rechte, S. 200.
23 Affentranger, Heinrich III., S. 209–240.
24 Burmeister, Friedrich I., S. 11–20.
25 Helvetia Sacra I/1, S. 480.
26 Helvetia Sacra I/1, S. 538.

erlernte. In Chur erhielt Rudolf wohl auch die ersten niederen Weihen. Spätestens 1283 wurde er Domherr.

Dann wird er erst wieder 1301 genannt[27], und zwar gemeinsam mit seinem Bruder Hugo IV. in dem freisingischen Außenposten Bischofslack, heute Škofja Loka, bei Laibach. Auch zum Bistum Freising bestanden verwandtschaftliche Beziehungen, über die auch Rudolfs Vetter Hugo VI., der Churer Elekt von 1298, Domherr von Freising und Propst des Stiftes St. Zeno in Isen geworden war[28]. Möglicherweise war Rudolf darauf aus, den Spuren seines Vetters zu folgen. Dafür spricht auch die Aufnahme des Studiums in Bologna, wo Hugo VI. 1285–1288 zugebracht hatte[29].

1303 nehmen Rudolf und sein Bruder Ulrich das Studium des Kirchenrechts auf[30]. Sie zahlen die ihrer Stellung angemessen hohe Einschreibgebühr von 6 bzw. 3 Pfund. Mit anderen deutschen Scholaren nehmen sie am 11. Mai 1303 einen Kredit in Höhe von 600 Pfund mit viermonatiger Laufzeit auf[31], der in erster Linie wohl der Anschaffung der teuren Bücher galt. Nach den Statuten war eine Vorlesung, zu der ein Student ohne Buch erschien, ein Versäumnis[32]. Heinrich von St. Gallen, der spätere Offizial Rudolfs in Konstanz, der 1285 zusammen mit Hugo VI. von Montfort in Bologna studiert hatte, ist der Verfasser eines Formelbuches, in dem u.a. ein Briefformular eines Studenten enthalten ist, der seinen Vater vor die Alternative stellt, entweder Geld zu schicken oder sich mit dem Abbruch der Studien des Sohnes abzufinden[33]. Die kurze Laufzeit des Kredits deutet darauf hin, daß die Studenten innert vier Monaten von zuhause Geld erwarteten; sonst hätten sie diese Summe kaum zurückzahlen können.

Der Kreditvertrag ist aber noch in anderer Hinsicht interessant. Die sechs Scholaren versprechen, zwei als Bürgen einspringende einheimische Mitschuldner von jedem Schaden freizuhalten. Als solche Mitschuldner treten gewöhnlich die Herbergsväter[34] auf. Und so können wir vermuten, daß Rudolf und sein Bruder bei dem aus Zürich gebürtigen Heinrich de Scala bei der Kapelle S. Nikolaus de Albaris gewohnt haben[35].

Rudolf hat sich vermutlich von 1303 bis 1306 in Bologna aufgehalten. Der Erwerb eines akademischen Grades kam für Angehörige des Hochadels nicht in Betracht. Aber Rudolf hat dennoch solide Kenntnisse in der Kanonistik und im römischen Recht erworben. Sein späteres Wirken als Generalvikar und Offizial fällt in die Blütezeit der

---

27 Joseph von Zahn, Codex Diplomadcus Austriaco-Frisingensis (Fontes Rerum Austriacarum, 2. Abt., 31), Bd. 2, Wien 1871, S. 13 ff., Nr. 444.
28 Burmeister, Hugo VI., S. 400 ff.
29 Stelling-Michaud, Les juristes suisses, S. 254, Nr. 10.
30   Ebd., S. 280 f.
31   Ebd., S. 280 f.
32 Burmeister, Studium der Rechte, S. 213 f.
33 Oswald Redlich, Ein oberrheinisches Formelbuch aus der Zeit der Habsburger. In: Zeitschrift für die Geschichte des Oberrheins 50, 1896, S. 1 – 35 (hier S. 34).
34 Stelling-Michaud, L'Université de Bologna, S. 79.
35 Stelling-Michaud, Les juristes suisses, S. 280 f.

Frührezeption fremder Rechte in Chur, in der sich das römisch-kanonische Prozeßverfahren durchsetzte[36]. Clavadetscher hat an verschiedenen Beispielen die Vertrautheit Rudolfs mit dem römischen Recht aufgezeigt, etwa die Verwendung von possidere (besitzen) im römischrechtlichen Sinne in verschiedenen Urkunden[37], die Verwendung umfangreicher Renuntiationsformeln[38], dann auch des Begriffs bona fides[39] (guter Glaube) usw. Rudolf lernte auch das italienische Notariat schätzen; denn 1324 bedauert er in einem Brief an den Papst, daß in Alemannien der Gebrauch von Notaren nicht üblich sei und er deswegen kein öffentliches Instrument ausstellen lassen könne[40].

Rudolf zeigt sich auch im Kirchenrecht beschlagen. 1315 läßt er im Kloster Marienberg die Altäre abreißen und neu aufrichten, weil sie aus Zement und nicht aus Naturstein waren[41].

1332 findet er ein Privileg Papst Alexanders, daß die Augustinereremiten trotz des Interdikts unter bestimmten Bedingungen Messe lesen dürfen, und befiehlt seinem Klerus, in den interdizierten Städten nach diesen Vorschriften vorzugehen[42].

Nach der Rückkehr aus Italien wurde Rudolf 1307 Dompropst in Chur[43]. Obwohl er bis 1322 in diesem Amt blieb, verblaßt seine Tätigkeit als Dompropst gegenüber jener der Stellvertretung des Bischofs seit 1310. Allein schon die Sitzungen des Domkapitels oder die Wahlvorgänge erforderten aber eine erhebliche Geschäftigkeit. Der urkundliche Niederschlag des Amtes erschöpft sich jedoch in einem Leibeigenentausch[44] oder einem Hausverkauf[45]. Als Dompropst führte Rudolf ein eigenes Siegel, das 1311–1319 nachweisbar ist: im Spitzoval die Verkündigung an Maria, darunter ein kleiner Schild mit dem Montfortwappen. Die Umschrift lautet: *Sigillum Rudolfi comitis de Monteforti Praepositi Ecclesie Curiensis*[46] (Siegel des Grafen Rudolf von Montfort, Propst der Churer Kirche).

Im gleichen Jahr 1307 wurde Herzog Heinrich von Kärnten und Graf von Tirol, Inhaber eines Hofamtes des Bischofs von Chur[47], König von Böhmen. 1307 – 1310 suchte er sich gegen andere Konkurrenten durchzusetzen. Graf Eberhard von Württemberg u.a., nicht zuletzt auch Rudolf von Montfort, stellten sich in seine Dienste.

36 Clavadetscher, Die geistlichen Richter, S. 113 und S. 115.
37 Ebd., S. 84 und S. 119.
38 Ebd., S. 84 und S. 119.
39 Ebd., S. 84.
40 Rec, S. 474, n. 106.
41 P. Goswin, Chronik des Stiftes Marienberg, hg. V. P. Basilius Schwitzer (Tirolische Geschichtsquellen, 2.), Innsbruck 1880, S. 96 f.
42 Rec, Nr. 4298.
43 Helvetia Sacra, I/1, S. 538.
44 Mohr, Codex Diplomaticus., Bd. 2, S. 247, Nr. 167.
45 Ebd., S. 254 f., Nr.175.
46 Liesching, Siegel der Grafen, S. 59, Nr. 156 (mit Abb.).
47 Über ihn vgl. Hermann Wiesflecker, Heinrich VI., Herzog von Kärnten. In: NDB 8, 1969, S. 361 – 363.

Wegen der Bezahlung kam es erst 1316 zu einem Vergleich[48]. Rudolf erhält 300 Mark Silber *... von der gysilschaft ze Kamp und von mines dienstes wegen, den ich ... tet ze Behain*, deren vollständige Bezahlung er 1319 quittierte[49].

Die Einzelheiten sind unbekannt. Es scheint, daß sich Rudolf für den König in der Form eines Einlagers verbürgt hatte, vielleicht in Cham im Böhmerwald, wo im Herbst 1307 Herzog Otto von Bayern, ein Parteigänger Heinrichs von Kärnten, Hof hielt und viele geistliche und weltliche Herren zusammenströmen ließ[50]. Von dort begab sich Rudolf wohl nach Prag, um dem bedrängten König beizustehen.

Eine unmittelbare Folge war, daß Rudolf 1308 zum Pfarrer von Tirol bei Meran erhoben wurde. 1308 und 1309 bezog er als solcher 10 Mark Silber *pro celebratione in monte sancti Zenonis*[51] (für Meßfeier auf dem St. Zenoberg), also für Meßfeiern auf der landesherrlichen Burg in Meran. Da Rudolf nicht geweiht war, kann es sich nur um eine Assistenz bei der Messe handeln.

Rudolf ist auch in den folgenden Jahren immer wieder in Meran nachweisbar. Noch 1322 gestattete ihm der Papst, diese Pfarre noch zwei Jahre nach seiner Bischofsweihe zu behalten[52]. Erst im Juni 1324 wurde sein langjähriger Vikar, der Churer Domherr Heinrich Mennel von Fußach, sein Nachfolger[53].

Am 1. Mai 1310 ist Rudolf in Zürich Zeuge bei der Rückgabe der Stadt Wil an den Abt von St. Gallen durch König Heinrich VII.[54], bei dem er in der Folge Königsdienst leistet. Rudolf quittiert am 29. September 1310 der Stadt Konstanz den Empfang von 41 Mark Silber *umbe den Dienst den wir im tun sont gen Lamparten*[55], und am 7. Oktober 1310 nochmals 75 Mark Silber *von des Römischen Chungz wegen*[56]. An dem Italienzug König Heinrichs im Herbst 1310 nahm Rudolf aber nicht teil[57]. Denn der Bischof von Chur bestellte ihn ja am 9. September 1310 gerade deswegen zu seinem Stellvertreter[58], damit er selbst abkömmlich war. Rudolf ist auch im September[59], Oktober[60] und

---

48 Schönach, Beiträge, S. 290.
49 J. E. Kopp, Geschichte der eidgenössischen Bünde, Bd. 4, 2. Abt. Luzern 1856, S. 472, Nr. 35.
50 Joseph Lukas, Geschichte der Stadt und Pfarrei Cham, Landshut 1862, S. 62.
51 Schönach, Beiträge, S. 289.
52 Johann Georg Mayer, Vaticano-Curiensia. Ungedruckte päpstliche Urkunden, die Diözese Chur betreffend, aus dem 13., 14. und 15. Jahrhundert. In: Jahresbericht der historisch-antiquarischen Gesellschaft von Graubünden 17, 1887, S. 27 – 39 (hier S. 33 f., Nr. 9).
53 REC, Nr. 4002; vgl. auch P. Coelestin Stampfer, Geschichte von Meran, Innsbruck 1889, S. 31.
54 UBSG, Bd. 3, S. 368 f., Nr. 1190.
55 Vanotti, S. 543, Nr. 11.
56 Ebd., S. 544, Nr. 12.
57 So mit Recht Meinrad Pichler, Rudolf von Montfort – ein Kirchenfürst zwischen Kaiser und Kurie. In: Montfort 34, 1982, S. 289 – 306 (hier S. 303, Anm. 7).
58 REC, Nr. 3904.
59 Vanotti, S. 543, Nr. 11. – Rec, Nr. 3906.
60 REC, Nr. 3907. – Vanotti, S. 544, Nr. 12.

November[61] 1310 in Feldkirch und im Dezember 1310[62] in Chur nachweisbar, so daß zeitlich gar kein Raum für eine Italienfahrt ist.

Das Versprechen, in der Lombardei Dienst zu tun, bezieht sich auf das Jahr 1311. Rudolf hat wohl am 26. April 1311 an der Einnahme von Cremona und der Demütigung der dortigen Guelfen teilgenommen[63]; denn am 9./10. Mai 1311 werden ihm dort weitere 100 Mark Silber ausgezahlt[64].

Wahrscheinlich hat König Heinrich VII. hier in Cremona, wo er sich bis Mitte Mai 1311 aufhielt, das Stadtrechtprivileg für Feldkirch ausgestellt. Die verlorene Urkunde wird 1328 so umschrieben[65], als habe Heinrich VII. sie als Kaiser, d.h. nach der Krönung vom 29. Juni 1312, gegeben. Ausdrücklich wird jedoch auf die Intervention Rudolfs bezug genommen, *der do ze den ziten in sinem dienst was.*

Das gilt aber nur bis Mai 1311. Denn vor Pfingsten 1311 ist Rudolf bereits wieder in Feldkirch[66], wo er mit aufsässigen Dienstmannen eine Fehde ausficht und die Neuburg belagert. Auch in den folgenden Monaten der Jahre 1311/12 weilt Rudolf in seiner Diözese.

Gegen einen weiteren Königsdienst würde auch das nicht verifizierbare Eingreifen Rudolfs für den geächteten Eberhard von Württemberg anläßlich der Belagerung der Burg Herrenzimmern durch Reichstruppen sprechen[67].

Am 9. September 1310 hatte der Bischof von Chur Siegfried von Gelnhausen in Colmar Rudolf alle geistliche Jurisdiktionsgewalt und die volle weltliche Verwaltung und Gerichtsbarkeit übertragen, weil er auf dessen Loyalität und Tüchtigkeit hohes Vertrauen setze, er selbst aber durch den Königsdienst verhindert sei[68].

Rudolf erhielt die Gewalt zu binden und zu lösen, die Klöster und Ordenspersonen zu visitieren, den Klerus und die Bevölkerung zurechtzuweisen, gegen Übertreter Strafen zu verhängen, die Klöster, Kleriker und Diözesanen zu besteuern und gegen Widersacher mit der Zensur vorzugehen. Die Stellvertretung galt für zehn Jahre. Und selbst als der Bischof nach dem plötzlichen Tod Heinrichs VII. 1314 vorzeitig zurückkehrte, änderte sich nichts. Der Bischof handelt nur selten, etwa bei der Weihe neuer Altäre oder bei Abwesenheit Rudolfs. 1310 – 1320 liegt sonst die gesamte Verwaltungstätigkeit bei Rudolf, der gleich einem Bischof amtete und dessen Wahl und

---

61 Mohr, Codex Diplomaticus, Bd. 2, S: 247, Nr. 167.

62 Ebd., Bd. 2, S. 215, Nr. 135.

63 William M. Bowsky, Henry VII. in Italy, Westport/Conn. 1971, S. 112 f.

64 Monumenta Germaniae Historica. Legum sectio IV: Constitutiones et acta publica imperatorum et regum, Bd. 4/2. Teil, hg. v. Jakob Schwalm, Hannover/Leipzig 1909/11 (Nachdruck 1981), S. 1148, Nr. 1149.

65 Das Privilegienbuch der Stadt Feldkirch, hg. v. Christine E. Janotta (Fontes Rerum Austriacarum, 3. Abt., Fontes Iuris 5.), Wien/Köln/Graz 1979, S. 30 f., Nr. 2.

66 Vanotti, S. 476, Regest 21.

67 Ebd., S. 67 f.

68 REC, Nr. 3905; Johann Georg Mayer, Geschichte des Bistums Chur, Bd. 1, Stans 1907, S. 332 ff.

Ernennung zum Bischof 1322 nur die logische Folge aus seinem bisherigen Wirken war[69].

Mit dem Tod Hugos IV. von Montfort ging die Regierungsgewalt in Feldkirch auf dessen geistliche Brüder Rudolf und Ulrich über, die auch die Vormundschaft über ihre Neffen übernahmen[70]. Vom September bis November 1310 hielt sich Rudolf in Feldkirch auf, um die Angelegenheiten seiner Grafschaft neu zu regeln. Erstmals wurden die Rechtsverhältnisse auf eine schriftliche Basis gestellt, einerseits durch das schon erwähnte königliche Privileg von 1311[71], andererseits durch die nach 1322 eingeleitete Kodifizierung des Stadtrechts[72]. 1331 führte Rudolf eine veränderte Erbordnung ein[73]. Reformiert wurde auch zwischen 1310/13 das Finanzwesen. Durch die Anlage des sogenannten Mistrodels wurden die Abgaben der Bürger festgeschrieben: jede Hofstatt hatte jährlich ein Fuder Mist für die gräflichen Weingärten abzuliefern[74]. 1313 wurden auch die Einkünfte der Pfarrei erstmals aufgezeichnet[75]. Rudolf machte eine Jahrzeitstiftung, verbunden mit einer Brotspende an die Armen[76] 1314 genehmigte er eine solche seiner Mutter Agnes[77].

Rudolf förderte auch Stadt und Land durch die Ansiedlung von Juden[78], die wohl aus Konstanz kamen, sowie durch die Ansiedlung der zu Kriegsdienst verpflichteten, aber auch mit besonderen Freiheiten ausgestatteten Walser, die planmäßig die Hochtäler in Besitz nahmen, 1313 Laterns[79] oder 1326 Damüls[80].

Neue Akzente setzte Rudolf, indem er die Pfarre in Feldkirch mit Scholaren aus Bologna besetzte[81], zuerst mit Heinrich Malär, der den Pfarrherren von St. Nikolaus etliche große Bücher hinterließ sowie die erste Orgel anschaffte. Ihm folgte Heinrich von Wetzikon, 1322 auf Bitten Rudolfs vom Makel der unehelichen Geburt befreit; er war ein Illegitimer von Landenberg. 1335 wurde er Kaplan in Meran. Zur Hebung der Seelsorge stiftete Rudolf 1328 den Heilig-Kreuz-Altar in der Nikolauskirche in Feld-

---

69 Mayer, S. 334: »billig«.
70 Bilgeri, Geschichte, Bd. 2, S. 22 ff.
71 Es bleibt damit zu rechnen, daß die Wünsche, die Rudolf König Heinrich VII. gegenüber 1311 geäußert, erst im Laufe des Jahres 1312 in einem schriftlichen Privileg niedergelegt wurden.
72 Mone, Stadtrecht, S. 129–171.
73 Privilegienbuch (wie Anm. 65), S. 31 f., Nr. 3.
74 Winkler, Mistrodel, S. 137–143.
75 Stadtarchiv Feldkirch, Hs. 78, Jahrzeitbuch von St. Nikolaus (Kopie im Vorarlberger Landesarchiv, Hds. u. Cod. Lichtbildserie 27).
76 Ebd., vor Fol. 1ʳ (Urkunde vom 18. Mai 1313).
77 Ebd., Fol. 1ᵛ.
78 Burmeister, Feldkirch, S. 47 ff.
79 Urkunde vom 29. Mai 1313, abgedruckt im 32. Jahresbericht des Vorarlberger Landesmuseumsvereins für 1893, S. 38 ff.
80 Ebd., S. 40 f. (Urkunde vom 16. Juni 1326).
81 Burmeister, Feldkirch, S. 46.

kirch[82]. So erfuhr Feldkirch unter der Regierung Rudolfs bedeutsame Veränderungen wie nie zuvor. Im Kleinen enthalten diese Reformen manchen Ansatz von dem, was Rudolf später in Konstanz zu verwirklichen trachtete.

Ulrich II. wechselte um 1315 in den weltlichen Stand[83] und wurde zum Statthalter Rudolfs. Rudolf hatte erstmals auch eine moderne Beamtenschaft aufgebaut. So werden im Mistrodel um 1310 zwei Schreiber genannt[84]: Konrad und Rudolf; letzterer ist vielleicht identisch mit dem Konstanzer bischöflichen Notar Rudolf. 1323 läßt sich erstmals ein Stadtschreiber in Feldkirch nachweisen. Zum Teil übernahm Rudolf später seine Feldkircher Beamten nach Konstanz. So wurde *Maister Johann der Huser* bischöflicher Siegelbewahrer[85]. Hugo von Tosters wurde bischöflicher Vogt in Klingnau[86].

Im Reich war es nach dem Tod Heinrichs VII. zu einer Doppelwahl gekommen[87]: der Habsburger Friedrich der Schöne wurde am 20. Oktober 1314 durch den Erzbischof von Köln, den Pfalzgrafen bei Rhein, Herzog Rudolf von Sachsen und den böhmischen Titularkönig Heinrich von Kärnten gewählt. Am Tag darauf wählten die Erzbischöfe von Mainz und Trier, der Markgraf von Brandenburg, Herzog Johann von Sachsen-Lauenburg und der König Johann von Böhmen Ludwig den Bayern. Am 27. November 1314 wurden beide gekrönt, Friedrich durch den Erzbischof von Köln in Bonn, Ludwig durch den Erzbischof von Mainz in Aachen. Im Kampf um den Thron standen sich die bayerischen und österreichischen Heere wiederholt gegenüber, wichen aber einer Entscheidungsschlacht aus. Erst am 28. September 1322 besiegte Ludwig bei Mühldorf am Inn seinen habsburgischen Konkurrenten.

Die Grafen von Montfort und von Werdenberg ergriffen Partei für den Habsburger. Rudolf stellte sich am 31. August 1315 im Felde bei Augsburg gegen einen Sold von 700 Mark Silber auf die Seite Friedrichs des Schönen[88].

Obwohl Habsburger und Montforter lange Zeit Gegner waren, kann man nicht von einer Kehrtwendung der Familie sprechen. Denn schon bald nach der Schlacht von Göllheim finden wir 1298 Rudolfs Vater im Gefolge König Albrechts I.[89] Noch weniger ist eine persönliche Kehrtwendung Rudolfs zu sehen. Denn Heinrich von Kärnten, dem Rudolf verpflichtet war, hatte schon 1311 mit den Habsburgern Frieden geschlossen, ja er gehörte sogar zu den Wählern Friedrichs des Schönen. Dazu kam, daß Rudolf auch die Interessen des Hochstiftes Chur gegen dessen Feind Donat von Vaz zu wahren hatte.

82 Stadtarchiv Feldkirch, Hs. 78 (Kopie im Vorarlberger Landesarchiv, Hds.u.Cod. Lichtbildserie 27), Bl. 1.

83 Burmeister, Ulrich II., S. 122.

84 Winkler, Mistrodel, S. 140 ff., Nr. 3 und Nr. 40.

85 Rec, Nr. 4257.

86 Rec, Nr. 4256.

87 Vgl. dazu Alois Schütz, Ludwig d. Bayer, Kaiser. In: NDB 15, 1987, S. 334 – 347.

88 Vanotti, S. 476, Regest Nr. 25.

89 Am 14. Oktober 1298 in Basel. Vgl. Urkundenbuch der Stadt Basel, Bd. 3, bearb. v. R. Wackernagel und R. Thommen, Basel 1896, Nr. 433 und Nr. 434.

Im Juni 1320 verhandelte eine Gesandtschaft Friedrichs des Schönen in Avignon über ein Bündnis mit König Robert von Jerusalem und Neapel. Zu den fünf Prokuratoren und nuntii speciales gehörten auch Rudolf und Graf Eberhard von Württemberg[90]. Dieser Aufenthalt in Avignon förderte ohne Zweifel die Karriere Rudolfs, da auch der Papst ihn als einen entschiedenen Verfechter der habsburgischen Sache kennenlernte, der die Interessen der Kurie gegen Ludwig den Bayer zu vertreten in der Lage war.

Am 19. Juli 1321 starb der Bischof von Chur. Drei Monate später stellte das Domkapitel eine Wahlkapitulation auf. Der Dompropst Rudolf erklärte[91], das Domkapitel niemals besteuern zu wollen. Gleichzeitig überließ er den Domherren den ihm auf Zeit zugewiesenen Weinberg zu Malans. Rudolf konnte bei der Wahl alle Stimmen bis auf eine auf sich vereinigen. Lediglich ein Domherr entschied sich für Marquard von Tinzen, der gegenüber Rudolf einen Vorzug aufwies: er war Priester. Er wollte deswegen die Entscheidung dem Papst überlassen. Beide reisten nach Avignon, um in die Hände des Papstes auf ihre Wahl zu verzichten[92].

Johannes XXII. ernannte am 19. März 1322 Rudolf zum Bischof von Chur[93], der die folgenden Monate in Avignon blieb. Er nutzte die Zeit, seine Wahl durch eigene Boten bekannt zu geben. So erschien am 13. Mai 1322 sein *famulus* (Diener) in Meran, wo er eine Ehrengabe empfing *pro pane nunciali, quando factus fuit episcopus*[94] (für Botenbrot als er zum Bischof gemacht wurde). Am 4. Juli 1322 entließ der Papst Rudolf mit seinem Segen. Er legte ihm auf, sich in gebotener Zeit von einem Bischof der Gegend zum Diakon, Priester und Bischof weihen zu lassen und diesem gegenüber den Treueid zu leisten[95].

Drei Monate später, am 1. Oktober 1322, ernannte ihn der Papst zum Bischof von Konstanz[96]. Er befreite ihn kurz darauf von der Verpflichtung, selbst in Avignon erscheinen zu müssen. Die Administration des Bistums Chur sollte er bis auf weiteres beibehalten. Domkapitel, Klerus, Volk und Vasallen des Bistums Konstanz wurden vom Papst ermahnt, dem neuen Bischof gehorsam zu sein[97]. Dieselbe Aufforderung ergeht auch an Chur[98].

Der Termin der Bischofsweihe läßt sich annähernd bestimmen. Er liegt vor der Wahlkapitulation vom 2. Juni 1326 (... wie er das bei seiner Konsekration geschworen

---

90 Monumenta Germaniae Historica. Legum sectio IV: Constitutiones et acta publica imperatorum et regum, Bd. 5, hg. v. Jakob Schwalm, Hannover/Leipzig 1909/13 (Nachdruck 1981), S. 468 f.

91 Mohr, Codex diplomaticus, Bd.2, S. 265 f., Nr. 188.

92 Helvetia Sacra I/l, S. 482; Mayer (wie Anm. 68), S. 334; Rec, Nr. 3947.

93 Sigmund von Riezler, Vatikanische Akten zur deutschen Geschichte in der Zeit Kaiser Ludwigs des Bayern, Innsbruck 1891 (Reprint Aalen 1973), S. 145, Nr. 276.

94 Schönach, Beiträge, S. 292.

95 Mayer, Vaticano-Curiensia (wie Anm. 52), S. 34, Nr. 10.

96 Ebd., S. 34 f., Nr. 11.

97 REC, Nr. 3943.

98 REC, Nr. 3945.

hat ...)[99] und vor der Einweisung des Heinrich von Fußach in die Pfarre Tirol vom 21. Juli 1324 (... die sich durch dessen Bischofsweihe erledigt hat ...)[100]. Andererseits liegt sie nach dem 20. April 1323, an dem Rudolf letztmals sein Siegel mit der Titulatur *Electi et Confirmati Episcopi* (des erwählten und bestätigten Bischofs) verwendet[101] und nach dem 23. April 1323, an dem er zum letzten Mal als *erwählter und bestätigter* Bischof bezeichnet wird[102]. Vielleicht kann diese Zeitgrenze durch weitere Urkunden- und Siegelfunde noch näher eingegrenzt werden. Rudolf dürfte aber wohl bald nach dem 23. April 1323, vermutlich noch im Mai dieses Jahres, konsekriert worden sein. Nicht ganz erklärlich ist die Überlieferung, Rudolf habe seine erste Messe erst am 30. August 1327 anläßlich der Konstanzer Synode gefeiert[103]. Es mag sein, daß er mit diesem Auftritt ein Zeichen setzen wollte und deshalb auf einen besonders spektakulären Anlaß gewartet hat.

Trotz seiner Ernennung zum Bischof von Konstanz behielt Rudolf noch bis Ende Juni 1325 die Administration über das Bistum Chur bei. Der Papst wollte damit Rudolfs Position in Konstanz stärken. Der Gubernator von Chur sollte die volle Gewalt in geistlichen und in weltlichen Angelegenheiten haben und alle Einkünfte genießen.

Herausragendes Ereignis der Pflegschaft in Chur ist die Fehde gegen Donat von Vaz, in der Rudolf bei Davos und entscheidend bei Filisur geschlagen wurde[104]. Der mit großer Härte geführte Krieg hinterließ bleibende Schäden, vor allem unter der bäuerlichen Bevölkerung, und schmälerte die Einkünfte des Bistums.

Der Krieg in Graubünden zögerte Rudolfs Ankunft in Konstanz bis Januar 1323 hinaus. Das Bistum befand sich durch die vierjährige Sedisvakanz in einem desolaten Zustand: zahlreiche Güter waren entfremdet, die Finanzen zerrüttet, bedeutende Zahlungen waren an die Kurie zu leisten[105]. Der Zustand war so schlecht, daß der Papst befürchtete, Rudolf werde Güter des Hochstiftes Chur veräußern, um damit Konstanz zu sanieren[106]. Die Zahlungen und Aufwendungen für den Rückerwerb entfremdeter Güter bedingten Kredite[107] sowie neuerliche Veräußerungen oder Verpfändungen. Um 400 Pfund Pfennig verkaufte Rudolf den Konstanzer Zoll auf vier Jahre[108]. In der Wahlkapitulation mußte Rudolf versprechen, keine Burgen ohne Zustimmung des Domkapitels zu veräußern und bestimmte heimfallende Lehen, u.a. Markdorf, nicht weiter zu verleihen[109]. Trotzdem gelang es Rudolf, der sich schon in Meran durch die

---

99   REC, Nr. 4087.
100 REC, Nr. 4002.
101 Generallandesarchiv Karlsruhe, Urkunde vom 20. April 1323. Siegel mit der Umschrift: »Rudolfi di. et aplice. sed. gra. electi et confirmati ecclesie Constanciensis«.
102 REC, Nr. 3958.
103 REC, Nr. 4111.
104 Vanotti, S. 71 f. – REC, Nr. 3953.
105 REC, Nr. 3970, 3971, 3982.
106 REC, Nr. 3944.
107 REC, Nr. 4022.
108 REC, Nr. 4009.
109 REC, Nr. 4087.

Verdopplung der Pfarreinkünfte als Finanzgenie erwiesen hatte, zahlreiche Güter zurückzuerwerben.

Wie zuvor in Feldkirch, suchte Rudolf auch in Konstanz eine Übersicht über die Einkünfte zu gewinnen. Er legte 1324 den *Liber quartarum*[110] an: der Bischof erhielt ein Viertel des Zehnten der dort verzeichneten Pfründen; im gleichen Jahr den *Liber bannalium*[111]: Abgaben für die Verwaltung der Archidiakonate sowie Straf- und Zwangsgelder, die für sittliche Vergehen an den Bischof zu zahlen waren.

Rudolf plante auch *zu bessrer finanziellen Ausbeute des Münzregals den umlaufenden Pfennig zu verrufen*[112]. Die Stadt befürchtete jedoch eine Teuerung und zahlte Rudolf 60 Mark Silber gegen die Verpflichtung, auf 11 Jahre keine neuen Pfennige schlagen zu lassen, sie seien denn den im Umlauf befindlichen genau gleich[113]. Als Marktherr schröpfte Rudolf die Stadt um weitere 30 Mark Silber mit der Drohung, den Markt vor der Stephanskirche an einen anderen Ort zu verlegen[114].

So sind auch die hohen Geldstrafen zu verstehen, die anläßlich der Synode um 1327 verhängt wurden. *Dyocesanus vero locupletatus est nimis*[115] (der Bischof aber wurde allzusehr bereichert) schreibt Johannes von Winterthur, und Schulthaiß: *Mit dem zügen die priester laydsam und trurig von dannen, sy hatten das har gelassen. Der bischoff empfing das straffgelt, ward damit mechtig und reych*[116].

Überhaupt galten die 1327 angeordneten Visitationen nicht allein der Besserung des Klerus; sie waren auch eine finanzwirtschaftliche Maßnahme, ordneten sie doch die Verzeichnung der Einkünfte aller Kirchen an und legten Zahlungsfristen fest[117]. Zugleich strebte Rudolf eine Revision seines Archivs an[118].

Die Synode vom 30. August bis 1. September 1327 war dadurch etwas ins Zwielicht geraten. Dennoch sind die im *Hirtenbrief* erlassenen Satzungen ein hervorragendes Dokument über den sittlichen Zustand des zeitgenössischen Klerus[119]. Rudolf erläßt Vorschriften über die Sakramente, die Begräbnisse, die Kleidung und Tonsur, die Kohabitation, das kirchliche Strafrecht, den Wirtshausbesuch und das Spielen[120]. Vor-

---

110 Haid, Liber Quartarum, S. 1 – 62 (hier S. 3 – 41).
111 Ebd., S. 42 – 62.
112 Julius Cahn, Münz- und Geldgeschichte von Konstanz und des Bodenseegebietes im Mittelalter bis zum Reichsmünzgesetz von 1559. Heidelberg 1911, S. 170.
113 REC, Nr. 3982.
114 REC, Nr. 3982. – Cahn, (wie Anm. 112).
115 Baethgen, Chronik, S. 120.
116 Konstantin Maier, Die Konstanzer Diözesansynoden im Mittelalter und in der Neuzeit. In: RJKG 5, 1986, S. 57.
117 REC, Nr. 4135.
118 REC, Nr. 4135.
119 Maier, Diözesansynoden (wie Anm. 116), S. 56 f. – Ebd., Die Diözesansynoden. In: Die Bischöfe von Konstanz (wie Anm. 8), Bd. 1, S. 90 – 102 (hier S. 91). – REC, Nr. 4124.
120 J. Schneller, Rudolf von Montfort, Bischofs zu Constanz, Statuten oder Kirchensatzungen. In: Der Geschichtsfreund 26, 1871, S. 305 – 311.

bild waren die Mainzer Provinzialstatuten von 1310[121]. Für die Konstanzer Bistumsgeschichte sind sie ein Meilenstein und wurden schon immer als die bedeutendste Leistung der Amtstätigkeit Rudolfs angesehen.

Ein ernsthafter Reformwillen darf nicht bezweifelt werden. Zahlreiche Regesten zeigen, daß der Bischof häufig durchgegriffen hat, um Auswüchse zu vermeiden[122]. Eine andere Frage ist, inwieweit damit wirklich eine Besserung des Klerus erreicht wurde, ja in den unruhigen Zeiten des Interdikts überhaupt bewirkt werden konnte[123].

Die Hebung der Rechtssicherheit war ein Anliegen der Zeit, das auch Rudolf eifrig verfolgt hat. Er schuf oder bestätigte zahlreiche Satzungen für einzelne Kirchen[124], Klöster[125], Ordensgemeinschaften[126], Landkapitel[127] oder Dekanate[128]. Der Verrechtlichung kirchlicher Akte diente auch die Verpflichtung der Pfarrer, Siegel zu führen: *Et ut quilibet plebanus et viceplebanus sigillum habeat quo requisitus acta curie nostre possit sigillare*[129] (und daß jeder Pfarrer und Vizepfarrer ein Siegel habe, damit er auf Ersuchen Akte unserer Kurie besiegeln kann).

Rudolf saß auch selbst häufig zu Gericht: 1326 in Arbon[130], 1331 im Kreuzgang des Konstanzer Münsters[131]; auch dem St. Galler Gericht wohnte er oft bei[132].

Wie schon am Beispiel Feldkirchs gezeigt, förderte er auch die weltlichen Rechtsordnungen. 1331 bestätigte er die St. Galler Handfeste[133]. Der Versuch, die städtische Autonomie in Konstanz zurückzudrängen[134], war eine Folge des Interdikts und der Hinwendung der Stadt zu Ludwig dem Bayer, der seinerseits Konstanz mit Privilegien begabte[135]. Rudolf förderte andere Orte gegen Konstanz: so ordnete er die Rechtsverhältnisse in Klingnau neu[136], verschaffte Meersburg ein Marktprivileg[137] und förderte

121 Maier, Diözesansynoden (wie Anm. 116), S. 56.
122 Konrad Beyerle, Die Geschichte des Chorstifts und der Pfarrei St. Johann zu Konstanz, Freiburg i. Br. 1908, S. 158. – Konrad Beyerle und Anton Maurer, Konstanzer Häuserbuch. Bd. 1, Heidelberg 1908, S. 211.
123 Beyerle, Häuserbuch (wie Anm. 122), S. 211.
124 REC, Nr. 4020 (Propstei Zürich); Nr. 4101 (Beromünster).
125 REC, Nr. 102 (Beutelsbach).
126 REC, Nr. 4104.
127 REC, Nr. 4108 (Saulgau).
128 REC, Nr. 3999 (Linzgau).
129 REC, Nr. 4124. – Schneller (wie Anm. 120), S. 305.
130 REC, Nr. 4103.
131 REC, Nr. 4258.
132 Werner Vogler, Rudolf von Montfort, Administrator der Abtei St. Gallen 1330–1333. In: Montfort 34, 1982, S. 307 – 310 (hier S. 307).
133 Ebd., S. 308. – UBSG, Bd. 3, S. 482, Nr. 1336.
134 Peter F. Kramml, Konstanz: Das Verhältnis zwischen Bischof und Stadt. In: Die Bischöfe von Konstanz (wie Anm. 8), Bd. 1, S. 288 – 300 (hier S. 291).
135 REC, Nr. 4236.
136 REC, Nr. 3390. Otto Mittler, Geschichte der Stadt Klingnau. Aarau ²1967, S. 61 f.
137 REC, Nr. 4336.

ganz besonders Arbon. Arbon erhielt eine Umgeldordnung nach Konstanzer Bei-spiel[138]. Die Burg gehörte zu den 1324 von Rudolf zurückerworbenen Gütern[139]. Seit 1326 ließ Rudolf das verfallene Schloß sehr schön wiederaufbauen[140]. Seit November 1326 hat er sich dort besonders gern aufgehalten; hier ist Rudolf auch gestorben.

Zum Konstanzer Hofstaat ist noch nachzutragen, daß Rudolf besonders den Weih-bischof Johannes Recrehensis gefördert hat[141]. Als Offizial stand ihm der fähige Heinrich von St. Gallen zur Seite[142], als Hofmeister Johannes Rinegger[143], als Bote Johannes Etterlani[144], zuvor Läufer Friedrichs des Schönen; als Schreiber ist Berchtold von Tutt-lingen[145] noch zu erwähnen. Genannt werden die Kapläne Hermann[146] und Marquard Henen[147] sowie der Familiare Konrad Pincerna[148]. In Rudolfs Dienste traten auch sein Verwandter Graf Hartmann von Werdenberg-Sargans[149] sowie viele Ministeriale aus dem ganzen Bodenseeraum, u.a. auch Dietrich von Weiler[150], ehemaliger Scholar aus Bologna, dessen Vater in der Schlacht von Göllheim der Waffenträger von Rudolfs Vater gewesen war und sich dort durch besondere Tapferkeit ausgezeichnet hatte.

In der Reichspolitik stand schon vor der Ernennung Rudolfs zum Bischof von Konstanz und vor der Schlacht von Mühldorf ein Wechsel in das Lager Ludwigs des Bayern zur Debatte. Auf einem Familientreffen in Langenargen wurde dieser Wechsel am 15. September 1322 diskutiert[151], aber vorerst nur von Wilhelm II. von Montfort-Tettnang vollzogen. Bald darauf wurde auch Hugo V. von Montfort-Bregenz schwan-kend[152]. Rudolf dagegen blieb fest auf Seiten der Habsburger. 1323 schloß er gegen 2000 Mark Silber einen neuen Soldvetrag ab, nahm allerdings eine Hilfe gegen den Papst ausdrücklich aus.[153]

Johannes XXII. begann im Oktober 1323 mit den kirchlichen Mitteln des kanoni-schen Prozesses gegen Ludwig vorzugehen, dem er die Führung des Königstitels ohne

---

138 REC, Nr. n 119.
139 REC, Nr. 4009.
140 REC, Nr. 4347. – Mennel (wie Anm. 21), S. 674.
141 Konstantin Maier, Zum Amt des Weihbischofs. In: Die Bischöfe von Konstanz (wie Anm. 8), Bd. 1, S. 76–84 (hier S. 77).
142 Burmeister, Hugo VI., S. 398 f.
143 REC, Nr. 4022.
144 REC, Nr. 3973. – Constitutiones, Bd. 5 (wie Anm. 90), S. 869.
145 Carl Müller, Der Kampf Ludwig des Baiern mit der römischen Curie, Bd. 1, Tübingen 1879, S. 292 f.
146 REC, Nr. 4248.
147 REC, Nr. 4135.
148 REC, Nr. n. 118.
149 REC, Nr. 4022.
150 REC, Nr. 4022. Über ihn vgl. Karl Heinz Burmeister, Der Churer Domherr Dietrich von Weiler (ca. 1280 – 1360). In: Jahrbuch des Landkreises Lindau 3, 1988, S. 93 – 95.
151 Bilgeri, Geschichte, Bd. 2, S. 39 ff.
152 Ebd., S. 42 ff.
153 Thommen, Bd. 1, S. 185 f., Nr. 306.

päpstliche Approbation untersagte. Rudolf ließ die päpstliche Bulle publizieren und übersetzen, um sie auch im Volk bekannt zu machen[154]. Ludwig bestritt in der Nürnberger Appellation die Zuständigkeit des päpstlichen Gerichtes in Sachen der Königswahl. In einem zweiten Prozeß berief sich der Papst auf die Erforderlichkeit dieser Approbation bei einer Doppelwahl. Ludwig lehnte mit der Frankfurter Appellation den Papst wegen Befangenheit als Richter ab. Der Papst verhängte am 23. März 1324 den Kirchenbann über Ludwig und seine Anhänger. Ludwig antwortete mit der Sachsenhäuser Appellation, in der er die Rechtgläubigkeit des Papstes und seine richterlichen Fähigkeiten in Zweifel zog. Vergeblich versuchte er, durch Einschalten der Öffentlichkeit ein Konzil zu erzwingen.

Seit 1325 kam es aber zu einem Ausgleich zwischen Ludwig und den Habsburgern, womit er die Voraussetzungen für seine Italienfahrt schuf. Rudolf kam in eine unangenehme Lage, weil jetzt auch seine Neffen – wenn auch nur vorübergehend – zu Ludwig überliefen, was ihm Mahnungen von Seiten des Papstes einbrachte[155]. Der Papst nahm die Prozesse gegen Ludwig wieder auf, erklärte ihn aller Lehen des Reiches und der Kirche für verlustig und klagte ihn der Häresie an. Rudolf zögerte jetzt, die päpstlichen Maßnahmen zu publizieren; denn in den Städten breitete sich eine antipäpstliche Stimmung aus. In Basel wurde gar ein Legat bei der Publizierung der Prozesse ermordet[156]. Die oberrheinischen Städte schlossen 1327 ein Landfriedensbündnis, dem auch Rudolf beigetreten ist, womit seine Handlungsfähigkeit stark eingeschränkt wurde[157].

Das über Konstanz verhängte Interdikt erschwerte die Lage Rudolfs. Seit 1326 war jeder öffentliche Gottesdienst verboten, kein Toter durfte in geweihter Erde bestattet werden, keine Ehe eingesegnet, keine Glocke geläutet werden[158]. Allerdings herrschte dieses Interdikt nicht ohne Unterbrechungen. So lockerte der Papst durch befristete Aufhebung das Interdikt für Konstanz[159] 1331, 1332 und 1333, für Zürich[160] 1332 und 1334, für Salem[161] 1333, für Schwaben, den Thurgau und den Aargau[162] 1332.

Rudolf überließ jetzt die Prozeßverkündigungen seinem Schreiber Berthold von Tuttlingen, der sehr zurückhaltend vorging[163]; er war zuvor Notar und Registrator Ludwigs gewesen. Rudolf selbst widmete sich den Reformen seines Bistums.

Die Rückkehr Ludwigs aus Italien steigerte wieder die Unruhe. Erneut schloß Rudolf

---

154 REC, Nr. 3972.
155 REC, Nr. 4126.
156 Pichler, Kirchenfürst (wie Anm. 57), S. 295.
157 REC, Nr. 4128 und Nr. 4129.
158 Beyerle (wie Anm. 122), S. 152 – Otto Feger, Konstanz. Aus der Vergangenheit einer alten Stadt, Konstanz o.J., S. 36.
159 REC, Nr. 4284, 4314 und 4337.
160 REC, Nr. 4314 und 4338.
161 REC, Nr. 4317.
162 REC, Nr. 4314.
163 Müller (wie Anm. 145), S. 292 f.

gegen 2000 Mark Silber einen Soldvertrag mit den Habsburgern[164]. Hugo V. von Montfort-Bregenz und einige werdenbergische Verwandte gingen jetzt offen zu Ludwig über[165]. Die einst geschlossene Koalition der Montforter und Habsburger hatte sich aufgelöst. Rudolf und seine Feldkircher Verwandten waren jetzt isoliert.

An der Seite der Habsburger zog Rudolf mit 40 Helmen in den Krieg. Am 9. Mai 1330 war er in Landau Zeuge beim Abschluß des Freundschaftsvertrages zwischen Herzog Otto von Habsburg und König Johann von Böhmen[166]. Von Ende Juni bis Anfang August 1330 nahm er an der Belagerung von Colmar teil[167]. Erneut lobte ihn der Papst wegen seiner Treue zur Kirche und mahnte ihn, dabei zu verharren. Gleichsam als Belohnung auf Wohlverhalten übertrug ihm der Papst die Administration über das Stift St. Gallen[168]. Rudolf kam erneut in eine schwierige Lage, als die Habsburger am 8. August 1330 im Hagenauer Vertrag Ludwig als König anerkannten. Rudolf geriet jetzt zwischen die Fronten, indem der Kaiser den Klerus aufforderte, sich über das Interdikt hinwegzusetzen, der überwiegend päpstlich gesinnte Klerus aber daran festhalten wollte.

Rudolf entschied sich letztlich aber gegen seinen Klerus. Am 2. Juni 1332 kam es in Ravensburg zu Verhandlungen mit dem Kaiser[169]. Rudolf versprach, in Jahresfrist die Regalien für Konstanz und St. Gallen in Empfang zu nehmen. Noch am 28. Mai 1332 hatte ihn der Papst zum Widerstand ermahnt[170] und seine Position durch Lockerungen des Interdikts erleichtert. Rudolf hielt das dem Kaiser gegebene Versprechen. Er unterwarf sich in einer persönlichen Begegnung am 1. September 1333 in Eßlingen Ludwig dem Bayern[171].

Sowohl Johannes XXII. wie auch Rudolf waren jedoch darauf bedacht, den Bruch nicht endgültig werden zu lassen. Zwar fiel auch Rudolf jetzt in den Kirchenbann. Doch ein persönlicher Bann des Papstes oder eine Enthebung von seinem Amte blieben aus[172]. Der Papst enthob jedoch im Oktober 1333 Rudolf der Administration über St. Gallen, verzichtete aber darauf, Gründe dafür anzugeben[173]; und Rudolf räumte das Amt ohne Widerspruch seinem Nachfolger ein.

Rudolf hielt sich auch in Feldkirch eine Tür offen; sein Bruder Ulrich verharrte nämlich in der Ablehnung gegen Ludwig. Seine Neffen, die diese Politik fortsetzten, wurden sogar 1345 durch ein Reichsheer von Ludwig dem Bayer vergeblich in Feldkirch belagert. So hatte die lange gemeinsame Politik von Papst und Bischof auch noch nach dem Tod beider ihre Fortsetzung gehabt und somit ihre Bewährung bestanden.

---

164 REC, Nr. 4205.
165 Pichler, Kirchenfürst (wie Anm. 57), S. 396. – Vanotti, S. 478, Nr. 42 – 44.
166 REC, Nr. 4225.
167 REC, Nr. 4230. – Baethgen, Chronik S. 89.
168 REC, Nr. 4226. – Vogler (wie Anm. 132), S. 307.
169 REC, Nr. 4304.
170 REC, Nr. 4303.
171 REC, Nr. 4335.
172 Pichler, Kirchenfürst (wie Anm. 57), S. 303.
173 Vogler (wie Anm. 132), S. 308 f.

Am 27. März 1334 ist Rudolf gestorben[174]. Als Gebannter wurde er in ungeweihter Erde bestattet und ihm im Konstanzer Münster eine Jahrzeit verweigert[175]. Die Pfarrkirche Feldkirch[176] feierte seine Jahrzeit, ebenso das Stift Zurzach[177], die Klöster Magdenau[178] und Weissenau[179]; auch in Salem[180] und Löwenthal[181] wurde für ihn gebetet. 20 Jahre nach seinem Tod erlaubte der Papst, ihn in der Galluskapelle der Kirche in Arbon beizusetzen[182].

Die dem Klerus angehörigen zeitgenössischen Chronisten wissen über den Gebannten kaum Positives zu berichten. Erst unter den Humanisten bahnt sich ein Wandel an. *Magna cum laude rexit* (er regierte mit großem Lob), urteilt Mennel[183]. Und nach Vadian und dem barocken Klosterchronisten Brülisauer hat Rudolf in St. Gallen *studiose et prudenter* (eifrig und klug) regiert[184].

Spätere Urteile orientieren sich an Einzelheiten. Johann Friedrich Schannat, der 1761 den Hirtenbrief heraushebt, sieht in Rudolf einen *vir insigni sapientia praeditus*[185] (einen Mann von besonderer Weisheit). Für Eichhorn, der 1797 nur über die Vazer Fehde zu berichten weiß, ist Rudolf *belliduci quam praesuli ecclesiastico similior*[186] (einem Kriegsherrn ähnlicher als einem Kirchenvorstand). Ähnlich äußert sich Vanotti[187]. Neuere Autoren glauben in der Geldgier ein hervorstehendes Charaktermerkmal Rudolfs gefunden zu haben[188]. Eine umfassende Würdigung wurde erst 1972 Meinrad Pichler im Rahmen seiner Monographie über Rudolf möglich. Er würdigt die Initiative und die konstruktiven Ansätze zu einer Reform und sieht in Rudolf den Vertreter einer neuen Zeit[189].

Wir dürfen zusammenfassend feststellen, daß Rudolf sicher ein Kriegsmann war, was aber den Idealen seiner Zeit und seines Standes entsprach. Der König von Böhmen, Kaiser Heinrich VII., König Friedrich der Schöne, seine Verwandten, ja selbst der Papst

---

174 Pichler, (wie Anm. 10), 55 f. – REC, Nr. 4350. – Winkler, Chronik, S. 18.

175 REC, Nr. 4351.

176 Vgl. oben Anm. 76.

177 Baumann, Necrologia, S. 608.

178 Ebd., S. 448.

179 Ebd., S. 157.

180 Friedrich von Weech, Fürbitten für die lebenden und verstorbenen Wohltäter des Klosters Salem. In: Zeitschrift für die Geschichte des Oberrheins 49, 1895, S. 279 – 286 (hier S. 282).

181 REC, Nr. 4085 und 4086.

182 Mennel, (wie Anm. 21), S. 675.

183 Ebd.

184 Vogler, (wie Anm. 132), S. 307.

185 Johann Friedrich Schannat, Concilia Germaniae, Bd. 4, Köln 1761, S. 291–293 (hier besonders S. 292).

186 P. Ambrosius Eichhorn, Episcopatus Curiensis in Rhaetia, St. Blasien 1797, S. 103.

187 Vanotti, S. 67 – 68.

188 Arno Borst, Mönche am Bodensee 610 – 1525, Sigmaringen 1978, S. 279; auf S. 260 wird Rudolf als »korrupt« bezeichnet.

189 Pichler, Kirchenfürst (wie Anm. 57), S. 302 f.

erwarteten Kriegstaten von ihm, die mangels höherer Weihen auch nicht im Widerspruch zu seinem geistlichen Status standen. Rudolfs bleibende Leistungen sind die Förderung des gelehrten Rechts und das Bündnis zwischen Montfort und Habsburg, das die Grundlage für den Übergang Vorarlbergs an Österreich bildete. Rudolf war ein Praktiker, dessen Wirken im Rahmen des Machbaren auf Sicherheit ausgerichtet war, auf die äußere, die militärische, die finanzielle, die rechtliche Sicherheit. Alle ihm anvertrauten Ämter hat er bestmöglich verwaltet.

Was ihm aber abgeht, ist der Sinn für ein höheres geistiges Streben, für die Kultur. Sein Name fehlt in der Bau- und Kunstgeschichte der an Kirchen und Klöstern so reichen Bistümer Chur und Konstanz. Er wird auch in der Schul- und Bibliotheksgeschichte, geschweige denn in der Literaturgeschichte nicht genannt.

Trotz allen diplomatischen Geschicks ist es Rudolf letztlich nicht gelungen, den Bruch mit dem Papst zu vermeiden, auch wenn dieser die Signale für eine künftige Zusammenarbeit nicht übersah. Die von Mennel behauptete Reue Rudolfs überschattete in der Tat die letzten Monate seines Lebens. Rudolf mußte nämlich noch erleben, wie es – sozusagen vor seiner Haustüre – dem Bischof von Straßburg im November 1333 gelang, mit Kaiser Ludwig zu einem Ausgleich zu kommen, ohne mit dem Papst zu brechen: *pax et composicio facta fuerunt inter eos tali condicione, quod uterque permanerat in statu suo*[190] (Friede und Ausgleich wurden unter ihnen mit der Bedingung geschlossen, daß jeder bei seinem Besitzstand verbleibe). Umso tiefer mußte die Reue sein, die Rudolf über das Scheitern seiner Politik, über das Zerwürfnis mit seinem Klerus und über das mißlungene Reformwerk empfinden mußte. *Rein persönlich gesehen*, schreibt Meinrad Pichler, und dem ist nichts hinzuzufügen, *dürfte Bischof Rudolf jedenfalls recht einsam gestorben sein*[191].

---

190 Baethigen, Chronik, S. 92.
191 Pichler, Kirchenfürst (wie Anm. 57), S. 297.

Graf Rudolf III. von Montfort
und die Anfänge der Vorarlberger Freiheitsrechte

Die vom Verfasser gemeinsam mit Elmar Vonbank vorbereitete Montfort-Ausstellung, die 1982 im Vorarlberger Landesmuseum in Bregenz und im Palais Liechtenstein in Feldkirch gezeigt wird, hat Anlaß dazu gegeben, das Wirken der Grafen von Montfort für die Vorarlberger Geschichte neu zu überdenken. Dabei wurde insbesondere die Erkenntnis gewonnen, daß die Vorarlberger Freiheiten, die seit dem Ausgang des 14. Jahrhunderts ein tragendes Element der sich bildenden landständischen Verfassung wurden, in ihren Anfängen auf Graf Rudolf III. von Montfort-Feldkirch (ca. 1260 – 1334) zurückgehen, auf eine der bedeutendsten Persönlichkeiten der Vorarlberger Geschichte überhaupt. Diese Erkenntnis ist freilich keineswegs neu. Bereits der Feldkircher Humanist Achilles Pirmin Gasser (1505 – 1577), selbst ein Historiker, der nachweislich eingehende Archivstudien betrieben hat[1], hat in seiner 1545[2] verfaßten Geschichte Feldkirchs für Sebastian Münsters Kosmographie Rudolf III. neben die beiden Exponenten der Feldkircher Stadt- und Herrschaftsgeschichte Hugo I. (†1228) und Rudolf V. (†1390) gestellt und seinen Anteil an den Stadtprivilegien, die er seinen Bürgern »... erlanget und ausgebracht« hat, klar unterstrichen. Die Feldkircher Chronistik selbst setzt freilich zu spät ein, als daß sie eine deutliche Erinnerung an diese Vorgänge bewahrt hätte. Dementsprechend haben auch die Vorarlberger Landesgeschichtsschreiber die Rolle Rudolfs III. bisher nie richtig gewürdigt.

Erst 1972 hat Meinrad Pichler[3] das Leben Rudolfs III. zum Gegenstand einer ausführlichen Untersuchung gemacht. In dieser sehr verdienstvollen Studie, die als Hausarbeit in Geschichte bei Heinrich Fichtenau an der Universität Wien eingereicht wurde, kam es Pichler jedoch in erster Linie darauf an, gesellschaftsbedingte Ursachen von Ereignissen aufzuzeigen, während er bewußt eine Würdigung der Persönlichkeit in den Hintergrund treten ließ.

---

1   Burmeister, Gasser, Bd. 3, S. 85. Brief Gassers an Sebastian Münster, datiert aus Feldkirch, den 21. Dezember 1545: »Du mußt auch wissen, daß ich das alles, was ich über die Rechte und Altertümer der Städte, deren ich Erwähnung tue, vermerkt habe, teils aus den verbürgtesten mündlichen Überlieferungen, teils aus ihren eigenen Archiven entnommen habe« (Übersetzung des lateinischen Orginals).

2   Zu diesem Datum ebd., S. 85. Der deutsche Text leicht zugänglich in Vorarlberg, 1. Jg., 1957, Folge 2, S. 36 – 38.

3   Pichler, Rudolf II., (Exemplar im Vorarlberger Landesarchiv).

Auch die folgenden Zeilen machen es sich nicht zum Ziel, Rudolf III. als Persönlichkeit zu fassen. Sie beschränken sich vielmehr auf seine Tätigkeit als Landesherr der Herrschaft Feldkirch, des Kernstückes des heutigen Vorarlbergs, und auf seinen Anteil an der Vorarlberger Freiheitsbewegung, die unter ihm ihre ersten Erfolge verzeichnen konnte.

Heinrich Koller hat in seinem Aufsatz über »Die Privilegien der Stadt Feldkirch in Vorarlberg« die treffende Feststellung gemacht, »daß die Grafen von Montfort ... die entscheidenden Initiatoren bei der Entwicklung der Siedlung waren und im 13. Jahrhundert unangefochten als Stadtherren fungieren konnten«[4].

Schon durch den relativ späten Zeitpunkt der Stadtgründung durch die Söhne Rudolf und Hugo des Pfalzgrafen Hugo von Tübingen, die in den Jahren zwischen 1182 und 1200 erfolgt ist, geriet Feldkirch von Anfang an ins Hintertreffen. Denn zur Zeit der Gründung der Stadt waren zahlreiche andere Städte des südwestdeutschen Raums in ihrer Freiheitsentwicklung davongeeilt. Die Berner Handfeste von 1218, die rein zufällig in das Jahr der ersten Erwähnung von Feldkirch als civitas fällt, ist freilich ein besonders extremes Beispiel früher Bürgerfreiheiten. Wir müssen bei Feldkirch von der Überlegung ausgehen, daß die Gründung den Zweck verfolgte, dem Stadtherrn an den wirtschaftlichen (und auch militärischen) Vorteilen Anteil nehmen zu lassen, die der Besitz einer Stadt brachte. Diese Vorteile waren aber nur dann gegeben, wenn der Stadtherr seine Stadt fest in der Hand hielt. Es ist bezeichnend, daß das Privilegienbuch der Stadt Feldkirch nicht eine einzige Urkunde aus dem 13. Jahrhundert enthält[5]. Der Stadtherr unterläßt auch bewußt die Bewidmung Feldkirchs mit einem bestehenden Stadtrecht, um seinen eigenen Handlungsspielraum nicht einzuschränken. Die Übernahme der Markt-, Maß- und Gewichtsordnung von Lindau 1229 regelte lediglich ein vom Alltag gefordertes wirtschaftliches Bedürfnis[6]. Damit war zwar keine Einführung des Lindauer Stadtrechtes erfolgt, sondern allenfalls eine Vorentscheidung getroffen. Insbesondere war damit sowie mit der Einbeziehung Feldkirchs in den Konstanzer Münzkreis eine Orientierung nach Norden in den schwäbischen Wirtschaftsraum erfolgt, wobei wir zu bedenken haben, daß sich der Herrschaftsraum der Grafen von Montfort im 13. Jahrhundert von der Ill bis weit in den oberschwäbischen Raum hinaus bis zur Donau erstreckte. Es ist daher kein Zufall, daß Feldkirch immer wieder zu Schwaben gerechnet wird, was in einem Widerspruch zu der tatsächlichen Lage der Stadt in Rätien und dem Engagement der Grafen von Montfort im Bistum Chur steht.

Die Organisationsformen der Stadt sind im 13. Jahrhundert nur schwach entwickelt.

---

4   Heinrich Koller, Die Privilegien der Stadt Feldkirch in Vorarlberg. In: Aus Stadt- und Wirtschaftsgeschichte Südwestdeutschlands, Festschrift für Erich Maschke zum 75. Geburtstag, Stuttgart 1975, S. 89 – 96.

5   Vgl. Janotta, Privilegienbuch.

6   Erich Somweber, Feldkirch. In: Österreichisches Städtebuch, hg. v. Alfred Hoffmann, Bd. 3: Vorarlberg, Wien 1973, S. 130.

Der erstmals 1290 auftauchende Stadtammann, »Rudolphus minister in Veldkilch«[7] ist ein Beamter des Grafen und bleibt es auch noch lange. Der von Gerhard Winkler bearbeitete und auf den Zeitraum zwischen 1307 und 1313 datierte Mistrodel, das älteste Bürgerverzeichnis, zeigt ein soziologisch bunt gemischtes Bild von zahlreichen Handwerkern, einigen Kaufleuten, verschiedenen Beamten, darunter mehrere Schreiber, ein Stadtknecht, zwei Zöllner und zwei Keller, auch ein Jude, daneben aber auffallend viele dem Ritterstand angehörige Ministerialen: von Tosters, von Ems, von Fußach, von Luterach, von Bregenz, von Rangwil usw. Der Ritter Uolinus Waltheri ist Besitzer eines Steinhauses. In diesen Ministerialen läßt sich unschwer eine dem Grafen ergebene Dienstmannschaft erkennen, an deren einflußreicher Rolle in der Stadt nicht zu zweifeln ist. Wenn auch die Stadt, von den Grafen mit dem Ausdruck »civitas sua« (seine Stadt) sozusagen als Eigentum ausgewiesen[8], im 13. Jahrhundert nicht in einem Gegensatz zum Stadtherrn aufscheint, so lassen sich jedoch andeutungsweise, vor allem aus späteren Quellen, gewisse Machtverschiebungen erkennen. Gerade die genannten Ministerialen, die vom Stadtherrn mit Rat und Tat herangezogen wurden, die ihn in seinen politischen Entscheidungen berieten, die ihn mit Geld unterstützten, die seine Kriege führten, mußten mit der Zeit zu einem Mitspracherecht gelangen, ebenso wie es unausweichlich blieb, daß der Stadtherr für die Bürger insgesamt im Hinblick auf ihre finanziellen und militärischen Leistungen Konzessionen in Erwägung ziehen mußte[9]. Die Belagerung von 1269, die der Bürgerschaft hohe materielle Opfer abverlangte, sowie verschiedene andere Kriegsereignisse blieben keinesfalls ohne Wirkung, ein Entgegenkommen der Grafen zu fordern. Vollends aber wurde die Schlacht von Göllheim 1298 zum »Marignano« der Grafen von Montfort: sie gaben ihre Machtpolitik nach Außen auf und eröffneten dem Freiheitsstreben der Feldkircher Bürger neue Aussichten.

Graf Rudolf II. von Montfort-Feldkirch, der Mitstreiter König Adolfs von Nassau gegen Albrecht von Habsburg, starb am 19. September 1302[10]. Seine drei Söhne Hugo IV., Rudolf III. und Ulrich II. traten sein Erbe in der Herrschaft Feldkirch an. Die Regierung in der Herrschaft Feldkirch übernahm zuerst Hugo IV., während seine beiden Brüder Rudolf III. und Ulrich II. früh in den geistlichen Stand eingetreten waren, um einer Zersplitterung der Herrschaft vorzubauen. Doch als Hugo IV. am 11. August 1310[11] in Schaffhausen getötet wurde, übernahmen seine geistlichen Brüder Rudolf III.

---

7   Gerhard Winkler, Der sogenannte Feldkircher Mistrodel aus dem Beginn des 14. Jahrhunderts (1300 – 1312), Hausarbeit für das Lehramt aus Geschichte an der Universität Innsbruck, Innsbruck 1972, S. 19. Diese bei Karl Pivec eingereichte Hausarbeit darf mit Abstand als die solideste Arbeit bezeichnet werden, die in den letzten Jahrzehnten zur mittelalterlichen Geschichte Vorarlbergs gemacht wurde.

8   Vgl. Somweber, Urkunde von 1218, S. 243.

9   Vgl. Karl Heinz Burmeister, Die landständische Verfassung. In: Landtag und Landesregierung in Geschichte und Gegenwart Bregenz 1982, S. 41 – 81.

10   Die Datierung bei Tränkle »13 calendas Octobris« ist eindeutig auf den 19. September umzurechnen, nicht 19. Oktober, wie man auch lesen kann.

11   Nicht »30 Idus Augusti«, wie man auch lesen kann.

und Ulrich II. die Regentschaft, da Hugos Söhne noch unmündig waren. Diese Vorgänge beschworen früh einen Gegensatz zwischen Rudolf III. und Ulrich II. einerseits und den Söhnen Hugos IV. herauf, der 1319 zu einer Teilung der Herrschaft Feldkirch führte und später in einen offenen Krieg zwischen Ulrich II. und seinen Neffen einmündete. Dieser Gegensatz ist in seiner Bedeutung für die Feldkircher Freiheitsbewegung bisher nicht erkannt worden. Tatsächlich ist dieser 1310 beginnende Gegensatz der Kristallisationspunkt eines von Rudolf III. und Ulrich II. geförderten Freiheitsstrebens geworden, das von ihren Neffen ebenso konsequent unterdrückt worden ist. Der innere Gegensatz der gräflichen Familie wird zum Angelpunkt einer – wenn auch nur in Spuren greifbaren – Parteienbildung in der Stadt Feldkirch. Ihre Ursprünge liegen deutlich sichtbar bei Rudolf III.

Wenn wir diese Rolle Rudolfs III. zunächst einmal als gegeben annehmen, so stellt sich die Frage nach der Herkunft dieses auffälligen Gesinnungswandels, der ihn von allen seinen Vorfahren deutlich unterscheidet. Als tiefere Ursache könnte man an einen Generationenkonflikt denken, ausgelöst durch das Scheitern der Politik ihres Vaters Rudolfs II. und seiner Brüder Wilhelm I. und Hugo III. Die Vermutung, die schon Andreas Ulmer für den außenpolitischen Wechsel angenommen hat[12], trifft für den innenpolitischen Bereich nicht zu. Denn Rudolfs II. Sohn Hugo IV. bleibt der Politik seines Vaters offenbar treu und eröffnet erst mit seinem Tod 1310 seinen geistlichen Brüdern Rudolf III. und Ulrich II. den Weg zu einer den Untertanen freundlichen Politik. Andererseits geht ihnen der Bruder ihres Vaters, Graf Hugo III. von Montfort-Tettnang (†1309), in dieser städtefreundlichen Politik beispielgebend voraus: Graf Hugo III. erwirkte sowohl 1297 von König Adolf von Nassau als auch 1304 von König Albrecht I. von Habsburg Stadtrechtsprivilegien für Tettnang, dem alle Rechte und Freiheiten der Stadt Lindau gewährt wurden[13].

Kommt also ein Generationskonflikt nicht in Betracht, so ist vielleicht an einen Gegensatz der jüngeren Söhne Rudolfs II. zu ihrem Vater und zu ihrem älteren Bruder Hugo IV. zu denken. Letzterer tritt 1310 deutlich zutage. Für den geistlichen Stand bestimmt mochten sie sich gegenüber ihrem weltlichen Bruder benachteiligt und übergangen fühlen. In Betracht zu ziehen bleibt auch ein besonderes Nahverhältnis zu ihrem Oheim Hugo III. von Tettnang (†1309), worauf unten noch einzugehen ist. Wie immer man diese Spekulationen beurteilen mag, so ist nicht von der Hand zu weisen, daß die Stadtrechtsprivilegien für Tettnang von 1297 und 1304 für Rudolf III. und Ulrich II. ein Vorbild abgaben.

Deutlicher als diese persönlichen Neigungen treten die erziehungsmäßigen Voraussetzungen ins Licht. Dabei kommt der Zugehörigkeit zum geistlichen Stand – beide hatten die niederen Weihen – eine ausschlaggebende Rolle zu. Ihr Oheim Wilhelm I. von Montfort, Abt von St. Gallen, mag für sie ein Beispiel gewesen sein. Denn es war Abt Wilhelm von Montfort, der in einem Konflikt mit seinen Ministerialen den St. Galler

---

12 Andreas Ulmer und Christoph Vallaster, Bedeutende Feldkircher, Bregenz 1975, S. 14.
13 Über ihn Vanotti, S. 58 – 65.

Bürgern mit der Handfeste vom 31. Juli 1291 ihre Freiheitsrechte bestätigte, die ihnen Abt Ulrich von Güttingen gegeben hat. In Feldkirch, wo 1311 eine ganz ähnliche Situation gegeben war, mochten sich seine Neffen an dieses Vorbild erinnern[14]. Es ist nicht ganz ausgeschlossen, daß die jugendlichen Grafen ihren geistlichen Stand ernster genommen haben, daß geistliche Ideale der Gerechtigkeit und Liebe sie aufgeschlossener gegenüber den sozial-politischen Bedürfnissen ihrer Stadt und ihrer Untertanen machten.

Wie ernst Rudolf III. sein geistliches Amt genommen hat, zeigt etwa seine Stiftung für die Feldkircher Leutpriesterstelle aus dem Jahre 1313[15], die nicht zuletzt eine echte Sorge für das Wohlergehen seiner Untertanen erkennen läßt, die in einer Linie mit den politischen Privilegien steht.

Noch sehr viel mehr als das geistliche Amt ist für die Motivation der beiden Brüder ihr Ausbildungsgang einzuschätzen, eine Frage, deren Erörterung uns noch einmal zu dem vermuteten Nahverhältnis zu Hugo III. von Tettnang zurückführt. Der Sohn dieses Grafen Hugo III. von Tettnang, Hugo VI. genannt, wurde als Churer Domherr 1298 zum Bischof gewählt[16], starb aber noch im gleichen Jahr am 3. August 1298. Wir müssen annehmen, daß Rudolf III., seit 1283 als Churer Domherr nachweisbar[17] sein Bruder Ulrich II.[18] und ihr Vetter Hugo VI., alle drei Mitglieder des Domkapitels zu Chur, sich gegenseitig nahestanden.

Alle drei weisen auch einen Bildungsgang auf, der sich von allen anderen Grafen von Montfort deutlich heraushebt: ein Universitätsstudium. Das ist ein nicht zu übersehendes Zeugnis für ein neues Verständnis ihrer geistlichen Würde: es geht nicht mehr allein um Pfründen und Karrieren, sondern es wird eine echte Leistung zum geistlichen Amte erbracht. Betrachten wir ihre Vorfahren, so sind sie bis auf wenige Ausnahmen Vertreter einer rüden Kultur, die sich auf adelige Kulturideale wie Turniere, Jagd, Spiele, Feste, allenfalls noch höfische Dichtung und Literatur beschränkt, keinesfalls aber einer höheren Bildung huldigt. Das gilt auch für die überwiegende Mehrzahl der Geistlichen aus dem Hause Montfort. Hier aber suchen erstmals drei Grafen von Montfort die Hochschule von Bologna auf. Während Hugo VI. seinen Vettern beträchtliche Zeit vorausgegangen ist, er läßt sich 1285 – 1288 in Bologna nachweisen[19], folgten ihm Rudolf III. und Ulrich II. erst 1303 nach. Mag es daher auch am gleichzeitigen Studium mangeln, so ist der zeitliche Abstand doch kurz genug, um Bologna als eine gemeinsame geistige Heimat zu erkennen. Hugo VI. studierte das Kirchenrecht, wir finden ihn dort 1285 in der Gesellschaft des berühmten Kanonisten Guido de Baysio, der vermutlich

---

14 Diebolder, Wilhelm, S. 16.

15 Ulmer/Vallaster (vgl. Anm. 12), S. 14.

16 Helvetia sacra, Abt. 1, Bd. 1. Bern 1972, S. 481.

17 Clavadetscher, Die geistlichen Richter, S. 50 f., 2 ff. 5. Vgl. auch Helvetia sacra, Abt. 1, Bd. 1, Bern 1972, S. 482.

18 Stelling-Michaud, Les juristes, S. 281, Ziff 2[b].

19 Ebd., S. 129, Ziff. 136.

sein Lehrer war und bei dem er wohnte[20], er besitzt eine Handschrift der Dekretalen[21], er leiht sich in Bologna wiederholt höhere Geldbeträge aus[22], wobei er auch diese Handschrift versetzt. Nicht anders dürfte sich auch der Studienaufenthalt Rudolfs III. und Ulrichs II. abgespielt haben, die sich 1303 immatrikuliert haben, wobei Rudolf III. 6 Pfund, Ulrich II. hingegen nur 3 Pfund als Gebühr entrichtet hat[23]. Da sich die Gebühren nach dem gesellschaftlichen Status und dem Vermögen richteten[24], ist Rudolf III. bereits damals seinem Bruder weit überlegen. Im übrigen liegen beide Summen weit über der üblichen Gebühr.

Man würde sicherlich fehlgehen, aus dem Studium in Bologna auf einen höheren Grad von Gelehrsamkeit rückzuschließen. Aber erstens verlangte schon die Aufnahme eines Studiums in Bologna solide Lateinkenntnisse, die wir unterstellen dürfen. Der Besitz an lateinischen Büchern läßt darüber keinen Zweifel zu. Auch Rudolf III. und Ulrich II. nahmen in Bologna am 11. Mai 1303 ein Darlehen auf[25], allerdings ohne ihre Bücher zu versetzen. Im übrigen hatten die Studenten gemäß der bekannten »Authentica Habita« Kaiser Friedrichs I. vom Jahre 1158 das Privileg, ihre Bücher zu versetzen, ohne sie als Faustpfand hingeben zu mussen, also ungeachtet der Verpfändung im Besitz ihrer Bücher blieben[26]. Daraus folgt, daß trotz der Verpfändung die Bücher ungehindert durchstudiert werden konnten. Wenn die Montforter auch keine akademischen Grade erwarben, so bleibt eines sicher: sie bekamen einige grundlegende Kenntnisse des kanonischen und römischen Rechts mit, die ihnen bei ihrer späteren Verwaltungstätigkeit nützlich sein konnten. Als Beispiel seiner kanonistischen Kenntnisse sei etwa Rudolfs III. Entscheidung im Streit der Churer Weltgeistlichen mit den Dominikanern von 1319 erwähnt, in der er nicht nur juristisch argumentiert, sondern auch direkt die Dekretalen zitiert[27]. Die bei Clavadetscher[28] aufgestellten Urkunden über die Tätigkeit Rudolfs III. als geistlicher Richter lassen mit Sicherheit eine weitere Vertiefung dieses Eindrucks zu. Es ist kein Zufall, daß Rudolf III. und Ulrich II. die erste Niederschrift des Feldkircher Stadtrechtes in ihre Hand nahmen.

Wenn wir den Bildungsgang der beiden Brüder noch einmal überblicken, so dürfen wir folgendes festhalten: es gab in der Vorarlberger Kulturlandschaft um 1310, als sie die Nachfolge ihres Bruders Hugo IV. antraten, keinen, der auch nur annähernd

---

20 Stelling-Michaud, L'Université, S. 80.
21 Stelling-Michaud, Les juristes, S. 277, Ziff. 198; S. 254 f.
22 Ebd., S. 227, Ziff. 198; S. 228, Ziff. 205 und 208; S. 230, Ziff. 212; S. 231, Ziff. 215 und 218.
23 Knod, Studenten, S. 355 f., Ziff. 2434 und 2435. Vgl. auch Stelling-Michaud, Les juristes, S. 280 f., Ziff. 2a und b. S. 287.
24 Stelling-Michaud, L'Université, S. 88.
25 Stelling-Michaud, Les juristes, S. 280 f.
26 Walter Ullmann, The medieval interpretation of Frederick I's authentic »Habita«. In: L'Europa e il Diritto Romano, Studi in memoria die Paolo Koschacker, Bd. 1, Mailand 1954, S. 99 – 136.
27 Oskar Vasella, Geschichte des Predigerklosters St. Nikolai in Chur, Paris 1931, S. 101 f.
28 Clavadetscher, Die geistlichen Richter, S. 50.

ähnliche Qualitäten aufzuweisen gehabt hätte wie Rudolf III. und Ulrich II.: geistliche Schulung und höhere Bildung zeichnen sie ebenso aus wie Weitsicht und Erfahrung aus der Kenntnis fremder Länder. Rudolf III. kannte Böhmen und Italien, er war später auch wiederholt in Avignon, er besaß als geistlicher Richter und Pfleger des Bistums richterliche und verwaltungstechnische, diplomatische und politische Kenntnisse. Er hatte Kaiser Heinrich VII. gedient. Vor allem aber kannte er von seinem Studium in Bologna und seinen dienstlichen Aufenthalten in der Lombardei die Freiheiten der oberitalienischen Kommunen. Dem hochgebildeten und weitblickenden Manne mußten die Verhältnisse in seiner Stadt Feldkirch als ungeheuer rückständig, die Politik seiner Vorfahren gegenüber der Bürgerschaft als kleinlich und die politische Rechtlosigkeit der Untertanen mit seinen christlichen Wertvorstellungen unvereinbar erscheinen.

In der grundlegenden Frage der Einstellung gegenüber der Unfreiheit war die Kirche lange Zeit von Genesis 3,25 ausgegangen, der Geschichte von Noah und seinen Söhnen, bei der Cham der Fluch seines Vaters traf, »der niedrigste Knecht sei er seinen Brüdern«. Im 13. Jahrhundert kam es zu einer wachsenden Opposition gegen diese biblische Rechtfertigung der Unfreiheit. Insbesondere trat auch der Schwabenspiegel dagegen auf, der im Landrecht Artikel 308 formulierte: »Got hat den menschen nach im selben gebildet.« Die herrschende Theorie wird zurückgewiesen: »Ein ander man seit wie Noe siner süne einen dem andren ze eigen gebe. Diu eigenschaft zer gieng auch.«[29] Es gibt keinen Zweifel darüber, daß Rudolf III. den Schwabenspiegel gekannt hat, wie auch die Anklänge an ihn im Feldkircher Stadtrecht zeigen. Solche Gedankengänge, die eine neue Einschätzung des Menschen als Persönlichkeit brachten, mögen für Rudolf III. eine Entscheidungshilfe gewesen sein.

Ähnlich mochte es Ulrich II. empfinden, der den gleichen Weg wie Rudolf III. gegangen war, aber immer hinter seinem Bruder zurückblieb[30]. Der etwas farblose Ulrich II., der sich nach dem Tode seines Bruders 1334 nicht mehr durchzusetzen verstand, dürfte stets der Meinung Rudolfs III. gefolgt sein. Bis 1334 ist eindeutig Rudolf III. die führende Persönlichkeit. Wir dürfen Graf Ulrich II. vorerst vernachlässigen.

Abschließend sei noch ein letzter Beweggrund erörtert, der Rudolf III. und Ulrich II. die Entscheidung für ein Entgegenkommen gegenüber dem Freiheitsstreben ihrer Bürger erleichterte. Beide gehörten dem geistlichen Stand an, den Ulrich II. erst spät aufgab; beide waren kinderlos, so daß sie sich über die Zukunft ihrer Stadt nicht sorgen mußten. Als Vormünder übergingen sie vitale Interessen ihrer Neffen, so daß die Spannungen wuchsen. Der Erbvertrag von 1319 beseitigte sie nicht, sondern verstärkte sie eher noch, so daß es zum Bruch Ulrichs II. mit seinen Neffen kam. Rudolf III. und

---

29   F.L.A. Freiherr von Lassberg, Der Schwabenspiegel, Neudruck der Ausgabe von 1840, Aalen 1961, S. 131 f.

30   Pichler, Rudolf II., S. 21. Zum Lebensgang Ulrichs vgl. vor allem Knod, Studenten, S. 355 f. sowie Vanotti, S. 75 – 77.

Ulrich II. besaßen dasselbe Maß an Freiheit der Entscheidung wie der letzte Montforter Rudolf V. bei der Erteilung des großen Freiheitsbriefes von 1376.

Schon bald nach der Übernahme der Regentschaft in der Herrschaft Feldkirch wurden Rudolf III. und Ulrich II. 1311 in die Neuburger Fehde verwickelt, bei der es um eine Ausdehnung der Landesherrschaft ging. Die Einzelheiten sind hier weniger wichtig, wohl aber bleibt festzuhalten, daß die erfolgreiche Belagerung der Feste Neuburg den Einsatz erheblicher militärischer Kräfte forderte. Da die Stoßrichtung dieser Fehde in erster Linie gegen die Ritter gerichtet war, aus denen sich für gewöhnlich die Dienstmannschaft der Grafen von Montfort rekrutierte, kamen zwei gesellschaftlich differente Standesgruppen verstärkt zum militärischen Einsatz: einmal die Walser[31], zum anderen die Bürger von Feldkirch[32].

Die Walser lassen sich seit 1313 in Vorarlberg nieder, nachdem sie sich 1311 in der Neuburger Fehde bewährt hatten[33] Es ist unstreitig, daß Graf Rudolf III., der Pfleger der geistlichen und weltlichen Angelegenheiten im Bistum Chur, dieser mit besonderen Freiheitsrechten ausgestatteten Volksgruppe in Vorarlberg Siedlungsgebiete zur Verfügung gestellt hat. Graf Rudolf III. ist es auch, der gemeinsam mit seinem Neffen Berthold I. die ersten Siedlungsprivilegien vom 29. Mai 1313 an die Walser ausgestellt hat[34]. Die Ansiedlung der Walser bedeutet die Anerkennung einer mit besonderen Freiheitsrechten begabten Bevölkerungsschicht in Vorarlberg. Wenn diese aber 1311 ins Auge gefaßt und 1313 verwirklicht wurde, so muß man daraus zwingend eine Folgerung ziehen, nämlich daß man die seit langem auf Freiheitsrechte drängende Bürgerschaft Feldkirchs nicht länger hinhalten konnte, wenn man den neu angesiedelten Fremden solche Privilegien zubilligte.

Die Walseransiedlung 1311/1313 und die erste Gewährung von Freiheitsrechten an die Stadt Feldkirch 1311/13 stehen in einem zeitlichen und in einem ursächlichen Zusammenhang. Und mehr noch: es ist klar, daß Graf Rudolf III., der den freien Walsern in Vorarlberg eine neue Heimstatt bot, auch in erster Linie der Initiator und Förderer der Freiheitsrechte der Feldkircher Bürger war. Nehmen wir diese Hypothese zunächst einmal als gegeben an, so fügen sich die Ereignisse der folgenden Jahrzehnte, die den Feldkirchern ihre grundlegenden Freiheiten verschafft haben, nahtlos in dieses Bild, wobei wir, von Stufe zu Stufe fortschreitend, die fördernde Hand des hochherzigen Grafen Rudolfs III. erkennen können: beim Siegelprivileg 1311/12, beim Stadtrechtsprivileg 1312/13, bei der Konfirmation des Evokationsprivilegs 1328, bei der ersten Niederschrift des Stadtrechts 1318/34.

---

31 Bilgeri, Geschichte, Bd. 2, S. 32.
32 Ebd., S. 74.
33 Ebd., S. 29
34 Viktor Kleiner, Urkunden zur Agrargeschichte Vorarlbergs, Bd. 1, Bregenz 1928, S. 5 f.,
    Josef Zösmair, Die Ansiedlung der Walser in der Herrschaft Feldkirch ca. 1300 bis ca. 1450.
    In: 32. Jahres-Bericht des Vorarlberger Museumsvereins über das Jahr 1893, S. 13 – 41 (hier
    besonders S. 38 – 41 mit Abdruck der Urkunden).

Wenn wir Rudolf III. an den Beginn der Feldkircher Freiheitsbewegung gesetzt haben, so ist das freilich nicht so zu verstehen, daß das Volk selbst nichts dazu beigetragen hätte. Die mittelalterlichen Privilegien, wie sie in Feldkirch mit Rudolf III. einsetzen, schaffen häufig kein neues Recht, sondern sie legalisieren einen längst fortgeschrittenen Zustand. Zwar ist das Siegelrecht wohl neu, aber die damit zum Ausdruck gelangende Organisation der Bürgerschaft beginnt hier nicht etwa, sondern sie findet ihren rechtlichen Abschluß. Der Dualismus zwischen Stadt und Stadtherr, seit längerer Zeit gegeben, wird hier institutionalisiert.

Der Anteil Rudolfs III. an der Entstehung der Freiheiten wird damit zweifellos eingeschränkt. Aber es bleibt eine ganz entscheidende Tatsache, daß Rudolf III. der Freiheitsbewegung ihre rechtliche Anerkennung aussprach, ein Schritt, den seine Vorfahren und sein Bruder Hugo IV. nicht gewagt haben, den seine Neffen rückgängig zu machen oder zumindest seine weitere Ausdehnung zu verhindern bestrebt waren. Betrachtet man den Zustand der Stadt Bregenz im Spätmittelalter, wo sich die Grafen von Montfort jeder Freiheitsregung entgegengestellt haben, so kann die Initiative Rudolfs III. nicht hoch genug eingeschätzt werden.

Der erste Schritt auf dem Wege der Emanzipation vom Stadtherr war die rechtliche Organisation der Bürgerschaft, deren Rechtspersönlichkeit zu Beginn des 14. Jahrhundert vom Grafen anerkannt wurde. Zum ersten Mal nachweisbar siegelt die Bürgerschaft am 17. November 1312 »mit der stette ynsigel ze Velkirch«[35]. Das älteste erhaltene Siegel hängt an einer Urkunde vom 23. April 1323 und zeigt die Umschrift: »SIGIL-LUM CIVITATIS IN VELTKIRCH« (= Siegel der Bürgerschaft in Feldkirch)[36]. Diese Umschrift dürfte auch 1312 nicht anders gelautet haben. Feldkirch hatte damit seine politische Eigenständigkeit erreicht, für die Siegel und Wappen als Symbol stehen.

Nun ist die bisherige Darstellung, daß Feldkirch seit 1312 ein Siegel »besaß«, wenig befriedigend. Wir müssen vielmehr nach der Herkunft des Siegels fragen. Und dabei läßt sich eindeutig feststellen, daß sie auf einem gräflichen Privileg beruht, das bedauerlicherweise in Verlust geraten ist. Diese Behauptung läßt sich doppelt absichern:

Zum ersten schreibt das Landrecht des Schwabenspiegels, das um 1275 entstanden ist, in Artikel 159 vor: »Die stete suln och insigel han, doch mit ir herren willen. Vnd hant si siu wider ir herren willen, so hant si kheine craft.«[37] Es war also nicht möglich, ein Siegel ohne die Zustimmung des Stadtherrn zu führen. Ein solches Siegelprivileg hat sich beispielsweise von den Grafen von Helfenstein für die Stadt Geislingen (1367) erhalten[38].

Zum zweiten führt die Stadt Feldkirch in ihrem Siegel neben der Kirche, als Symbol für den Namen der Stadt, ein kleines Montforter Wappen. Niemand aber hat das Recht gehabt, der Stadt die Führung des Montforter Wappens zu erlauben, als die Grafen von

---

35 Tiroler Landesarchiv Innsbruck, Urk. I. 2903.
36 Ebd., II. 701.
37 Lassberg, Schwabenspiegel (vgl. Anm. 29), S. 75.
38 G.A. Seyler, Geschichte der Heraldik, Erlangen 1890, S. 212.

Montfort selbst. So sind beispielsweise auch in dem genannten Siegelprivileg der Grafen von Helfenstein für Geislingen genaue Vorschriften enthalten über die Größe des von der Stadt zu führenden Helfensteinwappens[39]. Auch im Feldkircher Siegelprivileg ist eine solche Vorschrift über die Ausmaße des Montforter Wappens enthalten.

Möglicherweise kommt auch der Kirche im Feldkircher Siegelwappen über ihre Funktion, ein »redendes Wappen« zu schaffen, eine Bedeutung, die ihren Ursprung in einer betont geistlichen Haltung hat, zu. Rudolf III. als Dompropst und Generalvikar zu Chur, zugleich auch Pfarrer von Tirol, und Ulrich II. als Domherr zu Chur mochten eine besondere Vorliebe für die Kirche als Symbol zeigen. Galt doch auch der St. Nikolauskirche in Feldkirch Rudolfs III. besondere Zuneigung. Jedenfalls stimmt die Wahl des Wappensymbols der Kirche trefflich mit der Tatsache überein, daß die Stadtherrschaft 1311/12 in geistlichen Händen lag.

Was die Stadtgründer und ihre Nachfolger lange Zeit vermieden hatten, nämlich die Bewidmung der Bürger mit einem fremden Stadtrecht, das wurde um 1312/13 Wirklichkeit. Rudolf III., der Kaiser Heinrich VII. nach Italien begleitete, erreichte ein königliches Privileg, »daß die Stadt zu Veltkirch haben soll alle die Rechte, die die Stadt zu Lindau hat«[40]. Die Mitwirkung des Kaisers war in diesem Fall unerläßlich, weil die Verleihung des Markt- oder Stadtrechtes ein königliches Vorrecht gewesen ist. Der Stadtherr konnte hier nicht eigenständig handeln. Doch lag die Initiative ausschließlich bei ihm. Es gibt nicht den geringsten Anlaß, hier einen Zwang der Bürgerschaft auf den Stadtherrn anzunehmen. Das Stadtrechtsprivileg liegt in einer Linie mit dem Siegelprivileg. Daß Rudolf III. damit drängenden Wünschen seiner Stadt entsprach, ist freilich nicht anzuzweifeln.

Die Ansicht, Graf Rudolf III. habe dieses Privileg für die Bürgerschaft erwirkt, um Feldkirchs Wirtschaft zu fördern, politisch aber sei es ihm »belanglos« erschienen, läßt sich kaum halten. Denn die Bewidmung mit dem Lindauer Recht ist ein rechtlich-politischer, nicht aber ein wirtschaftlicher Vorgang. Es ist ganz und gar unglaubwürdig, daß gerade in dem Augenblick, wo sich der Dualismus zwischen Bürgerschaft und Stadtherr nach außen hin auftut, der Graf nicht die politische Bedeutung dieses Bewidmungsvorganges erkannt haben soll: der versierte Politiker und Diplomat, der Churer Domherr und Generalvikar, der Kenner des Kirchenrechts soll ein solches Stadtrechtsprivileg für politisch belanglos gehalten haben? Es ist schließlich auch kein Zufall, daß Rudolfs III. Neffen diese wichtige Urkunde nach der Absetzung Ulrichs unterdrückt haben; sie war zwar noch 1328, nicht aber mehr 1405 bei der Anlage des Privilegienbuches vorhanden[41]. Zu keiner Zeit konnte ein Zweifel über die politische Bedeutung dieser Kaiserurkunde bestehen.

Dagegen ist kaum sichtbar, worin ihre wirtschaftlichen Vorteile gelegen sein sollen.

---

39 Ebd., S. 212.
40 Zitat, ins Hochdeutsche übertragen, nach der Konfirmationsurkunde von 29. Jänner 1328, vgl. Janotta, Privilegienbuch, S. 30.
41 Ebd., S. 30, Anm. 5.

Der Markt war längst nach dem Lindauer Vorbild geregelt, die Handelsbeziehungen beider Städte über den gemeinsamen Hafen Fußach blühten. Wie hätten sie durch die Übernahme des Stadtrechts noch verbessert werden sollen?

Der genannte Vorgang der Bewidmung ist in erster Linie ein rechtlicher. Es war das Ziel, und auch hier bleibt wiederum die Handschrift des Juristen Rudolf III. unverkennbar, durch eine feste Rechtsordnung einer Willkür des Stadtherrn, aber auch der Bürger, entgegenzuwirken. Das Tettnanger Stadtrechtsprivileg von 1297 bringt das sehr deutlich zum Ausdruck, wenn der König die Feststellung trifft, »... cum oppidum suum de Dethenant hactenus non sit sub certis iuris et consuetudinum legibus gubernatum«[42] (daß seine, d.h. des Grafen Stadt Tettnang bisher nicht mit festen Regeln des Gesetzes und des Gewohnheitsrechtes regiert worden sei). Es folgte daher unmittelbar darauf, etwa in der Zeit von 1318 bis 1334, eine erste Niederschrift des Feldkircher Stadtrechtes nach Lindauer Muster[43]. Es wurden in der Folge über alle strittigen Rechtsfragen Rechtsauskünfte in Lindau eingeholt, wie Beispiele zeigen[44]. Dazu kam der Zug nach Lindau, wofür Beispiele aus dem 15. Jahrhundert vorliegen[45]. Wollte sich eine Minderheit der Schöffen des Feldkircher Stadtgerichts dem Mehrheitsentscheid nicht fügen, so konnte das Gericht beschließen, den Fall dem Stadtgericht Lindau zur Entscheidung vorzulegen.

Die Feldkircher Bürger lernten sehr bald die verstärkte Rechtssicherheit schätzen. Um es noch einmal zu wiederholen: die Annahme des Lindauer Stadtrechts bedeutet im wesentlichen eine zunehmende Verrechtlichung. Konfliktsituationen, insbesondere auch solche zwischen Stadt und Stadtherrn, sollten nicht mehr ausschließlich durch die Anwendung von Machtmitteln gelöst werden, sondern jetzt auch vermehrt im Rechtswege. Am 29. Jänner 1328 erschien der Stadtammann Rudolf Krapf vor dem montfortbregenzischen Landgericht in Schwarzach, um sich das Privileg Kaiser Heinrichs VII. und insbesondere die darin ausgesprochene Freiheit der Feldkircher Bürger bestätigen zu lassen, daß sie vor kein Landgericht gezogen werden dürfen[46].

Die Interpretation dieser Urkunde ist besonders schwierig. Man ist bisher mit der Deutung an der Oberfläche geblieben und hat versucht, den Eindruck zu erwecken, als habe die Bürgerschaft im Klagewege dieses Privileg Graf Rudolf III. abgetrotzt. In Wirklichkeit spielte sich die Bestätigung der Urkunde lediglich in der üblichen Form eines Scheinprozesses ab. Das Ergebnis, daß es um eine Aufwertung des Stadtgerichtes ging, ist freilich richtig.

Seinem Tenor nach entspricht die Urkunde einem Evokationsprivileg. Der König hatte als oberster Gerichtsherr jederzeit das Recht, einen anhängigen Rechtsfall vor sein Gericht zu ziehen (»evozieren«), sei es vor das Reichshofgericht, sei es vor die provinziellen königlichen Landgerichte. Kaiser Heinrich VII. verzichtete 1312 auf das Evoka-

---

42 Würtembergisches Urkundenbuch, Bd. 11, Stuttgart 1913, S. 97, Nr. 5071.

43 Mone, Stadtrecht, S. 129 und der Beginn des Stadtrechtstextes auf S. 133.

44 Janotta, Privilegienbuch, S. 31 (1331) S. 32 (1332); Mone, Stadtrecht, S. 141, Tit. 35.

45 Urkundenbuch des Klosters St. Johann im Thurtal, St. Galler-Klosterdruck, S. 64 – 67.

46 Janotta, Privilegienbuch, S. 30 f.

tionsrecht, soweit es die provinziellen Landgerichte betraf. Doch blieb deren Zuständigkeit im Fall der Rechtsverweigerung ebenso erhalten wie die generelle Zuständigkeit des Reichshofgerichtes.

Allerdings sind zu dieser Zeit die Landgerichte in Schwarzach und Rankweil keine kaiserlichen, sondern gräflichen Landgerichte. Die Vorlage des Privilegs auf dem Landgericht Schwarzach sowie die Scheinklage lassen die Vermutung aufkommen, daß es im konkreten Fall in erster Linie um eine Abwehr der Zuständigkeit des bregenzischen Landgerichts ging, nicht aber um Rankweil, das Landgericht der Grafen von Montfort-Feldkirch. Denn das Stadtrechtsprivileg Kaiser Heinrichs VII. konnte niemals den Zweck verfolgt haben, das gräfliche Landgericht in Rankweil zu beschränken. Gerichtsherr im Stadtgericht und im Landgericht war beidesmal der Graf, so daß es seine Sache war, die Kompetenzen abzugrenzen.

Irrtümlich hat man sich auf das Lindauer Privileg von 1275 berufen, welches der Stadt die Freiheit von fremden Gerichten zusicherte[47]. Man kann dieses Lindauer Privileg von 1275 nicht ohne weiteres durch die Berufung auf die allgemeine Formulierung der Bewidmung Kaiser Heinrichs VII. auf Feldkirch übertragen. Lindauer Recht mußte von Fall zu Fall, sollte es in Feldkirch Gültigkeit erlangen, transformiert werden. Das Stadtrecht zeigt dafür eine Fülle von Beispielen. Das Privileg Heinrichs VII. muß genaue Bestimmungen über die Freiheit Feldkirchs von fremder Gerichtsbarkeit enthalten haben, die wir im Wortlaut nicht kennen. Wieweit sie reichten wissen wir nicht, jedenfalls ist eine Berufung auf das Lindauer Privileg von 1275 unzulässig.

Ohne Beweiskraft bleibt auch die Tatsache, daß Feldkirch sich im Spätmittelalter gegenüber dem Landgericht Rankweil auf das Privileg von 1328 zu berufen versucht hat[48]. Da die Urkunde Kaiser Heinrichs VII. schon im 14. Jahrhundert abhanden gekommen war, ließ sich die Streitfrage schon damals rechtlich nicht mehr lösen. Auch der Historiker muß hier kapitulieren.

Graf Rudolf III., seit 1322 Bischof von Konstanz, überließ die Regierung in der Herrschaft Feldkirch weitgehend seinem Bruder Ulrich II. Er blieb zwar weiterhin für seine Stadt Feldkirch tätig, ergänzte fortlaufend das Stadtrecht, wo die Eigenständigkeit der Bürgerschaft zunehmend Fortschritte erzielte. Nach dessen Tode vollendete Graf Ulrich II. das gemeinsam begonnene Werk. Während die montfortischen Bündnisse mit Österreich, insbesondere das Rudolfs III. von 1330, die Feldkircher Bürgerschaft als Vertragspartner nicht einbeziehen, wird ihr beim Abschluß des Ewigen Bundes mit Österreich am 1. November 1337 ein beschränktes Bündnisrecht zugestanden. Neben Ulrich II. und seinen Neffen Hugo VII. und Rudolf IV. war zum ersten Mal die Bürgerschaft von Feldkirch an dem Vertrag beteiligt: »... wir die burger gmainlich von Veltkilch mit unser herren gunst und gutem willen...«[49]. Diese Formulierung deutet

---

47 Vgl. das Regest bei Würdinger, S. 4.
48 Karl Heinz Burmeister, Rankweil als Gerichtsstätte. In: Heimat Rankweil, hg. v. Josef Bösch, Rankweil 1967, S. 138.
49 Vgl. den Text bei Burmeister, Vorarlbergs, S. 73.

darauf, daß das hier ausgeübte Mitspracherecht von der Gnade des Grafen abhängig war. Die Vorrangstellung der Grafen kommt auch darin zum Ausdruck, daß dieser Vertrag allein von den Grafen gesiegelt ist. Insgesamt stellen wir also einen erheblichen Fortschritt der städtischen Freiheit gegenüber dem Zustand von 1330 fest; aber die Mitwirkung der Bürgerschaft hat sich noch nicht eigentlich zu einem Recht verdichtet.

Mit der Gefangennahme des Grafen Ulrich II. durch seine Neffen und seiner Absetzung im Oktober 1343 kam die Feldkircher Freiheitsbewegung, die unter Rudolf III. und Ulrich II. einiges erreicht hatte, in ein entscheidendes Stadium: sowie die Parteinahme für Ulrich II. den Fortschritt bedeutet hätte, so war umgekehrt eine Parteinahme für die Neffen Hugo VII. und Rudolf IV. eine Entscheidung für die Reaktion. Die Feldkircher entschieden sich für Hugo VII. und Rudolf IV., was nicht nur die Freiheitsbewegung auf Jahrzehnte zum Stillstand oder gar Rückschritt brachte. Vielmehr begaben sich die Feldkircher der großen Chance, zu einer freien Reichsstadt aufzusteigen.

Graf Ulrich II. hatte sich in die befreundete Reichsstadt Lindau zurückgezogen. Hier übergab er am 13. März 1344[50] Kaiser Ludwig dem Bayern seinen gesamten (an die Neffen verlorenen) Besitz, darunter insbesondere seine Stadt Feldkirch[51].

Damit war Feldkirch eine königliche Stadt geworden, der der Weg in die Reichsfreiheit offen stand. Zweifellos war es die Absicht Ulrichs II. gewesen, seine Neffen damit zu schädigen. Aber die gleichzeitige Aussicht, seiner Stadt damit zur Reichsfreiheit zu verhelfen, mochte ihn nicht weniger bewogen haben als sein Rachedurst. Die Krönung der Politik, die er mit seinem Bruder Rudolf III. seit 1311 betrieben hatte, wäre damit erfolgt.

Allein Feldkirch befand sich in der Hand der Neffen Hugo VII. und Rudolf IV., der König mußte sie erst erobern. Die Stadt wurde ungewöhnlich stark befestigt[52]. Brutale militärische Wachvorschriften fanden noch 1344 in das Stadtrecht Aufnahme[53]. Das Reichsheer belagerte Feldkirch vergeblich und mußte schmählich wieder abziehen. Die Stadtherren Hugo VII. und Rudolf IV. hatten ihren Besitz für die Zukunft gesichert.

Die Mehrheit der Feldkircher Bürgerschaft war ihnen gefolgt. Wir kennen die Gründe dafür nicht, aber es ist uns überliefert, daß ein gescheiterter Verrat mit im Spiel gewesen ist[54]. Die Stadtherrn griffen gegen die Verräter hart durch. Offenbar hatte Graf

---

50 Richtig ist nur der 13. März (zue Mittfasten an den Sambstag in dem Monat des Mertzen ... 1344), nicht der 11. März, wie man auch lesen kann.

51 Vanotti, S. 551 f., wo der Wortlaut der Urkunde abgedruckt ist.

52 Adolf Helbok, Ein Spottgedicht auf die Belagerung Feldkirchs durch Truppen Kaiser Ludwigs d. B. im Jahre 1345. In: Vierteljahresschrift für Geschichte und Landeskunde Vorarlbergs N.F. 1, 1917, S. 26 – 33 (hier besonders S. 31); vgl. dazu auch Alois Reich, Nochmals das Spottgedicht auf die Belagerung Feldkirchs, ebd., S. 41 – 57 (hier besonders S. 55).

53 Mone, Stadtrecht, S. 157, Tit. 106.

54 Helbok, Spottgedicht, S. 32, Reich, Spottgedicht, S. 46; vor allem Albert Ritter, Feldkirchs erste Großtat. In: Feldkirch, Die österreichische Stadt am Alpenrhein, Feldkirch 1949,

Ulrich II. doch noch Anhänger in der Stadt, denen das Ziel einer möglichen Reichsfreiheit verlockend genug erschien, dafür den Tod auf sich zu nehmen. Erstmals erscheint in Feldkirch eine Partei, die in den »Appenzellern« ihre Nachfahren gefunden hat: ein harter Kern von Freiheitskämpfern, die ihr Heil ausschließlich in einer demokratisch regierten Stadtrepublik sahen. Graf Ulrich II. hatte den Weg dorthin gewiesen, die Mehrheit der Feldkircher zog jedoch den bisherigen evolutionären Weg vor.

Die neuen Stadtherren lohnten ihren Bürgern die tapfere Abwehr des Reichsheeres nur schlecht. Zwar erhielten die Feldkircher am 7. August 1346 ein Privileg, daß sie künftig nicht mehr wegen Schulden als Pfand eingesetzt werden durften[55]. Doch ist dieses Privileg längst nicht von der Bedeutung, die man ihm zumißt. Die Redaktoren des Privilegienbuches hielten es nicht für notwendig, diese Urkunde in ihre Sammlung aufzunehmen, obwohl sie 1405 wie auch heute noch im Stadtarchiv zur Verfügung stand.

Karl Gunz[56] hat dieses Privileg in eine Reihe mit den damals vielfach üblichen Unveräußerlichkeits- und Unverpfändbarkeitsprivilegien gestellt. Ein solches Privileg wäre in der Tat bedeutend gewesen, weil es der Bürgerschaft bei einem Wechsel des Stadtherrn ein Mitspracherecht eingeräumt hätte. Bilgeri weist diese Deutung begründet zurück[57]. Dennoch bleibt einiges dazu anzumerken. Einmal kommt das Mißverständnis bei Gunz nicht von ungefähr. Der Text bezieht nämlich ausdrücklich den Fall einer Verpfändung der Gesamtheit der Bürger mit ein (»das si alle noch ir kaines … pfant sin noch sin sont …«). Man muß sich fragen, worin da dann noch der Unterschied zu einer Unverpfändbarkeit besteht. Zumindest konnte dieser Eindruck bei den Feldkircher Bürger entstehen. Noch Jahrhunderte später, so etwa 1702 bei dem drohenden Verkauf Vorarlbergs an die geistlichen Fürstentümer Kempten und St. Gallen, scheinen sich die Vorarlberger Landstände auf dieses Privileg berufen zu haben[58]. Das Schweigen des Freiheitsbriefes von 1376 sowie überhaupt die Tatsache, daß dieser Freiheitsbrief von 1376 zustande kam, läßt die Interpretation von Gunz gar nicht so abwegig erscheinen. Dennoch ist klar festzuhalten, daß zumindest von den Grafen der Freiheitsbrief von 1346 nicht als Unveräußerlichkeitsprivileg verstanden worden ist[59].

Nicht einmal zehn Jahre später, 1355, Graf Ulrich II. war inzwischen 1350 verstorben, überfielen die Stadtherrn Feldkirch. Zahlreiche Bürger mußten ins Exil gehen, wurden gefangengesetzt und enteignet.

Unter den Opfern dieser gräflichen Reaktion lassen sich erneut Spuren feststellen,

---

S. 22 – 25 (hier besonders S. 24): »… daß es sich wohl gar um die Verräterei eines Bürgers der Stadt handelte«.

55 Stadtarchiv Feldkirch, Urkunde Nr. 4.
56 Karl Gunz, Feldkirch, eine mittelalterliche Stadtrepublik. In: Jahresbericht des Bundesgymnasiums in Feldkirch 1927/28, S. 8.
57 Bilgeri, Geschichte, Bd. 2, S. 377, Anm. 71.
58 Bilgeri, Geschichte, Bd. 3, S. 201.
59 Burmeister, Geschichte, S. 75, ist daher nur mit Vorbehalt richtig.

die zu den »Appenzellern« führen, soweit man diesen Ausdruck zur Kennzeichnung der extremen Bürgerpartei verwenden kann. So wurde der Stadtschreiber Meister Johans Huser eingesperrt, enteignet und ins Exil geschickt[60]. Johann Huser, 1323 als Stadtschreiber nachweisbar, also in der Zeit der Stadtherrschaft Rudolfs III. und Ulrichs II., später als Insiegler in den Diensten Rudolfs III. als Bischof von Konstanz, erscheint als Exponent der rudolfinischen Partei. Es besteht kein Zweifel, daß Albrecht Huser, 1398 – 1405 Stadtschreiber, Verfasser des Stadtrechts von 1399 und 1408 einer der Anführer der Feldkircher bei der Belagerung von Bregenz, sein Nachfahre ist. Albrecht Huser war einer der entschiedensten Anhänger der Politik der »Appenzeller«[61]. Die Auflage, die man Meister Johannes Huser bei seiner Entlassung aus dem Gefängnis machte, nämlich »Ich soll auch ein Freund sein und meine Freunde zu Freunden gewinnen allen denen, die an meiner Gefangenschaft schuld sind«[62], wirft ein Schlaglicht auf die bestehende Parteienbildung in Feldkirch. Mit dem Auszug der Rudolfiner kam die Feldkircher Freiheitsbewegung für zwei volle Jahrzehnte zum Stillstand. Erst mit dem Regierungsantritt des volksfreundlichen Rudolf V. 1375 begann für sie eine neue Zukunft.

Die Vorarlberger Geschichtsschreibung hat die Verdienste der Grafen Rudolf III. und Ulrich II. übergangen. Beide haben fern der Heimat ihr Leben beschlossen: Rudolf III. 1334 in Arbon, Ulrich 1350, vielleicht in Lindau oder in Bregenz, wo sein Jahrtag gefeiert wurde[63]; Rudolf III. starb im Kirchenbann, Ulrich II. im Exil. Auch fehlte dem Hause Montfort-Feldkirch, das schon 1390 ausstarb, ein »Hofhistoriograph«.

Das Andenken an Rudolf III. und Ulrich II. ging verloren. Es ist leicht, sie auf der schmalen Basis der Quellen als instinktlose Politiker oder Zwingherren zu brandmarken. Es ist ungleich schwieriger, aus ihren persönlichen Bindungen, aus ihrem Bildungsweg, aus ihrem geistlichen Standort Argumente herzuleiten, die ihrer tatsächlichen Bedeutung gerecht werden können. Es kann dieses Wagnis nichts weiter sein als ein Versuch, der eine weiterführende Diskussion auslösen mag, der aber auch in methodischer Hinsicht aufzeigen sollte, daß Geschichte immer nur als eine »histoire totale« möglich ist. Eine politische Geschichte, welche die Diskussion personengeschichtlicher, kulturgeschichtlicher oder rechtsgeschichtlicher Aspekte zurückweist, verschließt sich dem ganzen Reichtum der Erkenntnismöglichkeit.

---

60 Vgl. dazu und zum folgenden Winkler, Mistrodel, S. 16.

61 Meinrad Tiefenthaler, Der Appenzellerkrieg in Vorarlberg. In: Tiroler Heimat 17, 1953, S. 107 – 118 (hier besonders S. 113 f.).

62 Tiroler Landesarchiv Innsbruck, Urkunde vom 23. März 1355, zitiert nach Bilgeri, Geschichte Vorarlberg, Bd. 2, S. 78.

63 Bergmann, Necrologium, S. 12. Dort wird zum 11. Februar das Jahrgedächtnis eines Ulricus Comes de montiforti begangen. Nach Tränkle hg. v. Winkler, S. 19, starb Graf Ulrich am 17. Februar (= 13. Kal. Martii).

Graf Ulrich II. von Montfort-Feldkirch (1266 – 1350)

Die Mehrzahl der Grafen von Montfort erscheinen, besonders wenn man ins Mittelalter zurückgeht, lediglich als Nummern in einer Genealogie[1]. Manchmal verbinden wir mit diesen bloßen Namen auch gewisse unterscheidende Funktionen, durch die die Genealogie übersichtlicher wird. Aber nur selten verdichtet sich das Bild zu einer Biographie. Die spärlichen Aussagen der Regesten lassen das kaum zu. Dennoch ist es vielleicht zur Erforschung und weiteren Vertiefung der Genealogie der Grafen von Montfort nützlich, zu versuchen, den einen oder anderen Grafen als Persönlichkeit zu fassen. Ein solcher Versuch liegt hinsichtlich des Grafen Rudolf III. von Montfort-Feldkirch vor[2]. Ulrich II. steht lange Zeit im Schatten seines bedeutenderen Bruders, der als Bischof von Konstanz, als Bischof von Chur und als Abt von St. Gallen wie kaum ein anderer seines Geschlechts zu Einfluß und Macht gekommen ist. Demgegenüber nimmt sich die Karriere Ulrichs II. sehr viel bescheidener aus. Er darf aber dennoch für sich in Anspruch nehmen, daß er in seinem Feldkircher Territorium als Statthalter und Vollender der politischen Ideen seines Bruders einige Bedeutung erlangt hat, wenn er auch letztlich mit seinem fortschrittlichen Programm gescheitert ist.

Graf Ulrich II. ist ein Sohn des Grafen Rudolf II. von Montfort-Feldkirch (†1302) und dessen Ehefrau Agnes von Grüningen. Diese wird 1265 als Ehefrau Rudolfs II. erwähnt[3]. Die Eheschließung ist aber wesentlich früher anzusetzen. Denn schon 1275 heiratete eine Tochter Elisabeth[4], die aus dieser Ehe stammt. Die Söhne Rudolf III., Ulrich II. und Hugo IV., werden 1282 als Zeugen in dieser Reihenfolge aufgeführt[5]. Die Reihung dürfte nach dem Alter erfolgt sein, zumal die Urkunde nicht erkennen läßt, daß einer der drei Söhne geistlichen Standes gewesen ist. Da der Zeitpunkt der Eheschließung wahrscheinlich vor 1260 liegt, dürfte die Geburt aller drei Söhne in die

1   Die immer noch beste Übersicht bietet Roller, Grafen von Montfort, Bd. 1, S. 145 – 187, 233 – 234, 409, 414 – 415 und Bd. 3, S. 406.
2   Meinrad Pichler, Rudolf von Montfort – ein Kirchenfürst zwischen Kaiser und Kurie. In: Montfort 34, 1982, S. 289 – 306; Burmeister, Rudolf III., S. 311 – 321; Vogler, Rudolf von Montfort, S. 307– 310.
3   Roller, Grafen von Montfort, S. 154, Nr. 9.
4   Ebd.
5   UBSG, Bd. 3, S. 227 ff., Nr. 1030.

1260er Jahre fallen. Dies wird durch die Annahme bestätigt, daß die Zeugenschaft in der Urkunde von 1282 die Volljährigkeit voraussetzt. Da die drei Brüder daher 1282 mindestens 14 – 16 Jahre als sein müssen, fällt ihre Geburt kaum in die Jahre nach 1268. Für Ulrich II. bietet im übrigen die Überlieferung an, daß er 1350 im Alter von 84 Jahren gestorben sei[6]. Damit käme man in das Jahr 1266 als sein Geburtsjahr zurück.

In den ersten Jahrzehnten seines Lebens ist Ulrich auffallend wenig hervorgetreten. Vor 1303, als er in Bologna das Studium aufnimmt, tritt er nur ganz vereinzelt in Erscheinung, zuerst in der schon genannten Urkunde von 1282. Sie zeigt ihn uns ganz in der Nähe seiner geistlichen Verwandten, seiner Oheime Wilhelm I. von Montfort (†1301), Abt von St. Gallen, und Heinrich III. von Montfort (†1307), damals noch Domherr, später Dompropst zu Chur, und seines Großonkels Friedrichs II. von Montfort (†1290), Dompropst und späteren Bischofs von Chur. Man wird vermuten dürfen, daß Ulrich, ebenso wie sein älterer Bruder Rudolf III., in diesem Kreise auf eine geistliche Karriere vorbereitet worden ist. Rudolf III. wird bereits 1283 Domherr[7]. Ulrich dürfte diesem Beispiel wenig später gefolgt sein. Eine weitere Urkunde vom 3. November 1297 zeigt uns Ulrich als Vermittler in einem Streit verwandter Adeliger[8]. Über seinen Status ist darin nichts ausgesagt.

Die Aufnahme des Studiums der Rechte in Bologna[9] im Jahre 1303 läßt aber eindeutig erkennen, daß Ulrich zu hohen geistlichen Ämtern im Churer Domkapitel aufstrebte. Seinem Bruder Rudolf III., der mit Ulrich gemeinsam in Bologna auftaucht, ist das auch gelungen. Aber schon damals war Rudolf seinem jüngeren Bruder um einiges voraus. Das folgt schon aus der unterschiedlichen Immatrikulationsgebühr: Rudolf zahlte sechs Pfund, Ulrich dagegen nur drei Pfund[10].

Wie schon in dem Beitrag über Rudolf III. ausgeführt wurde, läßt sich das Studium in Bologna nicht mit den Kavalierstouren der Grafen von Montfort nach Italien vergleichen, wie sie im 16. und 17. Jahrhundert üblich waren. Es läßt sich nicht bezweifeln, daß Rudolf und Ulrich ernsthafte Studien, vor allem des Kirchenrechts betrieben. Beide müssen also schon damals über solide lateinische Sprachkenntnisse verfügt haben, die sie vermutlich an der Stiftsschule in Chur erworben haben. Rudolf und Ulrich nehmen am 11. Mai 1303 in Bologna ein Darlehen auf[11], das mit dem Ankauf von Büchern, die damals kostspielig waren, zusammenhängen könnte. Aus Urkunden Rudolfs, der ja auch geistlicher Richter wurde, zeigt sich eine gut Kenntnis der Dekre-

---

6   Die Chronik des Johannes von Winterthur, hg. v. Friedrich Baethgen (MGH Scriptores NS3), Berlin 1955, S. 217 nennt Ulrich II. für das Jahr 1343 einen »octogenarius«.
7   Clavadetscher, Die geistlichen Richter, S. 51; Helvetia sacra, Abt. 1, Bd. 1, Bern 1972, S. 482.
8   Thommen, S. 83, Nr. 142.
9   Stelling-Michaud, L'Université de Bologne, S. 79; Ludewig, Hochschulen, S. 14, Nr. 4; Knod, Deutsche Studenten, S. 355, Nr. 2435.
10   Ebd., S. 353, Nr. 2434 und Nr. 2435.
11   Stelling-Michaud, Les juristes suisses, S. 280 f.

talen und der kanonistischen Argumentationsweise[12]. Wir dürfen das grundsätzlich wohl auch auf Ulrich übertragen. Denn, wie noch unten auszuführen ist, hatte auch Ulrich einen bedeutenden Anteil an der Rechtsentwicklung in seiner Residenzstadt Feldkirch, insbesondere auch an der Kodifizierung des Stadtrechts.

Auch verlangte der Status Ulrichs als Domherr Lateinkenntnisse sowie ein Universitätsstudium, auch wenn für den Grafen der Erwerb eines akademischen Grades nicht verlockend war. Ausdrücklich als Domherr zu Chur wird Ulrich bezeichnet in den Urkunden vom 29. September 1310[13] und vom 17. Oktober 1315[14]. Danach werden die Angaben unsicher, was zahlreiche widersprechende Meinungen in der Literatur verursacht hat. Obwohl die Zahl der ihn nennenden Urkunden immer größer wird, fehlt in diesen Urkunden vom 23. November 1316[15], vom 1. Januar 1318[16], vom 2. März 1319 oder vom 15. September 1322[17] (sowie auch in allen späteren Urkunden) die Bezeichnung Domherr. Es ist ganz im Gegensatz zu den Urkunden von 1310 und 1335 nur von Ulrich, »Grave«, die Rede. Man hat daher fast den Eindruck, daß Ulrich in den weltlichen Stand zurückgekehrt ist. Dafür spricht letzten Endes auch die Tatsache, daß ihm im Churer Domkapitel kein Aufstieg gelingt, obwohl die Grafen von Montfort, ihre Verwandten und ihre Dienstleute hier eine beherrschende Rolle spielten und sein Bruder Rudolf immerhin viele Jahre lang Administrator des abwesenden Bischofs war.

Zu diesem Befund einer möglichen Rückkehr in den Laienstand um 1315 paßt auch der folgende Tatbestand: Ulrich entsagt am 17. Oktober 1315 auf alle seine Ansprüche auf die Kirche in Cannstatt, auf die ihn sein Onkel Eberhard von Landau-Grüningen, der Bruder seiner Mutter, »irrtümlich« vorgeschlagen hatte[18]. Ein solcher »Irrtum« des Onkels ist schwer zu erklären, wenn er nicht eben dahin bestand, daß der Onkel im Zeitpunkt seines Vorschlages noch davon ausging, daß sein Neffe dem geistlichen Stand angehörte, Ulrich sich aber inzwischen – ohne Wissen seines Onkels – für die Rückkehr in den weltlichen Stand entschieden hatte.

Allerdings bleibt bei der Diskussion um den Zeitpunkt der Rückkehr Ulrichs in den Laienstand zu beachten, daß er noch letztmals in der Urkunde vom 2. März 1319 in seinem Siegel als Canonicus Curiensis bezeichnet wird[19]. Es ist die Frage, welches Gewicht man auf diese Tatsache legen kann. Denn es wäre ja nicht ganz auszuschließen, daß Ulrich nach seiner Rückkehr in den Laienstand zunächst mit seinem vorhanden Siegel weitergesiegelt hat. Die Herstellung eines neuen Siegels mochte sich, bei der heute noch sprichwörtlichen Unpünktlichkeit der Handwerker, länger hinziehen. Das

---

12   Vgl. dazu die bei Clavadetscher (wie Anm. 7), S. 50 f unter Ziff. 4 zitierten Urkunden.
13   Vanotti, S. 543, Nr. 11.
14   REC, Nr. 3703.
15   HHStA Wien W 208, fol. 31b (zitiert nach Bilgeri, Geschichte, Bd. 1, S. 355, Anm. 51).
16   REC, Nr. 3926; Thommen, Bd. 1, S. 149 ff., Nr. 253.
17   REC, Nr. 3941.
18   REC, Nr. 3703.
19   Thommen, Bd. 1, S. 153 ff., Nr. 260.

Siegel identifizierte ihn auch als ehemaligen Domherrn, konnte also keine Identitäts-probleme auslösen. Auch mochte sich Ulrich an dieses Siegel gewöhnt haben, so daß er nur ungern bereit war, es aufzugeben. Die bloße Verwendung des Kanonikersiegels läßt also wenigstens Zweifel zu.

Zu dem Kanonikersiegel Ulrichs sind noch zwei Bemerkungen zu machen. Der Dom-herr Ulrich von Montfort führt zwei verschiedene Kanonikersiegel: ein spitzovales Siegel mit einer Darstellung des hl. Georg (1310 verwendet)[20], ein anderes Rundsiegel ohne die Georgsfigur (verwendet 1319)[21]. Beide Siegel sind ein schön gelungener Ausdruck ganz persönlichen Gestaltungswillens. Das von ihm 1310 gebrauchte spitzovale Klerikersiegel zeigt oben den hl. Georg als Drachentöter, unten Ulrich selbst als knienden Beter mit dem Montfortwappen. Die lateinische Inschrift lautet: S. VL. COITIS-MOTIS . FORTIS . CANI . ECCL . CVR. (Sigillum Vlrici comitis montis fortis canonici ecclesiae Curiensis). 1319 verwendete er ein anderes Siegel mit der Umschrift S. VᴼL. COMIT. D. MTE FORTI . CAN . CVR. (Sigillum Vlrici comitis de Montfortis canonici Curiensis). Auf dem Montfortwappen sitzt ein halber Reichsadler.

In der Wahl des Motivs des hl. Georgs[22] liegt ein besonderes persönliches Element, dessen Ursachen vorerst noch unbekannt sind. Gewiß nimmt der hl. Georg in der ritterlichen Kultur einen vorrangigen Platz ein[23]. Aber das allein erklärt noch nicht, warum Ulrich ihn als Motiv in sein Siegel aufnimmt. Will der Kleriker damit zum Ausdruck bringen, daß er dem weltlichen Rittertum, in das er letztlich dann auch zurückkehrt, verbunden bleibt? Eine besondere Verehrung des hl. Georg durch die Montforter zeigt sich weiter darin, daß die berühmten Feldkircher Osterspiele nicht Ostern, sondern am St. Georgstag (25. April) gefeiert wurden[24]. Möglicherweise besteht auch eine besondere Beziehung des Grafen Ulrichs II. zu einer St. Georgs-Pfründe.

Auch der Reichsadler im Wappen Ulrichs II. stellt eine Besonderheit dar, für die zweifellos ein historischer Grund gegeben ist. Ulrich II. führt diesen halben Reichsadler in seinem oben genannten Siegel von 1319 sowie in einem 1327–1350 belegten weltli-chen Rundsiegel[25] (Inschrift: S. VLRICI . COMITIS . MONTISFORTIS). Der halbe Reichsadler über dem montfortischen Wappenschild ist sonst nur noch im 1362–1370 belegten Rundsiegel Rudolf IV. von Montfort-Feldkirch (†1375) nachweisbar[26]. Es sieht aus, als habe Rudolf IV. in dieser Hinsicht seinen Onkel Ulrich II. beerbt. Beide verbindet, daß Ulrich II. (seit 1319) und Rudolf IV. (seit 1346) Herren zu Feldkirch

---

20 Liesching, Siegel der Grafen, S. 56, Nr. 140, auch S. 114, Nr. 294.
21 Ebd., S. 56, Nr. 141, auch S. 114, Nr. 395.
22 Vgl. dazu Wolfgang Fritz Volbach, Der heilige Georg, Bildliche Darstellung in Süddeutsch-land mit Berücksichtigung der norddeutschen Typen bis zur Renaissance (= Studien zur Deutschen Kunstgeschichte, 199), Straßburg 1917.
23 Hans Dürst, Rittertum, Schweizerische Dokumente Hochadel im Aargau (= Dokumente zur aargauischen Kulturgeschichte, 2.), 2. Aufl., Lenzburg 1964, S. 202 – 207.
24 Winkler, Die Chronik, S. 11 – 48, S. 27.
25 Vgl. Anm. 21; Thommen, Bd. 1, S. 153 ff., Nr. 260.
26 Thommen, Bd. 1, S. 651 u.ö.

gewesen sind. Allerdings führt Rudolf IV. – soweit man der Überlieferung trauen darf – den Adler erst in einem seiner späteren Siegel, das 1359 – 1370 in Gebrauch steht.

Der Reichsadler im Siegel muß auf eine Funktion zurückgeführt werden, die Ulrich II. und Rudolf IV. in gleicher Weise ausgeübt haben und die irgendeine Beziehung zum Reich haben muß. Hier bietet sich in erster Linie das kaiserliche Provinziallandgericht in Rankweil an[27]. In dem Erbteilungsvertrag der Montforter vom 2. März 1319 wird dieses Landgericht, »damit man ähtet«[28], nicht in die Teilung einbezogen; es bleibt gemeinsamer Besitz aller Grafen von Montfort-Feldkirch. Offenbar hat man diesem Gericht eine besondere Bedeutung zugemessen. Vielleicht deshalb, weil der erfahrene »Jurist« Ulrich II. es für sich selbst beanspruchen wollte? Nach dem Tode Ulrichs II. verbleibt das Landgericht in den Händen Hugos von Tosters und Rudolfs IV. Nach dem am 31. März 1359 erfolgten Tod Hugos von Tosters wurde Rudolf IV. alleiniger Herr des Landgerichts; wollte er das mit dem Adler in einem Siegel hervorheben? Die Frage läßt sich vorerst nicht entscheiden. Aber immerhin spricht einiges dafür, daß der Adler auf eine derartige vom Reich hergeleitete Funktion zurückgeht.

Während der Zeit, in der Ulrich II. dem geistlichen Stand angehörte, bewohnte er ein Bürgerhaus in der Stadt Feldkirch, und zwar im Baumgarten bei der Nikolauskirche, d.h. in der heutigen Herrengasse. Dieses Haus war mit dem üblichen Hofstattzins von 72 Pfennigen belegt, nicht aber mit der Mistablieferungspflicht an die gräflichen Weinberge; es wird im sogenannten Mistrodel nämlich nicht genannt. Später überließ Ulrich dieses Haus dem Pfarrer von St. Nikolaus, Heinrich von Wetzikon, der ebenfalls in Bologna studiert hatte und eine bedeutende Büchersammlung hinterließ. 1340 übertrug Ulrich dieses Haus samt Keller und Baumgarten dem jeweiligen Stadtpfarrer mit der Auflage einer Jahrzeit[29]. Das Haus Ulrichs II. darf als der älteste Pfarrhof von St. Nikolaus gelten.

Graf Ulrich II. übernimmt mit der Teilungsurkunde von 1319[30] die Burg und die Stadt Feldkirch, die Burgen Jagdberg, *Horwa* (Schwartzenhorn, Satteins), Neumontfort, einen Teil des Dorfes Fußach und den Kirchensatz in Thüringen, Schaan und Götzis sowie einiges andere, insbesondere die den Burgen zugehörigen Grafschaftsrechte. Ulrich übernahm diesen Komplex gemeinsam mit seinem älteren Bruder Rudolf III., während die übrige Herrschaft Feldkirch an deren Neffen Friedrich III., Hugo VII. und den noch minderjährigen Rudolf IV. kam. Obwohl Rudolf III. bis 1334 nominell neben Ulrich II. Herr des genannten Teils der Herrschaft Feldkirch blieb und als solcher auch in den meisten Urkunden erscheint, dürfen wir doch davon ausgehen, daß sein Bruder Ulrich II. sein Statthalter in Feldkirch war. Graf Ulrich II. ist also der eigentliche Regent der Herrschaft Feldkirch (seit 1334 ohnehin). Im übrigen barg aber die Teilung der Herrschaft auch den Kern zu den späteren Gegensätzlichkeiten zu seinen Neffen.

In einem am 6. Dezember 1338 in Bendern geschlossenen Vertrag erhielt Ulrich II.

---

27 Vgl. dazu Burmeister, Rankweil als Gerichtsstätte. In: Heimat Rankweil, S. 131 – 145.
28 Thommen, Bd. 1, S. 154.
29 Stadtarchiv Feldkirch, Hs. 78, vor Bl. 1a und Bl. 4a – 5a.
30 Ebd., S. 153 ff., Nr. 260.

die Burg und Herrschaft Vaduz zu einem Leibgeding[31]. Doch schon am 3. Mai 1342 befindet sich Vaduz in der Hand Graf Hartmanns III. von Werdenberg-Sargans; irgendwelche Rechte des Montforters werden nicht genannt[32].

Das Feldkircher Erbe Ulrichs wurde 1338 durch Dornbirn erweitert[33], nachdem Graf Wilhelm I. von Montfort-Tettnang schon 1322 – in Anwesenheit Ulrichs – Anordnungen für den Fall seines Todes getroffen hatte[34]. Dagegen zerschlugen sich die Pläne, auch Bregenz der Herrschaft Feldkirch einzuverleiben.

Durch diese neue Abgrenzungen wurde Ems zu einer störenden Enklave im Territorium Ulrichs II., um so mehr deswegen, wie auf Grund eines königlichen Privilegs von 1333 Ems zur Stadt ausgebaut wurde[35]. Eine heftige Fehde zwischen Ulrich II. und den Emsern war die Folge. Sie brachte beiden Seiten große Verluste; doch gelang es Ulrich II., den Ausbau von Ems zur Stadt zu unterbrechen. Eine Stadt vor den Toren von Feldkirch erschien nicht tragbar zu sein. Die blutige Fehde wird am 1. August 1343 in Feldkirch durch einen Vertrag beigelegt[36].

Was die sonstigen Besitzungen Ulrichs bzw. die Veränderung darin angeht, soll hier auf eine eingehendere Darstellung verzichtet werden. Die Burg Horwa und der Hof zu dem Rade wird von Ulrich und seinem Bruder Rudolf III. 1327 um 150 Mark Silber Konstanzer Gewichts an Heinrich von Celle verkauft, allerdings unter dem Vorbehalt einer möglichen Wiedereinlösung innerhalb von zwölf Jahren und der Pflicht, die Burg den Montfortern auf deren Ansuchen zu öffnen. Der Erwerber erhält dafür jährlich zwei Fuder Meersburger Wein, 20 Mutt Kernen aus der Rheinmühle zu den Predigern in Konstanz und fünf Mark Silber aus den Steuern der Stadt Feldkirch[37].

Eine Anzahl von Urkunden aus der Zeit von 1320 zeigen uns Rudolf III. und Ulrich II. im Besitz der Burg Greifenstein, die Graf Hugo von Werdenberg dem Bistum Chur um 1150 Mark Silber verpfändet hatte. Rudolf und Ulrich geloben die Fertigung, sobald der Bischof im Lande sei, und stellen dafür 30 Geiseln[38]. Noch 1320 wird Ulrich aus dieser Bürgschaft entlassen[39]. Am 20. Oktober 1327 anerkennt der Abt von St. Gallen den Übergang der Griessenbergischen Pfandgüter an die Verwandten der Adelheid von Griessenberg, u.a. auch an ihren Bruder Ulrich von Montfort[40]. Am 22. Oktober 1327 erklären sich Rudolf und Ulrich bereit, diese Güter durch den Abt von St. Gallen

---

31 Bilgeri, Geschichte, Bd. 2, S. 52.
32 Erwin Poeschel, Die Kunstdenkmäler des Fürstentums Liechtenstein, Basel 1950, S. 178.
33 Bilgeri, Geschichte, Bd. 2, S. 50 ff.
34 REC, Nr. 3941.
35 Karl Heinz Burmeister, Die Emser Handfeste und ihre Folgen. Die Entwicklung von Hohenems zur Stadt. In: Österreich in Geschichte und Literatur 26, 1982, S. 2 – 11.
36 F.J. Joller, Urkunden und Regesten aus dem Hohenemser Archiv (= Programm des k.k. Gymnasiums in Feldkirch d.d. Schuljahr 1860), Freiburg i.Br. 1860, S. 38 f., Nr. 7.
37 REC, Nr. 4143.
38 Krüger, S. 109 – 398, S. I-CLIII, hier S. XX. Regesten Nr. 198.
39 Ebd., S. XX, Regest Nr. 200.
40 UBSG, Bd. 3, S. 469, Nr. 1318.

auslösen zu lassen[41]. Am 27. Mai 1328 gibt Ulrich II. seine Zustimmung zu einem Gütertausch seiner Neffen[42].

Nicht unerwähnt bleiben dürfen einige kirchliche Stiftungen Ulrichs. Zusammen mit seinem Bruder Rudolf III. schenkt er am 21. Juli 1327 mit einer in Konstanz ausgestellten Urkunde den Hof zu Oberhofen dem Kloster Weissenau[43]. In diesem Kloster Weissenau entstand um diese Zeit die Handschrift »Speculum humanae vitae« mit der bildlichen Darstellung des Turms der tausend Schilde: oben auf der Spitze des Turms steht neben den Wappen des Reiches und Österreichs (= König Friedrich der Schöne) das Wappen von Montfort-Feldkirch[44].

Eine weitere große Stiftung machen die beiden Brüder am 3. September 1328 für die Nikolauskirche in Feldkirch, wo sie einen Altar zu Ehren des heiligen Kreuzes, von St. Oswald, St. Blasius, St. Georg und St. Ottilie stiften und reichlich ausstatten[45]. Auch in diesem Zusammenhang begegnet uns – wohl nicht zufällig – wiederum der heilige Georg.

Graf Ulrich II. ist vor allem als Stadtherr von Feldkirch und Landesherr seiner Grafschaft von Interesse. Hier regiert er doch immerhin über einen Zeitraum von 25 Jahren, in dem er entscheidende Neuerungen eingeführt und durchgesetzt hat, die vor allem auf eine Festigung der bürgerlichen Rechte hinausgelaufen sind. Ulrich II. setzte hier – gemeinsam mit seinem Bruder Rudolf III. – jene fortschrittliche Politik fort, der die meisten Montforter ablehnend gegenüberstanden[46]. Die beiden Brüder gewährten der Bürgerschaft 1311 das eigene Siegelrecht[47], 1312 erreichten sie beim Kaiser eine Verleihung des Lindauer Stadtrechts an Feldkirch[48]. Beide Brüder, die in Bologna studiert hatten, bemühten sich in der Folge, gemeinsam mit der Bürgerschaft und ihren Organen, das Feldkircher Stadtrecht schriftlich niederzulegen[49]. Dadurch wurde ein höheres Maß an Rechtssicherheit gegenüber der Willkür des Stadtherrn erreicht. Auch sonst bemühte sich Ulrich II. sehr intensiv um eine Hebung der Rechtsordnung in Feldkirch. So erließ er neue Bestimmungen über Gewaltverbrechen im Sinne der Landfriedensordnung[50]. Um 1330 wurde eine Steuerbegünstigung für gemauerte Häu-

41   Ebd., S. 470, Nr. 1319.
42   REC, Nr. 4165.
43   REC, Nr. n 116.
44   Vgl. die Abbildung auf dem Einband von Burmeister, Geschichte, 2. Aufl., Wien 1983.
45   Stadtarchiv Feldkirch, Hs. 78 (Jahrzeitbuch und Spendbuch der Stadt Feldkirch), Bl. 1 (= Vorralberger Landesarchiv, Handschriften und Codices, Lichtbildserie 27). Die Abbildung einer von den Grafen von Montfort-Bregenz um 1360 gestifteten Freskos mit einer Georgsdarstellung in der Martinskapelle in Bregenz vgl. Friedrich Metz, Vorarlberg, Landschaft, Kultur, Industrie, Lindau/Konstanz 1960, S. 76.
46   Burmeister, Rudolf III., S. 315.
47   Ebd.
48   Ebd.
49   REC, Nr. 4349. Vgl. auch Mone, Stadtrecht.
50   Ebd., S. 134 ff., Tit. 2 ff.

ser eingeführt[51], 1331 eine Ergänzung der Erbrechtsordnung vorgenommen[52], eine Bestimmung über die Resozialisierung von Prostituierten erlassen[53], der Verkauf des Getreides durch Gäste auf den Dienstag beschränkt[54] und eine Regelung wegen der Fluchtsame getroffen[55]. Im Titel 128 zeigt sich sehr deutlich, daß keineswegs nur der Graf, sondern auch die Stadt selbst an einer Einschränkung der Freizügigkeit interessiert war, um die Abwanderung von Kapital zu verhindern.

Die Freizügigkeit war eine Frage, die verschiedentlich Probleme bereitete. 1340 beschlagnahmte der Graf die in Dornbirn gelegenen Güter des Johann Huober, als dieser nach Bregenz gezogen war. Graf Wilhelm von Montfort-Bregenz setzte sich jedoch für Huober ein und ein Schiedsgericht gab ihm Recht[56]. Ob diese Entscheidung sich wirklich auf ein angebliches Recht der Freizügigkeit des Freien berufen hat, ist aus der Urkunde nicht ersichtlich, tatsächlich auch sehr unwahrscheinlich. Denn es gelang Huober ja gerade zunächst nicht, sein Recht gegenüber Ulrich II. durchzusetzen. Vielmehr stimmte Ulrich II. einem Schiedsgericht zu, dessen Wesen es ist, nach der »Minne« und nicht nach der Strenge des Rechts zu entscheiden. Man vergleiche dazu etwa die Formulierung in dem Schiedsvertrag, den Ulrich mit dem Bischof von Chur 1336 geschlossen hat: »... daß wir lieplich uberain sien komen mit wiser lüten rat umb alle die stöss ...[57] Es ist daher absurd, aus dieser Angelegenheit den Schluß zu ziehen, daß Ulrich II. ein »verhaßter Zwingherr« gewesen sei[58]. Dann hätte er wohl kaum einem Schiedsgericht zugestimmt, sondern wäre den Weg des Gerichtes oder den der Gewalt gegangen.

Das Problem der Freizügigkeit wurde nochmals akut, als 1343 eine größere Zahl von Feldkircher Juden nach Bludenz auswandern wollten[59]. Wiederum machte Graf Ulrich seine Rechte geltend und wiederum ließ er – der aufgeklärte Kanonist – ein Schiedsgericht entscheiden. Dieses stellte durch Urteil fest, »daß die von Feldkirch gegen Graf Ulrich von Montfort verschrieben seyen, welcher bürger von Feldkirch on des herrn wissen und willen ziehe, daß denselben seinem herrn sein gut verfallen sei«[60].

Graf Ulrich II., der sich in derartigen Grundsatzfragen dem schiedsrichterlichen Spruch unterwarf, war alles andere als ein verhaßter Zwingherr. Er gehörte – mit Rudolf III. – zu den Förderern der Juden, die unter ihm in die Stadt kamen, dort sogar Bürgerrecht und damit Grundbesitz erwerben konnten[61]. Unter Ulrich II. entwickelt

---

51 Ebd., S. 149 f., Tit. 74.
52 Vorarlberger Landesarchiv, Urkunde vom 5. Oktober 1331.
53 Mone, Stadtrecht von Feldkirch, S. 141, Tit. 35.
54 Ebd., S. 153, Tit. 86.
55 Ebd., S. 163f., Tit. 128.
56 Bilgeri, Geschichte, Bd. 2, S. 66 und S. 371, Anm. 20.
57 Thommen, S. 236, Nr. 400.
58 Bilgeri, Geschichte, Bd. 2, S. 66.
59 Burmeister, Kulturgeschichte, S. 47.
60 Aron Tänzer, Die Geschichte der Juden in Hohenems, Meran 1905, S. 5.
61 Burmeister, Kulturgeschichte, S. 47 ff.

sich in Feldkirch eine blühende Judengemeinde, die dann freilich unter seinen Nachfolgern 1349 mit roher Gewalt ausgerottet wurde[62]. Ihr zuzurechnen ist auch der erste Arzt, der in Feldkirch nachweisbar wird[63]. Eine Urkunde vom 25. Januar 1334 läßt erkennen, daß Graf Ulrich bei einem Kauf einer Anzahl von Eigenleuten zum Birnbaum von Ulrich von Ems Juden als Geldgeber gefunden hatte[64].

Ulrich II. förderte ebenso die Einwanderung der mit besonderen Freiheiten ausgestatteten Walser. Er ist es, der am 16. Juni 1326 die Walser mit der Alpe Damüls belehnt[65]: die Fortsetzung einer erfolgreichen Einwanderungspolitik, die das freie Element im Lande wesentlich gestärkt hat.

Ulrich II. ist auch der einzige Montforter, der frühzeitig der Bürgerschaft auch ein außenpolitisches Mitspracherecht einräumte. 1337 beteiligte er die Bürger von Feldkirch als Partner am ewigen Bund mit Österreich[66]. Ulrichs Nachfolger dagegen haben eine solche Aufwertung der Bürger schnell wieder zurückgezogen.

Es ist nicht wenig, was Ulrich II. auch für die wirtschaftliche Hebung seiner Stadt und seines Landes getan. Schon im Vertrag von 1319 bestand er darauf, daß das Dorf Fußach – der Bodenseehafen der Stadt Feldkirch – zur Hälfte an ihn kam[67]. Der Erwerb der Leibeigenen »Zum Birnbaum« 1334 geht in die gleiche Richtung. Hierher gehört auch der Streit, den Graf Ulrich 1343 für die Stadt Feldkirch gegen Graf Hartman von Werdenberg-Sargans um den Zoll von Klösterle führte. Das Schiedsgericht erkannte hier allerdings gegen Graf Ulrich und verpflichtete die Feldkircher zur Zahlung des Zolls in Klösterle[68].

In der Außenpolitik vollzog Ulrich II., darin zweifellos dem Beispiel seines Bruders Rudolf III. folgend, die Wende zu den Habsburgern[69]. Der Ewige Bund mit Österreich von 1337 bedeutete den krönenden Abschluß in dieser langzeitlichen Neufestlegung der Außenpolitik[70]. Sie endete 1375 folgerichtig im Verkauf der Stadt und Herrschaft Feldkirch durch Rudolf V. an Österreich. Ulrich II. ist damit einer der Väter des Übergangs Vorarlbergs an Österreich gewesen. Seine Außenpolitik hat damit bis zum heutigen Tag ihre Auswirkungen gehabt.

Ulrichs Außenpolitik war aber keineswegs eingleisig. Als die Städte Mainz, Worms, Speyer, Straßburg, Basel, Freiburg, Konstanz, Zürich, Lindau, Überlingen, Bern und Graf Eberhard von Kyburg am 20. Mai 1327 ein Bündnis schlossen, traten diesem der Konstanzer Bischof Rudolf von Montfort-Feldkirch, Graf Ulrich II. von Montfort-

---

62 Ebd., S. 48 ff.
63 Mone, Stadtrecht, S. 135, Tit. 6, §1.
64 Burmeister, Kulturgeschichte, S. 47.
65 REC, Nr. 4039.
66 Burmeister, Geschichte, S. 73 ff.
67 Bilgeri, Geschichte, Bd. 2, S. 37.
68 Liechtensteinisches Urkundenbuch, Bd. 3, S. 129 ff., Nr. 79.
69 Burmeister, Geschichte, S. 68 ff.
70 Ebd., S. 70 ff.

Feldkirch und die Stadt Ravensburg bei[71]. Am 14. Januar 1329 wurde dieses Bündnis, abermals unter Beteiligung Ulrichs, in Zürich erneuert[72].

Seine politische Rolle spielt Ulrich auch als Beteiligter in Schiedsgerichten: so z.B. 1297 in einem Streit der Brandis und Matsch[73]. In der Hauspolitik der Montforter wirkt er stets aktiv mit. Hier kam ihm in späteren Jahren wohl schon auf Grund seines Alters ein besonderes Ansehen zu.

Das hohe Alter, das Ulrich II. erreichte, ließ den kinderlosen Grafen bei seinen Neffen zu einem echten Problem werden. Ulrich II. faßte denn auch anscheinend den Plan, sein Erbe nicht an seine Neffen weiterzugeben. Die Neffen setzten Ulrich daraufhin in seiner Burg im Oktober 1343 gefangen[74] und ließen ihn erst Anfang 1344 wieder frei[75], nachdem sie ihn zu gewissen Zugeständnissen gezwungen hatten.

Ulrich II. begab sich daraufhin nach Lindau, wo er am 13. März 1344 dem Kaiser seinen gesamten Besitz übertrug[76]. Der Kaiser sollte ihm diesen Besitz zurückerobern und als Leibgeding überlassen. Ende 1345 wurde Feldkirch tatsächlich belagert, aber ohne Erfolg[77]. Am 21. Juli 1346 verzichtete Ulrich II. auf seinen gesamten Besitz zugunsten seiner Neffen.

Ulrich II., am 24. Juli 1346 noch in Lindau bezeugt[78], begab sich nach Chur, wo ihn der Bischof Ulrich Ribi als Generalvikar in geistlichen und weltlichen Angelegenheiten einsetzte. Also solcher ist er vom 10. November 1348 bis 10. Juli 1349 bezeugt[79].

Während Zösmair[80] und ihm folgend – mit ausführlicher Begründung – Wartmann[81], in Ulrich II. diesen Generalvikar sehen, ist Bilgeri[82], Otto P. Clavadetscher[83] folgend, der Meinung, der 1348/49 bezeugte Vikar könne nicht Ulrich II. sein; vielmehr müsse es sich um dessen Großneffen Ulrich III. von Montfort-Feldkirch handeln. Als Begründung führt er allein das Alter an, das ihn für eine solche Funktion kaum in Frage kommen lasse.

---

71 REC, Nr. 4128.
72 Ebd., Nr. 4178.
73 Thommen, S. 83, Nr. 142.
74 Winkler, Die Chronik, S. 19.
75 Ebd.
76 Vanotti, S. 551.
77 Bilgeri, Geschichte, Bd. 2, S. 56 ff., freilich mit unangemessener Überschätzung dieses Ereignisses.
78 UBSG, Bd. 3, S. 565, Nr. 1439.
79 Helvetia sacra, Bd. 1, S. 514; Clavadetscher, Die geistlichen Ritter, S. 51, Ziff. 6.
80 Josef Zösmair, Politische Geschichte Vorarlbergs im 13. und 14. Jahrhundert unter den Grafen von Montfort und Werdenberg (12. – 14. Jahresbericht des k.k. Real- und Obergymnasiums Feldkirch 1877, 1878 und 1879), hier 2. Teil, S. 30.
81 Hermann Wartmann, Rätische Urkunden aus dem Centralarchiv des fürstlichen Hauses Thurn und Taxis in Regensburg (= Quellen zur Schweizer Geschichte, 10.), Basel 1891, S. 68 f., Nr. 32.
82 Bilgeri, Geschichte, Bd. 2, S. 364, Anm. 103.
83 Clavadetscher, Die geistlichen Ritter, S. 51, Ziff. 6.

Gerade das Alter spricht aber doch für Ulrich II. Denn bei der Bestellung Rudolfs IV. 1372 zum Pfleger des Bistums Chur ist dieser mindestens 62 Jahre alt[84]. Auch Rudolf V. ist bei seiner Bestellung zum Pfleger 1385 weit über 60 Jahre alt[85]. Demgegenüber fällt Ulrich III. völlig aus dem Rahmen. Sein Vater, Rudolf IV., ist 1319 noch unmündig[86], geboren wurde er vor 1310 (Tod seines Vaters), als verheiratet erscheint er erstmals 1332[87]. Die Geburt Ulrichs III. liegt also wohl nach 1332, so daß er 1348 kaum oder allenfalls gerade erst mündig gewesen ist. Ulrich III. war demnach als Pfleger des Bistums Chur altersmäßig völlig ungeeignet. Man wählte zu diesem Amt auch bevorzugt erfahrene Landesherrn, die sich in der Verwaltung ausgekannt haben. Da der Vikar von 1348/49 zudem auch für die geistlichen Angelegenheiten zuständig war, empfahl sich Ulrich II. als Kanonist und ehemaliger Domherr ganz besonders. Die Bezeichnung »ehrwürdig« in einer Urkunde von 1346[88] könnte darauf hindeuten, daß Ulrich II. in den geistlichen Stand zurückgekehrt ist. Ulrich III. ist demgegenüber erst seit 1351 als Mitglied des Domkapitels belegbar[89]. Wir dürfen sogar annehmen, daß er die Pfründe keinem geringeren als seinem Großonkel Ulrich II. verdankte.

Der Pfleger des Bistums Chur hatte in jenen Jahren einen besonders verantwortungsvollen Posten, weil der Bischof selbst 1347/49 von Markgraf Ludwig von Brandenburg gefangen gehalten wurde[90]. Rudolf IV. befand sich dagegen 1348 im Solddienst des Markgrafen von Brandenburg[91]. Die Pflegerschaft Ulrich in Chur erscheint somit auch als eine Fortsetzung des Gegensatzes zwischen Ulrich und seinen Neffen.

In seiner Eigenschaft als »gemainer Vicari und pfleger des gotzhus ze Cur in gaistlichen und in weltlichen sachen« verpfändet Graf Ulrich II. am 10. November 1348 zu Chur dem Ritter Johannes Planta die Feste Steinsberg[92]. Am 14. März 1349 bestätigen die Brüder Walter, Christoph und Heinrich von Räzüns, daß Ulrich von Montfort als Vikar und Pfleger des Bistums Chur ihnen die Kerzner von Montana im Bündner Oberland unter Vorbehalt des Wiedereinlösungsrechtes verpfändet hat[93]. Zwei weitere Urkunden vom 14. März 1349[94] und 10. Juli 1349[95] belegen Ulrichs Tätigkeit als Vikar.

Nach dem 10. Juli 1349 gibt es keine urkundlichen Zeugnisse mehr zu Ulrich II. die

---

84 Mohr, Codex, Bd. 3, S. 252 ff., Nr. 169.
85 Christine Gehrer, Graf Rudolf V. von Montfort, der Letzte von Feldkirch, Hausarbeit aus österreichischer Geschichte, Innsbruck 1981, S. 62.
86 Thommen, Bd. 1, S. 154: »... grafe Ruodolfes ..., der noch ze sinen tagen niht ist komen.«
87 Roller, Grafen von Montfort, S. 162.
88 Vanotti, S. 81, Anm. 2.
89 Helvetia sacra, Bd. 1, S. 538.
90 Johann Georg Mayer, Geschichte des Bistums Chur, Bd. 1, Stans 1907, S. 358 f.
91 Bilgeri, Geschichte, Bd. 2, S. 58.
92 Mohr, Codex, Bd. 2, S. 402 ff., Nr. 324.
93 Ebd., Bd. 2, S. 404 f., Nr. 326.
94 Wartmann, Rätische Urkunden, S. 32.
95 Urkunde im bischöflichen Archiv in Chur.

Chronik von Tränkle berichtet »mortuus est anno 1350 13 calendas Martii[96]«. Sein Tod fällt mithin auf den 17. Februar 1350[97]. Dazu würde die im Kloster Mehrerau jeweils am 11. Februar begangene Jahrzeit für einen »Ulricus Comes de monteforti« passen[98]. Möglicherweise hat Graf Ulrich seinen Lebensabend im Kloster Mehrerau verbracht; denn es fällt auf, daß er keine Jahrzeit für eine Churer Kirche gestiftet hat. Sein Name fehlt auch im Jahrzeitbuch der Johanniter in Feldkirch, wofür die Spannungen zu seinen Neffen eine Erklärung bieten. Schließlich bleibt zu berücksichtigen, daß Graf Ulrich II. der letzte Vertreter seiner Generation gewesen ist. Er hat seine Brüder und Schwestern, aber auch die seiner Generation angehörigen Vettern in Bregenz und Tettnang überlebt. Er hat das Aussterben der älteren Bregenzer Linie der Grafen von Montfort miterlebt. Da er überdies seine Stammgüter in Feldkirch an seine Neffen verloren hatte, mochte er sich auf das traditionelle Erbbegräbnis seines Hauses, im Benediktinerkloster Mehrerau bei Bregenz, besonnen haben. Sein Großvater Hugo II. von Montfort (†1257) hatte hier seine Grablege gefunden[99], bevor sich die Montforter in die Linie von Feldkirch, Bregenz und Tettnang aufgespaltet hatten. Die Entfremdung von seinen Feldkircher Verwandten (die sich freilich nur auf seine Neffen Hugo VII. und Rudolf IV., nicht aber auf seine geistlichen Großneffen Ulrich III. und Rudolf V. bezog) mochte ihm diese Entscheidung für Bregenz erleichtert haben. Bis 1340 hatte sich Ulrich II. auch bemüht, die Grafschaft Montfort-Bregenz in seine Hand zu bringen[100].

Graf Ulrich II. gehört nicht zu den Großen seines Geschlechtes und sein Lebenslauf entbehrt nicht einer gewissen Tragik. Zu lange stand er im Schatten seines von Anfang an bedeutenderen Bruders Rudolfs III. Andererseits wurde sein überdurchschnittlich langes Leben der Anlaß für seine Neffen, ihn von seinem Platz zu verdrängen. Zuerst für den geistlichen Stand bestimmt, in dem er zweifellos auch Karriere gemacht hätte, wurde er durch den frühen Tod seines Bruders Hugo IV. gezwungen, in den weltlichen Stand zurückzukehren. Er heiratete jedoch nicht und übte in seinen letzten Lebensjahren auch wieder geistliche Funktionen aus. Als Student des Kirchenrechts in Bologna, als Domherr zu Chur, als regierender Graf zu Feldkirch, als Generalvikar und Pfleger des Bistums Chur übte Graf Ulrich II. eine vielseitige Tätigkeit aus. Das von Benedikt Bilgeri gezeichnete Bild von dem »verhaßten Zwingherrn« entspricht nicht der Wirklichkeit. Wie Rudolf III. und Rudolf V. gehört auch Ulrich II. zu den volksfreundlichen Regenten, denen Feldkirch seine Bürgerfreiheiten zu verdanken hat.

---

96 Winkler, Die Chronik, S. 19.
97 Nicht auf den 15. April 1350, so aber Vanotti, S. 77; Zösmair (vgl. Anm. 80), 2. Teil, S. 30.
98 Bergmann, Necrologium, S. 12.
99 Bilgeri, Geschichte, Bd. 1, S. 175.
100 Ebd., Bd. 2, S. 52.

Hugo VI. von Montfort (1269 – 1298)
Propst von Isen, erwählter Bischof von Chur

Die Churer Bischofslisten von Flugi[1] (1645), Eichhorn[2] (1797) und Gams[3] (1873) zählen einen Bischof Hugo von Montfort auf, der in anderen Listen, etwa im Bischofskatalog von 1388[4], bei Guler[5], Eubel[6], Clavadetscher/Kundert[7], fehlt; er hatte als Kandidat einer Doppelwahl sein Amt vor der Bestätigung resigniert. Dennoch bleibt die Frage nach der Persönlichkeit des Grafen, den das Domkapitel gewählt hat, von Interesse, und das um so mehr, als die einschlägigen familiengeschichtlichen[8] und genealogischen[9] Arbeiten über das Geschlecht von Montfort so gut wie nichts über ihn zu berichten wissen. Das Bündner Urkundenbuch[10] widmet ihm nur eine kurze, mit Fragezeichen versehene Notiz[11], und Benedikt Bilgeri[12] bezeichnet ihn als einen »sonst kaum bekannten Bruder« des Grafen Wilhelm II. von Montfort-Tettnang.

Der Elekt fügt sich nahtlos ein (vgl. dazu die Stammtafel) in die traditionelle Rolle, die dieses Adelsgeschlecht im 13. Jahrhundert in Churrätien gespielt hat, nicht zuletzt auch im Domkapitel und auf dem Bischofsthron. Heinrich von Montfort[13], ein Großonkel des Elekten, war 1251–1272 Bischof von Chur; Friedrich von Montfort[14], ein

1   Johann Georg Mayer und Fritz Jecklin, Der Katalog des Bischofs Flugi vom Jahre 1645, Jg. 30, 1900, S. 1–143, hier S. 9.

2   P. Ambrosius Eichhorn, Episcopatus Curiensis in Rhaetia, St. Blasien 1797, S. 100.

3   P. Pius Bonifacius Gams, Series episcoporum ecclesiae catholicae, Regensburg 1873, S. 269.

4   Elisabeth Meyer-Marthaler, Der Liber de feodis des bischöflichen Archives Chur und der Churer Bischofskatalog von 1388. In: ZSKG 45, 1951, S. 38 – 67, hier S. 60.

5   Johannes Guler, Raetia oder Beschreybung der dreyen Loblichen Grawen Bündten und anderer Raetischen Völcker, Zürich 1616.

6   Konrad Eubel, Hierarchia catholica medii aevi Bd. 1, Münster [2]1913, S. 219.

7   Otto P. Clavadetscher und Werner Kundert, Die Bischöfe von Chur. In: Helvetia Sacra, Abt. 1 Bd. 1, Bern 1972, S. 466; vgl. auch S. 481 mit Erwähnung des Wahlstreites.

8   Vanotti, S. 475, Regest Nr. 14. Fehlt in der Stammtafel bei Vanotti überhaupt.

9   Roller, Grafen von Montfort, S. 159, Nr. 25 und Tafel XX.

10   BUB, Bd. 3, S. 232, Nr. 1283, Anm. 4.

11   Chart. Sang. Bd. 4 enthält keine neuen Hinweise auf Hugo von Montfort; aufgenommen wurden jedoch die erstmals von Stelling-Michaud (siehe unten Anm. 31) bearbeiteten Urkunden aus dem Staatsarchiv Bologna.

12   Bilgeri, Geschichte, Bd. 2, S. 333, Anm. 1.

13   Über ihn vgl. Urban Affentranger, Heinrich III.

14   Clavadetscher, Helvetia Sacra 1/1, S. 480.

Onkel Hugos VI., hatte das Amt von 1282 – 1290 inne. Später, 1322 – 1325, wurde Graf Rudolf III. von Montfort-Feldkirch[15], der der gleichen Generation wie Hugo VI. angehörte, Bischof von Chur. Die Wahl Hugos VI. aus dem Geschlecht der Grafen von Montfort stellt somit keine Besonderheit dar; sie war durch die Tradition vorgegeben.

Hugo VI. ist der Enkel des Grafen Hugo II. von Montfort, der ein Bruder des Churer Bischofs Heinrich von Montfort gewesen ist. Die sechs Söhne Hugos II. gehörten teils dem geistlichen, teils dem weltlichen Stand an. Zu den Geistlichen zählen der Churer Bischof Friedrich I. (†1290), der Churer Dompropst Heinrich III. von Montfort (†1307)[16] und der Abt von St. Gallen, Wilhelm I. von Montfort (†1301)[17]. Die dem weltlichen Stand angehörigen Söhne teilen um 1270 das Erbe ihres Vaters und begründen die drei Montforter Linien Feldkirch, Bregenz und Tettnang: Rudolf II. (†1302) erhält Feldkirch, Ulrich I. (†1287) Bregenz und Hugo III. (†1309) Tettnang. Hugo VI. ist der Sohn des Grafen Hugo III.[18]. Er ist demnach in der vierten (wenn man die Tübinger mitzählt, sogar in der zehnten)[19] Generation in unmittelbarer Folge Träger des Leitnamens Hugo. Das ist nicht nur als genealogisches Faktum zu erwähnen; vielmehr liegt darin auch eine Verpflichtung, es den Vorfahren gleichzutun. Durch die Wahl zum Bischof von Chur tritt der erst 30jährige Hugo von Montfort nicht nur an die Spitze des geistlichen Adels in Churrätien, sondern er ist auch auf dem Wege, ein Reichsfürst zu werden. Graf Hugo ist ein typischer Repräsentant des Feudalismus, dessen historisches Wirken für unseren Raum Iso Müller in seinem »Glanz des rätischen Mittelalters« ins rechte Licht gerückt hat[20].

Sein Vater, Graf Hugo III. (†1309)[21], ist der Begründer der Tettnanger Linie. Das bedeutet jedoch nicht, daß Hugo VI. in Tettnang geboren wurde. Denn Hugo III. hatte zwar Besitz in Tettnang, saß jedoch seit 1267 auf der Burg Scheer (Landkreis Sigmaringen). Er heißt auch nach dieser Burg *grave Huc von Montfort, den man sprichet von der*

---

15 Burmeister, Rudolf III.; Meinrad Pichler, Rudolf von Montfort – ein Kirchenfürst zwischen Kaiser und Kurie. In: Montfort 34, 1982, S. 289 – 306; Werner Vogler, Rudolf von Montfort, S. 307 – 310.

16 Clavadetscher, Helvetia Sacra 1/1, S. 538.

17 Diebolder, Wilhelm.

18 Die Vaterschaft Hugos III. folgt aus der in Anm. 5 genannten Urkunde von 1290, im Wortlaut abgedruckt in Wirtembergisches Urkundenbuch Bd. 11, Stuttgart 1913, S. 71, Nr. 5724: *... mit willen unserer söhne Haugens und Wilhelms...* Weitere Belege bei Stelling-Michaud, Les juristes suisses (wie Anm. 31), S. 254, Nr. 10 vom 5. Oktober 1285:... *Dominus Ugo comes de Monteforti ..., filius domini comitis Ugonis.* Vgl. auch ebd. S. 230, Regest 212 vom 29. Juli 1287, *Ugo de Monteforti fil. dom. Ugonis comitis de Monteforti; S.* 231, Regest 215 vom 11. März 1288, *Ugo fil dom. Ugonis comitis de Monteforti.* Weitere Belege vgl. unten Anm. 87 und 88 sowie Hinweis in Anm. 85.

19 Vgl. die bis zum Jahr 1000 zurückreichende Stammtafel I im Anhang zu L. Schmid, Geschichte der Pfalzgrafen von Tübingen, Tübingen 1953.

20 Iso Müller, Glanz des rätischen Mittelalters. In: Kristall-Reihe 6, Chur 1971, S. 33 ff.

21 Über ihn vgl. Roller, Grafen von Montfort, S. 154, Nr. 11; Vanotti, S. 58 – 65.

Schaer[22]. Erst nach dem Verkauf von Scheer (1289), also 20 Jahre nach der Geburt Hugos VI., baut Hugo III. Tettnang zu seinem Herrschaftszentrum aus[23] und läßt Tettnang 1297 zur Stadt erheben[24].

Die Ehefrau[25] Hugos III. und Mutter Hugos VI. ist M. von Gundelfingen, die Witwe des Marschalls Heinrich von Pappenheim, die Hugo III. um 1268 geheiratet hat[26]. Sie brachte zwei unmündige Kinder mit in die Ehe, nämlich Heinrich und Hildebrand von Pappenheim. Da sich die Stammburg der Marschälle von Pappenheim in Biberbach (Landkreis Wertingen) 1269 im Besitz Hugos III. befand[27], könnte Hugo VI. auch auf dieser Burg geboren worden sein. Seine ersten Lebensjahre mag er auf den Burgen von Biberbach, Scheer und Tettnang verbracht haben.

Der gefälschte Stiftungsbrief[28] Hugos III. für das Kloster Mariaberg bei Gammertingen (Landkreis Sigmaringen), angeblich vom 7. April 1265, ist für die Lebensgeschichte Hugos VI. ohne Belang. Gleichwohl wirft die in dieser Urkunde enthaltene Legende, derzufolge die zwei kleinen Söhne Hugos III. ohne Begleitung von der Burg zum Baden an den Fluß hinabgestiegen seien, wonach sie sich anschließend zum Schlafen ins Heu niederlegten und durch einen unglücklichen Zufall erstickt seien, etwas Licht auf den Alltag, den der Knabe auf den väterlichen Burgen erlebt haben mag. Gehen wir davon aus, daß Hugo III. sich 1268 verheiratet hat, so könnte Hugo VI. als der ältere Sohn 1269 geboren sein. Für dieses Geburtsjahr sprechen folgende Anhaltspunkte:
1. Hugo III. wird um 1267 volljährig[29].
2. Hugo III. erscheint erstmals am 29. Mai 1268 als verheiratet[30].
3. Hugo VI. schließt 1285 als Student Verträge, steht aber noch unter der Aufsicht eines Präzeptors[31]. Er könnte etwa 17 Jahre alt sein.

---

22 Z.B. Wirtembergisches Urkundenbuch Bd.9, S.161 f., Nr. 3672.
23 Albert Schilling, Langenargen, Seine Geschichte und die seiner Beherrscher, insbesondere der Grafen von Montfort, Ursendorf 1870, S. 48.
24 Wirtembergisches Urkundenbuch Bd. 11, S. 97, Nr. 5071.
25 Mit Recht hat Roller, Grafen von Montfort, S. 154 f, die von der älteren Literatur in Betracht gezogene Eleonore bzw. Veronika von Rappoltstein als Ehefrau Hugos III. in Zweifel gezogen.
26 Dazu und zu den folgenden Ausführungen vgl. Bilgeri, Geschichte, Bd. 1, S. 352 f, sowie Haupt Graf zu Pappenheim, Versuch einer Geschichte der früheren Pappenheimer Marschälle, Würzburg 1927, passim.
27 Bilgeri, Geschichte, Bd. 1, S. 353 mit weiteren Hinweisen auf die Quellen.
28 Wirtembergisches Urkundenbuch, Bd. 6, S. 198 f. Deutsche Übersetzung bei Schilling, Langenargen (wie Anm. 23), S. 46. Vgl. auch J. A. Kraus, Das Klösterlein Mariaberg, wie es entstand und wuchs. In: Hohenzollerische Jahreshefte 16, 1956, S. 110 – 124. Ein Bildnis des Grafen und seiner Gemahlin findet sich auf einer Votivtafel aus dem Jahre 1619; abgebildet bei Herbert Burkarth, Geschichte der Herrschaft Gammertingen-Hettingen, Sigmaringen 1983, nach S. 64, Abb. 20.
29 Bilgeri, Geschichte, Bd. 1, S. 187 f.
30 Ebd., S. 353.
31 Stelling-Michaud, Les juristes, S. 254, Nr. 10 und passim.

4. Hugo VI. tritt erstmals 1286 als Siegler auf (etwa 18 Jahre alt).

5. Hugo VI. und sein jüngerer Bruder Wilhelm II. sind 1290 volljährig[32].

6. Hugo VI. gehört der gleichen Generation wie Rudolf III. und Ulrich II. von Montfort-Feldkirch an; beide sind nachweislich in den 1260er Jahren geboren[33].

Die Jugendzeit Hugos VI. auf den schwäbischen Burgen seines Vaters währte nicht allzulange; er wurde als der älteste Sohn gemäß 4. Mose 3, 45 früh für den geistlichen Stand ausersehen. Es boten sich hier dank der Beziehungen seiner geistlichen Verwandten mehrere Möglichkeiten an. Dabei kam der St. Galler Konventuale Wilhelm I. von Montfort, der im Dezember 1281 Abt wurde[34], ebenso in Frage wie seine in Chur tätigen Brüder, Friedrich II. von Montfort, 1273–1282 Dompropst zu Chur und nachmaliger Bischof[35], und Heinrich III. von Montfort, seit 1282 Domherr in Chur und seit 1288 Dompropst[36]. Heinrich III. war zudem Propst von St. Verena in Zurzach und Kirchherr in Scheer, Herbertingen, Bingen und Heudorf (alle Orte im Landkreis Sigmaringen)[37].

Friedrich II. war überdies auch Kirchherr in Lustenau (Vorarlberg), Egg (Bregenzerwald), Gestratz (Landkreis Lindau) und Röthenbach (Landkreis Lindau) sowie in Mais bei Meran[38]. Zu erwähnen bleibt aber auch noch ein Bruder Hugos II., nämlich Friedrich I. von Montfort, der 1285 als Domherr zu Chur und Konstanz und Pfarrer zu Bregenz gestorben ist39[39].

Der junge Hugo von Montfort dürfte zuerst Heinrich III. von Montfort anvertraut worden sein, der ihm als Pfarrer von Scheer am nächsten stand. Das muß nicht unbedingt heißen, daß Heinrich tatsächlich auch in Scheer residiert hat. Aber schon die Tatsache allein, daß der Patronatsherr ihm die Pfründe in seiner Residenz übermittelt hat, läßt auf ein besonderes Nahverhältnis Heinrichs zu seinem Bruder Hugo III. schließen.

Später hat sich Wilhelm I. von Montfort, der im Dezember 1281 zum Abt von St. Gallen gewählt worden war, seines Neffen angenommen. *Hugo iunior de Monteforti* ist am 26. April 1282 in St. Gallen Zeuge in einer Urkunde des Abtes[40]. Wie Paul Staerkle

---

32 Wirtembergisches Urkundenbuch, Bd. 11, S. 571 f., Nr. 5724. Beide Söhne stimmen einer Veräußerung ihres Vaters zu.

33 Burmeister, Graf Ulrich II., S. 121.

34 Rudolf Henggeler, Professbuch der fürstl. Benediktinerabtei der Heiligen Gallus und Otmar zu St. Gallen, Zug o.J., (1929), S. 113.

35 Clavadetscher, Helvetia Sacra 1/1, S. 480.

36 Ebd., S. 538.

37 Guy P. Marchal. In: Helvetia Sacra 2/2: Die weltlichen Kollegiatstifte der deutsch- und französischsprachigen Schweiz, Bern 1977, S. 604 f.; Haid, Liber decimationis, S. 160, Anm. 4.

38 Haid, Liber decimationis, S. 160, Anm. 4; Friedrich Schneller, Beiträge, S. 59.

39 Vorarlberger Landesarchiv, Diplomatar unter dem Datum 1286 August 26.

40 Chartularium Sangallense, Bd. 4, bearb. v. Otto P. Clavadetscher, S. 239, möchte Hugo IV. von Montfort-Feldkirch den Vorzug geben. Dagegen ist einzuwenden, daß Hugo iunior

betont, war gerade Abt Wilhelm von St. Gallen darum bemüht, den Bildungsstand des Klosters zu heben; Vorsteher der Klosterschule war von 1262 bis 1309 Magister Johannes Blarer[41]. Hugo von Montfort reist 1285 in Begleitung von zwei St. Gallern nach Bologna, wo er drei Jahre lang gemeinsam mit Heinrich von St. Gallen studiert[42]; dieser Heinrich von St. Gallen war ein Bruder des Rektors der Klosterschule, des genannten Magisters Johannes Blarer[43]. Der ebenfalls in der Begleitung Hugos reisende Walter von St. Gallen wirkte 1272 als Prokurator des umstrittenen Abtes Ulrich von Güttingen[44], zu dessen Partei auch Wilhelm I. von Montfort[45] gehörte.

Die Karriere der Begleiter Hugos VI. läßt die hohen Ziele erkennen, die man sich von dem Studium in Bologna erwartet hat. 1320 – 1332 finden wir Heinrich von St. Gallen als geistlichen Richter von Konstanz[46].

Das gelehrte kanonische und römische Recht ist in den Bistümern Konstanz und Chur gerade in diesen Jahren zu einer hervorragenden Bedeutung gelangt. Hugo VI. ist der erste aus dem gräflichen Hause Montfort, der eine Hochschule besucht und diesen neuen Weg gewählt hat, nämlich Auseinandersetzungen nicht mehr mit dem Schwert, sondern mit der geistigen Waffe des Rechtes zur Entscheidung zu bringen. Seine Vettern Rudolf III. und Ulrich II. von Montfort-Feldkirch sind ihm bald darauf gefolgt, als sie sich 1303 an der Rechtsschule von Bologna eingeschrieben habe[47]. Hugo VI. wurde damit zu einem Wegbereiter dieser neuen Geisteshaltung, die mit den herkömmlichen Adelsidealen nur wenig übereinstimmte. Das Bildungsstreben der Montforter hebt sich deutlich ab von der »Geisteskultur des deutschen Adels, der es zu jener Zeit verschmähte, gesunde, kräftige Söhne den Klosterschulen zur Bildung anzuvertrauen, aus lauter Furcht, es möchten Griffel und Schreibtafel dieselben zum Ritterberufe untauglich machen«[48].

Bereits vor 1285, möglicherweise schon 1282 oder wenig später, kam Hugo von Montfort in den Genuß einer ersten geistlichen Pfründe. In einer Bologneser Urkunde

einen Hugo senior als Vater voraussetzt, also Hugo III., während Hugo IV. ein Sohn Rudolfs II. ist. Auch Hugo V. kommt als Sohn Ulrichs I. nicht in Betracht. Aus verschiedenen Gründen kommen auch die Grafen von Werdenberg hier nicht in Frage. Für die Identifizierung mit Hugo VI. spricht auch die Tatsache, daß er 1285 in der Begleitung eines Bruders des Rektors der St. Galler Klosterschule nach Bologna geht.

41 Paul Staerkle, Beiträge zur spätmittelalterlichen Bildungsgeschichte St. Gallens. In: MVG 40, 1939, S. 14; vgl. auch S. 16.
42 Stelling-Michaud, Les juristes, S. 1 43 ff, Nr. 158.
43 Ebd., S. 144.
44 UBSG, Bd. 3, S. 838.
45 Diebolder, Wilhelm, S. 4.
46 Wolfgang Burger, Zeittafel zur Geschichte der Offiziale der Bischöfe von Konstanz, von den Anfängen bis zum Jahre 1382. In: Freiburger Diözesanarchiv 68, 1941, S. 346–355, hier S. 349.
47 Burmeister, Rudolf III., S. 313 f.
48 Staerkle, Beiträge, S. 13.

wird er nämlich 1285 als *rector ecclesiae in Guangen* bezeichnet[49]. Hugo VI. ist demzufolge vor 1285 Pfarrer zu Wangen im Allgäu geworden.

In der Literatur wird über die in Frage stehende Ortschaft gerätselt. Zuerst haben Stelling-Michaud Wangen im Allgäu in Betracht gezogen[50]. Bilgeri hat das aufgegriffen; er macht sich aber eines Anachronismus schuldig, wenn er auf die enge Verbindung zwischen Wangen und den Grafen von Montfort-Tettnang hinweist[51]. Denn Meieramt und Kellhof zu Wangen und die Reichsvogtei gelangten erst 1315 bzw. 1330 in die Hände der Montforter[52]; die Tettnanger Linie kommt gar erst 1338 in diesen Besitz[53]. Abt Wilhelm von St. Gallen setzte als Patronatsherr seinen Neffen in die Pfarrpfründe in Wangen ein. Aus den Jahrzehnten zuvor ist dazu ein Parallelfall überliefert. Heinrich von Wartenberg[54], der St. Galler Abt der Jahre 1272/74, übertrug die Pfarrei Wangen seinem Bruder Konrad von Wartenberg, seit 1273 Domherr von Straßburg; er ist 1277 als Pfarrer in Wangen, Wollmatingen (Landkreis Konstanz), Mariazell und Bochingen belegt[55]. Eine weitere Parallele ist Heinrich von St. Gallen, der drei Jahre gemeinsam mit Hugo von Montfort in Bologna studiert hat. Ihm wurde, in jedem Fall vor 1286, die st. gallische Pfarrei Schwarzenberg (Bregenzerwald) übertragen[56].

Möglicherweise waren für Abt Wilhelm I. von Montfort bei der Übertragung der Pfarrei Wangen an seinen Neffen auch politische Gründe maßgeblich. Denn König Rudolf von Habsburg hatte 1281 der Stadt Wangen ein Privileg erteilt[57], die Vogtei für immer in den Händen des Reiches zu behalten, nachdem sie bis dahin an den Abt von St. Gallen verpfändet gewesen war. Die Stellung des Abtes als Grundherr in der Stadt wurde dadurch stark eingeschränkt, wie nicht zuletzt auch der 1286 erfolgte Angriff des Königs auf das st. gallische Todfallrecht in Wangen zeigt. In den folgenden Jahrzehnten führte St. Gallen gemeinsam mit den Grafen von Montfort einen heftigen Kampf um die Stadtherrschaft in Wangen[58]. Es mochte Wilhelm I. von Montfort deswegen nützlich erscheinen, die Pfarrei eng an seine Familie zu binden. Über eine allfällige Tätigkeit von Hugo VI. in Wangen selbst schweigen freilich die Quellen. Sie dürfte sich im wesentlichen auf den Bezug der Einkünfte beschränkt haben.

Spätestens im Herbst 1285 trifft Hugo von Montfort in Bologna ein[59], und zwar in

---

49   Stelling-Michaud, Les juristes, S. 254.
50   Ebd., S. 129.
51   Bilgeri, Geschichte, Bd. 2, S. 333, Anm. 1.
52   Gustav Reinwald, Chronologische Übersicht über die Geschichte der Städte Lindau i.B. und Bregenz, hg. v. K. Franz Joetze und Chr. Kittler, Lindau ²1900, S. 19.
53   Adalbert Scheurle, Wangen im Allgäu, Das Werden und Wachsen der Stadt, Wangen 1966, S. 24.
54   Über ihn vgl. Henggeler, Professbuch St. Gallen, S. 111.
55   Haid, Liber decimationis, S. 37 f, S. 41 f., S. 116 und S. 121.
56   Stelling-Michaud, Les juristes, S. 229, Nr. 208.
57   Scheurle, Wangen, S. 18 f.
58   Ebd., S. 20 – 25.
59   Stelling-Michaud, Les juristes, S. 227, Nr. 198.

Begleitung des Walter und des Heinrich von St. Gallen, des Magisters Wilhelm von Schaffhausen sowie des Magisters Heinrich von Frienburg[60] und des Heghebertus de Herginlingnen (Herblingen); dieser ist wohl als Pfarrer der Kirche des hl. Florin von Ramosch im Engadin anzusprechen[61], in der sich das Grab des Bischofs Heinrich von Montfort (†1272) befand[62]. Das Geschlecht der Herren von Ramosch ist mit dem Bistum Chur eng verbunden. 1292 bezeichnet Hans von Ramosch eine Agnes von Montfort als seine Ahnfrau[63]. Die genannte Agnes, die in den montfortischen Genealogien fehlt, ist der Generation Hugos II. zuzuordnen; sie wäre demnach eine Schwester des Bischofs Heinrich von Chur. In ihre Ehe mit Schwicker von Ramosch[64] bringt sie die Burg und Herrschaft Wiesberg. Ein Kirchherr von Ramosch würde sich gut in die Begleitung des Hugo von Montfort einordnen. Für diese Deutung läßt sich auch anführen, daß ein Onkel Egberts, nämlich Konrad von Herblingen, Domherr zu Chur gewesen ist[65].

Dem Magister Wilhelm von Schaffhausen kam die Rolle eines Erziehers zu. Eine Quelle bezeichnet ihn als *socius dicti domini Comitis*[66]. Über die Funktionen eines solchen »socius« gibt das Formelbuch[67] des Heinrich von St. Gallen, der zur Begleitung des Hugo von Montfort gehörte, genaue Auskunft: ein Bologneser Student bittet seine Eltern, da sein Magister gestorben sei, um Bestellung eines andern *socius;* sonst werde er in die Heimat zurückkehren. Der *socius* hat somit eine sehr weitreichende Betreuerrolle zu spielen, so daß ohne ihn an die Fortsetzung des Studiums nicht gedacht werden kann. Wilhelm von Schaffhausen wirkte später als Rechtsberater des Churer Bischofs Friedrich II. von Montfort und seit 1294 in der Kanzlei des den Montfortern eng verbundenen Königs Adolf von Nassau[68].

Die obengenannte Studentengruppe um Hugo VI. nimmt am 5. Oktober 1285 einen Kredit von 150 Pfund auf acht Monate Laufzeit auf[69]. Dieser Betrag entspricht dem Jahresgehalt eines der bekanntesten Rechtslehrer in Bologna zu dieser Zeit[70] Als Pfand

---

60   Ebd., S. 227, Nr. 198. Er wird als Kirchherr von Bössingen (Baden) genannt.

61   J. Jacob Simonet, Die katholischen Weltgeistlichen Graubündens. In: JHGG 51, 1921, S. 122 f enthält keine Angaben für das 13. Jahrhundert.

62   Erwin Poeschel, Die Kunstdenkmäler des Kantons Graubünden Bd.3, S. 450 Anm. 3.

63   Franz Hammerl, Die Rechts- und Herrschaftsverhältnisse im Unterengadin, vornehmlich im 13. und 14. Jahrhundert. In: JHGG 52, 1922, S. 63 – 146 (hier besonders S. 82 ff.).

64   Ebd., S.146.

65   Stelling-Michaud, Les juristes, S. 98 f., Nr. 100.

66   Ebd. S. 227, Nr. 198.

67   Oswald Redlich, Ein oberrheinisches Formelbuch aus der Zeit der ersten Habsburger. In: ZGO 50, 1896, S. 1 – 35 (hier S. 34, Nr. 57). Über die Rolle des Wilhelm von Schaffhausen als Betreuer des Hugo von Montfort vgl. Stelling-Michaud, Les juristes, S. 227, Nr. 198, S. 229, Nr. 203, 205, 207, 208.

68   Stelling-Michaud, Les juristes, S. 147, Nr. 165.

69   Ebd., S. 227, Nr.198.

70   Stelling-Michaud, L'université, S. 44.

setzen sie zwei Handschriften der Dekretalen ein, von denen die eine auf 110 Pfund, die andere auf 80 Pfund geschätzt wird. Der Kreditgeber überläßt diese Handschriften jedoch den Studenten sowie dem Bischof Heinrich von Trient. Hugo von Montfort verspricht seinen Mitschuldnern und dem Bischof von Trient, sie von jeder Verpflichtung frei zu halten. Unter den italienischen Zeugen dieses Vertrages, den der Notar Ugo Borghexani aufgesetzt hat, erscheint auch der berühmte Kanonist Guido de Baisio. Es ist daraus zu folgern, daß Hugo von Montfort im Hause dieses Gelehrten, der dem Klerikerstand angehörte, gewohnt hat[71].

Diesem Kreditvertrag folgen in der Zeit bis zum 23. Juli 1288 einige weitere[72], meist mit einer Laufzeit von drei Monaten. Insgesamt wurden 538 Pfund und weitere 70 Goldgulden aufgenommen. Selbst wenn man bedenkt, daß sich diese Summe auf mehrere Scholaren verteilt, ist doch daraus ablesbar, daß Hugo von Montfort und seine Begleiter ein recht aufwendiges Leben geführt haben.

Das Studium der Rechte war auch sehr kostspielig. Schon in ihrem ersten Kreditvertrag können die Studenten recht teure Handschriften als Pfand einsetzen, die sie zuvor erworben haben müssen. Da nach den Statuten die Texte zur Vorlesung mitgebracht werden mußten, war deren Anschaffung unerläßlich. Die Mittel der Scholaren wurden – wenn man den Preis von 110 bzw. 80 Pfund pro Handschrift bedenkt – stark in Anspruch genommen. Ihre Anschaffung machte sich aber bezahlt, weil man die Bücherschätze mit nach Hause nahm, wo diese Texte meist fehlten, die Nachfrage aber seit der Einführung des Offizialates immer dringender wurde[73]. Es sei hier an zeitgenössische Schenkungen solcher Bücher erinnert, z.B. an das Churer Domstift[74] oder an die Pfarrei Feldkirch[75].

Es war nicht üblich, daß sich die Scholaren aus dem Hochadel den akademischen Prüfungen unterzogen. Ihnen bedeutet der Titel eines Magisters oder Doktors nichts. Dennoch ist das Studium eines Hugo von Montfort nicht mit den adeligen Kavalierstouren des 16. oder 17. Jahrhunderts vergleichbar. Hugo betreibt ein ernsthaftes Studium, er bleibt drei Jahre in Bologna, er investiert beachtliche Beträge in den Kauf wissenschaftlicher Handschriften, er steht unter der Leitung eines Präzeptors, er wohnt bei einem berühmten Kanonisten und ist wohl auch dessen Tischgenosse. Die enge Verbindung mit Heinrich von St. Gallen legt es nahe, dessen Karriere zum Vergleich seines Ausbildungsstandes heranzuziehen: Heinrich von St. Gallen promoviert 1294 zum Magister, er wird Syndicus des Abtes von St. Gallen, Advokat an der Konstanzer Kurie und schließlich geistlicher Richter von Konstanz[76], ja er tritt durch sein Formel-

---

71 Ebd., S. 80.
72 Stelling-Michaud, Les juristes, S. 227 ff., Regesten Nr. 198, 199, 205, 208, 212, 214, 215, 218 und 219.
73 Vgl. Clavadetscher, Die geistlichen Richter.
74 Franz Ludwig Baumann, MGH Necrologia, Bd. 1. Berlin 1888, S. 631 zum 3. Juni.
75 Burmeister, Kulturgeschichte, S. 46.
76 Stelling-Michaud, Les juristes, S. 143 – 145.

buch auch literarisch in Erscheinung. Heinrich von St. Gallen, für den 1312 – vielleicht erstmals in der deutschen Sprache – der Begriff *ain jurist* verwendet wird[77], hat freilich seinen Studienfreund um Jahrzehnte überlebt, so daß Hugo VI. hinter dessen Meisterschaft zurückbleibt. Aber es ist nicht unwahrscheinlich, daß bei der Wahl Hugos zum Bischof seine Kenntnisse im kanonischen Recht in dieser Zeit eine Empfehlung gewesen sind. Es ist schließlich kennzeichnend für ihn, daß er seine umstrittene Wahl an der römischen Kurie auf dem Prozeßwege zu klären versucht. Auch Hugo von Montfort ist *ain jurist*. Welche Bedeutung die gelehrten Juristen dieser Zeit für die Kirche gehabt haben, mag man daraus ersehen, daß Ivo Helory (†1303), ein Zeitgenosse des Hugo von Montfort, dessen Karriere als Advokat und Offizial sich mit derjenigen eines Heinrich von St. Gallen deckt, zum Heiligen der Juristen werden konnte[78].

Beiläufig sei hier noch die Frage gestellt, inwieweit auch die Erlernung der italienischen Volkssprache zu den Bildungszielen eines solchen langjährigen Italienaufenthaltes gehört hat. Im Spätmittelalter ist das zweifellos der Fall[79]. Die Kenntnis des Italienischen war bei den Kaufleuten durchaus verbreitet. Bologna war in dieser Zeit ein Zentrum des »Dolce Stil nuovo«, einer neuen Form des Minnesangs, und es bleibt festzuhalten, daß Dante 1286/87, also zur Zeit des Studienaufenthaltes Hugos VI., Student der Rechte an der Universität von Bologna war[80]. Konnte ein gebildeter Student aus einer Familie, die später immerhin den Minnesänger Hugo XII. von Montfort-Bregenz hervorgebracht hat, an diesen neuen Regungen der italienischen Literatur vorübergehen? Wenn wir uns zudem vergegenwärtigen, daß Hugo von Montfort im Hause eines der bekanntesten Rechtslehrer dieser Zeit lebte, wird man ihm eine gewisse Kenntnis der italienischen Sprache unterstellen. Es erscheint in diesem Zusammenhang sogar auffallend, daß sein Name in den überlieferten neun lateinischen Urkunden aus Bologna nur einmal als Hugo, dagegen achtmal in der volkssprachlichen Form als *Ugo* aufscheint. Man könnte dafür wohl die italienischen Notare verantwortlich machen, muß dagegen aber festhalten, daß in den vier Urkunden, die uns von Heinrich von St. Gallen überliefert sind, der Name konsequent *Henricus de S. Gallo* geschrieben wird. Das könnte darauf hinweisen, daß Hugo von Montfort bewußt die italienische Namensform *Ugo* bevorzugt hat, vielleicht auch, weil er im Hause des Guido de Baisio so gerufen wurde.

Ein weiteres Bildungsziel dürfte es auch gewesen sein, Rom kennenzulernen, nicht nur die heiligen Stätten, die das Ziel der alltäglichen Pilgerreisen waren, sondern auch die Kurie als solche, den Aufbau ihrer Behörden, die Wege, die man einzuschlagen hatte, um irgendein Anliegen erfolgreich durchzusetzen.

---

77 Ebd., S. 144. Nach Friedrich Kluge, Etymologisches Wörterbuch der deutschen Sprache, 17. Aufl., Berlin 1957, S. 335, taucht die Form Jurist erst um 1400 auf.

78 Karl Heinz Burmeister, Der hl. Ivo und seine Verehrung an den deutschen Rechtsfakultäten. In: Zeitschrift für Rechtsgeschichte, Germ. Abt. 92, 1975, S. 60 – 88.

79 Burmeister, Das Studium, S. 59 f.

80 Stelling-Michaud, L'université, S. 11.

Man kann es als den praktischen Teil eines Kirchenrechtsstudiums ansehen. Niemand studiert drei Jahre in Bologna, ohne auch Rom kennenzulernen. Man wird also kaum fehlgehen, auch für Hugo von Montfort einen (oder gar mehrere) Aufenthalte in Rom anzunehmen. Gerade auch die Entschlossenheit, mit der er 1298 nach seiner umstrittenen Bischofswahl nach Rom aufbricht, kennzeichnet ihn als Kenner der Verhältnisse in Rom.

Am 7. Juli 1286 begegnet uns in Ulm bei einer Rechtshandlung ein Graf Hugo iunior in Begleitung Hugos III., Rudolfs II. und Ulrichs I. als Bürge und Siegler[81]. In diesem Falle ist jedoch Hugo iunior nicht mit Hugo VI. zu identifizieren, der ja um diese Zeit in Bologna weilt, sondern mit Hugo V., dem Sohn Ulrichs I., wie sich nicht zuletzt auch aus dem Siegel ergibt. Denn Ulrich I. und Hugo V. führen im Gegensatz zu den übrigen Verwandten einen Löwen im Schild anstelle der gewohnten Montforter Fahne.

Am 23. Juli 1288 ist Hugo von Montfort ein letztes Mal in Bologna belegt[82]. Bald darauf hat er sein Studium abgebrochen, wohl mit Rücksicht auf die bedrängte Lage, in die seine Familie durch ihren Gegensatz zu König Rudolf von Habsburg geraten war. Abt Wilhelm von St. Gallen wurde im Sommer 1288 in den Kirchenbann getan; der König belagerte ihn in Wil und Neuravensburg. Am 5. Januar 1289 geriet auch der Churer Bischof Friedrich II. von Montfort in die Gefangenschaft der habsburgischen Partei[83]. Die Montforter mußten 1289 große Teile ihres Besitzes an die Habsburger verkaufen; so verlor auch Hugo III. vor dem 20. Juni 1289 seinen Besitz in Scheer[84].

Die Interessen Hugos III. wandten sich jetzt in eine andere Richtung. So versetzte er auch am 20. Juli 1290 seinen Besitz in Langenargen dem Kloster Löwental[85]; bei diesem Rechtsakt treffen wir Hugo VI. in der Umgebung seines Vaters, in dessen Nähe er nun auch in den folgenden Jahren auftritt. Seit 1293 gehörte Hugo VI. von Montfort zum Hofstaat des Bischofs Emicho von Freising (1283 – 1311). *Her Hougen, des edelen Grauen*[86] *Hougen sun von Montfort,* steht am 3. April 1293 als Zeuge in einer Reihe mit

---

81 Bayerisches Hauptstaatsarchiv München, Urkunde Kurbayern 4651; abgedruckt bei Franz Michael Wittmann, Monumenta Wittelsbacensia – Urkundenbuch zur Geschichte des Hauses Wittelsbach. In: Quellen und Erörterungen zur bayerischen und deutschen Geschichte 5, München 1857, S. 398 – 400, Nr. 162.

82 Stelling-Michaud, Les juristes, S. 231, Nr. 219.

83 Bilgeri, Geschichte, Bd. 1, S. 202 f.

84 Ebd., S. 205.

85 Wirtembergisches Urkundenbuch Bd. 11, S. 571, Nr. 5724.

86 In der fraglichen Zeit kommt außer dem Vater-Sohn-Verhältnis Hugo III./Hugo VI. auch noch Hugo IV. von Montfort-Feldkirch in Betracht, dessen Sohn Hugo VII. ist. Da Hugo IV. zudem auch in einer Urkunde von 1301 in Bischofslack aufscheint (vgl. unten Anm. 89), erscheint diese Alternative durchaus diskussionswürdig. Alles spricht jedoch für die erstgenannte Paarung, da Hugo IV. (†1310) der Generation Hugos VI. angehört. Auch ist Hugo VII. 1310 noch minderjährig, so daß er kaum in die Urkunden von 1293 und 1297 (vgl. die folgenden Anm. 87 und 88) paßt.

anderm unsern Herren Hofgesindes[87]. In einer ähnlichen Gesellschaft treffen wir ihn am 10. September 1297[88]. Beide Urkunden sind in freisingischem Besitz Bischofslack, heute Škofja Loka in Slowenien (nordwestlich von Laibach), entstanden, was auf einen längeren oder häufigeren Aufenthalt dort schließen läßt. Noch 1301 begegnen uns dort Rudolf III. von Montfort-Feldkirch und sein Bruder Hugo IV., was auf anhaltende montfortische Interessen schließen läßt[89]

Zufolge einer Überlieferung soll Hugo VI. bereits 1283 Domherr von Freising und Mainz gewesen sein[90]. In der Tat ist 1283 von einem Comite Hugone canonico Moguntino die Rede[91], der auch 1286 u.ö. genannt wird und zugleich auch Domherr in Freising war[92]. Dieser Graf Hugo ist aber mit Hugo von Montfort nicht identisch, wohl aber leicht zu verwechseln[93], zumal dieser Graf Hugo auch – ebenso wie später Hugo von Montfort – Propst von Isen war[94]. Gegen die Identität spricht, daß Hugo von Montfort zu der Zeit, als der Domherr am 24. Juli 1286 in villa Draesik nachweisbar ist, noch beim Studium in Bologna[95] weilte. Weiter sind in der Urkunde von 1293 beide genannt, nämlich der Domherr Hugo als Siegler und Hugo von Montfort als Zeuge[96]; das eine schließt das andere aus, so daß wir von zwei Personen ausgehen müssen. Vollends wird das aus der Urkunde vom 10. September 1297 klar, wo beide nebeneinander siegeln[97].

Dennoch hat auch Graf Hugo von Montfort kurze Zeit dem Freisinger Domkapitel angehört. Denn in der genannten Urkunde vom 10. September 1297 erscheint er als Propst des Kollegiatstiftes St. Zeno in Isen (Landkreis Wasserburg). Der Propst dieses Augustinerchorherrenstiftes wurde immer aus dem Freisinger Domkapitel genommen[98], so daß man aus dieser von ihm ausgeübten Funktion auf die Zugehörigkeit Hugos von Montfort zum Domkapital in Freising rückschließen darf. Die überlieferten Domherrenlisten[99] sind demnach, auch wenn sie nicht zutreffende Urkundenbelege

87   Karl Meichelbeck, Historia Frisingensis, Bd. 2, 2. Teil, Augsburg 1729, S. 127 f.

88   Joseph von Zahn, Codex Diplomaticus Austriaco-Frisingensis. In: Fontes Rerum Austriacarum, 2. Abt., 31, Wien 1870, Bd. 1, S. 459 f., Nr. 419.

89   Ebd., S.13 ff., Nr. 444.

90   Hermann Joseph Busley, Die Geschichte des Freisinger Domkapitels von den Anfängen bis zur Wende des 14./15. Jahrhunderts, Phil. Diss. München 1956, S. 43.

91   Meichelbeck, Historia, Bd. 2, 2. Teil, S. 108.

92   Ebd., S.124.

93   Ebd., S.128.

94   Zahn, Codex, Bd. 1., S. 457 (1296 Oktober 8 und 1296 November 29).

95   Stelling-Michaud, Les juristes, S. 229 (1286 Juni 8 und 1286 August 28).

96   Zahn, Codex, Bd. 1., S. 440 ff., Nr. 403.

97   Ebd., S. 459 f., Nr. 419.

98   Handbuch der historischen Stätten Deutschlands, Bd. 7, Bayern, hg. v. Karl Bosl, Stuttgart 1965, S. 332.

99   Bayerische Staatsbibliothek München, cgm. 1717, Bl. 483; Hauptstaatsarchiv München, sogen. »Rottes Biechl«, Bl. 64 v; Johann Michael Wilhelm von Prey, Historia frisingensis, Bayerische Staatsbibliothek München, cgm. 1724; auch cgm. 1718, Sedelmayer, Verzeichnis

anführen, im Ergebnis doch richtig. Nicht nachweisbar ist aber die in den genannten Quellen überlieferte Behauptung, Hugo von Montfort sei auch Domherr zu Mainz gewesen[100]; hier dürfte abermals eine Verwechslung mit dem Wildgrafen Hugo vorliegen.

Allerdings hat Hugo von Montfort auch dem Domkapitel Freising nur kurze Zeit angehört, vermutlich erst seit 1297. 1293 war er noch nicht Domherr[101]. Ebenso war seine Funktion als Propst von Isen nur kurzfristig. Noch am 29. November 1296 ist der Wildgraf Hugo Propst von Isen[102], so daß die Amtszeit des Hugo von Montfort kaum vor 1297 anzusetzen ist. In seiner Funktion als Propst von Isen ist er nur in der Urkunde vom 10. September 1297 nachweisbar[103].

Es ist bei der kurzen Dauer der Amtszeit Hugos, der ja bereits am 3. August 1298 gestorben ist, nicht verwunderlich, daß er weder als Domherr zu Freising noch als Propst von Isen in Urkunden in Erscheinung tritt, nicht zuletzt auch deshalb, weil er sich offenbar fern von Freising und von Isen aufgehalten hat. Es ist nicht unwahrscheinlich, daß die Erhebung des Hugo von Montfort zum Propst von Isen als Sprungbrett für eine künftige Wahl zum Bischof von Freising gedacht war. 1258 war der Wildgraf Konrad als Propst von Isen Bischof von Freising geworden.

An der Urkunde vom 10. September 1297 hat sich das einzige bisher bekannte Siegel Hugos VI. erhalten[104]. Das für geistliche Personen übliche spitzovale Siegel, 53 mm hoch und 35 mm breit, zeigt eine Darstellung des hl. Martin zu Pferd, mit dem Schwert den Mantel teilend und dem knienden Bettler; ganz unten befindet sich die dreilätzige Montforter Fahne (mit drei Ringen). Die Siegelumschrift lautet: S. HVGOIS. COMIT. CAN. ECCLIE. FRISINGEN (Siegel des Grafen Hugo, Domherrn der Freisinger Kirche). Der Name Montfort scheint nicht auf; durch das Siegelbild und durch den Urkundentext ist aber die Identifizierung gesichert.

Eine Diskrepanz zwischen Siegelumschrift und Urkundentext besteht darin, daß

---

der Domherren von 1762. Für diese Hinweise danke ich Herrn Diözesanarchivar Prälat Dr. Sigmund Benker in München.

100 Nach Mitteilung des Archivs des Bischöflichen Ordinariats in Mainz wird Hugo von Montfort in der Kartei der Mainzer Stiftsgeistlichen nicht geführt.

101 Zahn, (wie Anm. 88), Bd. 1. S. 440 ff., Nr. 403. Es wird dort *her Hougen des edelen grauen Hougen sun von Montfort* ohne jeden Hinweis auf eine Funktion genannt.

102 Ebd., S. 457, Nr. 417: *Hugo comes siluester prepositus Isnensis.*

103 Ebd., S. 459 f., Nr. 419: *Hugonis prepositi Isenensis* zusammen mit der Tatsache, daß der Propst Hugo von Isen in der gleichen Urkunde als Sohn des Grafen Hugo von Montfort ausgewiesen ist. Einer Korrektur bedürfen Die Kärntner Geschichtsquellen, hg. v. Hermann Wiessner, Bd. 6, Klagenfurt 1958, S. 256 f., Nr. 380. Hier ist *praepositus Isenensis* falsch übersetzt mit »Propst von Seeon«; im Register aber fehlt »Seeon«, während ebd. unter *Hugo prepositus Isinensis* auf Innichen (S. 336) hingewiesen wird, das aber ebenfalls im Register fehlt.

104 Haus-, Hof- und Staatsarchiv Wien, Urkunde 1297 September 10. 2. Siegel von rechts. Abguß im Vorarlberger Landesarchiv in Bregenz.

Hugo als Propst von Isen angekündigt wird. Da der Propst von Isen stets Domherr zu Freising war, bestätigt das jedoch nur unsere Annahme. Dabei ist auch zu berücksichtigen, daß noch am 29. November 1296 der Wildgraf Hugo Propst von Isen war, Hugo VI. also erst so kurze Zeit in seinem neuen Amt war, daß ein Propstsiegel für ihn noch nicht existierte; möglicherweise wurde es auch nie angefertigt, da schon wenige Monate später die Wahl Hugos VI. zum Bischof von Chur erfolgte. Was das Siegelbild des hl. Martin betrifft, so könnte das in einem Zusammenhang damit stehen, daß Hugo VI. Pfarrer der Kirche des hl. Martin in Wangen gewesen ist.

In Zusammenhang mit diesem Siegel ist es bemerkenswert, daß Graf Hugo III. von Montfort sich durch seinen Sohn Hugo VI. beim Siegeln der Urkunde vom 10. September 1297 vertreten läßt: ... Hugonis comitis de Monteforto, qui carens proprio sigillo, consensit et consentit in sigillum filii sui Hugonis Isenensis prepositi antedicti[105] (des Grafen Hugo von Montfort, der kein eigenes Siegel hat, aber zugestimmt hat und zustimmt, zum Gebrauch des Siegels seines vorgenannten Sohnes Hugo, des Propstes von Isen). Das ist freilich nicht so zu verstehen, daß Graf Hugo III. überhaupt kein Siegel geführt hätte. Es sind sogar zwei Siegel von ihm überliefert: ein Dreiecks-Wappensiegel (in freiem Siegelfeld Montfortwappen mit fünf Ringen und Fransen an den Latzenden; Lätze gleich lang; Tuch und Lätze fünfmal waagrecht gestreift)[106], das er 1288–1291 verwendet, sowie ein Vollwappensiegel (schräger Schild mit Montfortwappen mit drei Ringen und Fransen; Kübelhelm; Helmzier: Schirmbrett mit Pfauenfedern besteckt und mit Montfortwappen geschmückt, Siegelfeld gerautet, auf den Schnitten Blümchen)[107], das 1309 in Gebrauch war. Sowohl die Zugehörigkeit zum Freisinger Hofstaat wie auch die Anwesenheit in Bischofslack steht in engem Zusammenhang mit dem Vater Hugo III. Dieser wird in den Jahren 1293–1297 insgesamt in fünf Urkunden als Zeuge genannt[108], und zwar immer in Bischofslack. Noch einmal begegnet er uns am 29. Mai 1302 in der Freisingischen Außenbesitzung Waidhofen an der Ybbs[109]. In allen diesen Urkunden ist die Identität Hugos III. aus dem Zusammenhang und der Position in der Zeugenliste gesichert; 1297 siegeln Hugo III. und sein Sohn gemeinsam.

Es darf angenommen werden, daß Hugo III. in Krain Verwaltungsaufgaben des Bischofs wahrgenommen hat, vielleicht aber auch selbst hier Investitionen (Pfandschaft, Lehen?) getätigt hat, zumal er nach dem Verkauf von Scheer 1289 die erhaltene

---

105 Zahn, Codex, Bd. 1, S. 460.

106 Liesching, Die Siegel der Grafen, S. 37, Nr. 47a und 47b. Das Siegel ist abgebildet bei Liesching, Siegel, S. 96.

107 Liesching, Siegel der Grafen, S. 38, Nr. 48 mit Abbildung im unpaginierten Bildanhang.

108 1293 April 3, Zahn, Codex, Bd. 1, S. 440 ff., Nr. 403; 1294 März 12, Meichelbeck, Historia, Bd. 2/1, S. 99 f.; 1295 März 11, Zahn, Codex, Bd. 1, S. 449 f., Nr. 409; 1295 August 14, ebd. S. 454 f., Nr. 413; 1295 September 10, ebd. S. 459 f., Nr. 419.

109 Ebd., Bd. 2, S. 19, Nr. 449. Hier käme vielleicht auch eine Identifizierung mit Hugo IV. in Betracht.

Kaufsumme anlegen mußte. Die Freisingische Außenbesitzung in Bischofslack umfaßte nebst Stadt und Schloß an die 200 Dörfer.

Die Verbindung Hugos III. zu Freising beruht letztlich auch auf verwandtschaftlichen Beziehungen. Elisabeth, eine Schwester Hugos II., Tante Hugos III. und Großtante Hugos VI., war in dritter Ehe verheiratet mit dem rheinischen Wildgrafen Emicho[110]. Nicht nur der Bischof Emicho von Freising und der Dompropst Gerhard von Freising, sondern auch der genannte Mainzer und Freisinger Domherr Hugo scheinen diesem Wildgrafengeschlecht anzugehören. In der Gesellschaft der beiden Montforter Hugo III. und Hugo VI. in Bischofslack stoßen wir auch mehrfach auf den Hochmeister des Templerordens Friedrich Wildgraf[111]. Alles das deutet auf enge Beziehungen der beiden Montforter zu den Wildgrafen hin.

Die Zugehörigkeit Hugos VI. zum Freisingischen Hofstaat gab ihm die Möglichkeit, die geistliche und weltliche Verwaltungstätigkeit des Bischofs kennenzulernen und entsprechende Erfahrungen zu sammeln. Hugo konnte sich seinerseits mit seinen Rechtskenntnissen nützlich machen. Es ist nicht ausgeschlossen, daß der Aufenthalt in der Umgebung des Emicho von Freising bereits im Hinblick auf eine künftige Bischofswahl geplant war. Auf jeden Fall mochte sich Hugo dadurch 1298 dem Churer Domkapitel empfohlen haben: er konnte auf einschlägige Verwaltungserfahrung hinweisen.

Am 17. Januar 1298 starb der Churer Bischof Berthold von Heiligenberg[112]. Da der Bischof nach dem 3. August 1297 nicht mehr urkundet[113], könnte man an eine längere Krankheit denken, während der bereits die Nachfolge diskutiert wurde. Abermals fiel dabei einem Onkel Hugos, nämlich dem Dompropst Heinrich III. von Montfort, der seit frühester Jugend sein Betreuer war, eine führende Rolle zu. Sowohl die erst in dieser Zeit erfolgte Aufnahme Hugos in das Churer Domkapitel[114] als auch dessen Wahl mit Zweidrittelsmehrheit der Domherren dürften das Werk des Heinrich von Montfort gewesen sein. Eine Minderheit wählte Wolfrad von Veringen[115].

Beide gelangten bald darauf an die römische Kurie, um ihre Bestätigung zu erreichen. Papst Bonifaz VIII. verlangte jedoch von beiden den Verzicht, den sie auch in die Hände des Papstes geleistet haben[116].

Der Papst ernannte später den Kanoniker von Aschaffenburg, Siegfried von Geln-

---

110 Roller, Grafen von Montfort, S. 153, Nr. 8.
111 Zahn, Codex, Bd. 1, S. 454 f. und S. 459 f.
112 Clavadetscher, Helvetia Sacra 1/1, S. 481.
113 Ebd., S. 481.
114 Als Domherr zu Chur erscheint Hugo von Montfort nur in der unten in Anm. 116 genannten Urkunde vom 20. November 1298.
115 Zu dieser Doppelwahl vgl. Johann Georg Mayer, Geschichte des Bistums Chur, Bd. 1, Stans 1907, S. 263 und S. 325 f.
116 Johann Georg Mayer, Vaticano-Curiensia, Ungedruckte päpstliche Urkunden, die Diözese Chur betreffend aus dem 13., 14. und 15. Jahrhundert. In: JHGG 17, 1887, S. 27 – 39, hier S. 30 – 32, Nr. 5.

hausen[117], zum Bischof von Chur. Der möglicherweise entstehende Eindruck, dieser sei als »Tertius gaudens« (als lachender Dritter) aus dem Wahlstreit hervorgegangen, bedarf einer Modifikation. Denn infolge des Todes von Hugo von Montfort am 3. August 1298 gab es für den Papst keine Wahlmöglichkeit mehr unter den vom Domkapitel gewählten Kandidaten. Es wäre also durchaus möglich gewesen, daß er nach der Resignation der beiden Kandidaten Hugo von Montfort dennoch zum Bischof ernannt hätte, so wie es sich 1322 nach dem Tod des Siegfried von Gelnhausen auch bei der Ernennung Rudolfs III. von Montfort zum Bischof von Chur abgespielt hat[118]. Gerade die Wahl des Siegfried von Gelnhausen scheint zu bestätigen, daß der Papst in dem überlebenden Wolfrad von Veringen keinen geeigneten Bischof gesehen hat. Dagegen bleibt die Frage offen, ob er sich nicht doch für Hugo von Montfort entschieden hätte, dessen vorzeitiger Tod jedoch eine andere Lösung erfordert hat.

Hugo von Montfort war am 3. August 1298 in Rom unerwartet gestorben, und zwar am päpstlichen Hof selbst *(in curia Romana)*. Er dürfte auch in Rom, vermutlich in einer Kirche, seine letzte Ruhestätte gefunden haben; die zahlreichen Berichte über die montfortischen Begräbnisse erwähnen sein Grab nicht. Die Todesursache ist unbekannt. Der Tod muß jedoch überraschend gekommen sein; denn keines der einschlägigen Anniversarien feiert seine Jahrzeit. Hugo hat nicht mehr die Zeit gefunden, für sein eigenes Seelenheil entsprechende Vorsorge zu treffen.

Eine Ausnahme bildet allein das Churer Jahrzeitbuch[119]. Doch auch hier fehlt jeder Hinweis auf eine Stiftung, so daß man wohl davon ausgehen muß, daß der Dompropst Heinrich von Montfort seinem Neffen mit dieser Eintragung einen letzten Liebesdienst erweisen wollte. Er versäumte es auch nicht, auf die erreichte qualifizierte Mehrheit hinzuweisen, um das Andenken an diesen dritten Montforter auf dem Churer Bischofsthron ins rechte Licht zu rücken. Auch die Bemerkung *in lite discessit* (im Streit verschieden), die nach der erfolgten Resignation keinesfalls den Tatsachen entspricht, mag in Übereinstimmung mit den kämpferischen Tugenden des Adels gewählt worden sein, wobei jedoch an die Stelle des Kampfes mit dem Schwert gemäß dem Werdegang Hugos von Montfort der Kampf mittels des Rechtes tritt. So gesehen, erscheint diese Eintragung im Jahrzeitbuch als ein den Tatsachen gerecht werdender Nachruf auf den jugendlichen Hugo von Montfort, der auf der Schwelle seiner Karriere zum Kirchenfürsten aus dem Leben gerufen wurde.

Das Andenken an Hugo von Montfort ist rasch verblaßt. Selbst der neueren Geschichtsschreibung blieb er als Student der Rechte[120], als Pfarrer von Wangen[121], als

---

117 Helvetia Sacra 1/1, S. 481 f.
118 Ebd., S. 482.
119 NC, S. 76, 3. August. Vgl. auch R. Staubli, Beiträge zur Geschichte und Kulturgeschichte aus den Churer Totenbüchern. In: JHGG 74, 1944, S. 39 – 134, hier S. 61.
120 Fehlt bei Oskar Vasella, Untersuchungen über die Bildungsverhältnisse im Bistum Chur. In: JHGG 62, 1932, S. 1 – 212.
121 Fehlt bei Scheurle, Wangen.

Domherr von Freising[122], als Propst von Isen[123], als Domherr von Chur[124], unbekannt. Von allen diesen Funktionen wissen wir jeweils nur etwas auf Grund einer zufällig überlieferten einzelnen Urkunde. Erst Sven und Suzanne Stelling-Michaud haben etwas Licht auf seine Persönlichkeit geworfen, so daß Hugo von Montfort heute keine ganz unbekannte Ziffer mehr in der breiten Genealogie der Grafen von Montfort ist.

---

122 Wird bei Busley, Freisinger Domkapitel, wie Anm. 90, S. 43, nur auf der Grundlage einer unrichtigen Quelle zitiert.
123 Fehlt in der bei P. Norbert Backmund, Die Kollegiat- und Kanonissenstifte in Bayern, Kloster Windberg 1973, S. 72 f. angegebenen Literatur über Isen.
124 Fehlt in BUB, Bd. 3. Die Erwähnung in Bd. 3, S. 232, begegnet einigen Zweifeln.

Graf Hugo VII. von Montfort-Feldkirch-Tosters

Die Lande der Grafen von Montfort, die sich ursprünglich von der Schussen im Norden zum Arlberg im Osten und bis Sargans im Süden erstreckt haben, zeitweise sogar vom Septimer bis zur oberen Donau reichten, wurden durch die nach dem Hausrecht übliche Vererbung an die Söhne zur gesamten Hand immer wieder geteilt und somit zersplittert. Bereits im 13. Jahrhundert zerfiel das Haus Montfort in die Montforter und Werdenberger. Die Montforter ihrerseits teilten sich in die Hauptlinien Montfort-Feldkirch, Montfort-Bregenz und Montfort-Tettnang. Im 14. Jahrhundert zeichnete sich eine neuerliche Teilung der Feldkircher Linie in die Häuser Montfort-Feldkirch-Feldkirch und Montfort-Feldkirch-Tosters ab. Die Brüder Rudolf IV. und Hugo VII. hatten diese Teilung, die auf eine Halbierung der Grafschaft Feldkirch hinauslief, 1347 bereits vollzogen. Es ist lediglich der Tatsache zu danken, daß Hugo VII. zwölf Jahre später ohne männliche Nachkommen starb, daß diese Teilung rückgängig gemacht wurde.

Reitersiegel des Grafen Hugo VII.
von Montfort-Feldkirch-Tosters.
(Foto: Vorarlberger Landesarchiv).

Hugo VII. war der Sohn jenes erstmals 1282 erwähnten Hugo IV. junior, der 1310 in noch jungen Jahren bei Schaffhausen erschlagen wurde. Die Grafschaft Feldkirch wurde danach durch dessen geistliche Brüder Rudolf III. und Ulrich II. verwaltet. Die Mutter Hugos VII. war Anna von Veringen. Aus ihrer Ehe mit Hugo IV. gingen vier Söhne und vier Töchter hervor. Von diesen Söhnen sind zwei, nämlich Bertold I. und Friedrich III., jung gestorben, so daß nur Hugo VII. und Rudolf IV. übrig blieben.

Hugo VII. wurde um 1300 geboren; er ist 1313 noch unmündig, 1314 aber mündig; Rudolf IV. ist noch 1318 und 1319 unmündig und erst 1320 mündig, war also um einige Jahre jünger. Nach dem Tod seines Vaters wurde Hugo VII. 1310 seinem Onkel Rudolf III. zur Erziehung anvertraut, damals noch Dompropst und Generalvikar in Chur, später Bischof von Chur, dann Bischof von Konstanz und Abt von St. Gallen, dem politisch wohl bedeutendsten Montforter aller Zeiten. Rudolf III. führte die habsburgische Partei in Schwaben an; und so überrascht es nicht, daß wir den erst 15jährigen Hugo VII. gemeinsam mit seinem Onkel auf dem Felde bei Augsburg in den Diensten des Herzogs Leopold von Österreich sehen.

Das Hauptproblem für die jüngere Generation des Hauses Montfort-Feldkirch war, wie diese sich mit ihren beiden geistlichen Onkeln Rudolf III. und Ulrich II. einigen konnte. Onkel und Neffen arbeiteten schon 1317 an einer einvernehmlichen Lösung. Alle entfernteren Verwandten und Schwäger wurden aufgeboten, um eine solche Lösung zu vermitteln: Am Neujahrstag 1318 kam der Kompromiß zustanden, auf dessen Grundlage dann am 2. März 1319 die endgültige Teilung vorgenommen wurde: danach fielen Burg und Stadt Feldkirch, die Burg Neumontfort und die Burg Jagdberg sowie anderes an die Onkel Rudolf III. und Ulrich II., hingegen die Burgen Tosters, Altmontfort und Fußach sowie anderes an die Neffen. Das Landgericht Rankweil blieb in gemeinsamen Händen. Der Vertrag läßt deutlich erkennen, daß der Bedeutung nach die Burg Tosters unmittelbar nach der Schattenburg einzuordnen war. Die Burg Tosters wurde für Hugo VII. zum Identifikationsfaktor: nach ihr führte er später seinen Namen, zum ersten Mal wohl in einer Urkunde vom 3. April 1351. Auch in Urkunden fremder Aussteller wurde der neue Name heimisch, so etwa 1353 im »Liber taxationis«, einem Steuerbuch des Bischofs von Konstanz, wo der Graf als Hugo von Dosters bezeichnet wird. Oder in der Chronik des Ulrich Tränkle, die zum Jahre 1359 seinen Tod vermerkt mit den Worten obiit comes Hugo de Monteforti, dominus in Tosters.

Das seit jeher gute Verhältnis Hugos zu Rudolf III. blieb bis zu dessen Tod 1334 im wesentlichen erhalten. Zwar hatte der Onkel einige Mühe, den wiederholten Wechsel seines Neffen zwischen den politischen Fronten zu rechtfertigen; aber Rudolf III. verwendete sich immer wieder für seinen Neffen, auch als diesem der Papst die Exkommunikation androhte; und er konnte seinen Neffen auch wieder auf seine Seite ziehen. 1325 übernimmt Hugo VII. eine Bürgschaft für seinen Onkel Rudolf III. Er unterstützt auch aktiv die Verwaltung seiner beiden Onkel Rudolf III. und Ulrich II. in der Stadt Feldkirch.

Aber Hugo VII. bleibt stets sein eigener Herr. So sehen wir ihn schon vor 1321 im Streit mit Herzog Leopold von Österreich, den er ebenso schädigt wie die Reichsstädte am Bodensee. Hugo VII. wendet sich also gegen die Habsburger, deren Partei sein Onkel Rudolf III. anführt. 1322 geht er noch einen Schritt weiter, indem er sich aktiv auf die Seite des Gegenspielers der Habsburger stellte: er verspricht Kaiser Ludwig dem Bayern Kriegshilfe. Dieser Wechsel dürfte allein dadurch bedingt gewesen sein, daß Hugo VII. über die Säumigkeit der habsburgischen Zahlungen enttäuscht war und sich vom Kaiser mehr versprach; ideologische Gründe dürften für ihn kaum eine Rolle gespielt haben.

Der Gegensatz eskalierte, als der Papst Hugo VII. die Exkommunikation androhte. Der Papst forderte Rudolf III., jetzt Bischof von Konstanz, dazu auf, seinen Neffen von der Parteinahme für Kaiser Ludwig abzubringen und ihn wieder der habsburgischen Partei zuzuführen. Rudolf III. hat schließlich auch Erfolg damit; denn zwei Jahre später schreibt ihm der Papst seine große Freude darüber, daß er Hugo VII. dem Kaiser abwendig gemacht hätte.

Zwei Jahre später sieht alles wieder ganz anders aus. Hugo VII. ist nicht nur rückfällig geworden, sondern er hat auch seinen Bruder Rudolf IV. auf seine Seite gezogen und gegen den Papst mobilisiert. Von der Burg Tosters aus schädigen sie die Anhänger der päpstlichen Partei. Nicht einmal vor einer Geiselnahme schrecken sie zurück; und so setzen sie den eben erwählten Bischof von Gran (Esztergom) auf der Burg Tosters gefangen. Der Papst schreibt aus Avignon an den Konstanzer Bischof, er möge auf seine Neffen einwirken, den Bischof wieder frei zu lassen. Schon wenige Tage später wendet er sich – jetzt sehr viel amtlicher – an den Bischof, Dompropst und Domdekan von Konstanz, die Grafen Hugo VII. und Rudolf IV. öffentlich in den Kirchenbann zu tun.

1330 wird der Streit mit Österreich beigelegt. Es gelingt Kaiser Ludwig dem Bayern 1332, den Bischof Rudolf III. auf seine Seite zu ziehen und in ein Bündnis gegen den Papst einzubinden. Beide Neffen stellen sich jetzt ebenfalls auf die Seite des Kaisers gegen den Papst. In dieser Situation verpfändeten sie ihre Burg Tosters an den Kaiser, um zu zeigen, daß ihnen mit dem Parteiwechsel ernst war. Der Papst seinerseits schleuderte jetzt seinen Bannstrahl gegen den Konstanzer Bischof Rudolf III. von Montfort, der 1334 im Kirchenbann starb.

Am 1. November 1337 schlossen die Herzöge von Österreich einen ewigen Bund mit den Grafen von Montfort. Für die Grafen von Montfort beteiligten sich Ulrich II. und seine Neffen Hugo VII. und Rudolf IV. an diesem historischen Bündnis, das auch die Stadt Feldkirch mit einbezog und zweifellos dazu beigetragen hat, den Übergang der Montforterlande an Österreich vorzubereiten.

1338 ein starb die Linie Montfort-Bregenz aus; das Erbe teilten sich die Tettnanger und Feldkircher Verwandten, wobei Hugo VII. der Bregenzerwald und Dornbirn zufielen. Hugo VII. verehelichte sich bald darauf mit Margarethe von Fürstenberg, der er 1341 die Burg Tosters mit allen zugehörigen Leuten und Gütern auf Lebenszeit verschrieb. Doch Margarathe starb schon kurz darauf kinderlos, so daß Hugo VII. mit Bertha von Kirchberg eine neue Ehe einging. Aus dieser Ehe gingen zwei Töchter Agnes und Anna hervor.

1343 setzten Hugo VII. und sein Bruder Rudolf IV. ihren 80jährigen Onkel Ulrich II. auf der Schattenburg gefangen und trotzten ihm Burg, Stadt und Herrschaft Feldkirch ab. Endlich konnten die Brüder um 1346/47 zu einer Teilung ihres Besitzes schreiten. Hugo erhielt die Burgen Tosters und Jagdberg sowie den Bregenzerwald, Dornbirn und Fußach. Rudolf IV. erbte alles andere, insbesondere Burg und Stadt Feldkirch, während das Landgericht Rankweil in gemeinsamer Verwaltung blieb.

Die gestärkte Machtbasis veranlaßte Hugo seit 1347 zu einer neuen Fehdetätigkeit. So schloß er am 19. November 1347 einen Friedensvertrag mit der Reichsstadt Kempten, der eine Fehde vorausgegangen sein muß. 1348 verbrannte er in einer Fehde mit dem Bischof von Konstanz die Herbergen in Gottlieben. 1349 entsagte Graf Hugo gegen Zahlung von 1000 Gulden aller seiner Ansprüche gegen den Bischof. Der Streit ging jedoch weiter. Im Juni 1351 wird Hugo wegen seines Anschlags auf Gottlieben im

Kloster Münsterlingen gefangengesetzt; einen Monat später wird er nach Konstanz überstellt, darf aber die Stadt nicht verlassen, bevor er einen Frieden untersiegelt hat. Um etwa die gleiche Zeit 1351/52 beteiligt sich Graf Hugo an den Belagerungen der Stadt Zürich durch die Habsburger; 1352/53 söhnt er sich mit der Stadt Zürich und ihren Eidgenossen wieder aus.

Die letzten Jahre des Grafen Hugo sind gekennzeichnet durch eine stärkere Anlehnung an die Grafen von Werdenberg. Im übrigen begegnet uns Hugo jetzt als der Typus des patriachalischen Grundherrn, der von seiner Burg Tosters aus seine Güter verwaltet.

Hugo VII. ist am 29. März 1359 gestorben; er wurde im Kloster Mehrerau beerdigt. Zu diesem Kloster hatte er schon immer gute Beziehungen unterhalten. Der streitbare Graf pflegte überhaupt gute Kontakte zu seinen Nachbarn, insbesondere auch zu den Rittern von Ems und zum Abt von St. Gallen.

Der Zerfall des einst so mächtigen Hauses Montfort in viele kleine Linien, von denen er selbst die Linie Tosters begründete, weckte in Hugo den Ruf nach einem stärkeren inneren Zusammenhalt. Daher versuchte er, durch eine entsprechende Heiratspolitik Montforter und Werdenberger wieder zusammenzuführen. Und so wurde seine ältere Tochter Agnes die Ehefrau des Grafen Konrad von Montfort-Tettnang-Bregenz. Die jüngere Tochter Anna heiratete den Grafen Heinrich von Werdenberg-Heiligenberg zu Rheineck.

Auch eine Tochter Rudolfs IV. von Feldkirch, Agnes von Montfort, heiratete um 1375 einen Grafen Hartmann von Werdenberg-Sargans. In der Folge bekannten sich auch die Tettnanger Grafen zu dieser neuen Heiratspolitik. Wilhelm V. von Montfort-Tettnang heiratete um 1400 Kunigunde von Werdenberg-Bludenz. Diese Heirat hatte zur Folge, daß die Grafen von Montfort wieder in den Besitz der Burg Werdenberg kamen, ja es entstand hier eine eigene Linie von Montfort zu Werdenberg. Das Zusammenhalten des Vermögens war für den Adel immer mehr zu einer Überlebensfrage geworden, woraus Hugo die Konsequenzen zu ziehen versuchte. Durch die Verheiratung seiner beiden Töchter innerhalb des Hauses hatte er zumindest einen Beitrag dazu geleistet, der mehr und mehr Schule gemacht hat.

Wollen wir abschließend ein Fazit ziehen, so bleibt Hugo VII. als eine streitbare und fehdelustige Persönlichkeit und als ein rücksichtsloser Raubritter einzuschätzen, der unbedenklich die Parteien wechselt, wenn er sich davon einen größeren Gewinn verspricht. Der ältere Hugo jedoch zog sich aus der größeren Politik in die überschaubarere kleine Welt der Familien- und Hauspolitik zurück. Es spricht letztlich für seinen Familiengeist, daß er seinen Teil der Herrschaft Feldkirch nach seinem Tode ohne Zögern seinem Bruder Rudolf IV. zukommen ließ: die von ihm selbst begründete Linie Montfort-Feldkirch-Tosters wurde dadurch zu einem kurzfristigen Experiment ohne historische Bedeutung, es sei denn für die Burg Tosters selbst, die unter ihm die glänzendste Zeit in ihrer Geschichte erlebte.

Rudolf V. von Montfort
Der letzte Graf von Feldkirch (ca. 1320 – 1390)

Graf Hugo I. von Montfort (†1228) verlegte um 1200 den traditionellen Herrschaftsmittelpunkt von Bregenz in die von ihm gegründete Stadt Feldkirch. Er förderte den zukunftsträchtigen Weinbau, errichtete einen Wochenmarkt und machte Feldkirch durch den Ausbau der Straßen über die Alpenpässe nach Italien und über den Arlberg nach Tirol zu einem Verkehrsmittelpunkt. Zugleich schuf er die Grundlagen für eine Territorialherrschaft im modernen Sinne. Vorarlberg wurde unter ihm zu einem Staat. Das Land Vorarlberg und die Stadt Feldkirch führen in Erinnerung an den »Gründer« das montfortische Banner.

Noch im 13. Jahrhundert teilten die Montforter wiederholt ihre Lande und zersplitterten ihre Macht. 1298 unterlagen sie den Habsburgern und wurden in der Folge deren Vasallen. Ihre Lande gingen später Stück für Stück an Österreich über. Feldkirch machte dabei den Anfang. Hier regierte 1310 bis 1334 der wohl bedeutendste Montforter, Graf Rudolf III., Bischof von Chur und von Konstanz, der die Freiheitsrechte der Stadt durch Gewährung des Siegelrechtes (1311) und die kaiserliche Bewidmung mit dem Lindauer Stadtrecht (1312) wesentlich förderte. Er war ein Freund der Habsburger. 1337 trat auch

Graf Rudolf V. von Montfort-Feldkirch als Stifter des Minoritenklosters Viktorsberg, Glasfenster, 1. Hälfte 15. Jh., Pfarrkirche Viktorsberg. (Foto: Vorarlberger Landesarchiv).

die Stadt Feldkirch dem ewigen Bund der Montforter mit den Herzögen von Österreich bei.

Der seit 1343 regierende Graf Rudolf IV. hatte vier Söhne. Die beiden Söhne weltlichen Standes, Berthold II. und Hugo IX., die als Nachfolger ausersehen waren, starben 1358 und 1360 vor ihrem Vater. Da das Haus Feldkirch auszusterben drohte, trat einer der geistlichen Söhne, Ulrich III., Dompropst zu Chur, noch 1360 in den Laienstand und heiratete 1363 die reiche Johanna von Carrara aus Padua. 1367 ging er auf eine Wallfahrt nach Jerusalem, um für einen Kindersegen zu bitten. Doch er starb auf der Pilgerfahrt in Rhodos.

Rudolf V., geboren um 1320, war als ältester Sohn für den geistlichen Stand bestimmt und damit in die zweite Garnitur gestellt worden. 1329 war er in kindlichem Alter zum Domherrn zu Chur ordiniert worden. Als sein Bruder Ulrich III. 1360 wieder weltlich wurde, folgte er ihm in der Würde als Dompropst. Ungeachtet seines geistlichen Standes war Rudolf V. seit jeher an den Kriegszügen seines Vaters beteiligt gewesen. Mit seinem Vater trat er 1360 in Wien in einen ewigen Bund mit Österreich.

Als 1367 Ulrich III. stirbt, wird Rudolf V. wieder Laie, heiratet 1369 Agnes von Matsch und pilgert 1372 wegen seiner Kinderlosigkeit nach Jerusalem. Auch er bleibt aber ohne Kinder, sodaß das Haus Montfort-Feldkirch mit seinem Tode ausstirbt. Nach dem Tode seines Vaters übernimmt Rudolf V. 1375 die Regierung.

Da Rudolf V. offenbar wenig Hoffnung auf eigene Kinder hatte, verkaufte er noch 1375 sein Land um 30.000 Gulden an Österreich. Als 1379 die letzte Rate des Kaufpreises bezahlt war, übergab er das Land an den neuen Besitzer, allerdings unter dem Vorbehalt eines Rückkaufs, falls ihm doch noch ein ehelicher Sohn geboren würde.

Um die Feldkircher für den Verkauf zu gewinnen, gewährte er ihnen zahlreiche Rechte: die Steuern wurden eingefroren, die Bürger aus der Leibeigenschaft entlassen, sie sollten ihren Stadtammann frei wählen dürfen usw. Diese Rechte sollten erst mit seinem Tod in Kraft treten, seine Rechtsnachfolger – die Habsburger – jedoch binden. Die Stadt Zürich sollte über die Einhaltung der Bestimmungen wachen, weshalb der Freiheitsbrief in Zürich hinterlegt wurde und sich bis 1996 dort befunden hat.

Rudolf V. war als Regent eine Notlösung gewesen, war jedoch nicht nur als Herr von Feldkirch von Bedeutung. Als weltlicher Pfleger des Bistums Chur verbesserte er die Straße über den Septimer, 1384 wurde er zum Bundeshauptmann der Bodenseestädte gewählt. Auf der Seite der Habsburger gehörte er freilich auch zu den Verlierern der Schlachten von Sempach (1386) und Näfels (1388) gegen die Eidgenossen. Rudolf V. förderte die Wirtschaft der Stadt durch den Verkauf des Saminawaldes an die Feldkircher Bürger (1378).

Der Erlös der verkauften Herrschaft versetzte Rudolf V. in die Lage, als großzügiger Bauherr in die Geschichte einzugehen. 1379 wurde der Bau der Vorstadt nach eigenen Plänen Rudolfs begonnen. 1387 wurden Brot-, Fleisch- und Salzhaus neu errichtet. Der Salzbach wurde neu reguliert.

1379 erbaute Rudolf V. die Leonhardskapelle. Für die Nikolauskirche stiftete er zwei zusätzliche Altäre. 1383 und 1388 gründete er die Klöster Viktorsberg und Valduna.

Rudolf V. gewährte seinen Untertanen in reichem Maße Brot und Spiele, nicht allein dadurch, daß er zahlreiche Arbeitsplätze schuf und sicherte; er stiftete die Feldkircher Fasnacht, die tausende Kinder aus Stadt und Land in den Genuß von Weißbrot brachte; dazu konnten sie sich aus öffentlichen Holzkanälen, die durch die Stadt flossen, an Hirsebrei laben. Den Feldkircher Schützen stiftete der Graf alljährlich einen Mastochsen, der am Spieß gebraten wurde. Wir können auch sicher sein, daß der Graf den Bürgern manchen guten Tropfen Feldkircher Wein zukommen ließ.

Graf Rudolf V. starb am 15. November 1390 auf seiner Burg Fußach. Er wurde in der Nikolauskirche in Feldkirch beigesetzt. Das Kloster Mehrerau, die Domkirche in Chur und die Bruderschaft auf dem Arlberg feierten alljährlich seine Jahrzeit. Im Kloster Viktorsberg erinnert ein Glasfenster an den Stifter.

Rudolf V. lebt in der Erinnerung als der beliebteste Graf des Hauses Montfort fort. Mehrere Schauspiele aus dem 18. bis 20. Jahrhundert erzählen seine Geschichte, zahlreiche Gedichte und bildliche Darstellungen preisen ihn. Sein 500. und 600. Todestag wurden 1890 und 1990 feierlich begangen. Rudolf V. ist eine der bedeutendsten Gestalten der Feldkircher und der Vorarlberger Geschichte.

Die gräfliche Burg in der Bregenzer Oberstadt, Bleistiftzeichnung von Johann Boch, 1857 kurz vor dem Abbruch.
(Foto: Vorarlberger Landesmuseum).

Die Grafen Wilhelm III. (ca. 1330 – 1373) und Wilhelm IV. (ca. 1348 – 1368) von Montfort-Bregenz

Die Namensgleichheit der Grafen von Montfort führt immer wieder zu Verwechslungen, was nicht zuletzt auch für Wilhelm III. und Wilhelm IV. gilt. Da die teilweise sehr fehlerhaften Angaben von Roller[1] heute immer noch verwendet werden, soll im folgenden versucht werden, das biographische Material neuerlich zu sichten, um so zu gesicherten Lebensläufen der Rollerschen Nummern 35 und 50 zu gelangen.

Wilhelm III. ist als Begründer der neuen Bregenzer Linie der Montforter für die Stadt- und Landesgeschichte von besonderer Bedeutung. Zwar wurde Bregenz schon 1338 von seinem Vater Wilhelm II. von Montfort-Tettnang gewonnen (weshalb auch er gelegentlich als Begründer der neuen Linie bezeichnet wurde); doch eine neue Linie entsteht eigentlich erst 1354, als sich die Söhne Wilhelms II. das väterliche Erbe teilen: Wilhelm III. erhält Bregenz, Heinrich IV. dagegen Tettnang, Wasserburg und Rothenfels[2].

Wilhelm III. dürfte um 1330, eher noch etwas früher, geboren sein. Denn 1322 hatte sein Vater Wilhelm II. lediglich eine einzige Tochter mit Namen Meta (Metza, Mechthild)[3]; die Söhne sind später geboren und wahrscheinlich die Kinder der Kunigunde (Richenza?) von Rappoltstein. 1348 verspricht Kaiser Karl IV. dem Grafen Wilhelm II. und seinen – namentlich nicht genannten – Söhnen 400 Mark Silbers[4]. Wie aus der Reihenfolge der Söhne Wilhelm III., Hugo VIII. und Heinrich IV. hervorgeht, die Karl IV. 1353 von allen Judenschulden losspricht[5], ist Wilhelm III. der älteste Sohn. Hugo VIII. ist kurz darauf gestorben; er wird bei der Teilung von 1354 nicht mehr erwähnt[6].

Wilhelm III. war dreimal verheiratet. In erster Ehe heiratete er Elisabeth[7] von Schlüsselberg, von der er zwei Söhne hatte: Wilhelm IV. und Konrad; sie selbst dürfte um 1353 gestorben sein.

Dieses Todesjahr folgt aus den zeitlichen Umständen der zweiten Heirat mit Ursula von Pfirt, Tochter des Grafen Ulrich von Pfirt und der Johanna von Mömpelgard.

1 Roller, Grafen von Montfort, S. 164 f, Nr. 35 und S. 169 f, Nr. 50.
2 BayHStA München, Rep. Montfort-Archiv, Nr. 17.
3 Vanotti, S. 527, Nr. 375.
4 Ebd., Nr. 379.
5 Ebd., Nr. 380.
6 Wortlaut der Teilungsurkunde bei Vanotti, S. 554 f.
7 Der Vorname fehlt weitgehend in der Literatur, wird aber verzeichnet in: Die Grafen von Montfort (= Kunst am See, 8), Friedrichshafen 1982, S. 225.

Ursula von Pfirt war 1324 noch unverheiratet[8], auch 1333 noch »jungfrowe«[9], am 14. September 1354 wird sie erstmals, am 1. Oktober 1354 letztmals Witwe des Grafen Hugo von Hohenberg genannt[10]. Die Eheschließung mit Wilhelm III. dürfte also bald darauf erfolgt sein. Aus der Ehe Wilhelms III. mit Ursula von Pfirt-Hohenberg entstammt der 1357 geborene Minnesänger Hugo XII. von Montfort-Bregenz. Von der Gräfin sind zwei Allianzsiegel (mit dem Wappen von Montfort und von Pfirt) überliefert, mit denen sie 1358/59 bzw. 1362 gesiegelt hat[11]. Sie ist um 1367 gestorben; denn ihre Kinder verfügen am 9. Februar 1367 über einen von ihr zugewachsenen Besitz[12].

Danach verheiratete sich Wilhelm III., damals um die 40 Jahre alt, ein drittes Mal, und zwar mit Margarethe von Schaunberg, die Witwe des Grafen Johann von Pfannberg, die ihn überlebte und um 1380 gestorben ist[13]. Diese Ehe blieb kinderlos, brachte jedoch den Bregenzer Grafen reiche Besitzungen in der Steiermark und in Kärnten.

Alle drei Frauen weisen auf eine enge Anlehnung an Österreich hin. Schlüsselberg liegt in Oberösterreich (bei Grießkirchen), Pfirt (Ferette) im Sundgau, Schaunberg in Oberösterreich (bei Hartkirchen) und Pfannberg in der Steiermark (bei Frohnleiten). Johanna von Pfirt, eine Schwester der Ursula von Pfirt, war die Gemahlin des Herzogs Albrecht II. von Österreich. Die Ehen Wilhelms III. hatte also eine deutliche politische Note.

1359 konnte Wilhelm III. mit habsburgischer Hilfe sein Territorium um die Herrschaft Hohenegg erweitern. Und 1362 schloß er mit den Habsburgern einen militärischen Dienstvertrag. Die Grafen von Bregenz halten sich jetzt öfters in Wien auf. Und es nicht ganz auszuschließen, daß sie jenes Haus mit Marstall in Wien, das sie 1459 verkauft haben, bereits in jenen Jahren erworben haben[14]. Auf jeden Fall geht die bis heute währende bregenzisch-wienerische Allianz in diese Zeit zurück; ihr Architekt war Wilhelm III.

Wilhelm IV. wird in vielen Montforter Genealogien überhaupt nicht erwähnt, da die Familientradition ihn frühzeitig vergessen hatte. So zeigt auch das Votivbild der Gräfin Elisabeth von Montfort-Bregenz, das 1429 für die Burgkapelle Hohenbregenz gemalt wurde (es wurde 1647 von den Schweden zerstört, ist aber von Andreas Arzet in einer Zeichnung aus dem Jahre 1670 überliefert[15]) zwar seinen Vater Wilhelm III., seine Mutter Elisabeth von Schlüsselberg, seine Stiefmutter Ursula von Pfirt-Hohenberg, seinen Vatersbruder Heinrich IV. von Tettnang, seinen leiblichen Bruder Konrad und andere mehr.

---

8 E. M. Lichnowsky, Geschichte der Söhne König Albrechts nach seinem Tode, Wien 1838, Bd. 3, Nr. 644.
9 Ludwig Schmid, Geschichte der Grafen von Zollern-Hohenberg und ihrer Grafschaft, Stuttgart 1862, S. 293 ff.
10 Schmid, Hohenberg, S. 457; Lichnowsky, Nachtr., 1707 b.
11 Liesching, Siegel, S. 45, Nr. 85 und Nr. 86.
12 Vanotti, S. 483, Nr. 86. Nach Schmid, Hohenberg, S. 551 lebte sie noch am 4. Juli 1367.
13 Roller, Grafen von Montfort, S. 169, Nr. 50, weist sie fälschlich Wilhelm IV. als Ehefrau zu.
14 Burmeister, Montforter auf Reisen, S. 18, Anm. 19.
15 Abb. in: Die Grafen von Montfort, S. 11.

Nach Roller liegen urkundliche Belege über Wilhelm IV. für die Zeit vom 9. Februar 1367 bis 16. Juni 1373 vor; in Wirklichkeit ist dieser Zeitraum aber sehr viel enger zu ziehen, da diese Daten teilweise Wilhelm III. betreffen. Es wird hier notwendig sein, im folgenden alle diese Angaben genau zu analysieren.

1367 Februar 9, Scheer.[16] Wilhelm III. und sein Sohn Wilhelm IV. verpfänden dem Grafen Eberhard von Württemberg für 11.000 Pfund Heller die niedere Burg und die Stadt Haigerloch u.a., welche des jüngeren Grafen Wilhelm IV. Gemahlin (Ursula von Hohenberg) und ihr Bruder Hugo (von Hohenberg), beide des älteren Grafen Hugo von Hohenberg Kinder, von ihrer Mutter, der Gräfin Ursula von Pfirt, erhalten haben. Graf Rudolf von Hohenberg, ein Onkel der Ursula und des Hugo von Hohenberg, und seine Erben dürfen die Pfandschaft wieder mit 3.500 Mark Silbers und 2.200 Pfund Heller auslösen. Hier ist das Regest eindeutig, zumal Wilhelm IV. ausdrücklich als der Sohn Wilhelms III. und als »der Jüngere« bezeichnet wird. Für seine Biographie erfahren wir die erhebliche Tatsache, daß Wilhelm IV. mit der Gräfin Ursula von Hohenberg verheiratet war. Daraus folgt, daß Wilhelm IV. 1367 volljährig war. Wilhelm III., volljährig erstmals 1348, hat wohl um das genannte Jahr geheiratet, so daß die Geburt Wilhelms IV. um 1348/49 liegen könnte.

1367 Juli 4, Bregenz[17]. Wilhelm III. und sein Bruder Heinrich IV. von Tettnang versprechen dem Grafen Rudolf von Hohenberg 1.000 Gulden, die er auf Haigerloch stehen hat. Hier kann Wilhelm IV. nicht gemeint sein, da er keinen Bruder namens Heinrich hatte.

1368 Oktober 9, Meran[18]. Herzog Leopold von Österreich verspricht dem Grafen Wilhelm von Bregenz, daß er die Pfarre Ehingen dreimal in Erledigungsfällen besetzen darf. Es dürfte wohl Wilhelm III. gemeint sein, da solche Rechte eigentlich immer den regierenden Grafen zukommen.

1368 Oktober 19, Wien[19]. Jahrzeitstiftung für einen Grafen Wilhelm. Hier kann nur Wilhelm IV., gemeint sein, da Wilhelm III. in den folgenden Regesten noch häufig genannt wird. Es wurde jedoch das Datum überhaupt bezweifelt und der Vorschlag gemacht, die Jahreszahl MCCCLXVIII (1368) als MCCCLXXIII (1373) zu lesen. Das Regest soll daher unter diesem Datum diskutiert werden.

1368 November 30, Matrei[20]. Hier treten u.a. die Brüder Wilhelm III. und Heinrich IV. von Tettnang als Bittsteller bei Herzog Leopold auf. Wilhelm IV. kann nicht gemeint sein, da er keinen Bruder Heinrich hatte.

1370 März 8, Hall in Tirol[21]. Wilhelm III. quittiert die Ablösung der Stadt Ehingen um 7.600 Gulden, die ihm durch die Herzöge von Österreich verpfändet war. Da auch

---

16   Vanotti, S. 483 f., Nr. 86.
17   Ebd., S. 484, Nr. 87.
18   Ebd., Nr. 88.
19   Roller, S. 164, Nr. 35; Bilgeri, Vorarlberg, Bd. 2, S. 100 und S. 390, Anm. 130.
20   Vanotti, S. 484, Nr. 89.
21   Karel Hruza, Die Herren von Wallsee, Linz 1995, S. 539, Nr. 54.

hier wiederum der »Bruder« Heinrich IV. mitsiegelt, kommt Heinrich IV. nicht in Betracht.

1370 Mai 4, Bregenz[22]. Wilhelm III. quittiert den Herzögen Albrecht und Leopold von Österreich 5.000 Gulden der für Ehingen schuldigen 10.000 Gulden. Es dürfte auch hier Wilhelm III. gemeint sein, da am 1. Mai 1370 dessen Bruder Heinrich IV. von Tettnang die andere Hälfte, nämlich ebenfalls 5.000 Gulden, quittiert[23].

1370 September 12, Heidingsfeld[24]. Kaiser Karl IV. erweist Wilhelm III. die Gnade, daß seine Erben und Leute vor kein anderes Gericht als das königliche Hofgericht geladen werden dürfen. Da es sich um ein Privileg für den Herrschaftsinhaber handelt, kann nur Wilhelm III. gemeint sein. Nach dessen Tod läßt sich sein Sohn Konrad dieses Privileg vidimieren (vgl. dazu unten 1374 Juni 14).

1371 November 16[25]. Wilhelm III. und sein Sohn Konrad stellen ihrem Diener Johannes von Schönau einen Schirmbrief aus. Hier ist eindeutig Wilhelm III. gemeint, da dessen Sohn Konrad genannt wird. Wilhelm IV. hat keinen Sohn Konrad.

1373 Juni 12[26]. Schiedsspruch zwischen Wilhelm III. von Montfort und Hermann von Cilly, betreffend einige Festungen und Geldforderungen. Der Sachzusammenhang zu der Ehe mit Margarethe von Pfannberg läßt nur Wilhelm III. zu; denn die Ehefrau Wilhelms IV. Ursula von Hohenberg lebt noch 1375 (zu diesem Zeitpunkt verheiratet mit Graf Eberhard von Lupfen)[27]. Wollte man – mit Roller – eine Ehe zwischen Wilhelm IV. und Margarethe von Pfannberg annehmen, so müßte man dessen Scheidung von Ursula von Hohenberg unterstellen; eine Scheidung hätte aber eine Wiederverheiratung verunmöglicht.

1373 Juni 16, Graz[28]. Kompromiß des Grafen Wilhelm III. wegen seiner Gemahlin Margarethe von Pfannberg. Es gilt hier das oben zu 1373 Juni 12 Gesagte. Wilhelm IV. scheidet aus.

1374 Juni 14, Lindau[29]. Konrad von Montfort, des seligen Wilhelm III. Sohn, läßt sich vom Landrichter in der Birs ein Vidimus erteilen. Es kann nur Wilhelm III. gemeint sein, der einen Sohn Konrad hatte. Wir stellen fest, daß Wilhelm III. irgendwann zwischen dem 16. Juni 1373 und dem 14. Juni 1374 gestorben ist. Sein Sterbedatum läßt sich aber auf Grund einer Jahrzeitstiftung in der Wiener Minoritenkirche mit hoher Wahrscheinlichkeit auf den 19. Oktober 1373 festlegen.

Wir kommen damit noch einmal auf die noch problematisch gebliebene Jahrzeitstif-

---

22 E. M. Lichnowsky, Geschichte der Söhne Herzog Albrechts des Zweiten, Wien 1839, Bd. 4, Nr. 978.
23 Ebd., Bd. 4, Nr. 975.
24 BayStA München, Rep. Montfort-Archiv Nr. 24.
25 Vorarlberger Landesarchiv, Urk. 849.
26 Vanotti, S. 485, Nr. 96.
27 Hruza, S. 540, Nr. 56.
28 Lichnowsky, Bd. 4, Nr. 1125.
29 BayHStA München, Rep. Montfort-Archiv, Nr. 27.

tung vom 19. Oktober 1368 zurück. Zunächst bleibt festzustellen, daß alle Regesten nach dem 19. Oktober 1368 Wilhelm III. betreffen, während die Überlieferung zu Wilhelm IV. völlig schweigt. Daraus ist zwingend abzuleiten, daß Wilhelm IV. tatsächlich am 19. Oktober 1368 in Wien gestorben ist. Eine willkürliche Änderung der Jahreszahl 1368 in 1373 ist sachlich keineswegs geboten.

Es erscheint zunächst etwas unwahrscheinlich, daß auch Wilhelm III. am 19. Oktober 1373 in Wien gestorben ist und in der gleichen Kirche beerdigt wurde wie sein Sohn. Die Sache ist noch verwirrender dadurch, daß in den Jahrzeitstiftungen immer nur von einem Grafen Wilhelm die Rede ist, nicht aber von Vater und Sohn. Bei einer genaueren Analyse lassen sich dennoch zwei unterschiedliche Personen erkennen.

Insgesamt sind drei Texte überliefert, die auf den Tod eines Grafen Wilhelm Bezug nehmen. Erstens hat uns der »Liber Sepulcrorum« die Grabschrift eines Grafen Wilhelm im Chor der Minoritenkirche überliefert. Die mit dem Montforter Wappen geschmückte Inschrift lautet: *Sepulcrum nobilis domini comitis Wilhelmi de Monteforte et domini Pregancie, sepulti hic sub ianua chori, qui obiit sub anno 1373, XIX. die mensis Octobris, a quo habuimus in sua sepultura 4 equos, quorum unus fuit venditus pro 52 florenis, secundus pro 18 lb.d., alii duo venditi sunt pro 14 lb.d., exceptis candelis et armis, et omnia superhabundanter et honore data sunt*[30] (Grab des edlen Herrn Grafen Wilhelm von Montfort und Herrn zu Bregenz, begraben hier unter dem Eingang des Chors, der gestorben ist unter dem Jahr 1373 am 19. Tag des Monats Oktober, von dem wir für sein Begräbnis vier Pferde erhalten haben, von denen eines um 52 Gulden verkauft wurde, das zweite um 18 Pfund Pfennige, die beiden andern aber wurden um 14 Pfund Pfennige verkauft, außer den Kerzen und Waffen, und alles wurde überreich und ehrenvoll gegeben).

Die zweite Überlieferung stammt aus dem Jahrzeitbuch, wo zum 18. Oktober eingetragen ist: *Anno domini 1373 XIX. die mensis Octobris obiit nobilis dominus Wilhelmus comes de Monteforti et dominus Pregancie, hic sepultus, a quo habuimus 4 equos et arma. Tres equi venditi sunt pro 41 lb. et 23 d., sed quartus equus venditus est pro 9 lb.d. domino de Pergawe*[31]

(Im Jahre des Herrn 1373 am 19. Tag des Monats Oktober starb der edle Herr Wilhelm, Graf von Montfort und Herr zu Bregenz, hier begraben, von dem wir vier Pferde und Waffen erhalten haben. Drei Pferde wurden für 41 Pfund und 23 Pfennige verkauft, aber das vierte Pferd wurde für 9 Pfund Pfennige dem Herrn von Bergau (Burg bei Hainfeld in Niederösterreich) verkauft).

Auf den ersten Blick erscheinen beide Eintragungen gleich zu sein; sie müssen es fast auch sein, da es sich in einem Fall um die Grabschrift, im andern um eine Eintragung im Totenbuch handelt. Datum, Jahr, Name und Titel, Begräbnis in der Kirche der Minoriten, die Entschädigung mit Pferden und Waffen, alles das stimmt völlig überein.

---

30 Adalbert Franz Fuchs, Necrologia Germaniae 5, Diocoesis Pataviensis, Pars altera, Berlin 1913, S. 205.

31 Ebd., S. 190.

Was aber nicht übereinstimmt, sind die Angaben über den Wert der Pferde. Im ersten Fall beläuft sich der Wert der Pferde auf ca. 97 Pfund Pfennige, im zweiten Fall dagegen nur auf 50 Pfund und 23 Pfennige. Das könnte nun eben doch auf zwei verschiedene Personen hindeuten, jedoch ist nicht ganz auszuschließen, daß doch ein und dieselbe Person gemeint ist, wobei die erste Stiftung für das Begräbnis erfolgt wäre, die zweite für eine Jahrzeit. Diese Lesart hätte den großen Vorteil, daß man die Jahreszahl nicht gewaltsam »verbessern« müßte. In beiden Fällen wäre dann Wilhelm III. gemeint.

Der dritte – undatierte Text – müßte dann auf den 1368 verstorbenen Sohn Wilhelm IV. bezogen werden. Der zum 19. Oktober eingetragene Text lautet: *Anniversarium generosi comitis domini Wilhelmi de Montfort celebretur, quia conventus recepit 70 lb.d., pro quibus emptum est pratum in Achau, et successores sui statuerunt lampadem super sepulcro suo in choro coram sacramento, et debet ardere die et nocte. Insuper praedicans debet pronunciare animas videlicet ipsius et omnium progenitorum saltem in genere. Quod vero si per negligenciam secus factum aut actum fuerit, tunc heredes habent se intromittere de prato. Superfluam pecuniam dedit reverendus pater frater Petrus de Lambaco, lector Wiennensis, quia pratum fuit emptum pro 132 lb.d.*[32] (Die Jahrzeit des edelgeborenen Grafen Herrn Wilhelm von Montfort soll gefeiert werden, weil der Konvent dafür 70 Pfund Pfennige empfangen hat, wofür die Wiese in Achau (bei Schwechat, Niederöster- reich) gekauft wurde. Und seine Nachfolger haben eine Lampe über seinem Grab im Chor vor dem Sakrament angeordnet, die Tag und Nacht brennen muß. Darüberhinaus soll der Prediger seiner Seele und aller seiner Vorfahren nur im allgemeinen gedenken (d.h. ohne Nennung der Namen im einzelnen). Sollte das durch Nachlässigkeit anders gehandhabt werden oder geschehen, dann können sich die Erben in die Wiese einmi- schen. Das überschüssige Geld gab der ehrwürdige Vater Bruder Peter von Lambach, Lektor in Wien, da die Wiese 132 Pfund Pfennige gekostet hat).

Es gibt einige Argumente, die hier für Wilhelm IV. sprechen: er wird »generosus«, nicht »nobilis« genannt; er wird nicht als »dominus Pregancie« (Herr von Bregenz) bezeichnet, was er auch tatsächlich nie war[33]. Dann soll seiner und seiner Vorfahren gedacht werden: bezieht man diesen Text auf Wilhelm III., dann wäre Wilhelm IV., der vor Wilhelm III. gestorben ist, nicht in die Jahrzeit eingeschlossen. Hingegen liegt es bei einem Jahrgedächtnis für Wilhelm IV. so, daß auch Wilhelm III. als Vorfahre einbezogen gewesen wäre. Denn 1368 konnte Wilhelm III. noch nicht wissen, daß er einst auch in dieser Kirche begraben werden würde. Erst 1373 erhielt er dank der Pferdestiftung seine eigene Jahrzeit, die auf dem 18. Oktober eingetragen wurde. Gedacht wurde also jeweils am 18. Oktober des Vaters (Wilhelm III.) und am 19. Oktober des Sohns (Wilhelm IV.).

Zusammenfassend wären also die drei Wiener Textstellen so zu deuten, daß die beiden erstgenannten Pferdestiftungen sich auf Wilhelm III. beziehen, die letztgenann- te Jahrzeitstiftung der Wiese in Achau dagegen Wilhelm IV. betrifft. Da die letztere

---

32 Ebd., S. 190.
33 So Bilgeri, Vorarlberg, Bd. 2, S. 390, Anm. 130.

Stiftung wohl schon 1368 erfolgte und 1373 schon bestanden hat, konnte man beide Stiftungen auf einen Tag zusammenlegen. Das muß also nicht unbedingt heißen, daß Vater und Sohn am 19. Oktober gestorben sind. Beide haben im Chor der Wiener Minoritenkirche ihre letzte Ruhestätte gefunden, die durch ein ewiges Licht erleuchtet wurde.

Eine Bemerkung ist hier noch zu den Pferdestiftungen angebracht. Wie schon erwähnt, verfügte das Haus der Montforter in Wien über einen Marstall, der zur Aufnahme von Pferden diente. Die 1373 gestifteten acht Pferde waren sicherlich nur ein Teil des Marstalls Wilhelms III. Seine große Vorliebe für Pferde läßt sich einer Urkunde vom 2. Oktober 1354 entnehmen, in der der Markgraf Ludwig von Brandenburg eine Schuld über 800 Goldgulden für zwei Rosse bekennt, deren eines er dem Wilhelm von Tettnang, das andere dem Rudel von Ems gegeben hat (Schönach, Beiträge, S. 296); hier dürfte wohl Wilhelm III. gemeint sein, der zu dieser Zeit gerade mit seinem Bruder geteilt hatte und Außenstehenden noch unter dem Namen Wilhelm von Tettnang geläufig war.

Die mit schweren Fehlern behafteten Kurzbiographien bei Roller wären folgendermaßen neu zu fassen:

Nr. 35. Wilhelm III., Graf von Montfort zu Bregenz, Sohn Wilhelms II. von Montfort-Tettnang und der Kunigunde von Rappoltstein, geboren vor 1330, urkundlich erwähnt 1348 bis 1373, volljährig 1348, wird mit der Teilung von 1354 Begründer der neuen Bregenzer Linie der Montforter, Förderer einer engen Anlehnung an Österreich, gestorben am oder um den 19. Oktober 1373 in Wien, begraben im Chor der Minoritenkirche in Wien (Grabinschrift überliefert). Gemahlinnen: 1) Elisabeth von Schlüsselberg (†um 1353).– 2) Ursula von Pfirt, Witwe des Grafen Hugo von Hohenberg (†um 1367).– 3) Margarethe von Schaunberg, Witwe des Grafen Johann von Pfannberg (†um 1380). – Kinder: Wilhelm IV. (Roller, Nr. 50) und Konrad (Roller, Nr. 59) aus der 1. Ehe, Hugo XII. (Roller, Nr. 60) aus der 2. Ehe. – Mehrere Siegel bei Liesching, Nr. 83 und Nr. 84. – Bildliche Darstellung im Votivbild der Burgkapelle von Hohenbregenz 1429 (nur in Zeichnung von 1670 erhalten).

Nr. 50. Wilhelm IV., Graf von Montfort zu Bregenz, Sohn Wilhelms III. und der Elisabeth von Schlüsselberg, geboren um 1348, urkundlich erwähnt 1367 als volljährig und verheiratet, gestorben am 19. Oktober 1368 in Wien, begraben im Chor der Minoritenkirche in Wien. – Gemahlin: Ursula von Hohenberg, die nach 1368 in 2. Ehe Graf Eberhard von Lupfen-Stühlingen heiratet. – Keine Kinder. – Kein Siegel überliefert. – Keine bildliche Darstellung.

Die heute in Heidelberg verwahrte Sammelhandschrift mit den Liedern von Hugo XII. von Montfort-Bregenz.
(Foto: Klapper, Landesbildstelle).

Der Minnesänger Graf Hugo XII. von Montfort-Bregenz (1357 – 1423)

Der Minnesänger Graf Hugo XII. ist wohl die berühmteste Persönlichkeit seines Geschlechtes. Sein Ruhm gründet sich in erster Linie auf seine Dichtkunst. Es soll hier jedoch weniger von dem Dichters als von dem Menschen Hugo von Montfort die Rede sein, so wie es auch Elke Ketter[1] in ihrer 1987 an der Universität Salzburg vorgelegten Dissertation über den Minnesänger gehalten hat.

Im Bereich der Biographik hat sich die hilfswissenschaftliche Methode der sogenannten Historiometrie entwickelt: der Versuch, die Bedeutung einer Persönlichkeit zahlenmäßig und damit quasi naturwissenschaftlich zu erfassen. Wenden wir diese Methode auf die etwa 200 Grafen und Gräfinnen von Montfort an, so gelangen wir ohne weiteres zu der Aussage, daß der Minnesänger Graf Hugo XII. von Montfort-Tettnang-Bregenz mit Abstand der bedeutendste Vertreter seines Geschlechtes ist: es gibt keinen Montfor-

Wappen Hugos XII. von Montfort-Bregenz, des »Minnesängers«, in der von ihm in Auftrag gegebenen repräsentativen Liederhandschrift. (Foto: Klapper, Landesbildstelle).

ter, über den auch nur annähernd so viele Bücher, Editionen und Aufsätze bestehen[2], wie unseren Hugo von Montfort, die neuerdings in der prächtigen Facsimile-Ausgabe seines Liederbuches durch den Dr. Ludwig Reichert-Verlag in Wiesbaden ihren Höhepunkt gefunden haben[3]. Der Minnesänger ist der einzige Montforter, der in die meisten

---

1 Elke Ketter, Hugo von Montfort (1357 – 1423), Eine Biographie. Phil. Diss. Salzburg, 1987.

2 Vgl. Karl Heinz Burmeister, Bibliographie zu den Grafen von Montfort und Werdenberg (in Auswahl). In: Vanotti, S. 663 – 687, hier S. 668 ff., Nr. 91 – 134.

3 Facsimilia Heidelbergensia, Ausgewählte Handschriften der Universitätsbibliothek Heidelberg, Bd. 5: Hugo von Montfort, Cod.Pal.Germ. 329, Wiesbaden 1988 (Text- und Kommentarband).

Lexika[4] unseres Kulturbereiches Aufnahme gefunden hat. Er ist beispielsweise der einzige Montforter, der in der Neuen Deutschen Biographie mit einem besonderen Artikel einen Platz hat[5], der aber gleichzeitig auch in wissenschaftlich maßgeblichen Enzyklopädien – wie etwa dem Verfasser-Lexikon des Mittelalters[6] – mit einer ausführlichen Darstellung zum Ruhm seines Geschlechtes erheblich beiträgt.

Hugo von Montfort mag im Hinblick auf seine politische Machtfülle einigen seiner Verwandten nachgestanden sein, dem Abt Wilhelm I. von St. Gallen[7]oder dem Graf Rudolf III., Bischof von Chur und Konstanz[8], zeitweise auch Administrator des Stiftes St. Gallen, worüber wir eine eingehende Studie von Werner Vogler[9] besitzen. Aber Hugo lebte auch in einer Zeit, als die Montforter längst aufgehört hatten, eine unabhängige Politik zu betreiben; sie waren Vasallen der Habsburger geworden. Und wenigstens als solcher machte Hugo eine Karriere, die kaum mehr größere Höhen hätte erreichen können: als Oberbefehlshaber der herzogisch-österreichischen Truppen in Italien, als Hofmeister Herzog Leopolds IV., als Landeshauptmann der Steiermark, als Landvogt im Thurgau, Aargau und Schwarzwald. Nicht zu vergessen sind seine Erfolge für das Haus Montfort, dessen Herrschaftsgebiet durch ihn eine gewaltige Ausdehnung erfahren hat. Und alles das wird noch überragt durch sein dichterisches Schaffen, das bis heute von bleibendem Wert geblieben ist. Und anders als jene Schlösser, Kirchen und Kapellen, die von der Kunstliebe der Montforter Zeugnis ablegen, bei denen die Grafen aber nur als Auftraggeber erschienen, ist das dichterische Werk Hugos von Montfort als eine persönliche Leistung anzusprechen. Lediglich die Kompositionen zu den Liedern sind das Werk seines Bregenzer Knechtes Bürk Mangolt, über den Erich Schneider[10] grundlegende Forschungen vorgelegt hat.

Hugo von Montfort wurde 1357 als Sohn des Grafen Wilhelm III. geboren[11], der aus der Tettnanger Linie stammte, durch eine Erbteilung in Bregenz aber eine neue Linie der Montforter begründete. Graf Wilhelm III. hatte nach dem Tode seiner ersten Frau die Witwe des Grafen Hugo von Hohenberg geheiratet, eine Ursula von Pfirt, heute Ferette im französischen Departement Haut Rhin, also im einst habsburgischen Oberelsaß gelegen. Ursula von Pfirt war die Mutter Hugos. Deren Schwester Johanna von Pfirt war die Gemahlin Albrechts II. von Österreich.

Waren sich die Montforter und Habsburger noch bis 1298 in der Schlacht von

---

4   Statt vieler Oesterreichlexikon, Bd. 1, Wien 1995, S. 541.
5   Walter Salmen, Hugo von Montfort. In: NDB 10, Berlin 1974, S. 18.
6   Burghart Wachinger, Hugo von Montfort, a.a.O., Bd. 4, Berlin/New York 1983, Sp. 243 – 251.
7   Diebolder, Wilhelm.
8   Burmeister, Rudolf III.
9   Werner Vogler, Rudolf von Montfort, Administrator der Abtei St. Gallen 1330–1333. In: Montfort 34, 1982, S. 311 – 321.
10   Erich Schneider, Bürk Mangolt und seine Weisen zu den Gedichten des Grafen von Montfort. In: Jahrbuch des Vorarlberger Landesmuseumsvereins 1957, Bd. 1, S. 46 – 49.
11   Belege jeweils bei Ketter, insbesondere in den Regesten S. 39 – 216.

Göllheim als Todfeinde gegenüber gestanden, so näherten sie sich im 14. Jahrhundert immer stärker an einander an. Das Haus Montfort-Feldkirch schloß schon 1337 einen ewigen Bund mit den Herzögen von Österreich. Und die Verwandtschaft Wilhelms III. mit dem Haus Habsburg förderte 1362 das Zustandekommen eines ähnlichen Bündnisses des Hauses Montfort-Bregenz mit Österreich. Die Bregenzer haben um diese Zeit Wien entdeckt. Sie erwarben dort – den genauen Zeitpunkt kennen wir nicht – ein repräsentatives Haus mit einem Marstall[12]. Immer mehr hielten sich die Montforter in Wien, später auch in Wiener Neustadt[13] und Graz auf, wo sie ebenfalls Häuser erwarben. Wilhelm IV., der ältere Bruder Hugos, starb 1368 in Wien, wo er im Chor der Minoritenkirche begraben wurde. Der Ort, der zu einer Wallfahrtsstätte der Grafen von Montfort werden sollte, wurde mit einer reichen Jahrzeit ausgestattet; Tag und Nacht sollte hier eine Lampe über dem Grab brennen. Dazu sollte der Geistliche seiner Seele durch Nennung des Namens gedenken, aber auch in allgemeiner Form der Seelen aller seiner Vorfahren. Die heute noch bestehende Achse Bregenz-Wien, wie sie sich beispielsweise darin zeigt, daß zwischen beiden Städten täglich sechs Schnellzugspaare in beiden Richtungen verkehren, hat ihre Anfänge in dieser Zeit. Aber auch die Tettnanger entdeckten damals Wien. Graf Wilhelm V., ein Tettnanger Neffe von Hugos Vater Wilhelm III., immatrikulierte sich 1390 an der damals noch jungen Universität Wien zusammen mit drei Begleitern, also wohl montfortischen Untertanen. Noch heute wären Tettnang und Langenargen genau so wie Bregenz auf Wien fixiert, hätten nicht die österreichischen Niederlagen in den napoleonischen Kriegen die Grenzen zugunsten der Rheinbundstaaten verschoben.

Die Karriere Hugos XII. in den österreichischen Diensten war von Anfang an durch seinen Vater und durch die Verwandtschaft seiner Mutter vorgezeichnet. Der erst 16jährige Hugo wurde 1373 mit der reichen Witwe Margarethe von Pfannberg verheiratet, der Erbin eines riesigen Besitzes in der Steiermark und in Kärnten. Die Montforter zeigten sich hier bereits früh als gelehrige Schüler der habsburgischen Heiratspolitik:

> *Bella gerant alii,*
> *Tu felix Austria, nube«*

(Krieg sollen andere führen,
Du, glückliches Österreich, heirate.)

Es wurde ein gewaltiger Schritt getan, die zersplitterte Hausmacht der Montforter auf eine neue Grundlage zu stellen. Der Name Pfannberg, ein Schloß in der Steiermark, ging auch in die Titulatur der Bregenzer Grafen ein. Selbst das Schloß auf dem Bregenzer Gebhardsberg wurde jetzt zeitweise Pfannberg genannt.

---

12   Karl Heinz Burmeister, Vorarlberg und Wien. In: 10 Jahre Vorarlberger Landesdelegation in Wien, Wien o.J., 1994, S. 10 – 13, hier S. 10.

13   Gertrud Gerhartl, Die Grafen von Montfort und Wiener Neustadt. In: Montfort 34, 1982, S. 327 – 330.

Nur am Rande sei vermerkt, daß Margarethe von Pfannberg, wie Benedikt Bilgeri[14] nachgewiesen hat, für den schwäbisch-rätischen Adel keineswegs eine Exotin war: ihr Urgroßvater war ein naher Verwandter der Montforter gewesen, nämlich Graf Rudolf II. von Werdenberg-Sargans.

Hugo von Montfort war zur Zeit seiner Eheschließung noch unmündig; erst fünf Jahre später – 1378 – erscheint er erstmalig als mündig, damals gerade 21 Jahre alt. Zu dieser Zeit hatte er bereits einige Abenteuer aus der Sturm- und Drangzeit eines adeligen Ritters hinter sich, auch wenn uns heute diese Erlebnisse weniger ruhmvoll erscheinen, ja eher sogar mit Abscheu erfüllen. Aber es ist nicht Aufgabe des Historikers, zu werten; er soll die Dinge so beschreiben, wie sie waren, und allenfalls so beurteilen, wie sie die damalige Gesellschaft beurteilt hat, wobei freilich auch hier Adel und Bürger recht unterschiedlich dachten. Immerhin befand sich in der zweiten Hälfte des 14. Jahrhunderts demokratisches Denken in der Eidgenossenschaft oder in den Reichsstädten auf dem Vormarsch; mehr und mehr setzte sich die Zunftverfassung durch, die auch die kleinen Leute an der großen Politik teilnehmen lassen wollte.

Zu Hugos Jugendsünden gehört die Teilnahme an der sogenannten bösen Basler Fasnacht. Auf einem Turnier, das Herzog Leopold von Österreich in Basel veranstaltete, sprengten einige Adelige mit gezückten Lanzen mitten in die Zuschauermenge. Hugo von Montfort, sein Onkel Heinrich IV. von Tettnang und dessen Sohn Heinrich V. sowie einige andere Ritter unter ihnen auch Ulrich von Lochen (aus Lochau bei Bregenz), wurden von den Basler Bürgern gefangengesetzt. Eine Schande für die Ritter, in die Gefangenschaft von Bürgern zu geraten! Aber sie hatten noch Glück, denn andere adelige Herren waren von den aufgebrachten Bürgern erschlagen worden. Am 4. März 1376 wurden sie aus der Haft entlassen, nachdem sie geschworen hatten, sich nicht zu rächen.

Noch weniger ruhmvoll gestaltete sich die Teilnahme Hugos an der Preußenfahrt Herzog Albrechts von Österreich 1377. Ich lasse hier die unübertroffene Darstellung von Josef Eduard Wackernell zu Wort kommen, der 1881 ein bedeutendes Werk über den Minnesänger in Druck gegeben hat:

»(...) Große Kriegstaten wird er dabei nicht verrichtet haben: dazu war das ganze Unternehmen gegen die halbwilden Völker ohne Waffen und Heer nicht angetan. Man zog über Laa nach Breslau, Thorn, Marienburg und Königsberg. Ueberall wurde bei pusannen unde pheifen schall tapfer getafelt, gehoft und wol gelebt. Auf dem weiteren Vormarsche in das glaubenslose Samaiten- und Reussenland betrugen sich die Gottesstreiter sehr unhöfisch und unchristlich: sie brannten, raubten und mordeten kannibalisch in frommer Wut und beginnen dann wieder zur Abwechslung Tafelfeste und Ritterweihen. So schlug Hermann von Cilli den jungen Herzog Albrecht zum Ritter, und dieser gab wieder vier und siebzig andern Edeln den erenreichen slag. Nicht unwahrscheinlich war auch Hugo darunter, der damals bereits das zwanzigste Jahr, also das richtige Alter für diesen Act erreicht hatte.«

---

14   Bilgeri, Geschichte, Bd. 1, S. 390, Anm. 132.

Im Oktober 1378 weilt Hugo von Montfort wieder in Bregenz. Sein Vater, Wilhelm III., war bereits 1373 gestorben. 1379 teilten Hugo und sein Bruder Konrad das väterliche Erbe, denn erst jetzt war Hugo volljährig geworden. Man teilte zunächst die Herrschaft, die Weingärten und die Einnahmen aus dem Kloster Mehrerau, zu einem späteren Zeitpunkt auch die Stadt und die Burg, ohne jede Voraussicht, welche Schäden letztlich diese Teilung für Bregenz brachte, die erst 1523 durch den Verkauf an Habsburg beseitigt wurden. Zeitweise sollen, wie die Zimmersche Chronik berichtete, sogar die auf der Burg lebenden Hunde beider Parteien ständig auf einander losgegangen sein.

Im Gegensatz zu Hugo XII. war sein Bruder Konrad ein kleines Licht, zumindest aus der Sicht Hugos. Konrad sympatisierte mit den demokratischen Strömungen der Zeit, er stellte sich gegen die Habsburger, ja er hatte sich 1376 sogar dem »Schwäbischen Städtebund« angeschlossen, um die Position der Kleinpotentaten gegen die Großen, die Habsburger, Wittelsbacher oder Luxemburger zu schützen: eine Politik, die sehr rasch gescheitert ist. Hier liegt vielleicht auch der Grund dafür, daß später Hugo von Montfort in Bregenz wenig Ansehen genoß, ja hier sogar wenige Jahre vor seinem Tod von den eigenen Verwandten enterbt wurde. Weder in der Pfarrkirche noch im Kloster Mehrerau wurde ihm später eine Jahrzeit eingerichtet, ja nicht einmal in dem von ihm 1422 auf dem Pfänder gestifteten Kloster Hirschberg (später Hirschtal genannt), wo die dortige Jahrzeit nur allgemein der ganzen Familie gedachte.

Was in diesem Zusammenhang noch einer Erwähnung bedarf, ist die Tatsache, daß 1399 eine geistliche Stiftung für den Kaplan des St. Georgsaltars auf der Bregenzer Burg gemacht wurde, damit dieser den Grafen, darunter auch namentlich Hugo von Montfort, mit Messen und Gottesdiensten nach Bedarf gewärtig sein sollte. Der hl. Georg stand als Patron der Ritter bei den Montfortern in ganz besonderem Ansehen. Graf Ulrich II. von Montfort-Feldkirch führte diesen Heiligen sogar in seinem Siegelbild.

Bregenz war freilich für Hugo von Montfort zu einem nur mehr gelegentlich besuchten Ort geworden. Hugo tendierte, wie seine Ehe mit Margarethe von Pfannberg vorgab, nach Osten. Schon 1381 wird er an der Spitze wesentlicher Geldgeber an die Habsburger genannt: er ist Herzog Leopolds III. »*lieber Oheim Graf Haug von Montfort*«.

Schon wenig später sehen wir ihn im Krieg in Italien. Herzog Leopold hatte als Verbündeter Venedigs Treviso erobert und besetzt, eine Stadt des Francesco Carrara, des Herzogs von Padua, der seinerseits mit dem verfeindeten Genua im Bündnis stand. Francesco Carrara belagerte die Stadt Treviso, dessen Bürger in großer Not gerieten. Die Lebensmittel wurden knapp. In dieser Situation soll nun Hugo von Montfort in einer tollkühnen Aktion die Stadt gerettet haben. Die Einzelheiten sind vorerst unklar; hier wird nur ein Quellenstudium in Italien Licht in diese Angelegenheit bringen können.

1386 fand Herzog Leopold in der für Österreich unglücklichen Schlacht von Sempach gegen die Eidgenossen den Tod. Es scheint, daß Hugo von Montfort an der Schlacht selbst nicht beteiligt war. 1388 endete der Rachefeldzug Herzog Albrechts III.

abermals in der Katastrophe von Näfels. Auch in dieser Schlacht war Hugo offenbar nicht zugegen, wiewohl er kurz zuvor zum österreichischen Landvogt im Aargau, Thurgau und auf dem Schwarzwald ernannt worden war. Das Amt des Landvogts war mit jährlichen Einkünften in Höhe von 4.000 Gulden dotiert. Im Vergleich dazu lag der durchschnittliche Verdienst eines Universitätsprofessors bei ca. 50 – 100 Gulden pro Jahr. Noch im gleichen Jahr 1388 oder anfangs 1389 starb Hugos erste Gemahlin Margarethe von Pfannberg, von der er einen Sohn Ulrich VI. und vielleicht noch andere, früh verstorbene Kinder hatte. Sie wurden in der damals errichteten Margarethenkapelle in Peggau beigesetzt. Wackernell schließt aus Hugos Gedichten, daß er durch den Tod seiner Frau in eine tiefe Verzweiflung gefallen sei.

Diese These hat Elke Ketter neuerdings heftig bestritten, da Hugo es auf Grund der Zeitereignisse sich gar nicht leisten konnte, sich trauernd von der Welt abzuwenden[15]. Der Tod des Grafen Rudolf V. von Montfort-Feldkirch 1390, die Bildung der Vorarlberger Eidgenossenschaft 1391, vor allem aber die Machtübernahme in Bregenz durch seinen Neffen Wilhelm VII. hätte ihm dazu keine Gelegenheit geboten. Hugo mußte sich diesen Herausforderungen stellen.

Ich möchte aus verschiedenen Gründen an der These Wackernells festhalten. Es muß ja auch nicht so sein, daß Hugo sich in die Stille eines Klosters zurückgezogen hätte. Was für mich viel näher liegt, ist die Möglichkeit, daß in diese Zeit seine umstrittene Reise ins Heilige Land fällt. Freilich wird auch gerade diese Reise vielfach angezweifelt: das auf sie anspielende Gedicht ist in der Liederhandschrift am Schluß nachgetragen, es gilt als unecht, was man vielleicht mit Rücksicht auf formale Gegebenheiten noch gelten lassen könnte. Wenn man aber die Unechtheit damit beweisen will, daß Hugo von Montfort nie im Heiligen Land war, dann kann ich dem nicht mehr folgen. Es mag unwissenschaftlich klingen, aber man kann in Bregenz, der Partnerstadt von Akkon in Israel, auf diesen Besuch des berühmtesten Bregenzers im Heiligen Land nicht ohne weiters verzichten:

> Diss gedichte wart gemacht,
> In vil grossem ungemach.
> Es war wol um mitternacht,
> Da kam einer gangn und sprach:
> Stent uf balde, ir bilgerin.
> Und rufet an den werden got;
> Ein grässliches wetter get darin,
> Wir haben hie in grosser not.
> Da ward gerissen auch entzwei,
> Ein seil, das was dick manigfach,
> Daran der anker haft,
> Der dief in meris grunde lach;
> Gross wint het das geschafft,

---

15 Ketter, S. 275.

Der auch den anker hat gestreckt,
Der von recht was gebogen,
Das mich und manchen da erschreckt,
Das ist wahr und ungelogen.
Da bettet pfaffe und lei.

Zahlreiche Grafen von Montfort haben seit jeher das Heilige Land besucht: Graf Hugo I., der Stammvater der Montforter, sogar mehrmals. Warum nicht auch Hugo XII.? Es spricht in der Tat einiges dafür, daß er damals diese Pilgerreise unternahm. Denn einmal fällt auf, daß Hugo vom September 1390 bis November 1392 in den Urkunden nicht aufscheint. Er muß also länger abwesend gewesen sein.

Für die Wallfahrt gab es auch noch einen anderen Grund, nämlich seinen Neffen Hugo XIV. von Montfort-Bregenz, den Bruder Wilhelms VII. Spätestens seit 1387 war Hugo, der Minnesänger, Vormund dieser beiden Brüder und daher für deren Fortkommen verantwortlich. Es ist nicht ganz unwahrscheinlich, daß Hugo XIV. sogar seinen Taufnamen von unserem Minnesänger erhielt. Zwischen 1390 und 1392 trat Hugo XIV. dem Orden der Johanniter bei. Und nach den Statuten dieses Ordens hatte er danach sein Noviziatsjahr auf Rhodos zu verbringen. Das würde genau in die Zeit passen, wo wir den Minnesänger nicht nachweisen können. Beide begeben sich gemeinsam auf diese Wallfahrt, auch wenn die Motive unterschiedlich sind: der Onkel, um sich nach dem Tod seiner Frau abzulenken, der Neffe, um den Ordensregeln zu entsprechen. Hugo, der Meister, wie wir den Neffen gewöhnlich nennen, machte eine hervorragende Karriere als oberster Meister des Johanniterordens in deutschen Landen. Er hatte es verstanden, wenigstens zehn Kommenden in seinen Besitz zu bringen, u.a. das von ihm als Hauptsitz ausgebaute Heitersheim bei Freiburg i.Br.

Nach seiner Rückkehr aus dem Orient sah sich Graf Hugo ersten Spannungen mit seinem Neffen Wilhelm VII. ausgesetzt: das Verhältnis zwischen beiden verschlechterte sich im Laufe der Jahre. Elke Ketter hat in ihrem Buch ein wenig schmeichelhaftes Bild dieses Neffen Wilhelm gezeichnet, das aus der Sicht des Minnesängers und des Hauses Habsburg zweifellos zutrifft. Wilhelm war ein zwiespältiger Charakter, berechnend und grausam; stets auf den eigenen Vorteil bedacht, wechselte er häufig die Fronten, er war wankelmütig und vertragsbrüchig. Durch Jahrzehnte machte er Hugo das Leben schwer, so daß dieser im April 1422 testamentarisch verfügte: sollte er ohne Leibeserben sterben, so sollte sein gesamter Besitz an den Sohn seiner Schwester Hans von Lupfen fallen.

Im einzelnen möchte ich auf die unerfreulichen Zwistigkeiten zwischen Hugo und seinem Neffen nicht eingehen. Der Minnesänger machte weiter Karriere in Österreich. Hier ist er 1395 bei dem Hollenburger Vertrag, einer Erbteilung der Habsburger, an der Spitze von 36 weltlichen Sieglern genannt, und zwar als »*Graff Haug von Montfort, Vnser lieber Hofmeister*«. Das Amt des Hofmeisters Herzog Leopolds IV. bekleidete Hugo zwei Jahre lang[16]. Als Hofmeister stand der Minnesänger an der Spitze der

16   Der Regestensammlung von Ketter ist nach Nr. 53 die Urkunde von 1397, Februar 19,

fürstlichen Hofhaltung; er hatte die Aufgabe, den ihm unterstellten Hofbeamten die Anweisung für den täglichen Dienst zu geben.

Im Juni 1395 trat Leopold IV. mit Bischof Hartmann v. Chur, dessen Bruder Graf Heinrich von Vaduz, Graf Hans von Werdenberg-Sargans und Abt Burkhart von Pfäfers in ein Bündnis gegen Graf Albrecht den Jüngeren von Werdenberg-Heiligenberg und andere. Graf Heinrich von Vaduz forderte nämlich im Namen seiner Frau, Katharina von Werdenberg, Burg und Stadt Werdenberg. Zur Entscheidung dieses Streits wurde Graf Hugo von Montfort als Schiedsrichter bestimmt.

Die genannte Katharina von Werdenberg war in erster Ehe mit Graf Diethelm von Toggenburg verheiratet, von dem sie zwei Kinder hatte, darunter eine Tochter Clementia. Hugo, damals 38 Jahre alt, dürfte die junge Clementia von Toggenburg bei dieser Gelegenheit kennengelernt haben. Er heiratete sie noch 1395, nicht ohne zärtliche Liebesgedichte an seine »Grefin Ment« zu schreiben. Clementia von Toggenburg starb bereits wenige Jahre später um 1400. Noch als Witwer richtete Graf Hugo Gedichte an seine verstorbene zweite Frau, heiratete aber schon im Frühjahr 1402 ein drittes Mal. Noch bis 1409 kämpfte Hugo um die Mitgift, die ihm von Clementia von Toggenburg zustand.

Die dritte Ehe Hugos mit der aus böhmischem Adel stammenden Anna von Neuhaus zeigt an, wie sich der Minnesänger jetzt noch weiter von Bregenz in Richtung Steiermark löste. Denn diese dritte Heirat war eine Doppelhochzeit: Hugo heiratete Anna von Neuhaus, die Witwe des Hans von Stadeck. Diese hatte aus erste Ehe eine heiratsfähige Tochter Guta von Stadeck, die mit Hugos Sohn Ulrich VI. verheiratet wurde. Vater und Sohn wurden bei dieser Heirat nicht zuletzt durch die Aussicht auf eine äußerst reiche Erbschaft bestimmt, die sie auch unmittelbar nach der Hochzeit beansprucht haben. Es dauerte zwar auch hier wieder einige Jahre, aber letztlich setzten sich die Montforter durch. Am 26. April 1404 bestätigte der König selbst ihnen dieses Stadecker Erbe. Die Größe dieses Erbe erforderte jetzt, daß Hugo sich in der Steiermark aufhielt; das kleine Bregenz war für ihn nicht mehr so interessant; zeitweise überließ er sogar seinem unzuverlässigen Neffen Wilhelm ganz die Verwaltung seiner Vorarlberger Besitzungen. Während des Appenzellerkrieges schaltete sich Hugo kurzfristig noch einmal in Bregenz ein, um die habsburgischen Interessen gegen die Eidgenossen zu verteidigen. Hier ging es wohl weniger um den Besitz als um die grundsätzlichen Fragen einer Ideologie: hier Aristokratie und Monarchie, dort Demokratie und Republik. 1408 brachte der Sieg der Ritter von St. Georgenschild über die Appenzeller vor Bregenz die Entscheidung im Sinne Hugos.

Hugos Karriere erreichte 1413 ihren Höhepunkt durch seine Berufung zum Landeshauptmann der Steiermark. Im gleichen Jahr – Hugo war 56 Jahre alt – gebar ihm Anna

Rottenburg am Neckar, anzufügen, die Hugo als Hofmeister nennt; abgedruckt bei Karel Hruza, Die Herren von Wallsee, Geschichte eines schwäbisch-österreichischen Adelsgeschlechts (1171–1331), (= Forschungen zur Geschichte Oberösterreichs, 18), Linz 1995, S. 551 f.

von Neuhaus einen Sohn Stephan I., der ihn als einziges Kind überlebt hat. Zu seinen Aufgaben als Landeshauptmann gehörte insbesondere die Überwachung und der Schutz der landesherrlichen Privilegien für die Städte, Märkte und Klöster.

Als Vertreter des Landesfürsten nahm Hugo von Montfort 1414 für kurze Zeit am Konstanzer Konzil teil. Hier traf er sich mit vielen seiner Freunde und Verwandten, u.a. mit seinem Neffen Hugo XIV., der als Großprior der deutschen Johanniterprovinz mit 40 Pferden in Konstanz seinen Einzug hielt.

In seinen letzten Lebensjahren mußte Hugo erleben, wie ihn jetzt beide Neffen gemeinsam, Wilhelm VII. und Hugo XIV., aus seinen Bregenzer Besitzungen drängten. Der Minnesänger konnte sich mit seinen Ansprüchen nur durchsetzen, weil Wilhelm VII. vom Tode ereilt wurde. Mit Hugo XIV. schloß er bald darauf einen zwanzigjährigen Burgfrieden. In die Steiermark zurückgekehrt ist er dort schon kurz darauf am 5. April 1423 gestorben, nachdem er zuvor noch eine Reihe von frommen Stiftungen zum Heile seiner Seele gemacht hatte. Hugo fand seine letzte Ruhestätte in der Minoritenkirche in Bruck an der Mur. Seine Witwe Anna von Neuhaus überlebte ihn nur um wenige Jahre.

Der Minnesänger ist zweimal auch bildlich dargestellt, in der Kreuzigungsdarstellung des Freskos in der Martinskapelle in Bregenz und im Fresko der Marienkrönung, das sich im Landesmuseum in Graz befindet und als Gedächtnisbild auf Hugos Tod gestiftet worden war. Manche Forscher nehmen für dieses letztere Bild eine Porträtähnlichkeit in Anspruch.

Über die Siegel Hugos, die in verschiedenen Formen vorliegen[17], ebenso wie das seiner Gemahlin Anna von Neuhaus[18] und seiner Schwiegertochter Guta von Stadeck[19], hat Walter Liesching grundlegende Forschungen angestellt ebenso wie über sein Wappen. Außer im Liederbuch ist dieses Wappen Hugos XII. auch im Arlbergwappenbuch sowie in der Konstanzer Konzilschronik zu finden. Der Wappenschmuck weist Hugo als Mitglied der Rittergesellschaft vom Salamander, der Rittergesellschaft vom Fisch und der Rittergesellschaft vom Zopf aus. Hugo war offenbar ein sehr geselliger Mensch. Und man wird vermuten dürfen, daß seine Lieder und Gedichte nicht zuletzt in diesen Gesellschaften zum Vortrag gekommen sind.

Hugo von Montfort war – im Gegensatz zu den meisten Verwandten weltlichen Standes – ein gebildeter Mann, der nicht nur Lesen und Schreiben konnte, sondern auch etwas Latein verstand, ein Kenner der Literatur war, und in seinen Werken auch theologisches und astronomisches Wissen verrät. In seinem literarischen Schaffen stand er den Meistern der Dichtkunst nach, wobei er sich dessen durchaus bewußt war. Er gesteht denn auch ein, daß ihm die Genauigkeit im *rimen* und *silben* abgehe und er den 6. Teil seines Werkes »*wol ze rossen*« (also zu Pferd) verfaßt habe.

Zum Schluß sei noch ganz kurz auf die kunstgeschichtlich überragenden Zeugnisse hingewiesen: Der Katalog der Ausstellung des Vorarlberger Landesmuseums »Die

17 Liesching, Siegel. In: Die Montforter, S. 45 f., Nr. 89 – 92.
18 Ebd., S. 46, Nr. 93.
19 Ebd., S. 47, Nr. 99.

Montforter« von 1982 gibt darüber eingehend Aufschluß. Ich nenne hier nur den von Kolumban Spahr beschriebenen Tamsweger Kelch[20]. Unter den Montfortischen Büchern, die Eberhard Tiefenthaler[21] untersucht hat, ragt das Liederbuch Hugos durch seine prächtige Gestaltung als ein einmaliger Schatz heraus. Schließlich ist noch auf die von Alois Niederstätter[22] dargestellten Montforter Urbare hinweisen. Auch hier sucht das aufwendige Montfort-Stadecker Urbar seines gleichen. Und wir wissen, daß Hugo von Montfort auch über die Herrschaft Bregenz ein ähnliches Güterverzeichnis anlegen ließ, vielleicht vom Schreiber des Stadecker Urbars. Diese Prachthandschrift ist heute leider verschollen; es gibt lediglich zwei spätere Abschriften davon.

Alle diese hier nur kurz angedeuteten Kunstgegenstände sind Superlative ihrer Art. Sie zeigen uns, daß der Minnesänger Hugo von Montfort nicht nur als Politiker und Hauspolitiker eine einzigartige Karriere machte, sondern auch im kulturellen Bereich bedeutendes zuwege gebracht hat, ganz abgesehen davon, daß er auch als Förderer der Musik[23] und Kunst wesentliche Beiträge zur Blüte der Kultur seiner Zeit geleistet hat. Und daneben war es wohl der einzige Montforter der über den politischen und kriegerischen Alltag hinaus schöpferisch tätig wurde, indem er sich nicht nur in seinen Mußestunden, sondern auch unterwegs auf seinen Reisen der Dichtkunst widmete. In diesem seinem schöpferischen Wirken liegt die eigentliche Größe seiner Persönlichkeit begründet.

---

20 Kolumban Spahr, a.a.O., S. 81 f.
21 Eberhard Tiefenthaler, a.a.O., S. 150 – 152.
22 Alois Niederstätter, a.a.O., S. 62 f.
23 Erich Schneider, a.a.O., S. 153 – 155.

Graf Hugo XIV. von Montfort-Bregenz
Oberster Meister des Johanniterordens
in deutschen Landen (1370 – 1444)

Hugo XIV. von Montfort-Bregenz, der schon in einer Urkunde aus dem Jahre 1440 den Beinamen »der Meister«[1] führt (womit auf seine Stellung als oberster Meister des Johanniterordens in der deutschen Provinz angespielt wird), gehört zu jenen Grafen der bekannten schwäbischen Dynastenfamilie, die infolge ihrer Funktionen hauptsächlich außerhalb ihrer engeren Heimat gewirkt haben. Die Vorarlberger Landesgeschichte hat sich mit ihm daher kaum näher befaßt.[2] Grundlegend sind bis heute die Darstellungen seiner Persönlichkeit im Rahmen der Hausgeschichte von Bubikon durch Zeller-Werdmüller[3] (1885) und Lehmann[4] (1945). Das hier vorgestellte Lebensbild kann zwar auf einer stark erweiterten Quellenbasis aufbauen und daher manches bisher unbekannte Detail bieten. Aber von einer umfassenden Biographie Hugos XIV. sind wir noch weit entfernt. Denn es ist damit zu rechnen, daß der überlieferte Urkundenbestand, der noch unbekannt ist, mindestens so groß ist wie der bekannte; Hugo wirkte über mehr als ein halbes Jahrhundert für seinen Orden; er verwaltete nicht weniger als zehn Kommenden (Bubikon, Küsnacht, Wädenswil, Feldkirch, Tobel, Klingnau, Leuggern, Heitersheim, Villingen und Weißenburg im Unterelsaß), und seine Zuständigkeit als Großkomtur reichte von den Niederlanden über Deutschland, das Elsaß und die Schweiz bis nach Polen, Böhmen, Mähren, Österreich, Südtirol und Slowenien. Allein diese Johanniterarchive verteilen sich heute auf zehn europäische Staaten. Dazu kommen noch die Archivbestände in Rom und in Malta. Eine systematische Suche nach den Quellen zur Lebensgeschichte Hugos XIV. hat noch nicht einmal begonnen; vielmehr gründet sich unser ganzes Wissen im wesentlichen auf Zufallsfunde.

Beginnen wir zunächst mit der Genealogie: Hugo XIV. ist in der 7. Generation ein

---

1   Urkunde vom 3. Juni 1440, kopiale Überlieferung im Staatsarchiv Neuburg a.d.D, VÖLit, 591, Fol. 34^V 37^r (Kopie im Vorarlberger Landesarchiv, Hds. u. Cod., Lichtbildserie 109/1).

2   Benedikt Bilgeri, Der Bund ob dem See, Vorarlberg im Appenzellerkrieg, Stuttgart 1968, S. 11 und S. 191 spricht in geradezu bezeichnender Unwissenheit von Hugo »dem Deutschmeister«.

3   Heinrich Zeller-Werdmüller, Das Ritterhaus Bubikon. In: Mitteilungen der antiquarischen Gesellschaft in Zürich 21, 1885, Heft 6

4   Hans Lehmann, Das Johanniterhaus Bubikon, Geschichte, Baugeschichte und Kunstdenkmäler. Sonderdruck aus: Mitteilungen der antiquarischen Gesellschaft in Zürich 35, 1945, Heft 1 – 3.

Abkömmling des Grafen Hugo I. von Montfort[5] (†ca. 1228), der 1218 die Johanniter-kommende von Feldkirch gründete und sich selbst als erster Komtur an die Spitze dieses Hauses gestellt hat. Weitere Abkömmlinge Hugos I. bekleideten wichtige Ämter im Johanniterorden. So folgte Hugo I. als Komtur dessen Sohn Graf Rudolf I. von Werdenberg[6] (†1243). Graf Hugo I. von Werdenberg-Sargans[7] (†1332) stand den Kommenden Feldkirch, Überlingen, Bubikon, Freiburg i. Br., Tobel und Wädenswil vor und wirkte als Statthalter des Ordens in Oberdeutschland. Dessen Großneffe Hugo II. von Werdenberg-Sargans[8] (†1375) wirkte als Komtur von Feldkirch, Hohenrain, Küsnacht, Wädenswil und Bubikon; 1358 wurde er Großprior des Ordens in Deutschland. Ein weiterer Verwandter, Hartmann IV. von Werdenberg-Sargans[9] (†1416), gehörte seit 1360 dem Orden an; auch er war Komtur zu Feldkirch, Wädenswil und Bubikon; 1388 wurde er Bischof von Chur. Und nach Hugo XIV. aus der Linie Montfort-Tettnang-Bregenz (†1444) treffen wir noch Rudolf X. von Werdenberg[10] (†1505) als Komtur in Bubikon sowie als Großkomtur in deutschen Landen; und zuletzt Ulrich VIII. von Montfort-Tettnang[11] (†1520) als Komtur zu Hemmendorf (bei Rottenburg am Neckar) und Adenau im Rheinland. Acht Johanniterkomture stellte das Haus Montfort-Werdenberg bis zum Beginn der Neuzeit, oder fünf, wenn wir uns nur auf die Vorfahren Hugos XIV. beschränken. Das war eine Tradition mit Verpflichtung; und es ist kein Zufall, daß vier dieser Komture die höchsten Ämter ihres Ordens in deutschen Landen bekleidet haben.

Der Zeitpunkt der Geburt Hugos XIV. läßt sich annähernd bestimmen, wenn wir das Umfeld seiner engeren Verwandtschaft genau betrachten. Um die Mitte des 14. Jahrhunderts (ca. 1354) teilten die Brüder Wilhelm III. (†1373) und Heinrich IV. (†1408) das väterliche Erbe.[12] Wilhelm III. begründete damit eine neue Bregenzer Linie, Heinrich IV. eine Tettnanger Linie der Grafen von Montfort. Wilhelm III. hatte drei Söhne, nämlich Wilhelm IV.[13] (†1368), Konrad[14] (†1387) und Hugo XII.[15] (†1423). Wilhelm IV. starb vor seinem Vater, so daß er für die Nachfolge nicht in Frage kam.

---

5 Über ihn Bilgeri, Graf Hugo; ders., Geschichte, Bd. 1, S. 150 – 160.

6 Über ihn Krüger, Die Grafen, S. 125–129. Als Komtur von Feldkirch bezeichnet ihn Gabriel Bucelin, Rhaetia, Augsburg 1666, Fol. b².

7 Lehmann (wie Anm. 4), S. 34 – 36.

8 Ebd., S. 37 – 38.

9 Ebd., S. 40.

10 Ebd., S. 60 – 63.

11 Walter G. Rödel, Das Großpriorat Deutschland des Johanniter-Ordens im Übergang vom Mittelalter zur Reformation, 2. Aufl., Köln 1972, S. 304 u. S. 306.

12 Karl Heinz Burmeister, Die Grafen von Montfort. In: Tettnang, Ansichten einer Stadt, hg. v. Erika Dillmann, Tettnang 1982, S. 55.

13 Roller, Grafen, S. 161, Nr. 29.

14 Ebd., S. 172, Nr. 59.

15 Ebd., S. 172 f., Nr. 60. Vgl. auch die soeben vorgelegte biographische Studie von Elke Ketter, Hugo von Montfort (1357–1423). Eine Biographie. Phil. Diss., Salzburg 1987.

Für das Verständnis kommender Konflikte im Hause Montfort-Bregenz war es aber von nicht geringer Bedeutung, daß die überlebenden Söhne Konrad und Hugo XII. nur Halbbrüder gewesen sind. Konrad dürfte um 1346 aus der ersten Ehe Wilhelms III. mit Elisabeth von Schlüsselberg geboren sein, Hugo XII. dagegen erst 1357 aus der zweiten Ehe Wilhelms III. mit Ursula von Pfirt, einer verwitweten von Hohenberg. Somit bestand nicht nur durch einen erheblichen Altersunterschied, sondern auch durch die Abkunft von verschiedenen Müttern ein naturgegebener Gegensatz zwischen Konrad und Hugo XII., dem berühmten Minnesänger, den Lehmann irrtümlich für den Vater unseres Johannitermeisters gehalten hat.[16]

Stammtafel des Grafen Hugo XIV.

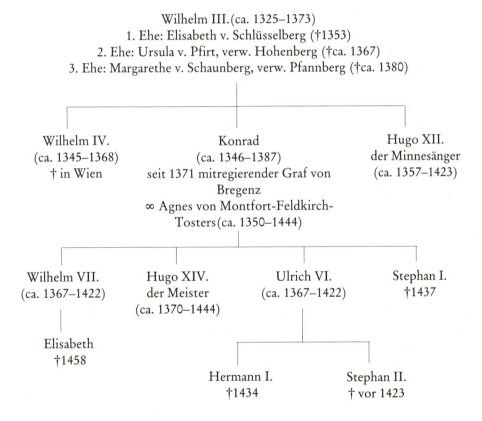

Wilhelm III. (ca. 1325–1373)
1. Ehe: Elisabeth v. Schlüsselberg (†1353)
2. Ehe: Ursula v. Pfirt, verw. Hohenberg (†ca. 1367)
3. Ehe: Margarethe v. Schaunberg, verw. Pfannberg (†ca. 1380)

Wilhelm IV.
(ca. 1345–1368)
† in Wien

Konrad
(ca. 1346–1387)
seit 1371 mitregierender Graf von Bregenz
∞ Agnes von Montfort-Feldkirch-Tosters (ca. 1350–1444)

Hugo XII.
der Minnesänger
(ca. 1357–1423)

Wilhelm VII.
(ca. 1367–1422)

Hugo XIV.
der Meister
(ca. 1370–1444)

Ulrich VI.
(ca. 1367–1422)

Stephan I.
†1437

Elisabeth
†1458

Hermann I.
†1434

Stephan II.
† vor 1423

---

16   Lehmann (wie Anm. 4), S. 48.

Tatsächlich ist Hugo XIV. ein Sohn Konrads und dessen Ehefrau Agnes von Mont-fort-Feldkirch zu Tosters.[17] Konrad wurde seit 1371 von seinem Vater Wilhelm III. als Mitregent herangezogen. Um ca. 1365 hatte er seine Verwandte Agnes von Montfort-Feldkirch geheiratet, die 1375 ein reiches Erbe von 9.000 Gulden antrat. Seit 1373 regierte Konrad die Herrschaft Bregenz, trat 1376 dem schwäbischen Städtebund bei, teilte 1379 das väterliche Erbe mit dem inzwischen volljährig gewordenen Minnesänger Hugo XII., gewährte 1384 den Städten Konstanz und Ravensburg für den Städtebund aus dem Erbe seiner Frau ein Darlehen von 6.000 Gulden. Er starb, nachdem er schon 1381 eine Jahrzeit für das Kloster Mehrerau gestiftet hatte, 1387 im Alter von kaum mehr als 40 Jahren. Seine Ehefrau, die Mutter Hugos XIV., scheint schon 1384 gestorben zu sein.

Beide Söhne Konrads, nämlich Wilhelm VII. (†1422) und Hugo XIV., waren zum Zeitpunkt des Todes ihres Vaters noch minderjährig, so daß der Minnesänger Hugo XII. als ihr Vormund einspringen mußte.[18] Aus der Reihenfolge ihrer urkundlichen Nennungen dürfen wir ableiten, daß mit Sicherheit Wilhelm VII. der ältere und Hugo XIV. der jüngere Sohn gewesen sind.

Noch im Jahre des Todes seines Vaters 1387 heiratete Wilhelm VII. die reiche Gräfin Kunigunde von Toggenburg[19], wodurch er sich der Vormundschaft seines ungeliebten Onkels bald entzog. Gehen wir davon aus, daß sein Vater Konrad etwa 1346 geboren ist und mit 20 Jahren heiratete andererseits auch Wilhelm VII. bei seiner Heirat wieder etwa 20 Jahre alt gewesen ist, so kämen wir auf ein Geburtsjahr um 1367. Hugo XIV. war 1387 noch minderjährig, 1393 als Siegler einer Urkunde dagegen volljährig[20]; da er der jüngere Bruder Wilhelms VII. war, würde demgemäß ein Geburtsjahr um 1370 gut in diesen Rahmen passen. Eine gewisse Ungenauigkeit von zwei bis drei Jahren nach oben oder unten mag dabei durchaus bestehen bleiben. Immerhin ist doch ein Anhalts-punkt damit gegeben.

Vermutlich wurde also Hugo XIV. um 1370 entweder auf der Burg in der Bregenzer Oberstadt oder auf der Burg Hohenbregenz auf dem Gebhardsberg geboren. Den Namen könnte er, sieht man einmal davon ab, daß Hugo der Leitname des Geschlechtes gewesen ist, wohl von seinem Großvater mütterlicherseits bekommen haben, nämlich nach Hugo VII. von Montfort-Feldkirch zu Tosters[21] (†1359). Da Hugo VII. jedoch bei der Geburt Hugos XIV. bereits verstorben war, käme aber wohl eher sein Onkel und späterer Vormund, der Minnesänger Hugo XII., in Betracht, mag dieser auch erst um die 14 Jahre alt gewesen sein. Es bliebe aber auch noch der Großprior der Johanniter

---

17 Roller, S. 166, Nr. 40.
18 Vorarlberger Landesarchiv, Urk. Nr. 875 (1387 Dezember 20).
19 Roller, S. 175, Nr. 70.
20 Haus-, Hof- und Staatsarchiv Wien, Urkunde vom 5. Dezember 1393, abgedruckt bei Joseph Bergmann, Urkunden der vier vorarlbergischen Herrschaften und der Grafen von Montfort (= Archiv für Kunde österreichischer Geschichtsquellen, 3), Wien 1849, S. 112 – 113.
21 Roller, S. 161, Nr. 29.

Hugo II. von Werdenberg-Sargans als Taufpate in Erwägung zu ziehen, der zur Zeit der Geburt Hugos XIV. noch lebte.

Über die Kindheit Hugos XIV. ist so gut wie nichts bekannt. Die wiederholten Spaltungen des montfortischen Erbes, die in den Verträgen über die Teilung der Grafschaft Bregenz (1379) und der Burg Bregenz (1383) den Keim zu Gegensätzen legten und von den Beteiligten sicher nicht ohne Bitterkeit empfunden worden sind, mochten frühzeitig dazu geführt haben, daß Wilhelm VII. zum Erben und Hugo XIV. für den geistlichen Stand bestimmt wurde. Der Besuch einer Schule durch Hugo XIV. liegt daher nahe, zumal er irgendwo seine Kenntnisse der lateinischen Sprache erworben haben muß. Am ehesten ist an die Lateinschule des Klosters Mehrerau zu denken, aber auch an das Barfüßerkloster in Lindau, das seinerzeit durch Marquard von Lindau[22] in einem besonderen Ruf stand. 1381 sah auch Graf Konrad eine Stiftung zugunsten des Lindauer Klosters[23] vor.

Hugo mag noch im kindlichen Alter die niederen Weihen – sehr wahrscheinlich in Konstanz – empfangen haben. Die Familientradition, aber auch das Vorbild einer Rittergestalt, wie es sein Onkel und Vormund, der Minnesänger Hugo XII. gewesen sein mag, empfahlen den Johanniterorden, dem Hugo XIV. spätestens zwischen 1390 und 1392 beigetreten ist. Auf welche Weise sich die Aufnahme des jungen Grafen in den Orden vollzogen hat, mag man den Statuten aus dem Jahre 1380 entnehmen, die für die Kölner Kommende überliefert sind.[24] Die Einkleidung des neuen Bruders erfolgt im Rahmen einer Messe, wobei man seine Kleider auf den Altar legt und weiht. Die Zeremonie endet mit einem Jawort auf die Frage, ob der Bewerber sich zu der ehrsamen Gesellschaft des Ordens bekennen will.

Es ist auch anzunehmen, daß Hugo XIV., wie es nochmals die Statuten des Ordens vorgeschrieben haben[25], sein Noviziatsjahr auf Rhodos zugebracht hat. Vielleicht – und was jetzt folgt ist lediglich eine unbewiesene Vermutung – begleitete Hugo XIV. seinen Onkel auf dessen Jerusalemfahrt, die in die Zeit zwischen 1390 und 1396 angesetzt wird[26] und durch die eindrucksvolle dichterische Schilderung eines Sturmes auf dem Mittelmeer belegt wird. Immerhin fällt auf, daß Hugo XII. und Hugo XIV. an dem 1392 abgeschlossenen schwäbischen Ritterbund nicht beteiligt sind.[27]

---

22 Nigel F. Palmer, Marquard von Lindau. In: Verfasserlexikon, Die deutsche Literatur des Mittelalters, 2. Aufl., Bd. 6, Berlin/New York 1987, Sp. 81 – 126.

23 Vorarlberger Landesarchiv, Urk. Nr. 866 (1381 September 1). Die der Mehrerau zugedachte Stiftung soll, falls die Bedingungen nicht eingehalten werden, dem Barfüsserkloster in Lindau zufallen.

24 Adam Wienand, Der Johanniter-Orden, Der Malteser-Orden, Der ritterliche Orden des hl. Johannes vom Spital zu Jerusalem. Seine Aufgaben, seine Geschichte, 2. Aufl., Köln 1977, S. 261 f.

25 Lehmann (wie Anm. 4), S. 49, Anm. 102.

26 Röhricht, Deutsche Pilgerreisen, S. 97 – 99.

27 Urkunde abgedruckt bei Karl August Barack, Zimmerische Chronik, 2. Aufl., Bd. 1, Freiburg i. Br./Tübingen 1881, S. 229 – 234. Alle anderen Grafen von Montfort (wie auch

Hugo XIV. scheint sich um diese Zeit in Rom aufgehalten zu haben, um beim Obersten Ordensmeister Riccardo Caracciolo (1383–1395) seine Versorgung mit einer Kommende zu betreiben. Hugo XIV. hatte einen wenig glücklichen Einstand in den Orden. Wenn er im Juni 1393 seinem Verwandten Hartmann von Werdenberg als Komtur von Bubikon folgte[28], so hat an einem solchen Fall von Nepotismus kein Zeitgenosse Anstoß genommen. Problematischer dagegen war, wenn Hugo XIV. gegenüber dem Großmeister des Ordens durch seinen Anwalt wahrheitswidrig behaupten ließ, die Kommende Küsnacht sei ein Teil von Bubikon. Die Kommende Küsnacht, 1392 noch mit dem Komtur Burkhard Bilgeri besetzt[29], scheint um diese Zeit ebenfalls frei gewesen zu sein, so daß Hugo XIV. hoffte, damit sein Einkommen steigern zu können. Das deutsche Ordenspriorat erhob jedoch dagegen Einspruch, so daß der Oberste Meister Caracciolo in einer für Hugo XIV. peinlichen Weise die zu seinen Gunsten erfolgte Übertragung der Kommende Küsnacht am 1. Dezember 1393 wieder rückgängig machen mußte.[30]

Zu dieser Zeit war Hugo XIV. wieder in die Heimat – vermutlich nach Bubikon – zurückgekehrt. Denn er traf sich am 5. Dezember 1393 mit seinem Bruder Wilhelm in Winterthur, wo beide einen Verzicht zugunsten der Herzöge von Österreich auf alle Ansprüche aus ihrem mütterlichen Erbe im Bregenzerwald, in Oberstaufen, Dornbirn und Stiglingen besiegelten.[31] Am gleichen Tag versprach Graf Wilhelm, drei Jahre lang mit Leib und Gut und mit der Burg und Stadt Bregenz den österreichischen Herzögen zu dienen.[32]

Man kann daraus ableiten, daß das väterliche Erbe in Bregenz bereits geteilt und Hugo XIV. abgefunden worden war. Graf Hugo dürfte einen Teil dieses Vermögens in den Orden eingebracht haben, was auch seine Ansprüche auf eine gehobene Versorgung erklären würde. Irgendwie scheint aber Graf Wilhelm seine Verpflichtungen aus der Teilung nicht ganz erfüllt zu haben, so daß er seinem Bruder Hugo XIV. eine Pfandschaft auf seinen Teil der Herrschaft, Stadt und Burg Bregenz, einräumen mußte, die jedenfalls am 26. Dezember 1408 bestanden hat.[33] Hugo XIV. führte daher auch mit

die von Werdenberg) sind beteiligt. Im einzelnen: Heinrich IV. von Tettnang (Nr. 37) Rudolf VI. von Scheer (Nr. 53), Wilhelm VII. von Bregenz (Nr. 70) und Heinrich V. von Tettnang (Nr. 54), Wilhelm V. von Tettnang (Nr. 55). Die in Klammern zugefügten Ziffern beziehen sich auf die Genealogie von Roller.

28   Zeller-Werdmüller (wie Anm. 3), S. 160.

29   Franz Schoch, Geschichte der Gemeinde Küsnacht, Küsnacht 1951, S. 97.

30   Ebd., S. 97 f.; Zeller-Werdmüller (wie Anm. 3), S. 161.

31   Vgl. Anm. 20; Krüger, S. 235; Bilgeri, Bd. 2, S. 136.

32   Bilgeri, Bd. 2, S. 136.

33   Alois Niederstätter, Quellen zur Geschichte der Stadt Bregenz 1330 – 1663, Privilegien Confirmationen – Satzungen – Ordnungen – Mandate – Vorträge (= Fontes Rerum Austriacarum, 2. Abt., Diplomata et Acta, 85), Wien 1985, S. 69. Original im Stadtarchiv Bregenz, Urk. Nr. 25. Auf der Plika über den Presseln wird Hugo XIV. im Unterschied zu dem gleichfalls siegelnden Hugo XII. als »grauff Hug der junger« bezeichnet.

Recht den Titel eines »herren zu Pregencz« weiter.[34] Er ist Mitbegünstigter des Privilegs König Ruprechts vom 28. März 1408, das unter anderem Bregenz von fremder Gerichtsbarkeit befreite.[35] Im Jahre 1418 verbündeten sich beide Brüder Wilhelm VII. und Hugo XIV. gegen ihren Onkel Hugo XII.; sie nahmen dem Minnesänger dessen Bregenzer Anteil weg und ließen dessen Untertanen huldigen.[36] Nach Wilhelms Tod kam es jedoch am 27. März 1422 zu einem Ausgleich zwischen Hugo XIV., als Vormund seiner Nichte Elisabeth, und Hugo XII., dem Minnesänger.[37] Am gleichen Tag schlossen Hugo XIV. und Hugo XII. einen Burgfrieden auf 20 Jahre.[38]

Nach dem Tode Hugos XII. 1423 kam es zu neuem Streit. Elisabeth, ihr 1423 angetrauter Ehemann, der Markgraf Wilhelm von Baden-Hochberg und Graf Hans von Lupfen, Vormund der Nachkommen des Minnesängers und Vogt zu Bregenz in deren Anteil, suchten den Johanniter, der Ansprüche auf ein Vierteteil der Herrschaft Bregenz erhob, zu verdrängen. Die Gräfin Elisabeth verspricht am 23. Februar 1424 ihren Untertanen, sie vom Eid an sie zu lösen, falls sie binnen Jahresfrist gütlich oder rechtlich Hugo XIV. zugesprochen würden.[39] Da Hugo XIV. ohne Erben war, setzte er die Söhne seines Großonkels, Heinrichs IV. von Montfort-Tettnang, Rudolf VI. und Wilhelm V., zu seinen Erben ein.[40] Dazu ist zu bemerken, daß Hugo XIV. seinen Tettnanger Verwandten schon immer nahestand. So sehen wir bereits am 26. November 1411 Hugo XIV. mit Rudolf VI. und Wilhelm V. bei dem Streit des Letztgenannten um den Breisacher Kirchensatz beteiligt.[41] Die montfortische Hauspolitik war ihm sehr wichtig. Hugo XIV. schien nicht gewillt, montfortischen Besitz über die Ehe seiner Nichte in fremde Hände geraten zu lassen.

Die Städte Basel, Zürich, Schaffhausen und Baden vermittelten am 24. Januar 1425 in Schaffhausen einen Waffenstillstand zwischen dem Grafen von Lupfen und Hugo XIV.[42] Doch schon am 2. März 1425 verbündeten sich die Gräfin Elisabeth, Graf Hans von Lupfen und die Enkel des Minnesängers, Hermann I. und Stephan II. von Montfort,

---

34 Ebd., S. 67.

35 Ebd., S. 66 – 68. Original im Stadtarchiv Bregenz, Urk. Nr. 22.

36 Haus-, Hof- und Staatsarchiv Wien, Abschrift einer Urkunde vom 31. Januar 1418, Signatur: Handschrift W 213, fol.7r–11v.

37 Tiroler Landesarchiv Innsbruck, Urkunde vom 27. März 1422, Signatur: Urk. II, 3499. Maschinenschriftliche Abschrift im Vorarlberger Landesarchiv (Misc. 130).

38 Vanotti, S. 497, Regest Nr. 189.

39 Stadtarchiv Bregenz, Urk. Nr. 50 (1424 Februar 23) nach der Zählung von Viktor Kleiner, Die Urkunden des Stadtarchivs Bregenz Teil 1, Wien 1931, S. 20; vgl. auch Abdruck bei Niederstätter, wie Anm. 33, S. 76 – 78.

40 Folgt aus der Urkunde vom 2. März 1425. Regest bei Vanotti, S. 498, Nr. 196a; desgleichen bei Richard Fester, Regesten der Markgrafen von Baden.

41 Generallandesarchiv Karlsruhe. Urk. vom 26. November 1411. In: Zeitschrift für Geschichte des Oberrheins 34, 1882, S. 70 – 72.

42 Stiftsarchiv St. Paul im Lavanttal, Cod. 89/2, Fol. 15v. Es handelt sich lediglich um ein Regest, nicht eine Urkunde, wie Bilgeri (wie Anm. 5), Bd. 2, S. 446, Anm. 93, irrig angibt.

um die Herrschaft Bregenz nie in die Hände der Tettnanger Verwandten geraten zu lassen.[43].

Hugo XIV. ließ diese Angelegenheit nicht auf sich beruhen, sondern kämpfte um das ihm zustehende Viertel der Herrschaft Bregenz. Selbst der Papst wurde eingeschaltet. Denn am 10. Juni 1431 befahl Papst Eugen IV. dem Kardinallegaten Juliano von S. Angelo, den Streit zu entscheiden oder aber, falls es sich um ein Reichslehen handele, den Fall dem König zu überantworten.[44] 1437 bevollmächtigte Hugo XIV. den Grafen Wilhelm V. von Tettnang, ihn auf dem Nürnberger Reichstag zu vertreten und den vierten Teil der Herrschaft Bregenz zu vindizieren.[45] Und tatsächlich bestätigte Kaiser Sigismund in Eger am 27. Juli 1437 ein in diesem Sinne getroffenes Urteil eines Fürstengerichtes, wonach der vierte Teil von Stadt und Herrschaft Bregenz definitiv dem Grafen Hugo XIV. zuzusprechen sei.[46]

Gleichwohl appellierte die Gräfin Elisabeth am 15. August 1437 im Kloster Mehrerau bei Bregenz beim Bischof von Konstanz gegen dieses Urteil.[47] Ein im Herbst 1437 tagendes Schiedsgericht[48] führte wohl dazu, daß der Fall dem Hofgericht in Rottweil überwiesen wurde. Noch am 21. Februar 1440 behalten sich die vier Söhne des Grafen Wilhelm V. von Montfort-Tettnang für den Fall, daß Hugo XIV. sterben sollte, ihre Erbansprüche auf Bregenz vor.[49] Und erst am 3. Juni 1440 wird dieser Streit endgültig zugunsten der Gräfin Elisabeth beigelegt und der Friede in der Familie wiederhergestellt.[50]

In diesem Streit um das Familienerbe lernen wir Hugo XIV. als einen hartnäckigen Streiter um Rechtspositionen kennen, der alle gerichtlichen und gütlichen Wege zur Erreichung seiner Ziele eingeschlagen hat. Nicht weniger kämpfte er um solche Positionen in seinen Kommenden und für seinen Orden. Wenn er anfangs in seiner Kommende Bubikon keine glückliche Hand hatte und derartige Schulden machte, daß er für acht Jahre auf Bubikon verzichten und seine gesamte Habe zurücklassen mußte mit Ausnahme seiner Reitpferde und seines Betrocks[51], so läßt sich die weitere Maßregelung des jungen Komturs nach der versuchten Erschleichung der Kommende Küsnacht mit jugendlicher Unerfahrenheit und Leichtsinn erklären. Hugo XIV. ging als Statthalter, daß heißt als stellvertretender Komtur nach Wädenswil. In dieser Funktion

43   Wie oben Anm. 40.
44   Repertorium Germanicum, Bd. 1, bearb. v. Robert Arnold, Berlin 1897, S. 197 f., Nr. 1209.
45   Vanotti, S. 166.
46   Die Urkunden Kaiser Sigmunds (1410–1437); verz. v. Wilhelm Altmann (= Regesta Imperii, 11); Innsbruck 1896/97, S. 411, Nr. 11912.
47   REC, bearb. v. Karl Rieder, Bd. 4, Innsbruck 1941, S.21, Nr. 9981.
48   UBSG, Bd. 5, S. 848, Nr. 4021.
49   Bayerisches Hauptstaatsarchiv München, Repertorium Montfort-Archiv, Nr. 101; Vanotti, S. 503, Nr. 223.
50   Staatsarchiv Neuburg a.d.D., Signatur: VÖL it. 591, Fol. 34v – 37r (Kopie im Vorarlberger Landesarchiv, Hds. u. Cod. Lichtbildserie 109/1).
51   Lehmann, (wie Anm. 4), S. 46.

erscheint er am 9. Dezember 1404 vor dem Abt in Einsiedeln, um neue Träger für ein Lehen des Klosters zu bestellen.[52]

Die nächsten Jahre leistete Hugo XIV. Kriegsdienste auf Rhodos unter dem Großmeister Philibert de Naillac, wobei er bis an die Küsten von Syrien und Palästina vorgedrungen ist.[53] Im heimatlichen Rheintal hatten zwischenzeitlich die Appenzeller den Adel ins Gedränge gebracht. Graf Wilhelm VII. sah sich am 18. März 1407 gezwungen, dem Bund ob dem See beizutreten.[54] Auch Hugo XIV. – falls nicht Hugo XII. gemeint ist – scheint im Juli 1407 den Bund ob dem See beschworen zu haben.[55] Jedenfalls treffen wir Hugo XIV. spätestens am 28. März 1408 in Konstanz in der Umgebung König Ruprechts.[56] Am 16. Juni 1408 ist er wieder im Besitz seiner Kommende Bubikon.[57] An diesem Tag tritt er in Waldsee dem Ritterbund vom St. Georgenschild gegen die Appenzeller bei[58], ebenso der am 28. Februar 1409 in Konstanz beschlossenen Verlängerung dieses Ritterbundes.[59] Aus dem unerfahrenen und leichtsinnigen Dynastensohn ist ein erfahrener Kriegsmann geworden, der jetzt seine eigenen Angelegenheiten mit starker Hand verwaltet. Das hatte sich schon 1408 bei der Einräumung eines Pfandrechts zu seinen Gunsten über die Herrschaft Bregenz gezeigt. Im Interesse der Rechte seiner Kommenden Bubikon und Tobel hatte er, wie sich die Stadt Winterthur 1411 bei Herzog Friedrich von Österreich beklagte, »üns und ünseren burgern ettlichen schwarlich intrag lange zit getan mit römschen gerichten und sölich Sachen, die wider ünser statt friheit, recht und gewohnheit sin und anders, denn üns vormalz je geschehen sye«[60].

Eine weitere Kommende, nämlich Tobel, befindet sich vor 1411 im Besitze Hugos[61], dessen Position sich jetzt stark verbessert. Denn erstmals nennt ihn eine Urkunde vom 26. November 1411 »obristenmeister sant Johans ordens in tütschen landen«.[62] Das neue, verantwortungsvolle und repräsentative Amt wurde mit verschiedenen Tafelgütern ausgestattet, daß heißt mit besonders finanzkräftigen Kommenden. Bubikon,

---

52 Die Regesten der Benedictiner-Abtei Einsiedeln, bearb. v. Gallus Morel, Chur 1848, S. 48, Nr. 589.

53 Lehmann, (wie Anm. 4), S. 48.

54 UBSG, Bd. 4, S. 1128, Nr. 313.

55 Die ältesten Seckelamtsbücher der Stadt St. Gallen aus den Jahren 1405 – 1408, hg. v. Traugott Schiess (= Mitteilungen zur vaterländischen Geschichte 35, St. Gallen 1919, S. 169.

56 Niederstätter (wie Anm. 33), S. 66 – 68.

57 Lehmann (wie Anm. 4), S. 48.

58 UBSG, Bd. 4, S. 850, Nr. 2420.

59 Ebd., S. 877, Nr. 2441.

60 Zitiert nach Bilgeri (wie Anm. 5), Bd. 2, S. 440, Anm. 2 (Original im Staatsarchiv Zürich A 184, 1, 13i).

61 Lehmann (wie Anm. 4), S. 48, gibt an 1412. Aus dem vorigen Zitat (wie Anm. 60) ergibt sich aber, daß Hugo bereits 1411 Komtur zu Tobel gewesen ist.

62 Folgt aus der Urkunde vom 26. November 1411 (wie Anm. 41).

Tobel (dazu später auch Feldkirch), seit 1412 auch Wädenswil[63], wohl seit 1412 auch Leuggern-Klingnau[64] stehen unter der direkten Verwaltung von Hugo als dem Prior der deutschen Ordensprovinz des Johanniterordens. Später kommen noch Villingen[65], Heitersheim[66] und Weißenburg[67] hinzu. In den meisten Kommenden übte jeweils ein Schaffner sowie ein diesem untergeordneter Keller die Verwaltung aus. Wir übergehen hier die Namen[68], wiewohl diese uns einen interessanten Einblick in jenen Personenkreis gewähren würden, mit dem Hugo XIV. tagtäglich zu tun hatte.

Die Verwaltungsaufgaben waren in den Johanniterkommenden nicht anders als in anderen Grundherrschaften dieser Zeit auch. Dazu gehörte etwa die Rechtsprechung. So sitzt der Johanniterbruder Rudolf von Hofstetten im Namen des Grafen Hugo von Montfort am 23. März 1429 zu Gericht[69] in Tobel. Käufe und Verkäufe werden gefertigt.[70] Leibeigene werden getauscht.[71] Es wurden Rechtsordnungen erlassen, wie zum Beispiel eine Offnung für Wädenswil[72] oder eine solche für Tobel[73]. Am 24. Februar 1415 wird für Wädenswil die Zürcher Gerichtsordnung um Frevel eingeführt.[74] 1429 schafft Hugo XIV. für die Eigenleute in Tobel das Erbrecht des Ordens auf den

---

63 Lehmann (wie Anm. 4), S. 48. Vgl. auch Anm. 52, demzufolge Hugo schon 1404 als Statthalter in Wädenswil tätig war.
64 Lehmann (wie Anm. 4), S. 48, gibt 1416 an. Zutreffender wohl 1412 wie Otto Mittler, Geschichte der Stadt Klingnau, 2. Auflage, Aarau 1967, S. 233.
65 Bayerisches Hauptstaatsarchiv München, Urkunde Ritterorden U 215 (1422 November 8).
66 Lehmann (wie Anm. 4), S. 49.
67 J. Kindler von Knobloch und O. b. Stotzingen. Oberbadisches Geschlechterbuch, Bd. 3, Heidelberg 1919, S. 114. Nach freundlicher Auskunft von Monsieur Bernard Weigel (Archives municipales in Wissembourg) durfte diese Angabe zurückgehen auf Bernhard Hertzog, Chronicon Alsatiae = Edelsasser Chronick, Straßburg 1592.
68 Um doch einen Eindruck davon zu vermitteln, seien hier wenigstens einige Namen aufgezählt: Heinrich Stetler, Frankfurt/M. (1417); Leonhard Bader, Feldkirch (1418); Heinrich Lütfrid, Feldkirch (1420); Ulrich Kubler, Überlingen (1420); Johann Maiger von Altstetten (1421); Jodok Walch (1421); Simon Bracht, Arnhem (1425), Johannes Zacharie, Leuggern (1427); Rudolf von Hofstetten, Tobel (1429); Richard vom Botteler, Ehrningen (1432); Hans Wittich, Biberstein (1436); Hans Schlegelholz, Freiburg i.Br. (1436); Reinhold zum Trubel, Rottweil (1436); Johannes von Wittingen, Rohrdorf (1441); Berchtold Stehelin, Freiburg i.Br. (1443); Hans Lösel, Mainz (1443); Konrad Guntfrid, Sulz (1443); Walter von Bussnang, Tobel (1444); Nikolaus von Wassenheim, Leuggern (1444), Johannes Fürer von Gengenbach, Leuggern (1444); Matthias von Remagen, Leuggern (1444).
69 Die Regesten der Frauenklöster Feldbach und Tänikon, Cyst. Ordens und der Johanniter Comthurei Tobel im Canton Thurgau, Chur 1852, S. 40, Nr. 82.
70 Ebd., S. 40, Nr. 76; ebd., S. 41, Nr. 85.
71 UBSG, Bd. 5, S. 623, Nr. 3596, ebd., Bd. 6, S. 65, Nr. 4577; ebd., Bd. 5, S. 70, Nr. 2630.
72 Vgl. den Hofrodel von Wädenswil 1409, Staatsarchiv Zürich, Stadt und Landschaft 2847.
73 1441 September 15, wie aus der Offnung des Hauses Tobel vom 25. Mai 1486 folgt. Vgl. Thurgauische Beiträge zur vaterländischen Geschichte 28, 1888.
74 Die Zürcher Stadtbücher des XIV. und XV. Jahrhunderts, hg. v. H. Zeller-Werdmüller, Bd. 2, Leipzig 1901, S. 408/409.

Harnisch ab.[75] 1437 wird für die Eigenleute des Hauses Bubikon das Reisen und Steuern geregelt.[76] 1438 wird ein Eigenmann, der auf Schloß Fürstenberg im Gefängnis saß, gegen Urfehde entlassen.[77] Weiters gehört die Vergabe von Lehen zu den täglichen Geschäften des Komturs[78], desgleichen die Ausübung des Kirchensatzes[79], insbesondere auch die Präsentation von Pfarrern[80].

Alle diese anstehenden Geschäfte konnten auch zu Streitigkeiten Anlaß geben, die Hugo entweder gütlich, etwa durch ein Schiedsgerichtsverfahren[81], oder aber durch Gericht[82] beizulegen suchte. Einen langwierigen Streit führte Graf Hugo mit der Stadt Klingnau um Eigenleute und deren Abgabepflichten, um Brenn- und Bauholz, ja sogar über den Schlüssel zur Wasserstube.[83] 1417/18 führte Hugo einen Streit mit den Eidgenossen über die Frage, ob seine Eigenleute in Leuggern dem eidgenössischen Vogt zu Baden den Huldigungseid zu leisten hatten oder nicht.[84]

Im Verlaufe solcher Rechtsstreitigkeiten konnte es von Bedeutung sein, die bestehenden Privilegien vorzuweisen. So ließ Hugo am 1. November 1418 durch den Schaffner seiner Kommende Feldkirch, den Johanniterbruder Leonhard Bader, vor dem geistlichen Gericht in Chur die Privilegien der Päpste Bonifaz IX., Johannes XXIII. und Martin V. durch einen Notar beglaubigen.[85]

Durch das Amt eines Großpriors für die deutsche Ordensprovinz hatte Graf Hugo in ähnlichen Angelegenheiten nicht nur für seine eigenen Kommenden, sondern auch für den gesamten Orden sowie die einzelnen Kommenden seines Zuständigkeitsbereiches tätig zu werden, unter anderem etwa für die Kommenden Hohenrain86[86], Biberstein[87], Basel[88], Rottweil[89], Freiburg i. Br.[90], Rohrdorf[91], Rexingen[92], Hemmendorf[93],

---

75   Regesten Tobel (wie Anm. 69), S. 40, Nr. 81.

76   Staatsarchiv Zürich, 1437 Juli 3.

77   Fürstenbergisches Urkundenbuch bearb. v. Sigmund Riezler, Bd. 3, Tübingen 1878, S. 213 und S. 214.

78   Urkunde vom 16. Juni 1430, abgedruckt in: Zeitschrift für Geschichte des Oberrheins 8, 1857, S. 242 f.

79   REC, Bd. 3, S. 293, Nr. 9243.

80   Ebd., Bd. 3, S. 246, Nr. 8846.

81   Fürstenbergisches Urkundenbuch (wie Anm. 77), Bd. 3, S. 214; S. E. v. Munch, Geschichte des Hauses Fürstenberg, Bd. 1, S. 350.

82   REC, Bd. 4, S. 90 f., Nr. 10617.

83   Ebd., Bd. 3, S. 209, Nr. 8519. Vgl. dazu auch Mittler (wie Anm. 64), S. 88.

84   Eidgenössische Abschiede, Bd. 1, S. 172, Nr. 376, S. 180, Nr. 388, S. 181, Nr. 389 u. S. 190, Nr. 409.

85   Vorarlberger Landesarchiv, Hds. u. Cod. Feldkirch St. Johann 1, Fol. 94f., Fol. 98 f., Fol. 101.

86   Lehmann (wie Anm. 4), S. 48.

87   Die Urkunden des Stadtarchivs Aarau, bearb. v. Georg Boner, Aarau 1942, S. 164, Nr. 422.

88   Vgl. vor allem die Zeit des Basler Konzils.

89   Winfried Hecht, Die Johanniter-Kommende Rottweil, Rottweil 1971, S. 94 f.

90   Regesten der Markgrafen von Baden (wie Anm. 40), S. 137, Nr. 6260 u. Nr. 6261.

91   Urkundenkopie im Vorarlberger Landesarchiv von 1441 August 4.

Kleinerdlingen[94] bei Nördlingen, Grebenau[95] (Kreis Alsfeld in Hessen), Arnhem[96] und Nijmegen[97] in den Niederlanden. Diese Aufzählung ist noch sehr ergänzungsbedürftig, läßt aber auch so die große räumliche Spannweite erkennen. Es geht meist um die Zustimmung[98] zu Geschäften von größerer Bedeutung, aber auch um die Schlichtung von Streitigkeiten.[99] Gelegentlich gingen solche Streitsachen auch bis zum Papst nach Rom[100] oder auf das Basler Konzil[101]. Eine besonders heikle Angelegenheit, die Hugo in seiner eigenen Kommende in Leuggern betraf, war der Fall des Johanniterpriesters Johannes Zacharie, der in den Kerkern des Ordens gefoltert worden war und schließlich die Erlaubnis zum Wechsel in einen anderen Orden erhielt.[102] Einen langwierigen Streit führte Hugo auch mit dem Bischof von Konstanz, der den von den Johannitern präsentierten Klerikern finanzielle Auflagen machte.[103]

Priester aus nicht weniger als 53 Orten kämpften seit 1413, von Papst Johannes XXIII. unterstützt, gegen den Bischof. In zwei wichtigen Entscheidungen vom 26. August 1417[104] und vom 15. November 1420 siegten die Johanniter wie auch in einem weiteren Streit 1430/35[105]. Zu den weiteren Aufgaben des Priors gehörte auch die Leitung der Provinzialkapitel. Solche fanden beispielsweise 1429 in Rottweil[106], 1432 in Hagenau[107], 1436 in Straßburg[108], 1437 in Speyer[109] oder 1443 abermals in Speyer[110] statt. Trotz seines fortgeschrittenen Alters hat Hugo solche Besuche in von seinem gewöhnlichen Wohnort, der Kommende Leuggern, weit entfernte Orte nicht gescheut.

---

92 Ebd.
93 Ebd.
94 Die Urkunden der Stadt Nördlingen 1400 – 1435, bearb. v. Walther E. Vock und Gustav Wulz, Augsburg 1965, S. 299, Nr. 1818.
95 Hessische Urkunden, hg. v. Ludwig Baur, Bd. 4, Darmstadt 1866 (Nachdruck Aalen 1979), S. 30, Nr. 29.
96 Repertorium Germanicum, Bd. 4, 3. Teilband, bearb. v. Karl August Fink, Berlin 1958, Sp. 3372.
97 Ebd.
98 Wie Anm. 87, Nr. 422 und Nr. 423; desgleichen wie Anm. 91.
99 Wie Anm. 96.
100 Repertorium Germanicum (wie Anm. 96), Sp. 1489.
101 Concilium Basiliense. Die Protokolle des Concils 1440 – 1443, hg. v. Hermann Herre, Bd. 4, Basel 1903, S. 96.
102 Repertorium Germanicum (wie Anm. 96), Sp. 2548.
103 Rec, Bd. 3, S. 188, Nr. 8344 u. S. 204, Nr. 8482. Vgl. dazu auch Zeitschrift für Geschichte des Oberrheins 25,1910, S. 163 ff.
104 Ebd., S. 213, Nr. 8557, S. 214, Nr. 8567 u. S. 243, Nr. 8813.
105 Ebd., S. 300, Nr. 9298.
106 Hecht, Rottweil (wie Anm. 89), S. 95.
107 Urkunden Nördlingen (wie Anm. 94), S. 299, Nr. 1818.
108 Urkunden Aarau (wie Anm. 87), S. 164, Nr. 423.
109 Urkunde Staatsarchiv Zürich, Archiv Bubikon, Nr. 149,1437 Mai 3.
110 Regesten der Markgrafen von Baden (wie Anm. 40), S. 137, Nr. 6260.

Der Großprior spielte auch in der Reichs- und Kirchenpolitik eine nicht unbedeutende Rolle. Wir sehen ihn häufiger in der Nähe des Kaisers, wo er seine Verbindungen nutzt, die kaiserlichen Privilegien für den Johanniterorden bestätigen zu lassen, so am 4. September 1413 in Chur[111], am 11. Mai 1434 in Basel[112] und am 22. Juli 1442 in Frankfurt[113], wo damals der Habsburger Friedrich III. zum König erwählt worden war.

Unter Kaiser Sigismund besuchte Hugo auch die Reichstage, so etwa den Reichstag zu Nürnberg im Sommer 1422, wo er sich am 30. August 1422 verpflichtete, mit 10 Glefen, daß heißt etwa 50 Rittern, gegen die Hussiten in Böhmen zu kämpfen.[114] 1431 nimmt er abermals an einem Nürnberger Reichstag teil.[115] Der Rat der Stadt Nürnberg ehrte den Prior, der in Begleitung der Komture von Mergentheim und Rohrdorf erschien, mit einem Quantum von 14 Quart Wein (= im Werte von einem Pfund, 19 Schillingen und 8 Hellern).[116] Im Glefen-Anschlag gegen die Hussiten vom 1. März 1431 erscheint der Johannitermeister erneut mit den schon genannten 50 Rittern.[117] Im gleichen Monat ist Hugo Zeuge in einem Gesetz, das die Aufnahme von Pfahlbürgern verbietet.[118] Auf dem Nürnberger Reichstag von 1437 ließ sich Hugo durch seinen Vetter, Graf Wilhelm V. von Montfort-Tettnang, vertreten.[119]

Besonders eindrucksvoll traten die Johanniter auf dem Konstanzer Konzil 1414 – 1418 auf. Der Großmeister des Ordens zu Rhodos, Philibert de Naillac, unter dem Hugo früher gedient hatte, ritt mit acht Komturen und zwölf Rittern, insgesamt mit 200 Pferden ein. Ihm fiel die Aufgabe zu, bei der Papstwahl das Konklave zu hüten.[120] Der Großprior Hugo von Montfort zog mit 40 Pferden ein.[121] Mit je 20 Pferden erschienen der Prior der englischen Provinz Andrew de Newhouse[122] sowie der Oberste Meister des Ordens zu Jerusalem Nikolaus de Balconibus.[123]

Auch auf dem Basler Konzil setzte sich Graf Hugo in Szene. Es spricht für ein besonderes Vertrauensverhältnis zum Kaiser, daß dieser schon am 12. August 1433 aus Rom der Stadt Basel mitteilte, er habe Hugo von Montfort geschrieben, daß er während

111 Urkunden Kaiser Sigmunds (wie Anm. 46), S. 40, Nr. 684.
112 Ebd., S. 301, Nr. 10421.
113 Bayerisches Hauptstaatsarchiv, Urkunde Ritterorden Nr. 66; Joseph Chmel, Regesten Friderici IV., Bd. 1, Wien 1838, S. 90, Nr. 771 (Nachdruck Hildesheim 1962).
114 Deutsche Reichstagsakten unter Kaiser Sigmund, 2. Abt., Bd. 8, hg. v. Dietrich Kerler, Göttingen 1956, S. 160.
115 Ebd., Bd. 9, Gotha 1887, S. 570.
116 Ebd., S. 601, Chroniken der deutschen Städte, Nürnberg, Bd. 2, S. 22.
117 Ebd., S. 527.
118 Ebd., S. 562.
119 Vanotti, S. 166.
120 Ulrichs von Richental Chronik des Constanzer Concils 1414 bis 1418, hg. v. Michael Richard Buck, Tübingen 1882, S. 184.
121 Ebd., S. 184.
122 Ebd., S. 184.
123 Ebd., S. 184.

des Konzils im Johanniterhaus Quartier nehmen wolle.[124] Erneut schrieb der Kaiser am 25. September 1433 aus Mantua an die Stadt Basel, entsprechende Vorkehrungen zu treffen.[125] Das Haus erhielt neue Fenster[126], das erforderliche zusätzliche Mobiliar[127], und die notwendigen Vorräte wurden eingelagert[128], nicht nur für die Menschen, sondern auch für die Tiere. Mit besonderem Nachdruck verlangte der Kaiser wiederholt, daß die notwendigen Stallungen für sich und sein Gefolge in der Nähe des Johanniterhauses bereitgestellt würden.[129]

Der Kaiser bezog dann während seiner Anwesenheit in Basel vom 11. Oktober 1433 bis Mitte Mai 1435 tatsächlich das Johanniterhaus[130], wo ihm die beiden Stuben des Komturs sowie zwei weitere Stuben hergerichtet worden waren[131]. Der venezianische Gesandte Andrea Gatari bezeichnet das Haus als »bello palazzo«.[132] Am Abend der Eröffnung des Konzils nahm der Kaiser in dem Haus seine Mahlzeit ein.[133] Auch der Großprior Hugo nahm an dem Basler Konzil teil.[134]

Ein öffentlicher Auftritt des Großkomturs bleibt noch zu erwähnen, nämlich die Weihe des Heinrich von Hewen zum Bischof von Konstanz um Weihnachten 1436. Die Konstanzer Bistumschronik des Christoph Schulthaiss berichtet ausführlich über dieses Ereignis.[135] Die Feier, zu der zahlreiche Prälaten, Grafen, Ritter und Edelknechte gekommen waren, erstreckte sich über mehrere Tage. »Und was der bischoff gar kostlich angelait mit seiner inflen und stab, desglichen die äbt. Item grauff Hug von Montfort, maister sant Johans ordens, der Comentur Tütschen ordens, die stunden al bey ainandern, und do die crütz kamen und do sy zu im kament, do naigtend sich all gegen ine, und sy empfingend herlich und giengent also wider haim under der himeltzen in das munster.« Im Anschluß an die Messe fand ein Festmahl statt »mit gantzem Pracht«.

Die Familie des Grafen Hugo gehörte in dieser Zeit, wie schon der Ritterbund vom St. Georgenschild gegen die Appenzeller gezeigt hat, zu den natürlichen Gegenspielern

---

124 Deutsche Reichstagsakten, Bd. 11, S. 63, Anm. 1; Urkunden Kaiser Sigmunds (wie Anm. 46), S. 245, Nr. 9627.

125 Ebd.

126 Gustav Schönberg, Finanzverhältnisse der Stadt Basel im XIV. und XV. Jahrhundert, Tübingen 1879, S. 191: »Item so kostent die Slechten glasefenstere in der nüwen grössen Stuben sant Johanns 6½ pfund.«

127 Wie Anm. 125.

128 Wie Anm. 125.

129 Wie Anm. 125.

130 Kunstdenkmäler der Schweiz, Basel Stadt, Bd. 3, S. 430 und S. 442.

131 Deutsche Reichstagsakten, Bd. 11, S. 80.

132 Lehmann (wie Anm. 4), S. 50.

133 Wie Anm. 131.

134 Concilium Basiliense (wie Anm. 101), Bd. 7, Basel 1910, S. 461f.

135 Constanzer Bisthums-Chronik von Christoph Schulthaiß, hg. v. J. Marmor. In: Freiburger Diözesan-Archiv 8, 1874, S. 1 – 102, hier S. 58 – 60.

der Eidgenossen. Auch Hugo XIV. hatte den Ritterbund 1408 und 1409 beschworen. 1417 verbot er seinen Untertanen in Leuggern, dem eidgenössischen Vogt in Baden zu huldigen. Gleichwohl ist das Verhältnis Hugos zu den Eidgenossen sehr viel differenzierter. Hugo war insoweit durchaus Realpolitiker, daß er als Inhaber verschiedener Kommenden im Gebiet der Eidgenossenschaft zu einer positiven Verständigung mit ihnen gefunden hat. Und so verpflichtet er sich bereits 1412 bei der Übernahme der Kommende Wädenswil, das Bürgerrecht mit Zürich zu halten.[136] Anders als im Aargau dachte er in Wädenswil gar nicht daran, die Vogteirechte der Zürcher in Frage zu stellen. Ein Jahr später, 1413, unterstützte Hugo den Wunsch der Kommende Hohenrain, in das Burgrecht mit Luzern einzutreten.[137] Im 1440 ausgebrochenen Krieg zwischen Zürich und Schwyz suchte Hugo XIV. nicht nur seine Neutralität strikt einzuhalten[138], sondern sogar nach alteidgenössischer Praxis einen Frieden zu vermitteln.[139] Er erreichte, daß Bubikon und Wädenswil weitgehend von den kriegerischen Ereignissen verschont blieben.[140]

Die letzten Lebensjahre Hugos lassen die Weisheit des Alters erkennen; er hat einiges von seiner kämpferischen Natur eingebüßt und sucht Frieden und Ausgleich, mit sich selbst und mit seinen Gegnern. Und so findet er 1440 den Ausgleich mit seinen Verwandten: aller Unwille, Zwietracht, Mißhellung und Unfreundschaft soll tot und absein.[141]

Er verständigt sich mit Schwyz und Zürich. Und er bestellt am 6. August 1442 rechtzeitig sein Haus und bereitet die Hofübergabe an Walter von Bussnang vor[142], die er am Tage seines Todes am 10. April 1444 in Leuggern endgültig vollzieht.

Als ob er die Stunde seines Todes vorausgeahnt hätte, macht Hugo am Abend dieses Tages sein Testament.[143] Aber nicht etwa auf dem Krankenbett, sondern er bewahrt bis zuletzt Haltung, wie es einem kampferprobten Ritter geziemt. Er erscheint im festlichen Rittersaal seines Hauses, *in Camara quadam solempniori* (in einem festlicheren Raum), wo sich sein Erbe, der Johanniterbruder Walter von Bussnang[144], dessen

---

136 Vanotti, S. 166.

137 Lehmann (wie Anm. 4), S. 48.

138 Die Chronik des Hans Fründ, hg. v. Christian Immanuel Kind, Chur 1875, S. 69.

139 Eidgenössische Abschiede, Bd. 2, S. 143, Nr. 232; Chronik des Hans Fründ (wie Anm. 198), S. 82.

140 Lehmann (wie Anm. 4), S. 50 f.

141 Staatsarchiv Neuburg a.d.D., VÖLit, 591, Fol. 34v–37r: »dass aller Unwille, Zwietracht, Irrung, Misshellung, Unfreundschaft ... ganz lauter tot, ab, verricht und versöhnt ist und sein soll ...«

142 Placid Bütler, Die Freiherren von Bussnang und von Griessenberg. In: Jahrbuch für Schweizerische Geschichte 43, 1918, S. 1 – 89 (hier S. 75 f., Beilage 23).

143 Ebd., S. 75 – 78.

144 Zu Walter von Bussnang vgl. auch Karl Heinz Burmeister, Die Komture des Johanniterhauses zu Feldkirch. In: Montfort 21, 1969, S. 185 – 227 (hier S. 202 f.). Vgl. auch Lehmann (wie Anm. 4), S. 56 – 57.

»mänigfältige trüw« er belohnen will, der am Konstanzer Chorgericht tätige kaiserliche Notar Ulrich Isemburg und die von ihm berufenen Zeugen versammelt haben: drei weitere Johanniterbrüder, nämlich der Schaffner Nikolaus Wassenheim, der Prior Johannes Fürer von Gengenbach und der dem Hause Leuggern angehörige Rheinländer Matthias von Remagen; dann seine Diener im engeren Sinne: sein Arzt, der Doktor der Physik Meister Paul Glottrer[145] aus Freiburg, sein geschworener Schreiber Johannes de Wurtzen[146], später ebenfalls kaiserlicher Notar, sein Keller Johannes Höwli und seine Hausdiener Jakob Rudolfi[147] aus Bregenz und Kaspar Bischof. Graf Hugo ist, wie der Notar pflichtgemäß beobachtet, bei voller geistiger Kraft, »sanus quidem mente ... composque rationis«. Er schenkt und übereignet dem Walter von Bussnang die Kommenden Tobel und Feldkirch. Bubikon, Wädenswil und Leuggern konnten deshalb nicht einbegriffen sein, weil sie zum Kameralgut des Großkomturs gehörten und daher von selbst an den Nachfolger Johannes Lösel[148] fielen, der 1445 das Amt Hugos antrat. Der Notar fertigte über den gesamten Vorgang ein entsprechendes Notariatsinstrument aus. Noch in der gleichen Nacht ist Graf Hugo von Montfort gestorben.[149]

Bedauerlicherweise sind die Jahrzeitbücher von Bubikon[150] und Wädenswil[151] nicht erhalten geblieben. Dagegen verzeichnet das Jahrzeitbuch Leuggern[152] seinen Tod unter dem 10. April, ebenso dasjenige von Klingnau[153]. Im Jahrzeitbuch von Tobel wird Hugo nicht erwähnt.[154]

Die ältere Literatur[155] geht noch davon aus, daß Graf Hugo in Bubikon bestattet wurde, wo sich noch im 18. Jahrhundert in der Kapelle eine Grabplatte mit den Wappen des Johanniterordens und der Grafen von Montfort befand.[156] Ich kann dieser Auffassung nicht folgen. Denn einmal ist nicht ganz einzusehen, warum man den Leichnam Hugos von Leuggern nach Bubikon hätte überführen sollen. Eine Bestattung in einem Familiengrab, etwa in Bregenz, ergäbe noch einen Sinn. Die Verwandtschaft Hugos zu

---

145 Bütler, Freiherren von Bussnang (wie Anm. 142), S. 78.

146 Ebd., S. 78. – Vgl. dazu Peter Johannes Schuler, Südwestdeutsche Notarszeichen, Sigmaringen 1976, S. 82 sowie Tafel 125, Nr. 733; Rec, Bd. 4, S. 436, Nr. 14013.

147 Ebd, S. 78. – Vgl. dazu Vorarlberger Landesarchiv; Hds. u. Cod., Pfarrarchiv Bregenz 33, Fol. 8 Jahrzeit des Jakob Rudolfs).

148 Lehmann (wie Anm. 4), S. 53 – 54

149 Das Todesdatum folgt aus dem Anniversar von Leuggern, einer Handschrift aus dem Jahre 1675. Vgl. Theodor von Liebenau, Aus aargauischen Jahrzeitbüchern. In: Anzeiger für Schweizerische Geschichte 4, 1882/85, S. 133 – 135 (hier S. 135).

150 Scriptoria Medii Aevi Helvetica, Bd. 4, Schreibschulen der Diözese Konstanz, Stadt und Landschaft Zürich, bearb. v. A. Bruckner, Genf 1940, S. 28.

151 Peter Ziegler, Wädenswil, Bd. 1, 1970, S. 55.

152 Liebenau, Jahrzeitbücher (wie Anm. 149), S. 135.

153 Vgl. dazu Mittler, Klingnau (wie Anm. 64), S. 351, Anm. 56.

154 Staatsarchiv Frauenfeld.

155 Lehmann (wie Anm. 4), S. 52.

156 Zeller-Werdmüller (wie Anm. 3), S. 163 (mit Abbildungen).

der Stifterfamilie der Toggenburger war keineswegs so eng, daß man daraus die Wahl von Bubikon als Grabstätte ableiten kann, wie Hans Lehmann annimmt[157], zumal wenn man in Rechnung stellt, daß man ihn selbst in Bregenz vergessen hatte. Weder das Kloster Mehrerau[158], noch die Pfarrkirche St. Gallus[159] feierte die Jahrzeit des Grafen Hugo XIV. Mehr noch: in der Pfarrkirche war eine Jahrzeit für seinen Vater Konrad von Montfort, seine Mutter Agnes von Montfort, seinen Bruder Wilhelm VII. und dessen Tochter Elisabeth eingerichtet; dagegen fehlt Hugo XIV. Das Stifterbild in der Bregenzer Burgkapelle, das im Original nicht mehr erhalten aber in einer Zeichnung des 17. Jahrhunderts überlieferte Bild[160] ist, zeigt die gesamte Nachkommenschaft Wilhelms III., des Begründers der neuen Bregenzer Linie der Grafen von Montfort-Tettnang. Wir finden dort u. a. die Grafen Konrad, Hugo XIV., Wilhelm VII., seine Ehefrau Kunigunde von Toggenburg sowie deren Tochter Elisabeth. Warum sollte man sich gerade in Bubikon seiner über diese Bregenzer bestehende Verwandtschaft mit den Toggenburgern erinnern? Leuggern und Bubikon waren für Hugo als Begräbnisorte doch gleichwertig. Die Tatsache, daß er seine letzten Jahre in Leuggern verbrachte, würde diesem eher noch einen Vorzug geben. Und vor allem ist Hugo in Leuggern gestorben.

Zweitens unterscheidet sich auch das Wappen auf dem Grabstein von dem Wappen Hugos, das in der Konzilschronik des Ulrich von Richental überliefert ist.[161] Dieses ist geviertet und zeigt oben links und unten rechts das weiße Johanniterkreuz in Rot, oben rechts und unten links das rote Montforter Banner in Weiß. Man muß auch berücksichtigen, daß bereits vor Hugo von Montfort mehrere Werdenberger Grafen Komture von Bubikon gewesen sind, deren Wappen sich von dem der Montforter lediglich durch die Farbe unterscheidet. Der Grabstein ließe sich also auch einem Werdenberger zuordnen. Die Schlichtheit des Grabsteins scheint auch eher in eine frühere Zeit zu weisen.

Ein drittes Argument gegen die Bestattung Hugos in Bubikon ist der Grabungsbefund aus dem Jahre 1942.[162] Das Skelett des Mannes von 173,61 Zentimeter Länge wurde auf ein Alter tief in den Fünfzigerjahren geschätzt.[163] Hugo ist aber in einem beträchtlich höheren Alter von etwa 75 Jahren gestorben.

Der von seiner eigenen Verwandtschaft vergessene Graf Hugo scheint demnach in aller Stille in Leuggern beerdigt worden zu sein. Nur Ordensmitglieder und Diener gaben ihm das letzte Geleit, wie denn auch sein Erbe ausschließlich an den Orden fiel. Die Verwandtschaft scheint leer ausgegangen zu sein. Bei allem Luxus, den sich der

157 Lehmann (wie Anm. 4), S. 52.
158 Bergmann, Necrologium.
159 Vorarlberger Landesarchiv, Hds. u. Cod., Pfarrarchiv Bregenz 33.
160 Abgebildet wie Burmeister, Die Grafen, S. 11.
161 Ulrich von Richental, Chronik des Constanzer Concils, hg. v. Richard Michael Buck, Meersburg 1936 (Facsimile der Ausgabe Augsburg 1536), S. CXIX.
162 Lehmann (wie Anm. 4), S. 52.
163 Ebd., S. 52, unter Hinweis auf Jahrheft der Ritterhausgesellschaft Bubikon 1942, S. 22, Grab 3.

Komtur Zeit seines Lebens leisten konnte, blieben so gut wie keine Überreste seiner persönlichen Habe übrig. Die persönliche Habe war stets gering: seine Pferde und Ordensgewänder; sein Kreuz[164], das er als Zeichen der Zugehörigkeit zum Johanniterorden in der Öffentlichkeit getragen hat. Es ist – wohl bedingt durch den Bildersturm der Reformationszeit – nichts geblieben oder bekannt von etwaigen Stiftungen des Grafen für die unter seinem Patronat stehenden Kirchen. Man könnte an Kelche, Monstranzen, Kreuze oder auch an liturgische Gewänder denken. Ein Inventar der Kommende Bubikon aus dem frühen 16. Jahrhundert erwähnt eine Textilie mit dem Werdenberger (Montforter?) Wappen.[165] Geblieben ist lediglich das Wappen in der Konzilschronik von Richental.

Geblieben sind, sieht man einmal von den schriftlichen Quellen ab, als gegenständliche Überreste im wesentlichen nur noch die Siegel des Grafen.

Und in diesem Bereich zeigt Graf Hugo eine sehr hochstehende Kultur, in der nur wenige seiner zeitgenössischen Verwandten an ihn heranreichen.[166] Die Vielfalt der Siegel zeigt sich schon darin, daß er neben dem persönlichen Siegel als Graf von Bregenz[167] solche als Johanniterbruder[168], als erwählter Prior[169] und daneben auch noch das Prioratssiegel[170] verwendete. Wie sein Verwandter, der Graf Wilhelm V. von Montfort-Tettnang[171] steht Hugo XIV. durch kaiserliches Privileg im Genuß der Rotwachsfreiheit; jedenfalls siegelt er in seiner Spätzeit in rotem Wachs[172] statt in dem allgemein üblichen gelben Bienenwachs. Die Vielfalt der Siegel[173] läßt vermuten, daß hier längst

---

164 Zum Kreuz vgl. Burmeister, Komture (wie Anm. 144), S. 208. Die Untertanen von Tobel beklagten sich zur Zeit der Reformation über den Komtur Konrad von Schwalbach: Wenn er sich zu Hause aufhalte, so trage er kein Kreuz, wohl aber, wenn er fortgehe.

165 Armin Eckinger, Ein Inventar aus dem Ritterhaus Bubikon aus dem Jahre 1528. In: Anzeiger für schweizerische Altertumskunde, NF 12, 1910, S. 248 – 250 (hier S. 249: »Item ein rott Iyny tuch mit Werdenberg schiltt«).

166 Vgl. dazu Liesching, Die Siegel.

167 Grafensiegel vom 5. Dezember 1393 (Original im Haus-, Hof- und Staatsarchiv Wien). Graf Hugo verwendete dieses Siegel bis etwa 1412. Vgl. dazu Liesching, Die Siegel der Grafen, S. 47 = B 17. Der Durchmesser des Siegels ist 2,7 cm. Umschrift: S. Comitis Hugonis De Montefort. Vgl. Abb. 2.

168 Z. B. Siegel an Urkunde vom 17. Februar 1400 im Staatsarchiv Zürich, Küsnacht Nr. 48. Abgebildet bei Zeller-Werdmüller (wie Anm. 3) S. 161. Umschrift: »S. FRAT. Hogonis De M...«.

169 Z. B. Siegel an Urkunde von 1429 April 23 im Staatsarchiv Zürich, Stadt und Land, Urkunde Nr. 2970. Vgl. dazu Liesching (wie Anm. 167), S. 47 = B. 18. Durchmesser: 2,8 cm. Umschrift: »S. El. Hug. D. Montfort. Pro Alemaie. Ori. St. Joh.« Vgl. Abb. 3.

170 Siegel an Urkunde von 1440 Mai 24 im Badischen Generallandesarchiv in Karlsruhe, Signatur 20/156. Vgl. Abb. 4. Durchmesser 4,7 cm. Umschrift: »S. FRIS. HUGONIS DE MONTFORTE PRIORATUS ALMAIE ORD. SCI. JOH«.

171 Die Urkunden Kaiser Sigmunds (wie Anm. 46), S. 379, Nr. 11.473 (12. Oktober 1436).

172 So das Prioratssiegel von 1440 Mai 24. Vgl. Anm. 170 sowie Abb. 4.

173 Kleines Prioratssiegel an Urkunde von 1436 Januar 25 (Stadtarchiv Aarau, Urk. Nr. 409).

nicht alle Siegel erfaßt werden konnten; denn Hugo hat nicht nur in zeitlicher Folge verschiedene Siegel verwandt, sondern offenbar auch nebeneinander.

Graf Hugo XIV. von Montfort ist heute weitgehend aus unserem Gedächtnis entschwunden. Es sind nurmehr die Historiker, die sich mit seiner Person beschäftigen, und auch hier nur im Rahmen der Lokalgeschichte (Bubikon, Bregenz usw.) oder Ordensgeschichte. Immerhin muß aber erwähnt werden, daß Graf Hugo auch in das 1936 aufgeführte Kreuzritter-Spiel von Bubikon Eingang gefunden hat.[174]

Die auf uns gekommenen Quellen stammen fast ausschließlich aus dem Geschäftsleben und lassen daher kaum einmal Einzelheiten seiner Persönlichkeit und seines Charakters erkennen. In dieser Hinsicht bleibt fast alles offen. Wir kennen weder sein äußeres Erscheinungsbild noch sein inneres Wesen. Offene Fragen bestehen selbst dahingehend, in welcher Weise er die Ideale seines Ordens verwirklicht hat, etwa im Bereich der Krankenpflege. Ist der Arzt, der ihn in seiner letzten Stunde betreut, nur so etwas wie ein Leibarzt, oder hatte er weitere Aufgaben im Sinne des Ordens zu erfüllen? Sicherlich war Hugo von Montfort als Großprior in erster Linie ein Manager, der über seine politische Tätigkeit und die Durchführung seiner Verwaltungsaufgaben kaum Zeit hatte, sich um die religiösen und sozialen Anliegen des Ordens zu kümmern. Und aus seiner Jugendzeit, in der er noch als einfacher Bruder auf Rhodos diente, wissen wir so gut wie gar nichts. Hugo war von der Tradition seiner Familie geprägt, ein adelsstolzer Herr; wie wir gesehen haben, auch eine kämpferische Natur, der sich für sein Recht und die Rechte seines Ordens engagiert eingesetzt hat. Er war aber auch ein Realpolitiker, der sich mit den Eidgenossen verständigen und in der schwierigen Zeit des Zürichkrieges für seine gefährdeten Kommenden die Neutralität erreichen konnte. An den Schaltstellen der damaligen Weltpolitik, auf dem Konzil zu Konstanz, auf dem Basler Konzil, auf den Reichstagen, in der Umgebung dreier Kaiser, nämlich Ruprechts, Sigismunds und zuletzt auch noch Friedrichs III., aber auch des Papstes Eugen IV., hier strahlt Graf Hugo das Ansehen aus, das ihm sein Amt als Großprior und Großkomtur einbrachte. Der Kaiser sucht Quartier in seinem Haus. Hugo nimmt an den Festmählern der Fürsten, Bischöfe, Äbte und Grafen teil. Reichsstädte kredenzen ihm den Ehrenwein.

Einen großen Teil seines Lebens brachte Hugo auf Reisen zu. Sieht man von den Aufenthalten in Rhodos und in Rom ab, so hielt er sich vorwiegend im Raum des Hochrheins und des Oberrheins auf. Zwischen Konstanz und Speyer gab es zu beiden Seiten des Rheins zahlreiche Kommenden, die dort nie weiter als eine Tagesreise auseinanderliegen. Hugo reist von Kommende zu Kommende zu seinem Ziel; und

---

Vgl. Georg Boner, Die Urkunden des Stadtarchivs Aarau, Aarau 1942, S. 164, Nr. 422; Größeres Prioratssiegel an Urkunde von 1436 August 15 (Stadtarchiv Aarau, Urk. Nr. 410). Vgl. Boner (wie oben), S. 164 Nr. 423 Papierwachssiegel auf Urkunde von 1440 April 20 im Staatsarchiv Zürich, Akten A.367.1 (Freundlicher Hinweis von Walther P. Liesching).

174 Jakob Hauser, Das Kreuzritter-Spiel von Bubikon. Das Schicksal des Ordenshauses in sechs Bildern, Bubikon 1936 S. 50 ff.

häufig schließt sich dieser oder jener Bruder oder Komtur seiner Reisegesellschaft an. Hugo dürfte daher den größten Teil der deutschen Johanniter persönlich gekannt haben; man könnte dazu eine lange Namensliste aufzählen. Die Frage, wo Hugo eigentlich zu Hause war, läßt sich nur für die letzten Lebensjahre beantworten, in denen er sich meist in Leuggern aufgehalten hat. In seine Heimatstadt Bregenz scheint er später nie mehr zurückgekehrt zu sein; dennoch spricht es für eine gewisse Anhänglichkeit, daß einer seiner Diener aus Bregenz stammte.

Jeder junge Graf, der mit Rücksicht auf das Hausrecht in den Klerikerstand eintrat und somit in seinem Erbrecht verkürzt wurde, brachte ein Opfer für die Familie. Er konnte seine Persönlichkeit nur mehr in gewissen Grenzen entfalten. Er lebte, könnte man vielleicht sagen, nicht mehr für sich, sondern für eine Institution. Er verzichtete auf eigenes Gut, auf eine Familie, auf Nachkommen. Und so fehlen im Leben Hugos gewisse persönliche Elemente; er reibt sich auf im Dienst an seinem Orden, getreu den Gelübden, die er in jugendlichem Alter abgelegt hat.

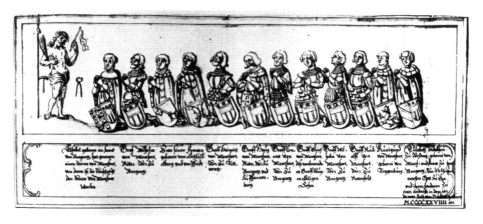

Die Grafen von Montfort-Bregenz. 6. v. li. Graf Hugo, der Johannitermeister. Zeichnung bei Arzet (1670) nach einem Votivbild der Markgräfin Elisabeth von Hochberg, geborene von Montfort-Bregenz, in der Burgkapelle Hohenbregenz, 1429.
(Foto: Bayerische Staatsbibliothek München).

Vinzenz von Montfort (ca. 1420 – 1486)
Domherr zu Trient

Hans Kramer hat in seiner Schrift »Das Zeitalter des Humanismus in Tirol« darauf hingewiesen, daß der Humanismus in Welschtirol, bedingt durch die Nähe Italiens, sehr viel tiefere und breitere Wurzeln als in den deutschsprachigen Landesteilen Tirols gefaßt hat: »Die welschtirolischen Lokalhistoriker haben nun mit Stolz alle jene vielen kleinen, über das ganze Gebiet verstreuten welschtirolischen Humanisten, die sich mit den großen, bedeutenden italienischen Humanisten natürlich nicht vergleichen lassen, aufgezählt und möglichst viel aus ihrem Leben aus den Quellen zu erforschen gesucht«[1]. In ihren Kreis gehört wohl auch die Gestalt des Vinzenz von Montfort, der sich in seiner Grabschrift selbst als »Moraitis« seiner griechischen Herkunft rühmt und sich damit jener Schar von griechischen Gelehrten zuweist, die nach dem Fall von Konstantinopel (1453) in Rom Asyl fanden und dem Renaissance-Humanismus durch die Einbeziehung der griechischen Literatur eine neue Note gegeben haben.

Am Seiteneingang des Doms zu Trient, der sich zwischen der Sakramentskapelle und dem südlichen Querschiff öffnet, befindet sich in einer Höhe von etwa drei bis vier Metern über dem Boden die Grabplatte des Kanonikers Vinzenz von Montfort. Der mit dem Wappen der schwäbischen Grafen von Montfort gezierte Grabstein gibt in einer lateinischen und einer am Ort besonders auffallenden griechischen Inschrift Kunde von der Persönlichkeit des 1486 verstorbenen Domherrn aus Morea und gedenkt auch seiner hochherzigen Stiftung einer Reliquie des hl. Dorns an die Kirche des hl. Vigilius[2].

Auf Grund des dargestellten Wappens und anderer Hinweise in den Quellen, insbesondere in der Schenkungsurkunde der genannten Reliquie, *per venerabilem et egregium patrem dominum Vincentium de Montfort de Morea, Alemanie in Tettinamegg residentium* (durch den ehrwürdigen und herausragenden Vater, Herrn Vinzenz von Montfort von Morea, in Tettnang in Deutschland sitzend)[3], wird der Domherr mit Recht der Familie der Grafen von Montfort-Tettnang zugeordnet. Über die genealogische Einordnung ist man sich aber bislang nicht einig geworden.

---

1   Hans Kramer, Das Zeitalter des Humanismus in Tirol (= Ewiger Humanismus 13, Innsbruck 1947), S. 18.
2   Deutsche Übersetzung des lateinischen Wortlauts bei Eggart, Montfortdenkmal, hier S. 2.
3   Ebd., S. 2.

Paolo Zadra[4] sieht in Vinzenz einen Bruder der Kinder Wilhelms V., was Hermann Eggart jedoch als »genealogischen Gewaltstreich« bezeichnete[5].

Auch Eggart gelingt aber eine Einordnung in die Genealogie nicht, weil er fälschlich davon ausgeht, Vinzenz sei »Graf« gewesen. Dafür gibt es jedoch keinen Beleg, weder in der Grabschrift, noch in irgendeiner der noch in größerer Zahl überlieferten urkundlichen Nennungen. Dagegen gibt es einen Brief des Vinzenz an seinen Verwandten, den Grafen Ulrich V. von Montfort-Tettnang, wonach dieser bei einem Besuch in Trient um 1484 den Wunsch geäußert habe, daß der Grabstein des Domherrn mit dem Montforter Wappen geziert werde[6]. Daraus folgt, daß Vinzenz zur Führung dieses Wappens eigentlich nicht berechtigt war, weil er eben kein Graf, sondern bloß ein Bastard der Linie Montfort-Tettnang gewesen ist. Das scheint auch durch die distanzierte Anrede[7], deren sich Vinzenz in dem Brief von Graf Ulrich V. bedient, bestätigt zu werden.

Die heute immer noch auf dem 1845 erschienenen Werk von Johann Nepomuk von Vanotti beruhende Geschichte der Grafen von Montfort hat von den unehelichen Montfortern kaum Kenntnis genommen[8]. Sowohl der Hauschronist Thomas Lirer[9] als auch neuere Forschungsansätze[10] lassen aber erkennen, daß die Bedeutung der Bastarde für die Familiengeschichte nicht unterschätzt werden darf. Das zeigt einmal mehr der hier zur Diskussion stehende Vinzenz von Montfort, der im 16. Jahrhundert von der Familie nachträglich als Graf angesehen wurde[11].

Für seine genealogische Zuordnung sind abgesehen davon, daß wir Vinzenz als Bastard begreifen müssen, folgende Tatsachen von Bedeutung:
1. Der Zeitpunkt der Geburt. Gehen wir davon aus, daß Vinzenz erstmals 1436 als Scholar in Padua urkundlich aufscheint[12], also etwa 15 bis 20 Jahre alt gewesen sein mag, so dürfte er vor 1420 geboren sein.

---

4 Paolo Zadra, La sacra spina della cattedrale di Trento (Trento 1934), S. 34.
5 Eggart, Montfortdenkmal, S. 4 f.
6 Stuttgart, Württembergische Landesbibliothek, Cod. hist. fol. 618, fol. 117[r]: ... *lapidem super sepulcrum meum una. cum armis vestri ... prout a me petistis ... sculpere feci* (ich habe einen Stein auf mein Grab mit eurem Wappen machen lassen, wie ihr es von mir gewollt habt). Vinzenz spricht nicht von »meinem« oder »unserem Wappen«!
7 Ebd., *Magnifice et generose domine et consanguinee charissime atque observande* (erhabener und edelmütiger Herr und teuerster und verehrtester Blutsverwandter).
8 Vanotti.
9 Lirer, Chronik, S. 30: *Da nam Wilhalm ritter Jörigens von Lochen tochter und hetent vil kind. die wurdent nun für schlecht ritter gnoß gehalten. die hieß man Montforter. ir wappen was dreü schwartze roeh in aim, gelben feld.*
10 Burmeister, Meister Wilhelm, S. 79–97 bzw. Niederstätter, Johannes Hugonis, S. 99–110.
11 Graf Hugo XVI. bezeichnet Vinzenz 1567 als comes (Graf). Vgl. Stuttgart, Württembergische Landesbibliothek, Cod. hist. fol. 618 fol. 97r. Er führt weiter im Hinblick auf Vinzenz aus: *stemmati nostro [nempe ut qui utatur iisdem insigniis et armis] sit coniunctus...* (der unserer Ahnenreihe verbunden ist, da er doch wohl dasselbe Kennzeichen und Wappen führt).
12 Gasparo Zonta und Giovanni Brotto, Acta graduum academicorum gymnasii Patavini ab anno 1406 ad annum 1450 (Padova [2]1970), Nr. 1142.

2. Der Ort der Geburt. Vinzenz nennt sich in zahlreichen Quellen *de Morea*[13], in seinem Promotionsakt *de Achaya*[14], in einer späteren Urkunde Kleriker von Modon[15]. Alle drei Ortsangaben deuten auf den Peloponnes. Die griechische Grabschrift unterstreicht diese Herkunft. Seine Heimat ist im südwestlichen Teil der Halbinsel zu suchen, wohl nicht in Modon selbst, da die Seestadt erst 1500 von den Türken erobert wurde, Vinzenz aber bereits um 1460 als Flüchtling nach Italien kam.

3. Der Name des Vaters. In dem Promotionsakt von 1443 erscheint der volle Name *Vincentius de Montforte quondam Iohannis de Achaya*[16] (Vinzenz von Montfort, Sohn des verstorbenen Johannes von Achaia). Als Vater kommt also nur ein Johannes von Montfort in Betracht, der 1443 bereits verstorben war.

4. Die Zuordnung zum westlichen Kulturkreis. Vinzenz führt keinen griechischen, sondern einen lateinischen Namen. Er ist Kleriker der römischen, nicht jedoch der griechisch-orthodoxen Kirche.

Damit stehen auch für den Vater gewisse Merkmale fest, die weiter zu ergänzen sind. Dieser heißt Johannes von Montfort, stammt offenbar aus dem Westen; er könnte ein »Kreuzfahrer« sein, worauf auch der von vincens (siegend) abgeleitete Name hinweisen könnte.

Entscheidende Bedeutung erhält die Frage, ob dieser Johannes von Montfort ein Graf gewesen ist. Man könnte dagegen vorbringen, daß bei der Angabe der Herkunft ein *comitis Johannis* (Graf Johannes) zu erwarten wäre. Ein solcher Hinweis hätte aber, da Vinzenz den Grafentitel nicht führt, offen auf die uneheliche Geburt aufmerksam gemacht. Das aber könnte nur wenig in Vinzenz' Interesse gelegen haben, denn die uneheliche Abkunft bereitete ihm ohnehin viele Umstände; mußte er doch bei Immatrikulation wie Eintritt in den Klerikerstand durch das Legitimationsrecht des Papstes eine Dispens von der Irregularität *ex defectu natalium* (wegen des Mangels der ehelichen Geburt) erwirken[17]. Bei diesem Verfahren konnte die gräfliche Abkunft zwar sehr hilfreich sein. Dagegen lag es kaum im Interesse des Benachteiligten, vor der Öffentlichkeit auf diesen Makel immer wieder hinzuweisen.

Die Möglichkeit, daß auch der Vater ein Bastard gewesen ist, wird man verneinen müssen. Denn in diesem Falle hätte sich der Name »Montfort« nicht auf den Sohn vererbt. Studium und Karriere des Vinzenz sprechen aber für eine gehobene Stellung

---

13 Z. B. die Grabinschrift (wie Anm. 2).

14 Zonta/Brotto (wie Anm. 12), Nr. 1700.

15 Leo Santifaller, Urkunden und Forschungen zur Geschichte des Trientner Domkapitels im Mittelalter 1 (= Veröffentlichungen des Instituts für Österreichische (Geschichtsforschung 6, Wien 1948), S. 381, Nr. 511: *clericus Metonensis* (Kleriker von Modon). Unter *Metonesis* ist Methone (auch Modon), Suffraganbistum von Patras, in Griechenland zu verstehen. Vgl. dazu Giorgio Fedalto, La chiesa latina in Oriente 2 (= Studi religiosi 3, Verona 1976), S. 156–160.

16 Zonta/Brotto, (wie Anm. 12), Nr. 1700.

17 Vgl. dazu Hermann Winterer, Die rechtliche Stellung der Bastarde in Italien von 800 bis 1500 (= Münchener Beiträge zur Mediävistik und Renaissance-Forschung 28, München 1978), S. 80 ff.

des Vaters. Auch hätten die Grafen von Montfort ihm nicht zugestanden, ihr Wappen zu führen.

Schließlich steht, wenn wir die Geburt des Vinzenz auf die Zeit 1415/20 festlegen, aus biologischen Gründen fest, daß der Vater vor 1395/1400, eher noch vor 1390 geboren sein dürfte, da für sein Auftreten in Griechenland eine gewisse Reife erwartet werden muß.

Die Suche nach einem Grafen von Montfort-Tettnang, der die aufgezählten Merkmale erfüllt, stößt nun auf erhebliche Schwierigkeiten. Sowohl Johann I.[18] als auch Johann II.[19] wie auch die der Bregenzer Linie entstammenden Johann III.[20] und Johann IV.[21] kommen, obzwar sie alle dem 15. Jahrhundert angehörten, nicht in Frage, da sie nach 1443 noch am Leben waren.

Die Genealogie weist jedoch einen nicht gezählten Grafen Johann von Montfort-Tettnang aus, der nur einmal urkundlich erwähnt wird[22]. In einer Urkunde König Sigismunds, die zeitlich vor dem 9. März 1431 auf dem Nürnberger Reichstag anzusetzen ist, werden in der Zeugenliste genannt: *grave Wilhelm von Detnang, graf Hans von Detdang, grafe Hans und grave Heinrich, sine süne*[23]. Otto Roller glaubt, daß der Name Hans hier versehentlich zweimal gesetzt wurde und Graf Hans und sein Bruder Heinrich Söhne Wilhelms V. sind, zumal dieser tatsächlich auch einen Sohn Heinrich hatte; andernfalls käme man auf drei, Vanotti völlig entgangene Tettnanger Grafen, was keinesfalls anzunehmen sei[24].

Es ist Roller zuzugeben, daß solche Namensverwechslungen vorkommen. So ist beispielsweise der in der Liste der Teilnehmer des Konstanzer Konzils aufgeführte »Hans« von Montfort richtig als »Hugo« zu lesen[25] und daher im Rahmen dieser Erörterung zu übergehen. Grundsätzlich aber hat die Zeugenliste einer Königsurkunde doch die Vermutung der Richtigkeit für sich, wenn nicht gerade ein offensichtlicher Fehler erkennbar ist. Der zeitliche Ansatz würde jedenfalls für den hier gesuchten Grafen Johann passen. Wenn er vor 1390 geboren ist, kann er 1431 zwei volljährige Söhne neben dem Bastard Vinzenz gehabt haben. Zieht man weiterhin in Erwägung, daß Graf Johann von Montfort engagiert im Kampf gegen die Türken stand, so erklärt sich damit auch das Schweigen der schwäbischen Quellen.

---

18 Die Zählung folgt der bisher gründlichsten Genealogie von Roller, Grafen von Montfort, S. 117, Nr. 79.

19 Ebd., S. 180, Nr. 96.

20 Ebd., S. 181, Nr. 104.

21 Ebd., S. 183, Nr. 121.

22 Ebd., S. 174, Nr. 62.

23 Deutsche Reichstagsakten unter Kaiser Sigmund 3, hg. v. Dietrich Kerler (= Deutsche Reichstagsakten 9, Gotha 1887), S. 563.

24 Roller, Grafen von Montfort, S. 174, Nr. 62. Eggart, Langenargen, hat in der Stammtafel entsprechend diesen Johannes als den Sohn Wilhelms V. eingereiht. Dafür gibt es keine Belege.

25 Richental, Chronik, fol. CLXIII^V.

Martin Crusius (†1607) sagt allerdings in seiner »Schwäbischen Chronik« (3. Teil, 8. Buch, 20. Kapitel) unter Berufung auf ein Manuskript von Kaspar Brusch (1559), die Grafen von Montfort hätten einen Teil des Fürstentums Achaia als Entschädigung für ihre Beteiligung an Kriegszügen auf dem Balkan erhalten. Diese Behauptung gewinnt durch die Tatsache an Bedeutung, daß Brusch einen unmittelbaren Zugang zum Archiv der Grafen von Montfort-Tettnang gehabt hat.

Der unbekannte Graf Johann von Montfort ließe sich mit größter Wahrscheinlichkeit dem 1374 – 1396 belegten Grafen Heinrich V. zuordnen[26]. Dieser ist 1390 mit einem den Genealogen der Montforter bisher ebenfalls entgangenen Sohn Hugo in Venedig nachzuweisen[27], dem Ausgangsort aller schwäbischen Kreuzfahrer. Diese Zuordnung gewinnt noch an Wahrscheinlichkeit dadurch, daß der Vorname »Johann« bis dahin den Montfortern unbekannt war, die Ehefrau Heinrichs V. Anna von Waldburg aber eine Tochter des Truchsessen Johann II. von Waldburg gewesen ist[28]. Unser Graf Johann von Montfort würde also seinen Namen nach dem Großvater mütterlicherseits führen. Möglicherweise dachte man bei der Namengebung auch zusätzlich noch an Graf Johann II. von Habsburg-Laufenberg, den Vater der Mutter Heinrichs V., einen berühmten Kondottiere, den Stifter der italienischen Kompanie des hl. Georg, deren oberster Feldhauptmann Heinrich IV. gewesen ist[29], der Vater Heinrichs V. Für die steigende Beliebtheit des Vornamens Johann bei den Tettnangern spricht auch die Existenz des Bastards Johannes de Montfort alias Ziegler, der 1417 als Pfarrer von Sigmaringendorf genannt wird[30]. Dazu bleibt noch zu bemerken, daß die Montforter ihren Bastarden die gleichen Vornamen gegeben haben wie ihren ehelichen Söhnen. Daher existieren neben einem legitimen Heinrich, Wilhelm oder Johann gleichzeitig illegitime Söhne mit den gleichen Namen

Für den Lebensweg des Vinzenz von Montfort wurde entscheidend, daß Graf Johannes seinen unehelichen Sohn als solchen aufgenommen hat. Das bedeutet vor allem auch, daß er die namentlich nicht bekannte Mutter als Konkubine anerkannt hat. Vinzenz darf den Namen des Vaters führen. Es wird für eine gute Erziehung und Bildung als Grundstein für eine spätere geistliche Karriere gesorgt. Der Besuch einer Universität wurde vorgesehen, der ohne Grundkenntnisse in der lateinischen Sprache nicht möglich war. Vielleicht empfing bereits der Knabe in Modon vor 1436 (in diesem Jahre wird er erstmals an der Universität nachweisbar) die niederen Weihen; als Kleriker des Bistums Modon ist er allerdings erst 1466 urkundlich bezeugt.

---

26 Roller, Grafen von Montfort, S. 170, Nr. 54.
27 München, Bayr. Hauptstaatsarchiv, Repertorium Montfort-Archiv, Lfd. Nr. 37 (1390 September 17): Graf Heinrich und sein Sohn Haug treten als Bürgen für Herzog Stefan von Bayern auf.
28 Vochezer, Waldburg, Bd. 1, S. 483.
29 Schäfer, Ritter, S. 80 und S. 93.
30 Burmeister, Meister Wilhelm, S. 79.

Stammtafel der Grafen von Montfort-Tettnang (Auszug)
Die in Klammern ( ) gesetzten Ordnungszahlen fehlen in der Genealogie von Roller.
Die Bastarde sind durch punktierte Linien gekennzeichnet.

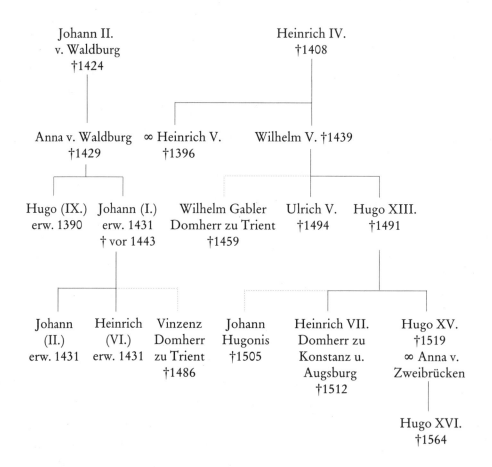

Vom 18. Juni 1436 bis 26. April 1443 besuchte Vinzenz von Montfort die Universität Padua[31], die für das venezianische Modon die Landesuniversität darstellte, um dort zugleich die freien Künste und Medizin zu studieren. In dem genannten Zeitraum läßt er sich insgesamt neun Mal urkundlich fassen, meist als Zeuge bei Promotionsakten. Es mag Zufall sein, daß die ersten dieser Akte sich auf die Promotion deutscher und niederländischer Studenten beziehen[32]. Es wäre aber auch denkbar, daß Vinzenz von

---

31   Zonta/Brotto, (wie Anm. 12), Nr. 1142, 1245, 1367, 1368, 1406, 1426, 1579, 1697, 1700.
32   Ebd., Nr. 1142 und 1245.

Montfort Anschluß an die Landsleute seines Vaters gesucht hat. Am 13. und 26. April 1443 legte er seine eigenen Prüfungen in beiden Fakultäten ab[33]. Im bischöflichen Palast von Padua werden ihm die üblichen Symbole seiner akademischen Würde überreicht. Vinzenz von Montfort nennt sich fortan *Magister in medicina* (Meister in der Medizin). Was die Bildungsinhalte angeht, so ist hier nicht zu übergehen, daß die Universität Padua damals dem Humanismus weit geöffnet war[34].

Möglicherweise ist Vinzenz von Montfort auch der Verfasser eines medizinischen Werkes, das 1465/66 unter dem Titel *Practica* geschrieben wurde: Es handelt sich um eine Übersicht aller Krankheiten, die nach dem Alphabet angeordnet sind[35]. Als Verfasser der über 300 Blätter in Folioformat umfassenden Papierhandschrift nennt sich ein *magister Vincentius in medicinis licentiatus*[36] (Meister Vinzenz, Lizentiat in der Medizin). Die Handschrift scheint deutscher Provenienz zu sein. Dennoch könnte man an Vinzenz von Montfort als Verfasser denken. Denn der angegebene akademische Grad würde ebenso zutreffen wie der Entstehungszeitraum; das Buch wird am 1. November 1466 abgeschlossen, nur wenige Tage nach seiner Wahl zum Domherrn (28. Oktober 1466). Der Verfasser mußte auch über eine längere medizinische Praxis verfügen, was ebenfalls zutreffen würde. Bemerkenswert erscheint noch, daß ein Besitzvermerk des 16. Jahrhunderts nach Zweibrücken verweist. Ein Vetter unseres Vinzenz und Neffe Ulrichs V., nämlich Hugo XV. (†1519) war mit einer Gräfin von Zweibrücken-Bitsch verheiratet[37]. Da Graf Ulrich V. Vinzenz in Trient besucht hat, könnte die Handschrift in den Besitz der Grafen gelangt sein, die auch sonst ein besonderes Interesse an medizinischen Büchern gezeigt haben[38]. Auffälligerweise sehen wir Graf Hugo XVI., den Sohn jener Anna von Zweibrücken, im Besitz aller wichtigen Dokumente, die sich auf Vinzenz beziehen[39].

Nach Abschluß seiner Studien folgen mehr als zwei Jahrzehnte, aus denen wir keine Nachrichten über Vinzenz von Montfort besitzen. Der Arzt mag seine Tätigkeit im Herrschaftsbereich der Republik Venedig ausgeübt haben. Auf dieser Lebensreise spielte offenbar die unter venezianischer Herrschaft stehende Stadt Zara an der Küste Dalmatiens (heute Zadar) eine Rolle, denn hier scheint Vinzenz jene kostbare Reliquie

---

33 Ebd., Nr. 1697 und 1700.
34 Vgl. Ludwig Bertalot, Eine Sammlung Paduaner Reden des XV. Jahrhunderts. In: Studien zum italienischen und deutschen Humanismus, hrsg. von Paul Oskar Kristeller 2 (= Storia e Letteratura 130, Roma 1975), S. 209 – 235.
35 Ellen Jørgensen, Catalogus codicum latinorum medii aevi Bibliothecae Regiae Hafniensis (Kopenhagen 1926), S. 433 f.
36 Ebd., 433.– Vgl. auch Bénédictins du Bouveret, Colophons de manuscripts oocidentaux des origines au XVIe siècle 5 (= Spicilegii Friburgensis subsidia 6, Fribourg 1979), S. 476, Nr. 18443.
37 Roller, Grafen von Montfort, S. 178, Nr. 80.
38 Burmeister, Kultur, S. 34 – 42 (hier bes. 37). Es handelt sich um einen Druck des *Regimen sanitatis* (Augsburg 1490).
39 Eggart, Montfortdenkmal, S. 3.

erworben zu haben, die er später der Kathedrale von Trient schenkte[40]. Im übrigen hat er sich wohl in seiner Heimat aufgehalten. Die bisherige Literatur geht davon aus, daß er nach der Eroberung von Morea durch die Türken um 1460 wieder nach Italien zurückgekommen sei[41]. Dafür spricht zum einen die Äußerung des Grafen Hugo XVI. von Montfort aus dem Jahre 1557 über Vinzenz, *qui ab Ethnicis in exilium profligatus*[42] (der von den Heiden ins Exil vertrieben wurde) zum anderen die von Vinzenz selbst verfaßte kurze Geschichte der Kreuzzüge, welche mit der Eroberung von Morea endet und gerade in diesem letzten zeitgeschichtlichen Teil offenkundig eigene Erlebnisse verarbeitete[43]. Das zeigt sich besonders bei der Schilderung der inneren Verhältnisse in Morea, denen Vinzenz die Bemerkung *tempore meo* (zu meiner Zeit) beifügte. Er schloß seinen Bericht mit dem Hinweis, daß nur einige Städte am Meer unter der Herrschaft Venedigs verblieben seien. *Et hoc modo omnes nobiles, tam Graeci quam Franci, totius Moreae aut arripuerunt fugam aut mortui sunt a Turcis*[44] (und auf diese Weise haben alle Adeligen aus ganz Morea, sowohl Griechen als auch Franken, entweder die Flucht ergriffen oder sie wurden von den Türken getötet). Vinzenz von Montfort dürfte sich wohl selbst unter diese vertriebenen *Nobiles* (Adelige) fränkischer Herkunft gerechnet haben. Es darf daraus abermals gefolgert werden, daß der Ort seiner Tätigkeit nicht die Seestadt Modon gewesen sein kann, welche für viele Kreuzfahrer die letzte Zwischenstation auf den Weg in den Orient war[45].

Es spricht einiges dafür, daß Vinzenz in den Jahren nach seinem Studium auch nach Zypern gekommen ist. Denn er berichtet in seiner Kreuzzugsgeschichte wie ein Augenzeuge über das Grab des Inselheiligen Jean de Montfort in Nikosia[46]. Wie wir später von Graf Hugo XVI. erfahren, war es gerade Vinzenz, der seinem Verwandten Graf Ulrich V. in einem eigenhändigen Brief ausführliche Beweise dafür mitgeteilt hat, daß der Ritter des hl. Grabes Jean de Montfort mit dem schwäbischen Adelsgeschlecht verwandt sei, was lange Zeit zwischen Deutschen und Franzosen umstritten war, ja sogar zu Schlägereien unter den Pilgern beider Nationen gerührt hat[47]. Es liegt auf der Hand, daß Vinzenz als der Sohn eines Johannes von Montfort durch die Existenz dieses Heiligen Jean de Montfort persönlich stark berührt war. Überhaupt mag das auch der eigentliche Anlaß für ihn gewesen sein, im Alter mit seinen Verwandten in Tettnang wieder in Kontakt zu treten. Es war ihm ein Anliegen, die Montforter für die Verehrung des Heiligen Jean de Montfort zu gewinnen, selbst wenn er sich dabei in seiner

---

40 Zadra, La sacra spina (wie Anm. 4), S. 24 f.
41 Ebd., S. 19.
42 Stuttgart, Württembergische Landesbibliothek, Cod. hist. fol. 618, fol 97[r].
43 Ebd., fol. 117[v]–119[r].
44 Ebd., fol. 119[r].
45 Vgl. dazu Marjan Tumler, Der Deutsche Orden (Wien 1955), S. 67 weitere Hinweise finden sich bei Röhricht, Pilgerreisen, passim.
46 Ebd., S. 230 ff.
47 Eggart, Johannes von Montfort, S. 1 – 24.

Begeisterung der frommen Lüge bedienen mußte, aus dem französischen Ritter Jean de Montfort einen Schwaben Johannes von Montfort zu machen. Vom 16. bis zum 18. Jahrhundert wurde der Heilige Johannes von Montfort in Tettnang und Langenargen dann auch wirklich als lokaler Heiliger verehrt. Die montfortischen Münzen zeigen sehr häufig auch das Bild dieses Heiligen[48].

Nach seiner Flucht hat Vinzenz von Montfort sich wohl zunächst in Rom aufgehalten, wo auch einer der geflüchteten Herrscher von Morea gestorben ist[49]. In Rom bot sich ihm die Möglichkeit, eine geeignete Pfründe in Aussicht gestellt zu bekommen, wie es jenes Trientner Kanonikat gewesen ist, das er 1466 erhielt. Es scheint nicht ausgeschlossen, daß Vinzenz in diesen Jahren in Rom mit dem späteren Bischof von Trient Johannes Hinderbach[50] zusammengetroffen ist, dessen Amtszeit in Trient (1466 – 1486) sich mit der Zeitspanne deckt, in der Vinzenz das Kanonikat in Trient innehatte.

Zweifellos dürfte der »Grieche« Vinzenz von Montfort das besondere Interesse des hessischen Humanisten Hinderbach erweckt haben. Bereits 1439 hatte dieser selbst an der Wiener Artistenfakultät über das II. Buch des Graecismus gelesen[51]. Da Hinderbach seit 1442 in Padua studierte und Vinzenz von Montfort dort erst 1443 abschloß, könnten sich beide auch aus ihrer Studienzeit gekannt haben.

Am 28. Oktober 1466 wurde Vinzenz vom Montfort in das Trientner Domkapitel aufgenommen und in die Präbende eingewiesen, welche durch die Berufung des Francesco Barozzi auf den Bischofsstuhl von Treviso frei geworden war[52]. Bonelli führt zu

---

48 Klein, Münzen, S. 83–97, hier bes. S. 87.

49 Stuttgart, Württembergische Landesbibliothek, Cod. hist. fol 618, fol. 118ᵛ. Gemeint ist Thomas Palaiologos (Palaeologus), Sohn des byzantinischen Kaisers Manuel II., der 1432 bis 1460 über Achaia gebot. Er flüchtete 1460 vor den Türken nach Italien, traf am 16. November in Ancona ein und lebte mit einer päpstlichen Pension ausgestattet in Rom, wo er im Ospedale di Santo Spirito Quartier bezog. Dortselbst verstarb er am 12. Mai 1465. Aus seiner Ehe mit Caterina, einer Tochter des letzten Fürsten von Achaia, Centurione (II.) Zaccaria, besaß er einen Sohn Andreas, auf den der Titel eines Despoten von Morea überging. Vgl. hierzu Kenneth M. Setton, The Papacy and the Levant (1204 – 1571), vol. II: The Fifteenth Century (= Memoirs of the American Philosophical Society II, Philadelphia 1978), S. 228 f.

50 Victor von Hofmann-Wellenhof, Leben und Schriften des Doctor Johannes Hinderbach, Bischofs von Trient (1465 – 1486). Zeitschrift des Ferdinandeums für Tirol und Vorarlberg 3. Folge 37 (1893), S. 203–262; Alfred A. Strnad, Johannes Hinderbachs Obedienz-Ansprache vor Papst Pius II. Päpstliche und kaiserliche Politik in der Mitte des Quattrocento. Römische Historische Mitteilungen 10 (1968), S. 43 – 183 und ders., Johannes Hinderbach. In: Neue Deutsche Biographie 10 (Berlin 1974), S. 538 f. (Lit.)

51 Dazu vgl. Strnad (wie Anm. 50), S. 133. Zum Graecismus, einem Grammatik-Traktat des Eberhard von Béthune, welcher de nominibus exortis a Greco (über die Namen griechischen Ursprungs) handelt, vgl. Alphons Lhotsky, Die Wiener Artistenfakultät 1365 – 1497 (= Sitzungsberichte der phil. hist. Klasse der Österreichischen Akademie der Wissenschaften 247/2, Wien 1965), bes. S. 63 f.

seinem Kanonikat die Jahre 1474 und 1486 an[53]. Tatsächlich erscheint er in dieser Zeitspanne öfters in den Urkunden des Kapitels.

Am 26. April 1475 vertrat Vinzenz von Montfort mit anderen Domherren das Domkapitel bei der Investitur des Benedikt Fueger auf die Pfarre Eppan[54]. Desgleichen wirkte er am 27. Dezember 1475 bei der Einsetzung des Bartholomäus Caresini in eine Domherrenpfründe mit[55]. Am 25. November 1477 verhandelte er mit anderen mit dem Gemeindevorsteher wegen der Stadtbefestigung gegen die Türkengefahr[56]). Abermals war er am 14. März 1485 an einer Investitur mitbeteiligte[57]. Und am 6. Dezember 1486 nahm er an dem bereits erwähnten Schenkungsakt des Reliquiars teil[58].

In Vinzenz' letzten Lebensjahren läßt sich die Verbindung zu seiner schwäbischen Familie in den Quellen fassen. Graf Ulrich V. von Montfort-Tettnang (†1494)[59], ein Sohn Wilhelms V., besuchte ihn in Trient[60]. Dieser Besuch dürfte in das Jahr 1484 fallen; damals nahm Ulrich V. an der Hochzeit des Erzherzogs Sigmund in Innsbruck teil[61]. Vinzenz bezeichnet Graf Ulrich V. allgemein als *consanguineus* (Blutsverwandter). Wie der Stammtafelauszug zeigt, sind Graf Johann, der Vater des Vinzenz, und Graf Ulrich V., Vettern gewesen; ihre Väter, Heinrich V. und Wilhelm V., waren Brüder.

Graf Ulrich V. erscheint in der Darstellung von Vanotti als einer der menschenfreundlichsten Dynasten seines Geschlechtes[62]. Er forderte in einmaliger Weise die Bürgerfreiheit in seiner Residenzstadt Tettnang, bestätigte den Untertanen im Prätigau

---

52   28. Oktober 1466 verleiht ihm das Trientner Kapitel das durch Versetzung des Francesco Barozzi auf den Bischofsstuhl von Treviso vakant gewordene Kanonikat an der Domkirche von Trient. Vgl. dazu Santifaller, Urkunden (wie Anm. 15), S. 381, Nr. 511. Zur Versetzung Barozzis vgl. Conradus Eubel, Hierarchia medii aevi II (Münster i. W. [2]1914), S. 248 (zum 17. April 1466).

53   [Benedetto Bonelli], Monumente eeclesiae Tridentinae (= Notizie istorico-critiche della chiesa di Trento III/2, Tridenti 1765), S. 289.

54   Schneller, Beiträge, S. 218.

55   Santifaller, Urkunden (wie Anm. 15), S. 397, Nr. 552.

56   Eggart, Montfortdenkmal, S. 4.

57   *Vincentius de Montfort de Morea* 1485 März 14 bei Santifaller, Urkunden (wie Anm. 15), S. 407, Nr. 578.

58   Zadra, La sacra Spina (wie Anm. 4), S. 18.

59   Roller, Grafen von Montfort, S. 174, Nr. 64.

60   Stuttgart, Württembergische Landesbibliothek, Cod. hist. fol. 618, fol. 117[r]. Eine deutsche Übersetzung dieses Briefes von Vinzenz an Graf Ulrich V. findet man bei Martin Crusius, Schwäbische Chronik 2 (Frankfurt 1733), S. 125 (= 3. Teil, 8. Buch, 20. Kapitel).

61   Margarete Köfler und Silvia Caramelle, Die beiden Frauen des Erzherzogs Sigmund von Österreich-Tirol (= Schlern-Schriften 269, Innsbruck 1982), S. 142. Zur Person Sigmunds (1439 – 1496) vgl. Erich Egg und Werner Köfler, Sigmund der Münzreiche, diess., Der Herr des Talers (Hall 1986), diess., Der Herzog und sein Taler. Erzherzog Sigmund der Münzreiche. Politik – Münzwesen – Kunst (= Katalog der Landesausstellung, Burg Hasegg-Hall in Tirol und Tiroler Landesmuseum Ferdinandeum, Innsbruck 1986).

62   Vanotti, S. 137 ff.

ihre Freiheitsrechte, er suchte überall den friedlichen Ausgleich, insbesondere in der eigenen Familie, und wurde auf Grund seines Ansehens vom oberschwäbischen Adel zum Hauptmann des St. Georgenschildes, einer ritterlichen Vereinigung, gewählt. In der Reichspolitik erwies er sich als treuer Diener Kaiser Friedrichs III. Seine wirtschaftlichen Verhältnisse waren in bester Ordnung. Es paßt zu diesem »ruhigen, friedlichen Geist«[63], der das Leben und Wirken Ulrichs V. ausgezeichnet hat, daß er es war, der die Verbindung zu dem »verlorenen Sohn« der Familie wiederhergestellt hat. Dank der Autorität, die Ulrich V. ausstrahlte, erkannte auch noch sein Großneffe Hugo XVI. Vinzenz von Montfort als vollwertiges Mitglied der Familie an, so daß er ihn sogar zum *Comes* (Graf) machte.

Die Trientner Bistumsgeschichte erwähnt Vinzenz von Montfort vor allem als den Stifter einer kostbaren Reliquie, eines Dorns aus der Dornenkrone Jesu Christi, die in einer prachtvollen Turmmonstranz noch heute mit dem Domschatz im Diözesanmuseum von Trient ausgestellt wird. Mehrere Aufsätze haben sich mit diesem gotischen Reliquiar beschäftigt, über dessen Stiftung ein Notariatsinstrument vom 6. Dezember 1486 Kunde gibt. In Anwesenheit von Dekan und Kapitel sowie des Spenders selbst schenkte und übereignete Vinzenz der Kirche des hl. Vigilius die Monstranz mit diesem Heiligtum, damit es *von uns und allen Christgläubigen würdig verehrt werde zum Gedenken an die Passion des Herrn und die Erlösung des Menschengeschlechtes*[64].

Die gotische Monstranz, die an rheinische Kathedralen erinnert[65], zeigt neben der Gestalt des Erlösers zwei Figuren, die als hl. Vigilius und hl. Maxentia identifiziert werden. Der Entstehungszeit nach gehören sie in die zweite Hälfte des 15. Jahrhunderts. Nach Hans Marsilius Purrmann (1880 – 1966) soll es sich um eine deutsche, wahrscheinlich Augsburger Arbeit handeln[66]. Trifft diese Zuordnung zu, so könnte man daran denken, daß Graf Ulrich V. den Auftrag zu dieser Arbeit mit in seine schwäbische Heimat genommen hat. Sein Neffe, Heinrich VII., läßt sich immerhin seit 1486 als Domherr in Augsburg nachweisen[67]. Aber auch an Konstanz könnte man denken, da Heinrich VII. ebenfalls Domherr in Konstanz gewesen ist. Im Geschäftsbuch des Konstanzer Goldschmieds Stefan Maynau aus den Jahren 1480 – 1500 erscheint neben einem Eintrag mit Bezug auf Graf Ulrich V. der Domherr Heinrich VII. als einer der besten Kunden, z.T. mit hohen Beträgen über 100 Gulden[68]. 1493 rechnen der Domherr und der Goldschmied über eine größere Schuld ab, wobei Heinrich VII. noch 13 Gulden

---

63 Ebd., S. 139.
64 Zadra, La sacra spina (wie Anm. 4), S. 18. Vgl. dazu auch Francesco Zoara, Le reliquie della passione (Trento 1933), S. 54 f. Dort auch eine ganzseitige Abbildung der Reliquien-Monstranz.
65 Zadra, La sacra Spina (wie Anm. 4), S. 23.
66 Ebd., S. 23.
67 Roller, Grafen von Montfort, S. 177, Nr. 77.
68 Konstanz, Stadtarchiv, Signatur D.II.83, passim. Vgl. A. Nuglisch, Das Geschäftsbuch des Konstanzer Goldschmiedes Steffan Maignow (1480 – 1500). Zeitschrift für die Geschichte des Oberrheins 61 N.F. 22 (1907), S. 456 – 470.

und 9 Schilling schuldig blieb. In den Jahren nach 1494 erteilte er jährlich mehrere Aufträge, allerdings von wesentlich geringerem Wert. Es wäre Aufgabe eines Kunsthistorikers, Stefan Maynau als den möglichen Hersteller der Monstranz aus dem Trientner Domschatz zu erweisen.

Vinzenz von Montfort ist kurz nach dieser Stiftung, noch im Dezember 1486, zu Trient gestorben. Schon ein Jahr zuvor verfiel er in eine beginnende Paralyse (Lähmung), er bezeichnete sich als *valetudinarius et infirmus*[69] (als ein Mann von schlechter Gesundheit und ein Kranker), so daß es ihm schwer fiel, Briefe zu schreiben. Es wäre ein Herzenswunsch gewesen, seine Freunde und Verwandten am Ende seiner Tage zu sehen, aber *propter debilitatem* (wegen seiner Gebrechlichkeit) blieb ihm dies versagt.

Noch zu seinen Lebzeiten trug er Sorge für sein Grab. Er ließ bereits im August 1486 seinen Grabstein, einem Wunsche des Grafen Ulrich V. entsprechend, mit dem Wappen der Grafen von Montfort, der dreilätzigen Kirchenfahne, schmücken und mit einer lateinischen und einer griechischen Inschrift versehen[70].

Die griechische Textgestaltung zeigt einen westlichen, humanistischen Einfluß. So fällt auf, daß der lateinische Namensbestandteil »de« nicht mit der lautgerechten griechischen Schreibung »ντε«, sondern mit »δε« wiedergegeben wird[71]. Hier zeigt sich, daß Vinzenz trotz seiner Herkunft und trotz seines langjährigen Aufenthaltes in Griechenland von westlicher Kultur geprägt war und eben jenen von ihm selbst erwähnten Franken zuzuordnen ist.

Auch für sein Seelenheil traf Vinzenz die einem Domherrn gebührende Vorsorge. Die Übereignung des Reliquiars an die Kirche des hl. Vigilius war mit der Auflage verbunden, alljährlich am Todestag des Stifters zu gedenken[72]. Weitere Jahrzeitstiftungen, etwa auch solche in Tettnang, sind nicht bekannt. Es ist aber nicht ausgeschlossen, daß der Domherr im Besitz einer zweiten Pfründe gewesen ist und in diesem Zusammenhang eine weitere Jahrzeit gestiftet hat.

Vinzenz von Montfort ist bald nach jenem 6. Dezember 1486 gestorben. Er wurde im Dom von Trient beigesetzt. Die eingangs beschriebene Grabplatte befand sich früher im Boden der Kirche selbst. Ihren heutigen Standort fand sie erst zu Ausgang des 19. Jahrhunderts[73].

Der Kleriker, Arzt und Domherr Vinzenz von Montfort, dessen Lebensweg hier kaum mehr als in einer groben Skizze erfaßt werden konnte, erweist sich als ein weitgereister Mann, dessen Schicksal durch den Aufstieg der osmanischen Macht im östlichen Mittelmeer geprägt war. Die Abkunft aus einem schwäbischen Hochadelsgeschlecht sicherte ihm nicht nur eine für seine Verhältnisse eher ungewöhnliche Karriere;

---

69 Vgl. oben Anm. 60.
70 Text bei Eggart, Montfortdenkmal 2.
71 Die Wiedergabe des Textes *ΒΙΝΚΕΝΤΙΟΣ ΝΤΕ ΜΟΝΤΦΟΡΤ* bei Zoara (wie Anm. 64) ist unrichtig.
72 Zadra, La sacra spina (wie Anm. 4), S. 18, Anm. 1.
73 Vgl. Iginio Rogger, Der Dom zu Trient (Trento 1982), S. 6.

selbst seine adelige Familie akzeptierte den Bastard, zumal von ihm als Geistlichem irgendwelche Erbansprüche nicht zu erwarten waren.

Vinzenz Bedeutung für die Trientner Domkirche liegt vor allem in der Stiftung des hl. Dorns. Für das Gotteshaus seiner schwäbischen Heimat wurde er zum ersten Vermittler des Kults des hl. Johannes von Montfort. Man darf aber in dem griechischen Flüchtling wohl auch den Humanisten sehen. Immerhin weiß Martin Crusius (1526–1607), dem vielleicht weitere Quellen zur Verfügung gestanden haben, von ihm zu berichten: *Dieser Mann war in der griechischen und lateinischen Sprache wohl erfahren, denn damalen wurden gute Künsten und Wissenschaften samt denen Sprachen in Italien, Franckreich und Teutschland von neuem wieder in Flor und Aufnahm gebracht*[74]. Aufgewachsen im Geiste des Renaissance-Humanismus an der Schule von Padua wirkte er zwei Jahrzehnte im Umkreis des »vescovo umanista«[75] (Bischofs und Humanisten) Johannes Hinderbach. Ansätze literarischen Strebens finden sich in seinem Kurzbericht über die Kreuzzüge, vielleicht auch in der medizinischen *Practica*. Seine griechische Grabinschrift weist ihn als Mittler dieser Sprache aus. Wiewohl das alles wie auch der gesamte Lebenslauf des Vinzenz von Montfort vorerst nur in Ansätzen greifbar ist, so wird man ihn doch jenem Kreis gelehrter Männer zuzurechnen haben, die »Das Zeitalter des Humanismus in Tirol« repräsentieren.

---

74 Crusius, Schwäbische Chronik (wie Anm. 60), S. 125.
75 Zitat nach Armando Costa, I Vescovi di Trento (Trento 1977), S. 124.

Graf Heinrich VII. von Montfort-Rothenfels (1456–1512) Domherr zu Augsburg und Konstanz

Die Grafen von Montfort waren eines der bedeutendsten Hochadelsgeschlechter in Schwaben. Graf Hugo von Montfort, der Sohn des Pfalzgrafen Hugo von Tübingen, ließ sich um 1200 in Feldkirch nieder und wurde zum Begründer dieses Dynastengeschlechtes, das sich nach der Mitte des 13. Jahrhunderts in die Linien von Montfort und von Werdenberg teilte. Wenig später teilten sich die von Montfort erneut in drei Linien, die nach ihren Stammsitzen Montfort-Feldkirch, Montfort-Bregenz und Montfort-Tettnang benannt wurden. Während die Grafen von Montfort-Feldkirch und Montfort-Bregenz bereits im 14. Jahrhundert ausstarben, blühte die Tettnanger Linie, von der sich eine neue Bregenzer Linie abspaltete, bis zum Aussterben des Geschlechtes im Jahre 1787 fort.

Heinrich VII. entstammt dieser Tettnanger Linie. Sein Vater war Graf Hugo XIII. von Montfort-Tettnang (ca. 1410 – 1491). Hugo XIII. hatte 1440 bei der Teilung des väterlichen Erbes gemeinsam mit seinem Bruder Rudolf VII. (†1445) Rothenfels, Wasserburg und Langenargen erhalten. Graf Hugo XIII. war ein tatkräftiger und aufgeschlossener Regent. Er ließ 1451 seinen Besitz in einem Urbar aufzeichnen, erwarb 1453 das Marktrecht für Oberstaufen und das Stadtrecht für Langenargen. 1471 konnte er bei Kaiser Friedrich III. die Erhebung von Rothenfels zu einer Reichsgrafschaft durchsetzen. Eine besondere Freundschaft verband Hugo XIII. auch mit dem Tiroler Landesfürsten Herzog Sigmund von Österreich, an dessen Hof in Innsbruck er sich immer wieder aufgehalten hat.

Bereits viele Jahre vor seiner Eheschließung zeugte Graf Hugo XIII. einen unehelichen Sohn Johannes Hugonis de Montfort (ca. 1440 – ca. 1505), der eine beachtliche geistliche Karriere machte und als juristischer Sachwalter der Familie fungierte. Graf Hugo XIII. schloß am 10. Januar 1455 einen Ehevertrag mit Elisabeth, der Tochter des Grafen Johann IV. von Werdenberg-Heiligenberg (ca. 1416 – 1465) und der Gräfin Elisabeth von Württemberg (1423 – 1476).

Aus der Ehe des Grafen Hugo XIII. von Montfort und der Gräfin Elisabeth von Werdenberg (†1467) gingen sechs Kinder hervor, vier Söhne und zwei Töchter. Heinrich VII. war das erste Kind aus dieser Ehe. Da wir davon ausgehen können, daß die Ehe bald nach Abschluß der Heiratsabrede vollzogen wurde, dürfte Graf Heinrich spätestens 1456 zur Welt gekommen sein. Da sich Graf Hugo XIII. meist auf seinem Schloß Rothenfels aufgehalten hat, dürfte damit auch der Geburtsort Heinrichs VII. einigermaßen gesichert feststehen.

Die Ruine Rothenfels liegt 1,5 km nordwestlich von Immenstadt in 853 m Seehöhe auf einer steil abfallenden Bergnase. Das Schloß brannte 1462 ab, wurde aber bald darauf wiederaufgebaut. Seit dem Ende des 18. Jahrhunderts steht es nur mehr als eine Ruine.

Heinrich VII. dürfte die ersten Jahre seiner Kindheit hier auf Schloß Rothenfels erlebt haben. Gemeinsam mit seinen nachgeborenen Geschwistern erlebte er 1462 den Schloßbrand, der auch das Archiv zerstörte. Nach dem Brand zog Graf Hugo XIII. mit seiner Familie nach Immenstadt; später residierte er dann in Langenargen.

Heinrich VII. wurde als erstgeborener Sohn gemäß 4. Mose 3,45 und nach alter Familientradition für den geistlichen Stand bestimmt. Auch der zweitgeborene Sohn Graf Ulrich VIII. (ca. 1457 – 1520) machte als Johanniterkomtur eine Karriere im geistlichen Stand, während die beiden jüngeren Söhne Graf Johann I. (ca. 1458 – 1525) und Graf Hugo XV. (ca. 1459 – 1519) weltlich blieben. Heinrich VII. muß schon in frühester Jugend für den geistlichen Stand bestimmt worden sein. Zwar verzichtete er erst am 26. Juli 1483 gegen ein jährliches Leibgeding von 150 Gulden zugunsten seines Vaters auf sein väterliches, mütterliches und brüderliches Erbe mit dem Vorbehalt, daß wenn er seinen Vater oder seine Brüder überlebe und diese keine ehelichen, männlichen Leibeserben hinterlassen, sein Erbrecht wieder in Kraft trete. Doch dürfte diese Erklärung wohl erst so spät erfolgt sein, weil sie die Volljährigkeit voraussetzte, die Graf Heinrich damals im Alter von etwa 26 oder 27 Jahren gerade erreicht hatte.

Über die geistliche Laufbahn des Grafen Heinrich war zu dieser Zeit längst durch seine Eltern eine Entscheidung getroffen worden. Sie wird bereits 1465 sichtbar in dem sogenannten Montfort-Werdenberg-Altar (Staatsgalerie Stuttgart), den die Brüder Hans und Ivo Strigel in Memmingen im Auftrag des Grafen Hugo XIII. und seiner Ehefrau Elisabeth von Werdenberg schufen: hinter dem Grafenpaar sind die sechs Kinder dargestellt, an erster Stelle Graf Heinrich mit Tonsur, die Hände zum Gebet gefaltet, eher ein junger Mann als ein neunjähriger Knabe.

Zwei Jahre später, am 13. September 1467, wurde der erst elfjährige Heinrich von seinem Vater Graf Hugo XIII. auf die Pfarre Missen (Landkreis Oberallgäu) präsentiert; Graf Hugo war dort Patronatsherr. Da Heinrich jedoch nur ein Kind war, konnte diese Präsentation allenfalls im Sinne einer Anwartschaft zu verstehen sein.

Tatsächlich wurde der Dekan in Stiefenhofen denn auch wiederholt angewiesen, um die Stellvertretung dieser Pfarre besorgt zu sein. Die Absenz des Grafen Heinrich wurde in regelmäßigen Abständen jeweils auf einige Monate genehmigt, so am 4. März 1468, 28. September 1468, 18. Februar 1469, 17. April 1469 und am 3. September 1469, zuletzt nur mehr bis zum 6. Dezember 1469. Da die Pfarre dann am 16. März 1470 durch den Priester Konrad Wälcz, der ebenfalls durch den Grafen Hugo XIII. präsentiert wurde, neu besetzt wurde, bleibt festzustellen, daß damit auch dieses Zwischenspiel als Kirchherr von Missen für Graf Heinrich zu Ende ging. Vermutlich dürfte er um diese Zeit eine neue Pfründe erlangt haben.

Die in der Literatur anzutreffende Vermutung, Heinrich von Montfort sei bereits 1465, also zwei Jahre vor seiner Präsentation auf die Pfarre, Kaplan in Missen gewesen, ist unrichtig. Diese These beruht wohl auf der Tatsache, daß die Pfarre bereits 1465 vakant war. Schon vom Alter Heinrichs ergibt sich, daß er für die Seelsorge nicht in Frage kam.

Als der neue Pfarrer am 16. März 1470 bestellt wurde, trug Graf Hugo XIII. dem Bischof von Konstanz vor, daß die Einkünfte der Pfarrei Missen so gewachsen seien, daß es dem Pfarrer möglich wäre, in der Burg Rothenfels einen Kaplan zu unterhalten. Der Graf wünscht, daß der Pfarrer einen in der Seelsorge erfahrenen Priester als Burgkaplan anstellen möge, der mit 32 Gulden bezahlt werden solle. Oder aber der Pfarrer solle selbst in der Burg den Dienst versehen, der Kaplan dagegen in der Pfarrkirche.

Gemäß dieser frühen Bestimmung für den geistlichen Stand hat Graf Heinrich die verschiedenen Weihen wohl schon im Kindesalter erhalten, und zwar in Augsburg. Augsburg war nicht nur das zuständige Bistum, vielmehr war dort 1469 Graf Johann von Werdenberg, ein Bruder der Mutter Heinrichs, zum Bischof gewählt worden. Damit waren für die geistliche Karriere des Grafen Heinrich besonders günstige Voraussetzungen eingetreten. Wahrscheinlich war die 1469 getroffene Entscheidung, auf die Pfarre Missen zu verzichten, eine unmittelbare Folge der Wahl dieses Verwandten zum Bischof von Augsburg, weil damit die Aussicht auf gute Pfründen im Bistum Augsburg beträchtlich gestiegen war.

Hinsichtlich seiner Weihegrade hat Graf Heinrich seinen bisherigen Biographen Rätsel aufgegeben. In Augsburg wird er weder unter den Diakonen noch unter den Priestern geführt.

Tatsächlich erhielt Heinrich nur die niederen Weihen, in den höheren Weihen gelangte er nicht über den niedrigsten Grad, das Subdiakonat, hinaus. Noch gegen Ende des Jahres 1504 wird er in Konstanz als »senior subdiaconus« bezeichnet. Als solcher ist er bei der Meßfeier auf die liturgische Assistenz beschränkt. Zwar ist auch bereits der Subdiakon zum Zölibat verpflichtet, doch konnte er eher zu einer Dispens gelangen, falls er sich doch noch zu irgendeinem Zeitpunkt zu einem Wiedereintritt in den weltlichen Stand entschlossen hätte. Nach dem Erbverzicht vom 26. Juli 1483 war ein solcher Wiedereintritt in den weltlichen Stand und sogar eine Eheschließung unter bestimmten Voraussetzungen vorgesehen; schon mit Rücksicht darauf erschien eine Priesterweihe für Graf Heinrich untunlich. Es gab in der Familie mehrere Beispiele dafür, daß die Rückkehr in den Laienstand und die Verehelichung notwendig geworden waren.

Bereits 1472 wurde der erst 16jährige Graf Heinrich Domherr von Augsburg. Welche Rolle bei der Vergabe der Pfründen die verwandtschaftlichen Verhältnisse gespielt haben, zeigt auch die spätere Ernennung des Grafen Heinrich zum bischöflichen Kaplan durch den Bischof Friedrich von Zollern, den Nachfolger des Johann von Werdenberg auf dem Augsburger Bischofsthron: die Ernennung erfolgte unter Betonung der gegenseitigen Verwandtschaft.

Die in Aussicht genommene geistliche Karriere des Grafen Heinrich verlangte eine entsprechende Schulbildung. Lesen und Schreiben sowie die Anfangsgründe der lateinischen Sprache dürfte Heinrich noch auf der Burg Rothenfels erlernt haben, wahrscheinlich von einem Hofgeistlichen. Als ein solcher Lehrer käme Konrad Wälcz in Frage, der bereits 1466 von Graf Hugo XIII. auf die Pfarre Stiefenhofen präsentiert wurde, dort aber einen Stellvertreter einsetzte und bald darauf (noch 1466) resignierte. Im März 1470 wurde er dann Pfarrer von Missen, wobei der Graf ihn offenbar weiterhin als »Burgkaplan« beschäftigen wollte. 1487 präsentierte ihn Graf Hugo XIII. auf die Pfarre Fischen (Landkreis Oberallgäu).

Der junge Graf Heinrich wurde zu seinem Onkel an den bischöflichen Hof nach Augsburg geschickt. Wenn man sich schon für eine geistliche Karriere entschieden hatte, so war das Ziel nach Möglichkeit ein Episkopat. Denn in dieser Position konnten die Grafen zu Reichsfürsten aufsteigen und auf einer höheren politischen Ebene mitreden. Die unvergleichbar größeren Machtmittel ließen sich auch zugunsten des Hauses Montfort einsetzen. Zahlreiche Vorfahren waren in dieser Hinsicht ein Beispiel: Heinrich I. von Montfort, Friedrich II. von Montfort, Hugo VI. von Montfort und Rudolf III. von Montfort als Bischöfe von Chur, letzterer auch noch als Bischof von Konstanz. Im Umkreis des Bischofs Johann von Werdenberg konnte sich der junge Graf Heinrich am besten auf die ihm einmal zugedachten Aufgaben vorbereiten. Der Onkel, Johann von Werdenberg, wurde zumindest denn auch ein Vorbild für Heinrich. Graf Johann von Werdenberg förderte den Buchdruck in Augsburg und die Kunst und baute seit 1479 den Kreuzgang des Domes um. Wir sehen später, daß auch Graf Heinrich als Domherr von Konstanz mit Vorliebe in dieser Richtung tätig wird.

Als mit dem Tod des Diepold Turnlin, Domherrn zu Augsburg, Straßburg und Konstanz, 1472, ein Kanonikat im Augsburger Domkapitel frei wurde, wurde dieses Graf Heinrich von Montfort übertragen. Er erfüllte weitgehend die Aufnahmebedingungen: eheliche Geburt, gesetzliches Alter, Freiheit von Irregularität (Mißgestalt, Delikt) und einen Weihegrad. Dazu kam die Zahlung einer Aufnahmegebühr sowie die Ablegung eines Eides. Hinsichtlich des gesetzlichen Alters könnte man Bedenken haben; doch kommt im 15. Jahrhundert das 17. Lebensjahr als Aufnahmealter vor.

Nach der feierlichen Aufnahme in das Domkapitel erfolgte die »Installatio«, die Zuweisung eines Platzes im Chorgestühl des Augsburger Doms, den Graf Heinrich in den folgenden vier Jahrzehnten bis zu seinem Tode innehatte. Für die Domherren bestand grundsätzlich Residenzpflicht, die im ersten Jahr ununterbrochene Anwesenheit erforderte. Zwei vereidigte »Speculatores« überwachten die Einhaltung dieser Bestimmung. Ab dem 2. Jahr reduzierte sich die Anwesenheitspflicht auf 13 Wochen; sie konnte laufend oder mit Unterbrechung abgeleistet werden. Seit 1487 war Heinrich von Montfort auch residierender Domherr in Konstanz, wo er sich meistens aufgehalten hat. Gleichzeitig war er bestrebt, Jahr für Jahr seiner Augsburger Residenzpflicht nachzukommen. Wir treffen ihn daher auch später immer wieder in Augsburg an.

Im allgemeinen wurde von einem Domherrn ein Universitätsstudium der »Artes« (d.h. der Philosophie), des Kirchenrechts oder der Theologie verlangt. Für diesen Zweck wurden die Domherren von der Residenzpflicht befreit. Auch Graf Heinrich nahm ein solches Hochschulstudium erst nach seiner Ernennung zum Domherrn auf. Allerdings können wir Graf Heinrich erst Anfang 1476 in einer Universitätsmatrikel fassen. Zu diesem Zeitpunkt war Heinrich etwa 20 Jahre alt, eine bereits gereifte Persönlichkeit, kein Studienanfänger. Leider war es bei den Hochadeligen nicht üblich, sich den Examina der Universität zu unterwerfen, da ein Grafentitel höher als ein Doktorgrad eingeschätzt wurde. Infolgedessen ist auch der Bildungsfortgang nicht an Titeln wie Bakkalar, Magister oder Doktor ablesbar. Graf Heinrich mag auch bereits längere Zeit in Freiburg studiert haben, ehe er sich offiziell in die Matrikel einschrieb.

Nicht ganz zufällig ist auch die Wahl von Freiburg als Studienort. Die Grafen von Montfort können als Gönner dieser Universität angesprochen werden. So war unter anderem die Pfarre Neuburg (Ehingen) der Universität Freiburg inkorporiert worden, nachdem ihr letzter Pfarrer Johannes Hugonis, der illegitime Halbbruder Graf Heinrichs, 1470 resigniert und damit den Weg für die Inkorporation frei gemacht hatte.

Sehr bemerkenswert sind denn auch die Umstände der Immatrikulation Graf Heinrichs. Er steht an der Spitze einer ganzen Gesellschaft von Studenten aus der Grafschaft Hugos XIII. Dazu gehört einmal sein jüngerer Bruder Graf Hugo XV., sodann Petrus Gesler aus Tettnang, Johannes Bader aus Langenargen und Johannes Steb aus Immenstadt, vielleicht auch noch Bartholomäus Rygler aus Augsburg. Sie alle schrieben sich am 9. Januar 1476 in die Freiburger Matrikel ein. Man hat den Eindruck, daß Graf Hugo XIII. sich hier gezielt um den akademischen Nachwuchs in seinem Lande gekümmert hat. Petrus Gesler wird später als Magister und Doktor des Kirchenrechts Propst des Stiftes St. Peter und Paul in Oberstaufen. Da er offenbar bereits älter war, mag ihm die Rolle eines Präzeptors zugekommen sein; Gesler hatte bereits 1469 in Heidelberg studiert und war dort 1471 Bakkalar geworden.

Die Anerkennung der Studenten aus dem Montforterland durch die Universität zeigt sich besonders darin, daß Graf Heinrich am Vorabend des 1. Mai 1476 zum Rektor magnificus der Universität Freiburg gewählt wurde. Unter seinem Rektorat wurden bis zum 28. Oktober 1476 23 Studenten inskribiert. Graf Heinrichs Nachfolger als Rektor wurde der berühmte Humanist Geiler von Kaisersberg.

Man darf diese Wahl des Grafen Heinrich zum Rektor nicht überbewerten. Selbstverständlich lassen sich Heinrich von Montfort und Geiler von Kaisersberg nicht hinsichtlich ihrer wissenschaftlichen Qualifikation vergleichen. Mit dem Studenten Heinrich von Montfort wählte die Universität einen Rektor, der als Angehöriger des Hochadels Ansehen genoß; gleichzeitig brachte sie damit den der Familie geschuldeten Dank zum Ausdruck. Aber dennoch: Graf Heinrich wurde doch in eine Funktion gewählt, in der er repräsentieren mußte. Er mußte lateinische Reden halten können. Und so bedeutet die Immatrikulation im Januar 1476 für ihn nicht den Beginn des Studiums. Die Wahl zum Rektor ist ein erster Höhepunkt, eine Auszeichnung für den jungen Kleriker und Domherrn, vielleicht auch ein Aushängeschild für eine künftige Wahl in eine der Dignitäten des Domkapitels oder gar eine Bischofswahl.

Zum weiteren Studiengang des Grafen Heinrich wurde bisher angenommen, daß er 1478/79 an der Universität Ferrara die Rechte studiert hat. Diese Version schien vor allem dadurch begründet, daß die Domkapitel von ihren Mitgliedern vorzugsweise ein kirchenrechtliches Studium erwartet haben, und daß tatsächlich 1476 – 1479 ein Heinricus de Montfort als »studens Ferrarensis« belegt ist. Diese These läßt sich aber wohl nicht aufrecht erhalten. Einmal fällt auf, daß dieser Student, der dreimal als Zeuge belegt ist, nie mit seinem Grafentitel genannt wird. Zum andern ist dieser Heinrich von Montfort erstmals am 25. Juni 1476 in Ferrara bezeugt, also zu einem Zeitpunkt, zu dem unser Graf Heinrich noch als Rektor der Universität Freiburg in Funktion war. Wir müssen daher hier zwei gleichnamige Personen annehmen. Dafür scheint auch zu sprechen, daß Henricus de Montfort am 9. August 1479 mit zwei Niederländern, nämlich Nicolaus Cryp von Den Haag und Cornelius de Mulino de Goes, Zeuge ist. Wir werden wohl in Henricus de Montfort eher einen Niederländer vermuten müssen als unseren Grafen Heinrich.

Damit ist freilich nicht gesagt, daß Graf Heinrich nicht doch auch in Italien studiert hat. Manches spricht sogar dafür. So können wir beispielsweise seinen illegitimen Halbbruder Johannes Hugonis wiederholt in Bologna und Rom als Student des Kirchenrechts nachweisen. Er ist 1465 in Bologna, 1479 in Rom, 1481 in Venedig, 1482 in Bologna, 1484 in Rom. Johannes Hugonis käme als Präzeptor des Grafen Heinrich in Frage. Auch sein Vater Graf Hugo XIII. und seine Schwester Kunigunde ließen sich 1479 in Rom in die Bruderschaft der Kirche S. Anima aufnehmen. Zudem war nirgends die Jagd auf Pfründen vielversprechender als in Rom. Graf Heinrich wurde spätestens 1483 auch zusätzlich Domherr von Konstanz. 1503 beanspruchte er eine weitere Domherrenpfründe am Basler Münster, auf die er ein Anwartschaftsrecht hatte. Schließlich erhielt er 1506 noch eine Domherrenpfründe in Straßburg.

Graf Heinrich ist in den Jahren vor 1486 zweifellos einem ernsthaften Studium nachgegangen, nicht vergleichbar mit jenen Kavalierstouren der Adligen des 16. und 17. Jahrhunderts. Er zeigte auch später eine besondere Vorliebe für Bücher. So hat sich aus dem Besitz des Grafen Heinrich eine Gesamtausgabe der Werke des Philosophen Jean de Gerson (1363 – 1429) erhalten. Dieses dreibändige Werk, das 1488 in Straßburg gedruckt wurde, weist durch ein Wappen Graf Heinrich als den Besitzer aus. Zwar gehört dieses Buch nicht in die Studienzeit Heinrichs, zeigt uns aber, daß er sich mit einem führenden Theologen des 15. Jahrhunderts auseinandergesetzt hat. Der Besitz kostbarer Bücher mag zwar auch ein Statussymbol für einen Domherrn gewesen sein, aber Heinrichs Interesse ging zweifellos weiter. Im Konstanzer Domkapitel ist er 1503 an dem Beschluß beteiligt, die neue Basler Gesamtausgabe der Bibelpostille des Hugo von St. Cher, die 1497 – 1502 gedruckt wurde, anzuschaffen. 1499 war er an dem Beschluß des Konstanzer Domkapitels beteiligt, die Schlüssel zur Bibliothek einzuziehen und das Schloß zu ändern, nachdem ein Buch »Exposicionis psalterij« verschwunden war.

Obwohl Heinrich von Montfort 1483 Domherr zu Konstanz geworden war, blieb vorerst Augsburg der Schwerpunkt seiner Tätigkeit. Nach dem Tode seines Onkels Johann von Werdenberg 1486 war er als Augsburger Domherr an der Wahl des neuen Bischofs Friedrich von Zollern beteiligt. Der neue Bischof, ebenfalls ein Verwandter, ernannte ihn kurz darauf zu seinem Kaplan. Das bedeutete, daß Heinrich noch mehr als zuvor in die Nähe des Bischofs rückte und Einblicke in die Regierungstätigkeit bekam. Graf Heinrich verstand es aber offenbar nicht, diese Chance zu nutzen. Aus bisher unbekannten Gründen – vielleicht wegen der Differenzen, die es zwischen dem Bischof und Graf Hugo XIII. über die Gerichtsrechte des Hochstiftes in der Grafschaft Rothenfels gab – verließ Heinrich spätestens im Frühjahr 1487 Augsburg, um sich in Konstanz ein neues Arbeitsfeld zu suchen. Damit wurden zugleich auch die Pläne hinsichtlich einer weiteren Karriere begraben. Heinrich blieb in Konstanz für den Rest seines Lebens ein einfacher Domherr, der brav seine Aufgaben erfüllte und seine Einkünfte genoß, aber durch keine besonderen Leistungen und Verdienste herausragte. Im Gegenteil bot er gelegentlich Anlaß zu ernsthafter Kritik.

In Konstanz bezog Graf Heinrich von Montfort den Domherrenhof Inselgasse Nr. 2 zwischen der Predigerbrücke und dem Münsterlinger Haus. Allerdings befand sich das Haus damals schon in einem baufälligen Zustand, nachdem es die Dompröpste bereits 1485 als ihren Sitz aufgegeben hatten. 1503 wurde vom Domkapitel beschlossen, den ruinösen Hof zu restaurieren. 1506 stritt Graf Heinrich mit einem Nachbarn wegen eines Erkers. 1512 ging das Haus in den Besitz des bekannten Domherrn Johann von Botzheim über, der einer der führenden Humanisten am Bodensee war. Botzheim tätigte weitere große Investitionen, um das Haus zu erneuern, in dem 1522 Erasmus von Rotterdam bei seinem Konstanzer Aufenthalt wohnte.

Als Botzheim den Hof übernahm, machte man ihm zur Auflage, ihn auf eigene Kosten »zierlich und wie sich einen thumbherren hof gebürt ze buhen«. Man muß daraus fast schließen, daß Graf Heinrich in dem verwahrlosten Hof unter seinem Stand gelebt hat. Wegen hoher Schulden dürfte er zu geringe Mittel gehabt haben, seinen Hof zu erneuern.

Ein zusätzlicher Grund für die mangelnden Investitionen mag auch gewesen sein, daß Graf Heinrich vor den Toren von Konstanz ein Gut (»praedium«) besessen hat, das ein Lehen des Abtes von Petershausen war. Es muß sich um ein sehr stattliches Gut gehandelt haben; denn dessen Wert wurde 1521 auf 1.000 Gulden veranschlagt. Als Angehöriger des Hochadels mochte Graf Heinrich das Leben auf dem Lande höher geschätzt haben als eine Stadtwohnung.

Über das Personal des Domherren wissen wir nur sehr wenig. Den Haushalt in der Stadt führte 1510 die »Famula« Adelhaidis. Sie war sogar bevollmächtigt, Briefe an den abwesenden Domherrn in Empfang zu nehmen. Die Dienerschaft war aber um einiges größer. Kurz nach dem Tode des Grafen beschließt das Domkapitel, dessen »Familia« zwei Mutt Kernen »pro mensa eorundem« zukommen zu lassen. Andererseits beschloß das Kapitel, da Graf Heinrich vor der Distribution der Gangfische gestorben sei, »den Seinen« keine Gangfische oder anderes dergleichen zu geben.

Gerson war sicher nicht viel weniger aufwendig als jene Anschaffung der Bibel des Hugo von St. Cher, die im Domkapitel zuerst eingehend diskutiert wurde. Das überlieferte Geschäftsbuch des Konstanzer Goldschmiedes Stephan Maynau zeigt, daß Graf Heinrich 1493 dort guter Kunde war. Damals bestätigte er, 13 Gulden und 9 Kreuzer schuldig zu bleiben. 1499 werden 121 Gulden genannt.

Der doppelte Haushalt in Konstanz und Augsburg verschlang zusätzliche Mittel.

Heinrich von Montfort war gezwungen, Schulden zu machen, die ihm über den Kopf wuchsen. So wurde er im Februar 1500 wegen seiner Schulden in Augsburg exkommuniziert; er konnte allerdings bald darauf die Absolution erlangen.

Graf Heinrich hinterließ denn auch bei seinem Tode ein finanzielles Chaos. Das Gut des Grafen wird mit Arrest belegt. Noch 1519 ergeht der Befehl, daß Rechner und Pfleger über die Pfründe des Grafen Heinrich »ain durchgehende lutre rechnung tun« sollen. Damals war der Graf schon über sechs Jahre tot.

Die Einkünfte bestanden aus dem Leibgeding von 150 Gulden, dessen Zahlung nach dem Tode des Vaters der Bruder Johann übernommen hatte. Am 20. August 1504 quittiert Graf Heinrich den Empfang eines ersten Teilbetrages von 75 Gulden. Zu den Einkünften aus dem Kanonikat gehören u. a. die Sitzungsgelder, die für jede Anwesenheit gezahlt wurden, aber auch dann, wenn der Domherr im offiziellen Auftrag unterwegs war und nicht an der Sitzung teilnehmen konnte. Graf Heinrich war daher wiederholt bestrebt, seine notwendigen Aufenthalte in Augsburg mit solchen Dienstreisen zu verbinden, um ungeschmälert zu seinen Einkünften zu kommen. Seine Schulden besagen also nicht, daß er nicht doch ernsthaft bestrebt war, zu Geld zu kommen. Die Einkünfte bestanden zum Teil auch in Naturalien: Wein, Getreide, Gangfischen u. dgl.

Im Domkapitel hatte Graf Heinrich die Aufgabe, mit seinen Mitbrüdern das große Vermögen der Korporation mitzuverwalten und alle möglichen Dienste zu übernehmen. Diese können politischer, juristischer, wirtschaftlicher und religiöser Art sein; an allen sehen wir Heinrich beteiligt. Alle paar Tage findet eine Sitzung des Domkapitels statt, das sich meist im »Stauf« trifft. Das Haus brannte 1824 ab und wurde restlos abgetragen. Der Name »Stauf« bezeichnet einen irdenen Weinbecher von einer halben Maß Inhalt, wie er beim Trunk gebräuchlich war. Zuweilen fanden Sitzungen auch in den Häusern einzelner Domherren statt oder auch im Haus des Pflegers, besonders die Abrechnungen, wohl weil man die entsprechenden Unterlagen zur Hand haben wollte.

Man muß Graf Heinrich insgesamt den fleißigen Besuch der Sitzungen bescheinigen, über die genau Buch geführt wurde. Sogar Verspätungen wurden notiert: *Statim post punctaturam venerunt Montfort ...* (gleich nach Verlesung der Tagesordnung kamen Montfort ...). Zu Beginn der Protokolle im Juni 1487 erscheint er als *ultimus* (letzter) in der Präsenzliste. In den letzten Sitzungen, an denen er teilnimmt, gehört er zu den Senioren (so schon 1506) und steht auf Platz 3 der Präsenzliste. Immerhin liegen mehr als 25 Jahre dazwischen.

In dieser Zeit hatte er öfters auch Funktionen zu übernehmen gehabt. Bei der Abrechnung mit dem Pfleger nehmen 1506 neben den *Computatores* (Rechnern) drei Senioren und einige Junioren teil, *ut rationem et calculum addiscant* (damit sie die Abrechnungspraxis erlernen). Die jüngeren Domherren werden auf diese Weise in die Verwaltung und das Rechnungswesen eingeführt. Auch Graf Heinrich wurde so befähigt, erstmals 1490 das Amt eines *Computators* zu übernehmen. Dasselbe Amt wird ihm auch 1503, 1504 oder 1506 übertragen. Es erforderte Genauigkeit und Umsicht, zumal es gerade bei der Abrechnung zu vielen schweren Händeln kam.

Ein erheblicher Stellenwert kam auch dem religiösen Leben zu. Denn ursprünglich lag der Sinn einer solchen Chorherrengemeinschaft im gemeinsamen Gebet. Die zahlreichen Erörterungen im Domkapitel, wie man dieses oder jenes Kirchenfest feiern sollte, legen Zeugnis dafür ab, daß dieser ursprüngliche Sinn nicht ganz verloren gegangen war. So wird etwa 1501 über die Feier der Osternacht beschlossen: »die stangkertzen, so man vor der mettin am hailgen tag zu Ostern mit dem sacrament von dem grab in den chor tregt vnd vormals zehand abgelöscht hat, das man nu hinfür das sacrament vff dem fronalter durch ain dechan oder andern dem volck erzeigen vnd darnach vff dem altar biß end der metten vnd beliben vnd die stang kertzen miner Herren aller by dem alter och biß zu end der mettin brinnen lassen sölle gott zulob vnd eren dem fest.«

1503 wird die Anfertigung eines Marienbildes beschlossen. 1490 wird Graf Heinrich beauftragt, den Platz für die Aufstellung einer neuen kleinen Orgel auszusuchen, die man zur Schonung der großen Orgel anschaffen will. 1504 wird er deputiert, den Bau einer neuen Schule zu beaufsichtigen. Da die Schule im Kreuzgang den Gottesdienst stört und im Winter zu kalt ist, soll im Haus des verstorbenen Sängers Michel Ötinger eine neue Schule und eine Behausung für den Schulmeister eingerichtet werden.

Häufig wird Graf Heinrich auch zur Erörterung juristischer Fragen deputiert. 1502 wird er beigezogen, um eine Appellationsschrift zu verfassen. 1504 soll er die Artikel, die für eine Vereinbarung zwischen Bischof und Domkapitel vom Bischof von Chur vorgeschlagen wurden, überprüfen. 1506 werden ihm einige neu aufzurichtende Statuten zur Emendation vorgelegt. In allen diesen Fällen werden mit Graf Heinrich auch einige andere Domherrn gleichzeitig beauftragt; aber offenbar gilt er als Spezialist für solche Fragen.

Das gilt auch für diplomatische Missionen, bei denen man ihn vielleicht auch deswegen bevorzugt einsetzte, weil einem Angehörigen des Hochadels größere Autorität zukam. Man entsandte ihn wiederholt als Botschafter zu den Eidgenossen. So wird er 1491 zu den Eidgenossen »von Ort zu Ort« entsandt, also in alle Kantone. Belegt sind Aufenthalte in Zürich, Zug und Luzern. Er verhandelte 1500 wegen des Zehnten und der Einkünfte im Thurgau. 1504 gehört er einer Botschaft an, die nach Baden im Aargau entsandt wird. Im Jahre 1500 gehört er dem Empfangskomitee an, das den Bischof Johann von Dalberg von Worms begrüßt und mit ihm verhandelt. Heinrich von Montfort verhandelt 1500 mit der Stadt Konstanz oder 1501 mit der Stadt Überlingen. Er reitet in Begleitung des Kapitelschreibers 1503 nach Augsburg, wo er mit der bischöflichen Kanzlei und dem dortigen Kapitel Gespräche führt. 1504 soll er in Konstanz mit Graf Heinrich von Lupfen einen gütlichen Vergleich suchen. Heinrich von Montfort muß sich als Diplomat bewährt haben, da er immer wieder zu solchen Aufgaben herangezogen wird.

Offenbar ging Graf Heinrich auch gerne auf Reisen, wie wir denn überhaupt in seiner Familie eine traditionelle Schwäche für gute und teure Pferde antreffen. Er muß große Wegstrecken zurückgelegt haben, wenn wir an seine jährlichen Besuche in Augsburg denken. Verwandtenbesuche und ähnliches kommen hinzu. Auf diese Weise gestaltete sich das Leben des Domherrn doch recht abwechslungsreich.

Voraussetzung für eine solche Beweglichkeit war eine gute Gesundheit. Wir finden in den Präsenzlisten des Domkapitels Heinrich von Montfort nur ganz selten unter den *Infirmi*, die wegen einer Krankheit fehlen. Das gilt selbst noch für die Monate kurz vor seinem Tod um den 1. Dezember 1512. Noch am 25. August 1512 nimmt er an einer Sitzung teil. In der Folgezeit wird er wohl als *absens* (abwesend) geführt, aber nicht als *infirmus* (krank). Wir lassen dabei die Möglichkeit offen, daß er erkrankt war und man wegen der Abwesenheit keine Kenntnis von einer Krankheit hatte. Aber allein schon die Tatsache, daß er wenige Monate vor seinem Tod noch eine Reise unternahm, spricht für seine gute Gesundheit. 1503 wird Heinrich nachgesehen, daß er wegen der Pest seinen Aufenthalt in Augsburg länger ausgedehnt hatte.

Über die Tätigkeit des Grafen Heinrich von Montfort in Augsburg sind wir sehr viel weniger gut unterrichtet. Gewöhnlich verbrachte Graf Heinrich das Jahr bis Ende August in Konstanz, reiste dann im September nach Augsburg und kehrte zum Weihnachtsfest wieder nach Konstanz zurück. Die großen Kirchenfeste verbrachte er also in Konstanz, so daß hier der eigentliche Schwerpunkt seines Wirkens zu suchen ist.

Auch in Augsburg bewohnte Graf Heinrich einen Domherrenhof. Dieser stand wiederholt im Zentrum von Konflikten zwischen der Stadt und dem Domkapitel. 1509 entschuldigt sich die Stadt beim Domkapitel für einen Eingriff in das kirchliche Asylrecht: ein städtischer Vogtknecht habe aus Unwissenheit in den Hof des Domherrn Heinrich von Montfort geboten. 1510 verlangte die Stadt von den Leuten des Domherrn Graf Heinrich von Montfort die Zahlung eines Wachgeldes. Das Domkapitel verweigerte jedoch diese Zahlung mit der Begründung, daß die Leute des Grafen Heinrich keine Augsburger Bürger seien.

Zwei Ereignisse von größerer Tragweite unterbrechen die doppelte Erfüllung der Residenzpflicht des Grafen Heinrich von Montfort in Konstanz und Augsburg: seine Ernennung zum Domherrn in Basel 1503 und seine Ernennung zum Domherrn in Straßburg 1506.

Graf Heinrich hatte zu irgendeinem nicht näher bekannten Zeitpunkt eine Anwartschaft auf eine Domherrenpfründe an der Kathedrale in Basel erlangt. Als diese Pfründe durch den Tod des Albertus de Raiper frei wurde, nahm Heinrich diese in Anspruch, hatte aber offenbar nicht vor, sie tatsächlich in Besitz zu nehmen. Denn er resignierte diese Basler Pfründe zu Händen des Papstes. Lukas Conrater, Kleriker der Diözese Augsburg, ein Mitbruder des Grafen Heinrich im Konstanzer Domkapitel, bewarb sich um diese Pfründe, deren Einkommen auf 10 Mark Silber geschätzt wurde. Am 6. Juli 1503 bewilligte der Papst dieses Ansuchen. Wir können davon ausgehen, daß Graf Heinrich und Lukas Conrater zuvor eine entsprechende Abmachung in diesem Sinne getroffen haben und Graf Heinrich in irgendeiner Weise dafür entschädigt wurde.

Die Straßburger Domherrenpfründe wurde Graf Heinrich am 6. Oktober 1506 übertragen. Zufolge der Konstanzer Präsenzlisten war Graf Heinrich vom 11. September 1506 bis Jahresbeginn 1507 abwesend; er könnte also in dieser Zeit in Straßburg gewesen sein. Schwäbische Hochadelige waren in Straßburg am Ende des Mittelalters präsent gewesen, u. a. Heinrich von Werdenberg (1452 – 1505), ein Bruder von Graf

Heinrichs Mutter, vielleicht sogar ein Taufpate, wie der gemeinsame Vorname nahelegen könnte, aber auch Friedrich von Zollern, den wir schon als Verwandten und Förderer Heinrichs kennengelernt haben. Beide starben im März 1505, so daß der Weg für eine Straßburger Domherrenpfründe frei wurde. Die chronikalischen Aufzeichnungen der Grafen von Montfort stellen den Grafen Heinrich als Straßburger Domherrn besonders heraus, ja sie liefern sogar die Abschrift einer Adelsprobe, die eigens zu dem Anlaß der Ernennung Heinrichs zum Straßburger Domherrn angefertigt wurde. Mit Sicherheit hat Graf Heinrich in Straßburg nicht residiert. Es ist anzunehmen, daß er diese Pfründe in ähnlicher Weise wie die Basler Pfründe weitergegeben hat. Dafür spricht, daß nach der Straßburger Überlieferung Graf Heinrich bereits 1507, also kurz nach seiner Ernennung zum Domherrn, gestorben sein soll.

Graf Heinrich ist um den 1. Dezember 1512 im Alter von etwa 56 Jahren gestorben. Das genaue Todesdatum ist unsicher. Vanotti nennt den 12. Januar, gibt aber dafür keine Quelle an. Wurde vielleicht hier der 1.12. mit dem 12.1. verwechselt? Nach den Konstanzer Domkapitelsprotokollen nimmt Heinrich zuletzt am 25. August 1512 an einer Sitzung teil. In der Folge wird er als abwesend geführt, und zwar bis zum 19. November 1512. Am 1. Dezember 1512 wird er nicht mehr als abwesend geführt, d.h. daß man Kenntnis von seinem Tod hatte. Am 7. Dezember 1512 wird bereits sein Nachfolger in seine Pfründe eingesetzt. Diese Daten besagen, daß Heinrich vor dem 1. Dezember 1512 gestorben ist, wahrscheinlich nach dem 19. November 1512. Es ist aber auch nicht auszuschließen, daß man am 19. November 1512 den Domherrn als abwesend geführt hat, weil man von seinem Tod noch keine Kenntnis hatte. In diesem Fall wäre Heinrich wohl einige Tage vor dem 19. November 1512 gestorben.

Da der Tod plötzlich und unerwartet eintrat, ist davon auszugehen, daß Graf Heinrich im September 1512 wie jedes Jahr nach Augsburg aufgebrochen ist, um dort seiner Residenzpflicht zu genügen. Mit hoher Wahrscheinlichkeit ist er auch nicht auf dem Weg dorthin gestorben, weil sonst die Kenntnis von seinem Tod sehr viel früher in Konstanz eingetroffen wäre. Heinrich ist also wohl in Augsburg gestorben.

Graf Heinrich wurde in diesem Fall im Augsburger Dom beigesetzt. Eine Überführung in das Familiengrab im Kloster Langnau, wo sein Vater Hugo XIII. (†1491) und seine Mutter Elisabeth von Werdenberg (†1467) beigesetzt waren, kam wohl nicht in Betracht. In der Liste der Langnauer Bestattungen fehlt jedenfalls sein Name.

Eine Jahrzeitstiftung ist weder in Konstanz noch in Augsburg erfolgt. Graf Heinrich wurde also offenbar vom Tod überrascht, so daß ihm keine Zeit geblieben ist, Vorsorge für sein Seelenheil zu treffen. Angesichts der großen Schulden, die Graf Heinrich hinterlassen hat, verzichteten auch seine Mitbrüder darauf, ihm eine Jahrzeit einzurichten. Heinrich hat wohl auch kein Testament hinterlassen; denn die Versorgung der Dienerschaft mußte durch das Domkapitel sichergestellt werden.

Dennoch könnte das von Vanotti überlieferte Todesdatum 12. Januar auf eine unbekannte Jahrzeitstiftung zurückgehen. Im Jahrzeitbuch des Klosters Mehrerau bei Bregenz wurde unter dem 17. Januar eines »Hainricus comes de Montfort subdiaconus« gedacht. Diese Eintragung könnte auf Graf Heinrich passen; wahrscheinlicher aber ist eine Identifizierung mit dem am 18. Januar 1307 verstorbenen Churer Dompropst Heinrich III. von Montfort.

Nur in geringem Maße haben sich Überreste erhalten, die vom Leben und Wirken des Grafen Heinrich Zeugnis geben. Neben der schon erwähnten Inkunabel in der Universitätsbibliothek Augsburg, die neben seinem Wappen auch eine Ahnenprobe enthält, ist dies vor allem ein Siegel (HStA Stuttgart, Weingarten U. 1665, und Bayerisches Hauptstaatsarchiv München, Montfort U. 261). Das Rundsiegel von ca. 34 mm Durchmesser zeigt einen Engel in weitem Gewand, der seine rechte Hand auf den etwas schräg gestellten Montforter Halbrundschild stützt, mit der linken Hand hält er den Spangenhelm, auf dem der bärtige Mannrumpf mit der Infel steht. Nicht einmal andeutungsweise wird auf die Funktionen des Domherrn hingewiesen. Die Umschrift im mehrfach gefalteten Schriftband in gotischer Minuskel lautet schlicht »s. hainrich graf zu muntfurt«.

Das Siegel, 1486 und 1498 verwendet, ist aus mehrfachen Gründen bemerkenswert: schon durch die renaissancehafte Gestaltung wird ein ausgesprochen weltlicher Gesamteindruck vermittelt. Der Engel ist kein religiöses Symbol mehr, sondern ein einfacher Schildhalter. Es fehlt dem Engel auch der Heiligenschein. Hinzu kommt, daß der Engel einen geradezu fröhlichen Gesichtsausdruck zeigt, möglicherweise sogar Porträtähnlichkeit mit einem Mädchen aufweist. Schließlich bleibt noch einmal die deutsche Umschrift hervorzuheben, die gar nicht zu einem Klerikersiegel paßt. Man erhält den Eindruck, daß der Siegelinhaber mit diesem Siegel auf Distanz zu seiner geistlichen Stellung geht, ja geradezu einen Unwillen zu ihr zum Ausdruck bringen will.

Schließlich bleibt noch zu bemerken, daß Graf Heinrich – in einer einem Kleriker wenig gemäßen Unbescheidenheit – sich der Rotwachsfreiheit bedient. König Sigismund hatte mit Urkunde, ausgestellt in Prag am 12. Oktober 1436, dem Grafen Wilhelm V. von Montfort-Tettnang, dem Großvater Heinrichs, das Privileg erteilt, daß er und seine Nachkommen mit rotem Wachs siegeln dürfen. Graf Heinrich nutzte auch solche Geringfügigkeiten aus, sich aus dem Kreis seiner Standesgenossen herauszuheben.

Die Geschichtsschreibung des 16. Jahrhunderts hat sich mit Graf Heinrich VII. kaum befaßt. Der Hofhistoriograph Kaiser Maximilians I., Jakob Mennel, erwähnt ihn kurz in seiner Konstanzer Bistumsgeschichte als Domherrn von Augsburg, Konstanz und Straßburg. Die Montforter Hauschronisten des 16. Jahrhunderts betonen das Straßburger Kanonikat, vielleicht deshalb, weil eine derartige Pfründe in den Händen der Familie selten war. Erwähnt wird Graf Heinrich auch im Fuggerschen Ehrenspiegel und beiläufig in der Zimmerschen Chronik. Die zeitgenössische Historiographie hat jedoch kaum Nennenswertes über Heinrich von Montfort überliefert.

Graf Heinrich konnte die hohen Erwartungen, die seine Eltern in ihn gesetzt hatten, nicht erfüllen. Zum Bischofsamt fehlte ihm nicht nur die Tatkraft und Befähigung, sondern auch die innere Berufung zum Priester. Wohl erfüllt er fleißig die ihm zugedachten Aufgaben in den Domkapiteln von Konstanz und Augsburg. Aber diese Positionen blieben für ihn Pfründen, die ihm eine anspruchsvolle Lebenshaltung sichern sollten. Weder diese Pfründen, noch der Handel mit anderen Pfründen, noch auch das ihm von seiner Familie ausgezahlte Leibgeding vermochten seinen Ansprüchen zu genügen. Man sagt den Grafen von Montfort immer wieder nach, daß sie leichtfertig Schulden gemacht haben und Land und Leute Stück für Stück an Österreich verkauft haben. Graf Heinrich übertraf alle seine Verwandten dadurch, daß er wegen des Schuldenmachens sogar der Exkommunikation verfiel, auch wenn diese nur 14 Tage währte. Heinrich von Montfort hatte diplomatische Fähigkeiten, er hatte einen Sinn für die Künste und Wissenschaften, herausragend sind diese positiven Seiten seiner Persönlichkeit jedoch nicht gewesen. Vor allem ist er durch den Adelsstolz geprägt, der ihm in dieser Zeit des Übergangs vom Mittelalter zur Neuzeit den Blick für die Zeichen der Zeit getrübt hat. Und so wird Graf Heinrich zu einem Vertreter jenes Klerus, den die wenige Jahre nach seinem Tod anhebende Reformation als negatives Beispiel herauskehrte, der aber schon in der Reformatio Sigismundi Anstoß erregt hatte: »Die Klöster und die Häupter, die sich geistlich nennen, sollen geistliche Dinge wahrnehmen. Nun aber befassen sie sich mit weltlichen Dingen und wissen vor Reichtum nicht, was sie damit anfangen sollen. Sie halten ihre Ordensregeln nicht, und sind Tag und Nacht voll in allem ausschweifend.«

Quellen und Literatur

Allerlei Schriften und Documenta ... der Herren Graffen von Montfort (Handschrift in der Württembergischen Landesbibliothek in Stuttgart).

Aufschwörungsbuch des Augsburger Domkapitels (Bayerisches Hauptstaatsarchiv in München, Hochstift Augsburg Lit. 1005 und 1006).

Karl August Barack, Zimmerische Chronik, 2. Aufl., 2. Bd., Freiburg i. Br./ Tübingen 1881.

Franz Ludwig Baumann, Necrologia Germaniae, 1. Bd. (= Monumenta Germaniae Historica, Necrologia Germaniae, 1). Berlin 1888.

Konrad Beyerle/Anton Maurer, Konstanzer Häuserbuch, 2. Bd., Heidelberg 1908.

Geschäftsbuch des Goldschmieds Steffan Maignau 1480 – 1500 (Stadtarchiv Konstanz D. II.33).

Die Grafen von Montfort, Geschichte und Kultur (= Kunst am See, 8.), Friedrichshafen 1982.

Albert Haemmerle, Die Canoniker des hohen Domstiftes zu Augsburg bis zur Saecularisation, München 1935.

Ilona Hubay, Incunabula der Staats- und Stadtbibliothek Augsburg (= Inkunabelkataloge bayerischer Bibliotheken). Wiesbaden 1974.

Corbinian Khamm, Hierarchia Augustana, 1. Bd., Augsburg 1709.

Rolf Kießling, Bürgerliche Gesellschaft und Kirche in Augsburg im Spätmittelalter (Abhandlungen zur Geschichte der Stadt Augsburg, 19). Augsburg 1971.

Manfred Krebs, Die Investiturprotokolle der Diözese Konstanz aus dem 15. Jahrhundert. In: Freiburger Diözesanarchiv 66 – 74 (1938 – 41 u. 1950 – 54).

Manfred Krebs, Die Protokolle des Konstanzer Domkapitels 1487 – 1526. In: Zeitschrift für Geschichte des Oberrheins, S. 100 (1952), S. 128 – 257, S. 101 (1953), S. 74 – 156, S. 102 (1954), S. 274 – 318, S. 103 (1955) Beiheft, S. 104 (1956) Beiheft, S. 106 (1958) Beiheft, S. 107 (1959) Beiheft.

Otto Lenze, Das Augsburger Domkapitel im Mittelalter. In: Zeitschrift des Historischen Vereins für Schwaben und Neuburg 35, 1909, S. 1–113.

René Pierre Levresse, Prosopographie du chapitre de l'église cathédrale de Strasbourg de 1092 à 1593. In: Archives de l'Église d'Alsace 34, 1970, S. 1–39.

Herbert Mader, Stiefenhofen. Mittelpunkt am Rande. Stiefenhofen 1983.

Hermann Mayer, Die Matrikel der Universität Freiburg i.B., Bd. 1. Freiburg i.Br. 1907.

Jakob Mennel, Chronicon episcopatus Constantiensis. In: Johannes Pistorius, Rerum Germanicarum scriptores. Frankfurt/Main 1607.

Die Montforter (= Ausstellungskatalog des Vorarlberger Landesmuseums, 103.). Bregenz 1982.

Montfort'sches Archiv, Repertorium (Bayerisches Hauptstaatsarchiv München).

Monumenta Boica, Bd. 34^b. München 1845.

Alois Niederstätter, Grafen von Montfort als Studenten an den Universitäten Europas. In: Montfort 34, 1982, S. 270 – 276.

Alois Niederstätter, Johannes Hugonis de Montfort (um 1440 bis um 1505), ein illegitimer Sproß des Grafengeschlechts im ausgehenden Mittelalter. In: Kunst und Kultur um den Bodensee. Zehn Jahre Museum Langenargen. Festgabe für Eduard Hindelang, hg. v. Ernst Ziegler. Sigmaringen 1986, S. 99 – 110.

Giuseppe Pardi, Titoli dottorali conferiti dallo studio di Ferrara. Lucca 1900.

Michael Petzet, Die Kunstdenkmäler des Landkreises Sonthofen (= Die Kunstdenkmäler von Schwaben, 8.). München 1964.

Karl Rieder, Regesten zur Geschichte der Bischöfe von Konstanz, Bd. 4. Innsbruck 1941 und Bd. 5, Lief.1.

Otto Konrad Roller, Grafen von Montfort und Werdenberg. In: Genealogisches Handbuch der Schweiz. Bd. 1. Zürich 1900/08, S.145 – 234, S. 409, S. 414 – 415.

Vera Sack, Die Inkunabeln der Universitätsbibliothek und anderer öffentlicher Sammlungen in Freiburg im Breisgau und Umgebung, Bd.1–3. Wiesbaden 1985.

Albert Schilling, Langenargen. Seine Geschichte und die seiner Beherrscher, insbesondere der Grafen von Montfort. Ursendorf bei Mengen 1870.

Ilse Schöntag, Untersuchungen über die persönliche Zusammensetzung des Augsburger Domkapitels im Mittelalter. Diss., Breslau 1938.

Johann Nepomuk Vanotti, Geschichte der Grafen von Montfort und von Werdenberg. Belle Vue bei Konstanz 1845.

Caspar Wirz, Regesten zur Schweizergeschichte aus den päpstlichen Archiven 1447–1513, Bd. 6. Bern 1918.

Friedrich Zoepfl, Das Bistum Augsburg und seine Bischöfe im Mittelalter. Augsburg 1955.

Familie, Frömmigkeit und Politik
Die Gräfin Magdalena von Montfort (1473 – 1525)

Die Gräfinnen von Montfort, d.h. die angeheirateten Ehefrauen und die Töchter der Montforter, sind bis heute nur wenig erforscht[1]. Oft wissen wir nicht viel mehr als die Namen, manchmal nicht einmal das. Während über einzelne Grafen von Montfort in den letzten Jahren mehr oder weniger umfassende Monographien erschienen sind, fehlt etwas Vergleichbares über die Frauen völlig. Der Grund dafür ist zweifellos nicht in einem mangelnden Interesse, sondern wohl in erster Linie in der weniger guten Quellenlage zu suchen. Dennoch gibt es einzelne Gräfinnen von Montfort, zumindest seit dem Beginn der Neuzeit, über die zumindest so viel Material überliefert ist, daß dieses eine biographische Skizze ermöglicht. Die hier dargestellte Gräfin Magdalena, geborene von Oettingen, die Ehefrau Graf Ulrichs VII. von Montfort-Tettnang und, nach dessen Tod, die Ehefrau dessen Cousins Graf Johannes' I. von Montfort-Tettnang-Rothenfels, ist ein Beispiel dafür.

Magdalena wurde im Jahre 1473 als einzige Tochter des Grafen Ludwig von Oettingen (†1487) und seiner Ehefrau Eva Freifrau zu Schwarzenberg geboren[2], vermutlich in der elterlichen Residenz in Oettingen bei Nördlingen. Dort dürfte Magdalena auch ihre Jugendzeit verbracht haben, die freilich nicht besonders lang währte. Denn schon im Alter von etwa zehn Jahren wurde sie von den Eltern dem Grafen Ulrich VII. von Montfort-Tettnang angelobt. Bereits am 14. Mai 1484 war mit der Erlangung einer Ehedispens von dem zweiten und dritten Grade die notwendige Voraussetzung dafür geschaffen[3], daß die Väter der beiden künftigen Brautleute im Februar 1485 die Heiratsabrede für ihre Kinder trafen, nämlich Graf Ulrich V. von Montfort-Tettnang als Vater des Bräutigams Ulrich VII., und Graf Ludwig von Oettingen als Vater der Braut Magdalena. Graf Ulrich VII. siegelte den Vertrag mit, war also bereits volljährig[4].

1 Karl Heinz Burmeister, Die Frauen der Montforter, Vortrag vom 19. Januar 1987 in Langenargen, lag bisher nur als Manuskript vor (Exemplar im Vorarlberger Landesarchiv, Bregenz). Nun hier S. 85 – 101.

2 Roller, Grafen von Montfort, S. 177, Nr. 76; Joseph Schlecht, Päpstliche Urkunden für die Diözese Augsburg von 1471 bis 1488. In: Zeitschrift des Historischen Vereins für Schwaben und Neuburg 24, 1897, S. 90, Nr. 114; Jakob von Rammingen, Allerlei Schriften (= Württembergische Landesbibliothek, Cod. Hist. Fol. 618), Bl. 58r.

3 Schlecht (wie Anm. 2), S. 90, Nr. 144.

4 Vanotti, S. 141; Bayerisches Hauptstaatsarchiv München, Repertorium Montfort-Archiv, Nr. 201

Sowohl die Ehedispens von 1484 als auch die Heiratsabrede von 1485 machen deutlich, wie hier ein Teil des schwäbischen Adels näher zusammengerückt ist. Familien, die seit jeher in einem Konnubium standen und deren erklärtes Ziel es war, sich einer drohenden Mediatisierung durch das Reich und die Fürsten zu widersetzen. Die montfortisch-oettingische Verwandtschaft hat ihren steinernen Ausdruck gefunden in der 1513 erbauten St. Annakapelle in Tettnang. Wappenschilder der Familien Hachberg, Schwarzenberg, Oettingen und Montfort bilden die Schlußsteine im Netzgewölbe; weitere Wappenschilder (Montfort, Heiligenberg, Hachberg, Montfort, Oettingen, Schwarzenberg, Nellenburg und Goerz) dienen im Chor als Konsolplatten[5]. Drei Jahre nach der Erbauung der Kapelle 1516 verbinden sich mehrere Grafen aus den Häusern Montfort, Werdenberg, Zollern, Fürstenberg und Zimmern sowie Jörg Truchseß von Waldburg »in Betracht der Sipp- und Freundschaft, darinnen wir dann alle gegen und undterainander verwandt«, um ihre Städte, Schlösser und Leute gegen jedermann zu schützen[6].

Magdalena wurde mithin schon als Kind der Hauspolitik geopfert. Für das versprochene Heiratsgut und die Morgengabe in der Höhe von 4.000 Gulden Kapital und 5% Zins (= 200 Gulden) wurden das Schloß Tettnang und andere Reichslehen als Sicherheit eingesetzt. Mit einer Urkunde vom 5. November 1485 übergab Ludwig von Oettingen dem Konstanzer Domkapitel zu treuen Händen 4.100 Gulden, die ihm seine Schwäger, die Grafen Sigmund und Johann von Lupfen für Magdalena als Erbin ihrer Schwiegermutter Kunigunde von Schwarzenberg, geb. von Nellenburg, zu reichen hatten, die ihr als Heiratsgut für Graf Ulrich VII. von Montfort zustanden[7].

Die Hochzeit fand 1486, jedenfalls noch einige Zeit vor dem 5. September 1487 statt[8]; denn an diesem Tage spricht Herzog Georg von Bayern dem Grafen Ulrich VII. und seiner Gemahlin Magdalena 8.000 Gulden als Kaufpreis für deren von Vater und Schwiegervater herrührende Erbschaft zu[9]. Mit einer weiteren Urkunde vom 6. Oktober 1488 stellte Graf Ulrich V. seiner Schwiegertochter Magdalena für deren väterliches und mütterliches Erbgut in Höhe von 15.000 Gulden sowie 750 Gulden Zinsen pro Jahr Schloß, Stadt und Herrschaft Tettnang als Sicherheit[10].

Magdalena war bei ihrer Heirat also gerade 14 Jahre alt; beide Eltern waren bereits tot, als sie, wenn auch finanziell gut abgesichert, zu ihrem Mann auf das Schloß Tettnang zog. Es mag ihr ein Trost gewesen sein, daß man diesen ihren Mann »wegen seines starken und ansehnlichen Körpers und angenehmen Gestalt den Schönen nannte«[11].

---

5   Hubert Hosch, Die Kirchen in den Herrschaften Tettnang, Argen, Schomburg und Wasserburg. In: Die Grafen von Montfort, Geschichte und Kultur. Friedrichshafen 1982, S. 151.
6   Vanotti, S. 532, Regest Nr. 402.
7   Hauptstaatsarchiv München, Repertorium Montfort-Archiv, Nr. 210.
8   Roller (wie Anm. 2), S. 177, Nr. 76.
9   Hauptstaatsarchiv München, Repertorium Montfort-Archiv, Nr. 217 und 218.
10   Ebd., Nr. 221[a].
11   Vanotti, S. 141.

Graf Ulrich VII., »der Schöne«, wurde 1488 Ritterhauptmann des Kantons am Bodensee. Im gleichen Jahr brannte das Schloß Tettnang ab[12]. Graf Ulrich V. starb 1495. Im gleichen Jahr hatte Ulrich VII. einen Erbstreit mit seinen Oettinger Verwandten auszufechten[13]. 1497 teilte Ulrich VII. mit seinen Rothenfelser Vettern Johann I. und Hugo XIII. die Niedergerichtsbarkeit, indem sie die Argen zu einer Grenzlinie erhoben[14]. 1498 erweiterte Ulrich VII. seinen Besitz um das für 1.500 Gulden angekaufte Schloß Flockenbach[15]. Im übrigen zeigte Ulrich VII. jedoch nur mehr wenig von dem kämpferischen Geist und dem Expansionsdrang seiner Vorfahren, ja er verkaufte sogar das eine oder andere Gut und begann von der Substanz zu leben.

Magdalena tritt während ihrer Ehe mit dem 1520 verstorbenen Ulrich VII. nur wenig hervor. Ihre Tätigkeit beschränkte sich im wesentlichen auf Haus und Kinder. Magdalena brachte ihrem Mann zehn Kinder zur Welt, zwei Knaben und acht Mädchen. Geburten sind belegbar für die Jahre 1490, 1491, 1492 (zwei)[16]. Von den beiden Söhnen weckte Graf Wilhelm IX. die größeren Hoffnungen der Eltern. 1490 geboren, erwies er sich als »from und fürnem, auch gelehrt«, ja sogar »wohlgelehrt in Latein und französischer Sprache«, er starb jedoch schon als Zwanzigjähriger 1509[17]. Ludwig wurde 1496 geboren und starb wohl in noch jüngerem Alter, so wie auch eine Tochter Ursula (*1491) und zwei weibliche Zwillinge, von denen eine Christina hieß (*1492)[18].

Unter den fünf am Leben gebliebenen Töchtern ragt Eva von Montfort (1494 – 1527) hervor, 1509 mit dem Freiherrn Christoph von Schwarzenberg verheiratet, dem Sohn des Hofmeisters zu Bamberg[19]. Magdalena machte Eva zu ihrer Haupterbin[20]. Eva starb jedoch bereits am 6. März 1527 und wurde in München beigesetzt[21]. Ihr von Bernhard Strigel gemaltes Porträt ist überliefert[22], ebenso ein 1515 geschriebenes Gebetbuch[23]. Aus der Ehe Evas mit Christoph von Schwarzenberg ging eine Tochter

---

12 Ebd., S. 40.
13 Hauptstaatsarchiv München, Repertorium Montfort-Archiv, Nr. 246.
14 Vanotti, S. 140.
15 Ebd., S. 141.
16 Rammingen, Bl. 137ʳ (Ursula I), Bl. 136ᵛ (Christina und deren Zwillingsschwester NN.), Bl. 138ʳ (Yselt, Isolde), Bl. 138ᵛ (Eva), Bl. 138ᵛ (Ludwig), vgl. im übrigen: Die Grafen von Montfort (wie Anm. 5), S. 83 (Ursula II) und Hauptstaatsarchiv München, Repertorium Montfort-Archiv, Nr. 304 (Katharina). Das Geburtsjahr der Margaretha ist unbekannt.
17 Rammingen, Bl. 73ᵛ und Bl. 137ʳ.
18 Vgl. dazu oben Anm. 16.
19 Roller, S. 179, Nr. 90.
20 Hauptstaatsarchiv München, Repertorium Montfort-Archiv, Nr. 290, 302, 328.
21 Roller, S. 179, Nr. 90.
22 Peter Märker, Die Grafen von Montfort als Auftraggeber der Künstlerfamilie Strigel. In: Die Grafen von Montfort (wie Anm. 5), S. 78; Edeltraut Rettich, Bernhard Strigel, Ergänzungen und Berichtigungen zu Alfred Stanges, »Deutsche Malerei der Gotik, VIII. Band«. In: Zeitschrift für Kunstgeschichte 22, 1959, S. 167.
23 Peter Ochsenbein, Die Privatgebetbücher. In: Die Grafen von Montfort (wie Anm. 5), S. 82 – 88 (besonders S. 85).

hervor, die später mit Hugo XVI. von Montfort-Tettnang-Rothenfels verheiratet wurde[24], womit das von Magdalena hinterlassene Erbe wieder an die Montforter zurückfiel. Es ist nicht daran zu zweifeln, daß diese Enkelin ihren Vornamen nach der Großmutter, d.h. unserer Magdalena von Oettingen führte.

Zwei weitere, Ursula (1497–1526) und Margarethe (†1523), waren verheiratet: Ursula mit dem Freiherrn Leonhard von Fels[25], Margarethe mit Graf Georg von Wertheim (seit 1511)[26]. Ursula war bereits im Jahre ihrer Geburt mit dem damals 9jährigen »Bauernjörg«, Georg III. Truchseß von Waldburg verlobt worden. Die Väter der beiden hatten vereinbart, daß man, sobald Ursula 12 Jahre alt sei, »beide mit der Decke beschlagen lassen«[27] werde. 1506 löste Georg jedoch einseitig diese Verlobung, angeblich weil die Gräfin Magdalena geäußert haben soll, »sie wolle ihm ein Weib ziehen, das ihm das Kraut von den Ohren blase«[28]. Ursula wurde die Besitznachfolgerin des um 1500 geschriebenen Wiener Gebetbuches ihrer Mutter Magdalena[29].

Zwei Töchter gingen ins Kloster: die älteste Ysolde[30], die bereits 1506 einen Erbverzicht leistete[31], und die jüngere Katharina (*1499)[32], die 1512 auf ihr Erbe verzichtete[33]; sie trat in das Dominikanerinnenkloster zum heiligen Grab in Bamberg ein, wohin sich ihre Schwester Eva verheiratet hatte.

Die Äußerung Magdalenas über ihre Tochter Ursula in bezug auf Georg von Waldburg[34] zeigt, daß die Erziehung der Kinder ihr wichtigster Lebensinhalt gewesen ist. Doch seit etwa 1506 verließen die Kinder, eines um das andere, das Haus ihrer Eltern, um entweder zu heiraten oder in ein Kloster einzutreten. Um 1511 waren alle Töchter außer Haus, die beiden Söhne sowie drei Töchter verstorben.

Das Leben der nunmehr 38jährigen Gräfin änderte sich jetzt stark: kirchliches und kulturelles Wirken tritt in den Vordergrund, wie wohl die Hoffnung auf einen männlichen Erben doch nicht ganz aufgegeben wurde. Der bedeutsamste Beleg dafür ist die Errichtung der St. Annakapelle in Tettnang[35], deren noch – auf Schloß Harburg erhaltenen Altarflügel Bernhard Strigel bald nach 1513 schuf[36]. Die auf dem Annenaltar dargestellte Stifterin Magdalena hält ein aufgeschlagenes Gebetbuch in ihrer Hand,

---

24 Roller, S. 179, Nr. 90. Vgl. auch oben Anm. 20.
25 Ebd., S. 180, Nr. 92.
26 Ebd., S. 179, Nr. 91.
27 Vochezer, Waldburg, S. 422.
28 Ebd., S. 424.
29 Ochenbein, S. 82 und S. 83f.
30 Roller, S. 180, Nr. 94. Sie wurde nach Rammingen, Bl. 138[r], in Landsberg geboren. Taufpate war der Abt von St. Ulrich in Augsburg.
31 Hauptstaatsarchiv München, Repertorium Montfort-Archiv, Nr. 328.
32 Roller, S. 180, Nr. 93.
33 Hauptstaatsarchiv München, Repertorium Montfort-Archiv, Nr. 304.
34 Vgl. oben Anm. 28.
35 Hosch, S. 151.
36 Märker, S. 75 – 77.

aufgeschlagen ist ein lateinischer Hymnus an die Heilige Anna, Patronin der werdenden Mütter und kinderlosen Frauen[37]. Die mittelalterliche Legende erzählt die Geschichte von Anna und Joachim, die nach langer Ehe kinderlos waren und denen ein Engel die Geburt eines Kindes verkündete und zu Anna sprach, »daß sie des zum Zeichen nach Jerusalem sollte gehen zur goldenen Pforte«[38]. Hier ist auf alte montfortische Familientradition hinzuweisen: Graf Ulrich III. von Montfort-Feldkirch und später auch sein Bruder Graf Rudolf V. waren in der 2. Hälfte des 14. Jahrhunderts nach Jerusalem gepilgert, um Kindersegen zur Erhaltung ihres Geschlechts zu erflehen[39]. Graf Ulrich VII. und seine Frau Magdalena wandten sich mit dem Bau der Annakapelle, mit der Schaffung des Annenaltars und mit der Darstellung der Lektüre des Annahymnus gleich dreimal an die zuständige Patronin, um doch noch zu den ersehnten männlichen Erben zu kommen.

Das von Bernhard Strigel geschaffene Bildnis zeigt uns die damals 40jährige Stifterin als einen mütterlichen Typ in einem Kleid mit brokatem Granatäpfelmuster. Um den Hals trägt sie eine Kette mit einem Antoniuskreuz, das entweder als Talisman gegen die Pest oder als Zeichen einer Mitgliedschaft zu deuten ist. Auffallend ist auch die Ähnlichkeit zwischen der Stifterin und der auf der Innenseite des Altars dargestellten heiligen Anna[40].

Magdalena war eine sehr fromme Frau, wie diese Annenverehrung und die Mitgliedschaft in einer Antoniusbruderschaft zeigen. Aus ihrem Besitz stammt auch ein um 1500 entstandenes reich illuminiertes Gebetbuch, das auf dem ersten Blatt ein prächtiges Allianzwappen Montfort-Oettingen zeigt[41]. Auch ein weiteres um 1515 entstandenes Gebetbuch, später im Besitz ihrer Tochter Ursula, könnte ursprünglich für Magdalena in Auftrag gegeben worden sein; auch dieses Gebetbuch zeigt auf Blatt 1^v das Allianzwappen Montfort-Oettingen[42]. Gebetbücher gehörten nach altem deutschem Recht zu der »Geraden«, jenen Fahrnisgütern, die nur an Frauen weitervererbt wurden[43].

Es wird vermutet, daß die Annakapelle ursprünglich auch als Grablege für Magdalena ausersehen war[44]. Dem würde auch entsprechen, daß Magdalena sehr bald nach der Errichtung der Kapelle und des Altars ihr Testament gemacht hat, das vom 4. Juli 1515 datiert[45]. Es enthält Vermächtnisse an ihre Töchter, eine Zuwendung an die St. Annenpfründe, die Stiftung eines Jahrtags in die Tettnanger Bruderschaft sowie Bestimmun-

37 Ebd., S. 74.
38 Ebd., S. 75.
39 Karl Heinz Burmeister, Die Grafen von Werdenberg-Sargans-Vaduz. In: 1342–1992, Zeugen des späten Mittelalters, Vaduz 1992, S. 34 – 43 (hier S. 39 f.)
40 Märker, S. 74.
41 Ochsenbein, S. 82 f.
42 Ebd., S. 84.
43 W. Bungenstock, Artikel »Gerade«. In: Handwörterbuch zur deutschen Rechtsgeschichte, Bd. 1, Berlin 1971, Sp. 1527–1530.
44 Märker, S. 76.
45 Hauptstaatsarchiv München, Repertorium Montfort-Archiv, Nr. 328.

gen betreffend die Begräbniskirche »im rüess«, also wohl »im Ries«, der Heimat der Magdalena. Fromme Werke charakterisieren diese Jahre, vielleicht dadurch bedingt, daß Schwangerschaft und Tod für die immerhin 42 Jahre alte Frau sehr nahe beieinander lagen. Aber auch jetzt noch war Magdalena bereit, sich – wie sie es ihr Leben lang gehalten hatte – dem familienpolitischen Diktat zu unterwerfen.

Die Geburt eines weiteren Kindes blieb jedoch aus. Ihr Mann, Graf Ulrich VII., starb am 23. April 1520 und wurde im Erbbegräbnis im Kloster Langnau beigesetzt[46]. Magdalenas Leben tritt jetzt in eine neue Phase, bestimmt durch die Witwenschaft. Magdalena brachte ihren neuen Status nach außen durch ein besonderes Witwensiegel zum Ausdruck, wie es für 1520 belegt ist[47]; vielmehr trägt dieses Siegel sogar die Jahreszahl 1520, es hat einen Durchmesser von 3,4 cm und zeigt ein Allianzwappen, links Montfort, rechts Oettingen (Andreaskreuz) und die Inschrift »S(igillum) Magdalena Z(u) Montfort Z(u) Ötingen« sowie das Wort »WITIB« über dem Wappen und die Jahreszahl »1520« unter dem Wappen.

Mit der Witwenschaft und einer neuerlichen Heirat mit dem Vetter ihres verstorbenen Mannes Graf Johann I. von Montfort-Tettnang-Rothenfels (†1529) – angeblich noch 1520[48] – tritt Magdalenas Leben in eine neue Phase ein, indem sie jetzt in das grelle Licht der Politik eintritt. Zwar scheint sie sich durch diese neue Heirat einmal mehr dem Diktat des Familienrates unterworfen zu haben. Aber: Johann I. ist nie über die Stellung eines Prinzgemahls hinausgelangt. Am 26. Januar 1521 vidimiert der Bischof von Konstanz auf Ersuchen der Magdalena die Urkunde vom 5. Mai 1495, mit der König Maximilian I. Graf Ulrich VII. mit Tettnang und Egloffs belehnt hatte[49]. Und am 7. Mai 1521 belehnt Kaiser Karl V. die Witwe mit der Herrschaft Tettnang und dem Blutbann. Nach dem Lehensrecht brauchte sie für diesen Akt als Frau einen Lehensträger, einen Treuhänder, als welcher Graf Johann I. fungierte, ihr zweiter Ehemann. Dieser war aber aufgrund des bestehenden Vertragsverhältnisses gegenüber seiner Ehefrau Magdalena weisungsgebunden[50], also deren Befehlsempfänger. Und Magdalena blieb bis zu ihrem Tode 1525 die Landesherrin in Tettnang[51]. Am 18. April 1526 belehnte Kaiser Karl V. ihren Neffen Hugo XVI. mit Tettnang, wozu auch Graf Johann I. seine Zustimmung gab[52].

In diesen ihren letzten Lebensjahren lernen wir Magdalena noch einmal von einer ganz anderen Seite kennen: Der Humanist und spätere Reformator Urbanus Rhegius

---

46 Vanotti, S. 142.
47 Hauptstaatsarchiv Stuttgart, Urkunde vom 30. Juli 1529; vgl. dazu Liesching, Siegel der Grafen, S. 42, Nr. 71; Liesching, Die Siegel, S. 99.
48 Hauptstaatsarchiv München, Repertorium Montfort-Archiv, Nr. 296.
49 Weiss, Grafen von Montfort, S. 9.
50 Hauptstaatsarchiv München, Repertorium Montfort-Archiv, Nr. 335.
51 Zur Problematik vgl. Clausdieter Schott, Der Träger als Treuhandform, Köln/Wien 1975, besonders S. 174 ff.
52 Vanotti, S. 142; Hauptstaatsarchiv München, Repertorium Montfort-Archiv, Nr. 365.

aus Langenargen widmete ihr am 20. November 1521 seine deutsche Übersetzung der Auslegung des Paulusbriefes an Titus des Erasmus von Rotterdam[53].

Magdalena starb am 22. April 1525 im Alter von 52 Jahren. Wegen des Bauernkriegs konnte sie nicht im montfortischen Erbbegräbnis im Kloster Langnau begraben werden[54].

In der Grabkapelle der Schwarzenberger, der Familie ihrer Tochter Eva, im Franziskanerkloster München, hielt eine Gedenktafel fest, daß Magdalena gestorben sei »im großen Aufruhr zu Schwaben, weshalb ihr toter Leib nicht wie gewollt begraben werden konnte und das von ihr angeordnete Gedächtnis deshalb hier aufgerichtet worden« sei. So fand die einzige Montforter Gräfin, die auch als Landesherrin aktiv ihren Untertanen gegenüber trat, von diesen vertrieben, ihre ewige Ruhe erst im fernen München bei ihrer Tochter.

Obwohl die Quellen über Magdalena nicht sehr reichlich fließen, berechtigen sie dennoch zu der Feststellung, daß sie eine bemerkenswerte Persönlichkeit war. In kindlichem Alter zu einer Heirat bestimmt, mußte sie erleben, daß fünf ihrer Kinder starben, unter ihnen die beiden Söhne, so daß sie ohne männliche Nachkommen blieb (mit der Folge des Aussterbens der Tettnanger Linie). Ganz bewußt wollte sie ihren Töchtern das gleiche Schicksal ersparen und sie so erziehen, daß sie gegenüber ihren Ehemännern selbständig blieben. So sehr sie sich immer wieder dem Diktat des Familienrates beugte, so sehr emanzipierte sie sich später gegenüber ihrem zweiten Ehemann: ihr Ziel, selbst Landesherrin in Tettnang zu werden, konnte sie mit Erfolg verwirklichen. Ihre kulturellen Leistungen heben sie deutlich aus dem Kreis anderer Frauen der Montforter heraus und bringen sie sogar in unmittelbare Nähe humanistischer und reformatorischer Bestrebungen.

---

53 Ebd., Nr. 365.
54 Maximilian Liebmann, Urbanus Rhegius und die Anfänge der Reformation, Münster i.W. 1980, S. 309; vgl. auch Weiss, S. 72 f.

HVGO COMES MONTIS FORTIS

Graf Hugo XVII. von Montfort-Bregenz († 1536).
Gemälde im Kunsthistorischen Museum in Wien.

Graf Hugo XVII. von Montfort-Bregenz (1462 – 1536)

Graf Hugo XVII. von Montfort-Bregenz, der Letzte seines Geschlechtes, gehört durch den 1523 vollzogenen Verkauf der Herrschaft Bregenz an Österreich zu den denkwürdigen Gestalten nicht nur der Vorarlberger Landesgeschichte, sondern auch der österreichischen Geschichte. So oft jedoch sein Name fällt, so wenig ist bisher über seine Persönlichkeit tatsächlich bekannt geworden. Neuerdings hat Ulrike Haselwanter in ihrer Innsbrucker Dissertation »Graf Haug von Montfort-Bregenz, †1536, Der Verkauf der Herrschaft halb-Bregenz im Jahre 1523« (1977) einen wertvollen Beitrag zur besseren Kenntnis des Grafen Hugo geleistet;[1] doch hat auch sie vor allem den Verkauf der Herrschaft Bregenz in den Mittelpunkt gerückt, während viele biographische Details übergangen wurden,[2] so daß ein umfassendes Lebensbild seiner Person nach wie vor ein Desiderat geblieben ist.

Die Grafen von Bregenz, lange Zeit eines der mächtigsten Adelsgeschlechter in Alemannien, wurden nach ihrem Aussterben durch den Pfalzgrafen Hugo von Tübingen (†1182) beerbt. Dessen jüngerer Sohn Hugo nannte sich nach der Verlegung des Herrschaftszentrums von Bregenz nach Feldkirch Graf von Montfort und wurde zum Begründer eines neuen Adelsgeschlechtes, dessen Macht allerdings durch zahlreiche Erbteilungen im 13. Jahrhundert zerfiel.[3] Von den Pfalzgrafen von Tübingen übernahmen die Montforter auch ihr Wappen, die rote dreilätzige Fahne sowie den Leitnamen Hugo. Seit dem 14. Jahrhundert wurden die Grafen von Montfort Vasallen der Habsburger, denen sie schließlich ihre Lande Stück um Stück überlassen mußten, während sie nur mehr als österreichische Beamte einen begrenzten Einfluß behielten.[4] Durch die Heirat des Grafen Hugo XII. von Montfort mit Margaretha von Pfannberg gelangte die Bregenzer Linie zu umfangreichen Besitzungen in der Steiermark, wodurch die Beziehungen Vorarlbergs zu Österreich bereits in dieser Zeit kräftig intensiviert wurden. Der Minnesänger Hugo XII. von Montfort,[5] 1415 Landeshauptmann der Steier-

---

1   Vgl. auch Ulrike Ebenhoch, Graf Haug von Montfort-Bregenz, †1536, Der Verkauf der Herrschaft Halb-Bregenz im Jahre 1523. In: Vorarlberger Oberland 2, 1979, S. 11 – 13.

2   Vgl. meine Besprechung in Montfort 33, 1981, S. 95.

3   Das Standardwerk über die Grafen von Montfort ist immer noch Vanotti. Neuere Arbeiten fehlen. Eine Bibliographie über das seitherige Schrifttum, die über 140 Titel umfaßt, wurde 1974 von Christl Gehrer im Vorarlberger Landesarchiv zusammengestellt.

4   Vgl. Burmeister, Geschichte Vorarlbergs, S. 68 ff.

5   Über ihn Moczygemba, Hugo von Montfort, 1967.

mark, nach seinem 1423 erfolgten Tod in der Minoritenkirche in Bruck an der Mur beigesetzt, ist ein direkter Vorfahre (Urgroßvater) des letzten Bregenzer Montforters gewesen.

Sein Vater, Graf Hermann II. von Montfort-Bregenz,[6] gestorben 1482, seit 1435 urkundlich erwähnt, strahlt längst nicht mehr den Glanz des Minnesängers aus. Er ist wohl als Dynast, kaum aber als Persönlichkeit greifbar. Graf Hermann II. von Montfort heiratete – der Ehevertrag wurde am 26. Jänner 1462 geschlossen[7] – Cäcilia, die Tochter des Niklas von Liechtenstein-Murau. Die Eheschließung fällt mit Sicherheit in diese Zeit. Denn am 4. Februar 1462 bestätigt Graf Hermann II. von Montfort als Ehemann der Cäcilia von Liechtenstein den Empfang von tausend ungarischen Gulden und Dukaten als väterliche und mütterliche Heimsteuer (Aussteuer).[8] Man wird annehmen können, daß Hugo XVII. von Montfort als der älteste der fünf Söhne des Grafen Hermann II. noch im gleichen Jahr 1462 oder kurz danach geboren wurde. Jedenfalls wird Hugo 1483 kurz nach dem Tode seines Vaters zum Vormund über seine Brüder ernannt,[9] woraus zu schließen ist, daß er damals wohl um die 20 Jahre alt gewesen sein dürfte.

Unbestimmt ist der Geburtsort Hugos. Die spärlichen Urkunden lassen keine sicheren Aussagen über den Aufenthalt des Grafen Hermann von Montfort zu. Im Jahre 1462 hat sich Graf Hermann II. aber wohl mit größter Wahrscheinlichkeit mehr in der Steiermark als in Vorarlberg aufgehalten. Graf Hugo ist daher wohl eher in der Steiermark als in Bregenz geboren. Hugo kam jedoch bereits als Kind nach Bregenz, wo er zumindest einen Teil seiner Jugend zugebracht hat. Die erhaltenen eigenhändigen (also nicht von einem seiner Vorarlberger Schreiber verfaßten) Briefe Hugos lassen erkennen,[10] daß er den Vorarlberger Dialekt gesprochen hat, was auf ein Nahverhältnis zum angestammten Boden schließen läßt.

Von den jüngeren Brüdern, deren Vormund Hugo 1483 wurde, traten zwei in den geistlichen Stand: Wolfgang II.[11] (†28. Feber 1513) wurde Domherr von Gurk und Johannes IV.[12] Domherr von Salzburg. Im weltlichen Stand verblieben Hermann III.[13] (†1515), der ledig blieb, möglicherweise aber doch auch Geistlicher wurde, und Georg III.[14] (†1544), der die neue Linie von Montfort-Tettnang begründete. Georg III. war

---

6   Roller, Grafen von Montfort, S. 181, Nr. 102.
7   Zub, Beiträge zur Genealogie und Geschichte der Steirischen Liechtensteine. In: Veröff. der histor. Landeskomm. f. Stmk. 15, S. 43 und Stammtafel 2.
8   Anton Mell, Regesten zur Geschichte der Familie von Teufenbach in Steiermark, I. 1074–1547. In: Beiträge zur Erforschung Steir. Geschichte 34, 1905, S. 97, Nr. 409.
9   Kleiner, Stadtarchiv 1, 1931, S. 93, Nr. 277.
10   Z. B. der Brief vom 5. April 1523 (Palastarchiv Hohenems 25, 3 C): »zyt« (statt Zeit), »syn« (statt sein), »min« (statt mein) usw.
11   Roller, Grafen von Montfort, S. 184, Nr. 122.
12   Ebd., S. 183, Nr. 121.
13   Ebd., S. 184, Nr. 123.
14   Ebd., S. 183, Nr. 120.

mit Katharina, einer unehelichen Tochter des Königs Sigmund von Polen verheiratet. Er ist unter den Brüdern Hugos zweifellos die bedeutendste Persönlichkeit.

Über die Erziehung Hugos lassen sich nur andeutungsweise Aussagen machen. Sie verlief im wesentlichen ganz in den traditionellen Bahnen adeliger Menschenbildung, wobei der Minnesänger Hugo XII. von Montfort ein Vorbild gewesen sein mag. Höfische Formen, sportliche Betätigung, Turniere, Armbrust- und Büchsenschießen, eine Vorliebe für Pferde, alles das tritt deutlich als Erziehungsinhalt hervor.

So gehört Graf Hugo der löblichen Gesellschaft »im Falken und Fisch« an, als deren Mitglied er am 7. Jänner 1484 an einem Turnier in Stuttgart teilnimmt. An einem weiteren Turnier sehen wir Graf Hugo am 23. September 1494 zu Mecheln in den Niederlanden beteiligt, wo er mit Christoph Schenk von Limburg *gerennet*.[15]

Am 8. August 1498 gründete Graf Hugo gemeinsam mit dem Vogt der österreichischen Herrschaft Bregenz, den Äbten der Mehrerau und Minderau sowie Stadtammann und Rat die Bregenzer Armbrust- und Schützenbruderschaft.[16] Bereits vor dieser Gründung befand sich der Schießstand der Bregenzer Schützen im gräflichen Lehnhof Miltenberg in der Oberstadt. Graf Hugo selbst war nicht nur ein begeisterter, sondern ebenso auch fähiger Schütze. Bei einem Augsburger Armbrust- und Büchsenschießen am 3. Oktober 1508 tat sich Graf Hugo als der beste Büchsenschütze hervor und errang den von der Stadt ausgesetzten Preis von 20 Gulden.[17] Ein Graf Georg III. von Montfort zugeschriebenes Rezept mit einem *Pulver zu den Pferden* kennzeichnet die Brüder als Pferdeliebhaber.[18]

Dagegen fehlt es Graf Hugo an einer höheren Bildung. Der Besuch einer Universität, wie er um diese Zeit bei vielen Montfortern festgestellt werden kann, läßt sich für ihn nicht nachweisen. Dennoch hat es keineswegs ganz an einer geistigen Bildung gefehlt. Hugo kann lesen und schreiben, wenn auch seine Schrift einen ungelenken und ungeübten Eindruck erweckt. Er interessiert sich für Mathematik und Astronomie, mit Sicherheit auch für Astrologie, ja er wird sogar als *Verständiger* in diesen Wissenschaften und *aller kunst liebhaber* bezeichnet.[19] Ein Vertrag, den der 1498 mit *rector vnd vniversitet zu friburg* schließt,[20] zeigt ein förderndes Wohlwollen gegenüber der Hochschule. Zwar ist Hugo der lateinischen Sprache nicht mächtig, aber bezeichnenderweise trägt sein Porträt die lateinische Inschrift »Hugo Comes Montis Fortis«. So ergibt sich

---

15 Anfang, Ursprung und herkommen des Thurniers imm Teutscher nation, Simmern 1532. S. clxxxviij; J. Bergmann, über das Wappen der Stadt Bregenz und der vorarlbergischen Herrschaften, Sonderdruck aus den Sitzungsberichten der phil.-hist. Classe d. k. k. Akad. d. Wiss. 9, 1852, S. 40 f. (mit Quellenhinweisen).

16 Gründung einer Bruderschaft der Armbrust- und Büchsenschützen zu Bregenz im Jahre 1498. In: Vorarlberger Volkskalender 1864.

17 Die Chroniken der deutschen Städte vom 14. bis ins 16. Jahrhundert, 23 Bd., Augsburg, 4. Bd., 1966 (Nachdruck der Ausgabe Leipzig 1894), S. 121.

18 Eis, Zu Hugo und Georg, S. 155 ff.

19 Burmeister, Gasser, S. 18.

20 Universitätsarchiv Freiburg i. Br., Urkunde vom 23. Juli 1498.

zumindest eine Aufgeschlossenheit gegenüber humanistischer Bildung, die ihr Gegenstück in einer ebenso großen Ansprechbarkeit für die bildende Kunst hat.

Die Quellen schweigen darüber, welchen Einflüssen Graf Hugo diese Geistesbildung zu verdanken hat. In erster Linie ist hier wohl an die Bregenzer Hofkapläne zu denken. Möglicherweise hat der Magister Heinrich Schmid aus Isny eine Rolle bei der Erziehung Hugos und seiner Brüder gespielt.[21]

Der Tod des Vaters 1482 berief den kaum 20jährigen Grafen Hugo früh zur Regierungsverantwortung. Hugo wurde zum Vormund seiner Brüder bestellt, die nach dem Hausrecht der Montforter gemeinsam die Nachfolge ihres Vaters antraten. Es hat den Anschein, daß Graf Hugo bei dieser vormundschaftlichen Verwaltung persönliche Vorteile für sich in Anspruch genommen hat, für die ihm später die Brüder die Rechnung präsentierten.[22] Später ließ sich Graf Hugo auch gelegentlich durch seine weltlichen Brüder in Herrschaftsangelegenheiten vertreten. So präsentiert Graf Hermann III. von Montfort 1487 den Magister Heinrich Schmid auf die Pfarre Gestratz *vice et nomine ac in absencia Hugonis comitis.*[23] 1504 bestätigt Graf Georg III. von Montfort den Bregenzern ihre Privilegien.[24] Meist regieren die Brüder Hugo und Georg seither gemeinsam ihr Land.

Schon im Jahre 1476, als Hugo von Montfort gerade 14 Jahre alt war, suchte man ihm eine Braut aus: die Tochter deß alten Graff Haugen Herren zue Rotenuels, weylandt deß Jüngst verstorbenen Graff Ulrichs Vranherren, dochter, als sye noch unmundbar geweßn.[25] Hier wird auf den 1574 verstorbenen letzten Vertreter der älteren Tettnanger Linie Graf Ulrich IX. angespielt, als dessen Urahn hier nur Graf Hugo XIII. von Montfort-Tettnang, Herr zu Rothenfels und Argen (†16. Oktober 1491), gemeint sein kann. Dieser hatte zwei Töchter, Kunigunde und Elisabeth, die jedoch später anders verheiratet wurden, nachdem sich diese frühe Eheabrede zerschlagen hatte. Möglicherweise fühlte sich Graf Hugo nach dem Tode seines Vaters 1482 nicht länger an diese Abrede gebunden.

---

21 Vgl. Werner Fechter, Inkunabeln aus Thalbacher Besitz. In: Biblos 25, 1976, D. 237. Die dort genannte Schenkung des »Regimen sanitatis« (Augsburg 1490) durch Magister Heinrich Schmid an den Grafen Hermann könnte auf eine solche Beziehung schließen lassen. Unzutreffend Ulrike Haselwanter Graf Haug, S. 32, wonach Achilles Pirmin Gasser die Ausbildung des Grafen Hugo geleitet haben soll; das ist schon aus Altersgründen unmöglich, da Gasser erst 1515 geboren wurde.

22 HStA München Urkunde S. 23, Nr. 330 vom 17. September 1517. Pfalzgraf Ottheinrich schlichtet einen Streit zwischen den Brüdern Hugo und Georg von Montfort, wonach u. a. die Ansprüche des Grafen Georg an seinen Bruder Hugo wegen der vormundschaftlichen Verwaltung des väterlichen Erbes erledigt sein sollen.

23 Manfred Krebs, Die Investiturprotokolle der Diözese Konstanz aus dem 15. Jahrhundert, (Freiburger Diözesanarchiv 66 – 74, 1938 – 1954), S. 312.

24 Kleiner, Stadtarchiv in Bregenz, 2., S. 130, Nr. 276.

25 Jakob von Rammingen, Allerlei Schriften und Documente, die Genealogiam der Herren Graffen von Montfort betreffendt. (Handschrift in der Württ. Landesbibliothek in Stuttgart), S. 20$^\text{v}$.

Im Jahre 1488 heiratete Graf Hugo die Gräfin Veronika von Sonnenberg, die Witwe des am 21. März 1486 verstorbenen Grafen Ludwig von Oettingen[26]. Der am 25. Juni 1488 abgeschlossene Heiratsvertrag[27] erweist die Gräfin als kapitalkräftige Frau, die über 11.000 Gulden verfügt. 6.000 Gulden davon, die die Gräfin bei Abschluß ihrer ersten Ehe von ihrem Vater erhalten hatte, fallen an sie zurück, falls Graf Hugo vor ihr sterben sollte. Im umgekehrten Fall gehören Graf Hugo die Nutzungen dieser 6.000 Gulden, während 5.000 Gulden an die Familie Oettingen zurückfallen. Für den Fall, daß die Gräfin Witwe wird, verspricht Graf Hugo ihr ein standesgemäßes Haus in Bregenz, dazu jährlich drei Fuder (= ca. 2.160 Liter) Wein bester Sorte, 20 Malter (ca. 4.400 Liter) Kernen und das erforderliche Brennholz. Es wird auch ausgemacht, daß die Gräfin nicht verpflichtet ist, ihrem Mann nach Österreich oder anderswohin zu folgen. Da die Gräfin keine Jungfrau mehr ist, Graf Hugo hingegen ein Jüngling, zahlt sie die Morgengabe (nach ihrem Gutdünken) an ihn und nicht er an sie. Der Konstanzer Bischof Otto von Sonnenberg und Graf Hans von Sonnenberg wechseln mit Graf Hugo beim Vertragsabschluß den üblichen Händedruck.

Mit der Hochzeit zusammenhängen dürfte wohl auch das »Gebetbuch für Gräfin Veronika von Montfort-Bregenz«, das 1489 mit 17 ganzseitigen Illustrationen geschrieben wurde. Auftraggeber war Graf Hugo, dessen Wappen mit den Initialen »HM« aufscheint.[28]

Die Gräfin Veronika ist, obwohl bereits Witwe, kaum sehr viel älter gewesen als Graf Hugo. Ihre erste Ehe mit dem Witwer Graf Ludwig von Oettingen war sie Ende 1477 eingegangen. Am 30. Dezember 1477 hatte die Stadt Augsburg dazu ein Faß guten Wälschwein gestiftet. Am 26. Januar 1485 stiftete Graf Ludwig für sie einen Jahrtag im Kloster Neresheim.[29] Die Ehe der Gräfin »Frony« mit Graf Ludwig von Oettingen blieb ebenso kinderlos wie die Ehe mit Hugo von Montfort. Die Gräfin Veronika von Sonnenberg ist 1517 gestorben.[30]

Graf Hugo, seit einigen Jahren der Chef des Hauses Montfort-Bregenz, wird um diese Zeit auch auf der politischen Bühne tätig. Am 14. Februar 1488 erneuern die Prälaten, Grafen, Freiherrn und Städte in Oberschwaben auf Mahnung des Kaisers die Gesellschaft des St. Georgenschildes. Dem auf 8 Jahre geschlossenen Bund trat auch Graf Hugo bei.[31] Als Mitglied dieser Gesellschaft wird er 1493 aufgefordert, sich gerüstet bereitzuhalten.[32]

Um diese Zeit konnte Graf Hugo bei König Maximilian eine Reihe von Gunstbewei-

---

26 Joseph Vochezer, Waldburg I., S. 617.

27 Rudolf Rauch, Das Hausrecht der Reichserbtruchsessen Fürsten von Waldburg, 1971, S. 64 f.

28 Peter Ochsenbein, Gebetbuch für Gräfin Veronika von Montfort-Bregenz. In: Die deutsche Literatur des Mittelalters, Verfasserlexikon, 2. Bd., 5. Lieferung, Sp. 1115 f.

29 Vochezer (wie Anm. 26), S. 617, Anm. 6.

30 Roller, Grafen von Montfort, S. 183, Nr. 119.

31 Geschichte der Freiherrn von Bodman, Lindau 1894, S. 222.

32 Ebd., S. 238.

sen erwirken. So bestätigt ihm der König am 27. November 1493 seine Freiheiten.[33] Am 4. Dezember 1494 belehnt der König die Grafen Hugo XVII. und Georg III. von Montfort mit ihrer Herrschaft.[34] Umgekehrt bewilligen die Grafen von Montfort dem König auf dem Reichstag zu Worms den Betrag von 234 Gulden »eylende Hilff«.[35]

Graf Hugo nimmt auch am Reichstag von Lindau teil, wo er zu den Unterzeichnern des Reichstagsabschieds vom 9. Februar 1497 gehört.[36] In dieser Zeit wuchsen die Spannungen mit den Eidgenossen. Graf Hugo gehört zu denen, die Maximilian im März 1497 warnten, wie die Eidgenossen bei sich *schuch, harnasch und weer pieten, als solt solch ir fernemen Über uns oder unser land und leut geen.*[37] Wiederum war Graf Hugo gehalten, gerüstet bereitzustehen. Das folgende Jahr 1498 bringt Graf Hugo noch einmal auf den Reichstag nach Freiburg [38] Die in diesem Jahr gegründete Bruderschaft der Bregenzer Armbrust- und Büchsenschützen ist aber bereits eindeutig ein Anzeichen des kommenden Schweizerkrieges.

Bald nach Ausbruch des Krieges finden wir Graf Hugo unter den Unterzeichnern des am 19. Februar 1499 in dem von den Eidgenossen belagerten Feldkirch datierten Hilfegesuches an den König.[39] In der Schlacht von Frastanz am 20. April 1499 befand sich Graf Hugo vermutlich unter den adeligen Reitern, die nicht in das Kampfgeschehen eingegriffen, nur *enent der Yll zugelugt* und mit Büchsen hinübergeschossen haben.[40] Im Juni 1499 unterbreitet der Feldkircher Vogt dem König den Plan, mit 2000 Knechten (von denen Graf Hugo einen Teil stellen sollte) über das Schlappiner Joch in den Prätigau einzufallen.[41] Fast gleichzeitig erhielt die Stadt Isny den Befehl des Königs, jede verfügbare Menge an Wagen und Pferden zum Transport von Geschützen nach Lindau zu schicken, wo man sich beim Feldzeugmeister Graf Hugo zu melden habe.[42] Graf Hugo hatte zeitweise den Söldnerführer Leonhard Walliser in seine Dienste genommen; wohl im Hinblick darauf führte er am 1. September 1499 ehrenhalber den

---

33 Vorarlberger Landesarchiv, Urk. Nr. 5076.

34 Vanotti, S. 517.

35 Vorarlberger Landesarchiv, Urk. Nr. 5077.

36 Stadtarchiv Memmingen, Fol. 290.

37 Friedrich Hegi, die geächteten Räte des Erzherzogs Sigmund von Österreich und ihre Beziehungen zur Schweiz 1487–1499, 1910, S. 539.

38 Vgl. oben Anm. 20. Dort verzichtet er zugunsten der Universität Freiburg auf den großen und kleinen Weiher, die Fischereirechte »uff der Schmiechen Mülin« und andere Rechte der Pfarrkirche zu Ehingen und händigt 16 Urkunden aus. Diese Urkunden aus der Zeit von 1345 – 1438 befinden sich heute im Universitätsarchiv in Freiburg.

39 Albert Büchi, Aktenstücke zur Geschichte des Schwabenkrieges (Quellen zur Schweizer Geschichte 20), 1902, S. 485.

40 Bilgeri, Geschichte 2, S. 514, Anm. 129.

41 Der Anteil Graubündens am Schwabenkrieg. Festschrift zur Calvenfeier, Davos 1899, S. 221, Nr. 219.

42 Immanuel Kammerer und F. Pietsch, Die Urkunden des früheren reichsstädtischen Archivs Isny bis 1550, 1955, S. 87, Nr. 554.

Titel oberster Feldhauptmann.[43] Besondere kriegerische Verdienste sind daraus wohl nicht ableitbar. Im Gegenteil rückt Hugos Rolle im Schweizerkrieg noch in ein zweifelhaftes Licht durch die offenbar haltlosen Vorwürfe gegen den österreichischen Vogt Marquard Breisacher, er habe durch Feuerlegen Verrat geübt.[44] Ein letztes Mal wird Hugo im Schweizerkrieg genannt, als er beim Friedensunterhändler Galeazzo Visconti intervenierte wegen der Brandschätzung. Graf Hugo verlangte die Freilassung der Bürgen, weil er sich nach der Beendigung des Krieges nicht mehr gebunden glaubte, zu zahlen.[45]

Die Tatsache, daß seine eigene Stadt Bregenz nur knapp der Eroberung durch die Eidgenossen entging, ist für Graf Hugo nicht ohne Wirkung geblieben. Den Sieg der verachteten Schweizer Bauern über den traditionsreichen Adel konnte er lange nicht verkraften. Als daher 1504 die Stadt Zürich die Grafen von Montfort zu einem Schützenfest einlud,[46] blieben Graf Hugo und sein Gefolge diesem Fest demonstrativ fern.

Dennoch treffen wir den Grafen Hugo bald nach dem Schweizerkrieg wieder in der Eidgenossenschaft an. In diplomatischen Diensten des Königs erscheint er am 18. Juni 1501 in Luzern vor den Eidgenossen, um wegen der französischen Kriegshandlungen in Mailand und Neapel zu verhandeln.[47] Es ist anzunehmen, daß der König den Grafen, der an der Grenze zur Eidgenossenschaft seinen Wohnsitz hatte, häufiger für solche Gesandtschaften eingesetzt hat, wie das auch bei den Vögten von Feldkirch, Bludenz und Bregenz oft geschah.

Trotz des traditionellen Bündnisses, das seit dem 14. Jahrhundert zwischen Habsburgern und Montfortern bestand, gefährdete Österreich die politische Selbständigkeit der Grafen von Montfort. Dafür waren nicht nur die Vorfahren des Hugo in Feldkirch (1375) und Bregenz (1451) ein historisches Beispiel; Graf Hugo hatte die habsburgische Expansionspolitik sozusagen im engeren Familienkreis miterlebt. Denn seine Ehefrau war eine Tochter des Grafen Andreas von Sonnenberg, die vergeblich die Grafschaft Sonnenberg gegen Österreich zu behaupten versucht hatte; sie hatten 1474 auf ihr Land verzichten müssen.

Dies macht es verständlich, daß Graf Hugo mit äußerster Heftigkeit reagierte, wenn er irgendwo seine hergebrachten Rechte durch Österreich gefährdet sah. Und solche Überreaktionen führten wieder dazu, daß sich in der geteilten Herrschaft und in der geteilten Stadt Bregenz die österreichische und montfortische Verwaltung feindlich gegenüber gestanden sind. Es kam zu zahlreichen Konfrontationen übelster Art. So bedroht Graf Hugo einmal den österreichischen Amtmann Blasius Schmid, er werde

---

43 Haselwanter, Graf Haug, S. 46 f.

44 Ebd., S. 94; Benedikt Bilgeri, Bregenz, Geschichte der Stadt, S. 155.

45 Anton Philipp Segesser, Die Eidgenössischen Abschiede aus dem Zeitraume von 1478 bis 1499, 1858, 3. Bd., 1. Abt., S. 639.

46 F. Hegi, Der Glückshafenrodel des Freischiessens zu Zürich 1504, 1942, S. 553.

47 Anton Philipp Segesser, Die Eidgenössischen Abschiede ... 1500 – 1520, 3. Bd., 2. Abt., Luzern 1869, S. 122 f.

ihn *bey dem har nemen, Ob Ihm gleich der Tewfl auf dem haubt seß.*[48] Auch die Zimmersche Chronik weiß darüber zu berichten: *Es ist nit allain die landtschaft und die statt Pregenz, sonder auch das schloss gethailt gewesen, darin ain klains greblin zu ainer undermerk gewesen. Was zonk und hader sollichs geben, ist wol zu erachten. Man sagt, das nit allain beider herrschaften gesind im schloss, sonder auch die hundt und ander thier ain hass zusamen getragen und ain andern gefindt haben. Es soll ain hirss im Österreichischen Tail erzogen sein worden, und so der grafen diener oder gesindt usser irem tail des schloss hieraber gangen, soll er dieselbigen zu stossen sich understanden, auch mehrmals wider hünder sich getriben haben.*[49] Daß Graf Hugo in dieser Situation die Hilfe der Eidgenossen gesucht haben soll,[50] ist eine ebenso durchsichtige propagandistische Lüge wie der angebliche Verrat des österreichischen Vogtes 1499. Nach der Erbeinigung von 1511 war dies kaum mehr ein gangbarer Weg für den Grafen Hugo, abgesehen davon, daß sein Verhältnis zu den Eidgenossen nie von Belastungen frei gewesen ist. Der Streit fand 1512 in einem Bündnis aller Montforter Grafen einen Höhepunkt[51] und wurde 1513 nach längeren Verhandlungen vorerst beigelegt,[52] ohne daß damit aber die eigentlichen Ursachen beseitigt wurden. Die unnatürliche Spaltung von Herrschaft, Stadt und Schloß Bregenz bestand fort.

Bald darauf wurde ein entscheidender Schritt gemacht, der eine wichtige Voraussetzung für den Verkauf der Herrschaft Bregenz an Österreich darstellte. Die Brüder Hugo XVII. und Georg III. teilen sich mit einem am 22. Oktober 1515 zu Ravensburg geschlossenen Vertrag ihr Erbe dergestalt, daß Graf Hugo die Herrschaft Bregenz erhielt, während Graf Georg die montfortischen Besitzungen in der Steiermark sowie diejenigen in Österreich und Kärnten übernahm.[53] Graf Hugo verpflichtete sich, den jüngeren Bruder Hermann III. auszuzahlen, der offenbar bereits wenig später gestorben ist. Obwohl sich die an dem Vertrag beteiligten Montforter Verwandten ein Vorkaufsrecht zugestehen ließen, erhielt Graf Hugo damit die Möglichkeit, über die Herrschaft Bregenz weitgehend selbständig zu verfügen. Ein Verkauf an Österreich war jetzt in greifbare Nähe gerückt, zumal die Ehe mit der Gräfin Veronika von Sonnenberg in nahezu 30 Jahren kinderlos geblieben war. Die ausführlichen Bestimmungen des Ravensburger Vertrages über das Vorkaufsrecht machen deutlich, daß man offenbar mit einem Verkauf der Herrschaft Bregenz in absehbarer Zeit gerechnet hat. Immerhin gesteht der Vertrag dem Grafen Hugo zu, daß er bei entsprechender Einhaltung der genannten Klauseln sein Land *anders wohin nach seinem Nutz, Willen und gefallen verkhauffen kann.*

---

48 Haselwanter, Graf Haug, S. 94.
49 Zimmerische Chronik, hg. v. Karl A. Barack, 2. Aufl. 1881, 1. Bd., S. 346.
50 Bilgeri, Bregenz, S. 155. Trotz des durchsichtigen propagandistischen Effekts nimmt Bilgeri diesen Vorwurf undiskutiert für bare Münze.
51 HStA München, Urkunde S. 23, Nr. 309.
52 Haselwanter, Graf Haug, S. 56.
53 Vanotti, Grafen von Montfort, S. 643.

Die Jahre der Alleinherrschaft des Grafen Hugo in Bregenz von 1515 bis 1523 erscheinen denn auch ohne besonderen Glanz. Die 1517 für die Ratsstube des Bregenzer Rathauses gestiftete Wappenscheibe[54] oder die um 1518 von dem Augsburger Künstler Hans Schwarz geprägte prächtige Medaille, auf denen er sich als »HVG, Graf zu Montfort, Herr zu Bregenoz« feiern ließ,[55] täuschen nicht darüber hinweg, daß der Einfluß des Grafen Hugo in Bregenz spürbar zurückging. Zwar läßt sich Graf Hugo am 22. Februar 1521 von Kaiser Karl V. seine Regalien bestätigen,[56] er schließt am 10. März 1521 einen Grenzvertrag mit der Stadt Wangen[57] oder regelt am 23. März 1521 strittige Gerichtsrechte mit seinem Vetter Graf Johann I. von Montfort-Rothenfels.[58] Aber es fehlt völlig am Erwerb neuer Güter und Rechte. Diese Jahre sind zudem gekennzeichnet durch häufige Abwesenheit des Grafen, der in bayerische Dienste getreten war und mehr in Höchstädt an der Donau (hier erwirbt er in diesen Jahren die Mollburg[59]) als in Bregenz residierte. Die wenigen urkundlichen Akte, die Graf Hugo als Herr von Bregenz vollzogen hat, tragen – soweit sie überliefert sind – alle Anzeichen der Resignation. Der am 18. Januar 1518 den Bürgern von Bregenz zugestandene Freiheitsbrief[60] erinnert an den Feldkircher Freiheitsbrief von 1376, mit dem der letzte Graf von Montfort-Feldkirch nach dem Verkauf seiner Herrschaft an Österreich seine Untertanen beglückt hat.[61] Graf Hugo gestand den Bregenzer Bürgern auch eine Stadterweiterung zu.[62]

Wir beobachten – im Gegensatz zu früheren Kämpfen – auch ein besonderes Nahverhältnis des Grafen zum Kloster Mehrerau: er bestätigt dem Kloster am 20. Januar 1518 alle Rechte, die es von seinen Vorfahren erhalten hat.[63] Am 6. November 1518 schlichtet er einen Zinsstreit zu Gunsten des Klosters.[64] Am 28. März 1520 bestätigt er einen Vertrag zwischen den Klöstern Mehrerau und Ochsenhausen.[65] Am 2. August 1517 befürwortet er gemeinsam mit dem Abt und Konvent eine Begnadi-

54 Roth von Schreckenstein, Eine Kundschaft über das adelige Herkommen der Familie von Wolfurt. In: Zeitschrift für Geschichte des Oberrheins 33, 1880, S. 127; Samuel Jenny, Glasgemälde aus Vorarlberg. In: 27. Jahresbericht des Museums-Vereines in Bregenz, 1888, S. 78 f.

55 Eduard Holzmair, Eine Portraitmedaille des Grafen Jacob von Montfort. In: Jahrbuch des Vorarlberger Landesmuseumsvereins 1955, S. 56 – 60 mit Abb.

56 Lothar Gross, Die Reichsregisterbücher Kaiser Karls V., Lieferung 1, 1913, S. 10, Nr. 590.

57 Ebd., S. 13, Nr. 766.

58 Vorarlberger Landesarchiv, Urkunde Nr. 1896.

59 Pfalz-Neuburg Akten Nr. 3104. Zur Mollburg, heute abgegangen, vgl. W. Meyer. Die Kunstdenkmäler des Landkreises Dillingen an der Donau,1972, S. 448 f.

60 Kleiner, Stadtarchiv Bregenz, 2., S. 154, Nr. 435. Vgl. dazu auch Bilgeri, Bregenz, S . 150.

61 Vgl. dazu Karl Heinz Burmeister, Der Feldkircher Freiheitsbrief von 1376. In: Montfort 28, 1976, S. 259 – 273.

62 Bilgeri, Bregenz, S. 151.

63 Kleiner, Stadtarchiv, S. 154, Nr. 436.

64 Vorarlberger Landesarchiv, Urk Nr. 1747.

65 Urkunde im Kreisarchiv Kempen-Krefeld.

gung.[66] Selbst die am 15. Oktober 1520 vollzogene Entlassung der Regula Gygerin aus der Leibeigenschaft[67] oder die am 11. Februar 1522 erfolgte Befreiung der Güter des Jakob von Wolfurt, genannt Leber, von Lehenschaft und Zinsen[68] erscheinen, obwohl alltägliche Geschäfte in diesem Gesamtzusammenhang als Akte der Resignation. Graf Hugo hatte sich mit dem Ende seiner Herrschaft abgefunden.

Es kommt ein versöhnlicher Zug in die so lange Zeit mit so viel Härte verfolgte Durchsetzung der hergebrachten Ansprüche. Graf Hugo und die österreichische Regierung finden sich in dem Bemühen, den anhaltenden *spenn und irrungen* ein Ende zu bereiten. Es wird der ausdrückliche Wunsch des Grafen und seiner Vertragspartner, den Status der Stadt Bregenz, die »an dem confin gegen der Aidgenossenschafft ligt«,[69] zu äufnen und zu verbessern. Die Habsburger haben nach dem Erwerb der Herrschaft Bregenz alles getan, um Bregenz zur führenden Stadt des Landes auszubauen.[70] Das »Testament« des Grafen Hugo von Montfort ist in dieser Beziehung in Erfüllung gegangen.

Bei der Fülle der Argumente, die es für den Übergang der montfortischen Hälfte von Bregenz an Österreich gab, drängten beide Seiten auf einen Verkauf. Verhandelt wurde im wesentlichen nur über den Kaufpreis und die Art der Bezahlung. Der für Januar 1523 vorgesehene Übergang der Herrschaft Bregenz an Österreich wurde schließlich am 6. September 1523 perfekt gemacht. Die Einzelheiten dieser Verkaufsverhandlungen, die 1522/1523 unter maßgeblicher Beteiligung des Bregenzer Vogtes Märk Sittich von Ems geführt wurden, sind von Ulrike Haselwanter erschöpfend dargestellt worden.[71]

Graf Hugo ließ sich nach diesen vertraglichen Abreden eine Reihe von Vorrechten einräumen. So blieb er im Besitz seiner Eigenleute, behielt das sogenannte Haus in des Grafen Baumgarten für seinen eigenen Gebrauch sowie die Herrschaft über gewisse Lehen, die erst später an Erzherzog Ferdinand heimfallen sollten, eine beschränkte Niedergerichtsbarkeit, das Patronatsrecht der Kirche in Gestratz und ähnliche Rechte. Unter anderem bestand er darauf, daß auch die Klosterfrauen im Hirschtal weiterhin wie bisher jährlich ein Fuder Wein beziehen sollten.

Der Kaufpreis wurde auf 50.000 Gulden festgelegt. Davon sollten dem Grafen Hugo zunächst nur 22.000 Gulden, teils in Gold, teils in Münze, ausbezahlt werden. Für die Restsumme von 28.000 Gulden erhielt er eine Verschreibung auf das Pfannhaus in Hall, von wo ihm jährlich 1.400 Gulden bezahlt werden sollten. Die Aufbringung des Geldes

---

66 Kleiner, Stadtarchiv, S. 153, Nr. 433.
67 Margareta Bull-Reichenmüller, Baden betreffende Archivalien aus dem Germanischen Nationalmuseum Nürnberg, Regesten. In: Zeitschrift für Geschichte des Oberrheins 121, 1973, S. 206, Nr.128b.
68 Vorarlberger Landesarchiv, Urk. 1772.
69 Haselwanter, Graf Haug, S. 101.
70 Bilgeri, Bregenz, S. 159 ff.
71 Haselwanter, Graf Haug, S. 86 ff.

bereitete beträchtliche Schwierigkeiten. Noch viele Jahre lang mußte Graf Hugo, der ständig hingehalten wurde, um seine Auszahlung kämpfen. Den vollen Kaufpreis hat er wohl nie erhalten.

Eine wichtige Bestimmung der Kaufabrede war die Zusicherung der Vogtei Feldkirch auf Lebenszeit an Graf Hugo. Diese Vogtei befand sich seit 1514 in den Händen des verdienten Ritters Ulrich von Schellenberg, der sie von Kaiser Maximilian I. persönlich erhalten hatte und sich deshalb beharrlich weigerte, auf sie zu verzichten. Er wurde dennoch zum Verzicht gezwungen, da sonst der Übergang der Herrschaft Bregenz an ihm gescheitert wäre. Die am 6. September 1523 rechtlich vollzogene Vogteiübergabe wurde daher erst am 29. September 1523 dem Grafen Hugo faktisch übergeben.

Der Übergang der Herrschaft Bregenz an Österreich war den Untertanen bis zum 5. September 1523 geheimgehalten worden. Ein Mitspracherecht der Untertanen, wie es beim Übergang der Herrschaft Feldkirch im 14. Jahrhundert vorhanden war, gab es in diesem Falle also nicht. Der Brief des Grafen Hugo vom 5. September 1523, womit er die Untertanen aus ihren Pflichten ihm gegenüber entlassen hat, und die Privilegienbestätigung Erzherzogs Ferdinand vom 6. September 1523 an die Untertanen wurden erst am 29. September 1523 zusammen mit den übrigen Dokumenten ausgetauscht. Erst an diesem Tag erfolgte somit die eigentliche Übergabe, die die montfortische Herrschaft in Bregenz endgültig beendete.

Am gleichen Tag trat Graf Hugo sein Amt als österreichischer Vogt der Herrschaft Feldkirch an. Er bezog dafür ein Jahrgeld von 400 Gulden sowie vier Fuder Wein. Außerdem erhielt er eine jährliche Ehrengabe *(Gnadgeld)* in Höhe von 300 Gulden. Graf Hugo nahm die Schattenburg als seine neue Wohnung in Besitz. Am 17. Oktober 1523 huldigten die Feldkircher Bürger dem neuen Vogt,[72] der ihre Privilegien bestätigte. Auch in Feldkirch hatte man den Übergang der Vogtei solange wie möglich geheimgehalten, um keinen Unmut der Untertanen heraufzubeschwören.

Schwierigkeiten bereitete jedoch schon sehr bald der Bregenzerwald, dessen Landleute als letzte huldigen sollten. Graf Hugo konnte krankheitshalber die Huldigung nicht selbst entgegennehmen, die Wälder aber weigerten sich, den Gesandten des Grafen zu huldigen. Doch mußten die Bregenzwälder schließlich nachgeben, nachdem Erzherzog Ferdinand mit Nachdruck interveniert hatte.[73]

Die Vogteiverwaltung des Grafen Hugo in Feldkirch fällt gegenüber derjenigen seines Vorgängers Ulrich von Schellenberg stark ab. Hatte Graf Hugo schon als Landesherr seiner Herrschaft Bregenz ohne Glanz regiert, so war auch kaum zu erwarten, daß er sich bei der Regierung der Herrschaft Feldkirch, die er im fremden Auftrag führte, besonders profilieren würde. Graf Hugo ging es bei diesem Amt im wesentlichen um die Sicherung einer angemessenen Existenz und zusätzlicher Einkünfte. Da er sein Amt in bayerischen Diensten als Pfleger von Höchstädt beibehielt, ist er

---

72   Stadtarchiv Feldkirch, Urk. 392.

73   Tiroler Landesarchiv Innsbruck, Buch Walgau, 1. Bd., S. 114b – 115a sowie S. 115b – 116a, S. 117b – 118a u. S. 118a – 118b.

auch von Feldkirch ebenso häufig abwesend wie früher in Bregenz. Immer wieder entschuldigt er sich mit Alter und Krankheit, die ihn an der wirksamen Ausübung seiner Amtspflichten hinderten. Die Aufforderung der Regierung an den Grafen Hugo, seine Vogteigeschäfte in Feldkirch angesichts der schwierigen Lage (Bauernkrieg, Reformation, Eidgenossen) persönlich auszuüben, reißen seit 1525 nicht ab.[74] Die Regierung beklagt, daß gegen die Wilderei zu wenig unternommen würde und der Ausbreitung des Luthertums und der Wiedertäuferei nicht energisch genug entgegengetreten werde. Graf Hugo blieb schließlich nur mehr der Rücktritt von der Vogtei übrig. Die Verhandlungen darüber kamen im August 1531 zu einem Abschluß. Graf Hugo behielt sein Gnadgeld von 300 Gulden jährlich.[75] Es wurde ihm zudem eine standesgemäße Behausung zugesagt:[76] er erhielt auf Lebzeit das Haus und das Gut in des Grafen Baumgarten vor dem Stadttor von Bregenz.[77] Am 4. August 1531 nahm ihn König Ferdinand in den besonderen Schutz und Schirm des Hauses Österreich auf, wonach es allen Amtspersonen verboten war, Graf Hugo zur Verantwortung zu ziehen.[78] Bereits am 15. September 1531 finden wir Ulrich von Schellenberg wieder als Vogt von Feldkirch im Amt.[79]

Die acht Jahre der Vogteiverwaltung des Grafen Hugo in Feldkirch sind trotz ihrer Schwächen nicht ganz ohne Spuren geblieben. Viele Urkunden bezeugen seine Tätigkeit als Vogt: er nahm alljährlich die Untertanen in Pflicht und bestätigte ihnen ihre Privilegien. Er entschied Streitigkeiten, bestätigte Urkunden und wirkte am Zustandekommen verschiedener Rechtsordnungen mit. Zu erwähnen ist hier etwa die Bodenseeschiffahrtsordnung[80] für Fußach vom 4. März 1528, die Alpordnung[81] für Fraxern vom 13. Juni 1528, der Dorfmarkenbrief[82] für Göfis vom 29. November 1529 oder die Landesrettungsordnung[83] vom 13. Februar 1531. Graf Hugo hatte sich im Bauernkrieg zu bewähren[84] und wurde mehrfach als landesfürstlicher Kommissär in Anspruch genommen, so etwa auf dem Landtag zu Bozen[85] am 30. Oktober 1525 oder auf einer Gesandtschaft an die Drei Bünde[86] am 21. August 1529.

---

74 Haselwanter, Graf Haug, S. 181 ff.
75 Ebd., S. 197.
76 Tiroler Landesarchiv Innsbruck, Urkunde Nr. I. 3850 vom 2. August 1531.
77 Haselwanter, Graf Haug, S. 197.
78 Ebd., S. 197.
79 Tiroler Landesarchiv, Buch Walgau, 2. Bd., S. 14b.
80 Vorarlberger Landesarchiv, Lichtbildserie 35, (Hofbrauch von Höchst-Fußach), S. 65 – 69.
81 Vorarlberger Landesarchiv, Urk. 5535.
82 Vorarlberger Landesarchiv, Urk. 285.
83 Joseph Grabherr, Die reichsunmittelbare Herrschaft Blumegg, 1907, S. 67 f.
84 Hermann Sander, Vorarlberg zur Zeit des deutschen Bürgerkrieges. In: MIÖG, Ergbd. 4, 1893, S. 317 f.
85 Ebd., S. 346.
86 Oskar Vasella, Abt Theodul Schlegel von Chur und seine Zeit 1515 – 1529, 1954, S.166 (vgl. auch S. 331).

Weitgehend noch unerforscht ist die Tätigkeit des Grafen Hugo als Pfleger von Höchstädt. Als solcher ist er mindestens seit 1516 bis zu seinem Tode 1536 im Amt. Seine Aufgaben sind hier ähnliche wie in Feldkirch. So nimmt er beispielsweise 1519 eine Musterung der Untertanen der Hofmark Schwenningen (Bezirksamt Dillingen) vor.[87]

Die persönlichen Bindungen des Grafen Hugo an seinen bayerischen Dienstherrn scheinen sehr viel intensiver gewesen zu sein als die zum Landesfürsten in Innsbruck. Als er im April 1523 zu Verhandlungen mit Märk Sittich von Ems nach Bregenz kommt, weist er mit Nachdruck darauf hin, daß er nur 14 Tage Urlaub habe, da er mit seinem Herrn Ottheinrich zum Pfalzgrafen reiten müsse.[88] Die bayerischen Dienste müssen immer wieder als Entschuldigung für seine Abwesenheit von Feldkirch herhalten. Auf dem Augsburger Reichstag von 1530 gehörte Graf Hugo zum adeligen Gefolge der Pfalzgrafen Ottheinrich und Philipp.[89] Überhaupt treffen wir den Grafen Hugo immer wieder in Augsburg an, wo er oft längere Aufenthalte nahm. Die bayerischen Pfalzgrafen treten auch wiederholt als Mittler und Schiedsrichter in den Streitigkeiten auf, die Graf Hugo viele Jahre lang mit seinem Bruder Georg III. geführt hat.[90] Graf Georg von Montfort veröffentlichte 1530 *aus vergweltigtem drangsal* sämtliche Urkunden über die Erbteilung und Verträge mit seinem Bruder im Druck.[91]

Die Streitigkeiten mit Graf Georg hatten nicht zuletzt einen Grund in dem persönlichen Verhalten Hugos, der im Hause Montfort mancherlei Anstoß erregte. Schon der Verkauf der Herrschaft Bregenz an Österreich stieß in den oberschwäbischen Adelskreisen keineswegs auf Beifall. Die Zimmersche Chronik bringt das unmißverständlich zum Ausdruck, wenn sie davon spricht, daß die Grafen von Montfort *ganz liderlich* um ihre Grafschaft gekommen seien.[92] Die Grafen von Montfort-Tettnang richteten am 19. Juni 1525 an den Grafen Hugo den Vorwurf, daß *du zum Tail wider kgl. Mai. gebot gestrept und in ungnad gewest bist,* woraus sie politische Nachteile für das Gesamthaus befürchteten.[93]

Der alte Graf Hugo führte ein recht flottes Leben. Man mag noch gewisse Zweifel hegen, ob die beiden überlieferten Salbenrezepte des »Graff Hug« gegen die Syphilis unserem Grafen Hugo zuzuschreiben sind.[94] Ulrike Haselwanter hat das mit dem

---

87 Pfalz-Neuburg Akten, Nr. 4804.

88 Palastarchiv Hohenems 25, 3 C.

89 Die Chroniken der deutschen Städte, 23. Bd., Augsburg 4. Bd, S. 270; Hans Rott, Die Schriften des Pfalzgrafen Ott Heinrich. In: Mitteilungen zur Geschichte des Heidelberger Schlosses 6, 1912, S. 135.

90 HStA München Urkunde S. 23, Nr. 330 (17. September 1517) und Nr. 332 (19.September 1918).

91 Ebd., Nr. 371.

92 Vgl. oben Anm. 49 (Zimmersche Chronik, 1. Bd., S. 346).

93 Bilgeri, Geschichte, 3, S. 339, Anm. 23.

94 Eis, Zu Hugo und Georg von Montfort, S. 151, Anm. 3 (= ÖNB Wien, Cod. 11198, Bl. 228 und 232).

Hinweis auf die lange Kränklichkeit des Grafen und die große Verbreitung dieser Krankheit bejaht.[95] Es gibt aber keinen Zweifel daran, daß Graf Hugo eine stattliche Zahl unehelicher Kinder gehabt hat. So begegnet uns in den Verkaufsverhandlungen mit Österreich erstmals eine Christina, Tochter des Grafen, die 1521 mit einem gräflichen Lehen bedacht wurde.[96] Graf Hugo wünscht, daß sie bis 1524 in diesem Lehen verbleiben soll. Weitere Nachrichten über diese Christina sind bisher nicht bekannt geworden.

Auf dem Regensburger Reichstag von 1532 ist *der Edel, unser und des Reiches lieber getrewer Hugo Graf zu Monntfort, Pfleger zu Hochstet, vor unser kaiserlichen Maiestat erschinen und hat uns undertheniglichen angerueffen und gebeten, das wir seinen leiblichen Sonen Christoffen, Danielis und auch Tochter Marina, welche ausserhalb der heiligen Eehe ledig geporn weren, ... in die wirde, Eer und Recht des elichen und adenlichen Standes zu erheben.*[97] Dieser Bitte folgte der Kaiser am 24. Juli 1532 mit Rücksicht auf die Verdienste des Grafen, der seine Herrschaft Bregenz an Österreich verkauft habe. Die drei unehelichen Kinder, die der Graf mit der Dorothea Falcknerin hatte, wurden mit dem Prädikat von Flugberg in den Adelsstand erhoben und mit einem Wappen begabt: auf einem roten Dreiberg zwei Flügel.[98]

Die Nobilitierung nahm Graf Hugo zum Anlaß, nun auch am 24. Dezember 1533 diese seine drei Kinder und ihre Mutter durch ein Testament zu rechten Erben einzusetzen.[99] Und um dieser Verfügung weiterhin Kraft zu verleihen, heiratete Graf Hugo am 23. Mai 1536 *die tugentsam fraw Dorotheam Falcknerin.*[100] Es ist einleuchtend, daß dieses Vorgehen nicht die ungeteilte Zustimmung im Hause Montfort fand.

Von diesen drei Kindern des Grafen Hugo erlangte lediglich Marina eine gewisse Berühmtheit. Diese lebte zu Augsburg bei ihrer Mutter in einem Turm neben dem Hohenlohischen Hof. Graf Hugo wollte sie versorgen und bemühte sich, in dem reichen Augsburger Ströbel einen Schwiegersohn zu finden. Da dessen Mutter gegen diese Ehe war, schickte sie den Sohn auf Reisen; Marina dagegen sollte in ein Kloster kommen.

Einige Zeit später bemühte man sich darum, Marina mit dem Juristen Johannes von Hirnkofen in Lauingen zu verheiraten. Ein Ehepakt wurde geschlossen und auf dem Rathaus hinterlegt. In diesem Vertrag war Marina als eine eheliche Tochter des Grafen Hugo ausgegeben, d. h. nicht als Marina von Flugberg, sondern als Marina von Mont-

---

95 Haselwanter, Graf Haug, S. 206.

96 Tiroler Landesarchiv, Bekennen 1523, Bl. 70^v.

97 HHStA Wien, Reichsakten, 24. Juli 1532. Vgl. Karl F. von Frank, Standeserhebungen und Gnadenakte für das Deutsche Reich und die Erblande bis 1806, 2. Bd., 1970, S. 27.

98 Abbildung des Wappens bei Haselwanter, Graf Haug, Anhang. Vgl. auch Siebmacher, Grosses und allgemeines Wappenbuch, 6. Bd., 2. Abt. Abgestorbener Württembergischer Adel, Nürnberg 1911.

99 Erwähnt im Heiratsbrief vom 23. Mai 1536, HStA München, Abt. I, Montfort Urkunde 377.

100 HStA München, Abt. I, Montfort U 377. Den Hinweis auf diese Urkunde sowie auf den in Anm. 101 zitierte Buch verdanke ich Herrn Dr. Alex Frick in Tettnang.

fort. Hirnkofen ließ das Montforter Wappen an seinem Haus in Lauingen anbringen. Die Montforter protestierten und Marina wurde durch ihren Vater entführt. Hirnkofen geriet in den Verdacht, den Heiratspakt aus dem Rathaus entwendet zu haben. Er starb bald darauf an den Folgen der Folter.[101]

Alles das trug wenig dazu bei, den Ruf des Grafen Hugo in seiner Verwandtschaft zu heben. Graf Hugo verlor zusehends an Ansehen. Anders als sein Vorfahre Graf Rudolf V. von Montfort-Feldkirch (†1390), der nach dem Verkauf seiner Herrschaft Feldkirch an Österreich sein Geld dazu verwandte, sein Image zu pflegen und sein Andenken bei der Nachwelt durch populäre Stiftungen und Bauten zu erhalten, blieb Graf Hugo von Montfort ein einsamer Mann, der nicht nur sein Land, sondern auch sein Ansehen verloren hatte.

Zwei Dinge sind dem alternden Grafen in seinen letzten Lebensjahren geblieben: die Kirche und die Kunst. Konnten wir schon in den letzten Regierungsjahren des Grafen enge Beziehungen zum Kloster Mehrerau feststellen, so haben diese sich nach 1523 noch intensiver entwickelt, obschon Graf Hugo nicht mehr in Bregenz residierte und auch nicht mehr Kastvogt des Klosters war. Während seiner Amtszeit als Vogt zu Feldkirch versuchte der Graf mehrfach mit Beträgen von mehreren hundert Pfund das teilweise verfallene Kloster wieder herzustellen.[102] Am 17. Dezember 1528 schenkte er dem Kloster die Pfarre Gestratz, an der er sich 1523 beim Verkauf der Herrschaft Bregenz das Patronatsrecht damals im Hinblick auf diese Schenkung vorbehalten hatte, und zwar Pfarre und Kaplanei samt dem großen und kleinen Zehnten sowie allen zugehörigen Rechten.[103] Zugleich stiftete er einen reich ausgestatteten montfortischen ewigen Jahrtag:[104] *auf den sechzehnten tag des Monats octobris ain gesungne vigil und morgens den sibenzehenden tag des Monats ain gesungen Ambt von der hailigen dreifaltigkhait, Auch ain gesungen ampt von allen an Cristo Jesu glaubig seelen, und zu den baiden ampten auch auf den tag zum wenigisten zehn gesprochen Messen haldten und haben, auch alle Jar auf ditzen tag acht prsonen, arm leit, im Closter zu hof zu Tisch setzen, denselben ain Mal zu essen und Wein gnuegsam zimlich geben, auch auf den tag die Jungen Nuvitzen zusambt den Conventhern geen hof zu tisch geladen.* Die schon bestehende Stiftung der Montforter, derzufolge 48 Ellen Grautuch zur Verarbeitung von Röcken für arme Leute ausgegeben wurden, wird ergänzt, und zwar sollen jährlich am Karfreitag weitere 24 Bregenzer Ellen Wolltuch hinzukommen und an die Armen ausgeteilt werden *in Unser aller von Montfort Namen*. Graf Hugo nimmt diese Gelegenheit wahr, seinen langjährigen Diener Jos Schwarz im Kloster zu versorgen; dieses verpflichtet sich, ihn auf Lebzeit *mit tuch, gmach, feur, liecht, essen und trincken* wie einen Pfründner aufzunehmen. Am 8. März 1529 schenkt Graf Hugo dem Kloster verschiedene *stuckh hailigthumb*

---

101 Eduard Freiherr von Hoernstein-Grüningen, Die von Hornstein und Hertenstein, Erlebnisse aus 700 Jahren, 1911, S. 190 – 199.
102 Benedikt Bilgeri, Zinsrodel des Klosters Mehrerau 1290–1505, 1940, S. XV.
103 Vorarlberger Landesarchiv, Urkunde Nr. 1795a.
104 Ebd., Urk. 1795.

mit Irn gefessen.[105] Diese Reliquien, die offenbar in silbernen oder goldenen Behältern aufbewahrt wurden, befanden sich bereits seit längerer Zeit im Kloster, standen aber im Eigentum des Grafen. Bei allen diesen Schenkungen an das Kloster unterstreicht Graf Hugo die Stifterrolle der Grafen von Montfort und der Herren von Bregenz für das Kloster, das im 11. Jahrhundert als gräfliches Hauskloster gegründet wurde und durch die Jahrhunderte auch ihr Erbbegräbnis war. Zugleich erinnert er aber auch an die vielen Dienste, die das Kloster dem Grafenhaus geleistet hat, und hebt sein besonderes freundschaftliches Verhältnis zum damaligen Abt Johann Schobloch (†1533) hervor. Dieser war bereits 1472 Pfarrer in Grünenbach[106] im montfortischen Teil der Herrschaft Bregenz und ein alter Freund der Familie. 1493 hatte ihn Graf Hugo auf seine Pfarre Gestratz präsentiert.[107] Später (1516) hatte Johannes Schobloch in Freiburg studiert,[108] war wieder auf seine Pfarre Grünenbach zurückgekehrt und 1524 zum Abt des Klosters Mehrerau erwählt worden.

Das weitgespannte Interesse des Grafen Hugo für die Künste und Wissenschaften tritt aus in dem Widmungsbrief von Achilles Pirmin Gassers Büchlein *Beschrybung und abnemen über den Cometen* (1532) entgegen.[109] Gasser, zu dieser Zeit Stadtarzt in Lindau, hatte den Kometen dort im Herbst 1532 beobachtet und seine Wahrnehmungen in Druck gegeben. Er widmete dieses Buch unter dem 22. Oktober 1532 dem Grafen Hugo *als einem verstendigen diser und aller kunst liebhaber.*[110] Aus diesem Brief können wir entnehmen, daß Gasser, der bereits im Jahr zuvor den berühmten Halleyschen Kometen beobachtet und in einem Einblattdruck (1531) beschrieben hatte,[111] schon damals bei Graf Hugo reges Interesse fand und von diesem mit einer *gnädigen frundtlichen geberdt* belohnt worden war. Das alles zeigt uns den Grafen Hugo als einen besonderen Freund der Astronomie und Astrologie, wie wir es bei den Renaissancefürsten auch sonst häufig vorfinden.

Hugos Neigungen galten aber nicht zuletzt auch der Kunst, auch darin dem Beispiel der Fürsten seiner Zeit folgend. Hier ist namentlich zu vermerken, daß sich Graf Hugo viele Jahre in der Umgebung des kunstsinnigen Pfalzgrafen Ottheinrich befunden hat. Zu erwähnen ist hier das dem Kreis um Bernhard Strigel zugeschriebene Altersbildnis des Grafen Hugo, ein Brustbild im Format 13 x 10 cm.[112] Graf Hugo ist vor grünem

---

105 Ebd., Urk. 1798.
106 P. Pirmin Lindner, Album Augiae Brigantinae. In: 41. Jahresbericht des Vorarlberger Museums-Vereines, 1902/03, S. 37, Nr. 23.
107 Manfred Krebs, Investiturprotokolle, S. 312. Johannes Schobloch wurde dort Nachfolger des Mag. Heinrich Schmid (vgl. oben Anm. 21).
108 P. Anton Ludewig, Hochschulen, 1920, S. 69, Nr. 101.
109 Exemplare in der Univ.-Bibl. Basel, in der Zentralbibl. Zürich und in der British Library in London.
110 Der Widmungsbrief ist abgedruckt bei Burmeister, Achilles Pirmin Gasser 3, S. 17–19. Facsimile des Briefes bei Haselwanter, Graf Haug, Anhang.
111 Exemplar in der Stadtbibliothek Nürnberg.
112 Albertina, Wien, Bildersammlung Montfort. Abgebildet bei Haselwanter, Graf Haug, Titelblatt.

Hintergrund in schwarzem Gewand mit breiter weinroter Borte, schwarzem Barett mit Goldmuster, weißem Halskragen, blauen Augen und aschblondgrauen Haaren dargestellt.[113]

Mit Sicherheit hat es weitere Porträts des Grafen Hugo gegeben.[114] Weitere Zeugnisse seines Interesses für die Kunst sind etwa die 1517 gestiftete Glasscheibe im Bregenzer Rathaus (heute im Vorarlberger Landesmuseum), vielleicht ein Werk des Lindauer Malers und Glasmalers Mathis Miller, der auch sonst für die Grafen von Montfort gearbeitet hat.[115] Sodann ist die schon erwähnte Porträtmedaille des Augsburger Künstlers Hans Schwarz zu nennen.[116] Schließlich ist auch das von einem unbekannten Meister geschaffene Grabdenkmal in der Kirche von Höchstädt hier anzuführen, das zwar nicht von Graf Hugo in Auftrag gegeben wurde, aber dennoch vom Kunstgeschmack seiner nächsten Umgebung Zeugnis ablegt.

Die Übereinstimmung der Physiognomie des Grafen in Porträt, Medaille und Grabdenkmal beweisen die naturgetreue Wiedergabe seines Bildes durch die Künstler. Ulrike Haselwanter schließt von der hohen Stirn des Grafen auf eine große Willenskraft. Die lange, etwas zu breite gebogene Nase, der schmale, etwas vorstehende Mund, das vorgewölbte Kinn mit Grübchen vollenden seine Physiognomie zu einem Charakterkopf.[117] Auch das Grabdenkmal hebt die vornehme Haltung des Grafen merklich hervor.[118] Aussehen und Gestalt bestätigen die adelige Abkunft des Grafen Hugo.

Graf Hugo wird als ein jähzorniger und streitsüchtiger Charakter beschrieben; die urkundliche Überlieferung läßt daran kaum einen Zweifel. Er ist in seinem Leben in vieler Hinsicht glücklos geblieben: er ist politisch gescheitert, es blieben ihm die ehelichen Nachkommen versagt, er war lange Jahre seines Lebens von Krankheit gequält. Seit 1523 lesen wir wiederholt von heftigen Schmerzen in den Schenkeln[119] Es ist nicht ausgeschlossen, daß sich Hugos Bekanntschaft mit dem Lindauer Arzt Dr. Gasser daraus ergeben hat, daß der Graf als Patient dessen Hilfe beansprucht hat.

---

113 Eggart, Bildnismalerei, S. 25 f. mit Abb.

114 Andreas Ulmer, Der Gebhardsberg bei Bregenz als Burgsitz, Wallfahrtsort und Aussichtswarte, 1938. S. 16, erwähnt vier Porträts Montforter Grafen, die noch im Jahre 1575 in der Georgskapelle hingen und 1647 beim Schwedensturm vernichtet wurden. Vermutlich stellt eines dieser Porträts den Grafen Hugo dar.

115 Über ihm vgl. Gabriele Frisch, Mathias Miller Maler in Lindau, 1974.

116 Vgl. oben Anm. 55. Abgebildet auch bei Alfred Weitnauer, Allgäuer Chronik, Bilder und Dokumente, 1962, S. 107 sowie bei Bilgeri, Geschichte 3, S. 16.

117 Haselwanter, Graf Haug, S. 199.

118 Ebd., S. 200.

119 Palastarchiv Hohenems, 25, 3 C: »so gar yst mir min schenckhel vngeschykht« (5. April 1523); am 29. Juli 1525 schreibt er an Ferdinand, daß er große Schmerzen im Schenkel habe und Tag und Nacht nicht zur Ruhe käme (Haselwanter, Graf Haug, S. 181); am 7. Oktober 1529 weist er auf seine Krankheit hin (Tiroler Landesarchiv, Gemeine Mission 1529, Bl. 636 f.).

Grabmal Hugo XVII. von Montfort in der Pfarrkirche von Höchstädt, Sandstein, 1538. (Foto: Vorarlberger Landesarchiv).

Möglicherweise hat sich Graf Hugo auch selbst mit medizinischen Dingen beschäftigt, falls man ihm die schon genannten Syphilis-Rezepte zuschreibt.

Es ist leicht, im Grafen Hugo den »herabgekommenen Herren von Bregenz« zu sehen und ihn als den »fahlen Stern« zu sehen, der »ruhmlos auch aus seinem letzten Winkel der kleinen Grafschaft Bregenz« verschwindet.[120] Schwieriger ist es, dem Grafen Hugo tatsächlich gerecht zu werden. Das Ende der Montforter in der Herrschaft Bregenz liegt nicht in der Person des Grafen Hugo begründet. Man mag überhaupt fragen, ob Hugo je in der Lage gewesen wäre, diesem Schicksal auszuweichen. Seine Erziehung und Bildung, sein Denken überhaupt, verharrten allzusehr in traditionellen Formen ritterlicher Adelskultur, die nicht mehr zeitgemäß waren.

Graf Hugo von Montfort ist am 22. Juli 1536 in Höchstädt gestorben, nachdem er noch am 23. Mai 1536 seine Lebensgefährtin Dorothea Falcknerin geheiratet hatte. Im nördlichen Seitenschiff der Pfarrkirche zu Höchstädt fand Hugo von Montfort seine letzte Ruhestätte.[121]

Das 1538 gesetzte Grabdenkmal gilt als ein hervorragendes Kunstwerk.[122] Es ist 2,25 m hoch und 0,90 m breit und aus Sandstein gearbeitet. Hugo ist in ganzer Gestalt und voller Rüstung dargestellt, das Gesicht im Profil, die Hände gefaltet erhoben. Zu Füßen liegt der Turnierhelm,

---

120 Bilgeri, Geschichte 3, S. 17.

121 Johann Evangelist Schöttl, Die Stadtpfarrkirche zu Höchstädt an der Donau, 1938, S. 12; W. Meyer, Die Kunstdenkmäler des Landkreises Dillingen an der Donau, 1972, S. 409 (jeweils mit Abb.).

122 Franz Häfele, Das Grabmal des Grafen Hugo von Bregenz zu Höchstädt. In: Alemannia 2,1928, S. 174 – 176 (mit Abb.).

außerdem das Montforter Wappen mit Helmzier, daneben ein Hund, wie wir ihn auch auf dem Grabmal des ältesten Montforters,[123] des Grafen Hugo I. von Montfort im Dom zu Feldkirch finden (†um 1228). Es sind Reste einer Bemalung vorhanden: alle erhabenen Rüstungsbestandteile, Ketten und Hauben zeigen eine starke Vergoldung, die Stoffteile und der Hintergrund waren ockerrot gefärbt, die Körperteile und der Brustpanzer dagegen unbemalt. Die Bemalung stammt wohl aus späterer Zeit. Die Inschrift lautet:

»HAVG, GRAVE ZV MONTFORT, HER ZV BREGENZ, PHLEGER ZV HOCHSTÖT, IST MIT TOD VERSCHIDEN AN SANDT MARIA MAGDA-LENA TAG NACH CHRISTI VNSERS HERN GEBVRT IM XXXVI IAR«.

Im Kloster Mehrerau wurde am 12. März jedes Jahres sein Jahrtag gefeiert.[124]

---

123 Vgl. dazu P. Thomas Stump, Bilder aus Vorarlberg in Werken von P. Gabriel Bucelin (1599–1681). In: Montfort 15, 1964, S. 25 – 40, insbesondere Abb. 15.
124 Bergmann, Necrologium, S. 14 u. S. 62.

Stammtafel I
Grafen von Montfort

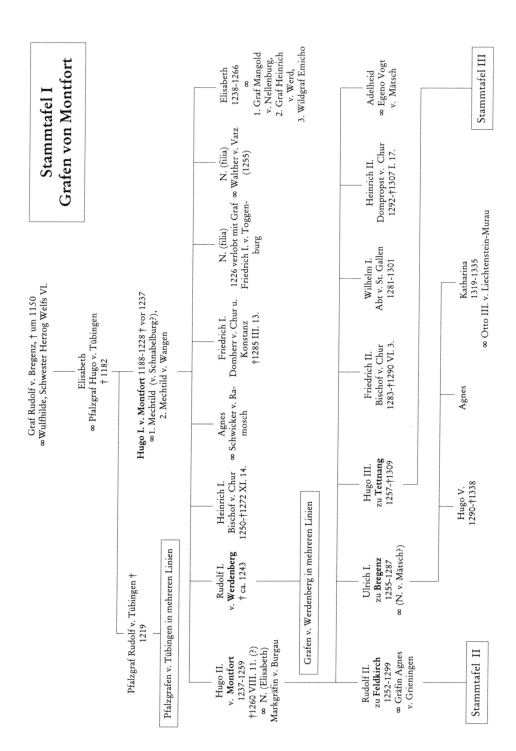

Graf Rudolf v. Bregenz, † um 1150
∞ Wulfhilde, Schwester Herzog Welfs VI.

Elisabeth
∞ Pfalzgraf Hugo v. Tübingen
† 1182

Pfalzgraf Rudolf v. Tübingen †
1219

Pfalzgrafen v. Tübingen in mehreren Linien

Hugo I. v. Montfort 1188-1228 † vor 1237
∞ 1. Mechtild (v. Schnabelburg?),
2. Mechtild v. Wangen

Heinrich I.
Bischof v. Chur
1250-†1272 XI. 14.

Rudolf I.
v. Werdenberg
† ca. 1243

Grafen v. Werdenberg in mehreren Linien

Agnes
∞ Schwicker v. Ra-
mosch

Friedrich I.
Domherr v. Chur u.
Konstanz
†1285 III. 13.

N. (filia)
1226 verlobt mit Graf
Friedrich I. v. Toggen-
burg

N. (filia)
∞ Walther v. Vatz
(1255)

Elisabeth
1238-1266
∞
1. Graf Mangold
v. Nellenburg,
2. Graf Heinrich
v. Werd,
3. Wildgraf Emicho

Hugo II.
v. **Montfort**
1237-1259
†1260 VIII. 11. (?)
∞ N. (Elisabeth)
Markgräfin v. Burgau

Rudolf II.
zu **Feldkirch**
1252-1299
∞ Gräfin Agnes
v. Grieningen

Ulrich I.
zu **Bregenz**
1255-1287
∞ (N. v. Mätsch?)

Hugo III.
zu **Tettnang**
1257-†1309

Friedrich II.
Bischof v. Chur
1283-†1290 VI. 3.

Wilhelm I.
Abt v. St. Gallen
1281-1301

Heinrich II.
Dompropst v. Chur
1292-†1307 I. 17.

Adelheid
∞ Egeno Vogt
v. Mätsch

Hugo V.
1290-†1338

Agnes

Katharina
1319-1335
∞ Otto III. v. Liechtenstein-Murau

Stammtafel II

Stammtafel III

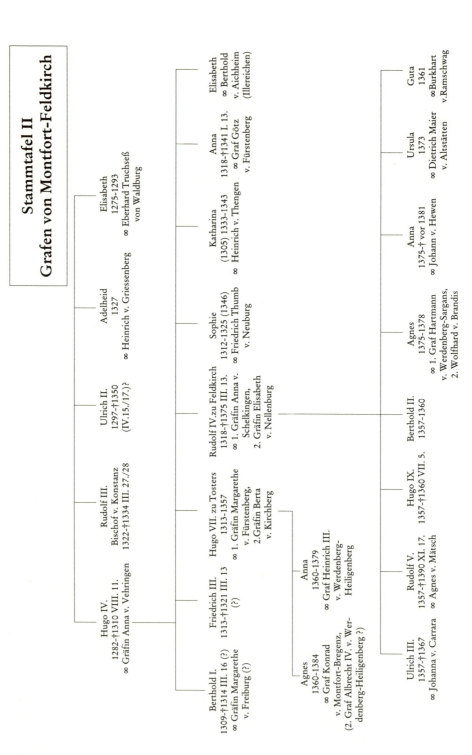

Stammtafel II
Grafen von Montfort-Feldkirch

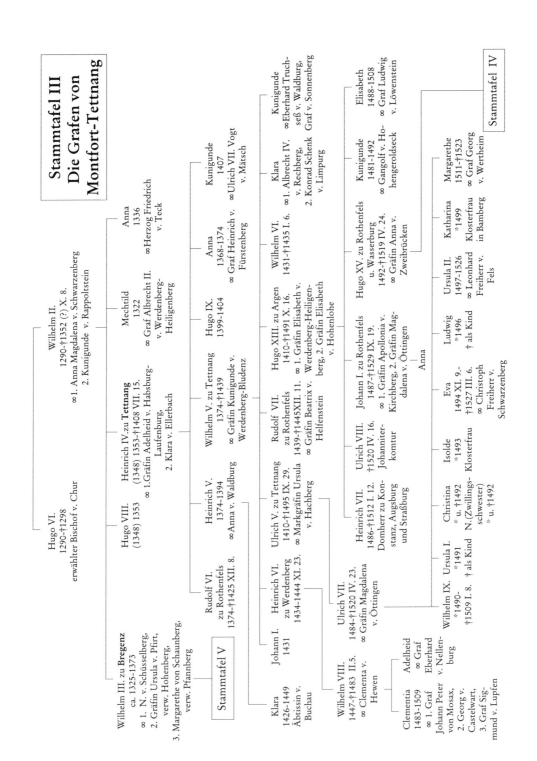

Stammtafel III
Die Grafen von Montfort-Tettnang

Hugo VI.
1290-†1298
erwählter Bischof v. Chur

Wilhelm II.
1290-†1352 (?) X. 8.
∞1. Anna Magdalena v. Schwarzenberg
2. Kunigunde v. Rappoltstein

Wilhelm III. zu **Bregenz**
ca. 1325-1373
∞ 1. N. v. Schüsselberg,
2. Gräfin Ursula v. Pfirt,
verw. Hohenberg,
3. Margarethe von Schaunberg,
verw. Pfannberg

Stammtafel V

Hugo VIII.
(1348) 1353

Heinrich IV. zu **Tettnang**
(1348) 1353-†1408 VII. 15.
∞ 1.Gräfin Adelheid v. Habsburg-Laufenburg,
2. Klara v. Ellerbach

Mechtild
1322
∞ Graf Albrecht II. v. Werdenberg-Heiligenberg

Anna
1336
∞ Herzog Friedrich v. Teck

Heinrich V.
1374-1394
∞ Anna v. Waldburg

Rudolf VI.
zu Rothenfels
1374-†1425 XII. 8.

Wilhelm V. zu Tettnang
1374-†1439
∞ Gräfin Kunigunde v. Werdenberg-Bludenz

Hugo IX.
1399-1404

Anna
1368-1374
∞ Graf Heinrich v. Fürstenberg

Kunigunde
1407
∞ Ulrich VII. Vogt v. Mätsch

Heinrich VI.
zu Werdenberg
1434-1444 XI. 23.

Johann I.
1431

Ulrich V. zu Tettnang
1410-†1495 IX. 29.
∞ Markgräfin Ursula v. Hachberg

Rudolf VII.
zu Rothenfels
1439-†1445XII. 11.
∞ Gräfin Beatrix v. Helfenstein

Hugo XIII. zu Argen
1410-†1491 X. 16.
∞ 1. Gräfin Elisabeth v. Werdenberg-Heiligenberg, 2. Gräfin Elisabeth v. Hohenlohe

Wilhelm VI.
1431-†1435 I. 6.

Klara
∞1. Albrecht IV. v. Rechberg,
2. Konrad Schenk v. Limpurg

Kunigunde
∞Eberhard Truchseß v. Waldburg, Graf v. Sonnenberg

Ulrich VII.
1484-†1520 IV. 23.
∞ Gräfin Magdalena v. Öttingen

Heinrich VII.
1486-†1512 I. 12.
Domherr zu Konstanz, Augsburg und Straßburg

Ulrich VIII.
†1520 IV. 16.
Johanniter-komtur

Johann I. zu Rothenfels
1487-†1529 IX. 19.
∞ 1. Gräfin Apollonia v. Kirchberg, 2. Gräfin Magdalena v. Öttingen

Hugo XV. zu Rothenfels
u. Wasserburg
1492-†1519 IV. 24.
∞ Gräfin Anna v. Zweibrücken

Kunigunde
1481-1492
∞ Gangolf v. Hohengeroldseck

Elisabeth
1488-1508
∞ Graf Ludwig v. Löwenstein

Wilhelm VIII.
1447-†1483 II.5.
∞ Clementa v. Hewen

Clementia
1483-1509
∞ 1. Graf Johann Peter von Mosax,
2. Georg v. Castelwart,
3. Graf Sigmund v. Lupfen

Adelheid
∞ Graf Eberhard v. Nellenburg

Wilhelm IX.
*1490-†1509 I. 8.

Ursula I.
*1491
† als Kind

Christina
* u. †1492

N. (Zwillingsschwester)
* u. †1492

Anna

Ludwig
*1496
† als Kind

Isolde
*1493
Klosterfrau

Eva
1494 XI. 9.-†1527 III. 6.
∞ Christoph Freiherr v. Schwarzenberg

Ursula II.
1497-1526
∞ Leonhard Freiherr v. Fels

Katharina
*1499
Klosterfrau in Bamberg

Margarethe
1511-1523
∞ Graf Georg v. Wertheim

Klara
1426-1449
Äbtissin v. Buchau

Stammtafel IV

309

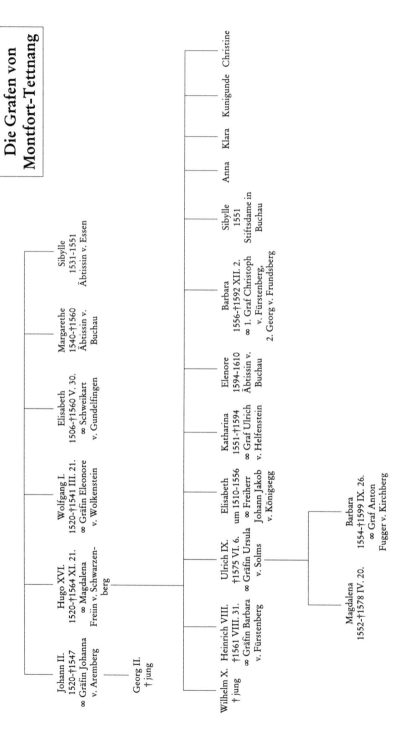

Johann II.
1520-†1547
∞ Gräfin Johanna
v. Aremberg

Georg II.
† jung

Hugo XVI.
1520-†1564 XI. 21.
∞ Magdalena
Freiin v. Schwarzen-
berg

Wolfgang I.
1520-†1541 III. 21.
∞ Gräfin Eleonore
v. Wolkenstein

Elisabeth
1506-†1560 V. 30.
∞ Schweikart
v. Gundelfingen

Margarethe
1540-†1560
Äbtissin v.
Buchau

Sibylle
1531-1551
Äbtissin v. Essen

Wilhelm X.
† jung

Heinrich VIII.
†1561 VIII. 31.
∞ Gräfin Barbara
v. Fürstenberg

Ulrich IX.
†1575 VI. 6.
∞ Gräfin Ursula
v. Solms

Elisabeth
um 1510-1556
∞ Freiherr
Johann Jakob
v. Königsegg

Katharina
1551-†1594
∞ Graf Ulrich
v. Helfenstein

Elenore
1594-1610
Äbtissin v.
Buchau

Barbara
1556-†1592 XII. 2.
∞ 1. Graf Christoph
v. Fürstenberg,
2. Georg v. Frundsberg

Sibylle
1551
Stiftsdame in
Buchau

Anna   Klara   Kunigunde   Christine

Magdalena
1552-†1578 IV. 20.

Barbara
1554-†1599 IX. 26.
∞ Graf Anton
Fugger v. Kirchberg

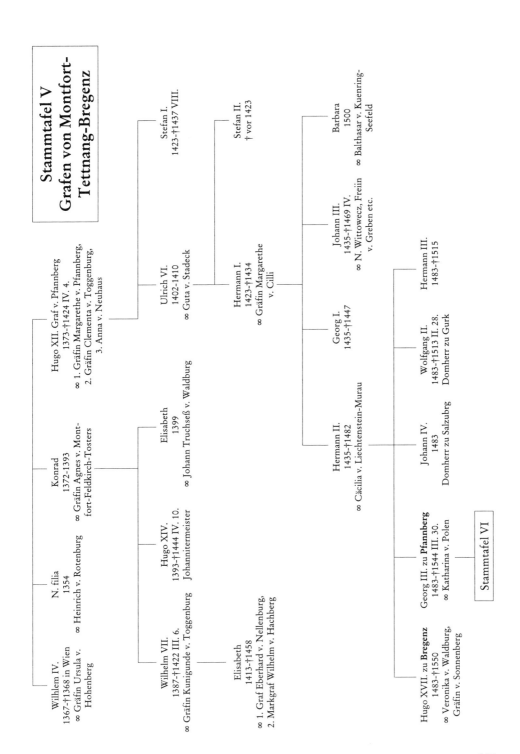

**Stammtafel V
Grafen von Montfort-
Tettnang-Bregenz**

Wilhlem IV.
1367-†1368 in Wien
∞ Gräfin Ursula v.
Hohenberg

N. filia
1354
∞ Heinrich v. Rotenburg

Konrad
1372-1393
∞ Gräfin Agnes v. Mont-
fort-Feldkirch-Tosters

Hugo XII. Graf v. Pfannberg
1373-†1424 IV. 4.
∞ 1. Gräfin Margarethe v. Pfannberg,
2. Gräfin Clementa v. Toggenburg,
3. Anna v. Neuhaus

Stefan I.
1423-†1437 VIII.

Wilhelm VII.
1387-†1422 III. 6.
∞ Gräfin Kunigunde v. Toggenburg

Hugo XIV.
1393-†1444 IV. 10.
Johannitermeister

Elisabeth
1399
∞ Johann Truchseß v. Waldburg

Ulrich VI.
1402-1410
∞ Guta v. Stadeck

Stefan II.
† vor 1423

Elisabeth
1413-†1458
∞ 1. Graf Eberhard v. Nellenburg,
2. Markgraf Wilhelm v. Hachberg

Hermann I.
1423-†1434
∞ Gräfin Margarethe
v. Cilli

Hermann II.
1435-†1482
∞ Cäcilia v. Liechtenstein-Murau

Georg I.
1435-†1447

Johann III.
1435-†1469 IV.
∞ N. Wittowecz, Freiin
v. Greben etc.

Barbara
1500
∞ Balthasar v. Kuenring-
Seefeld

Johann IV.
1483
Domherr zu Salzubrg

Wolfgang II.
1483-†1513 II. 28.
Domherr zu Gurk

Hermann III.
1483-†1515

Hugo XVII. zu **Bregenz**
1483-†1550
∞ Veronika v. Waldburg,
Gräfin v. Sonnenberg

Georg III. zu **Pfannberg**
1483-†1544 III. 30.
∞ Katharina v. Polen

Stammtafel VI

311

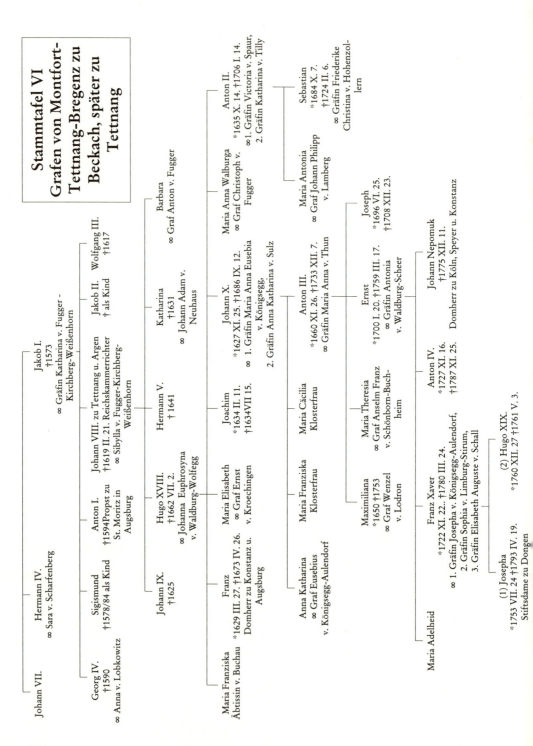

Stammtafel VI
Grafen von Montfort-
Tettnang-Bregenz zu
Beckach, später zu
Tettnang

Johann VII.

Hermann IV.
∞ Sara v. Scharfenberg

Jakob I.
†1573
∞ Gräfin Katharina v. Fugger -
Kirchberg-Weißenhorn

Georg IV.
†1590
∞ Anna v. Lobkowitz

Sigismund
†1578/84 als Kind

Anton I.
†1594 Propst zu
St. Moritz in
Augsburg

Johann VIII. zu Tettnang u. Argen
†1619 II. 21. Reichskammerrichter
∞ Sibylla v. Fugger-Kirchberg-
Weißenhorn

Jakob II.
† als Kind

Wolfgang III.
†1617

Barbara
∞ Graf Anton v. Fugger

Hugo XVIII.
†1662 VII. 2.
∞ Johanna Euphrosyna
v. Waldburg-Wolfegg

Johann IX.
†1625

Hermann V.
† 1641

Katharina
†1631
∞ Johann Adam v.
Neuhaus

Maria Anna Walburga
∞ Graf Christoph v.
Fugger

Anton II.
*1635 X. 14. †1706 I. 14.
∞1. Gräfin Victoria v. Spaur,
2. Gräfin Katharina v. Tilly

Maria Franziska
Äbtissin v. Buchau

Franz
*1629 III. 27. †1673 IV. 26.
Domherr zu Konstanz u.
Augsburg

Maria Elisabeth
∞ Graf Ernst
v. Kroechingen

Joachim
*1634 II. 11.
†1634 VII 15.

Johann X.
*1627 XI. 25. †1686 IX. 12.
∞ 1. Gräfin Maria Anna Eusebia
v. Königsegg,
2. Gräfin Anna Katharina v. Sulz

Maria Antonia
∞ Graf Johann Philipp
v. Lamberg

Sebastian
*1684 X. 7.
†1724 II. 6.
∞ Gräfin Friederike
Christina v. Hohenzol-
lern

Anna Katharina
∞ Graf Eusebius
v. Königsegg-Aulendorf

Maria Franziska
Klosterfrau

Maria Cäcilia
Klosterfrau

Anton III.
*1660 XI. 26. †1733 XII. 7.
∞ Gräfin Maria Anna v. Thun

Joseph
*1696 VI. 25.
†1708 XII. 23.

Maximiliana
*1650 †1753
∞ Graf Wenzel
v. Lodron

Maria Theresia
∞ Graf Anselm Franz
v. Schönborn-Buch-
heim

Anton IV.
*1727 XI. 16.
†1787 XI. 25.

Ernst
*1700 I. 20. †1759 III. 17.
∞ Gräfin Antonia
v. Waldburg-Scheer

Johann Nepomuk
†1775 XII. 11.
Domherr zu Köln, Speyer u. Konstanz

Maria Adelheid

Franz Xaver
*1722 XI. 22. †1780 III. 24.
∞ 1. Gräfin Josepha v. Königsegg-Aulendorf,
2. Gräfin Sophia v. Limburg-Stirum,
3. Gräfin Elisabeth Auguste v. Schall

(1) Josepha
*1753 VII. 24 †1793 IV. 19.
Stiftsdame zu Dongen

(2) Hugo XIX.
*1760 XII. 27 †1761 V. 3.

Verzeichnis der abgekürzt zitierten Quellen und Literatur

Urban Affentranger, Heinrich III. von Montfort, Bischof von Chur (1251–1272). In: Bündnerisches Monatsblatt, 1977, S. 209 – 240.

Franz Ludwig Baumann, Necrologia Germaniae. Bd. 1. Dioeceses Augustensis, Constantiensis, Curiensis (Monumenta Germaniae Historica, Necrologia Germaniae 1). Berlin 1888 (Nachdruck München 1983).

Otto Baumhauer, Hugo, der erste Graf von Montfort und sein Bregenzer Erbe. In: Montfort 8, 1956, S. 219 – 236.

Joseph Bergmann, Necrologium Auguiae Maioris Brigantinae, Sonderabdruck aus den Denkschriften der philosophisch-historischen Classe der kaiserlichen Akademie der Wissenschaften, 5. Wien 1853.

Joseph Bergmann, Urkunden der vier vorarlbergischen Herrschaften und der Grafen von Montfort. In: Archiv für Kunde Österreichischer Geschichts-Quellen I/3. Wien 1849.

Benedikt Bilgeri, Bregenz, eine siedlungsgeschichtliche Untersuchung. Dornbirn 1948.

Benedikt Bilgeri, Graf Hugo, der erste Montforter und seine Burg Montfort. In: Montfort 5, 1950, S. 102 – 122.

Benedikt Bilgeri, Zur Gründungsgeschichte von Bregenz und Feldkirch. In: Montfort 8, 1956, S. 237 – 254.

Benedikt Bilgeri, Der Bund ob dem See, Vorarlberg im Appenzellerkrieg. Stuttgart 1968.

Benedikt Bilgeri, Geschichte Vorarlbergs. Bd. 1–3. Wien, Köln, Graz, 1971–1977.

Benedikt Bilgeri, Politik, Wirtschaft, Verfassung der Stadt Feldkirch bis zum Ende des 18. Jahrhunderts. In: Geschichte der Stadt Feldkirch, hg. v. Karlheinz Albrecht. Bd. 1. Sigmaringen 1987, S. 77 – 327.

BUB = Bündner Urkundenbuch. Bd. 3, bearb. v. Elisabeth Meyer-Marthaler und Franz Perret. Chur 1985.

Gabriel Bucelin, Rhaetia. Augsburg 1666.

Karl Heinz Burmeister, Das Studium der Rechte im Zeitalter des Humanismus im deutschen Rechtsbereich. Wiesbaden 1974.

Karl Heinz Burmeister, Achilles Pirmin Gasser 1505 – 1577. Bd. 3: Briefwechsel. Wiesbaden 1975.

Karl Heinz Burmeister, Die Städtegründungen der Tübinger in Österreich und in der Schweiz. In: Die Pfalzgrafen von Tübingen. Hg. v. Hansmartin Decker-Hauff, Franz Quarthal und Wilfried Setzler. Sigmaringen 1981, S. 15 – 28.

Karl Heinz Burmeister, Graf Hugo von Montfort-Bregenz (†1536). In: Siedlung, Macht und Wirtschaft. Festschrift Fritz Posch zum 70. Geburtstag (Veröffentlichungen des steiermärkischen Landesarchivs 12). Graz 1981, S. 189 – 202.

Karl Heinz Burmeister, Der st. gallische Hof in Röthis. In: Röthis, Geschichte und Gegenwart. Röthis 1982, S. 51 – 68.

Karl Heinz Burmeister, Die Grafen von Montfort. In: Tettnang, Ansichten einer Stadt. Hg. v. Erika Dillmann. Tettnang 1982, S. 51 – 63.

Karl Heinz Burmeister, Die Montforter und die Kultur. In: Die Grafen von Montfort. Geschichte und Kultur (Kunst am See 8). Friedrichshafen 1982, S. 32 – 42.

Karl Heinz Burmeister, Graf Rudolf III. von Montfort und die Anfänge der Vorarlberger Freiheitsrechte. In: Montfort 34, 1982, S. 311 – 321.

Karl Heinz Burmeister, Georg Sigmund von Ems, Domherr zu Konstanz und Basel, 1494 – 1547. In: Innsbrucker Historische Studien 7/8, 1985, S. 135 – 150.

Karl Heinz Burmeister, Graf Ulrich II. von Montfort-Feldkirch (1266 – 1350). In: Herold. Vierteljahresschrift für Heraldik, Genealogie und verwandte Wissenschaften Bd. 11, Jg. 28, 1985, S. 121–130.

Karl Heinz Burmeister, Kulturgeschichte der Stadt Feldkirch bis zum Beginn des 19. Jahrhunderts (Geschichte der Stadt Feldkirch, hg. v. Karlheinz Albrecht 2). Sigmaringen 1985.

Karl Heinz Burmeister, Hugo VI. von Montfort (1269 – 1298), Propst von Isen, erwählter Bischof von Chur. In: Geschichte und Kultur Churrätiens. Festschrift für Pater Iso Müller OSB zu seinem 85. Geburtstag. Hg. v. Ursus Brunold und Lothar Deplazes. Disentis 1986, S. 389 – 408.

Karl Heinz Burmeister, Meister Wilhelm von Montfort, genannt Gabler (um 1390 – 1459). In: Kunst und Kultur um den Bodensee. Zehn Jahre Museum Langenargen. Festgabe für Eduard Hindelang. Hg. v. Ernst Ziegler. Sigmaringen 1986, S. 79 – 97.

Karl Heinz Burmeister, Vinzenz von Montfort (ca. 1420 – 1486), Domherr von Trient. In: Innsbrucker Historische Studien 9, 1986, S. 37 – 48.

Karl Heinz Burmeister, Graf Hugo XIV. von Montfort-Bregenz, oberster Meister des Johanniterordens in deutschen Landen (1370 – 1444). In: Jahrheft der Ritterhausgesellschaft Bubikon 51, 1987, S. 17 – 39.

Karl Heinz Burmeister, Friedrich I. von Montfort (1220 – 1285), Domherr zu Chur und Konstanz, Pfarrer in Bregenz. In: Innsbrucker Historische Studien 10/11, 1988, S. 11 – 20.

Karl Heinz Burmeister, Die Montforter auf Reisen (Veröffentlichung des Stadtarchivs 2). Tettnang 1989.

Karl Heinz Burmeister, Geschichte Vorarlbergs. Ein Überblick. 3. Aufl., Wien 1989.

Karl Heinz Burmeister, Bregenz und Feldkirch im Wettstreit um die Landeshauptstadt. In: Die Hauptstadtfrage in der Geschichte der österreichischen Bundesländer (Mitteilungen des Museumsvereins Lauriacum-Enns, N.F. 29/1991). Enns 1991, S. 70 – 80.

Karl Heinz Burmeister, Die Grafen von Montfort-Tettnang als Schloßherren von Werdenberg. In: Werdenberger Jahrbuch 4, 1991, S. 15 – 30.

Otto P. Clavadetscher, Die geistlichen Richter des Bistums Chur (Ius Romanum in Helvetia 1). Basel/Stuttgart 1964.

Paul Diebolder, Wilhelm von Montfort-Feldkirch, Abt von St. Gallen (1281–1301), eine Charaktergestalt des ausklingenden 13. Jahrhunderts. In: Neujahrsblatt, hg. v. Historischen Verein des Kanton St. Gallen 83, 1943, S. 3 – 23.

Hermann Eggart, Die Geschichte von Langenargen und des Hauses Montfort. Friedrichshafen 1926.

Hermann Eggart, Der Selige Johannes, Graf von Montfort, in Geschichte, Überlieferung und Verehrung. In: Alemannia 8, 1934, S. 1 – 24.

Hermann Eggart, Die Bildnismalerei der Grafen von Montfort. In: Schriften des Vereins für Geschichte des Bodensees und seiner Umgebung 66, 1939, S. 20–34.

Hermann Eggart, Das Montfortdenkmal in Trient. Graf Vinzenz von Tettnang de Morea. In: Bodenseegeschichtsverein, Heimatkundliche Mitteilungen 17, Bregenz 1952, S. 1 – 5.

Gerhard Eis, Zu Hugo und Georg von Montfort. In: Studia Neophilogica 44, 1972, S. 151–158.

Dagobert Frey, Die Kunstdenkmäler des politischen Bezirkes Feldkirch (Österreichische Kunsttopographie 32). Wien 1958.

Ferdinand Gull, Heraldische und sphragistische Notizen über Dynastien und edle Geschlechter der Ostschweiz. Bd. 2: Die Grafen von Montfort, von Werdenberg-Heiligenberg und von Werdenberg-Sargans (Archives héraldiques suisses, supplement 5). Neuchâtel 1891.

Wendelin Haid, Liber decimationis cleri Constantiensis pro Papa de anno 1275. In: Freiburger Diöcesan-Archiv 1, 1865, S. 1 – 303.

Wendelin Haid, Liber Quartarum in dioecesi Constanciensi de anno 1342. In: Freiburger Diöcesan-Archiv 4, 1869, S. 1 – 62.

Ulrike Haselwanter, Grauf Haug von Montfort-Bregenz †1536. Der Verkauf der Herrschaft halb-Bregenz im Jahre 1523. Phil. Diss. Innsbruck, 1977 [masch.].

Adolf Helbok, Regesten von Vorarlberg und Liechtenstein bis zum Jahre 1260 (Quellen zur Geschichte Vorarlbergs und Liechtensteins 1). Innsbruck 1920 – 1925.

Adolf Helbok, Die Dienstmannen von Montfort. In: Vierteljahresschrift für Geschichte und Landeskunde Vorarlbergs 8, 1924, S. 33–38 u. S. 71 – 77.

Helvetia Sacra, begr. v. Rudolf Henggeler, hg. v. Albert Bruckner. Bd. 1/1: Schweizerische Kardinäle, das Apostolische Gesandtschaftswesen in der Schweiz, Erzbistümer und Bistümer. Bern 1972.

Christine Edith Janotta, Das Privilegienbuch der Stadt Feldkirch (Fontes rerum Austriacarum, Abt. 3: Fontes iuris 3). Wien, Köln, Graz 1979.

Johann B. Kichler u. Hermann Eggart, Die Geschichte von Langenargen und des Hauses Montfort. Friedrichshafen 1926.

Ulrich Klein, Die Münzen und Medaillen der Grafen von Montfort. In: Die Montforter (Ausstellungskatalog des Vorarlberger Landesmuseums 103). Bregenz 1982.

Viktor Kleiner, Die Urkunden des Stadtarchivs in Bregenz, Teil 1 u. 2 (Archivalische Beilage der historischen Blätter 1 u. 2). Wien 1931 u. 1932.

Gustav C. Knod, Deutsche Studenten in Bologna (1289 – 1562). Berlin 1899.

Emil Krüger, Die Grafen von Werdenberg-Heiligenberg und von Werdenberg-Sargans (Mitteilungen zur vaterländischen Geschichte St. Gallen 22). St. Gallen 1887.

Walther P. Liesching, Die Siegel der Grafen von Montfort-Feldkirch und von Montfort-Bregenz. In: Die Montforter (Ausstellungskatalog des Vorarlberger Landesmuseum, 103). Bregenz 1982, S. 34 – 61.

Walther P. Liesching, Die Siegel. In: Die Grafen von Montfort. Geschichte und Kultur (Kunst am See 8). Friedrichshafen 1982, S. 97–102.

Walther P. Liesching, Siegel und Wappen. In: Die Bischöfe von Konstanz, hg. v. Elmar L. Kuhn u. a. Bd. 2. Friedrichshafen 1988, S. 195 – 204.

Thomas Lirer, Schwäbische Chronik. Hg. v. Eugen Thurnher (Vorarlberger Schrifttum 8), Bregenz o.J.

Anton Ludewig, Vorarlberger an in- und ausländischen Hochschulen vom Ausgange des XIII. bis zur Mitte des XVII. Jahrhunderts (Forschungen und Mitteilungen zur Geschichte Vorarlbergs und Liechtensteins 1). Bregenz, Bern, Stuttgart 1920.

MGH = Monumenta Germaniae Historica.

Gustav Moczygemba, Hugo von Montfort. Fürstenfeld 1967.

Theodor von Mohr, Codex Diplomaticus ad historiam Raeticam. Sammlung der Urkunden zur Geschichte Cur-Rätiens und der Republik Graubünden. Bd. 2. Chur 1852/54.

Franz Mone, Stadtrecht von Feldkirch. In: Zeitschrift für die Geschichte des Oberrheins 21, 1868, S. 129 – 171.

Fritz Mooser, Die VIII Gerichte unter Montfort-Tettnang und Matsch 1438–1477. In: Bündnerisches Monatsblatt 1926, S. 210 – 218 u. S. 225 – 246.

Alois Niederstätter, Grafen von Montfort als Studenten an den Universitäten Europas. In: Montfort 34, 1982, S. 270 – 276.

Alois Niederstätter, Johannes Hugonis de Montfort (um 1440 – um 1505). Ein illegitimer Sproß des Grafengeschlechts im ausgehenden Mittelalter. In: Kunst und Kultur um den Bodensee. Zehn Jahre Museum Langenargen. Festgabe für Eduard Hindelang, hg. v. Ernst Ziegler. Sigmaringen 1986, S. 99 – 110.

Meinrad Pichler, Graf Rudolf II. von Montfort-Feldkirch, Bischof von Chur und Konstanz, (um 1275 – 1334). Hausarbeit für Geschichte Wien 1972 [masch.].

Johann Georg Prugger, Veldkirch, Das ist, Historische Beschreibung der Loblichen O.-O. vor dem Arlenberg gelegenen Stadt Veldkirch, Feldkirch 1685 (Nachdruck Feldkirch 1930).

REC = Regesta Episcoporum Constantiensium. Bd. 2 bearb. v. Alexander Cartellieri mit Nachträgen und Registern v. Karl Rieder; Bd. 4 bearb. v. Karl Rieder. Innsbruck 1905/1941.

Ulrich von Richental, Chronik des Constanzer Concils 1414 bis 1418. Text der Aulendorfer Handschrift, hg. v. Richard Michael Buch. Meersburg/Leipzig 1936.

Reinhold Röhricht, Die Deutschen im Heiligen Lande. Innsbruck 1894.

Reinhold Röhricht, Deutsche Pilgerreisen nach dem Heiligen Land, neue Ausgabe. Innsbruck 1900.

Konrad Otto Roller, Grafen von Montfort und Werdenberg. In: Genealogisches Handbuch der Schweiz. Bd. 1. Zürich 1900/08, S. 145 – 234.

Karl Heinrich Schäfer, Deutsche Ritter und Edelknechte in Italien während des 14. Jahrhunderts. Bd. 1. Paderborn 1911.

Friedrich Schneller, Beiträge zur Geschichte des Bisthums von Trient aus dem späteren Mittelalter. In: Zeitschrift des Ferdinandeums für Tirol und Vorarlberg, 3. Folge, 38. Heft, 1894 u. Heft 40, 1896.

Ludwig Schönach, Beiträge zur Geschichte der Grafen von Montfort und Werdenberg im 13. und 14. Jahrhundert. In: Forschungen und Mitteilungen zur Geschichte Tirols und Vorarlbergs 1, 1904, S. 282 – 301.

Erich Somweber, Die Urkunde von 1218. In: Montfort 20, 1968, S. 239 – 252.

Sven und Suzanne Stelling-Michaud, L'Université de Bologne et la pénétration des droits romain et canonique en Suisse aux XIIIe et XIVe siècles (Travaux d'Humanisme et Renaissance 17). Genf 1955.

Sven und Suzanne Stelling-Michaud, Les juristes suisses à Bologne (1255 – 1330), Notices biographiques et regestes des actes bolonais (Travaux d'Humanisme et Renaissance 38). Genf 1960.

Rudolf Thommen, Urkunden zur Schweizer Geschichte aus österreichischen Archiven. Bd. 1. Basel 1899.

UBSG = Urkundenbuch der Abtei Sanct Gallen. Bd. 3 u. 4 bearb. v. Hermann Wartmann; Bd. 5 bearb. v. Placidus Bütler und Traugott Schiess; Bd. 6 bearb. v. Traugott Schiess und Paul Staerkle. St. Gallen 1875 – 1955.

Andreas Ulmer, Die Burgen und Edelsitze Vorarlbergs und Liechtensteins, Dornbirn 1925 (Nachdruck Dornbirn 1978).

Christoph Vallaster, Die Grabplatte des Grafen Hugo I. von Montfort in Feldkirch. In: Montfort 31, 1979, S. 311 – 313.

Johann Nepomuk von Vanotti, Geschichte der Grafen von Montfort und von Werdenberg. Ein Beitrag zur Geschichte Schwabens, Graubündens, der Schweiz und Vorarlbergs. Belle-Vue bei Konstanz 1845 (Nachdruck Bregenz 1988).

Joseph Vochezer, Geschichte des fürstlichen Hauses Waldburg in Schwaben. Bd 1. Kempten 1888.

Werner Vogler, Rudolf von Montfort, Administrator der Abtei St. Gallen 1330 – 1333. In: Montfort 34, 1982.

Roland Weiss, Die Grafen von Montfort im 16. Jahrhundert (Geschichte am See, 49). Markdorf/Tettnang 1992, S. 123 – 139.

Gerhard Winkler, Die Chronik des Ulrich Tränkle von Feldkirch. In: Geschichtsschreibung in Vorarlberg (Ausstellungskatalog des Vorarlberger Landesmuseum, 59). Bregenz 1973, S. 11 – 48.

Gerhard Winkler, Der Feldkircher Mistrodel (1307–1313). In: Die Montforter (Ausstellungskatalog des Vorarlberger Landesmuseums, 103). Bregenz 1982, S. 137–143.

Joseph Würdinger, Urkundenauszüge zur Geschichte der Stadt Lindau. Lindau 1872.

Paolo Zadra, La sacra spina della cattedrale di Trento. Trento 1934.

Zimmersche Chronik, hg. v. Karl August Barack. Bd. 3. Freiburg/Tübingen 1881.

Josef Zösmair, Jahrzeitbuch des Johanniterhauses zu Feldkirch in Vorarlberg. In: Jahres-Bericht des Vorarlberger Museum-Vereins 30, 1891, S. 74 – 115.

Verzeichnis der Veröffentlichungen
Karl Heinz Burmeisters 1986 – 1996[1]

1986 (Nachträge)

Jakob Mennel.
> In: Die deutsche Literatur des Mittelalters. Verfasserlexikon. Hg. v. Wolfgang Stammler, fortgeführt v. Karl Langosch. Bd. 6. 2. Aufl. Berlin, New York 1986, Sp. 389 – 395.

Der Erwerb des Hohenemser Archivs durch das Land Vorarlberg.
> In: Scrinium 35, 1986, S. 183 – 189.

Das Wappen der Familie Fitsch.
> In: Österreich und der Vatikan. Eine fast tausendjährige Geschichte aus Dokumenten des Archivs, der Bibliothek und der Museen des Vatikans. Ausstellungskatalog. Hg. v. Otto Kersten und Friedrike Zaisberger. Wien 1986, S. 89 – 90.

Sebastian Münster und Burgund.
> In: Burgund im Spätmittelalter 12. bis 15. Jahrhundert. Ingelheim 1986, S. 13 – 16.

Peter Glückhaft, Kaplan von St. Peter in Lindau (ca. 1380 – 1435).
> In: Jahrbuch des Landkreises Lindau 1, 1986, S. 27 – 30.

Die Urkunde vom 4. März 1285 über den Erwerb des Hofes in Lutzenweiler durch das Spital in Lindau.
> In: Jahrbuch des Landkreises Lindau 1, 1986, S. 36 – 43.

Die Bibliothek des Arztes und Humanisten Archilles Pirmin Gasser (1505 – 1577) mit besonderer Berücksichtigung der libri poetici.
> In: Bibliothek und Wissenschaft 20, 1986, S. 49 – 66.

Liechtenstein.
> In: Lexikon zur Geschichte der Kartographie. Bd.1/C 1. Wien 1986, S.446 – 447.

Münster, Sebastian.
> In: Lexikon zur Geschichte der Kartographie. Bd.1/C 2. Wien 1986, S. 512.

Münzer, Hieronymus.
> In: Lexikon zur Geschichte der Kartographie. Bd.1/C 2. Wien 1986, S. 512.

Vorarlberg.
> In: Lexikon zur Geschichte der Kartographie. Bd.1/C 2. Wien 1986, S. 865 – 866.

Zell, Heinrich.
> In: Lexikon zur Geschichte der Kartographie. Bd.1/C 2. Wien 1986, S. 910.

---

1 Die früheren Arbeiten sind verzeichnet in: Karl Heinz Burmeister, Verzeichnis der Veröffentlichungen. Hg. v. Alois Niederstätter (Schriften des Vorarlberger Landesarchivs 2). Bregenz 1986.

1987

Die Hohenemser Fasnachtsgesellschaft von 1760.
> In: Österreichische Zeitschrift für Volkskunde 90, 1987, S. 42 – 51.

Georg Joachim Rhetikus.
> In: Sprawozdania Towarzystwa Naikowego w Toruniu 39, 1987, S. 49 – 51.

Bregenz: Ausstellung über Rabbiner Aron Tänzer.
> In: Aufbau, America's only German–Jewish Publication vol. 53, Nr. 6. New York 13.3.1987.

Rabbiner Dr. Aron Tänzer (1871 – 1937)
> In: Kultur. Zeitschrift für Kultur und Gesellschaft 2, 1987, 11, S. 16 – 17.

Dr. Aron Tänzer als »Bezirksrabbiner« in Meran.
> In: Rabbiner Dr. Aron Tänzer. Gelehrter und Menschenfreund, 1871–1937. Hg. v. Karl Heinz Burmeister (Schriften des Vorarlberger Landesarchiv 3). Bregenz 1987, S. 72 – 83.

Le Origini Della Comunità Israelitica di Merano.
> In: Karl Heinz Burmeister und Federico Steinhaus, Contributi per una Storia della Comunità Israelitica di Merano. Meran 1978, S. 13 – 23.

Die Entstehung der israelitischen Kultusgemeinde in Meran.
> In: Karl Heinz Burmeister und Federico Steinhaus, Beiträge zu einer Geschichte der jüdischen Kultusgemeinde in Meran. Meran 1987, S. 67–79.

Abt Ulrich Rösch als Gesetzgeber.
> In: Rorschacher Neujahrsblatt 1987, S. 29 – 36.
> In: Ulrich Rösch, St. Galler Fürstabt und Landesherr. Beiträge zu seinem Wirken und zu seiner Zeit. Hg. v. Werner Vogler. St. Gallen 1987, S. 115 – 130.

Die Familie Hohenems.
> In: Fürstbischof Wolf Dietrich von Raitenau und Salzburg. 4. Salzburger Landesaustellung. Salzburg 1987, S. 32 – 37.

Sebastiano Munstero e Venezia.
> In: Arte a Venezia XVI–XVIII secolo, depinti e disigni [Kunst in Venedig 16. – 18. Jahrhundert. Gemälde und Zeichnungen]. Ingelheim 1987, S. 15 – 20.

Sebastian Münster und Venedig.
> In: Kunst in Venedig 16. – 18. Jahrhundert. Gemälde und Zeichnungen. [Arte a Venezia XVI–XVIII secolo, dipinti e disigni]. Ingelheim 1987, S. 15 – 20.

Das Siegel des jüdischen Pferdehändlers Abraham Levi aus Sulz.
> In: Vorarlberger Oberland 1987, 2, S. 31 – 38.

Grundlinien der Rechtsgeschichte Vorarlbergs.
> In: Montfort 39, 1987, S. 42 – 52.

Das Selbstverständnis der Vorarlberger im 19. Jahrhundert.
> In: Portraits (1780 – 1980), Vorarlberger Landesmuseum Bregenz, 21. Juli bis 11. Oktober 1987. Bregenz 1987, S. 5 – 7.

Die Lage in Vorarlberg um 1811.
> In: Bischof Franz Josef Rudigier und seine Zeit. Hg. v. Rudolf Zinnhobler in Zusammenarbeit mit Hans Slapnicka und Peter Gradauer. Linz 1987, S. 11–17.

Dr. Meinrad Tiefenthaler (21.März 1902 – 21. August 1986). Nachruf.
> In: Schriften des Vereins für Geschichte des Bodensee und seiner Umgebung 105, 1987, S. V–VIII.

Hohenemser Purim – eine jüdische Fasnacht im Jahre 1811.

In: Schriften des Vereins für Geschichte des Bodensees und seiner Umgebung 105, 1987, S. 131 – 137.

Lustenau im Mittelalter bis 1395.

In: 1100 Jahre Lustenau 887 – 1987 (Lustenauer Gemeindeblatt Nr. 40a, 1987), S. 1–2.

Reformation in Vorarlberg – eine Fehlanzeige?

In: Evangelisch in Vorarlberg. Festschrift zum Gemeindejubiläum. Hg. v. Wolfgang Olschbaur und Karl Schwarz. Bregenz 1987, S. 11 – 15.

Die Erforschung der Römerzeit am Bodensee bei den Humanisten.

In: Brigantium im Spiegel Roms. Hg. v. Karl Heinz Burmeister und Emmerich Gmeiner (Forschung zur Geschichte Vorarlbergs 8). Dornbirn 1987, S. 150 – 162.

Der Erwerb des Hohenemser Archivs durch das Land Vorarlberg.

In: Hohenemser und Raitenauer im Bodenseeraum. Fürsterzbischof Wolf Dietrich von Raitenau zum Gedenken. Bregenz 1987, S. 227 – 235.

Dr. Ludwig Welti – Der Erforscher der Hohenemser.

In: Hohenemser und Raitenauer im Bodenseeraum. Fürsterzbischof Wolf Dietrich von Raitenau zum Gedenken. Bregenz 1987, S. 224 – 226.

Die Beziehung der Hohenemser und Raitenauer zum Humanismus. Feldkirch als kultureller und Bildungsmittelpunkt.

In: Hohenemser und Raitenauer im Bodenseeraum. Fürsterzbischof Wolf Dietrich von Raitenau zum Gedenken. Bregenz 1987, S. 166 – 169.

Dr. Aron Tänzer als Archivar.

In: Montfort 39, 1987, S. 275 – 278.

Mennel, Jakob.

In: Die Deutsche Literatur des Mittelalters. Verfasserlexikon.

Hg. v. Wolfgang Stammler, fortgeführt v. Karl Langosch. Bd. 6. Berlin, New York 1987, Sp. 389 – 395.

Einflüsse des Humanismus auf das Rechtsstudium am Beispiel der Wiener Juristenfakultät.

In: Der Humanismus und die oberen Fakultäten (Acta humaniora). Weinheim 1987, S. 159 – 171.

Casimir Hämmerle als »Historiker«.

In: Casimir Hämmerle. Ein Vorarlberger in Wien, 1847–1920.

Hg. v. Karl Heinz Burmeister und Klaus Plitzner

(Schriften des Vorarlberger Landesarchiv 4). Bregenz 1987, S. 136 – 145.

1988

Sebastian Münster, Cosmographia. Basel 1628 (Nachdruck Lindau 1988, hg. v. Karl Heinz Burmeister).

Sebastian Münster in Wort und Bild 1488–1988 (Beitrag zur Ingelheimer Geschichte 37). Ingelheim 1988.

Dokumente zur Geschichte der Juden in Vorarlberg vom 17. bis 19. Jahrhundert. Hg. v. Karl Heinz Burmeister und Alois Niederstätter (Forschungen zur Geschichte Vorarlbergs 9). Dornbirn 1988.

Peter Bein. Barockbaumeister aus Hittisau 1736–1818. Bearb. v. Karl Heinz Burmeister und Ilse Wegscheider (Schriften der Vorarlberger Landesarchivs 5). Bregenz 1988.

Johann Nepomuk Vanotti, Geschichte der Grafen von Montfort und Werdenberg. Belle Vue bei Konstanz 1845 (Nachdruck mit Vorwort und Bibliographie v. Karl Heinz Burmeister. Bregenz 1988).

Die Einführung des erbrechtlichen Repräsentationsrechts in Vorarlberg und im Bodenseeraum.
In: Recht und Geschichte. Festschrift Hermann Baltl zum 70. Geburtstag. Hg. v. Helfried Valentinitsch. Graz 1988, S. 85 – 104.

Zusammenarbeit der Archivare im Bodenseeraum.
In: Scrinium 39, 1988, S. 371–374.

Münster als Hebraist.
In: Sebastian Münster. Katalog zur Ausstellung aus Anlaß des 500. Geburtstages am 20. Jänner 1988. Ingelheim 1988, S. 86 – 91.

Sebastian Münster und seine Bedeutung.
In: Sebastian Münster. Katalog zur Ausstellung aus Anlaß des 500. Geburtstag am 20. Jänner 1988. Ingelheim 1988, S. 52–58.

Graf Hugo XIV. von Montfort–Bregenz, Oberster Meister des Johanniterordens in deutschen Landen (1370 – 1444).
In: Jahrheft der Ritterhausgesellschaft Bubikon 51, 1987, S. 17–39.

Böhmen in der Kosmographie von Sebastian Münster.
In: Prag. Ausstellung der 31. Internationalen Tage in Ingelheim. Ingelheim 1988.

Der Prozeß gegen Israel Samuel von Prag von 1675.
In: Montfort 40, 1988, S. 216 – 221.

Die ländliche Gemeinde in Vorarlberg bis 1800.
In: Die ländliche Gemeinde – Il Comune Rurale.
Historikertagung der Arge-Alp, Bad Ragaz. Convegno Storico di Bad Ragaz 16.–18. Oktober 1985. Bozen 1988, S. 139 – 157.

Il comune rurale nel Vorarlberg fino al 1800.
In: Die ländliche Gemeinde – Il Comune Rurale.
Historikertagung der Arge-Alp Bad Ragaz. Convegno Storico di Bad Ragaz 16.–18. Oktober 1985. Bozen 1988, S. 279 – 291.

Auf der Suche nach einem Konzept für das Jüdische Museum Hohenems.
In: Kultur. Zeitschrift für Kultur und Gesellschaft 3, 1988, 5, S. 4 – 5.

Der Humanist und Staatsmann Jakob Jonas (1500 – 1558) und seine Familie.
In: Götzner Heimatbuch. Hg. v. Walter Fehle. 1. Teil. Götzis 1988, S. 219 – 231.

»Gab es einen solchen Menschen sonstwo in Europa?«
In: Kultur. Zeitschrift für Kultur und Gesellschaft 3, 1988, 6, S. 16 – 17.

Liechtenstein als Zufluchtsort der aus Sulz vertriebenen Juden 1745/47.
In: Jahrbuch des Historischen Vereins für das Fürstentum Liechtenstein 86, 1986, S. 327–345.

»... daß die Judenschaft auf ewige Zeiten aus unseren Vorarlbergischen Herrschaften abgeschafft und ausgerottet bleibe ...«. Die Judenpolitik der Vorarlberger Landstände.
In: Antisemitismus in Vorarlberg. Regionalstudie zur Geschichte einer Weltanschauung. Hg. v. Werner Dreier. Bregenz 1988, S. 19 – 64.

Die Hohenemser Rechnungsbücher als Quelle zur Apotheken- und Medizingeschichte des Bodenseeraumes.
In: Apotheken und Apotheker im Bodenseeraum. Festschrift für Ulrich Leiner. Sigmaringen 1988, S. 55 – 64.

Ein Prozeß um die Feldkircher Freiheitsrechte vor dem Landgericht Thurgau 1439.

In: Alemannisches Jahrbuch 1984/86. Freiburg 1988, S. 49 – 83.

Judenfeindschaft in Vorarlberg – Das Resumée eines Historikers.
In: Kultur. Zeitschrift für Kultur und Gesellschaft 3, 1988, 9, S. 4 – 5.

Der Churer Domherr Dietrich von Weiler.
In: Jahrbuch des Landkreises Lindau 3, 1988, S. 93 – 95.

Friedrich I. von Montfort (1220 – 1285), Domherr zu Chur und Konstanz, Pfarrer zu Bregenz.
In: Innsbrucker Historische Studien 10/11, 1988, S. 11–20.

1989

Geschichte Vorarlbergs. Ein Überblick (Geschichte der österreichischen Bundesländer. Hg. .v. Johann Rainer). 3. Aufl. Wien 1989.

Der jüdische Pferdehandel in Hohenems und in Sulz im 17. und 18. Jahrhundert. (Veröffentlichungen der Hochschule für Jüdische Studien Heidelberg 3). Wiesbaden 1989.

Vorarlberg im 18. Jahrhundert.
In: Vorderösterreich in der frühen Neuzeit. Hg. v. Hans Maier und Volker Press. Sigmaringen 1989, S. 229 – 241.

Zur Genealogie der Edlen von Raitenau.
In: Montfort 41, 1989, S. 7–15.

Mag. Dr. Reinhold Bernhard zum Gedenken.
In: Montfort 44, 1989, S. 127–129.

Der Musiker Elias Klein aus Jöhlingen. Ein Jugendfreund und Mitarbeiter von Salomon Sulzer.
In: Montfort 41, 1989, S. 177–181.

Dokumente zur Baugeschichte der Loretokapelle aus dem Vorarlberger Landesarchiv.
In: Begegnung. Lustenauer Pfarrblatt 1989, 5.

Georg Joachim Rhetikus. Ein Vorarlberger »Hosi« im 16. Jahrhundert.
In: Kultur. Zeitschrift für Kultur und Gesellschaft 4, 1989, 2, S. 21–22.

Der Bodenseewurf. Kontinuität oder Rezeption der »Lex Rhodia de iactu« auf dem Bodensee?
In: Föhn am See. Ernst Ziegler gewidmet vom Vorstand des Vereins für Geschichte des Bodensees und seiner Umgebung. Hg. v. Eduard Hindelang mit Beitr. v. Paul Vogt. Tettnang 1989, S. 34 – 40.

Der Würfelzoll der Juden.
In: Festschrift für Louis Carlen zum 60. Geburtstag. Hg. v. Louis C. Morsak und Markus Escher. Zürich 1989, S. 121–131.

Gasser, Achilles Pirmin.
In: Literatur-Lexikon. Autoren und Werke deutscher Sprache. Bd. 4. Gütersloh, München 1989, S. 88 – 89.

Die Fassadenmalerei in Vorarlberg als Vermittlerin historischen Wissens.
In: Vermittlung der Geschichte. (Schriftenreihe der Arge Alpen-Länder, Berichte der Historikertagungen N.F. 3). Bozen 1989, S. 27–38.

La pittura murale nel Vorarlberg e la trasmissione della conoscenza storica.
In: Divulgazione della Storia (Collana della Communita di lavoro regioni alpine N.S. 3). Bolzano 1989, S. 183 – 195.

Die Stellung der Frau im reichsstädtischen Lindau.
In: Jahrbuch des Landkreises Lindau 4, 1989, S. 42 – 51.

Rudolf III. von Montfort (1260 – 1334), Bischof von Chur und Konstanz.
In: Rottenburger Jahrbuch für Kirchengeschichte 8, 1989, S. 95–109.

1990

Der Bodensee in der Vorarlberger Verkehrspolitik im 19. Jahrhundert.
In: Zeitschrift für Württembergische Landesgeschichte 49, 1990, S. 229 – 235.
Der Würfelzoll – eine Abart des Leibzolls auf Juden.
In: Steuerliche Vierteljahresschrift 1990, S. 232–236.
Die Felderrezeption in den Niederlanden (gemeinsam mit Ulrike Längle).
In: Montfort 42, 1990, S. 111–161.
Schiffsunglück einer Bregenzer Lädine im »Salzfresser« 1712.
In: Salzgeber, eine alpenländischen Chronik. Bd. 2/A. 1990, S. 214 – 216.
Zur Bedeutung der sogenannten »Lex Romana Curiensis« für die Vorarlberger Landesgeschichte.
In: Montfort 42, 1990, S. 82 – 90.
In: Frühmittelalter zwischen Alpen und Bodensee. Hg. Wolfgang Hartung und Alois Nieder-
stätter (Untersuchungen zur Strukturgeschichte Vorarlbergs 1). Dornbirn 1990, S. 82 – 90.
Georg Joachim Rheticus – Der wissenschaftliche Revolutionär aus Feldkirch.
In: Vorarlberger Oberland 1990, 3, S. 124 – 144.
Lindau und Bregenz.
In: Stadt an der Grenze. 26. Arbeitstagung in Miltenberg, 13.–15. November 1987. Hg. v. Bernhard
Kirchgäßner und Wilhelm Otto Keller (Stadt in der Geschichte 14). Sigmaringen 1990, S. 85 – 97.
Mennel, Jakob.
In: Literaturlexikon. Autoren und Werke deutscher Sprache. Hg. v. Walther Killy. Bd. 8.
Gütersloh, München 1990, S. 102–103.
Münzer, Hieronymus.
In: Literaturlexikon. Autoren und Werke deutscher Sprache. Hg. v. Walther Killy. Bd. 8.
Gütersloh, München 1990, S. 292.
Rudolf V. von Montfort. Der letzte Graf von Feldkirch (ca. 1320 – 1390).
In: Vorarlberg-Bericht, Heft 66, 1990, S. 22–23.
Frauenhäuser im Bodenseeraum.
In: Kultur. Zeitschrift für Kultur und Gesellschaft 5, 1990, 7, S. 18 – 20.

1991

Die Grafen von Montfort-Tettnang als Schloßherren von Werdenberg.
In: Werdenberger Jahrbuch 4, 1991, S. 15 – 30.
Hohenems zur Jugendzeit Salomon Sulzer.
In: Salomon Sulzer – Kantor, Komponist, Reformer. Bregenz 1991, S. 26 – 37.
Einführung in das [Jüdische] Museum [Hohenems].
In: Kultur. Zeitschrift für Kultur und Gesellschaft 6, 1991, 3, S. 8 – 9.
Die jüdische Gemeinde am Eschnerberg.
In: Jahrbuch des Historischen Vereins für das Fürstentum Liechtenstein 89, 1991, S. 153–176.

Rheticus, Georg Joachim.
> In. Literaturlexikon. Autoren und Werke deutscher Sprache. Hg. v. Walther Killy. Bd. 9. Gütersloh, München 1991, S. 425 – 426.

Schedel, Hermann
> In: Literaturlexikon. Autoren und Werke deutscher Sprache. Hg. v. Walther Killy. Bd. 10. Gütersloh, München, 1991, S. 170 – 171.

Spiegel, Jakob
> In: Literaturlexikon. Autoren und Werke deutscher Sprache. Hg. v. Walther Killy. Bd. 11. Gütersloh, München, 1991, S. 104 – 105.

Der Musikverein der Israeliten in Hohenems 1831.
> In: Montfort 43, 1991, S. 185–188.

Die Juden in Altenstadt (Feldkirch) 1663 – 1667.
> In: Montfort 43, 1991, S. 250–260.

Ein Bildnis des Pfalzgrafen Hugo von Tübingen und seine Ehefrau Elisabeth von Bregenz aus dem 17. Jahrhundert.
> In: Jahrbuch des Vorarlberger Landesmuseumsvereins 1991, S. 333–338.

Bregenz und Feldkirch im Wettstreit um die Landeshauptstadt.
> In: Die Hauptstadtfrage in der Geschichte der österreichischen Bundesländer. Enns 1991, S. 70 – 80.

Vorarlberger Studenten in Straßburg im 17. und 18. Jahrhundert.
> In: Alemannia Studens. Mitteilungen des Vereins für Vorarlberger Bildungs- und Studenten-Geschichte 1, 1991, S. 11–19.

Feldkirch im Spannungsfeld des Gegensatzes zwischen der Eidgenossenschaft und Österreich und die Auswirkungen auf den in Zürich hinterlegten Freiheitsbrief von 1376.
> In: Die Eidgenossen und ihre Nachbarn im Deutschen Reich des Mittelalters. Hg. v. Peter Rück. Marburg 1991, S. 329 – 343.

Die rechtliche und soziale Stellung der Frau im Zeitalter der Aufklärung in Vorarlberg.
> In: Hexe oder Hausfrau. Das Bild der Frau in der Geschichte Vorarlbergs. Hg. v. Alois Niederstätter und Wolfgang Scheffknecht. Sigmaringendorf, 1991, S. 110 – 131.

Die Anfänge Vorarlbergs.
> In: Österreich im Hochmittelalter (907 bis 1246). Red. v. Anna M. Drabek (Veröffentlichungen der Kommission für die Geschichte Österreichs 17). Wien 1991, S. 261 – 269.

Die ältesten Siegel von Juden in Hohenems.
> In: Maajan: Die Quelle, Heft 20, 1991/93, S. 393 – 395.

1992

Vom Lastschiff zum Lustschiff. Zur Geschichte der Schiffahrt auf dem Bodensee. Konstanz 1992.

Zasius, Ulrich.
> In: Literaturlexikon. Autoren und Werke deutscher Sprache. Hg. v. Walther Killy. Bd. 12. Gütersloh, München 1992, S. 467 – 468.

Ziegler, Jakob.
> In: Literaturlexikon. Autoren und Werke deutscher Sprache. Hg. v. Walther Killy. Bd. 12. Gütersloh, München 1992, S. 489 – 490.

Schmid, Johann Joseph.
In: Österreichisches Biographisches Lexikon. Bd. 10. Wien 1992, S. 274 – 275.
Montfort.
In: Lexikon des Mittelalters. Bd. 5. München, Zürich 1991, Sp. 805.
Das Töchterle hat gemöchtet ein Miechele ... Bemerkungen zu einer verfehlten Quellenedition.
In: Kultur. Zeitschrift für Kultur und Gesellschaft 7, 1992, 1, S. 32 – 33.
Der Würfelzoll – eine antijüdische Diskriminierung des Mittelalters: Oft um Leib und Leben
gewürfelt.
In: Jüdische Rundschau Maccabi Nr. 8, 20. Februar 1992.
Die jüdische Landgemeinde in Rheineck im 17. Jahrhundert.
In: Landjudentum im süddeutschen- und Bodenseeraum. Wissenschaftliche Tagung zur Eröffnung
des Jüdischen Museums Hohenems vom 9. bis 11. April 1991, veranstaltet vom Vorarlberger
Landesarchiv (Forschungen zur Geschichte Vorarlbergs 11). Dornbirn 1992, S. 22 – 37.
Graf Hugo I. von Montfort (†1228). Zur Gründungsgeschichte der Stadt Feldkirch.
In: Montfort 44, 1992, S. 63 – 70.
In: Hoch- und Spätmittelalter zwischen Alpen und Bodensee. Hg. v. Wolfgang Hartung und
Alois Niederstätter (Untersuchungen zur Strukturgeschichte Vorarlbergs 2). Dornbirn 1992,
S. 63 – 70.
Der Rhein im europäischen Flußsystem.
In: Der Alpenrhein und seine Regulierung. Internationale Rheinregulierung 1892–1992.
Rorschach 1992, S. 14 – 17 (2. Aufl. 1993).
Die Rheinmühlen.
In: Der Alpenrhein und seine Regulierung. Internationale Rheinregulierung 1892–1992.
Rorschach 1992, S. 75 – 78 (2. Aufl. 1993).
Kirchengeschichte Lustenaus – Ein Überblick.
In: Lustenau und seine Geschichte. Bd. 3. Lustenau 1992, S. 43 – 61.
Tisner Pfarrgeschichte von 1315 bis 1610.
In: Tisis. Dorf- und Kirchengeschichte. Hg. v. Rainer Lins. Feldkirch 1992, S. 23 – 28.
Die Besitzungen der Feldkircher Johanniter in Tisis 1218 – 1610.
In: Tisis. Dorf- und Kirchengeschichte. Hg. v. Rainer Lins. Feldkirch 1992, S. 60 – 67.
Die Juden in Tisis 1635 – 1640.
In: Tisis. Dorf- und Kirchengeschichte. Hg. v. Rainer Lins. Feldkirch 1992, S. 141–147.
Die Grafen von Werdenberg-Sargans-Vaduz.
In: 1342. Zeugen des späten Mittelalters. Hg. v. Hansjörg Frommelt. Vaduz 1992, S. 34 – 43.
Familie, Frömmigkeit und Politik. Die Gräfin Magdalena von Montfort (1473 – 1525).
In: Leben am See. Das Jahrbuch des Bodenseekreises 10, 1992, S. 121–130.
»Der reiche Samuel«. Zur Biographie eines jüdischen Bankiers aus Lindau (ca. 1360 – 1430).
In: Jahrbuch für den Landkreis Lindau 7, 1992, S. 56 – 59.
Die Synagoge in Sulz 1738 – 1744.
In: Rheticus. Vierteljahresschrift der Rheticus-Gesellschaft 14, 1992, 4, S. 205 – 216.
Grenzüberschreitende Überlieferung mit Bezug auf den alemannischen Raum in den österreichi-
schen Landesarchiven.
In: Archivalische Zeitschrift 77, 1992, S. 69 – 88.
Vorarlberger Studenten in Padua vom 16. bis zum 19. Jahrhundert.
In: Alemannia Studens. Mitteilungen des Vereins für Vorarlberger Bildungs- und Studenten-
Geschichte 2, 1992, S. 5 – 11.

Arbeitstransparente Geschichte und Sozialkunde, Ausgabe Vorarlberg, 3. Klasse Hauptschule und allgemeinbildende höhere Schule: Vom Beginn der Neuzeit bis zum Ende des Ersten Weltkrieges. Wien 1992 (gemeinsam mit Werner Adelmaier).

1993

Geschichte der Juden in Stadt und Herrschaft Feldkirch (Schriftenreihe der Rheticus-Gesellschaft 31). Feldkirch 1993.
Ulrich Zasius (1461–1535), Humanist und Jurist.
    In: Humanismus im deutschen Südwesten. Biographische Profile. Hg. v. Gerhard Schmidt. Sigmaringen 1993, S. 105 – 123.
Die Vorarlberger Landesverfassungen bis 1919.
    In: 75 Jahre selbständiges Land Vorarlberg (1918 – 1993). Bregenz 1993, S. 105 – 134 (2. Aufl. 1993).
Graf Heinrich VII. von Montfort-Rothenfels 1456 – 1512. Domherr zu Augsburg und Konstanz.
    In: Lebensbilder aus dem bayerischen Schwaben 14 (Schwäbische Forschungsgemeinschaft bei der Kommission für bayerische Landesgeschichte. Veröffentlichungen 3/14). Weißenhorn 1993, S. 9 – 92.
Zur Geschichte der Herrschaft Hohenegg.
    In: Allgäuer Geschichtsfreund 92, 1993, S. 77 – 102.
Der Würfelzoll, eine Variante des Leibzolls.
    In: Aschkenas 3, 1993, S. 49 – 64.
Die Grafen und das Schloß.
    In: Langenargener Geschichte(n) 7, 1993, S. 5 – 11.
Kawertschen in Lindau
    In: Jahrbuch des Landkreises Lindau 8, 1993, S. 11 – 15.
Eine außergewöhnliche Gerichtssitzung im Bregenzerwald 1478.
    In: Festgabe für Nikolaus Grass zum 80. Geburtstag (Forschungen zur Rechtsarchäologie und Rechtlichen Volkskunde 15) Zürich 1993, S. 97 – 107.
Schneider, Franz Anton.
    In: Österreichisches Biographisches Lexikon. Bd. 10. Wien 1993, S 376.
Der 5. Vorarlberger Archivtag am 12. Oktober 1993 in Dornbirn (gemeinsam mit Alois Niederstätter).
    In: Montfort 45, 1993, S. 275 – 287.
Regionale Biographie: Vorarlberg.
    In: 19. Österreichischer Historikertag Graz 1992. Tagungsbericht (Veröffentlichungen des Verbandes Österreichischer Historiker und Geschichtsvereine 28). Wien 1993, S. 417 – 418.

1994

Illegitime Adelssprößlinge aus dem Hause Montfort.
    In: Montfort 46, 1994, S. 110 – 118.
    In: Eliten im vorindustriellen Vorarlberg. Hg. v. Wolfgang Hartung und Alois Niederstätter (Untersuchungen zur Strukturgeschichte Vorarlbergs 3). Dornbirn 1994, S. 110 – 118.

Heimischer und fremder Hausierhandel in Vorarlberg.

In: Gewerbliche Migration im Alpenraum. La migrazione artigianale nelle alpi. Historikerta-gung in Davos, 25.–27. IX. 1991. Red. v. Ursus Brunold (Schriftenreihe der Arbeitsgemein-schaft Alpenländer N.F. 5). Bozen 1994, S. 587–585.

Venditori ambulanti locali e forestieri nel Vorarlberg.

In: Gewerbliche Migration im Alpenraum. La migrazione artigianale nelle alpi. Historikerta-gung in Davos, 25.–27. IX. 1991. Red. v. Ursus Brunold (Schriftenreihe der Arbeitsgemein-schaft Alpenländer N.F. 5). Bozen 1994, S. 587 – 603.

Spuren jüdischer Geschichte und Kultur in der Grafschaft Montfort. Die Region Tettnang, Langenargen, Wasserburg (Veröffentlichungen des Museums Langenargen, hg. v. Eduard Hindelang). Sigmaringen 1994.

Ritter Konrad von Wolfurt – eine eindrucksvolle Persönlichkeit.

In: Terra plana. Zeitschrift für Kultur, Geschichte, Tourismus und Wirtschaft 1994, 1, S. 24 – 26.

Caspar von Capal (ca. 1490 – 1540), ein Bündner Humanist und Jurist.

In: Festschrift für Claudio Soliva zum 65. Geburtstag. Hg. v. Clausdieter Schott und Eva Petrig-Schuler. Zürich 1994, S. 31 – 48.

Mennel (Manlius), Jakob.

In: Neue Deutsche Biographie Bd. 17. Berlin 1994, S. 83 – 85.

Die Anfänge des Alpinismus in Vorarlberg mit Ausblick auf die Nachbarländer.

In: Die Alpen als Heilungs- und Erholungsraum. Le Alpi luogo di cura e riposo. Red. v. Josef Nössing (Schriftenreihe der Arbeitsgemeinschaft Alpenländer N.F. 6). Bozen 1994, S. 35 – 59.

Gli albori dell'alpinismo nel Vorarlberg con riferimento ai Paesi limitrofi.

In: Die Alpen als Heilungs- und Erholungsraum. Le Alpi luogo di cura e riposo. Red. v. Josef Nössing (Schriftenreihe der Arbeitsgemeinschaft Alpenländer N.F. 6). Bozen 1994, S. 295 – 318.

Juden als Pioniere des Bankwesens in Vorarlberg.

In: Rheticus. Vierteljahresschrift der Rheticus-Gesellschaft 16, 1994, 2, S. 147–153.

medinat bodase. Zur Geschichte der Juden am Bodensee. Bd. 1: 1200 – 1349. Konstanz 1994.

Sebastian Münster.

In: Theologische Realenzyklopädie. Bd. 23. Berlin, New York 1994, S. 407 – 409.

Regionale Biographie: Vorarlberg.

In: Adler. Zeitschrift für Genealogie und Heraldik 17 (XXXI.), 1994, 7, S. 301–302.

Juden im Bodenseeraum bis 1349.

In: Jüdisches Leben im Bodenseeraum. Zur Geschichte des alemannischen Judentums mit Thesen zum christlich-jüdischen Gespräch. Hg. v. Abraham P. Kustermann und Dieter R. Bauer (Analysen und Impulse). Ostfildern 1994, S. 19–36.

Eine jüdische Beerdigung in Lindau 1772.

In: Jahrbuch des Landkreises Lindau 9, 1994, S. 58 – 62.

Die Rheinmühlen.

In: Höchst, Grenzgemeinde an See und Rhein. Heimatbuch. Bd. 1. Red. v. Gerda Leipold-Schneider. Höchst 1994, S. 155 – 164.

Rechtsverhältnisse an den Alpen (mit besonderer Berücksichtigung von Vorarlberg).

In: Alpe – Alm. Zur Kulturgeschichte des Alpwesens in der Neuzeit. Vorträge des dritten internationalen Symposiums zur Geschichte des Alpenraums, Brig 1993. Hg. v. Louis Carlen und Gabriel Imboden. Brig 1994, S. 17 – 36.

Zur Geschichte der Juden im Landkreis Lindau.
>   In: Daheim im Landkreis Lindau. Hg. v. Werner Dobras und Andreas Kurz. Konstanz 1994, S. 261 – 263.

Die Hohenemser Lesegesellschaft von 1813.
>   In: Alemannia Studens. Mitteilungen des Vereins für Vorarlberger Bildungs- und Studenten-Geschichte 4, 1994, S. 45 – 54.

Die Urkunde von 1337.
>   In: Vorarlberg-Archiv. Bd. 1 (Loseblattausgabe). Wien 1994.

1995

Niederlage der Appenzeller 1408; Unfall des Papstes bei Klösterle 1414; Landammanntafel des Hinterbregenzerwaldes aus Andelsbuch; Trauung des Theologen Bartholomäus Bernhardi 1521; Karte des Bodensees von Ägidius Tschudi 1530/32; Kolorierte Karte der Vorarlberger Landstände von 1783; Landesausstellung 1887; Leporello-Album »Arlbergbahn«, um 1900; Werbeplakat des Komitees »Pro Vorarlberg«; Johann Georg Hagen; Französische Truppen auf dem Kornmarktplatz in Bregenz.
>   In: Vorarlberg-Archiv. Bd. 2 (Loseblattausgabe). Wien 1995.

Vorarlberg und Wien.
>   In: 10 Jahre Vorarlberger Landesdelegation in Wien. Wien 1995, S. 10 – 13.

Zur Finanzierung und Organisation von Stadtbefestigungen.
>   In: Stadt, Burg, Festung. Stadtbefestigung von der Antike bis ins 19. Jahrhundert. Internationale Tagung – Glurns 23. bis 25. Juni 1994 (Veröffentlichungen des Innsbrucker Stadtarchivs N.F. 21). Innsbruck 1994, S. 203 – 213.

Die älteste Urkunde im Stadtarchiv Bludenz.
>   In: Beiträge zur Stadtgeschichte im »Anzeiger für die Bezirke Bludenz und Montafon«, Hg. v. Dietmar Pecoraro. Teil 2 (Bludenzer Geschichtsblätter 21/22). Bludenz 1995, S. 171–175.

Von der Saisonwanderung zur dauerhaften Niederlassung. Wanderungsmotive und Wanderungsziele.
>   In: Auswanderung aus dem Trentino – Einwanderung nach Vorarlberg. Die Geschichte einer Migrationsbewegung mit besonderer Berücksichtigung der Zeit von 1870/80 bis 1919. Hg. v. Karl Heinz Burmeister und Robert Rollinger. Sigmaringen 1995, S. 583 – 608.

Eine Notarernennungsurkunde der Innsbrucker Juristenfakultät für Valentin Kraft aus St. Gallenkirch vom 2. Juli 1757.
>   In: Montafon, Beiträge zur Geschichte und Gegenwart. Hg. v. Andreas Rudigier und Peter Strasser (Bludenzer Geschichtsblätter 24/26). Bludenz 1995, S. 24 – 31.

Illegitime Adelssprößlinge aus dem Hause Montfort.
>   In: Rheticus. Vierteljahresschrift der Rheticus-Gesellschaft 17, 1995, 2, S. 69 – 82.

Geschichte Vorarlbergs.
>   In: Österreichischer Kameradschaftsbund, Kalender 1996 (Millenniumsausgabe), Horn 1995, S. 109 – 121.

Die Sühne für einen Totschlag des Stefan Steinmayer aus Lindau im Kloster Mehrerau.
>   In: Jahrbuch des Landkreises Lindau 10, 1995, S. 59 – 63.

Julius Josephsohn (1873 – 1938).
>   In: Langenargener Geschichte(n) 8, 1995, S. 147–149.

Graf Hugo VII. von Montfort-Feldkirch-Tosters.
In: 50 Jahre Kriegsende, 70 Jahre Groß-Feldkirch (Schriftenreihe der Rheticus-Gesellschaft 33). Feldkirch 1995, S. 79 – 85.
Der Bregenzer Stadtarzt Wunibald Rosenstihl (1758 – 1816).
In: Jahrbuch des Vorarlberger Landesmuseumsvereins 1995, S. 185 – 190.
Arbeitstransparente, Geschichte und Sozialkunde, Ausgabe Vorarlberg, 4. Klasse Hauptschule und allgemeinbildende höhere Schule: Vom Ende des Ersten Weltkrieges bis zur Gegenwart. Wien 1995 (gemeinsam mit Werner Adelmaier und Wolfgang Weber).
Die österreichischen Archive und Europa: Vorderösterreich.
In: Scrinium Heft 49, 1995, S. 456 – 461.
Zwei Universitätszeugnisse aus Orléans und Basel aus dem 17. Jahrhundert im Vorarlberger Landesarchiv.
In: Alemannia Studens. Mitteilungen des Vereins für Vorarlberger Bildungs- und Studentengeschichte 5, 1995, S. 37 – 42.

1996

Feldkircher Freiheitsbrief 1376; Eleonore von Schottland; Herbarium des Hieronymus Harder; Ferdinand Waizenegger; Ankunft der Vorarlberger in Konstanz 1809; Zusammentritt der Kornmesser 1813; Juxkarte »Pfänder in der Zukunft« 1890; Bregenzer Festwoche 1946.
In: Vorarlberg-Archiv. Bd. 3 (Loseblattaugabe). Wien 1996.
Der kaiserliche Notar und Schreiber des Damenstiftes Lindau Nikolaus Schop aus Bludenz.
In: Bludenzer Geschichtsblätter 30, 1996, S. 37 – 41.
Vorläufiges Verzeichnis von Archivalien im Vorarlberger Landesarchiv mit Bezug auf Liechtenstein (Teil 1).
In: Historiographie im Fürstentum Liechtenstein, Grundlagen und Stand der Forschung im Überblick. Hg. v. Arthur Brunhart. Zürich 1996, S. 91–114.
Der Feldkircher Freiheitsbrief von 1376.
In: Rheticus. Vierteljahresschrift der Rheticus-Gesellschaft 18, 1996, 2, S. 89–113.
Die jüdische Gemeinde in Hohenems im 17. und 18. Jahrhundert.
In: Juden in Hohenems. Katalog des Jüdischen Museums Hohenems. Hohenems 1996, S. 15 – 22.
Jiddisch in Hohenems.
In: Juden in Hohenems. Katalog des Jüdischen Museums Hohenems. Hohenems 1996, S. 29 – 35.
Die Juden in der Vorarlberger Landesgeschichtsschreibung.
In: Juden in Hohenems. Katalog des Jüdischen Museums Hohenems. Hohenems 1996, S. 125 – 132.

Besprechungen

1986 (Nachträge)

Kantor Salomon Sulzer und seine Zeit. Hg. und verl. von Hanoch Avenary in Gemeinschaft mit
   Walter Pass und Nikolaus Vielmetti. Mit einem Beitrag von Israel Adler. Sigmaringen 1985.
   In: Montfort 38, 1986, S. 412 – 413.
Herbert Berner, Bodman. Dorf-Kaiserpfalz-Adel. Bd. 2. Sigmaringen 1985.
   In: Francia 14, 1986, S. 861 – 862.
Landesgeschichte und Geistesgeschichte. Festschrift für Otto Herding zum 65. Geburtstag. Hg.
   v. Kaspar Elm, Eberhard Gönner und Eugen Hillenbrand (Veröffentlichungen der Kommis-
   sion für geschichtliche Landeskunde in Baden-Württemberg, Reihe B, 92). Stuttgart 1977.
   In: Zeitschrift für badenwürttembergische Landeskunde, 1986, S. 440 – 442.

1987

Dornbirner Statt-Geschichten. Kritische Anmerkungen zu 100 Jahren politischer und gesell-
   schaftlicher Entwicklung. Hg. v. Werner Bundschuh und Harald Walser (Studien zur Ge-
   schichte und Gesellschaft Vorarlbergs 1). Bregenz 1987.
   In: Kultur. Zeitschrift für Kultur und Gesellschaft 2, 1987, 3, S. 20 – 21.
Die ländlichen Rechtsquellen aus den pfalz-neuburgischen Ämtern Höchstädt, Neuburg, Mon-
   heim und Reichertshofen vom Jahre 1585. Hg. v. Pankraz Fried (Veröffentlichungen der
   Schwäbischen Forschungsgemeinschaft bei der Kommission für bayerische Landesgeschichte,
   Reihe 5b, Rechtsquellen 1), Sigmaringen 1983.
   In: Zeitschrift der Savigny-Stiftung für Rechtsgeschichte, Germ. Abt. 104, 1987, S. 333 – 334.
Otto Volk, Salzproduktion und Salzhandel mittelalterlicher Zisterzienserklöster (Vorträge und
   Forschungen, Sonderbd. 30). Sigmaringen 1984.
   In: Zeitschrift der Savigny-Stiftung für Rechtsgeschichte, Germ. Abt. 104, 1987, S. 358 – 360.
Österreichisches Biographisches Lexikon, 42. Lieferung. Wien 1985, S. 97–192.
   In: Montfort 39, 1987, S. 140.
Die Geschichte der Juden in Tirol von den Anfängen im Mittelalter bis in die neueste Zeit
   (Sturzflüge 5, 1986, 15/16). Bozen 1986.
   In: Montfort 39, 1987, S. 141–142.
Jahrbuch des Historischen Vereins für das Fürstentum Liechtenstein 84, 1984.
   In: Montfort 39, 1987, S. 144.
Werner Dobras, Chronologie des Landkreises Lindau. Bergatreute 1985.
   In: Montfort 39, 1987, S. 145.
Wilfried Schonwink, Der wilde Eber in Gottes Weinberg. Zur Darstellung des Schweins in
   Literatur und Kunst des Mittelalters. Sigmaringen 1985.
   In: Montfort 39, 1987, S. 146.

Norman Laybourn, L'émigration des Alsaciens et des Lorrains du XVIIIe au XXe siècles. Tome I. et II. Strasbourg 1986.
> In: Montfort 39, 1987, S. 242–243.

Werner Vogler, Wangs. Dorf, Nachbarschaft, Gemeinde. Wangs 1985.
> In: Montfort 39, 1987, S. 241.

Eva Kausel, Volkskundler in und aus Österreich heute. Wien 1987.
> In: Montfort 39, 1987, S. 240.

Hanna Molden, Arlberg. Paß, Hospiz und Bruderschaft. Von den historischen Anfängen bis zur Gegenwart. Wien 1986.
> In: Montfort 39, 1987, S. 237–238.

Hansjörg Straßer, Der Alpenrebell. Dr. Anton Schneider, 1777–1820. Eine Prozeßgeschichte aus der Zeit Andreas Hofers. Kempten, 1987.
> In: Montfort 39, 1987, S. 236 – 237.

Georg Schelling, Festung Vorarlberg. Ein Bericht über das Kriegsgeschehen in Vorarlberg. 3. Aufl., ergänzt und mit Regesten versehen von Meinrad Pichler. Bregenz 1987.
> In: Montfort 39, 1987, S. 236.

1988

Bludenzer Geschichtsblätter 1987, 1.
> In: Montfort 40, 1988, S. 83 – 84.

Werner Dreier, Zwischen Kaiser und »Führer«. Vorarlberg im Umbruch 1918 bis 1938 (Beiträge zur Geschichte und Gesellschaft Vorarlbergs 6). Bregenz 1986.
> In: Montfort 40, 1988, S. 184 – 186.

Jahrbuch des Historischen Vereins für das Fürstentum Liechtenstein 85, 1985.
> In: Montfort 40, 1988, S. 326.

Jahrbuch des Historischen Vereins für das Fürstentum Liechtenstein, 86, 1986.
> In: Montfort 40, 1988, S. 326 – 327.

Ildefons von Arx, Geschichte des Kantons St. Gallen. Nachdruck der Ausgabe von 1810 – 13/1830 mit einer Einführung von Werner Vogler. St. Gallen 1987.
> In: Montfort 40, 1988, S. 327.

Werner Vogler, Kostbarkeiten aus dem Stiftsarchiv St. Gallen in Abbildung und Texten. St. Gallen 1987.
> In: Montfort 40, 1988, S. 328.

Samuel (Semi) Moos, Geschichte der Juden im Hegaudorf Randegg. Bearb. und ergänzt von Karl Schatz. Mit weiteren Beiträgen von Otto Denzel, Winfrid A. Jauch, Franz Götz, Paul Sauer, Karl Schatz und Martin Schnebele (Hegau-Bibliothek 42). Gottmadingen 1986.
> In: Montfort 40, 1988, S. 328 – 329.

Meinrad Pichler und Harald Walser, Die Wacht am Rhein. Alltag in Vorarlberg während der NS-Zeit (Studien zur Geschichte und Gesellschaft Vorarlbergs 2). Bregenz 1988.
> In: Kultur. Zeitschrift für Kultur und Gesellschaft 3, 1988, 2, S. 32–33.

Die Stunde Null der Vorarlberger Geschichtsschreibung.
> In: Kultur. Zeitschrift für Kultur und Gesellschaft 3, 1988, 4, S. 20 – 21.

1989

Rheinische Urbare. Bd. 5: Das Prümer Urbar. Hg. v. Ingo Schwab (Publikationen der Gesellschaft für rheinische Geschichtskunde 20). Düsseldorf 1983.
In: Zeitschrift der Savigny-Stiftung für Rechtsgeschichte, Kanon. Abt. 75, 1989, S. 438 – 439.

Thomas A. Brady, Turning Swiss. Cities and Empire, 1450 – 1550. Cambridge 1985.
In: Zeitschrift für Neuere Rechtsgeschichte 11, 1989, S. 88 – 89.

Werner Dreier und Meinrad Pichler, Vergebliches Werben. Mißlungene Vorarlberger Anschluß-versuche an die Schweiz und an Schwaben (1918 – 1920) (Studien zu Geschichte und Gesellschaft Vorarlbergs 5). Bregenz 1989.
In: Kultur. Zeitschrift für Kultur und Gesellschaft 4, 1989, 5, S. 12–13.

Die Handschriften 65/1–1200 im Generallandesarchiv Karlsruhe. Beschrieben von Michael Klein (Die Handschriften der Staatsarchive in Baden-Württemberg 2). Wiesbaden, 1987.
In: Rottenburger Jahrbuch für Kirchengeschichte 8, 1989, S. 326.

Franz Prinz zu Sayn-Wittgenstein, Vorarlberg und Liechtenstein. München, 1989.
In: Montfort 41, 1989, S. 211 – 213.

Karl-Heinz Raach und Manfred Bosch, Der Bodensee (Die weiße Reihe). Hamburg, 1989.
In: Montfort 41, 1989, S. 213 – 214.

Karl Schweizer, Jüdisches Leben und Leiden in Lindau. Ein Überblick. Lindau 1989.
In: Montfort 41, 1989, S. 214 – 215.

Klaus Graf, Exemplarische Geschichten. Thomas Lirers »Schwäbische Chronik« und die »Gmündner Kaiserchronik« (Forschungen zur Geschichte der älteren deutschen Literatur 7). München 1987.
In: Montfort 41, 1989, S. 215 – 216.

Alois Stadler, Die Beschreibung des Kantons St. Gallen in den Neujahrsblättern des Wissenschaftlichen Vereins 1828–1836 (Neujahrsblatt, hg. v. Historischen Verein des Kantons St. Gallen 127). St. Gallen 1987.
In: Montfort 41, 1989, S. 118.

Marianne Degginger, Zur Geschichte der Hebammen im alten St. Gallen (Neujahrsblatt, hg. v. Historischen Verein des Kantons St. Gallen 128), St. Gallen 1988.
In: Montfort 41, 1989, S. 118 – 119.

1990

Harald Walser, Bombengeschäfte (Studien zur Geschichte und Gesellschaft Vorarlbergs 6). Bregenz 1989.
In: Montfort 42, 1990, S. 221.

Itineraria Romana. Römische Reisewege an Hand der Tabula Peutingeriana dargestellt von Konrad Miller. Nachdruck der Ausgabe Stuttgart 1916, Bregenz 1988.
In: Montfort 42, 1990, S. 221 – 222.

Die Bischöfe von Konstanz. Hg. v. Elmar L. Kuhn, Eva Moser, Rudolf Reinhardt und Petra Sachs. Bd. 1: Geschichte; Bd. 2: Kultur. Friedrichshafen 1988.
In: Schriften des Vereins für Geschichte des Bodensees und seiner Umgebung, 1990, S. 262 – 263.

Peter-Johannes Schuler, Notare Südwestdeutschlands. Ein prosopographisches Verzeichnis für die Zeit von 1300 bis ca. 1520. Bd. 1 und 2. (Veröffentlichungen der Kommission für geschichtliche Landeskunde in Baden-Württemberg, Reihe B, 90 und 99). Stuttgart 1987.
In: Schriften des Vereins für Geschichte des Bodensees und seiner Umgebung 108, 1990, S. 263 – 264.

Kurt Andermann, Historiographie am Oberrhein im späten Mittelalter und in der frühen Neuzeit (Oberrheinische Studien 7). Sigmaringen 1988.
In: Innsbrucker Historische Studien 12/13, 1990, S. 652 – 654.

1991

Andreas Kurz, Reichsstadt und Inquisition im frühen 18. Jahrhundert. Der Lindauer Prozeß gegen die Maria Madlener (Neujahrsblatt des Museumsvereins Lindau 31). Lindau 1990.
In: Lindauer Zeitung vom 24. Jänner 1991.

Theodor Veiter, Die Autonomie Grönlands. Das autonome Nordland (Ethnos 36). Wien 1990.
In: Montfort 43, 1991, S. 78.

Gerhard Podhradsky, Das Dominikanerinnenkloster Altenstadt. Geschichte, Professen, Regsten (Quellen und Untersuchungen 3). Feldkirch 1990.
In: Montfort 43, 1991, S. 70.

Gerda Leipold-Schneider, Bevölkerungsgeschichte Feldkirchs bis ins 16. Jahrhundert (Schriftenreihe der Rheticus–Gesellschaft 26). Feldkirch 1991.
In: Montfort 43, 1991, S. 69.

Liechtenstein. Fürstliches Haus und staatliche Ordnung, geschichtliche Grundlagen und moderne Perspektiven. Hg. v. Volker Press und Dietmar Willoweit. Vaduz, München 1987.
In: Zeitschrift für bayerische Landesgeschichte 53, S. 841 – 842.

Quellen zur Geschichte der Juden im hessischen Staatsarchiv Marburg 1267 – 1600. Bearb. v. Uta Löwenstein (Quellen zur Geschichte der Juden in hessischen Archiven 1). Wiesbaden 1989.
In: Aschkenas 1, 1991, S. 233 – 234.

Bernhard Purin, Die Juden von Sulz. Eine jüdische Landgemeinde in Vorarlberg 1676 – 1744 (Studien zur Geschichte und Gesellschaft Vorarlbergs 9). Bregenz 1991.
In: Montfort 43, 1991, S. 330 – 332.

Steven Rowan, Ulrich Zasius. A Jurist in the German Renaissance, 1461 – 1535 (Jus Commune, Sonderheft 31). Frankfurt am Main, 1987.
In: Zeitschrift für Neuere Rechtsgeschichte 13, 1991, S. 90 – 91.

1992

Paul Baur, Testament und Bürgerschaft. Alltagsleben und Sachkultur im spätmittelalterlichen Konstanz (Konstanzer Geschichts- und Rechtsquellen 31). Sigmaringen 1989.
In: Montfort 44, 1992, S. 368 – 369.

Wilhelm Volkert, Adel bis Zunft. Ein Lexikon des Mittelalters. München 1991.
In: Montfort 44, 1992, S. 371.

Tiroler Heimat, Jahrbuch für Geschichte und Volkskunde 51/52, 1987/88, 54, 1990, 55, 1991.
In: Montfort 44, 1992, S. 373.

Wilhelm Wadl, Geschichte der Juden in Kärnten im Mittelalter. Mit einem Ausblick bis zum Jahr 1867 (Das Kärntner Landesarchiv 9). 2. Aufl. Klagenfurt 1992.
In: Montfort 44, 1992, S. 373 – 374.

Jüdisches Museum Göppingen (Veröffentlichungen des Stadtarchivs 29). Weißenhorn 1992.
In: Montfort 44, 1992, S. 375.

Werner Dobras, Lindau, Gartenstadt und Ferieninsel im Bodensee. Bergatreute 1992.
In: Montfort 44, 1992, S. 375 – 376.

1993

Roland Weiß, Die Grafen von Montfort im 16. Jahrhundert (Geschichte am See 49), Markdorf, Tettnang 1992.
In: Montfort 45, 1993, S. 166 – 167.

Langenargener Geschichte(n), Band 1 – 6. Langenargen 1986 – 1991.
In: Montfort 45, 1993, S. 168.

Franz-Heinz Hye, Geschichte der Stadt Glurns. Eine Tiroler Kleinstadt an der obersten Etsch. Glurns 1992.
In: Montfort 45, 1993, S. 266.

Casimir Bumiller, Hohentwiel. Die Geschichte einer Burg zwischen Festungsalltag und großer Politik. Konstanz 1990.
In: Montfort 45, 1993, S. 267.

Herbert Berner, »Das Hegöw, ein kleines, aber über die Maßen wol erbauen fruchtbar Ländlein« (Sebastian Münster). Ausgewählte Aufsätze. Festgabe zum 70. Geburtstag von Herbert Berner. Hg. v. Franz Götz (Hegau-Bibliothek 80). Sigmaringen 1991.
In: Montfort 45, 1993, S. 267 – 268.

Werner Richner und Reinhard Valenta, Bodensee. Stimmungen und Gesichter einer Landschaft. Karlsruhe 1993.
In: Montfort 45, 1993, S. 268.

Aus Heimat und Kirche. Beiträge zur Innerrhoder Landes- und Kirchengeschichte von Franz Stark (†1991). Ausgewählt und revidiert von Johannes Duft und Hermann Bischofsberger (Innerrhoder Schriften 3). Appenzell 1993.
In: Montfort 45, 1993, S. 321.

Werner Dobras, Lindau – Eine Liebeserklärung. Lindau 1993.
In: Montfort 45, 1993, S. 324.

Karin Heller, Klaus Niedermair und Maria Seißl, Tiroler Bibliographien 12: Tirolensienkatalog. Zuwachsverzeichnis der UB Innsbruck für das Jahr 1991 (Tiroler Heimat, Beiheft 12). Innsbruck 1992.
In: Montfort 45, 1993, S. 324.

Das älteste Tiroler Verfachbuch (Landgericht Meran 1468–1471). Aus dem Nachlaß von Karl Moeser hg. von Franz Huter (Schlern-Schriften 283; Acta Tirolensia. Urkundliche Quellen zur Geschichte Tirols 5). Innsbruck 1990.
In: Montfort 45, 1993, S. 324.

Franz-Heinz von Hye, Auf den Spuren des Deutschen Ordens in Tirol. Eine Bild- und Textdokumentation aus Anlaß des Ordensjubiläums 1190 – 1990. Bozen 1991.
In: Montort 45, 1993, S. 325.

Giorgio von Arb, Norbert Lehmann und Werner Vogler, Klosterleben. Klausur-Frauenklöster der Ostschweiz. Zürich 1993.
In: Montfort 45, 1993, S. 326.
Harald Seewann, »Zirkel und Zionsstern«. Bilder und Dokumente aus der versunkenen Welt des jüdisch-nationalen Korporationsstudententums. Ein Beitrag zur Geschichte des Zionismus auf akademischem Boden. Bd. 1–3 (Historia Academica Judaica 1– 3). Graz 1990 und 1992.
In: Alemannia Studens. Mitteilungen des Vereins für Vorarlberger Bildungs- und Studentengeschichte 3, 1993, S. 109 – 110.

1994

Erich Schneider, Musik in Bregenz, einst und jetzt. Bregenz 1993.
In: Montfort 46, 1994, S. 353.
Josef Anton Bonifaz Brentano, Vorarlbergische Chronik oder Merkwürdigkeiten des Landes Vorarlberg besonders der Stadt und Landschaft Bregenz. Unveränderter Nachdruck der Ausgabe Bregenz 1793 mit bio-bibliographischer Einleitung von Eberhard Tiefenthaler. Bregenz 1993.
In: Montfort 46, 1994, S. 353 – 354.
Josef Schatz, Wörterbuch der Tiroler Mundarten. Für den Druck vorbereitet von Karl Finsterwalder. Bd. 1 und 2 (Schlern-Schriften 119 und 120). Unveränderter Nachdruck der Ausgabe 1956, Innsbruck 1993.
In: Montfort 46, 1994, S. 354 – 355.
Das St. Galler Rheintal um 1800. Johann Rudolf Steinmüllers Beschreibung der rheintalischen Alp- und Landwirtschaft. Neu herausgegeben und eingeleitet von Werner Vogler. Altstätten 1987.
In: Montfort 46, 1994, S. 355 – 356.
Arthur Brunhart, Peter Kaiser, 1793 – 1864. Erzieher, Staatsbürger, Geschichtsschreiber. Facetten einer Persönlichkeit. Vaduz 1993.
In: Montfort 46, 1994, S. 356.
Meinrad Pichler, Auswanderer. Von Vorarlberg in die USA 1800 –1938. Bregenz 1993.
In: Montfort 46, 1994, S. 356 – 358.
Stephanie Hollenstein, 1886 – 1944. Lustenau 1994.
In: Montfort 46, 1994, S. 413.
Louis Specker, Die große Heimsuchung. Das Hungerjahr 1816/17 in der Ostschweiz (Neujahrsblatt, hg. v. Historischen Verein des Kantons St. Gallen 113). Rorschach 1993.
In: Montfort 46, 1994, S. 415.
Harald Seewann, »Zirkel und Zionsstern«. Bilder und Dokumente des jüdisch-nationalen Korporationsstudententums. Ein Beitrag zur Geschichte des Zionismus auf akademischem Boden. Bd. 4 (Historia Academica Judaica 4). Graz 1994.
In: Alemannia Studens. Mitteilungen des Vereins für Vorarlberger Bildungs- und Studenten-Geschichte 4, 1994, S. 85.
Erich Bloch, Das verlorene Paradies. Ein Leben am Bodensee 1897–1939. Bearb. von Werner Trapp (Konstanzer Geschichts- und Rechtsquellen 33). Sigmaringen 1992.
In: Aschkenas 4, 1994, S. 566 – 567.

Naftali Bar-Giora Bamberger, Der jüdische Friedhof in Gailingen. Memor-Buch. Bd. 1 – 2. Gailingen 1994.

In: Schriften des Vereins für Geschichte des Bodensees und seiner Umgebung 112, 1994, S. 187–188.

1995

Bilder aus der Pfarrei Triesen. Festschrift zur Einweihung der renovierten und erweiterten Pfarrkirche St. Gallus am 9. Oktober 1994. Triesen 1994.

In: Montfort 47, 1995, S. 66 – 67.

Balzner Neujahrsblätter 1, 1995.

In: Montfort 47, 1995, S. 67.

Tirolische Weistümer, VI. Teil, II. Ergänzungsband: Oberinntal, Gerichte Hörtenberg und St. Petersberg; VII. Teil, III. Ergänzungsband: Oberinntal, Gerichte Imst, Landeck und Pfunds; zusammengestellt und red. v. Karin Greiffenhagen, hg. v. Nikolaus Grass und Hans Constantin Faussner (Österreichische Weistümer 19 und 20). Innsbruck 1994.

In: Montfort 47, 1995, S. 344 – 345.

Holger Buck, Recht und Rechtsleben einer oberschwäbischen Landstadt. Das Stadtrecht von Waldsee. Bergatreute 1993.

In: Schriften des Vereins für Geschichte des Bodensees und seiner Umgebung 1995, S. 212 – 213.

Harvey Lutske, The Book of Jewish Customs. Northvale N.J., London 1968 [Reprint 1992].

In: Aschkenas 5, 1995, S. 205 – 206.

Friedrich Battenberg, Quellen zur Geschichte der Juden im Hessischen Staatsarchiv Darmstadt 1080 – 1650 (Quellen zur Geschichte der Juden in hessischen Archiven 2). Wiesbaden 1995.

In: Aschkenas 5, 1995, S. 498 – 499.

1996

Louis Specker, Die große Heimsuchung. Das Hungerjahr 1816/17 in der Ostschweiz. Zweiter Teil (Neujahrsblatt, hg. v. Historischen Verein des Kantons St. Gallen 135). St. Gallen 1995.

In: Montfort 48, 1996, S. 175 – 176.

P. Placidus a Spescha – »il curios pader«. Aktenband des Kolloquiums in Trun vom 21. August 1993 (Beiheft zum Bündner Monatsblatt 4). Chur 1995.

In: Montfort 48, 1996, S. 176.

Karel Hruza, Die Herren von Wallsee. Geschichte eines schwäbisch-österreichischen Adelsgeschlechtes (1171 – 1331) (Forschungen zur Geschichte Oberösterreichs 18). Linz 1995.

In: Montfort 48, 1996, S. 176 – 177.

Peter Ochsenbein, Karl Schmucki und Cornel Dora, Vom Schreiben im Galluskloster. Handschriften aus dem Kloster St. Gallen vom 8. bis 18. Jahrhundert. St. Gallen 1994.

In: Montfort 48, 1996, S. 178 – 179.

Toscana, Itinerari ebraici. I luoghi la storia, l'arte, a cura die Dora Liscia Bernporade e Annamarcella Tedeschi Falco. Venezia 1995.

In: Montfort 48, 1996, S. 179.

Register der Orts- und Personennamen

A

Aachen 14, 16 f., 46, 48, 151
Aargau 25, 157, 222, 225, 245
Achaia 106, 253, 255, 259
  – Fürsten von 259
Achau 218
Adelhaidis, *famula* 271
Adenau, Johanniterkommende 232
Adenau zu Adenau, Wilhelm von 111
Adolf von Nassau, römischer König 15 f., 21, 39, 47, 62, 65 ff.,163 f., 195
Affentranger, Urban 37
Ägypten 15, 46
Akkon 31, 226
Alberschwende 90 f.
Albertus de Raiper 274
Albrecht I., römischer König 39, 68, 151, 163 f.
Albrecht II., römischer König 17
Alemannien 26, 63, 124 f., 147, 287
Alexander, Papst 147
Allgäu 70, 75
Alpen 15, 30 f., 47, 136, 209
Alsfeld 242
Altaburgga 125 f., 128
Altahbruggi (bei Altach) 125
Altenstadt siehe Feldkirch
Altstätten, Johann Maier von 240
Amerika 20
Ancona 259
Andreas, Sohn des Thomas Palaiologos 259
Anna, hl. 283
Antonius, hl. 283
Appenzell 25, 29, 51, 174 f., 228, 239, 244
Apulien 82
Arbon 41, 155 f., 159, 175
Argen 281
Arlberg 15, 20, 30, 46, 130, 205, 209, 211, 229
Arnhem, Johanniterkommende 240, 242
Arzet, Andreas 214, 250
Aschaffenburg 202
Augsburg 63, 72, 76 f., 89, 105, 151, 206, 261, 267 ff., 271–276, 289, 291, 295, 299
  – Bischöfe 167, 271 siehe auch Johann V. von

Werdenberg-Heiligenberg, Friedrich von Zollern
– Dom 268
– St. Ulrich und Afra 90, 100
Avignon 81, 144, 151, 167, 207

B

Baden (Aargau) 237, 241, 245, 273
Baden, Markgrafen von 143
Baden-Hochberg, Markgrafen von 280
  – Wilhelm 237
Bader, Johannes 269
Bader, Leonhard 240 f.
Bamberg 88, 281
  – Dominikanerinnenkloster 282
Barozzi, Francesco 259 f.
Basel 71, 111, 151, 157, 185, 224, 237, 243, 274 f.
  – Bischöfe 63
  – Johanniterkommende 241, 244
  – Konzil 105, 242 f., 249
  – Münster 270, 274
Baumhauer, Otto 121 f.
Bayern 49, 77, 295, 297, 299
  – Herzöge von
  – – Georg 280
  – – Otto 148
  – – Stefan 155
  – – Wilhelm IV. 72
Bebenhausen, Kloster 91, 129
Bechrer, Familie 105
Belfort 42 f.
Belial 124
Belmont, Freiherren von 41
Bendern 181
Benslin, Agnet 96
Berchtold von Tuttlingen 156 f.
Bergau, Burg 217
  – Herren von 217
Bergmann, Joseph 131
Bern 162, 185
Bernhardus de Parma 35
Beromünster 155
Beutelsbach 155

Wolfgang Weber
Von Jahn zu Hitler
Politik- und Organisationsgeschichte
des Deutschen Turnens in Vorarlberg
1847–1938
1995, 312 S., br.
(Forschungen zur Geschichte Vorarlbergs,
Band 1)
ISBN 3-87940-543-3

PRESSESTIMMEN

»Webers Untersuchung [...] geht vor allem auf die Wechselbeziehungen zwischen den verschiedenen Ausformungen der Körperertüchtigung und den politischen Strömungen dieser Zeit ein.« NEUE VORARLBERGER TAGESZEITUNG

»Es steht zu hoffen, daß Weber mit seiner konsequenten Berücksichtigung des 19. Jahrhunderts Wege für zukünftige Darstellungen gewiesen hat. Für eine Zeitgeschichte Vorarlbergs wird seine Konzeption wohl von bleibendem Wert sein.« KULTUR

»Das vorliegende Werk ist ein unentbehrliches Nachschlagewerk für alle, die sich mit der Geschichte des völkischen Deutschnationalismus in der Zwischenkriegszeit und mit dem Aufstieg der NSDAP (nicht nur allein in Vorarlberg) beschäftigen.« MIÖG

»[...] wesentlicher Beitrag zur Geschichte der Körperkultur [...]« MONTFORT

»[...] eine ganz ausgezeichnete Darstellung der politischen Verhältnisse und Vereinsaktivitäten im Ländle.« ACTA STUDENTICA

»Dieses Buch [...] widerlegt in seiner grundsätzlichen und faktenreichen Darstellung jedenfalls die immer noch verbreitete Meinung, der Sport (in diesem Fall das Turnen) habe nichts mit Politik zu tun.« LEIBESÜBUNGEN-LEIBESERZIEHUNG